MUJERES QUE CORREN CON LOS LOBOS

MUJERES QUE CORREN CON LOS LOBOS

CLARISSA PINKOLA ESTÉS

Traducción de M.ª Antonia Menini

EDICIONES **B**
GRUPO ZETA

Barcelona • Bogotá • Buenos Aires • Caracas • Madrid • México D.F. • Montevideo • Quito • Santiago de Chile

Título original: *Women Who Run With the Wolves*
Traducción: M.ª Antonia Menini
1.ª edición: septiembre 2010

© 1992/1995 by Clarissa Pinkola Estés, Ph. D.
© Ediciones B, S.A., 2010
   Consell de Cent 425-427 - 08009 Barcelona (España)
   www.edicionesb.com
Imagen de cubierta: *Dos mujeres corriendo en la playa*, de Pablo Picasso (1922).
Copyright © Sucesión Pablo Picasso, VEGAP. Madrid, 2010.

Agradecemos la autorización de las siguientes fuentes
para reproducir materiales ya publicados:
Agnes Krup Literary Agency: Extracto del poema «The Red Shoes»,
incluido en The Book of Folly, de Anne Sexton.
Copyright © 1972 by Anne Sexton. Publicado originalmente por
Houghton Mifflin Co.
Russell & Volkening: Extracto de *For colored girls who have
considered suicide / when the rainbow is enuf*, de Ntozake Shange.
Copyright © 1975, 1976, 1977 by Ntozake Shange.
Reproducido por autorización de Russell & Volkening, agentes de la autora.
W.W. Norton & Company, Inc., y Adrienne Rich: Extracto de
«Diving into the Wreck», reproducido de *The Fact of a Doorframe,
Poems Selected and New*, 1950-1984, de Adrienne Rich.
Copyright © 1975, 1978 by W.W. Norton & Company, Inc.
Copyright © 1981 by Adrienne Rich. Reproducido por autorización
de la autora y el editor, W. W. Norton & Company, Inc.

Printed in Spain
ISBN: 978-84-666-4527-0
Depósito legal:B. 24.525-2010

Impreso por S.I.A.G.S.A.

A kedves szüleimnek
Mária és Joszef,
Mary and Joseph,
Szeretlek benneteket

y

para todos los que amo
que continúan desaparecidos.

Todos sentimos el anhelo de lo salvaje. Y este anhelo tiene muy pocos antídotos culturalmente aceptados. Nos han enseñado a avergonzarnos de este deseo. Nos hemos dejado el cabello largo y con él ocultamos nuestros sentimientos. Pero la sombra de la Mujer Salvaje acecha todavía a nuestra espalda de día y de noche. Dondequiera que estemos, la sombra que trota detrás de nosotros tiene sin duda cuatro patas.

DOCTORA CLARISSA PINKOLA ESTÉS
Cheyenne, Wyoming

✍ INTRODUCCIÓN

Cantando sobre
los huesos

Tanto los animales salvajes como la Mujer Salvaje son especies en peligro de extinción.

En el transcurso del tiempo hemos presenciado cómo se ha saqueado, rechazado y reestructurado la naturaleza femenina instintiva. Durante largos períodos, ésta ha sido tan mal administrada como la fauna silvestre y las tierras vírgenes. Durante miles de años, y basta mirar el pasado para darnos cuenta de ello, se la ha relegado al territorio más yermo de la psique. A lo largo de la historia, las tierras espirituales de la Mujer Salvaje han sido expoliadas o quemadas, sus guaridas se han arrasado y sus ciclos naturales se han visto obligados a adaptarse a unos ritmos artificiales para complacer a los demás.

No es ninguna casualidad que la prístina naturaleza virgen de nuestro planeta vaya desapareciendo a medida que se desvanece la comprensión de nuestra íntima naturaleza salvaje. No es difícil comprender por qué razón los viejos bosques y las ancianas se consideran unos recursos de escasa importancia. No es ningún misterio. Tampoco es casual que los lobos y los coyotes, los osos y las mujeres inconformistas tengan una fama parecida. Todos ellos comparten unos arquetipos instintivos semejantes y, como tales, se les considera erróneamente poco gratos, total y congénitamente peligrosos y voraces.

Mi vida y mi trabajo como psicoanalista junguiana, poeta y *canta-*

*dora**, guardiana de los antiguos relatos, me han enseñado que la maltrecha vitalidad de las mujeres se puede recuperar efectuando amplias excavaciones «psíquico-arqueológicas» en las ruinas del subsuelo femenino. Recurriendo a estos métodos conseguimos recobrar las maneras de la psique instintiva natural y, mediante su personificación en el arquetipo de la Mujer Salvaje, podemos discernir las maneras y los medios de la naturaleza femenina más profunda. La mujer moderna es un borroso torbellino de actividad. Se ve obligada a serlo todo para todos. Ya es hora de que se restablezca la antigua sabiduría.

El título de este libro, *Las mujeres que corren con los lobos: Mitos y relatos del arquetipo de la Mujer Salvaje*, procede de mis estudios de biología acerca de la fauna salvaje y de los lobos en particular. Los estudios de los lobos *Canis lupus* y *Canis rufus* son como la historia de las mujeres, tanto en lo concerniente a su coraje como a sus fatigas.

Los lobos sanos y las mujeres sanas comparten ciertas características psíquicas: una aguda percepción, un espíritu lúdico y una elevada capacidad de afecto. Los lobos y las mujeres son sociables e inquisitivos por naturaleza y están dotados de una gran fuerza y resistencia. Son también extremadamente intuitivos y se preocupan con fervor por sus vástagos, sus parejas y su manada. Son expertos en el arte de adaptarse a las circunstancias siempre cambiantes y son fieramente leales y valientes.

Y, sin embargo, ambos han sido perseguidos, hostigados y falsamente acusados de ser voraces, taimados y demasiado agresivos y de valer menos que sus detractores. Han sido el blanco de aquellos que no sólo quisieran limpiar la selva sino también el territorio salvaje de la psique, sofocando lo instintivo hasta el punto de no dejar ni rastro de él. La depredación que ejercen sobre los lobos y las mujeres aquellos que no los comprenden es sorprendentemente similar.

Por consiguiente, fue ahí, en el estudio de los lobos, donde por primera vez cristalizó en mí el concepto del arquetipo de la Mujer Salvaje. He estudiado también a otras criaturas como, por ejemplo, el oso, el elefante y esos pájaros del alma que son las mariposas. Las características de cada especie ofrecen abundantes indicios de lo que es posible conocer acerca de la psique instintiva femenina.

La naturaleza salvaje ha pasado doblemente a mi espíritu por mi nacimiento en el seno de una apasionada familia mexicano-española y más tarde por mi adopción por parte de una familia de fogosos húngaros. Me crié cerca de la frontera de Michigan, rodeada de bosques, huertos y tierras de labranza y no lejos de los Grandes Lagos. Allí los

---

* Las palabras y expresiones castellanas en cursiva figuran en este idioma en el original. *(N. de la T.)*

truenos y los relámpagos eran mi principal alimento. Por la noche los maizales crujían y hablaban en voz alta. Allá arriba en el norte, los lobos acudían a los claros del bosque a la luz de la luna, y brincaban y rezaban. Todos podíamos beber sin temor de los mismos riachuelos.

Aunque entonces no la llamaba con este nombre, mi amor por la Mujer Salvaje nació cuando era una niña. Más que una atleta, yo era una esteta y mi único deseo era ser una caminante extasiada. En lugar de las sillas y las mesas, prefería la tierra, los árboles y las cuevas, pues sentía que en aquellos lugares podía apoyarme contra la mejilla de Dios.

El río siempre pedía que lo visitaran después del anochecer, los campos necesitaban que alguien los recorriera para poder expresarse en susurros. Las hogueras necesitaban que las encendieran de noche en el bosque y las historias necesitaban que las contaran fuera del alcance del oído de los mayores.

Tuve la suerte de criarme en medio de la Naturaleza. Allí los rayos me enseñaron lo que era la muerte repentina y la evanescencia de la vida. Las crías de los ratones me enseñaron que la muerte se mitigaba con la nueva vida. Cuando desenterré unos «abalorios indios», es decir, fósiles sepultados en la greda, comprendí que la presencia de los seres humanos se remontaba a muchísimo tiempo atrás. Aprendí el sagrado arte del adorno personal engalanándome la cabeza con mariposas, utilizando las luciérnagas como alhajas nocturnas y las ranas verde esmeralda como pulseras.

Una madre loba mató a uno de sus cachorros mortalmente herido; así me enseñó la dura compasión y la necesidad de permitir que la muerte llegue a los moribundos. Las peludas orugas que caían de las ramas y volvían a subir con esfuerzo me enseñaron la virtud de la perseverancia, y su cosquilleo sobre mi brazo me enseñó cómo cobra vida la piel. El hecho de trepar a las copas de los árboles me reveló la sensación que el sexo me haría experimentar más adelante.

La generación a la que yo pertenezco, posterior a la Segunda Guerra Mundial, creció en una época en que a la mujer se la trataba como una niña y una propiedad. Se la mantenía como un huerto en barbecho... pero, por suerte, el viento siempre llevaba consigo algunas semillas silvestres. A pesar de que no se aprobaba lo que escribían, las mujeres seguían trabajando con ahínco. A pesar de que no se reconocía el menor mérito a lo que pintaban, sus obras alimentaban el espíritu. Las mujeres tenían que suplicar a fin de conseguir los instrumentos y los espacios necesarios para su arte y, si no obtenían nada, hallaban su espacio en los árboles, las cuevas, los bosques y los roperos.

El baile apenas se toleraba en el mejor de los casos, por lo cual ellas bailaban en el bosque donde nadie podía verlas, o en el sótano, o cuando salían a sacar la basura. Su acicalamiento suscitaba recelos. Un cuerpo o un vestido llamativos aumentaban el peligro de sufrir daños o agresiones sexuales. Ni siquiera podían considerar suyas las prendas de vestir que llevaban.

Era una época en la que los padres que maltrataban a sus hijos eran llamados simplemente «severos», en la que las heridas espirituales de las mujeres tremendamente explotadas se calificaban de «agotamientos nerviosos», en la que las chicas y las mujeres bien fajadas, refrenadas y abozaladas se llamaban «buenas» y las hembras que conseguían quitarse el collar para disfrutar de uno o dos momentos de vida se tachaban de «malas».

Por consiguiente, como otras muchas mujeres antes y después de mí, viví mi vida como una criatura disfrazada. Tal como habían hecho mis parientes y amigas, mayores que yo, me contoneaba-tambaleaba sobre zapatos de tacón y me ponía vestido y sombrero para ir a la iglesia. Pero mi espléndida cola asomaba a menudo por debajo del dobladillo de la falda y movía tanto las orejas que el sombrero me caía por lo menos sobre los ojos y, a veces, hasta cruzaba volando la habitación.

No he olvidado la canción de aquellos siniestros años, *hambre del alma*, la canción del alma hambrienta. Pero tampoco he olvidado el jubiloso *canto hondo* cuyas palabras evocamos cuando nos entregamos a la tarea de la restauración del alma.

Como un sendero del bosque que poco a poco se va borrando hasta que, al final, se reduce a casi nada, la teoría psicológica tradicional también se agota demasiado pronto cuando se trata de analizar a la mujer creativa, talentosa y profunda. La psicología tradicional se muestra a menudo muy parca o totalmente silenciosa a propósito de las cuestiones más profundas e importantes para las mujeres: lo arquetípico, lo intuitivo, lo sexual y lo cíclico, las edades de las mujeres, la manera de actuar de una mujer, su sabiduría y su fuego creador. Todo cuanto ha guiado durante dos décadas mi trabajo acerca del arquetipo de la Mujer Salvaje.

No se puede abordar la cuestión del alma femenina moldeando a la mujer de manera que se adapte a una forma más aceptable según la definición de la cultura que la ignora, y tampoco se puede doblegar a una mujer con el fin de que adopte una configuración intelectualmente aceptable para aquellos que afirman ser los portadores exclusivos del conocimiento. No, eso es lo que ya ha dado lugar a que millones de mujeres que empezaron siendo unas potencias fuertes y naturales se hayan convertido en unas extrañas en sus propias culturas. El objetivo tiene que ser la recuperación de las bellas y naturales formas psíquicas femeninas y la ayuda a las mismas.

Los cuentos de hadas, los mitos y los relatos proporcionan interpretaciones que aguzan nuestra visión y nos permiten distinguir y reencontrar el camino trazado por la naturaleza salvaje. Las enseñanzas que contienen nos infunden confianza: el camino no se ha terminado sino que sigue conduciendo a las mujeres hacia el conocimiento cada vez más profundo de sí mismas. Los senderos que todos seguimos son los del Yo instintivo innato y salvaje.

La llamo la Mujer Salvaje porque estas dos palabras en concreto, «mujer» y «salvaje», son las que crean el *llamar o tocar a la puerta*, la mágica llamada a la puerta de la profunda psique femenina. *Llamar o tocar a la puerta* significa literalmente tañer el instrumento del nombre para hacer que se abra una puerta. Significa utilizar unas palabras que dan lugar a la abertura de un pasadizo. Cualquiera que sea la cultura que haya influido en una mujer, ésta comprende intuitivamente las palabras «mujer» y «salvaje».

Cuando las mujeres oyen esas palabras, despierta y renace en ellas un recuerdo antiquísimo. Es el recuerdo de nuestro absoluto, innegable e irrevocable parentesco con el femenino salvaje, una relación que puede haberse convertido en fantasmagórica como consecuencia del olvido, haber sido enterrada por un exceso de domesticación y proscrita por la cultura circundante, o incluso haberse vuelto ininteligible. Puede que hayamos olvidado los nombres de la Mujer Salvaje, puede que ya no contestemos cuando ella nos llama por los nuestros, pero en lo más hondo de nuestro ser la conocemos, ansiamos acercarnos a ella; sabemos que nos pertenece y que nosotras le pertenecemos.

Nacimos precisamente de esta fundamental, elemental y esencial relación y de ella derivamos también en esencia. El arquetipo de la Mujer Salvaje envuelve el ser alfa matrilíneo. Hay veces en que la percibimos, aunque sólo de manera fugaz, y entonces experimentamos el ardiente deseo de seguir adelante. Algunas mujeres perciben este vivificante «sabor de lo salvaje» durante el embarazo, durante la lactancia de los hijos, durante el milagro del cambio que en ellas se opera cuando crían a un hijo o cuando cuidan una relación amorosa con el mismo esmero con que se cuida un amado jardín.

La existencia de la Mujer Salvaje también se percibe a través de la visión; a través de la contemplación de la sublime belleza. Yo la he percibido contemplando lo que en los bosques llamamos una puesta de sol «de Jesús Dios». La he sentido en mi interior viendo venir a los pescadores del lago en el crepúsculo con las linternas encendidas y, asimismo, contemplando los dedos de los pies de mi hijo recién nacido, alineados como una hilera de maíz dulce. La vemos donde la vemos, o sea, en todas partes.

Viene también a nosotras a través del sonido; a través de la música que hace vibrar el esternón y emociona el corazón; viene a través del tambor, del silbido, de la llamada y del grito. Viene a través de la palabra escrita y hablada; a veces, una palabra, una frase, un poema o un relato es tan sonoro y tan acertado que nos induce a recordar, por lo menos durante un instante, de qué materia estamos hechas realmente y dónde está nuestro verdadero hogar.

Estos transitorios «sabores de lo salvaje» se perciben durante la mística de la inspiración... ah, aquí está; oh, ya se ha ido. El anhelo que sentimos de la Mujer Salvaje surge cuando nos tropezamos con alguien que ha conseguido establecer esta relación indómita. El anhelo aparece cuando una se da cuenta de que ha dedicado muy poco tiempo a la hoguera mística o a la ensoñación, y demasiado poco tiempo a la propia vida creativa, a la obra de su vida o a sus verdaderos amores.

Y, sin embargo, son estas fugaces experiencias que se producen tanto a través de la belleza como de la pérdida las que nos hacen sentir desnudas, alteradas y ansiosas hasta el extremo de obligarnos a ir en pos de la naturaleza salvaje. Y llegamos al bosque o al desierto o a una extensión nevada y nos ponemos a correr como locas, nuestros ojos escudriñan el suelo, aguzamos el oído, buscando arriba y abajo, buscando una clave, un vestigio, una señal de que ella sigue viva y de que no hemos perdido nuestra oportunidad. Y, cuando descubrimos su huella, lo típico es que las mujeres corramos para darle alcance, dejemos el escritorio, dejemos la relación, vaciemos nuestra mente, pasemos la página, insistamos en hacer una pausa, quebrantemos las normas y detengamos el mundo, pues ya no podemos seguir sin ella.

Si las mujeres la han perdido, cuando la vuelvan a encontrar, pugnarán por conservarla para siempre. Una vez que la hayan recuperado, lucharán con todas sus fuerzas para conservarla, pues con ella florece su vida creativa; sus relaciones adquieren significado, profundidad y salud; sus ciclos sexuales, creativos, laborales y lúdicos se restablecen; ya no son el blanco de las depredaciones de los demás, y tienen el mismo derecho a crecer y prosperar según las leyes de la naturaleza. Ahora su cansancio-del-final-de-la-jornada procede de un trabajo y un esfuerzo satisfactorios, no del hecho de haber estado encerradas en un esquema mental, una tarea o una relación excesivamente restringidos. Saben instintivamente cuándo tienen que morir las cosas y cuándo tienen que vivir; saben cómo alejarse y cómo quedarse.

Cuando las mujeres reafirman su relación con la naturaleza salvaje, adquieren una observadora interna permanente, una conocedora, una visionaria, un oráculo, una inspiradora, un ser intuitivo, una hacedora, una creadora, una inventora y una oyente que sugiere y suscita una vida vibrante en los mundos interior y exterior. Cuando las mujeres están próximas a esta naturaleza, dicha relación resplandece a través de ellas. Esa maestra, madre y mentora salvaje sustenta, contra viento y marea, la vida interior y exterior de las mujeres.

Por consiguiente, aquí la palabra «salvaje» no se utiliza en su sentido peyorativo moderno con el significado de falto de control sino en su sentido original que significa vivir una existencia natural, en la que la *criatura* posee una integridad innata y unos límites saludables. Las palabras «mujer» y «salvaje» hacen que las mujeres recuerden quiénes son y qué es lo que se proponen. Personifican la fuerza que sostiene a todas las mujeres.

El arquetipo de la Mujer Salvaje se puede expresar en otros términos igualmente idóneos. Esta poderosa naturaleza psicológica se puede llamar naturaleza instintiva, pero la Mujer Salvaje es la fuerza que se oculta detrás de ella. Se puede llamar psique natural, pero detrás de ella está también el arquetipo de la Mujer Salvaje. Se puede llamar la naturaleza innata y fundamental de las mujeres. Se puede llamar la naturaleza autóctona o intrínseca de las mujeres. En poesía se podría llamar lo «Otro» o los «siete océanos del universo» o «los bosques lejanos» o «La Amiga»[1]. En distintas psicologías y desde distintas perspectivas quizá se podría llamar el «*id*», el Yo, la naturaleza medial. En biología se llamaría la naturaleza típica o fundamental.

Pero, puesto que es tácita, presciente y visceral, entre las *cantadoras* se la llama naturaleza sabia o inteligente. A veces se la llama la «mujer que vive al final del tiempo» o la «que vive en el borde del mundo». Y esta *criatura* es siempre una hechicera-creadora o una diosa de la muerte o una doncella que desciende o cualquier otra personificación. Es al mismo tiempo amiga y madre de todas las que se han extraviado, de todas las que necesitan aprender, de todas las que tienen un enigma que resolver, de todas las que andan vagando y buscando en el bosque y en el desierto.

De hecho, en el inconsciente psicoide —un inefable estrato de la psique, del cual emana este fenómeno— la Mujer Salvaje es tan inmensa que no tiene nombre. Pero, dado que esta fuerza engendra todas las facetas importantes de la feminidad, aquí en la tierra se la denomina con muchos nombres, no sólo para poder examinar la miríada de aspectos de su naturaleza sino también para aferrarse a ella. Puesto que al principio de la recuperación de nuestra relación con la Mujer Salvaje, ésta se puede esfumar en un instante, al darle un nombre podemos crear para ella un ámbito de pensamiento y sentimiento en nuestro interior. Entonces vendrá y, si la valoramos, se quedará.

Así pues, en español yo la llamo *Río bajo el Río*; *La Mujer Grande*; *Luz del Abismo*; *La Loba* o *La Huesera*.

En húngaro se llama Ö, *Erdöben*, Ella la de los Bosques, y *Rozsomák*, el Tejón Hembra. En navajo es *Na'ashjé'ii Asdzáá*, La Mujer Araña que teje el destino de los seres humanos y los animales, las plantas y las rocas. En Guatemala, entre otros muchos nombres, es *Humana de Niebla*, el Ser de la Niebla, la mujer que siempre ha existido. En japonés es *Amaterasu Omikami*, La Divinidad que trae toda luz y toda conciencia. En el Tíbet se llama *Dakini*, la fuerza danzante que otorga clarividencia a las mujeres. Y la lista de nombres sigue. Ella sigue.

La comprensión de la naturaleza de esta Mujer Salvaje no es una religión sino una práctica. Es una psicología en su sentido más auténtico: *psukhēlpsych*, alma; *ology* o *logos*, conocimiento del alma. Sin ella, las mujeres carecen de oídos para entender el habla del alma o percibir el sonido de sus propios ritmos internos. Sin ella, una oscura mano cierra los ojos interiores de las mujeres y buena parte de sus jornadas transcurre en un tedio semiparalizador o en vanas quimeras. Sin ella, las mujeres pierden la seguridad de su equilibrio espiritual. Sin ella, olvidan por qué razón están aquí, se agarran cuando sería mejor que se soltaran. Sin ella, toman demasiado o demasiado poco o nada en absoluto. Sin ella se quedan mudas cuando, en realidad, están ardiendo. Ella es la reguladora, el corazón espiritual, idéntico al corazón humano que regula el cuerpo físico.

Cuando perdemos el contacto con la psique instintiva, vivimos en un estado próximo a la destrucción, y las imágenes y facultades propias de lo femenino no se pueden desarrollar plenamente. Cuando una mujer se aparta de su fuente básica, queda esterilizada, pierde sus instintos y sus ciclos vitales naturales y éstos son subsumidos por la cultura o por el intelecto o el ego, ya sea el propio o el de los demás.

La Mujer Salvaje es la salud de todas las mujeres. Sin ella, la psicología femenina carece de sentido. La mujer salvaje es la mujer prototípica; cualquiera que sea la cultura, cualquiera que sea la época, cualquiera que sea la política, ella no cambia. Cambian sus ciclos, cambian sus representaciones simbólicas, pero en esencia ella no cambia. Es lo que es y ella es un todo.

Se canaliza a través de las mujeres. Si éstas están aplastadas, ella las empuja hacia arriba. Si las mujeres son libres, ella también lo es. Afortunadamente, cuantas veces la hacen retroceder, ella vuelve a saltar hacia delante. Por mucho que se la prohíba, reprima, constriña, diluya, torture, hostigue y se la tache de insegura, peligrosa, loca y otros epítetos, ella vuelve a aflorar en las mujeres, de tal manera que hasta la mujer más reposada y la más comedida guarda un lugar secreto para ella. Hasta la mujer más reprimida tiene una vida secreta con pensamientos y sentimientos secretos lujuriosos y salvajes, es decir, naturales. Hasta la mujer más cautiva conserva el lugar de su yo salvaje, pues sabe instintivamente que algún día habrá un resquicio, una abertura, una ocasión y ella la aprovechará para huir.

Creo que todas las mujeres y todos los hombres han nacido con ciertos dones. Sin embargo, poco esfuerzo se ha dedicado en realidad a describir las vidas y los hábitos psicológicos de las mujeres inteligentes, talentosas y creativas. En cambio, se ha escrito mucho acerca de las debilidades y las flaquezas de los seres humanos en general y de las mujeres en particular. Pero, en el caso de la Mujer Salvaje como arquetipo, a fin de comprenderla, captarla y aprovechar lo que ella nos ofrece, debemos interesarnos más por los pensamientos, los sentimientos y los esfuerzos que fortalecen a las mujeres y debemos tener en cuenta los factores interiores y culturales que las debilitan.

En general, si entendemos la naturaleza salvaje como un ser por derecho propio que anima y conforma la más profunda existencia de una mujer, podremos empezar a desarrollarnos de una manera que jamás se hubiera creído posible. Una psicología que no consiga dirigirse a este ser espiritual innato que habita en el centro de la psicología femenina no les sirve para nada a las mujeres y no les servirá tampoco a sus hijas ni a las hijas de sus hijas a lo largo de muchas generaciones por línea materna.

Por consiguiente, para poder aplicar una buena medicina a las partes enfermas de la psique salvaje, para poder corregir la relación con el arquetipo de la Mujer Salvaje, hay que identificar convenientemente los trastornos de la psique. Aunque en la profesión clínica disponemos de un buen manual estadístico diagnóstico y una considerable cantidad de diagnósticos diferenciales así como de parámetros psicoanalíticos que definen las psicopatías a través de la organización (o ausencia de ella) de la psique objetiva y del eje ego-Yo[2], hay otras conductas y otros sentimientos definitorios que, desde el marco de referencia de una mujer, describen con enorme fuerza lo que ocurre.

¿Cuáles son algunos de los síntomas emocionales de una ruptura de la relación con la fuerza salvaje de la psique? Sentir, pensar o actuar crónicamente de alguna de las maneras que a continuación se describen es haber cortado parcialmente o haber perdido por entero la relación con la psique instintiva más profunda. Utilizando un lenguaje exclusivamente femenino, dichos síntomas son: sentirse extremadamente seca, fatigada, frágil, deprimida, confusa, amordazada, abozalada, apática hasta el extremo. Sentirse asustada, lisiada o débil, falta de inspiración, animación, espiritualidad o significado, avergonzada, crónicamente irritada, voluble, atascada, carente de creatividad, comprimida, enloquecida.

Sentirse impotente, crónicamente dubitativa, temblorosa, bloqueada, e incapaz de seguir adelante, ceder la propia vida creativa a los demás, hacer elecciones que desgastan la vida al margen de los propios ciclos, sobreproteger el yo, sentirse inerte, insegura, vacilante e incapaz de controlar el propio ritmo o de imponerse límites.

No empeñarse en seguir el propio ritmo, sentirse cohibida, lejos del propio Dios o de los propios dioses, estar separada de la propia revivificación, arrastrada hacia la domesticidad, el intelectualismo, el trabajo o la inercia por ser éste el lugar más seguro para alguien que ha perdido sus instintos.

Temor a aventurarse en solitario o revelarse, temor a buscar un mentor, una madre o un padre, temor a presentar un trabajo hasta que no se ha conseguido la perfección absoluta, temor a emprender un viaje, temor a interesarse por otro o por otros, temor a seguir adelante, huir o venirse abajo, rebajarse ante la autoridad, perder la energía en presencia de proyectos creativos, sentir encogimiento, humillación, angustia, entumecimiento, ansiedad.

Temor a reaccionar con agresividad cuando ya no queda nada más que hacer; temer probar cosas nuevas, enfrentarse con desafíos, hablar claro, oponerse; sentir náuseas, mareos, acidez estomacal, sentirse como cortada por la mitad o asfixiada; mostrarse conciliadora o excesivamente amable, vengarse.

Temor a detenerse o a actuar, contar repetidamente hasta tres sin decidirse a empezar, tener complejo de superioridad, ambivalencia y, sin embargo, estar totalmente capacitada para obrar a pleno rendimiento. Estas rupturas no son una enfermedad de una era o un siglo sino que se convierten en una epidemia en cualquier lugar y momento en que las mujeres estén cautivas, en todas las ocasiones en que la naturaleza salvaje haya caído en una trampa.

Una mujer sana se parece mucho a una loba: robusta, colmada, tan poderosa como la fuerza vital, dadora de vida, consciente de su propio territorio, ingeniosa, leal, en constante movimiento. En cambio, la separación de la naturaleza salvaje provoca que la personalidad de una mujer adelgace, se debilite y adquiera un carácter espectral y fantasmagórico. No estamos hechas para ser unas criaturas enclenques de cabello frágil, incapaces de pegar un salto, de perseguir, dar a luz y crear una vida. Cuando las vidas de las mujeres se quedan estancadas o se llenan de aburrimiento, es hora de que emerja la mujer salvaje; es hora de que la función creadora de la psique inunde el delta.

¿Cómo influye la Mujer Salvaje en las mujeres? Teniéndola a ella por aliada, jefa, modelo y maestra, vemos no a través de dos ojos sino a través de los ojos de la intuición, que tiene muchos. Cuando afirmamos nuestra intuición somos como la noche estrellada: contemplamos el mundo a través de miles de ojos.

La naturaleza salvaje acarrea consigo los fardos de la curación; lleva todo lo que una mujer necesita para ser y saber. Lleva la medicina para todas las cosas. Lleva relatos y sueños, palabras, cantos, signos y símbolos. Es al mismo tiempo el vehículo y el destino.

Unirse a la naturaleza instintiva no significa deshacerse, cambiarlo todo de derecha a izquierda, del blanco al negro, trasladarse del este al oeste, comportarse como una loca o sin control. No significa perder las relaciones propias de una vida en sociedad o convertirse en un ser menos humano. Significa justo lo contrario, ya que la naturaleza salvaje posee una enorme integridad.

Significa establecer un territorio, encontrar la propia manada, estar en el propio cuerpo con certeza y orgullo, cualesquiera que sean los dones y las limitaciones físicas, hablar y actuar en nombre propio, ser consciente y estar en guardia, echar mano de las innatas facultades femeninas de la intuición y la percepción, recuperar los propios ciclos, descubrir qué lugar le corresponde a una, levantarse con dignidad y conservar la mayor conciencia posible.

El arquetipo de la Mujer Salvaje y todo lo que ésta representa es la patrona de todos los pintores, escritores, escultores, bailarines, pensadores, inventores de plegarias, buscadores, descubridores, pues todos ellos se dedican a la tarea de la invención y ésta es la principal ocupación de la naturaleza instintiva. Como todo arte, reside en las entrañas, no en la cabeza. Puede rastrear y correr, convocar y repeler. Puede percibir, camuflarse y amar profundamente. Es intuitiva, típica y respetuosa con las normas. Es absolutamente esencial para la salud mental y espiritual de las mujeres.

Por consiguiente, ¿qué es la Mujer Salvaje? Desde el punto de vista de la psicología arquetípica y también de las antiguas tradiciones, ella es el alma femenina. Pero es algo más; es el origen de lo femenino. Es todo lo que pertenece al instinto, a los mundos visibles y ocultos... es la base. Todas recibimos de ella una resplandeciente célula que contiene todos los instintos y los saberes necesarios para nuestras vidas.

«... Es la fuerza Vida/Muerte/Vida, es la incubadora. Es la intuición, es la visionaria, la que sabe escuchar, es el corazón leal. Anima a los seres humanos a ser multilingües; a hablar con fluidez los idiomas de los sueños, la pasión y la poesía. Habla en susurros desde los sueños nocturnos, deja en el territorio del alma de una mujer un áspero pelaje y unas huellas llenas de barro. Y ello hace que las mujeres ansíen encontrarla, liberarla y amarla.

»Es todo un conjunto de ideas, sentimientos, impulsos y recuerdos. Ha estado perdida y medio olvidada durante muchísimo tiempo.

Es la fuente, la luz, la noche, la oscuridad, el amanecer. Es el olor del buen barro y la pata trasera de la raposa. Los pájaros que nos cuentan los secretos le pertenecen. Es la voz que dice: "Por aquí, por aquí."

»Es la que protesta a voces contra la injusticia. Es la que gira como una inmensa rueda. Es la hacedora de ciclos. Es aquella por cuya búsqueda dejamos nuestro hogar. Es el hogar al que regresamos. Es la lodosa raíz de todas las mujeres. Es todas las cosas que nos inducen a seguir adelante cuando pensamos que estamos acabadas. Es la incubadora de las pequeñas ideas sin pulir y de los pactos. Es la mente que nos piensa; nosotras somos los pensamientos que ella piensa.

»¿Dónde está? ¿Dónde la sientes, dónde la encuentras? Camina por los desiertos, los bosques, los océanos, las ciudades, los barrios y los castillos. Vive entre las reinas y las *campesinas*, en la habitación de la casa de huéspedes, en la fábrica, en la cárcel, en las montañas de la soledad. Vive en el gueto, en la universidad y en las calles. Nos deja sus huellas para que pongamos los pies en ellas. Deja huellas dondequiera que haya una mujer que es tierra fértil.

»¿Dónde vive? En el fondo del pozo, en las fuentes, en el éter anterior al tiempo. Vive en la lágrima y en el océano, en la savia de los árboles. Pertenece al futuro y al principio del tiempo. Vive en el pasado y nosotras la llamamos. Está en el presente y se sienta a nuestra mesa, está detrás de nosotras cuando hacemos cola y conduce por delante de nosotras en la carretera. Está en el futuro y retrocede en el tiempo para encontrarnos.

»Vive en el verdor que asoma a través de la nieve, vive en los crujientes tallos del moribundo maíz de otoño, vive donde vienen los muertos a por un beso y en el lugar al que los vivos envían sus oraciones. Vive en donde se crea el lenguaje. Vive en la poesía, la percusión y el canto. Vive en las negras y en las apoyaturas y también en una cantata, en una sextina y en el blues. Es el momento que precede al estallido de la inspiración. Vive en un lejano lugar que se abre paso hasta nuestro mundo.

»La gente podría pedir una demostración o una prueba de su existencia. Pero lo que pide esencialmente es una prueba de la existencia de la psique. Y, puesto que nosotras somos la psique, también somos la prueba. Todas y cada una de nosotras somos la prueba no sólo de la existencia de la Mujer Salvaje sino también de su condición en la comunidad. Nosotras somos la prueba de este inefable numen femenino. Nuestra existencia es paralela a la suya.

»Las experiencias que nosotras tenemos de ella, dentro y fuera, son las pruebas. Nuestros miles de millones de encuentros intrapsíquicos con ella a través de nuestros sueños nocturnos y nuestros pensamientos diurnos, a través de nuestros anhelos y nuestras inspiraciones, nos lo demuestran. El hecho de que nos sintamos desoladas en su ausencia y que la echemos de menos y anhelemos su presencia cuando estamos separadas de ella es una manifestación de que ella ha pasado por aquí...»[3]

Hice el doctorado en psicología etnoclínica, que es el estudio tanto de la psicología clínica como de la etnología, esta última centrada sobre todo en el estudio de la psicología de los grupos y de las tribus en particular. Obtuve un diploma en psicología analítica, que es el que me califica como psicoanalista junguiana. Mi experiencia vital como *cantadora/mesemondó*, poeta y artista me inspira también en mi trabajo con las personas que se someten a psicoanálisis.

A veces me preguntan qué hago en mi consulta para ayudar a las mujeres a recuperar su naturaleza salvaje. Doy mucha importancia a la psicología clínica y la psicología del desarrollo y para curar utilizo el ingrediente más sencillo y accesible: los relatos. Examinamos el material de los sueños de la paciente, que contiene muchos argumentos y narraciones. Las sensaciones físicas y los recuerdos corporales de la paciente también son relatos que se pueden leer y llevar a la conciencia.

Enseño además una modalidad de poderoso trance interactivo muy parecido a la imaginación activa de Jung... lo cual da lugar también a unos relatos que contribuyen a aclarar el viaje psíquico de la paciente. Hacemos aflorar a la superficie el Yo salvaje por medio de preguntas concretas y del examen de cuentos, leyendas y mitos. La mayoría de las veces, tras un tiempo, acabamos por encontrar el mito o el cuento de hadas que contiene toda la instrucción que necesita una mujer para su desarrollo psicológico. Estas historias contienen el drama espiritual de una mujer. Es algo así como una obra teatral con instrucciones escénicas, representación y atrezo.

El «oficio de hacer» constituye una parte importante de mi trabajo. Trato de conferir fuerza a mis pacientes, enseñándoles los antiquísimos oficios manuales... entre ellos, las artes simbólicas de la creación de talismanes, las *ofrendas* y los *retablos*, que pueden ser cualquier cosa, desde unos simples palillos envueltos en cintas hasta una complicada escultura. El arte es importante, pues evoca las estaciones del alma o algún acontecimiento especial o trágico del viaje del alma. El arte no es sólo para una misma, no es un jalón en la propia comprensión. Es también un mapa para las generaciones venideras.

Como es natural, el trabajo con cada paciente se realiza de forma personalizada, pues no cabe duda de que cada persona es distinta. Pero en mi trabajo con las pacientes estos factores son siempre los mismos y constituyen el fundamento del trabajo de todos los seres humanos que los han precedido, de mi propio trabajo y también del vuestro. El arte de las preguntas, el arte de los cuentos, el arte manual, son todos producto de algo y este algo es el alma. Cada vez que alimentamos el alma, garantizamos su desarrollo.

Espero que se percaten de que ésos son medios tangibles para suavizar antiguas cicatrices, sanar viejas heridas y enfocar de otro modo las cosas y de que, al recuperar los oficios añejos, se consigue, de una manera práctica, hacer visible el alma.

Los cuentos que aquí reproduzco para explicar la naturaleza instintiva de las mujeres son en algunos casos relatos originales y, en otros casos, versiones literarias distintas que yo he escrito, basándome en los relatos que me contaron mis *tíos* y *tías*, *abuelitas* y *abuelos*, *omahs* y *opahs*, los mayores de mi familia cuyas tradiciones orales se vienen transmitiendo ininterrumpidamente desde tiempos inmemoriales. Algunos son documentos escritos de mis encuentros directos, otros son de tiempos pasados y todos nacen del corazón. Los expongo con todos los detalles y en toda su arquetípica integridad. Y los presento con el permiso y la bendición de tres generaciones vivas de narradores de cuentos de mi familia que comprenden las sutilezas y las exigencias de los cuentos entendidos como fenómenos curativos[4].

Añado algunas de las preguntas que planteo a mis pacientes y a otras personas a las que ofrezco mis consejos para que consigan recordarse a sí mismas. Detallo también para los lectores algunos de los métodos: el hábil y experto juego con el cual las mujeres consiguen retener el numen de su tarea en la memoria consciente. Todas estas cosas contribuyen a favorecer la convergencia con el valioso Yo salvaje.

Los cuentos son una medicina. Me sentí fascinada por ellos desde que escuché el primero. Tienen un poder extraordinario; no exigen que hagamos, seamos o pongamos en práctica algo: basta con que escuchemos. Los cuentos contienen los remedios para reparar o recuperar cualquier pulsión perdida. Los cuentos engendran emociones, tristeza, preguntas, anhelos y comprensiones que hacen aflorar espontáneamente a la superficie el arquetipo, en este caso, la Mujer Salvaje.

Los cuentos están repletos de instrucciones que nos guían en medio de las complejidades de la vida. Los cuentos nos permiten comprender la necesidad de recobrar un arquetipo sumergido y los medios para hacerlo. Los cuentos de las páginas siguientes son, de entre los centenares que he estudiado y con los que he trabajado a lo largo de varias décadas, los que, a mi juicio, más claramente expresan la riqueza del arquetipo de la Mujer Salvaje.

A veces, varias capas culturales desdibujan los núcleos de los cuentos. Por ejemplo, en el caso de los hermanos Grimm (entre otros recopiladores de cuentos de hadas de los últimos siglos), hay poderosas sospechas de que sus confidentes (narradores de cuentos) de aquella época «purificaron» los relatos para no herir la susceptibilidad de los piadosos hermanos. A lo largo del tiempo, se superpusieron a los viejos símbolos paganos otros de carácter cristiano, de tal forma que el viejo curandero de un cuento se convirtió en una perversa bruja, un espíritu se transformó en un ángel, un velo de iniciación en un pañuelo o una niña llamada Bella (el nombre habitual de una criatura nacida durante el solsticio de verano) se rebautizó con el nombre de *Schmerzenreich*, Apenada. Los elementos sexuales se eliminaban. Las amables criaturas y animales se transmutaban a menudo en demonios y cocos.

De esta manera se perdieron muchos relatos didácticos sobre el sexo, el amor, el dinero, el matrimonio, el nacimiento, la muerte y la transformación. De esta manera se borraron también los cuentos de hadas y los mitos que explican los antiguos misterios de las mujeres. Casi todas las viejas colecciones de cuentos de hadas y mitos que hoy en día se conservan se han expurgado de todo lo escatológico, lo sexual, lo perverso (incluso las advertencias contra todas estas cosas), lo precristiano, lo femenino, las diosas, los ritos de iniciación, los remedios para los distintos trastornos psicológicos y las instrucciones para los arrobamientos espirituales.

Pero no se han perdido para siempre. De niña escuché lo que me consta que son temas íntegros y sin retoque de antiguas historias, muchos de los cuales se incluyen en este libro. No obstante, hasta los fragmentos de relatos en su forma actual pueden contener todo el conjunto de la historia. He rebuscado un poco en lo que denomino en broma la medicina forense y la paleomitología de los cuentos de hadas, por más que la reconstrucción sea esencialmente una tarea larga, complicada y contemplativa. En pro de la efectividad, utilizo varias formas de exégesis, comparando los *leitmotifs*, considerando deducciones antropológicas e históricas y formas tanto nuevas como antiguas. Trato de reconstruir los relatos a partir de antiguas pautas arquetípicas aprendidas en mis estudios de psicología analítica y arquetípica, una disciplina que preserva y estudia todos los temas y argumentos de los cuentos de hadas, las leyendas y los mitos para poder entender las vidas instintivas de los seres humanos. Para ello me resultan útiles los patrones subyacentes en los mundos imaginarios, las imágenes colectivas del inconsciente y las que aparecen en los sueños y en los estados de conciencia no ordinarios. Y para redondear la tarea con un toque más vistoso comparo las matrices de los relatos con los restos arqueológicos de las antiguas culturas, tales como objetos rituales de alfarería, máscaras y figurillas. Con pocas palabras y utilizando una locución típica de los cuentos de hadas, me he pasado mucho tiempo hozando las cenizas.

Llevo unos veinticinco años estudiando las pautas arquetípicas y el doble de años estudiando los mitos, los cuentos de hadas y el folclore de mis culturas familiares. He adquirido un vasto cuerpo de conocimientos acerca de la osamenta de los relatos y sé cuándo falta algún hueso en una historia. A lo largo de los siglos, las conquistas de naciones por parte de otras naciones y las conversiones religiosas tanto pacíficas como forzosas han cubierto o alterado el núcleo original de los antiguos relatos.

Pero hay una buena noticia. A pesar de las ruinas estructurales que se observan en las versiones existentes de los cuentos, existe una pauta muy definida que sigue brillando con fuerza. A través de la forma y la configuración de los distintos fragmentos y las distintas partes, se puede establecer con una considerable precisión qué se ha perdido en un relato y reconstruir cuidadosamente las piezas que faltan; lo que permite a menudo descubrir unas sorprendentes subestructuras que alivian en cierto modo el pesar de las mujeres por la destrucción de los antiguos misterios. Los antiguos misterios no se han destruido. Todo lo que se necesita, todo lo que podríamos necesitar en algún momento, nos sigue hablando todavía en susurros desde los huesos de los relatos.

Recoger la esencia de los relatos constituye una tarea dura y metódica de paleontólogo. Cuantos más huesos contenga la historia, tanto más probable será encontrar su estructura integral. Cuanto más enteros estén los relatos, más sutiles serán los giros y vueltas de la psique que advirtamos y tantas más oportunidades tendremos de captar y evocar nuestro trabajo espiritual. Cuando trabajamos el alma, ella, la Mujer Salvaje, crea una mayor cantidad de sí misma.

De niña tuve la suerte de estar rodeada de personas de muchos antiguos países europeos y también de México. Muchos miembros de mi familia, mis vecinos y amigos, acababan de llegar de Hungría, Alemania, Rumania, Bulgaria, Yugoslavia, Polonia, Checoslovaquia, Serbo-Croacia, Rusia, Lituania y Bohemia, y también de Jalisco, Michoacán, Juárez y de muchas de las *aldeas fronterizas* de México/Texas/Arizona. Ellos y muchos otros —nativos americanos, gente de los Apalaches, inmigrantes asiáticos y muchas familias afroamericanas del sur— habían llegado para trabajar en los cultivos y las cosechas, en los fosos ceniceros de las fábricas, las acerías, las cervecerías y las tareas domésticas. En su inmensa mayoría no eran personas instruidas en el sentido académico, pero, aun así, eran profundamente sabios. Eran los portadores de una valiosa y casi pura tradición oral.

Muchos miembros de mi familia y muchos de los vecinos que me rodeaban habían sobrevivido a los campos de trabajos forzados, de personas desplazadas, de deportación y de concentración, donde los narradores de cuentos que había entre ellos habían vivido una versión de pesadilla de Sherezade. Muchos habían sido despojados de las tierras de su familia, habían vivido en cárceles de inmigración, habían sido repatriados en contra de su voluntad. De aquellos rústicos contadores de historias aprendí por primera vez las historias que cuentan las personas cuando la vida es susceptible de convertirse en muerte y la muerte en vida en cuestión de un momento. El hecho de que sus relatos estuvieran tan llenos de sufrimiento y esperanza hizo que, cuando crecí lo bastante como para poder leer los cuentos de hadas en letra impresa, éstos me parecieran curiosamente almidonados y planchados en comparación con aquéllos.

En mi primera juventud, emigré al oeste hacia las Montañas Rocosas. Viví entre afectuosos extranjeros judíos, irlandeses, griegos, italianos, afroamericanos y alsacianos que se convirtieron en amigos y almas gemelas. He tenido la suerte de conocer a algunas de las insólitas y antiguas comunidades latinoamericanas del sudoeste de Estados Unidos como los trampas y los truchas de Nuevo México. Tuve la suerte de pasar algún tiempo con amigos y parientes americanos nativos, desde los inuit del norte, pasando por los pueblos y los plains del oeste, los nahuas, lacandones, tehuanas, huicholes, seris, maya-quichés, maya-cakchiqueles, mesquitos, cunas, nasca/quechuas y jíbaros de Centroamérica y Sudamérica.

He intercambiado relatos con hermanas y hermanos sanadores alrededor de mesas de cocina y bajo los emparrados, en corrales de gallinas y establos de vacas, haciendo tortillas, siguiendo las huellas de los animales salvajes y cosiendo el millonésimo punto de cruz. He tenido la suerte de compartir el último cuenco de chile, de cantar con mujeres el *gospel* para despertar a los muertos y de dormir bajo las estrellas en casas sin techumbre. Me he sentado alrededor de la lumbre o a cenar o ambas cosas a la vez en Little Italy, Polish Town, Hill Country, los Barrios y otras comunidades étnicas de todo el Medio Oeste y el Lejano Oeste urbano y, más recientemente, he intercambiado relatos sobre los *sparats*, los fantasmas malos, con amigos *griots* de las Bahamas.

He tenido la inmensa suerte de que dondequiera que fuera los niños, las matronas, los hombres en la flor de la edad, los pobres tontos y las viejas brujas —los artistas del espíritu— salieran de sus bosques, selvas, prados y dunas para deleitarme con sus graznidos y sus *kavels*. Y yo a ellos con los míos.

Hay muchas maneras de abordar los cuentos. El folclorista profesional, el junguiano, el freudiano o cualquier otra clase de analista, el etnólogo, el antropólogo, el teólogo, el arqueólogo, tiene cada uno su método, tanto en la recopilación de los relatos como en el uso a que se destinen. Intelectualmente, mi manera de trabajar con los cuentos derivó de mis estudios de psicología analítica y arquetípica. Durante más de media década de mi formación psicoanalítica, estudié la ampliación de los *leitmotifs*, la simbología arquetípica, la mitología mundial, la iconología antigua y popular, la etnología, las religiones mundiales y la interpretación de las fábulas.

Visceralmente, sin embargo, abordo los relatos como una *cantadora*, una guardiana de antiguas historias. Procedo de una larga estirpe de narradores: las *mesemondók*, las ancianas húngaras capaces de contar historias, tanto sentadas en sillas de madera con sus monederos de plástico sobre el regazo, las rodillas separadas y la falda rozando el suelo, como ocupadas en la tarea de retorcerle el cuello a una gallina... y las *cuentistas*, las ancianas latinoamericanas de exuberante busto y anchas caderas que permanecen de pie y narran a gritos la historia como si cantaran una *ranchera*. Ambos clanes cuentan historias con la voz clara de las mujeres que han vivido sangre y niños, pan y huesos. Para ellas, el cuento es una medicina que fortalece y endereza al individuo y la comunidad.

Los que han asumido las responsabilidades de este arte y se entregan al numen que se oculta detrás de él son descendientes directos de una inmensa y antigua comunidad de santos, trovadores, bardos, *griots*, cantadoras, cantores, poetas ambulantes, vagabundos, brujas y chiflados.

Una vez soñé que estaba narrando cuentos y sentí que alguien me palmeaba el pie para darme ánimos. Bajé los ojos y vi que estaba de pie sobre los hombros de una anciana que me sujetaba por los tobillos y, con la cabeza levantada hacia mí, me miraba sonriendo.

—No, no —le dije—, súbete tú a mis hombros, pues eres vieja y yo soy joven.

—No, no —contestó ella—, así tiene que ser.

Entonces vi que la anciana se encontraba de pie sobre los hombros de otra mujer mucho más vieja que ella, quien estaba encaramada a los hombros de una mujer vestida con una túnica, subida a su vez sobre los hombros de otra persona, la cual permanecía de pie sobre los hombros...

Y creí que era cierto lo que me había dicho la vieja del sueño de que así tenía que ser. El alimento para la narración de cuentos procede del poder y las aptitudes de las personas que me han precedido. Según mi experiencia, el momento más significativo del relato extrae su fuerza de una elevada columna de seres humanos unidos entre sí a través del tiempo y el espacio, esmeradamente vestidos con los harapos, los ropajes o la desnudez de su época y llenos a rebosar de una vida que todavía se sigue viviendo. Si es única la fuente y único el numen de los cuentos, todo se halla en esta larga cadena de seres humanos.

El cuento es muchísimo más antiguo que el arte y la ciencia de la psicología y siempre será el más antiguo de la ecuación, por mucho tiempo que pase. Una de las modalidades más antiguas de narración, que a mí me intriga enormemente, es el apasionado estado de trance, en el que la narradora «percibe» a su público —que puede ser una sola persona o muchas— y entra en un estado de «mundo en medio de otros mundos», en el que un relato es «atraído» hacia la narradora y contado a través de ella.

Una narradora en estado de trance invoca al *duende*[5], el viento que sopla sobre el rostro de los oyentes y les infunde espíritu. Una narradora en estado de trance aprende a desdoblarse psíquicamente a través de la práctica meditativa de un relato, es decir, aprendiendo a abrir ciertas puertas psíquicas y rendijas del ego para permitir que hable la voz, una voz más antigua que las piedras. Una vez hecho esto, el relato puede seguir cualquier camino, se puede cambiar de arriba abajo, llenar de gachas de avena y destinarlo al festín de un menesteroso, colmar de oro, o puede perseguir al oyente hasta el siguiente mundo. El narrador nunca sabe qué le saldrá y en eso consiste por lo menos la mitad de la conmovedora magia del relato.

Éste es un libro de relatos sobre las modalidades del arquetipo de la Mujer Salvaje. Intentar representarla por medio de esquemas o cuadricular su vida psíquica sería contrario a su espíritu. Conocerla es un trabajo continuo, que dura toda la vida.

He aquí por tanto unos relatos que se pueden utilizar como vitaminas del alma, unas observaciones, unos fragmentos de mapas, unos trocitos de resina que adherir a los troncos de los árboles, unas plumas que marquen el camino, y unos matorrales que servirán de guía hacia el *mundo subterráneo*, nuestro hogar psíquico.

Los cuentos ponen en marcha la vida interior, y eso reviste especial importancia cuando la vida interior está amedrentada, encajonada o acorralada. El cuento engrasa los montacargas y las poleas, estimula la adrenalina, nos muestra la manera de salir, ya sea por arriba o por abajo y, en premio a nuestro esfuerzo, nos abre unas anchas y cómodas puertas donde antes no había más que paredes en blanco, unas puertas que nos conducen al país de los sueños, al amor y a la sabiduría y nos llevan de vuelta a nuestra auténtica vida de mujeres sabias y salvajes.

Los cuentos como «Barba Azul» nos enseñan lo que hay que hacer con las heridas femeninas que no dejan de sangrar. Los cuentos como «La Mujer Esqueleto» nos muestran el poder místico de la relación y de qué manera el sentimiento adormecido puede revivir y convertirse en un profundo afecto. Los dones de la Vieja Muerte están presentes en el personaje de Baba Yagá, la vieja Bruja Salvaje. En «Vasalisa la Sabia»[6], la muñequita que indica el camino cuando todo parece perdido vuelve a practicar una de las artes femeninas instintivas hoy en día olvidadas. Los cuentos como «La Loba», una huesera del desierto, nos muestran la función transformadora de la psique. «La doncella manca» recupera las fases perdidas de los viejos ritos de iniciación de los tiempos antiguos y, como tal, constituye una guía perenne para todos los años de la vida de una mujer.

Nuestro contacto con la naturaleza salvaje nos impulsa a no limitar nuestras conversaciones a los seres humanos, ni nuestros movimientos más espléndidos a las pistas de baile, ni nuestros oídos sólo a la música de los instrumentos creados por la mano del hombre, ni nuestros ojos a la belleza «que nos ha sido enseñada», ni nuestro cuerpo a las sensaciones autorizadas, ni nuestra mente a aquellas cosas sobre las cuales ya estamos todos de acuerdo. Todos estos cuentos presentan el filo de la interpretación, la llama de la vida apasionada, el aliento para hablar de lo que una sabe, el valor de resistir lo que una ve sin apartar la mirada, la fragancia del alma salvaje.

Éste es un libro de cuentos de mujeres que se ofrecen como señales a lo largo del camino. Puedes leerlos y meditarlos a fin de que te guíen hacia la libertad adquirida por medios naturales, hacia el interés por ti misma, los animales, la tierra, los niños, las hermanas, los amantes y los hombres. Quiero decirte de entrada que las puertas que conducen al mundo del Yo salvaje son pocas pero valiosas. Si tienes una profunda herida, eso es una puerta; si tienes un cuento muy antiguo, eso es una puerta. Si amas el cielo y el agua hasta el extremo de casi no poder resistirlo, eso es una puerta. Si ansías una vida más profunda, colmada y sensata, eso es una puerta.

El material de este libro se eligió con el propósito de darte ánimos. La obra pretende ser un reconstituyente tanto para las que ya están en camino, incluyendo las que avanzan penosamente por difíciles paisajes interiores, como para las que luchan en el mundo y por el mundo. Tenemos que esforzarnos para que nuestras almas crezcan de forma natural y alcancen sus profundidades naturales. La naturaleza salvaje no exige que una mujer sea de un determinado color, tenga una determinada educación y un determinado estilo de vida o pertenezca a una determinada clase económica... De hecho, no puede desarrollarse en una atmósfera de obligada corrección política ni puede ser doblada para que encaje en unos moldes caducos. Se desarrolla con la mirada pura y la honradez personal. Se desarrolla con su propia manera de ser.

Por consiguiente, tanto si eres introvertida como si eres extrovertida, una mujer amante de la mujer, una mujer amante del hombre o una mujer amante de Dios o las tres cosas a la vez, tanto si tienes un corazón sencillo como si eres tan ambiciosa como una amazona, tanto si quieres llegar a la cima como si te basta con seguir tirando hasta mañana, tanto si eres alegre como si eres de temperamento melancólico, tanto si eres espléndida como si eres desconsiderada, la Mujer Salvaje te pertenece. Pertenece a todas las mujeres.

Para encontrarla, las mujeres deben regresar a sus vidas instintivas, a sus más profundos conocimientos[7]. Por consiguiente, pongámonos en marcha ahora mismo y volvamos a recordar nuestra alma salvaje. Dejemos que su carne vuelva a cantar en nuestros huesos. Despojémonos de todos los falsos mantos que nos han dado. Cubrámonos con el verdadero manto del poderoso instinto y la sabiduría. Penetremos en los territorios psíquicos que antaño nos pertenecieron. Desenrollemos las vendas, preparemos la medicina. Regresemos ahora mismo como mujeres salvajes que aúllan, se ríen y cantan las alabanzas de Aquella que tanto nos ama.

Para nosotras la elección no ofrece duda. Sin nosotras, la Mujer Salvaje se muere. Sin la Mujer Salvaje, nos morimos nosotras. *Para la Vida*, para la verdadera vida, ambas tenemos que vivir.

 CAPÍTULO I

El aullido:
La resurrección
de la Mujer Salvaje

La Loba

Tengo que confesarles que yo no soy como uno de esos teólogos que se adentran en el desierto y regresan cargados de sabiduría. He recorrido muchas hogueras de cocinar y he esparcido cebo de angelote en toda suerte de dormitorios. Pero, más que adquirir sabiduría, he sufrido embarazosos episodios de *Giardiasis, E. coli*[1], y amebiasis. Ay, tal es el destino de una mística de la clase media con intestinos delicados.

He aprendido a protegerme de todos los conocimientos o la sabiduría que haya podido adquirir en el transcurso de mis viajes a extraños lugares y personas insólitas, pues a veces el viejo padre Academo*, como el mítico Cronos, sigue mostrando una fuerte propensión a devorar a sus hijos antes de que hayan alcanzado la capacidad de sanar o sorprender. El exceso de intelectualización puede desdibujar las pautas de la naturaleza instintiva de las mujeres.

Por consiguiente, para fomentar nuestra relación de parentesco con la naturaleza instintiva, es muy útil comprender los cuentos como si estuviéramos dentro de ellos y no como si ellos estuvieran fuera de nosotros. Entramos en un cuento a través de la puerta del oído inte-

---

* Héroe ateniense al que estaba dedicado un bosque sagrado donde Platón fundó su Academia y donde solían reunirse los filósofos de Atenas. (*N. de la T.*)

rior. El relato hablado toca el nervio auditivo que discurre por la base del cráneo y penetra en la médula oblonga justo por debajo del puente de Varolio. Allí los impulsos auditivos se transmiten a la conciencia o bien al alma, según sea la actitud del oyente.

Los antiguos anatomistas decían que el nervio auditivo se dividía en tres o más caminos en el interior del cerebro. De ello deducían que el oído podía escuchar a tres niveles distintos. Un camino estaba destinado a las conversaciones mundanas. El segundo era para adquirir erudición y apreciar el arte y el tercero permitía que el alma oyera consejos que pudieran servirle de guía y adquiriera sabiduría durante su permanencia en la tierra.

Hay que escuchar por tanto con el oído del alma, pues ésta es la misión del cuento.

Hueso a hueso, cabello a cabello, la Mujer Salvaje regresa. A través de los sueños nocturnos y de los acontecimientos medio comprendidos y medio recordados. La Mujer Salvaje regresa. Y lo hace a través de los cuentos.

Inicié mi propia migración por Estados Unidos en los años sesenta, buscando un lugar donde pudiera asentarme entre los árboles, la fragancia del agua y las criaturas a las que amaba: el oso, la raposa, la serpiente, el águila y el lobo. Los hombres exterminaban sistemáticamente a los lobos en el norte de la región de los Grandes Lagos; dondequiera que fuera, los lobos eran perseguidos de distintas maneras. Aunque muchos los consideraban una amenaza, yo siempre me sentía más segura cuando había lobos en los bosques. Por aquel entonces, tanto en el oeste como en el norte, podías acampar y oír por la noche el canto de las montañas y el bosque.

Pero, incluso en aquellos lugares, la era de los rifles de mira telescópica, de los reflectores montados en Jeeps y de los cebos a base de arsénico hacían que el silencio se fuera propagando por la tierra. Muy pronto las Montañas Rocosas se quedaron casi sin lobos. Así fue como llegué al gran desierto que se extiende mitad en México y mitad en Estados Unidos. Y, cuanto más al sur me desplazaba, tanto más numerosos eran los relatos que me contaban sobre los lobos.

Dicen que hay un lugar del desierto en el que el espíritu de las mujeres y el espíritu de los lobos se reúnen a través del tiempo. Intuí que había descubierto algo cuando en la zona fronteriza de Texas oí un cuento llamado «La Muchacha *Loba*» acerca de una mujer que era una loba que a su vez era una mujer. Después descubrí el antiguo relato azteca de los gemelos huérfanos que fueron amamantados por una loba hasta que pudieron valerse por sí mismos[2].

Y, finalmente, de labios de los agricultores de las antiguas concesiones de tierras españolas y de las tribus pueblo del sudoeste, adquirí información sobre los hueseros, los viejos que resucitaban a los muertos y que, al parecer, eran capaces de devolver la vida tanto a las personas como a los animales. Más tarde, en el transcurso de una de mis expediciones etnográficas, conocí a una huesera y, desde entonces, ya jamás volví a ser la misma. Permítanme que les ofrezca un relato y una presentación directos.

〰️〰️〰️〰️〰️〰️〰️〰️〰️〰️〰️

La Loba

Hay una vieja que vive en un escondrijo del alma que todos conocen pero muy pocos han visto. Como en los cuentos de hadas de la Europa del este, la vieja espera que los que se han extraviado, los caminantes y los buscadores acudan a verla.

Es circunspecta, a menudo peluda y siempre gorda, y, por encima de todo, desea evitar cualquier clase de compañía. Cacarea como las gallinas, canta como las aves y por regla general emite más sonidos animales que humanos.

Podría decir que vive entre las desgastadas laderas de granito del territorio indio de Tarahumara. O que está enterrada en las afueras de Phoenix en las inmediaciones de un pozo. Quizá la podríamos ver viajando al sur hacia Monte Albán[3] en un viejo cacharro con el cristal trasero roto por un disparo. O esperando al borde de la autovía cerca de El Paso o desplazándose con unos camioneros a Morelia, México, o dirigiéndose al mercado de Oaxaca, cargada con unos haces de leña integrados por ramas de extrañas formas. Se la conoce con distintos nombres: *La Huesera, La Trapera* y *La Loba*.

La única tarea de *La Loba* consiste en recoger huesos. Recoge y conserva sobre todo lo que corre peligro de perderse. Su cueva está llena de huesos de todas las criaturas del desierto: venados, serpientes de cascabel, cuervos. Pero su especialidad son los lobos.

Se arrastra, trepa y recorre las *montañas* y los *arroyos* en busca de huesos de lobo y, cuando ha juntado un esqueleto entero, cuando el último hueso está en su sitio y tiene ante sus ojos la hermosa escultura blanca de la criatura, se sienta junto al fuego y piensa qué canción va a cantar.

Cuando ya lo ha decidido, se sitúa al lado de la *criatura*, levanta los brazos sobre ella y se pone a cantar. Entonces los huesos de las costillas y los huesos de las patas del lobo se cubren de carne y a la criatura le crece el pelo. *La Loba* canta un poco más y la criatura cobra vida y su fuerte y peluda cola se curva hacia arriba.

La Loba sigue cantando y la criatura lobuna empieza a respirar.

La Loba canta con tal intensidad que el suelo del desierto se estremece y, mientras ella canta, el lobo abre los ojos, pega un brinco y escapa corriendo cañón abajo.

En algún momento de su carrera, debido a la velocidad o a su chapoteo en el agua del arroyo que está cruzando, a un rayo de sol o a un rayo de luna que le ilumina directamente el costado, el lobo se transforma de repente en una mujer que corre libremente hacia el horizonte, riéndose a carcajadas.

Recuerda que, si te adentras en el desierto y está a punto de ponerse el sol y quizá te has extraviado un poquito y te sientes cansada, estás de suerte, pues bien pudiera ser que le cayeras en gracia a *La Loba* y ella te enseñara una cosa... una cosa del alma.

Todos iniciamos nuestra andadura como un saco de huesos perdido en algún lugar del desierto, un esqueleto desmontado, oculto bajo la arena. Nuestra misión es recuperar las distintas piezas. Un proceso muy minucioso que conviene llevar a cabo cuando las sombras son apropiadas, pues hay que buscar mucho. *La Loba* nos enseña lo que tenemos que buscar, la fuerza indestructible de la vida, los huesos.

La tarea de *La Loba* se podría considerar *un cuento milagro*, pues nos muestra lo que puede ser beneficioso para el alma. Es un cuento de resureccción acerca de la conexión subterránea con la Mujer Salvaje. Nos promete que, si cantamos la canción, podremos conjurar los restos psíquicos del alma salvaje y devolverle su forma vital por medio de nuestro canto.

La Loba canta sobre los huesos que ha recogido. Cantar significa utilizar la voz del alma. Significa decir la verdad acerca del propio poder y la propia necesidad, infundir alma a lo que está enfermo o necesita recuperarse. Y eso se hace descendiendo a las mayores profundidades del amor y del sentimiento hasta conseguir que el deseo de relación con el Yo salvaje se desborde para poder hablar con la propia alma desde este estado de ánimo. Eso es cantar sobre los huesos. No podemos cometer el error de intentar obtener de un amante este gran sentimiento de amor, pues el esfuerzo femenino de descubrir y cantar el himno de la creación es una tarea solitaria, una tarea que se cumple en el desierto de la psique.

Vamos a estudiar a *La Loba* propiamente dicha. En el léxico simbólico de la psique, el símbolo de la Vieja es una de las personificaciones arquetípicas más extendidas del mundo. Otras son la Gran Madre y el Padre, el Niño Divino, el Tramposo, la Bruja o el Brujo, la Doncella y la Juventud, la Heroína-Guerrera y el Necio o la Necia. Y, sin embargo, una figura como *La Loba* se puede considerar esencial y efectivamente distinta, pues es el símbolo de la raíz que alimenta todo un sistema instintivo.

En el Sudoeste, el arquetipo de la Vieja también se puede identificar como *La Que Sabe*. Comprendí por vez primera lo que era *La Que Sabe* cuando vivía en las montañas Sangre de Cristo de Nuevo México, al pie del Lobo Peak. Una anciana bruja de Ranchos me dijo que *La Que Sabe* lo sabía todo acerca de las mujeres y había creado a las mujeres a partir de una arruga de la planta de su divino pie: por eso las mujeres son criaturas que saben, pues están hechas esencialmente con la piel de la planta del pie que lo percibe todo. La idea de la sensibilidad de la planta del pie me sonaba a verdadera, pues una vez una mujer culturalizada de la tribu quiché me dijo que se había puesto sus primeros zapatos a los veinte años cuando aún no estaba acostumbrada a caminar *con los ojos vendados*.

La esencia salvaje que habita en la naturaleza ha recibido distintos nombres y ha formado una red de líneas entrecruzadas en todas las naciones a lo largo de los siglos. He aquí algunos de sus nombres: La Madre de los Días es la Madre-Creador-Dios de todos los seres y todas las obras, incluidos el cielo y la tierra; la Madre Nyx ejerce su dominio sobre todas las cosas del barro y la oscuridad; *Durga* controla los cielos, los vientos y los pensamientos de los seres humanos a partir de los cuales se difunde toda la realidad; Coatlicue da a luz al universo niño que es un bribonzuelo de mucho cuidado, pero, como una madre loba, le muerde la oreja para meterlo en cintura; Hécate es la vieja vidente que «conoce a los suyos» y está envuelta en el olor de la tierra y el aliento de Dios. Y hay muchas, muchas más. Todas ellas son imágenes de quién y qué vive bajo la montaña, en el lejano desierto y en lo más profundo.

Cualquiera que sea su nombre, la fuerza personificada por *La Loba* encierra en sí el pasado personal y el antiguo, pues ha sobrevivido generación tras generación y es más vieja que el tiempo. Es la archivera de la intención femenina y la conservadora de la tradición de la hembra. Los pelos de su bigote perciben el futuro; tiene la lechosa y perspicaz mirada de una vieja bruja; vive simultáneamente en el presente y en el pasado y subsana los errores de una parte bailando con la otra.

La vieja, La Que Sabe, está dentro de nosotras. Prospera en la más profunda psique de las mujeres, en el antiguo y vital Yo salvaje. Su hogar es aquel lugar del tiempo en el que se juntan el espíritu de las mujeres y el espíritu de *La Loba*, el lugar donde se mezclan la mente y el instinto, el lugar donde la vida profunda de una mujer es el fundamento de su vida corriente. Es el lugar donde se besan el Yo y el Tú, el lugar donde las mujeres corren espiritualmente con los lobos.

Esta vieja se encuentra situada entre los mundos de la racionalidad y del mito. Es el eje en torno al cual giran los dos mundos. La tierra que se interpone entre ambos es ese inexplicable lugar que todas reconocemos en cuanto llegamos a él, pero sus matices se nos escapan y cambian de forma cuando tratamos de inmovilizarlos, a no ser que usemos la poesía, la música, la danza o un cuento.

Se ha aventurado la posibilidad de que el sistema inmunitario del cuerpo esté enraizado en esta misteriosa tierra psíquica, al igual que la mística, las imágenes y los impulsos arquetípicos, incluidos nuestra hambre de Dios, nuestro anhelo de misterio y todos los instintos no sólo sagrados sino también profanos. Algunos podrían decir que los archivos de la humanidad, la raíz de la luz, la espiral de la oscuridad también se encuentran aquí. No es un vacío sino más bien el lugar de los Seres de la Niebla en el que las cosas son y todavía no son, en el que las sombras tienen consistencia, pero una consistencia transparente.

De lo que no cabe duda es de que esta tierra es antigua... más antigua que los océanos. Pero no tiene edad, es eterna. El arquetipo de la Mujer Salvaje es el fundamento de este estrato y emana de la psique instintiva. Aunque puede asumir muchos disfraces en nuestros sueños y en nuestras experiencias creativas, no pertenece al estrato de la madre, la doncella o la mujer medial y tampoco es la niña interior. No es la reina, la amazona, la amante, la vidente. Es simplemente lo que es. Se la puede llamar *La Que Sabe*, la Mujer Salvaje, *La Loba*, se la puede designar con sus nombres más elevados y con los más bajos, con sus nombres más recientes o con los antiguos, pero sigue siendo lo que es.

La Mujer Salvaje como arquetipo es una fuerza inimitable e inefable que encierra un enorme caudal de ideas, imágenes y particularidades. Hay arquetipos en todas partes, pero no se los puede ver en el sentido habitual. Lo que vemos de ellos de noche no se puede ver necesariamente de día.

Descubrimos vestigios del arquetipo en las imágenes y los símbolos de los cuentos, la literatura, la poesía, la pintura y la religión. Al parecer, la finalidad de su resplandor, de su voz, de su fragancia, es la de apartarnos de la contemplación de la porquería que cubre nuestras colas y permitirnos viajar de vez en cuando en compañía de las estrellas.

En el lugar donde vive *La Loba*, el cuerpo físico se convierte, tal como escribe el poeta Tony Moffeit, en «un animal luminoso»[4], y parece ser que, por medio de los relatos anecdóticos, el pensamiento consciente puede fortalecer o debilitar el sistema inmunitario corporal. En el lugar habitado por *La Loba* los espíritus se manifiestan como personajes y *La voz mitológica* de la psique profunda habla como poeta y oráculo. Una vez muertas, las cosas que poseen valor psíquico se pueden resucitar. Además, el material básico de todos los cuentos que ha habido en el mundo se inició con la experiencia de alguien que en esta inexplicable tierra psíquica intentó contar lo que allí le ocurrió.

El lugar intermedio entre los dos mundos recibe distintos nombres. Jung lo llamó el inconsciente colectivo, la psique objetiva y el inconsciente psicoide, refiriéndose a un estrato más inefable del primero. Consideraba el segundo un lugar en el que los mundos biológico y psicológico compartían las mismas fuentes, en el que la biología y la psicología se podían mezclar y podían influir mutuamente la una en la otra. En toda la memoria humana este lugar —llámesele Nod, el hogar de los Seres de la Niebla, la grieta entre los mundos— es el lugar donde se producen las visiones, los milagros, las imaginaciones, las inspiraciones y las curaciones de todo tipo.

Aunque el lugar transmite una enorme riqueza psíquica, hay que acercarse a él con una cierta preparación, pues uno podría ceder a la tentación de ahogarse gozosamente en el arrobamiento experimentado durante su estancia allí. La realidad correspondiente puede parecer menos emocionante comparada con él. En este sentido, estos estratos más profundos de la psique pueden convertirse en una trampa de éxtasis, de la cual las personas regresan tambaleándose y con la cabeza llena de ideas inestables y manifestaciones insustanciales. Y no debe ser así. Hay que regresar totalmente lavados y sumergidos en unas aguas vivificantes e informativas que dejen grabado en nuestra carne el olor de lo sagrado.

Toda mujer tiene potencialmente acceso al *Río bajo el Río*. Llega allí a través de la meditación profunda, la danza, la escritura, la pintura, la oración, el canto, el estudio, la imaginación activa o cualquier otra actividad que exija una intensa alteración de la conciencia. Una mujer llega a este mundo entre los mundos a través del anhelo y la búsqueda de algo que entrevé por el rabillo del ojo. Llega por medio de actos profundamente creativos, a través de la soledad deliberada y del cultivo de cualquiera de las artes. Y, a pesar de todas estas actividades tan bien practicadas, buena parte de lo que ocurre en este mundo inefable sigue envuelta en el misterio, pues rompe todas las leyes físicas y racionales que conocemos.

El cuidado con el cual se debe penetrar en este estado físico se ilustra en el pequeño, pero conmovedor cuento de los cuatro rabinos que ansiaban contemplar la sagrada Rueda del Profeta Ezequiel.

~~~~~~

Los cuatro rabinos

Una noche cuatro rabinos recibieron la visita de un ángel que los despertó y los transportó a la Séptima Bóveda del Séptimo Cielo. Allí contemplaron la Sagrada Rueda de Ezequiel.

En determinado momento de su descenso del *Pardes*, el Paraíso, a la tierra, uno de los rabinos, tras haber contemplado semejante esplendor, perdió el juicio y vagó echando espumarajos por la boca hasta el fin de sus días. El segundo rabino era extremadamente cínico: «He visto en sueños la Rueda de Ezequiel, eso es todo. No ha ocurrido nada en realidad.» El tercer rabino no paraba de hablar de lo que había visto, pues estaba totalmente obsesionado. Hablaba por los codos, describiendo cómo estaba construido todo aquello y lo que significaba... hasta que, al final, se extravió y traicionó su fe. El cuarto rabino, que era un poeta, tomó un papel y una caña, se sentó junto a la ventana y se puso a escribir una canción tras otra sobre la paloma de la tarde, su hija en la cuna y todas las estrellas del cielo. Y de esta manera vivió su vida mejor que antes[5].

~~~~~~

No sabemos quién vio qué en la Séptima Boveda del Séptimo Cielo. Pero sabemos que el contacto con el mundo en el que residen las Esencias nos lleva a averiguar algo que está más allá del habitual oído humano y nos hace experimentar una sensación de júbilo y también de grandeza. Cuando tocamos el auténtico fundamento de La Que Sabe, reaccionamos y actuamos desde nuestra naturaleza integral más profunda.

El cuento nos dice que la mejor manera de experimentar el inconsciente profundo consiste en no dejarse arrastrar por una fascinación ni demasiado exagerada ni demasiado escasa, en la que no nos quedemos excesivamente embobados, pero tampoco seamos demasiado cínicos; valientes sí, pero no temerarios.

Jung nos advierte en su espléndido ensayo *La función trascendente*[6] de que algunas personas, en su búsqueda del Yo, estetizan en exceso la experiencia de Dios o del Yo, que unas le atribuyen poco valor, otras le atribuyen demasiado y las que no están preparadas para ella sufren daños por esta causa. Pero otras sabrán encontrar el camino de lo que Jung llamaba «la obligación moral» de vivir y manifestar lo que uno ha aprendido en el descenso o el ascenso al Yo salvaje.

Esta obligación moral de que habla Jung consiste en vivir aquello que percibimos, tanto si lo encontramos en los Campos Elíseos de la mente como si lo descubrimos en las islas de los muertos, los desiertos de los huesos de la psique, el rostro de la montaña, la roca marina, el lujuriante mundo subterráneo, en cualquier lugar en el que *La Que Sabe* nos infunda su aliento y cambie nuestra manera de ser. Nuestra tarea es mostrar que se nos ha infundido el aliento, mostrarlo, repartirlo y cantarlo, y vivir en el mundo de arriba lo que hemos recibido a través de nuestros repentinos conocimientos y por medio del cuerpo, de los sueños y de los viajes de todo tipo.

Existe un paralelismo entre *La Loba* y los mitos universales de la resurrección de los muertos. En los mitos egipcios Isis presta este servicio a su hermano muerto Osiris, el cual es descuartizado cada noche por su perverso hermano Set. Isis trabaja cada noche desde el ocaso hasta el amanecer juntando las partes de su hermano antes de que amanezca, pues, de lo contrario, no podría salir el sol. Jesucristo resucitó a Lázaro, el cual llevaba tanto tiempo muerto que ya «hedía». Deméter conjura a su pálida hija Perséfone de la Tierra de los Muertos una vez al año. Y *La Loba* canta sobre los huesos.

Ésta es nuestra práctica de meditación como mujeres, conjurar los aspectos muertos y descuartizados de la vida. El arquetipo que recrea a partir de algo que ha muerto tiene siempre una doble faceta. La Madre de la Creación es siempre también la Madre de la Muerte y viceversa. Debido a esta naturaleza dual o doble tarea, el importante trabajo que tenemos por delante es el de aprender a distinguir, entre todo lo que nos rodea y lo que llevamos dentro, qué tiene que vivir y qué tiene que morir. Nuestra misión es captar el momento más oportuno para ambas cosas; para dejar que muera lo que tiene que morir y que viva lo que tiene que vivir.

Para las mujeres, el «*Río bajo el Río*», el río bajo el río del mundo, el hogar de la Huesera contiene conocimientos directos acerca de los plantones, los rizomas, el maíz de siembra del mundo. En México dicen que las mujeres llevan *la luz de la vida*. Y esta luz está localizada no en el corazón de las mujeres ni detrás de sus ojos sino *en los ovarios*, donde están depositadas todas las semillas antes incluso de nacer. (En el caso de los hombres que exploran las ideas más profundas de la fertilidad y la naturaleza de la semilla, la imagen equivalente es la bolsa peluda, *los cojones*.)

Ésta es la sabiduría que se puede adquirir estando cerca de la Mujer Salvaje. Cuando *La Loba* canta, lo hace desde *los ovarios* con una sabiduría que procede de lo más hondo de su cuerpo, de su mente y de su alma. Los símbolos de la semilla y el hueso son muy similares. Cuando se tiene el rizoma, la base, la parte original, cuando se tiene el maíz de siembra, cualquier estrago se puede arreglar, las tierras devastadas se pueden volver a sembrar, los campos se pueden dejar en barbecho, la semilla dura se puede remojar para ablandarla, ayudarla a abrirse y a germinar.

Poseer la semilla significa tener la clave de la vida. Estar con los ciclos de la semilla significa bailar con la vida, bailar con la muerte y volver a bailar con la vida. Es la encarnación de la Madre de la Vida y la Muerte en su forma más antigua y original. Y, dado que siempre gira en estos constantes ciclos, yo la llamo la Madre de la Vida/Muerte/Vida.

Si se pierde algo, a ella es a quien hay que recurrir, con quien hay que hablar y a quien hay que escuchar. Su consejo psíquico es a veces duro o difícil de poner en práctica, pero siempre transforma y restaura. Por consiguiente, cuando perdemos algo, tenemos que recurrir a la vieja que siempre vive en la lejana pelvis. Allí vive ella, medio dentro y medio fuera del fuego creador. Es el mejor lugar en el que pueden vivir las mujeres, justo al lado de los óvulos fértiles, de sus semillas femeninas.

Hay que ver en la figura de la vieja la quintaesencia de la mujer de dos millones de años de edad[7]. Es la Mujer Salvaje original que, aun viviendo bajo tierra, vive arriba. Vive en nosotras y a través de nosotras y nosotras estamos rodeadas por ella. Los desiertos, los bosques y la tierra sobre la que se asientan nuestras casas tienen más de dos millones de años.

Siempre me ha llamado la atención lo mucho que les gusta a las mujeres cavar la tierra. Plantan bulbos para la primavera. Remueven con sus ennegrecidos dedos la lodosa tierra para trasplantar olorosas tomateras. Creo que cavan en busca de la mujer de dos millones de años de edad. Buscan los dedos de sus pies y sus patas. La quieren para hacerse un regalo a sí mismas, pues con ella se sienten enteras y en paz.

Sin ella se sienten inquietas. Muchas mujeres con quienes he trabajado a lo largo de los años han empezado su primera sesión con algún comentario del tipo: «Bueno, no es que me encuentre mal, pero tampoco me encuentro bien.» Creo que esta situación no es nada misteriosa. Sabemos que se debe a una escasez de lodo. ¿El remedio? *La Loba.* Hay que buscar a la mujer de dos millones de años. Es la sepulturera de las cosas muertas y moribundas de las mujeres. Es el camino entre los vivos y los muertos. Canta los himnos de la creación sobre los huesos.

La vieja, la Mujer Salvaje, es *La voz mitológica* que conoce el pasado y nuestra antigua historia y nos la conserva en los cuentos. A veces la soñamos como una hermosa voz incorpórea.

Como la doncella-hechicera, nos muestra lo que significa no estar marchita sino arrugada. Los niños nacen instintivamente arrugados. Saben en lo más hondo de sus huesos lo que está bien y lo que hay que hacer al respecto. Se trata de algo innato. Si una mujer logra conservar el regalo de ser vieja cuando es joven y de ser joven cuando es vieja, siempre sabrá lo que tiene que esperar. Pero, si lo ha perdido, lo puede recuperar mediante un decidido esfuerzo psíquico.

La Loba, la vieja del desierto, es una buscadora de huesos. En la simbología arquetípica, los huesos representan la fuerza indestructible. No se prestan a la destrucción. Por su estructura, cuesta quemarlos y resulta casi imposible pulverizarlos. En el mito y en el cuento representan el espíritu del alma indestructible. Sabemos que el espíritu del alma se puede lastimar e incluso mutilar, pero es casi imposible matarlo.

El alma se puede abollar y doblar. Se la puede herir y dañar. Se pueden dejar en ella las señales de una enfermedad y las señales de las quemaduras del temor. Pero no muere porque está protegida por *La Loba* en el mundo subterráneo. Es a un tiempo la descubridora y la incubadora de los huesos.

Los huesos pesan lo bastante como para que se pueda hacer daño con ellos, son lo bastante afilados como para cortar la carne y, cuando son viejos y se los pellizca, tintinean como el cristal. Los huesos de los vivos están vivos, son capaces de crear por sí mismos y se renuevan constantemente. Un hueso vivo tiene una «piel» curiosamente suave y, al parecer, tiene cierta capacidad de regenerarse. E, incluso cuando es un hueso seco, se convierte en el hogar de minúsculas criaturas. Los huesos de lobo de esta historia representan el aspecto indestructible del Yo salvaje, la naturaleza instintiva, la *criatura* entregada a la libertad y lo intacto, es decir, aquello que jamás podrá aceptar los rigores y las exigencias de una cultura muerta o excesivamente civilizadora.

Las metáforas de esta historia tipifican todo el proceso de conducción de una mujer hasta la totalidad de sus sentidos salvajes instintivos. En nuestro interior vive la vieja que recoge huesos. En nuestro interior están los huesos del alma de este Yo salvaje. Y en nuestro interior tenemos la capacidad de volver a configurarnos como las criaturas salvajes que antaño fuimos y tenemos los huesos que nos pueden cambiar y pueden cambiar nuestro mundo, y tenemos el aliento, nuestras verdades y nuestros anhelos; juntos constituyen el canto, el himno de la creación que siempre hemos ansiado entonar.

Lo cual no significa que tengamos que andar por ahí con el cabello desgreñado sobre los ojos o con unas uñas de las manos que parezcan unas garras orladas de negro. Sí, tenemos que seguir siendo humanas, pero, en el interior de la mujer humana, vive también el Yo instintivo animal. No se trata de un romántico personaje de tira cómica. Tiene unos dientes de verdad, gruñe de verdad, posee una enorme magnanimidad, un oído extraordinario, unas garras muy afiladas y unos generosos y peludos pechos.

Este Yo tiene que gozar de libertad para moverse, hablar, enfadarse y crear. Es duradero y resistente y posee una gran intuición. Es un Yo experto en las cuestiones espirituales de la muerte y del nacimiento.

Hoy la vieja que llevamos dentro recoge los huesos. ¿Y qué es lo que rehace? Ella es el Yo del alma, la constructora del hogar del alma. *Ella lo hace a mano*, rehace el alma a mano. ¿Y qué hace por nosotras?

Incluso en el mejor de los mundos el alma necesita una remodelación. Tal como ocurre con las casas de adobe del sudoeste de Estados Unidos, siempre hay algo que se desprende, que se desconcha o se despinta. Siempre hay una vieja regordeta con pantuflas que se pasa el rato aplicando lechada a las paredes de adobe. Mezcla la paja con el agua y la tierra, aplica la mezcla a las paredes y las deja como nuevas. Sin ella, la casa se deformaría. Sin ella, se desplomaría y se convertiría en un amasijo después de una fuerte lluvia.

Es la guardiana del alma. Sin ella, nos deformamos. Sin una línea de abastecimiento que nos conecte con ella, dicen que los seres humanos son unos desalmados o unas almas malditas. Ella da forma a la casa del alma y con su trabajo manual la hace más casa. Es la del viejo delantal. Es aquella cuyo vestido es más largo por delante que por detrás. Es la que anda siempre haciendo arreglos. Es la hacedora del alma, la criadora del lobo, la guardiana de lo salvaje.

Por consiguiente, lo digo con afecto y con lenguaje sencillo, tanto si eres un lobo negro como si eres un lobo gris del Norte, un lobo rojo del Sur o un blanco oso polar, ten por cierto que eres la quinta esencia de la *criatura* instintiva. Aunque algunos preferirían que te comportaras mejor y no te subieras alegremente a los muebles ni te echaras encima de la gente a modo de bienvenida, hazlo de todos modos. Algunos se apartarán de ti con temor o repugnancia, pero a tu amante le encantará este nuevo aspecto de tu personalidad, siempre y cuando sea el amante adecuado para ti.

A algunas personas no les gustará que olfatees las cosas para ver lo que son. Y tampoco les gustará que te tiendas de espaldas en el suelo y levantes las piernas en el aire, qué horror. Niña mala. Lobo malo. Perro malo. ¿Tienen razón? No. Tú sigue adelante y diviértete.

La gente se dedica a la meditación para descubrir su orientación psíquica. Por eso hace psicoterapia y psicoanálisis. Por eso analiza sus sueños y crea arte. Por eso algunas personas estudian las cartas del tarot, se hacen el I Ching, bailan, tocan el tambor, se dedican al teatro, tratan de desentrañar el significado de la poesía y rezan oraciones. Por eso hacemos las cosas que hacemos. Lo hacemos para recoger los huesos. Después tenemos que sentarnos junto al fuego y decidir qué canción utilizaremos para cantar sobre los huesos, qué himno de la creación, qué himno de la recreación elegiremos. Y las verdades que digamos constituirán la canción.

He aquí algunas buenas preguntas que podemos hacernos hasta que decidamos cuál va a ser la canción, nuestra verdadera canción. ¿Qué ha ocurrido con la voz de mi alma? ¿Cuáles son los huesos enterrados de mi vida? ¿Cuál es mi relación con el Yo instintivo? ¿Cuándo fue la última vez que corrí libremente? ¿Cómo conseguiré que la vida vuelva a cobrar vida? ¿Adónde se fue *La Loba*?

La vieja canta sobre los huesos y, mientras canta, los huesos se recubren de carne. Nosotras también nos «hacemos» mientras derramamos alma sobre los huesos que hemos encontrado. Mientras derramamos nuestros anhelos y nuestros sufrimientos sobre los huesos de lo que éramos en nuestra juventud, de lo que sabíamos hace muchos siglos y sobre la aceleración que percibimos en el futuro, nos ponemos a gatas, bien asentadas. Mientras derramamos alma, nos sentimos renacer. Ya no somos una solución aguada, una cosa frágil que se disuelve. No, estamos en fase de transformación.

Como los huesos secos, muchas veces empezamos en el desierto. Nos sentimos privadas de nuestros privilegios, alienadas, sin relación tan siquiera con un grupo de cactus. Para los antiguos, el desierto era el lugar de la revelación divina. Pero, para las mujeres, se trata de algo mucho más que eso.

Un desierto es un lugar en el que la vida está muy condensada. Las raíces de las cosas vivas se aferran a la última gota de agua y la flor conserva la humedad, apareciendo tan sólo a primera hora de la mañana y a última hora de la tarde. La vida en el desierto es pequeña pero brillante y buena parte de lo que ocurre tiene lugar bajo tierra. Como en las vidas de muchas mujeres.

El desierto no es tan exuberante como un bosque o una selva. En él las formas de vida son muy intensas y misteriosas. Muchas de nosotras hemos vivido vidas desérticas; pequeñas en la superficie y enormes bajo tierra. *La Loba* nos muestra lo valiosas que son las cosas que pueden surgir de esta clase de distribución psíquica.

Es posible que la psique de una mujer se haya abierto camino hacia el desierto por resonancia o como consecuencia de pasadas crueldades o porque no le permitieron vivir una vida más amplia en la superficie. Muy a menudo una mujer tiene la sensación de vivir en un lugar vacío en el que a veces sólo hay un cactus con una flor de brillante color rojo y nada más en mil kilómetros a la redonda. Pero, para la mujer que está dispuesta a recorrer mil y un kilómetros, hay algo más. Una valerosa casita muy antigua que lleva mucho tiempo esperándola.

Algunas mujeres no quieren estar en el desierto psíquico. Aborrecen su fragilidad y su frugalidad. Una y otra vez intentan poner en marcha su oxidado cacharro y bajar dando tumbos por el camino hacia la resplandeciente ciudad soñada de la psique. Pero sufren una decepción, pues lo exuberante y lo salvaje no está allí. Está en el mundo espiritual, en aquel mundo entre los mundos, en aquel *Río Bajo el Río*.

No te engañes. Vuelve atrás, regresa junto a la roja flor del cactus y ponte en camino para recorrer resueltamente el último y duro kilómetro. Acércate y llama a la vieja puerta desgastada por la intemperie. Sube a la cueva. Trepa a la ventana de un sueño. Recorre cuidadosamente el desierto a ver qué encuentras. Es lo único que tenemos que hacer.

¿Quieres un consejo psicoanalítico?

Ve a recoger los huesos.

✣ CAPÍTULO 2

La persecución del intruso: El comienzo de la iniciación

Barba Azul

En un solo ser humano hay muchos otros seres, todos con sus propios valores, motivos y estratagemas. Ciertas tecnologías psicológicas aconsejan detener a estos seres, contarlos, darles un nombre y ponerles unos arneses hasta obligarlos a avanzar con paso cansino como esclavos vencidos. Pero hacer eso equivale a detener el baile de los destellos salvajes en los ojos de una mujer y es como detener su relámpago e impedirle despedir chispas. Nuestra tarea no es corromper su belleza natural sino construir para todos estos seres una campiña salvaje en la que los artistas que haya entre ellos puedan crear sus obras, los amantes puedan amar y los sanadores puedan sanar.

Pero ¿qué vamos a hacer con todos estos seres interiores que están locos y con los que siembran la destrucción sin darse cuenta? Hay que dejarles sitio incluso a ellos, pero un sitio en el que se les pueda vigilar. Uno de ellos en particular, el más falso y el más poderoso fugitivo de la psique, requiere nuestra inmediata atención y actuación, pues se trata del depredador natural.

Si bien la causa de una considerable parte de los sufrimientos humanos se puede atribuir a la negligencia, hay también en el interior de la psique un innato aspecto *contra natura*, una fuerza contraria a la naturaleza. El aspecto *contra natura* es contrario a lo positivo: es contrario al desarrollo, a la armonía y a lo salvaje. Es un sarcástico y asesino antagonista que llevamos dentro desde que nacemos y cuya misión, por muchos cuidados que nos presten nuestros padres, es la de tratar de convertir todas las encrucijadas en caminos cerrados.

Este poderoso depredador[1] aparece una y otra vez en los sueños de las mujeres y estalla en el mismo centro de sus planes más espirituales y significativos. Aísla a la mujer de su naturaleza instintiva. Y, una vez cumplido su propósito, la deja insensibilizada y sin fuerzas para mejorar su vida, con las ideas y los sueños tirados a sus pies y privados de aliento.

El cuento de Barba Azul se refiere a eso. En Estados Unidos las mejores versiones conocidas de Barba Azul son la francesa y la alemana[2]. Pero yo prefiero mi versión literaria en la que se mezclan la francesa y la eslava, como la que me contó mi tía Kathé (pronunciado «Cati») que vivía en Csíbrak, cerca de Dombovar, en Hungría. Entre nuestro grupo de campesinas narradoras de cuentos, el cuento de Barba Azul empieza con una anécdota acerca de alguien que conocía a alguien que conocía a alguien que había visto la horrible prueba de la muerte de Barba Azul. Y así empezaremos aquí.

~~~~~~~~~~~~~~~~~~~~~~~~~~~~~~~~~~~~~~~

Hay un trozo de barba que se conserva en el convento de las monjas blancas de las lejanas montañas. Nadie sabe cómo llegó al convento. Algunos dicen que fueron las monjas que enterraron lo que quedaba de su cuerpo, pues nadie más quería tocarlo. La razón de que las monjas conservaran semejante reliquia se desconoce, pero se trata de un hecho cierto. La amiga de mi amiga la ha visto con sus propios ojos. Dice que la barba es de color azul, añil para ser más exactos. Es tan azul como el oscuro hielo del lago, tan azul como la sombra de un agujero de noche. La barba la llevaba hace tiempo uno que, según dicen, era un mago frustrado, un gigante muy aficionado a las mujeres, un hombre llamado Barba Azul.

Dicen que cortejó a tres hermanas al mismo tiempo. Pero a ellas les daba miedo su extraña barba de tono azulado y se escondían cuando iba a verlas. En un intento de convencerlas de su amabilidad, las invitó a dar un paseo por el bosque. Se presentó con unos caballos adornados con cascabeles y cintas carmesí. Sentó a las hermanas y a su madre en las sillas de los caballos y los cinco se alejaron a medio galope hacia el bosque. Pasaron un día maravilloso cabalgando mientras los perros que los acompañaban corrían a su lado y por delante de ellos. Más tarde se detuvieron bajo un árbol gigantesco y Barba Azul deleitó a sus invitadas con unas historias deliciosas y las obsequió con manjares exquisitos.

Las hermanas empezaron a pensar «Bueno, a lo mejor, este Barba Azul no es tan malo como parece».

Regresaron a casa comentando animadamente lo interesante que había sido la jornada y lo bien que se lo habían pasado. Sin embargo, las sospechas y los temores de las dos hermanas mayores no se disiparon, por lo que éstas decidieron no volver a ver a Barba Azul. En cambio, la hermana menor pensó que un hombre tan encantador no podía ser malo. Cuanto más trataba de convencerse, tanto menos horrible le parecía aquel hombre y tanto menos azul le parecía su barba.

Por consiguiente, cuando Barba Azul pidió su mano, ella aceptó. Pensó mucho en la proposición y le pareció que se iba a casar con un hombre muy elegante. Así pues, se casaron y se fueron al castillo que el marido tenía en el bosque.

Un día él le dijo:

—Tengo que ausentarme durante algún tiempo. Si quieres, invita a tu familia a venir aquí. Puedes cabalgar por el bosque, ordenar a los cocineros que preparen un festín, puedes hacer lo que te apetezca y todo lo que desee tu corazón. Es más, aquí tienes mi llavero. Puedes abrir todas las puertas que quieras, las de las despensas, las de los cuartos del dinero, cualquier puerta del castillo, pero no utilices la llavecita que tiene estos adornos encima.

La esposa contestó:

—Me parece muy bien, haré lo que tú me pides. Vete tranquilo, mi querido esposo, y no tardes en regresar.

Así pues, él se fue y ella se quedó.

Sus hermanas fueron a visitarla y, como cualquier persona en su lugar, tuvieron curiosidad por saber qué quería el amo que se hiciera en su ausencia. La joven esposa se lo dijo alegremente.

—Dice que podemos hacer lo que queramos y entrar en cualquier estancia que deseemos menos en una. Pero no sé cuál es. Tengo una llave, pero no sé a qué puerta corresponde.

Las hermanas decidieron convertir en un juego la tarea de descubrir a qué puerta correspondía la llave. El castillo tenía tres pisos de altura con cien puertas en cada ala y, como había muchas llaves en el llavero, las hermanas fueron de puerta en puerta y se divirtieron muchísimo abriendo las puertas. Detrás de una puerta estaban las despensas de la cocina; detrás de otra, los cuartos donde se guardaba el dinero. Había toda suerte de riquezas y todo les parecía cada vez más prodigioso. Al final, tras haber visto tantas maravillas, llegaron al sótano y, al fondo de un pasillo, se encontraron con una pared desnuda.

Estudiaron desconcertadas la última llave, la de los adornos encima.

—A lo mejor, esta llave no encaja en ningún sitio.

Mientras lo decían, oyeron un extraño ruido... «errrrrrrrrr». Asomaron la cabeza por la esquina y, ¡oh, prodigio!, vieron una puertecita que se estaba cerrando. Cuando trataron de volver abrirla, descubrieron que estaba firmemente cerrada con llave. Una de las hermanas gritó:

—¡Hermana, hermana, trae la llave! Ésta debe de ser la puerta de la misteriosa llavecita.

Sin pensarlo, una de las hermanas introdujo la llave en la cerradura y la hizo girar. La cerradura chirrió y la puerta se abrió, pero dentro estaba todo tan oscuro que no se veía nada.

—Hermana, hermana, trae una vela.

Encendieron una vela, contemplaron el interior de la estancia y las tres lanzaron un grito al unísono, pues dentro había un lodazal de sangre, por el suelo estaban diseminados los ennegrecidos huesos de unos cadáveres y en los rincones se veían unas calaveras amontonadas cual si fueran pirámides de manzanas.

Volvieron a cerrar la puerta de golpe, sacaron la llave de la cerradura y se apoyaron la una contra la otra, jadeando y respirando afanosamente. ¡Dios mío! ¡Dios mío!

La esposa contempló la llave y vio que estaba manchada de sangre. Horrorizada, intentó limpiarla con la falda de su vestido, pero la sangre no se iba.

—¡Oh, no! —gritó.

Cada una de sus hermanas tomó la llavecita y trató de limpiarla, pero no lo consiguió.

La esposa se guardó la llavecita en el bolsillo y corrió a la cocina. Al llegar allí, vio que su vestido blanco estaba manchado de rojo desde el bolsillo hasta el dobladillo, pues la llave estaba llorando lentamente gotas de sangre de color rojo oscuro.

—Rápido, dame un poco de crin de caballo —le ordenó a la cocinera.

Frotó la llave, pero ésta no dejaba de sangrar. De la llavecita brotaban gotas y más gotas de pura sangre roja.

La sacó fuera, la cubrió con ceniza de la cocina y la frotó enérgicamente. La acercó al calor para chamuscarla. La cubrió con telarañas para restañar la sangre, pero nada podía impedir aquel llanto.

—¿Qué voy a hacer? —gritó entre sollozos—. Ya lo sé. Esconderé la llavecita. La esconderé en el armario de la ropa. Cerraré la puerta. Esto es una pesadilla. Todo se arreglará.

Y eso fue lo que hizo.

El esposo regresó justo a la mañana siguiente, entró en el castillo y llamó a la esposa.

—¿Y bien? ¿Qué tal ha ido todo en mi ausencia?

—Ha ido todo muy bien, mi señor.

—¿Cómo están mis despensas? —preguntó el esposo con voz de trueno.

—Muy bien, mi señor.

—¿Y los cuartos del dinero? —rugió el esposo.

—Los cuartos del dinero están muy bien, mi señor.

—O sea que todo está bien, ¿no es cierto, esposa mía?

—Sí, todo está bien.

—En tal caso —dijo el esposo en voz baja—, será mejor que me devuelvas las llaves. —Le bastó un solo vistazo para darse cuenta de que faltaba una llave—. ¿Dónde está la llave más pequeña?

—La... la he perdido. Sí, la he perdido. Salí a pasear a caballo, se me cayó el llavero y debí de perder una llave.

—¿Qué hiciste con ella, mujer?

—No... no... me acuerdo.

—¡No me mientas! ¡Dime qué hiciste con la llave! —El esposo le acercó una mano al rostro como si quisiera acariciarle la mejilla, pero, en su lugar, la agarró por el cabello—. ¡Esposa infiel! —gritó, arrojándola al suelo—. Has estado en la habitación, ¿verdad?

Abrió el armario ropero y vio que de la llavecita colocada en el estante superior había manado sangre roja que manchaba todos los preciosos vestidos de seda que estaban colgados debajo.

—Pues ahora te toca a ti, señora mía —gritó, y llevándola a rastras por el pasillo bajó con ella al sótano hasta llegar a la terrible puerta.

Barba Azul se limitó a mirar la puerta con sus fieros ojos y ésta se abrió. Allí estaban los esqueletos de todas sus anteriores esposas.

—¡¡¡Ahora!!! —bramó.

Pero ella se agarró al marco de la puerta y le suplicó:

—¡Por favor! Te ruego que me permitas serenarme y prepararme para mi muerte. Dame un cuarto de hora antes de quitarme la vida para que pueda quedar en paz con Dios.

—Muy bien —rezongó el esposo—, te doy un cuarto de hora, pero procura estar preparada.

La esposa corrió a su cámara del piso de arriba y pidió a sus hermanas que salieran a lo alto de las murallas del castillo. Después se arrodilló para rezar, pero, en su lugar, llamó a sus hermanas.

—¡Hermanas, hermanas! ¿Veis venir a nuestros hermanos?

—No vemos nada en la vasta llanura.

A cada momento preguntaba:

—¡Hermanas, hermanas! ¿Veis venir a nuestros hermanos?

—Vemos un torbellino, puede que sea una polvareda.

Entretanto, Barba Azul ordenó a gritos a su mujer que bajara al sótano para decapitarla.

Ella volvió a preguntar:

—¡Hermanas, hermanas! ¿Veis venir a nuestros hermanos?

Barba Azul volvió a llamar a gritos a su mujer y empezó a subir ruidosamente los peldaños de piedra.

Las hermanas contestaron:

—¡Sí, los vemos! Nuestros hermanos están aquí y acaban de entrar en el castillo.

Barba Azul avanzó por el pasillo en dirección a la cámara de su esposa.

—Vengo a buscarte —rugió.

Sus pisadas eran muy fuertes, tanto que las piedras del pasillo se desprendieron y la arena de la argamasa cayó al suelo.

Mientras Barba Azul entraba pesadamente en la estancia con las manos extendidas para agarrarla, los hermanos penetraron al galope en el castillo e irrumpieron en la estancia. Desde allí obligaron a Barba Azul a salir al parapeto, se acercaron a él con las espadas desenvainadas, empezaron a dar tajos a diestro y siniestro, lo derribaron al suelo y, al final, lo mataron, dejando su sangre y sus despojos para los buitres.

El depredador natural de la psique

El desarrollo de una relación con la naturaleza salvaje forma parte esencial de la individuación de las mujeres. Para ello, una mujer tiene que hundirse en la oscuridad, pero sin estar irremediablemente atrapada o capturada ni morir en el camino de ida o de vuelta.

El cuento de Barba Azul gira en torno a ese captor, el hombre oscuro que habita en la psique de todas las mujeres, el depredador innato. Es una fuerza específica e incontrovertible que hay que refrenar y aprenderse de memoria.

Para refrenar al depredador natural[3] de la psique es necesario que las mujeres conserven todas sus facultades instintivas. Entre ellas cabe citar la perspicacia, la intuición, la resistencia, la capacidad de amar con tenacidad, la aguda percepción, la previsión, la agudeza auditiva, la capacidad de cantar por los muertos, de sanar intuitivamente y de cuidar de sus propias hogueras creativas.

En la interpretación psicológica recurrimos a todos los aspectos del cuento de hadas para representar el drama del interior de la psique de una mujer. Barba Azul representa un complejo extremadamente recóndito que acecha en el borde de la vida de todas las mujeres, vigilando y esperando la oportunidad de enfrentarse con ellas. Aunque en la psique de los hombres se puede manifestar de manera parecida o distinta, es un enemigo antiguo y contemporáneo de ambos sexos.

Resulta difícil comprender por entero la fuerza de Barba Azul, pues se trata de algo innato, es decir, inherente a todos los seres humanos desde que nacen y, en este sentido, carece de origen consciente. Y, sin embargo, yo creo que podemos intuir cómo se desarrolla su naturaleza en el preconsciente de los seres humanos, pues en el cuento Barba Azul es calificado de «mago frustrado». En esta faceta está relacionado con las figuras de otros cuentos de hadas en los que se representa al perverso depredador de la psique como un mago que, a pesar de su carácter tremendamente destructor, ofrece un aspecto más bien normal.

Utilizando esta descripción como fragmento arquetípico, lo podemos comparar con lo que sabemos acerca de la brujería frustrada o el frustrado poder espiritual de la mito-historia. El griego Ícaro voló demasiado cerca del sol y sus alas de cera se derritieron, provocando su caída. El mito zuñi* del «Niño y el águila» habla de un niño que se hubiera convertido en miembro del reino de las águilas de no haber creído que podía quebrantar las normas de la muerte. Mientras se elevaba al cielo, le arrebataron sus plumas de águila prestadas y se precipitó hacia su perdición. Según la teología cristiana, Lucifer quiso igualarse a Dios y fue arrojado al infierno. En la tradición folclórica hay muchos aprendices de brujo que se atrevieron a sobrepasar los límites de su capacidad, quebrantando las leyes de la naturaleza. Fueron castigados con daños y cataclismos.

Si examinamos todos estos *leitmotivs*, vemos que los depredadores que hay en ellos ansían la superioridad y el poder sobre los demás. Tienen una especie de inflación psicológica por la que el ente pretende ser tan alto y tan grande como lo Inefable que tradicionalmente distribuye y controla las misteriosas fuerzas de la naturaleza, incluyendo los sistemas de la vida y la muerte, las normas de la naturaleza humana, etc.

En el mito y en el cuento vemos que la consecuencia del intento de un ser de quebrantar, doblar o alterar el *modus operandi* de lo Inefable se castiga con una merma de sus facultades en el mundo del misterio y la magia —tal como les ocurre a los aprendices a quienes se les prohíbe practicar—, con el solitario exilio de la tierra de los dioses o con una pérdida similar de gracia y poder a través de la incapacidad, la mutilación o la muerte.

* Tribu india de Nuevo México. *(N. de la T.)*

Si logramos ver en Barba Azul al representante interno de todo este mito del proscrito, también podremos comprender la profunda e inexplicable soledad que a veces le (nos) asalta por el hecho de experimentar un constante alejamiento de la redención.

El problema que plantea el cuento de Barba Azul consiste en que, en lugar de conferir poder a la luz de las jóvenes fuerzas femeninas de la psique, el protagonista rebosa de odio y desea matar las luces de la psique. No es difícil distinguir en semejante tumoración maligna a un ser atrapado que quiso en algún momento superar la luz y perdió la gracia por este motivo. De ahí que el exilado se dedique a perseguir implacablemente la luz de los demás. Cabe suponer que todas sus esperanzas se cifran en apoderarse de la suficiente cantidad de alma(s) como para poder crear un estallido de luz que le permita finalmente disipar sus tinieblas y sanar su soledad.

En este sentido, tenemos al principio del cuento a un impresionante ser irredento. Y, sin embargo, este hecho es una de las verdades centrales que la hermana menor del cuento tiene que aceptar, que todas las mujeres tienen que aceptar, a saber, que tanto dentro como fuera existe una fuerza que actuará en contraposición a los instintos naturales del Yo y que esta fuerza maligna es lo que es. Aunque nos compadezcamos de ella, lo primero que tenemos que hacer es reconocerla, protegernos de su devastadora actuación y, en último extremo, arrebatarle su energía asesina.

Todas las criaturas tienen que aprender que existen depredadores. Sin este conocimiento, una mujer no podrá atravesar su propio bosque sin ser devorada. Comprender al depredador significa convertirse en un animal maduro que no es vulnerable por ingenuidad, inexperiencia o imprudencia.

Como un hábil sabueso, Barba Azul percibe que la hermana menor siente interés por él y está dispuesta a convertirse en su presa. La pide en matrimonio y, en un momento de juvenil exuberancia, que a menudo es una mezcla de insensatez, placer, felicidad y curiosidad sexual, ella le dice que sí. ¿Qué mujer no reconoce este argumento?

Las mujeres ingenuas como presa

La hermana menor, la menos desarrollada, interpreta el humanísimo cuento de la mujer ingenua que será provisionalmente atrapada por su cazador interior. Pero, al final, saldrá más sabia y más fuerte y sabrá reconocer de inmediato al astuto depredador de su propia psique.

El substrato psicológico del cuento se aplica también a la mujer mayor que aún no ha aprendido del todo a reconocer a su depredador innato. Puede que haya iniciado varias veces el proceso, pero no haya conseguido terminarlo por falta de guía y de apoyo.

Por eso los cuentos didácticos son tan alimenticios; porque proporcionan mapas de iniciación para que sea posible completar incluso el trabajo que ha tropezado con algún obstáculo. El cuento de Barba Azul es válido para todas las mujeres, tanto si son muy jóvenes y están justo empezando a descubrir la existencia del depredador como si llevan décadas siendo víctimas de su acoso y persecución y se están preparando para la última y decisiva batalla contra él.

La hermana menor representa el potencial creativo de la psique. Algo que está avanzando hacia una vida exuberante y rebosante de energía. Pero se produce un desvío cuando accede a convertirse en la presa de un hombre malvado porque el instinto que podría permitirle darse cuenta de lo que ocurre y obrar de otro modo no está intacto.

Psicológicamente, las chicas y los chicos están como dormidos y no comprenden que ellos son la presa. Aunque a veces parece que la vida sería mucho más fácil y menos dolorosa si todos los seres humanos nacieran totalmente despiertos, ello no es así. Todos nacemos *anlagen**, como el potencial del centro de una célula: en biología el anlage es la parte de la célula que se caracteriza por ser «aquello que será». En el interior del *anlage* se encuentra la sustancia primitiva que se desarrollará con el tiempo y nos permitirá convertirnos en un ser completo.

Por consiguiente, nuestras vidas de mujeres tienen que acelerar el *anlage*. El cuento de Barba Azul invita a despertar y educar este centro psíquico, esta brillante célula. En aras de esta educación, la hermana menor accede a casarse con una fuerza que a su juicio es muy elegante. La boda de cuento de hadas representa la búsqueda de una nueva situación, el inminente despliegue de un nuevo estrato de la psique.

Sin embargo, la joven esposa se ha engañado. Al principio, Barba Azul le daba miedo y ella se mostraba recelosa. Pero un pequeño placer en el bosque la indujo a pasar por alto su intuición. Casi todas las mujeres han vivido esta experiencia por lo menos una vez. Como consecuencia de ello, se convence de que Barba Azul no es peligroso, sino sólo extraño y excéntrico. Pero qué tonta soy. ¿Por qué me desagrada esta barbita azul? Sin embargo, su naturaleza salvaje ya ha olfateado la situación y sabe que el hombre de la barba azul es letal. Pese a ello, la ingenua psique rechaza esta sabiduría interior.

* En alemán, primordio, conjunto de células embrionarias del que proceden los distintos órganos y partes de un ser vivo. *(N. de la T.)*

Este error de apreciación es casi habitual en una mujer joven cuyos sistemas de alarma aún no se han desarrollado. Es como un lobezno huérfano que rueda por el suelo y juega en un claro del bosque, ajeno a la presencia del lince de cuarenta kilos que se está acercando sigilosamente desde las sombras. Si se trata de una mujer más madura cuya lejanía de lo salvaje apenas le permite prestar atención a las advertencias interiores, ésta también seguirá adelante con una ingenua sonrisa en los labios.

Quizás usted se pregunte si todo eso se podría evitar. Tal como ocurre en el mundo animal, una muchacha aprende a ver al depredador a través de las enseñanzas de su madre y su padre. Sin la amorosa guía de los padres, la joven no tardará en convertirse en una presa. Retrospectivamente, casi todas nosotras hemos experimentado la obsesiva idea de una persona que, de noche, entra subrepticiamente por nuestra ventana psíquica y nos pilla desprevenidas. Aunque lleven un pasamontañas, una navaja entre los dientes y un saco de dinero al hombro, si nos dicen que trabajan en la banca, les creemos.

Sin embargo, a pesar de los sabios consejos de su madre y de su padre, la muchacha, sobre todo a partir de los doce años, puede dejarse arrastrar por los grupos de sus coetáneos, las fuerzas culturales o las presiones psíquicas, y entonces empieza a correr temerariamente riesgos con el fin de averiguar las cosas por sí misma. Cuando trabajo con adolescentes algo mayores que están convencidas de que el mundo es bueno siempre y cuando ellas lo sepan manejar debidamente, me siento algo así como una vieja perra canosa. Siento el deseo de cubrirme los ojos con las patas y suelto un gemido, pues veo cosas que ellas no ven y sé, sobre todo si las chicas son obstinadas y enojadizas, que se empeñarán en mantener tratos con el depredador aunque sólo sea una vez antes de despertar sobresaltadas. Al comienzo de nuestra vida, nuestro punto de vista femenino es muy ingenuo, es decir, nuestra comprensión emocional de lo oculto es muy débil. Pero es ahí donde todas empezamos como hembras. Somos ingenuas y nos empeñamos en colocarnos en situaciones muy confusas. No haber sido iniciadas en estas cuestiones significa encontrarnos en una fase de nuestra vida en la que sólo estamos capacitadas para ver lo que es patente.

Entre los lobos, cuando la hembra deja a las crías para ir a cazar, los pequeños intentan seguirla al exterior de la guarida y bajar con ella por el camino. Entonces ella les ruge, se abalanza sobre ellos y les pega un susto de muerte para obligarlos a huir y regresar corriendo a la guarida. La madre sabe que sus crías aún no saben valorar y sopesar a otras criaturas. Ignoran quién es el depredador y quién no. Pero a su debido tiempo ella se lo enseñará por las buenas y por las malas.

Como los lobeznos, las mujeres necesitan una iniciación parecida en la que se les enseñe que los mundos interior y exterior no siempre son unos lugares placenteros. Muchas mujeres ni siquiera han recibido las lecciones básicas que una madre loba les da a sus crías acerca de los depredadores, como, por ejemplo: si es amenazador y más grande que tú, huye; si es más débil, decide qué es lo que quieres hacer; si está enfermo, déjalo en paz; si tiene púas, veneno, colmillos o garras afiladas, retrocede y aléjate en dirección contraria; si huele bien, pero está enroscado alrededor de unas mandíbulas de metal, pasa de largo.

La hermana menor del cuento no sólo es ingenua en sus procesos mentales e ignora por completo la faceta asesina de su propia psique sino que, además, se deja seducir por los placeres del ego. ¿Por qué no? A todas nos gusta que todo sea maravilloso. Toda mujer desea montar en un caballo ricamente enjaezado y cabalgar a través de un bosque inmensamente verde y sensual. Todos los seres humanos aspiran a gozar del Paraíso aquí en la tierra. Lo malo es que el ego desea encontrarse a gusto, pero el ansia de lo paradisíaco combinada con la ingenuidad no nos permite alcanzar la satisfacción sino que nos convierte en alimento del depredador.

La aquiescencia a casarse con el monstruo se produce en realidad cuando las niñas son muy pequeñas, generalmente antes de los cinco años. Se las enseña a no ver y a considerar «bonitas» toda suerte de cosas grotescas tanto si son agradables como si no. Esta enseñanza es la culpable de que la hermana menor se diga: «Bueno, su barba no es muy azul.» Estas enseñanzas iniciales a «ser amables» induce a las mujeres a pasar por alto sus intuiciones. En este sentido, se las enseña deliberadamente a someterse al depredador. Imaginemos a una madre loba enseñando a sus crías a «ser amables» en presencia de un fiero hurón o de una serpiente de cascabel.

En el cuento, hasta la madre es cómplice. Va a merendar al bosque, «sale a dar un paseo a caballo». No dirige ni una sola palabra de advertencia a ninguna de las hijas. Cabría pensar que la madre biológica o la madre interior está dormida o también es ingenua, tal como suele ocurrir en el caso de muchachas muy jóvenes o de mujeres que no han sido mimadas.

Curiosamente, las hermanas mayores del cuento dan muestras de cierta conciencia de la situación al decir que no les gusta Barba Azul a pesar de que éste las acaba de agasajar y obsequiar de una manera extremadamente romántica y paradisíaca. En el relato se da a entender que ciertos aspectos de la psique, representados por las hermanas mayores, tienen la perspicacia un poco más desarrollada y una «prudencia» que las induce a no idealizar románticamente al depredador. La mujer iniciada presta atención a las voces de las hermanas mayores de la psique que la advierten de que se aleje del peligro. La mujer no iniciada no presta atención porque todavía está demasiado identificada con la ingenuidad.

Supongamos, por ejemplo, que una mujer ingenua se equivoca una y otra vez en la elección de su pareja. En algún lugar de su mente ella sabe que esta pauta es inútil, que tendría que abandonarla y seguir otro camino. Muchas veces incluso sabe lo que tendría que hacer. Pero una especie de hipnosis de tipo Barba Azul la induce a seguir la pauta destructiva. En la mayoría de los casos, la mujer piensa que, si insiste un poco más en la antigua pauta, la sensación paradisíaca que anda buscando aparecerá en un abrir y cerrar de ojos.

En otra situación extrema, no cabe la menor duda de que una mujer adicta a alguna sustancia química tiene en lo más hondo de su mente a unas hermanas mayores que le dicen: «¡No! ¡No hagas eso! Es malo para el cuerpo y para la mente. Nos negamos a seguir.» Pero el deseo de encontrar el Paraíso induce a la mujer a casarse con Barba Azul, el traficante de drogas de los éxtasis psíquicos.

Cualquiera que sea el dilema en el que se encuentre atrapada una mujer, las voces de las hermanas mayores de su psique siguen instándola a ser juiciosa y prudente en sus elecciones. Son las voces de lo más hondo de la mente que susurran las verdades que tal vez una mujer no desea oír, pues destruyen su fantasía del Paraíso Encontrado.

Así pues, tiene lugar la boda, la unión de lo dulcemente ingenuo con lo vilmente oscuro. Cuando Barba Azul se va de viaje, la joven no se da cuenta de que, a pesar de que la han invitado a hacer lo que quiera —excepto una cosa—, vive menos y no más. Muchas mujeres han vivido literalmente el cuento de Barba Azul. Se casan cuando todavía son ingenuas a propósito de su depredador y eligen a alguien que destruye sus vidas, pues creen que podrán «curar» a aquella persona con su amor. En cierto modo, «juegan con una casa de muñecas». Es como si se hubieran pasado mucho tiempo diciendo: «Su barba no es muy azul.»

Con el tiempo, la mujer que se ha dejado atrapar de esta manera se dará cuenta de que sus esperanzas de una vida digna para ella y sus hijos son cada vez más escasas. Cabe esperar que, al final, abra la puerta de la habitación que encierra toda la destrucción de su vida. Aunque el que destruya y deshonre su vida sea el compañero afectivo de la mujer, el depredador innato que lleva en su psique está de acuerdo con él. Mientras se obligue a la mujer a creer que está desvalida y/o se la adiestre a no percibir conscientemente lo que ella sabe que es cierto, las dotes y los impulsos femeninos de su psique seguirán siendo exterminados.

Cuando el espíritu juvenil se casa con el depredador, la mujer es apresada o reprimida en una época de su vida inicialmente destinada al desarrollo. En lugar de vivir libremente, la mujer empieza a vivir de una manera falsa. La falaz promesa del depredador es la de que la mujer se convertirá en cierto modo en una reina, siendo así que, en realidad, se está planeando su asesinato. Existe un medio de salir de todo eso, pero hay que tener una llave.

La llave del conocimiento: La importancia del rastreo

Ah, la llave que permite desvelar el secreto que todas las mujeres conocen y, sin embargo, no conocen. La llave representa el permiso para conocer los más profundos y oscuros secretos de la psique, en este caso, eso que degrada y destruye estúpidamente el potencial de una mujer.

Barba Azul sigue adelante con su plan destructor, instando a su mujer a comprometerse psíquicamente; «Haz todo lo que quieras», le dice, induciéndola a experimentar una falsa sensación de libertad. Le da a entender que es libre de alimentarse y de disfrutar en paisajes bucólicos, por lo menos dentro de los confines de su territorio. Pero, en realidad, ella no es libre, pues se le impide acceder al siniestro conocimiento de su depredador a pesar de que en lo más hondo de su psique ya ha comprendido lo que ocurre en realidad.

La mujer ingenua accede tácitamente a «no saber». Las mujeres crédulas o aquellas cuyos lastimados instintos están adormecidos siguen como las flores la dirección de cualquier sol que se les ofrezca. La mujer ingenua o lastimada se deja arrastrar fácilmente por las promesas de comodidad, de alegre diversión o de distintos placeres, tanto si son promesas de una posición social más elevada a los ojos de su familia y de sus iguales como si son promesas de mayor seguridad, amor eterno, arriesgadas aventuras o sexo desenfrenado.

Barba Azul prohíbe a su joven esposa utilizar la única llave capaz de conducirla a la conciencia. Prohibir a una mujer la utilización de la llave del conocimiento consciente de sí misma equivale a despojarla de su naturaleza intuitiva, de la innata curiosidad que la llevaría a descubrir «lo que hay debajo» y más allá de lo evidente. Y, sin este conocimiento, la mujer carece de la debida protección. Si decide obedecer la orden de Barba Azul de no utilizar la llave, opta por su muerte espiritual. Si decide abrir la puerta de la horrible estancia secreta, opta por la vida.

En el cuento sus hermanas van a visitarla y «como cualquier persona en su lugar, tuvieron curiosidad por saber». La esposa se lo dice alegremente «Podemos hacerlo todo excepto una cosa». Las hermanas deciden convertir en un juego la tarea de descubrir a qué puerta corresponde la llavecita. Una vez más, ponen de manifiesto un sano impulso de conocimiento consciente.

Algunos pensadores psicológicos, entre ellos Freud y Bettelheim, han interpretado los episodios del cuento de Barba Azul como castigos psicológicos a la curiosidad sexual femenina[4]. En los comienzos de la formulación de la psicología clásica, la curiosidad femenina tenía una connotación más bien negativa mientras que los hombres que ponían de manifiesto esta misma característica eran calificados de investigadores. A las mujeres se las llamaba fisgonas mientras que a los hombres se les llamaba inquisitivos. En realidad, la trivialización de la curiosidad de las mujeres rebajada a molesto fisgoneo niega la existencia de la perspicacia, las corazonadas y las intuiciones femeninas. Niega la existencia de todos sus sentidos e intenta atacar sus capacidades más fundamentales: la diferenciación y la determinación.

Por consiguiente, teniendo en cuenta que las mujeres que aún no han abierto la puerta prohibida tienden a ser las mismas que caen directamente en brazos de Barba Azul, es una casualidad que las hermanas mayores conserven intactos los instintos salvajes de la curiosidad. Ellas son las mujeres en la sombra de la psique de cada mujer, ellas son quienes, mediante discretos avisos, la hacen estar alerta y la ayudan a comprender de nuevo lo que es importante para ella. El descubrimiento de la puertecita es importante, la desobediencia a la orden del depredador es importante y el descubrimiento de lo que tiene de particular aquella habitación es esencial.

Durante siglos, las puertas han sido de piedra y de madera. En algunas culturas, se creía que la puerta conservaba el espíritu de la piedra o de la madera, por lo que estaba llamada a actuar de guardiana de la habitación. Hace mucho tiempo las tumbas tenían más puertas que las casas y la sola imagen de la puerta significaba que en su interior había algo valioso desde el punto de vista espiritual o que dentro había algo que se tenía que reprimir.

La puerta del cuento se presenta como una barrera psíquica, una especie de centinela de un secreto. Esta guardia nos recuerda una vez más la fama de mago del depredador... una fuerza psíquica que se retuerce y nos enreda como por arte de magia, impidiéndonos saber lo que sabemos. Las mujeres refuerzan esta barrera o estas puertas siempre que se disuaden a sí mismas o se disuaden unas a otras de pensar o de indagar demasiado, pues «a lo mejor, te encuentras con algo mucho peor de lo que pensabas». Para romper esta barrera, se tiene que utilizar una contramagia apropiada. Y esta magia apropiada se encuentra en el símbolo de la llave.

Formular la pregunta apropiada constituye la acción central de la transformación no sólo en los cuentos de hadas sino también en el análisis y en la individuación. La pregunta clave da lugar a la germinación de la conciencia. La pregunta debidamente formulada siempre emana de una curiosidad esencial acerca de lo que hay detrás. Las preguntas son las llaves que permiten abrir las puertas secretas de la psique.

Aunque las hermanas no saben qué tesoro o qué farsa hay al otro lado de la puerta, echan mano de sus buenos instintos y formulan la pregunta psicológica clave: «¿Dónde crees que está la puerta y qué habrá detrás de ella?»

Al llegar a este punto, la naturaleza ingenua empieza a madurar y a preguntar: «¿Qué hay detrás de lo visible? ¿Cuál es la causa de esta sombra que se proyecta en la pared?» La joven e ingenua naturaleza empieza a comprender que, si hay algo secreto, si hay una sombra de algo, si hay algo prohibido, es necesario verlo. Para desarrollar la conciencia hay que buscar lo que se oculta detrás de lo directamente observable: el chirrido invisible, la oscura ventana, la puerta que llora, el rayo de luz bajo el alféizar de una ventana. Hay que indagar en estos misterios hasta descubrir la esencia de la cuestión.

Tal como veremos más adelante, la capacidad de resistir lo que averigüe permitirá a una mujer regresar a su naturaleza profunda, en la que todos sus pensamientos, sus sensaciones y sus acciones recibirán el apoyo que necesitan.

El novio animal

Así pues, a pesar de que la joven intenta cumplir las órdenes del depredador y accede a seguir ignorando el secreto del sótano, sólo puede cumplir sus promesas hasta cierto punto. Al final, inserta la llave, es decir, la pregunta, en la cerradura de la puerta y descubre la horrible carnicería en alguna parte de su vida profunda. Y la llave, este pequeño símbolo de su vida, se pone a sangrar de repente y no cesa de proclamar a gritos que hay algo que falla. Una mujer puede tratar de ocultar las devastaciones de su vida, pero la pérdida de sangre, es decir, de su energía vital, no cesará hasta que identifique la verdadera condición del depredador y la reprima.

Cuando las mujeres abren las puertas de sus propias vidas y examinan las carnicerías ocultas en aquellos recónditos lugares suelen descubrir que han estado permitiendo la ejecución sumaria de sus sueños, objetivos y esperanzas más decisivos. Y descubren también unos pensamientos, sentimientos y deseos exánimes que antaño eran atrayentes y prometedores, pero ahora están exangües. Tanto si estas esperanzas y estos sueños se refieren a un deseo de relación como si se refieren a un deseo de logros, de éxitos o de posesión de una obra de arte, cuando alguien hace este horrible descubrimiento en su psique, podemos tener la certeza de que el depredador natural, a menudo simbolizado en los sueños como un novio animal, se ha estado dedicando a destruir metódicamente los más profundos deseos, inquietudes y aspiraciones de una mujer.

En los cuentos de hadas, el personaje del novio animal es un tema común que representa algo perverso disfrazado de algo benévolo. Este personaje u otro de carácter similar está siempre presente cuando una mujer experimenta unos presentimientos ingenuos acerca de algo o de alguien. Cuando una mujer intenta evitar los hechos de sus propias devastaciones, lo más probable es que sus sueños nocturnos le adviertan a gritos que despierte y pida socorro o huya, o acabe con ello.

A lo largo de los años he visto muchos sueños femeninos en los que está presente la figura del novio animal o la sensación de que las-cosas-no-son-tan-bonitas-como-parecen. Una mujer soñó con un hombre guapo y encantador, pero, al bajar la vista, vio que de su manga estaba empezando a salir y desenrollarse un trozo de lacerante alambre de púas. Otra mujer soñó que estaba ayudando a un anciano a cruzar la calle y que, de pronto, el anciano esbozaba una diabólica sonrisa y se disolvía en su brazo, produciéndole una grave quemadura. Otra soñó que comía con un amigo desconocido cuyo tenedor volaba sobre la mesa y la hería de muerte.

Este no ver, este no comprender y no percibir que nuestros deseos interiores no concuerdan con nuestras acciones exteriores es la huella que deja el novio animal. La presencia de este factor en la psique explica por qué razón las mujeres que dicen desear una relación hacen todo lo posible por sabotearla. Ésta es la razón de que las mujeres que se fijan unos objetivos aquí, allí o donde sea en tal o cual momento jamás cubren ni siquiera la primera etapa del viaje o lo abandonan al primer obstáculo. Ésta es la razón de que todas las dilaciones que dan lugar a un aborrecimiento tan grande de sí mismas, todos los sentimientos de vergüenza que tanto se enconan debido a la represión de que han sido objeto, todos los nuevos comienzos que tan necesarios resultan y todos los objetivos que hace tiempo hubieran tenido que alcanzarse jamás lleguen a feliz término. Siempre que acecha y actúa el depredador, todo descarrila, se derrumba y se decapita.

El novio animal es un símbolo muy extendido en los cuentos de hadas y, en general, el relato se desarrolla según el siguiente esquema: Un extraño hombre corteja a una mujer que accede a convertirse en su novia, pero, antes del día de la boda, ella sale a dar un paseo por el bosque, se extravía y, al caer la oscuridad, se encarama a un árbol para librarse de los depredadores. Mientras aguarda a que se haga de día, aparece su prometido con una azada al hombro. Algo en su futuro esposo lo delata como no enteramente humano. A veces la extraña forma de su pie, su mano o su brazo o el aspecto de su cabello resulta decididamente chocante y lo delata.

El hombre empieza a cavar una tumba bajo el árbol al que ella se ha encaramado mientras canta y musita que piensa matar a su futura esposa y enterrarla en aquella tumba. La aterrorizada novia permanece escondida toda la noche y, por la mañana, cuando su futuro esposo ya se ha ido, regresa corriendo a casa, informa de lo ocurrido a sus hermanos y a su padre y los hombres atacan por sorpresa al novio animal y lo matan.

Se trata de un poderoso proceso arquetípico de la psique femenina. La mujer posee una percepción suficiente y, aunque al principio accede a casarse con el depredador natural de la psique, al final consigue librarse de él, pues ve la verdad que se encierra en todo aquello y es capaz de afrontarla conscientemente y tomar medidas para resolver la cuestión.

Y ahora viene el siguiente paso todavía más difícil, el de poder soportar lo que se ve, es decir, la propia autodestrucción y condición de muerta.

El rastro de la sangre

En el cuento, las hermanas cierran de golpe la puerta de la cámara de las matanzas. La joven esposa contempla la sangre que mana de la llave y emite un gemido. «¡Tengo que limpiar esta sangre para que él no se entere!»

Ahora el yo ingenuo sabe que una fuerza asesina anda suelta en el interior de la psique. Y la sangre de la llave es la sangre de las mujeres. Si sólo fuera una sangre causada por el sacrificio de las propias fantasías frívolas, sólo habría una gota de sangre en la llave. Pero la cosa es mucho más grave, pues la sangre representa una disminución de los más hondos y más espirituales aspectos de la propia vida creativa.

En semejante estado la mujer pierde la energía necesaria para crear, tanto si se trata de soluciones a cuestiones de su vida, de los estudios, la familia o las amistades, como si se trata de asuntos relacionados con el mundo en general o con el espíritu, su desarrollo personal o sus aptitudes. No es una simple dilación, pues la situación se prolonga a lo largo de varias semanas o varios meses seguidos. La mujer se muestra apagada y, aunque a veces esté llena de ideas, padece una fuerte anemia y cada vez le cuesta más ponerlas en práctica.

La sangre de este cuento no es la sangre menstrual sino la sangre arterial del alma. Y no sólo mancha la llave sino que mancha toda la *persona**. El vestido que lleva y todos los vestidos del armario están manchados de sangre. En la psicología arquetípica, el vestido puede representar la presencia exterior. La *persona* es la máscara que un individuo muestra al mundo. Con los debidos rellenos y disfraces psíquicos, tanto los hombres como las mujeres pueden ofrecer una *persona* casi perfecta, una fachada casi perfecta.

Cuando la llave que llora —la pregunta que solloza— mancha nuestras *personas*, ya no podemos ocultar por más tiempo nuestras congojas. Podemos decir lo que queramos y mostrar la más sonriente de las fachadas, pero, una vez contemplada la horrenda verdad de la cámara de las matanzas, ya no podemos fingir que ésta no existe. El hecho de contemplar la verdad provoca una intensificación de la hemorragia de energía. Es algo muy doloroso que corta las arterias. Tenemos que intentar corregir inmediatamente esta terrible situación.

En este cuento vemos que la llave es también un recipiente que sirve para recibir la sangre que es el recuerdo de lo que la mujer ha visto y ahora ya sabe. Para las mujeres, la llave simboliza siempre la entrada en un misterio o un conocimiento. En otros cuentos de hadas la llave simbólica se representa a menudo con expresiones tales como «Ábrete, Sésamo», las palabras que Alí Babá le grita a una escarpada montaña, dando lugar a que ésta retumbe como un trueno y se abra para que él pueda entrar. De una manera más picaresca, en los estudios Disney el hada madrina de Cenicienta canturrea alegremente, las calabazas se convierten en carrozas y los ratones en cocheros.

En los misterios eleusinos, la llave estaba escondida en la lengua, lo cual significaba que el meollo de una cuestión, la clave o los vestigios se encontraban en unas determinadas palabras o unas preguntas clave. Y las palabras que más necesitan las mujeres en situaciones similares a la descrita en Barba Azul son: ¿Qué hay detrás? ¿Qué no es lo que parece? ¿Qué sé en lo más hondo de mis *ovarios* y no quiero saber? ¿Qué parte de mí ha sido asesinada o yace moribunda?

Todas y cada una de estas palabras son claves. Si una mujer ha llevado una vida medio muerta, es muy probable que las respuestas a estas cuatro preguntas estén manchadas de sangre. El aspecto asesino de la psique, parte de cuya tarea consiste en cuidar de que no se produzca ningún conocimiento consciente, seguirá dejando sentir sus efectos de

---

* En la época romana antigua, la *persona*, palabra derivada del etrusco, era la máscara que se ponían los actores para interpretar las obras. Cubría toda la cabeza y cambiaba según los distintos personajes que se tenían que representar. *(N. de la T.)*

vez en cuando y arrancará o envenenará cualquier brote que aparezca. Es su naturaleza. Es su misión.

Por consiguiente, desde un punto de vista positivo, sólo la persistencia de la sangre en la llave induce a la psique a aferrarse a lo que ha visto, pues hay una censura natural de todos los acontecimientos negativos o dolorosos que ocurren en nuestras vidas. El ego censor desea con toda seguridad olvidar que ha visto la habitación y los cadáveres que en ella había. Por eso la esposa de Barba Azul trata de frotar la llave con crin de caballo. Echa mano de todo lo que puede, de todos los remedios de la medicina popular femenina para curar las laceraciones y las heridas profundas: las telarañas, la ceniza y el fuego, todos ellos asociados con la vida y la muerte que tejen las Parcas. Pero no sólo no consigue cauterizar la llave sino que tampoco puede poner término a la situación fingiendo que no existe. No puede impedir que la llavecita llore sangre. Paradójicamente, mientras su antigua vida se muere y ni siquiera los mejores remedios consiguen disimularlo, la mujer despierta ante su propia hemorragia y, gracias a ello, empieza a vivir.

La mujer antaño ingenua tiene que afrontar lo ocurrido. La muerte a manos de Barba Azul de todas sus «fisgonas» esposas es la muerte del femenino creador, del potencial capaz de desarrollar toda suerte de vidas nuevas e interesantes. El depredador se muestra especialmente agresivo cuando tiende emboscadas a la naturaleza salvaje de la mujer. En el mejor de los casos trata de menospreciar y, en el peor, de cortar la conexión de la mujer con sus propias percepciones, inspiraciones, investigaciones y demás.

Otra mujer con quien yo trabajé, una mujer inteligente y capacitada, me habló una vez de su abuela que vivía en el Medio Oeste. La idea que tenía su abuela de una diversión a lo grande consistía en tomar un tren con destino a Chicago, llevar puesto un gran sombrero y pasear por la avenida Madison contemplando los escaparates como una dama elegante. Contra viento y marea o porque era su destino, se casó con un granjero, se fue a vivir con él a la región de los trigales y allí empezó a pudrirse en aquella bonita granja que tenía justo el tamaño adecuado, con los hijos adecuados y el marido adecuado. Ya no le quedó tiempo para la «frívola» vida que antes llevaba. Demasiados «niños». Demasiadas «tareas femeninas».

Un día, años más tarde, tras fregar a mano el suelo de la cocina y la sala de estar, se puso su mejor blusa de seda, se abrochó su falda larga y se encasquetó su gran sombrero. Después se introdujo el cañón de la escopeta de caza de su marido en la boca y apretó el gatillo. Todas las mujeres saben por qué fregó primero el suelo.

Una mujer cuya alma se muere de hambre puede sufrir hasta el extremo de no poderlo resistir. Puesto que tienen la necesidad sentimental de expresarse a su propia manera sentimental, las mujeres tienen que desarrollarse y florecer de una forma que a ellas les resulte sensata y sin molestas interferencias ajenas. En este sentido, la llave ensangrentada podría interpretarse también como la representación del linaje femenino de la mujer, de las ascendientes que la han precedido. ¿Quién de nosotras no conoce por lo menos a una familiar suya que perdió el instinto de tomar buenas decisiones y, debido a ello, se vio obligada a vivir una vida marginal o algo peor? Puede que esta mujer sea usted misma.

Una de las cuestiones menos debatidas de la individuación es la de que, cuando una mujer arroja toda la luz que puede sobre la oscuridad de la psique, las sombras, allí donde no alcanza la luz, se intensifican todavía más. Por consiguiente, cuando iluminamos una parte de la psique, se produce una intensificación de la oscuridad con la que necesariamente tenemos que enfrentarnos, pues no podemos pasarla por alto. La llave, es decir, las preguntas, no se pueden ocultar ni olvidar. Se tienen que formular. Se tienen que responder.

La tarea más profunda suele ser la más oscura. Una mujer valiente y juiciosa procurará cultivar la peor tierra de su psique, pues, si sólo cultiva la mejor, obtendrá a cambio el peor panorama de lo que ella es. La mujer valiente no teme investigar lo peor. Ello garantizará un incremento del poder de su alma a través de las percepciones y oportunidades de examinar de nuevo la propia vida y el propio yo.

En esta clase de explotación agraria de su psique resplandece la Mujer Salvaje. No teme la oscuridad más oscura, pues de hecho puede ver en la oscuridad. No teme los despojos, los desechos, la putrefacción, el hedor, la sangre, los huesos fríos, las muchachas moribundas ni los esposos asesinos. Puede verlo todo, puede resistirlo todo y puede ayudar. Y eso es lo que está aprendiendo la hermana menor del cuento de Barba Azul.

Los esqueletos de la cámara representan, bajo la luz más positiva, la fuerza indestructible de lo femenino. Arquetípicamente, los huesos representan aquello que jamás se puede destruir. Los cuentos que giran en torno a los huesos se refieren esencialmente a algo de la psique que no se puede destruir. La única posesión que cuesta más destruir es nuestra alma.

Cuando hablamos de la esencia femenina, hablamos en realidad del alma femenina. Cuando hablamos de los cuerpos esparcidos por el sótano, estamos diciendo que algo le ocurrió a la fuerza del alma, pese a lo cual, aunque a la mujer le hayan arrebatado la vitalidad exterior y aunque le hayan arrancado esencialmente la vida, ésta no ha sido destruida por entero. Puede resucitar.

Y resucita por medio de la joven y de sus hermanas que, al final, consiguen romper las viejas pautas de la ignorancia gracias a su capacidad de contemplar el horror y no apartar la mirada. Son capaces de ver y de resistir lo que ven.

Y aquí nos encontramos de nuevo en el espacio de *La Loba*, en la arquetípica cueva de los huesos femeninos. Aquí tenemos los restos de lo que antaño fuera la mujer completa. Sin embargo, a diferencia de los cíclicos aspectos de la vida y la muerte del arquetipo de la Mujer Salvaje que acoge la vida que está a punto de morir, la incuba y la arroja de nuevo al mundo, Barba Azul sólo mata y despedaza a la mujer cuando ésta no es más que unos huesos. Le arrebata toda la belleza, todo el amor y todo su yo y, por consiguiente, toda la capacidad de actuar en su propio nombre. Para poner remedio a esta situación, las mujeres tenemos que contemplar la cosa asesina que se ha apoderado de nosotras, ver el resultado de su horrible trabajo, ser consciente de él, conservarlo en nuestra conciencia y actuar en nuestro propio nombre y no en el suyo.

Los símbolos del sótano, la mazmorra y la cueva están todos relacionados entre sí. Son los antiguos ambientes de la iniciación; lugares a los que se dirige o por los que pasa o desciende una mujer hasta llegar a las asesinadas, rompiendo los tabúes para descubrir la verdad y, por medio del ingenio y/o de los tormentos, alcanzar el triunfo, desterrando, transformando o exterminando al asesino de la psique. El cuento de Barba Azul nos muestra la tarea que tenemos que llevar a cabo y nos da instrucciones muy claras: localizar los cuerpos, seguir los instintos, contemplar lo que se tenga que contemplar, echar mano del músculo psíquico y acabar con la fuerza destructora.

Si una mujer no contempla las cuestiones de su propia muerte y su propio asesinato, seguirá obedeciendo los dictados del depredador. En cuanto abre la puerta de la psique y ve hasta qué extremo está muerta y asesinada, comprende de qué manera las distintas partes de su naturaleza femenina y de su psique instintiva han sido asesinadas y han sufrido una lenta muerte detrás de una espléndida fachada. Y, en cuanto comprende lo atrapada que está y el peligro que corre su vida psíquica, está en condiciones de imponerse con más fuerza.

Retrocesos y serpenteos

Retroceder y serpentear es lo que hace un animal que se esconde bajo tierra para escapar y aparecer a la espalda del depredador. Ésta es la maniobra psíquica que lleva a cabo la esposa de Barba Azul para recuperar la soberanía sobre su propia vida.

Al descubrir lo que él considera un engaño de su mujer, Barba Azul la agarra por el cabello y la arrastra escaleras abajo. «¡Ahora te toca a ti!», ruge. El elemento asesino del inconsciente surge de golpe y amenaza con destruir a la mujer consciente.

El análisis, la interpretación de los sueños, el conocimiento y la exploración de sí misma se llevan a cabo porque son medios para retroceder y serpear, para desaparecer bajo tierra, salir por detrás de la cuestión y verla desde una perspectiva distinta. Sin la capacidad de ver de verdad, se pierde lo que se aprende acerca del yo-ego y del Yo numinoso*.

En Barba Azul la psique intenta evitar que la maten. Ha dejado de ser ingenua y utiliza la astucia; pide que le concedan un poco de tiempo para prepararse, en otras palabras, pide tiempo para armarse de valor con vistas a la batalla final. En la realidad exterior, vemos que hay mujeres que también planean sus fugas, ya sea de una antigua conducta destructiva o bien de un amante o un trabajo. Quieren ganar tiempo, esperan el momento oportuno, planean su estrategia y echan mano de su poder interior antes de llevar a cabo un cambio exterior. A veces esta inmensa amenaza del depredador basta para que una mujer deje de ser una infeliz acomodaticia y adquiera la recelosa mirada de los que están en guardia.

Por una curiosa ironía ambos aspectos de la psique, el depredador y el potencial juvenil, llegan a su punto de ebullición. Cuando una mujer comprende que ha sido una presa tanto en el mundo exterior como en el interior, casi no lo puede resistir. Es algo que golpea de lleno la raíz de quién es ella y entonces decide, y hace muy bien, matar la fuerza depredadora.

Entretanto, su complejo depredador está furioso porque ella ha abierto la puerta prohibida y empieza a efectuar rondas de inspección en un intento de cortarle todas las posibilidades de huida. La fuerza destructora se convierte en asesina y afirma que la mujer ha profanado lo más sagrado y ahora tiene que morir.

Cuando unos aspectos contrarios de la psique de una mujer llegan al punto de inflamación, cabe la posibilidad de que ésta se encuentre increíblemente cansada, pues su libido se siente arrastrada en dos direcciones contrarias. Sin embargo, aunque una mujer esté muerta de cansancio por culpa de sus lamentables luchas, cualesquiera que éstas sean, y por muy grande que sea su hambre de alma, tiene que planear

---

* Término forjado por el teólogo y filósofo alemán Rudolf Otto (1869-1937) en referencia a lo divino o sagrado y que Jung identifica con lo inconsciente, tanto en su incoherencia destructora (el aspecto demoníaco de Dios) como en su proyecto coherente con la realización del Yo (el aspecto lógico de Dios). *(N. de la T.)*

la fuga y esforzarse por seguir adelante. Este momento crítico es algo así como pasarse un día y una noche seguidos a temperaturas bajo cero. Para poder sobrevivir no tenemos que rendirnos al cansancio. Quedarnos dormidas ahora equivaldría a una muerte segura.

Ésta es la iniciaciación más profunda, la iniciación de una mujer en la utilización de los sentidos instintivos que ella tiene para identificar y desterrar al depredador. Es el momento en que la mujer cautiva pasa de la situación de víctima a una situación en la que se intensifica su perspicacia, sus ojos miran con expresión más taimada y se afina su oído. Es el momento en el que, gracias a un esfuerzo casi sobrehumano, consigue que la extenuada psique lleve a cabo su tarea final. Las preguntas clave la siguen ayudando, pues la llave sigue derramando la sangre de la sabiduría mientras el depredador trata de impedir que adquiera conciencia de lo que ocurre. Su insensato mensaje es: «Si adquieres conciencia, morirás.» La respuesta de la mujer consiste en inducirle a creer que ella es su voluntaria víctima mientras planea su muerte.

Dicen que, entre los animales, el depredador y su presa trenzan una misteriosa danza psíquica. Dicen que, cuando la presa establece con el depredador cierto tipo de servil contacto visual y experimenta un temblor que produce una leve ondulación de la piel sobre los músculos, reconoce su propia debilidad y accede a convertirse en su víctima.

Hay veces en que hay que temblar y correr, y hay otras en que no es necesario hacerlo. En este momento crítico, una mujer no tiene que temblar y no tiene que humillarse. La petición de tiempo que hace la joven esposa de Barba Azul para prepararse no es una muestra de sumisión al depredador. Es su astuta manera de hacer acopio de energía y transmitirla a los músculos. Como ciertas criaturas del bosque, la esposa se está preparando para lanzar un ataque concentrado contra el depredador. Se esconde bajo tierra para huir del depredador y después emerge inesperadamente a su espalda.

El grito

Cuando Barba Azul llama a gritos a su mujer y ella procura desesperadamente ganar tiempo, lo que intenta en realidad es hacer acopio de energía para vencer al depredador, tanto si se trata de una amenaza aislada como si se trata de una religión, un marido, una familia o una cultura destructivas o de los complejos negativos de una mujer.

La esposa de Barba Azul trata de salvar la vida, pero lo hace con astucia. «Por favor —murmura—, deja que me prepare para la muerte.»

«Sí —contesta él con un gruñido—, pero procura estar preparada.»

La joven llama a sus hermanos psíquicos. ¿Qué representan éstos en la psique de una mujer? Son los propulsores más musculosos y más naturalmente agresivos de la psique. Representan la fuerza interior de una mujer, capaz de entrar en acción cuando llega el momento de eliminar los impulsos malignos. Aunque esta capacidad se representa aquí con sexo masculino, puede representarse con ambos sexos... y con cosas tales como una montaña que se cierra para que no entre un intruso o un sol que desciende por un instante para quemar al merodeador y dejarlo achicharrado.

La esposa sube corriendo a su cámara, pide a sus hermanas que se acerquen a las murallas y les pregunta: «¿Veis venir a nuestros hermanos?» Y las hermanas le contestan que todavía no ven nada. Mientras Barba Azul le ordena a gritos a su mujer que baje al sótano para decapitarla, ella vuelve a preguntar: «¿Veis venir a nuestros hermanos?» Y las hermanas le contestan que les parece ver un torbellino o una polvareda en la distancia.

Aquí tenemos todo el guión de la oleada de fuerza psíquica que se produce en el interior de una mujer. Sus hermanas —las más sabias— ocupan el centro del escenario en esta última fase de la iniciación; se convierten en sus ojos. El grito de la mujer recorre una larga distancia en el interior de la psique hasta llegar al lugar donde viven sus hermanos, es decir, donde viven los aspectos de la psique que están adiestrados para luchar, y para luchar a muerte en caso necesario. Pero, en un principio, los aspectos defensores de la psique no están tan cerca de la conciencia como deberían estar. La rapidez y la naturaleza combativa de muchas mujeres no están lo bastante cerca de su conciencia como para que puedan resultar eficaces.

Una mujer tiene que practicar la llamada o el conjuro de su naturaleza combativa, de los atributos del torbellino o la polvareda. El símbolo del torbellino representa una fuerza central de determinación que, cuando se concentra en lugar de desperdigarse, otorga una tremenda energía a la mujer. Con esta resuelta actitud, la mujer no perderá la conciencia ni será enterrada junto con lo demás. Resolverá de una vez por todas la matanza interior femenina, su pérdida de libido y su pérdida de pasión por la vida. Aunque las preguntas clave le proporcionan la abertura y la relajación necesarias para su liberación, sin los ojos de sus hermanas y sin la fuerza muscular de los hermanos armados con espadas, no podría alcanzar un éxito absoluto.

Barba Azul llama a gritos a su esposa y empieza a subir ruidosamente los peldaños de piedra. La mujer vuelve a preguntarles a sus hermanas: «¿Y ahora los veis?» Y las hermanas le contestan: «¡Sí!

Ahora los vemos. Ya casi están aquí.» Los hermanos entran al galope en el castillo, irrumpen en la estancia y empujan a Barba Azul contra el parapeto. Allí lo matan con sus espadas y lo dejan para los devoradores de carroña.

Cuando las mujeres emergen de nuevo a la superficie liberadas de su ingenuidad, arrastran consigo y hacia sí mismas algo inexplorado. En este caso, la mujer, que ahora es más sabia y juiciosa, echa mano de una energía interior masculina. En la psicología junguiana, este elemento se denomina *animus*, un elemento de la psique femenina parcialmente mortal, parcialmente instintivo y parcialmente cultural que se presenta en los cuentos de hadas y en los símbolos oníricos bajo la apariencia de su hijo, su marido, un extraño y/o un amante, que a veces reviste un carácter amenazador según las circunstancias psíquicas del momento.

Esta figura psíquica posee un valor especial, pues tiene unas cualidades que están tradicionalmente excluidas en las mujeres, siendo la agresión una de las más habituales.

Cuando esta naturaleza de sexo contrario está sana, tal como la simbolizan los hermanos del cuento de Barba Azul, ama a la mujer en la que habita. Es la energía intrapsíquica que la ayuda a conseguir cualquier cosa que desee. Es la depositaria de la fuerza muscular psíquica en contraposición con otras dotes que la mujer pueda poseer. Y es la que la ayudará y le prestará su apoyo en su lucha por el conocimiento consciente. En muchas mujeres, este aspecto contrasexual tiende un puente entre los mundos internos del pensamiento y el sentimiento y el mundo exterior.

Cuanto más fuerte y más integralmente extenso sea el *animus* (lo podemos considerar un puente), tanto mayores serán la capacidad, la facilidad y el estilo con que la mujer manifestará de manera concreta sus ideas y su labor creativa en el mundo exterior. Una mujer con un *animus* poco desarrollado tiene muchas ideas y pensamientos, pero es incapaz de manifestarlos en el mundo exterior. Siempre se queda a un paso de la organización o puesta en práctica de sus maravillosas imágenes.

Los hermanos representan el don de la fuerza y la acción. Al final y gracias a ellos ocurren varias cosas: la primera es la neutralización de la inmensa capacidad paralizadora del depredador en la psique de la mujer. La segunda es la conversión de la dulce muchacha de ojos azules en una mujer de mirada alerta y la tercera es la inmediata presencia de dos guerreros uno a su derecha y otro a su izquierda en cuanto ella los llama.

Los devoradores de pecados

Barba Azul es desde el principio hasta el final un «incisivo» relato acerca de la ruptura y la reunión. En la fase final del cuento, el cuerpo de Barba Azul es abandonado para que los devoradores de carne —los cormoranes, las aves de presa y los buitres— se lo lleven. Se trata de un místico final muy extraño. En la antigüedad, se creía en la existencia de unas almas devoradoras de pecados, personificadas por los espíritus, los pájaros, los animales y, a veces, unos seres humanos que, como el chivo expiatorio, asumían los pecados, es decir, los desperdicios psíquicos de la sociedad, de tal manera que las personas se pudieran purificar y redimir de los escombros de una vida difícil o de una vida mal vivida.

Hemos visto cómo la naturaleza salvaje está ejemplificada en la buscadora de muertos, en la que canta sobre los huesos de los muertos y los devuelve a la vida. Esta naturaleza de Vida/Muerte/Vida es un atributo esencial de la naturaleza instintiva de las mujeres. De igual modo, en la mitología nórdica, los devoradores de pecados son unos carroñeros que devoran a los muertos, los incuban en sus vientres y los conducen a Hel, que no es un lugar sino una persona. Hel es la diosa de la Vida y de la Muerte y enseña a los muertos a vivir hacia atrás. Éstos se van volviendo progresivamente más jóvenes hasta que están en condiciones de volver a nacer y ser lanzados de nuevo a la vida.

Esta acción de devorar los pecados y a los pecadores y su subsiguiente incubación y devolución a la vida constituye un proceso de individuación de los aspectos más despreciables de la psique. En este sentido, es justo y conveniente que la energía se extraiga de los elementos depredadores de la psique y se los mate por así decirlo para arrancarles sus poderes. De esta manera se pueden devolver a la Madre de la Vida/Muerte/Vida para que ésta los transforme y re-cree en un estado menos conflictivo.

Muchos especialistas que han estudiado este cuento creen que Barba Azul representa una fuerza imposible de redimir[5]. Pero yo percibo un terreno adicional para este aspecto de la psique, no la transformación de un asesino en serie en un profesor entrañable como míster Chips, sino más bien en una persona que tiene que estar recluida en un espacio aceptable donde haya árboles y ella pueda contemplar el cielo y recibir una alimentación adecuada y tal vez escuchar música que serene su espíritu, en lugar de ser desterrada a un cuarto de atrás de la psique donde se la torture y se la insulte.

Por otra parte, no quisiera dar a entender que no existe el mal manifiesto e irredimible, pues no cabe la menor duda de que también existe. En el transcurso del tiempo se ha tenido siempre la mística sensación de que cualquier tarea de individuación llevada a cabo por los seres humanos modifica también la oscuridad del inconsciente colectivo, el lugar en el que habita el depredador. Jung dijo en cierta ocasión que Dios adquirió una mayor conciencia[6] cuando los seres humanos incrementaron su nivel de conciencia y señaló que los seres humanos hacen que el lado oscuro de Dios se ilumine cuando sacan sus demonios personales a la luz del día.

No pretendo saber cómo se produce todo eso, pero, siguiendo la pauta arquetípica, creo que es algo que se podría formular de la siguiente manera: En lugar de insultar al depredador de la psique o de huir de él, lo descuartizamos. Y lo hacemos rechazando los pensamientos divisivos acerca de nuestra vida espiritual y nuestro valor en particular. Para ello, atrapamos los pensamientos envidiosos para evitar que crezcan y causen daño, y los destruimos.

Y destruimos al depredador replicando a sus injurias con nuestras educativas verdades. Depredador: «Nunca terminas nada de lo que empiezas.» Usted: «Termino muchas cosas.» Destruimos los ataques del depredador natural, tomándonos en serio y trabajando con lo que hay de cierto en lo que dice el depredador y descartando lo demás.

Destruimos al depredador conservando nuestras intuiciones y nuestros instintos y oponiendo resistencia a sus seducciones. Si hiciéramos una lista de todas las pérdidas que hemos sufrido hasta este momento de nuestras vidas, recordando las veces en que sufrimos decepciones y fuimos impotentes contra el sufrimiento o tuvimos una fantasía llena de adornos y de azúcar glas, comprenderíamos que ésos son los puntos vulnerables de nuestra psique. En estas partes deficientes y desvalidas se centra el depredador para ocultar su propósito de arrastrar a la mujer al sótano, extraerle la energía y hacerse con ella una tonificante transfusión de sangre.

Al final del cuento de Barba Azul, sus huesos y sus cartílagos se dejan para los buitres, lo cual nos permite comprender la profunda transformación que se ha producido en el depredador. Es la última tarea de una mujer en este último viaje «barbaazuliano»: permitir que la naturaleza de la Vida/Muerte/Vida despedace al depredador y se lo lleve para incubarlo, transformarlo y devolverlo a la vida.

Si nos negamos a prestar atención al depredador, éste se queda sin fuerzas y no puede actuar sin nuestra colaboración. En esencia, nosotros lo empujamos al estrato de la psique donde toda creación carece todavía de forma y lo dejamos que hierva lentamente en aquella etérea sopa hasta el momento en que podamos encontrarle una forma mejor. Cuando se entrega el *energum* psíquico del depredador, éste se puede configurar para otro propósito. Entonces somos creadoras y la materia prima reducida se convierte en la materia de nuestra propia creación.

Las mujeres lo descubren cuando vencen al depredador, toman lo útil, descartan lo demás y se sienten rebosantes de vitalidad y de fuerza. Han extraído del depredador lo que éste les había robado, es decir, el vigor y la sustancia. Extraer la energía del depredador y convertirla en algo útil se puede entender de las siguientes maneras: La furia del depredador se puede transformar en un fuego espiritual capaz de llevar a cabo una gran tarea mundial. La habilidad del depredador se puede utilizar para inspeccionar y comprender cosas desde lejos. La naturaleza asesina del depredador se puede usar para matar lo que conviene que muera en la vida de una mujer o lo que conviene que muera en su vida exterior, tratándose de cosas distintas en momentos distintos. Por regla general, la mujer sabe muy bien lo que son.

Extraer las partes de Barba Azul es como extraer las partes medicinales del beleño o las sustancias curativas de la belladona y utilizarlas cuidadosamente para sanar y ayudar. Entonces las cenizas que queden del depredador volverán a cobrar vida, pero con un tamaño mucho más reducido, mucho más identificable y con mucho menos poder para engañar y destruir, pues ya se habrán extraído muchos de sus poderes destructores y éstos estarán dirigidos a lo útil y lo pertinente.

Barba Azul es uno de los muchos cuentos didácticos que a mi juicio son importantes para las mujeres que son jóvenes, no necesariamente en años, en algún lugar de sus mentes. Es un cuento que gira en torno a la ingenuidad psíquica, pero también en torno al valeroso quebrantamiento de la prohibición de «mirar». Es un cuento que gira en torno a la descuartización del depredador natural de la psique y a la extracción de su energía.

Creo que el propósito del cuento es el de poner nuevamente en marcha la vida interior. El cuento de Barba Azul es una medicina que hay que utilizar cuando la vida interior de una mujer está atemorizada, paralizada o acorralada. Las soluciones del cuento reducen el temor, administran dosis de adrenalina en los momentos oportunos y —lo más importante para el yo ingenuo atrapado— abren puertas en unas paredes que previamente estaban en blanco.

Es posible en suma que el cuento de Barba Azul haga aflorar a la conciencia la llave psíquica, es decir, la capacidad de formular cualquier tipo de pregunta acerca de la propia persona, la propia familia, las propias actividades y la vida circundante. Entonces, como una criatura salvaje que olfatea una cosa y la husmea por arriba, por abajo y por todas partes para averiguar lo que es, la mujer es libre de buscar las verdaderas respuestas a sus más profundas y oscuras preguntas. Y es libre de arrancarle los poderes a la cosa que la ha atacado y de transformar estos poderes que antes se habían utilizado contra ella en su propio beneficio. Eso es la mujer salvaje.

El hombre oscuro de los sueños de las mujeres

El depredador natural de la psique no sólo está presente en los cuentos de hadas sino también en la psique. Existe entre las mujeres un sueño de iniciación universal tan frecuente que rara es la mujer que a los veinticinco años no lo ha tenido. El sueño suele dar lugar a que las mujeres se despierten de golpe, ansiosas y angustiadas.

El esquema del sueño es el siguiente: La mujer está sola, a menudo en su casa. En la oscuridad del exterior hay uno o más merodeadores. Muerta de miedo, la mujer marca[7] el número de emergencia de la policía para pedir ayuda. De repente, se da cuenta de que el merodeador está con ella en la casa, muy cerca de ella, incluso le parece percibir su aliento... a lo mejor, hasta llega a tocarla... y ella no puede marcar el número. La mujer se despierta de golpe, respirando afanosamente y con el corazón latiendo en su pecho como un tambor.

El sueño acerca del hombre oscuro posee un aspecto marcadamente físico. El sueño se acompaña a menudo de sudoración, forcejeos, respiración afanosa, aceleración de los latidos del corazón y, a menudo, gritos y gemidos de terror. Podríamos decir que el causante del sueño ha transmitido sutiles mensajes a la mujer y ahora le envía imágenes que hacen estremecer su sistema nervioso autónomo para que comprenda la urgencia del asunto.

El/los antagonista(s) de este sueño del «hombre oscuro» suelen ser, en palabras de las propias mujeres, «terroristas, violadores, malhechores, nazis de campos de concentración, merodeadores, asesinos, criminales, gente rara, hombres malos, ladrones». La interpretación del sueño tiene varios niveles según las circunstancias vitales y los dramas interiores de la mujer.

Por ejemplo, este sueño es a menudo un indicador fidedigno de que la conciencia de una mujer, tal como suele ocurrir en el caso de una mujer muy joven, está empezando a percatarse de la existencia del depredador psíquico. En otros casos el sueño es un heraldo; la mujer acaba de descubrir o está a punto de descubrir una olvidada función de su psique que la tenía atrapada y de la que puede empezar a liberarse. En otras circunstancias el sueño puede referirse a una situación cada vez más intolerable de la cultura que rodea la vida personal de la soñadora, en la que ésta se ve obligada a luchar o bien a huir.

Primero vamos a intentar comprender las ideas subjetivas de este tema aplicadas a la vida personal e interior de la soñadora. El sueño del hombre oscuro revela a la mujer la apurada situación en la que se encuentra. El sueño le habla de un comportamiento cruel para con ella, personificado en el malhechor. Como la esposa de Barba Azul, si la mujer puede hacer conscientemente la pregunta «clave» acerca de la cuestión y contestarla con sinceridad, conseguirá salvarse. Entonces los atacantes, los merodeadores y los depredadores de la psique ejercerán mucha menos presión sobre ella y se esconderán en un lejano estrato del inconsciente. Allí la mujer podrá enfrentarse con ellos con más tranquilidad en lugar de tener que hacerlo en una situación de crisis.

El hombre oscuro de los sueños de las mujeres aparece cuando es inminente una iniciación, es decir, un cambio psíquico desde un nivel de conocimiento y comportamiento a otro nivel más maduro y enérgico de conocimiento y acción. El sueño lo tienen las todavía no iniciadas y las que ya son veteranas de varios ritos de paso, pues siempre hay nuevas iniciaciones. Por vieja que sea una mujer y por muchos años que transcurran, siempre la esperan edades, fases y «primeras veces». En eso consiste la iniciación: en la creación de un arco que una mujer tiene que cruzar para pasar a una nueva modalidad de conocimiento y existencia.

Los sueños son *portales*, preparaciones y prácticas para la siguiente fase de la conciencia, la del «día siguiente» del proceso de individuación. Por consiguiente, la mujer puede tener el sueño del depredador cuando sus circunstancias psíquicas son demasiado quiescentes o complacientes. Podríamos decir que el sueño se produce para provocar en la psique una tormenta que permita llevar a cabo una tarea un poco más enérgica. Pero un sueño de este tipo también puede significar que la vida de la mujer tiene que cambiar, que la mujer está atascada y no sabe qué hacer en presencia de una elección difícil, que se muestra reacia a dar el siguiente paso o a tomarse una molestia, que se arredra ante la necesidad de luchar para arrancarle su poder al depredador, que no está acostumbrada a ser/actuar/esforzarse a tope y en toda la medida de su capacidad.

Los sueños acerca del hombre oscuro son también unas advertencias. Dicen: ¡Presta atención! Ha ocurrido algo muy grave en el mundo exterior, en la vida personal o en la cultura colectiva exterior. La teoría psicológica clásica tiende, por absoluta omisión, a establecer una división entre la psique humana y la tierra en la que viven los seres humanos y entre aquélla y el conocimiento de las etiologías culturales del malestar y la inquietud, y a separar la psique de la política y de las actuaciones que configuran las vidas interiores y exteriores de los seres humanos, como si el mundo exterior no fuera tan irreal, no estuviera tan cargado de símbolos y no causara tanto impacto ni se impusiera en la vida espiritual del individuo con la misma fuerza con que lo hace el ensordecedor ruido interior. La tierra, la cultura y la política en las que vive una persona influyen tanto en su paisaje psíquico y son tan merecedoras de consideración en este sentido como su propio ambiente subjetivo.

Cuando el mundo exterior se ha introducido en la vida espiritual básica de un individuo o de muchos, los sueños del hombre oscuro se intensifican. Para mí ha sido una tarea fascinante haber recogido sueños de mujeres trastornadas por algún acontecimiento de la cultura exterior, como los de las que viven cerca de las emanaciones tóxicas de la fundición de York City[8], Idaho, los de algunas mujeres extremadamente concienciadas y activamente comprometidas en la acción social y la protección ambiental de las *compañeras guerrilleras* de las áridas llanuras desérticas de la Quebrada de Centroamérica[9], de las mujeres de las *Cofradías de los Santuarios*[10] de Estados Unidos y de las defensoras de los derechos civiles en el condado de Latino[11]. Todas ellas suelen soñar a menudo con el hombre oscuro.

Se puede pensar en general que, para las soñadoras ingenuas o no informadas, los sueños son unas llamadas de atención: «*¡Hola!* Ten cuidado, estás en peligro.» Para las mujeres concienciadas y comprometidas en labores sociales, el sueño del hombre oscuro casi podría ser un tónico que le recuerda a la mujer aquello a lo que se enfrenta y la anima a mantenerse fuerte y en actitud vigilante y a seguir adelante con la tarea que tiene entre manos.

Por consiguiente, cuando las mujeres sueñan con el depredador natural, no se trata siempre ni exclusivamente de un mensaje acerca de la vida interior. A veces es un mensaje acerca de los aspectos amenazadores de la cultura en la que una vive, tanto si es la pequeña pero brutal cultura del despacho, de su propia familia o de su barrio como si es la más amplia cultura de su religión o de su país. Como se ve, cada grupo y cada cultura tiene su propio depredador psíquico natural y sabemos por la historia que en las culturas hay algunas épocas con las cuales el depredador se identifica y en cuyo ámbito ejerce una soberanía absoluta hasta que el número de los que no creen en él se hace tan grande que obliga a cambiar el curso de los acontecimientos.

Aunque buena parte de la psicología subraye la importancia de las causas familiares de la ansiedad en los seres humanos, el componente cultural ejerce tanta influencia como éstas, pues la cultura es la familia de la familia. Si la familia de la familia padece varias enfermedades, todas las familias de esta cultura tendrán que luchar contra las mismas dolencias. En mi herencia familiar se dice que la *cultura cura*. Si la cultura sana, las familias aprenden a sanar, discuten menos, son más restauradoras, mucho menos ofensivas y mucho más benévolas y afectuosas. En una cultura dominada por el depredador, toda vida nueva que tiene que renacer y toda vida vieja que tiene que desaparecer no pueden moverse y las vidas espirituales de los ciudadanos están paralizadas tanto por el temor como por el hambre espiritual.

Nadie sabe a ciencia cierta por qué razón este intruso, que en los sueños femeninos suele asumir la apariencia de un varón, intenta atacar la psique instintiva y, más concretamente, sus capacidades salvajes de conocimiento. Decimos que es algo de carácter intrínseco. Pero vemos que este proceso destructor se intensifica cuando la cultura que rodea a una mujer fomenta, alimenta y protege las actitudes destructivas contra la naturaleza instintiva y espiritual más profunda. De este modo, estos valores culturales destructivos —con los cuales el depredador se muestra ávidamente de acuerdo— se va fortaleciendo en el interior de la psique colectiva de todos sus miembros. Cuando una sociedad exhorta a la gente a desconfiar y huir de la profunda vida instintiva, se refuerza e intensifica un elemento autodepredador en cada psique individual.

Sin embargo, hasta en una cultura opresiva, cualesquiera que sean las mujeres en las que la Mujer Salvaje siga viviendo, prosperando e incluso resplandeciendo, se harán preguntas «clave», no sólo las que consideramos útiles para conocernos mejor sino también las que se refieren a nuestra cultura. «¿Qué hay detrás de estos destierros que yo veo en el mundo exterior? ¿Qué bondad o utilidad del individuo, de la cultura, de la tierra, de la naturaleza humana se ha matado o yace moribunda?» Cuando se analizan estas cuestiones, la mujer puede actuar de acuerdo con sus propias aptitudes y cualidades. Abrazar el mundo y comportarse con él de una manera sentimental y fortalecedora del sentimiento es una poderosa manifestación del espíritu salvaje.

Es por esta razón por la que se tiene que preservar la naturaleza salvaje de las mujeres —y, en algunas circunstancias, incluso defenderla con sumo cuidado— para que no se la lleven de repente y la estrangulen. Es muy importante alimentar esta naturaleza instintiva, protegerla y favorecer su desarrollo, pues incluso en las condiciones más restrictivas de cultura, familia o psique, se produce una parálisis mucho menor en las mujeres que se han mantenido en contacto con su profunda naturaleza instintiva salvaje. Aunque una mujer sufra una lesión si es atrapada y/o inducida con engaño a seguir siendo ingenua y sumisa, aún le queda la energía suficiente como para vencer a su captor, esquivarlo, ganarle la carrera y, finalmente, despedazarlo y exprimirlo para poder utilizarlo de manera constructiva.

Hay otro ejemplo concreto en el que es muy probable que las mujeres tengan sueños en los que aparece el hombre oscuro y eso ocurre cuando los rescoldos del propio fuego creador interno humean lentamente, cuando queda muy poco combustible en el rincón o cuando la cantidad de ceniza blanca aumenta día a día, pero el puchero está vacío. Estos síndromes se pueden producir incluso cuando somos veteranas practicantes de nuestro arte y también cuando por primera vez empezamos a aplicar exteriormente nuestras aptitudes. Se producen también cuando tiene lugar una incursión depredadora en la psique y, como consecuencia de ello, descubrimos mil razones para hacer cualquier cosa excepto quedarnos sentadas, permanecer de pie o dirigirnos a donde sea para realizar cualquier cosa que nos interese.

En estos casos, el sueño en el que aparece el hombre oscuro, aunque vaya acompañado de un temor angustioso, no es un sueño inquietante sino un sueño muy positivo acerca de la conveniente y oportuna necesidad de despertar ante la presencia de un movimiento destructivo que se está produciendo en la propia psique, ante aquello que está apagando el propio fuego, entrometiéndose en el propio vigor y robando el propio lugar, espacio y tiempo y el propio territorio para crear.

A menudo la vida creativa experimenta una reducción de su ritmo o se detiene porque hay algo en la psique que tiene una opinión muy negativa de nosotras y nosotras estamos allí abajo arrastrándonos a sus pies en lugar de propinarle un sopapo y echar a correr en busca de la libertad. En muchos casos lo que hace falta para enderezar una situación es que nos tomemos a nosotras y tomemos nuestras ideas y nuestras aptitudes mucho más en serio de lo que hemos venido haciendo hasta el momento. Debido a las grandes brechas que se han producido en la ayuda por línea materna (y por línea paterna) a lo largo de muchas generaciones, la valoración de la propia vida creativa —es decir, de las ideas absolutamente originales, bellas y artísticas y de las obras que nacen del alma salvaje— se ha convertido en una cuestión perenne para las mujeres.

En mi consulta he visto muchas veces cómo ciertas poetas arrojaban las páginas de su obra al diván como si su poesía fuera una basura y no un tesoro. He visto a artistas que acudían con sus cuadros a la sesión y los golpeaban contra el marco de la puerta al entrar. He visto encenderse un verde destello en los ojos de las mujeres que procuran disimular su furia por el hecho de que otras sean capaces de crear y ellas, por alguna extraña razón, no puedan hacer lo mismo.

He oído todas las excusas que pueden inventarse las mujeres: No tengo talento. No soy importante. No tengo estudios. No tengo ideas. No sé hacerlo. No sé qué. No sé cuándo. Y la más ofensiva de todas: No tengo tiempo. En tales casos, siempre experimento el impulso de colocarlas boca abajo y sacudirlas hasta que me prometan no volver a decir mentiras. Pero no es necesario que yo las sacuda, pues eso ya lo hará el hombre oscuro de sus sueños y, si éste no lo hace, lo hará el actor de otro sueño.

El sueño en el que aparece el hombre oscuro es un sueño que produce temor y los sueños de este tipo a menudo son muy buenos para la creatividad, pues le revelan a las artistas lo que les ocurrirá si se dejan freír hasta quedar convertidas en unas desgraciadas con talento. El sueño del hombre oscuro suele ser suficiente para asustar a una mujer hasta el extremo de inducirla a volver a crear. En el peor de los casos, la mujer podrá crear por lo menos una tarea que la ayude a aclarar el significado del hombre oscuro de sus sueños.

La amenaza del hombre oscuro es una advertencia para todas nosotras: si no prestas atención a los tesoros que posees, éstos te serán arrebatados. De esta manera, cuando una mujer ha tenido uno o varios sueños de este tipo, cabe deducir que se está abriendo la enorme puerta del territorio de iniciación en el que se puede producir la revalorización de sus cualidades. Allí se podrá identificar, apresar y liquidar cualquier cosa que la haya estado destruyendo y robando sistemáticamente.

Cuando una mujer se afana en espiar al depredador de su propia psique, reconoce su presencia y libra la necesaria batalla contra él, el depredador se retira a un lugar de la psique mucho más aislado y discreto. En cambio, si la presencia del depredador es ignorada, éste se vuelve cada vez más malévolo y celoso y mayor es su deseo de acallar a la mujer para siempre.

A un nivel muy mundano, es importante que una mujer tenga sueños del tipo del hombre oscuro y de Barba Azul para poder eliminar de su vida la mayor cantidad posible de negatividad. A veces es necesario limitar o espaciar ciertas relaciones, pues cuando una mujer está rodeada exteriormente por personas que se muestran contrarias a su vida profunda o no sienten interés por ella, esta circunstancia alimenta al depredador interior de la psique y favorece el desarrollo de su musculatura y su capacidad de agresión contra la mujer.

Las mujeres se muestran a menudo ambivalentes acerca de la necesidad de atacar al intruso, pues creen que se trata de una situación en la que «mal si lo hago y mal si no lo hago». Pero, si no se aparta, el hombre oscuro se convertirá en su carcelero y ella en su esclava. Las mujeres temen que el intruso las persiga y las lleve de nuevo a la sumisión, y este temor se refleja en el contenido de sus sueños.

Por esta razón las mujeres suelen matar sus naturalezas enteramente originales, creativas, espirituales y salvajes en respuesta a las amenazas del depredador. Y es por eso por lo que las mujeres se convierten en esqueletos y cadáveres en el sótano de Barba Azul. Se enteraron de la existencia de la trampa, pero demasiado tarde. La conciencia es el medio de escapar de la trampa, de escapar de la tortura. Es el camino para huir del hombre oscuro. Y las mujeres tienen derecho a luchar con uñas y dientes para tener y conservar la conciencia.

En el cuento de Barba Azul vemos de qué manera la mujer que cae víctima del hechizo del depredador reacciona y huye de él, ya preparada para la próxima vez. El cuento gira en torno a la transformación de cuatro confusas introyecciones que son objeto de especial controversia acerca de las mujeres: no tener una visión integral, no tener una profunda perspicacia, no tener voz original, no emprender acciones decisivas. Para desterrar al depredador tenemos que abrir con llave o abrir con ganzúa no sólo nuestra propia persona sino también otras cuestiones para ver lo que hay dentro. Tenemos que utilizar nuestras facultades para resistir lo que vemos. Tenemos que decir nuestra verdad con voz clara. Y tenemos que utilizar nuestro ingenio para hacer lo que sea necesario al respecto.

Cuando la naturaleza instintiva de una mujer es fuerte, ésta identifica intuitivamente al depredador innato a través del olfato, la vista y el oído, se anticipa a su presencia, lo oye acercarse y adopta medidas para rechazarlo. El depredador se echa encima de la mujer cuyo instinto ha sido lesionado antes de que ella advierta su presencia, pues su oído, su sabiduría y su percepción están dañados, sobre todo por culpa de introyecciones que la exhortan a ser amable, a comportarse bien y, especialmente, a mostrarse ciega ante los abusos de que está siendo objeto.

Psíquicamente es difícil establecer a primera vista la diferencia entre las no iniciadas que todavía son jóvenes y, por consiguiente, ingenuas, y las mujeres cuyo instinto ha sido dañado. Ni unas ni otras saben gran cosa acerca del oscuro depredador y, por este motivo, todas siguen siendo crédulas. Pero, afortunadamente para nosotras, cuando el elemento depredador de la psique de una mujer se pone en marcha, deja en sus sueños las inconfundibles huellas de su paso. Y dichas huellas conducen finalmente a su descubrimiento, captura y contención.

La cura, tanto para la mujer ingenua como para aquella cuyo instinto ha sido lesionado, es la misma: Practicar la escucha de la propia intuición, de la propia voz interior; hacer preguntas; sentir curiosidad; ver lo que se tenga que ver; oír lo que se tenga que oír; y actuar después de acuerdo con aquello que una sabe que es verdad. El alma recibe al nacer las facultades intuitivas. Es posible que éstas estén cubiertas por años y años de cenizas y excrementos, pero no es el fin del mundo, pues todo eso se puede limpiar. Frotando, rascando y practicando, la capacidad de percepción puede recuperar su estado inicial.

Si conseguimos sacar esta capacidad de las sombras de la psique, ya no seremos unas simples víctimas de las circunstancias internas o externas. Cualquiera que sea la manera en que la cultura, la personalidad, la psique u otro elemento exija que se vistan y se comporten las mujeres, por mucho que los demás quieran mantener a las mujeres amordazadas y vigiladas por diez adormiladas *dueñas* o carabinas, cualesquiera que sean las presiones con que se pretenda reprimir la vida emocional de una mujer, nada podrá impedir que la mujer sea lo que es, que eso sea el resultado del inconsciente salvaje y que se trate de algo muy pero que muy bueno.

Es importante recordar que, cada vez que tengamos sueños protagonizados por el hombre oscuro, siempre existirá el contrapeso de una fuerza contraria preparada para echarnos una mano. Cuando recurrimos a la energía salvaje para compensar los efectos del depredador, ¿saben quién aparece de inmediato? La Mujer Salvaje se acerca salvando todas las vallas, los muros y los obstáculos que el depredador ha levantado. No es un icono que se cuelga en la pared como si fuera un retablo. Es un ser vivo que viene a nosotras en cualquier lugar y en cualquier situación. Ella y el depredador se conocen desde hace muchísimo tiempo. Ella lo persigue a través de los sueños, a través de los cuentos y los relatos y a través de la vida entera de las mujeres. Dondequiera que él esté está ella, pues es la que contrapesa sus depredaciones.

La Mujer Salvaje enseña a las mujeres a no ser «amables» cuando tengan que proteger sus vidas emocionales. La naturaleza salvaje sabe que el hecho de actuar con «dulzura» en tales circunstancias sólo sirve para provocar la sonrisa del depredador. Cuando la vida emocional está amenazada, el hecho de trazar en serio una línea de contención es no sólo aceptable sino también preceptivo. Cuando la mujer así lo hace, su vida ya no puede sufrir intromisiones durante mucho tiempo, pues ella se da cuenta inmediatamente de lo que ocurre y puede empujar de nuevo al depredador al lugar que le corresponde. Ya no es ingenua. Ya no es un blanco ni un objetivo. Y ésta es la medicina que da lugar a que la llave —la llave pequeñita con los adornos encima— deje finalmente de sangrar.

CAPÍTULO 3

El rastreo de los hechos: La recuperación de la intuición como iniciación

La muñeca en el bolsillo: Vasalisa la Sabia

La intuición es el tesoro de la psique de la mujer. Es como un instrumento de adivinación o una bola de cristal, por medio de la cual la mujer puede ver con una misteriosa visión interior. Es como si tuviéramos constantemente a nuestro lado a una sabia anciana que nos dijera qué es lo que ocurre exactamente y si tenemos que girar a la derecha o a la izquierda. Es una variedad de *La Que Sabe*, de la Mujer Salvaje.

En las tradiciones en las que yo crecí, las cuentistas profesionales siempre estaban explorando los cimientos de alguna colina psíquica, siempre andaban hundidas hasta las rodillas en el polvo de los cuentos, escarbando para eliminar siglos de tierra, excavando en los estratos de la cultura y de las conquistas, numerando todos los frisos y los frescos de los cuentos que encontraban. A veces un cuento había quedado reducido a polvo, otras veces faltaban algunos fragmentos o detalles o éstos habían sido eliminados, a menudo la forma estaba intacta, pero el colorido había desaparecido. Aun así, en cada excavación se abriga la esperanza de encontrar todo un cuento intacto. El cuento siguiente es uno de estos increíbles tesoros.

En mi opinión, el viejo cuento ruso de «Vasalisa»[1] es un cuento de iniciación femenina en el que se han perdido algunos huesos esenciales. Gira en torno al hecho de que casi todas las cosas no son lo que parecen. Como mujeres que somos echamos mano de nuestra intuición y de nuestro instinto para olfatear las cosas. Utilizamos todos nuestros sentidos para extraer la verdad de las cosas, para exprimir el alimento de nuestras ideas, para ver lo que es necesario ver, saber lo que es necesario saber, ser las guardianas de nuestros propios fuegos creadores y adquirir un íntimo conocimiento de los ciclos de la Vida/Muerte/Vida de toda la naturaleza... en eso consiste ser una mujer iniciada.

Los cuentos cuya principal protagonista es Vasalisa se narran en Rusia, Rumania, los países de la antigua Yugoslavia, Polonia y todos los países bálticos. En algunos casos, el cuento se suele titular «Wassilissa la Sabia». Yo he encontrado pruebas de que sus raíces arquetípicas se remontan por lo menos a los antiguos cultos de las diosas-caballo anteriores a la cultura griega clásica. El cuento encierra una antiquísima planimetría psíquica acerca de la introducción en el mundo subterráneo de la diosa salvaje. Se refiere a cómo se infunde en las mujeres la capacidad instintiva primaria de la Mujer Salvaje, es decir, la intuición.

La pauta de mi versión literaria del cuento de Vasalisa que aquí se reproduce me la dio mi tía Kathé. Empieza con uno de los más antiguos trucos de la narración de cuentos: «Había una vez y no había una vez...»[2] Esta paradójica frase pretende llamar la atención del oyente sobre el hecho de que el cuento tiene lugar en un mundo entre mundos en el que nada es lo que parece a primera vista. Vamos allá.

Vasalisa

Había una vez y no había una vez una joven madre que yacía en su lecho de muerte con el rostro tan pálido como las blancas rosas de cera de la sacristía de la cercana iglesia. Su hijita y su marido permanecían sentados a los pies de la vieja cama de madera, rezando para que Dios la condujera sana y salva al otro mundo.

La madre moribunda llamó a Vasalisa y la niña se arrodilló al lado de ella con sus botas rojas y su delantalito blanco.

—Toma esta muñeca, amor mío —dijo la madre en un susurro, sacando de la colcha de lana una muñequita que, como la propia Vasalisa, llevaba unas botas rojas, un delantal blanco, una falda negra y un chaleco bordado con hilos de colores.

—Presta atención a mis últimas palabras, querida —dijo la madre—. Si alguna vez te extraviaras o necesitaras ayuda, pregúntale a esta muñeca lo que tienes que hacer. Recibirás ayuda. Guarda siempre la muñeca. No le hables a nadie de ella. Dale de comer cuando esté hambrienta. Ésta es mi promesa de madre y mi bendición, querida hija.

Dicho lo cual, el aliento de la madre se hundió en las profundidades de su cuerpo donde recogió su alma y, cuando salió a través de sus labios, la madre murió.

La niña y su padre la lloraron durante mucho tiempo. Pero, como un campo cruelmente arado por la guerra, la vida del padre reverdeció una vez más en los surcos y éste se casó con una viuda que tenía dos hijas. Aunque la madrastra y sus hijas siempre hablaban con cortesía y sonreían como unas señoras, había en sus sonrisas una punta de sarcasmo que el padre de Vasalisa no percibía.

Sin embargo, cuando las tres mujeres se quedaban solas con Vasalisa, la atormentaban, la obligaban a servirlas y la enviaban a cortar leña para que se le estropeara la preciosa piel. La odiaban porque poseía una dulzura que no parecía de este mundo. Y porque era muy guapa. Sus pechos brincaban mientras que los suyos menguaban a causa de su maldad. Vasalisa era servicial y jamás se quejaba mientras que la madrastra y sus hermanastras se peleaban entre sí como las ratas entre los montones de basura por la noche.

Un día la madrastra y las hermanastras ya no pudieron aguantar por más tiempo a Vasalisa.

—Vamos... a... hacer que el fuego se apague y entonces enviaremos a Vasalisa al bosque para que vaya a ver a la bruja Baba Yagá* y le suplique fuego para nuestro hogar. Y, cuando llegue al lugar donde está Baba Yagá, la vieja bruja la matará y se la comerá.

Todas batieron palmas y soltaron unos chillidos semejantes a los de los seres que habitan en las tinieblas.

Así pues aquella tarde, cuando regresó de recoger leña, Vasalisa vio que toda la casa estaba a oscuras. Se preocupó y le preguntó a su madrastra:

—¿Qué ha ocurrido? ¿Con qué guisaremos? ¿Qué haremos para iluminar la oscuridad?

—Qué estúpida eres —le contestó la madrastra—. Está claro que no tenemos fuego. Y yo no puedo salir al bosque porque soy vieja. Mis hijas tampoco pueden ir porque tienen miedo. Por consiguiente, tú eres la única que puede ir al bosque a ver a Baba Yagá y pedirle carbón para volver a encender la chimenea.

* En ruso, literalmente, Mujer Hechicera. *(N. de la T.)*

—Muy bien pues, así lo haré —dijo inocentemente Vasalisa.

Y se puso en camino. El bosque estaba cada vez más oscuro y las ramitas que crujían bajo sus pies la asustaban. Introdujo la mano en el profundo bolsillo de su delantal donde guardaba la muñeca que su madre moribunda le había entregado. Le dio unas palmadas a la muñeca que guardaba en el interior del bolsillo y se dijo:

—Es verdad, el simple hecho de tocar esta muñeca me tranquiliza.

A cada encrucijada del camino, Vasalisa introducía la mano en el bolsillo y consultaba con la muñeca.

—Dime, ¿tengo que ir a la derecha o a la izquierda?

La muñeca le contestaba, «Sí», «No», «Por aquí» o «Por allá». Vasalisa le dio a la muñeca un poco de pan que llevaba y siguió el camino que parecía indicarle la muñeca.

De repente, un hombre vestido de blanco pasó al galope por su lado montado en un caballo blanco e inmediatamente se hizo de día. Más adelante, pasó un hombre vestido de rojo montado en un caballo rojo y salió el sol. Vasalisa prosiguió su camino y, en el momento en que llegaba a la choza de Baba Yagá, pasó un jinete vestido de negro trotando a lomos de un caballo negro y entró en la cabaña de Baba Yagá. Enseguida se hizo de noche. La valla hecha con calaveras y huesos que rodeaba la choza empezó a brillar con un fuego interior, iluminando todo el claro del bosque con su siniestra luz.

La tal Baba Yagá era una criatura espantosa. Viajaba no en un carruaje o un coche sino en una caldera en forma de almirez que volaba sola. Ella impulsaba el vehículo con un remo en forma de mano de almirez y se pasaba el rato barriendo las huellas que dejaba a su paso con una escoba hecha con el cabello de una persona muerta mucho tiempo atrás.

Y la caldera volaba por el cielo mientras el grasiento cabello de Baba Yagá revoloteaba a su espalda. Su larga barbilla curvada hacia arriba y su larga nariz curvada hacia abajo se juntaban en el centro. Tenía una minúscula perilla blanca y la piel cubierta de verrugas a causa de su trato con los sapos. Sus uñas orladas de negro eran muy gruesas, tenían caballetes como los tejados y estaban tan curvadas que no le permitían cerrar las manos en un puño.

La casa de Baba Yagá era todavía más extraña. Se levantaba sobre unas enormes y escamosas patas de gallina de color amarillo, caminaba sola y a veces daba vueltas y más vueltas como un bailarín extasiado. Los goznes de las puertas y las ventanas estaban hechos con dedos de manos y pies humanos y la cerradura de la puerta de entrada era un hocico de animal lleno de afilados dientes. Vasalisa consultó con su muñeca y le preguntó:

—¿Es ésta la casa que buscamos?

Y la muñeca le contestó a su manera:

—Sí, ésta es la casa que buscas.

Antes de que pudiera dar otro paso, Baba Yagá bajó con su caldera y le preguntó a gritos:

—¿Qué quieres?

La niña se puso a temblar.

—Abuela, vengo por fuego. En mi casa hace mucho frío... mi familia morirá... necesito fuego.

Baba Yagá le replicó:

—Ah, sí, ya te conozco y conozco a tu familia. Eres una niña muy negligente... has dejado que se apagara el fuego. Y eso es una imprudencia. Y, además, ¿qué te hace pensar que yo te daré la llama?

Vasalisa consultó con la muñeca y se apresuró a contestar:

—Porque yo te lo pido.

Baba Yagá ronroneó.

—Tienes mucha suerte porque ésta es la respuesta correcta.

Y Vasalisa pensó que había tenido mucha suerte porque había dado la respuesta correcta.

Baba Yagá la amenazó:

—No te puedo dar el fuego hasta que hayas trabajado para mí. Si me haces estos trabajos, tendrás el fuego. De lo contrario... —Aquí Vasalisa vio que los ojos de Baba Yagá se convertían de repente en unas rojas brasas—. De lo contrario, hija mía, morirás.

Baba Yagá entró ruidosamente en su choza, se tendió en la cama y ordenó a Vasalisa que le trajera lo que se estaba cociendo en el horno. En el horno había comida suficiente para diez personas y la Yagá se la comió toda, dejando tan sólo un pequeño cuscurro y un dedal de sopa para Vasalisa.

—Lávame la ropa, barre el patio, limpia la casa, prepárame la comida, separa el maíz añublado del maíz bueno y cuida de que todo esté en orden. Regresaré más tarde para inspeccionar tu trabajo. Si no está listo, tú serás mi festín.

Dicho lo cual, Baba Yagá se alejó volando en su caldera, usando la nariz a modo de cataviento y el cabello a modo de vela. Y cayó de nuevo la noche.

Vasalisa recurrió a su muñeca en cuanto la Yagá se hubo ido.

—¿Qué voy a hacer? ¿Podré cumplir todas estas tareas a tiempo?

La muñeca le aseguró que sí y le dijo que comiera un poco y se fuera a dormir. Vasalisa le dio también un poco de comida a la muñeca y se fue a dormir.

A la mañana siguiente, la muñeca había hecho todo el trabajo y lo único que quedaba por hacer era cocinar la comida. La Yagá regresó por la noche y vio que todo estaba hecho. Satisfecha en cierto modo aunque no del todo porque no podía encontrar ningún fallo, Baba Yagá dijo en tono despectivo:

—Eres una niña muy afortunada.

Después llamó a sus fieles sirvientes para que molieran el maíz e inmediatamente aparecieron tres pares de manos en el aire y empezaron a raspar y triturar el maíz. La paja voló por la casa como una nieve dorada. Al final, se terminó la tarea y Baba Yagá se sentó a comer. Se pasó varias horas comiendo y por la mañana le volvió a ordenar a Vasalisa que limpiara la casa, barriera el patio y lavara la ropa.

Después le mostró un gran montón de tierra que había en el patio.

—En este montón de tierra hay muchas semillas de adormidera, millones de semillas de adormidera. Quiero que por la mañana haya un montón de semillas de adormidera y un montón de tierra separados. ¿Me has entendido?

Vasalisa estuvo casi a punto de desmayarse.

—¿Cómo voy a poder hacerlo?

Introdujo la mano en el bolsillo y la muñeca le contestó en un susurro:

—No te preocupes, yo me encargaré de eso.

Aquella noche Baba Yagá empezó a roncar y se quedó dormida y entonces Vasalisa intentó separar las semillas de adormidera de la tierra. Al cabo de un rato la muñeca le dijo:

—Vete a dormir. Todo irá bien.

Una vez más la muñeca desempeñó todas las tareas y, cuando la vieja regresó a casa, todo estaba hecho. Baba Yagá habló en tono sarcástico con su voz nasal:

—¡Vaya! Qué suerte has tenido de poder hacer todas estas cosas.

Llamó a sus fieles sirvientes y les ordenó que extrajeran aceite de las semillas de adormidera e inmediatamente aparecieron tres pares de manos y lo hicieron.

Mientras la Yagá se manchaba los labios con la grasa del estofado, Vasalisa permaneció de pie en silencio.

—¿Qué miras? —le espetó Baba Yagá.

—¿Te puedo hacer unas preguntas, abuela? —dijo Vasalisa.

—Pregunta —replicó la Yagá—, pero recuerda que un exceso de conocimientos puede hacer envejecer prematuramente a una persona.

Vasalisa le preguntó quién era el hombre blanco del caballo blanco.

—Ah —contestó la Yagá con afecto—, el primero es mi Día.

—¿Y el hombre rojo del caballo rojo?

—Ah, ése es mi Sol Naciente.

—¿Y el hombre negro del caballo negro?

—Ah, sí, el tercero es mi Noche.

—Comprendo —dijo Vasalisa.

—Vamos, niña, ¿no quieres hacerme más preguntas? —dijo la Yagá en tono zalamero.

Vasalisa estaba a punto de preguntarle qué eran los pares de manos que aparecían y desaparecían, pero la muñeca empezó a saltar arriba y abajo en su bolsillo y entonces dijo en su lugar:

—No, abuela. Tal como tú misma has dicho, el saber demasiado puede hacer envejecer prematuramente a una persona.

—Ah —dijo la Yagá, ladeando la cabeza como un pájaro—, tienes una sabiduría impropia de tus años, hija mía. ¿Y cómo es posible que seas así?

—Gracias a la bendición de mi madre —contestó Vasalisa sonriendo.

—¡¿La bendición?! —chilló Baba Yagá—. ¡¿La bendición has dicho?! En esta casa no necesitamos bendiciones. Será mejor que te vayas, hija mía —dijo empujando a Vasalisa hacia la puerta y sacándola a la oscuridad de la noche—. Mira, hija mía. ¡Toma! —Baba Yagá tomó una de las calaveras de ardientes ojos que formaban la valla de su choza y la colocó en lo alto de un palo—. ¡Toma! Llévate a casa esta calavera con el palo. Eso es el fuego. No digas ni una sola palabra más. Vete de aquí.

Vasalisa iba a darle las gracias a la Yagá, pero la muñequita de su bolsillo empezó a saltar arriba y abajo y entonces Vasalisa comprendió que tenía que tomar el fuego y emprender su camino. Corrió a casa a través del oscuro bosque, siguiendo las curvas y las revueltas del camino que le iba indicando la muñeca. Vasalisa salió del bosque, llevando la calavera que arrojaba fuego a través de los orificios de las orejas, los ojos, la nariz y la boca. De repente, se asustó de su peso y de su siniestra luz y estuvo a punto de arrojarla lejos de sí. Pero la calavera le habló y le dijo que se tranquilizara y siguiera adelante hasta llegar a la casa de su madrastra y sus hermanastras. Y ella así lo hizo.

Mientras Vasalisa se iba acercando a la casa, la madrastra y las hermanastras miraron por la ventana y vieron un extraño resplandor danzando en el bosque. El resplandor estaba cada vez más cerca y ellas no acertaban a imaginar qué podía ser. La prolongada ausencia de Vasalisa las había inducido a pensar que ésta había muerto y que las alimañas se habían llevado sus huesos y en buena hora.

Vasalisa ya estaba muy cerca de su casa. Cuando la madrastra y las hermanastras vieron que era ella, corrieron a su encuentro, diciéndole que llevaban sin fuego desde que ella se había ido y que, a pesar de que habían intentado repetidamente encender otro, éste siempre se les apagaba.

Vasalisa entró triunfalmente en la casa, pues había sobrevivido al peligroso viaje y había traído el fuego a su hogar. Pero la calavera que estaba contemplando todos los movimientos de las hermanastras y de la madrastra desde lo alto del palo las abrasó y, a la mañana siguiente, el malvado trío se había convertido en unas pavesas.

~~~~~~~~~~~~~~~~~~~~~~~~~~~~~~~~

He aquí un brusco final para eliminar del cuento a unos personajes y poder regresar de nuevo a la realidad. Hay muchos finales de este tipo en los cuentos de hadas. Son una manera de llamar la atención de los oyentes para devolverlos a la realidad.

El cuento de Vasalisa gira en torno al tema de la facultad femenina de la intuición transmitida de madre a hija y de una generación a la siguiente. El gran poder de la intuición está formado por una vista interior, un oído interior, una percepción interior y una sabiduría interior tan veloces como un rayo.

A lo largo de las generaciones, estas capacidades intuitivas se convirtieron en unas corrientes enterradas en el interior de las mujeres a causa del desuso y de una infundada mala fama. No obstante, Jung señaló una vez que en la psique jamás se pierde nada y yo creo que podemos tener la certeza de que las cosas que se han perdido en la psique siguen estando allí. Por consiguiente, este pozo de intuición femenina instintiva no se ha perdido y cualquier cosa que esté escondida se puede recuperar.

Para comprender el sentido de este cuento, tenemos que saber que todos sus componentes representan características de la psique de una sola mujer. Por consiguiente, todos los aspectos del relato corresponden a una psique individual y describen el proceso de iniciación al que se está sometiendo. La iniciación se lleva a cabo cumpliendo unas tareas determinadas. En este cuento, la psique tiene que llevar a cabo nueve tareas. Dichas tareas se centran en el aprendizaje de algo relacionado con la manera de actuar de la Vieja Madre Salvaje.

Por medio del cumplimiento de estas tareas, la intuición de una mujer —este sabio ser que acompaña a las mujeres dondequiera que vayan, examinando todas las cosas de su vida y comentando la verdad de todas ellas con infalible precisión— se vuelve a encajar en la psique de la mujer. El objetivo es una afectuosa y confiada relación con este ser al que hemos dado en llamar «la que sabe», la esencia del arquetipo de la Mujer Salvaje.

En el rito de la vieja diosa salvaje, Baba Yagá, éstas son las tareas de la iniciación:

Primera tarea:
Dejar morir a la madre demasiado buena

Al principio del cuento, la madre se está muriendo y cede a su hija un importante legado.

Las tareas psíquicas de esta fase de la vida de la mujer son las siguientes: Aceptar que la solícita madre psíquica perennemente vigilante y protectora no es adecuada como guía central de la propia vida instintiva futura (muere la madre demasiado buena). Emprender las tareas de actuar con autonomía y desarrollar la propia conciencia del peligro, la intriga y la política. Ponerse en guardia por sí misma y para sí misma. Dejar morir lo que tiene que morir. Cuando muere la madre demasiado buena, nace la nueva mujer.

En el cuento el proceso de iniciación empieza cuando la buena y querida madre se muere. Ya no está allí para acariciar el cabello de Vasalisa. En toda nuestra vida como hijas, llega un momento en que la buena madre de la psique —la que nos había sido útil anteriormente— se convierte en una madre demasiado buena que, en su exagerado afán de protegernos, empieza a impedirnos responder a los nuevos retos, obstaculizando con ello un desarrollo más profundo.

En el proceso natural de nuestra maduración, la madre demasiado buena tiene que adelgazar y menguar progresivamente hasta que nos veamos obligadas a cuidar de nosotras mismas de una manera distinta. Y, aunque siempre conservemos la esencia de su calor, esta transición psíquica natural nos deja solas en un mundo que no es maternal con nosotras. Pero un momento. Esta madre demasiado buena no es en absoluto lo que parece a primera vista. Debajo de la manta guarda una muñequita para su hija.

Y en esta figura hay algo de la Madre Salvaje. Pero la madre demasiado buena no puede vivir todo este proceso hasta el final, pues es la madre de los dientes de leche, la dulce madre que todos los niños necesitan para poder agarrarse al mundo psíquico del amor. Por consiguiente, aunque esta madre demasiado buena no pueda vivir ni seguir ejerciendo su influencia más allá de un punto determinado de la vida de una muchacha, muriendo le hace un bien a su hija. Bendice a Vasalisa con la muñeca y lo que hace es, tal como ya hemos visto, extremadamente beneficioso.

La detención del proceso de iniciación de una mujer puede producirse por distintas razones, por ejemplo, cuando ha habido demasiadas penalidades psicológicas en los comienzos de la propia vida, sobre todo si no ha habido una madre «suficientemente buena» en los primeros años[3]. La iniciación también se puede estancar o quedar incompleta por no haber habido la suficiente tensión en la psique, pues la madre demasiado buena posee tanto vigor y resistencia como una mala hierba y sigue viviendo, echando hojas y protegiendo en exceso a su hija por más que el guión diga «Mutis». En esta situación, las mujeres suelen ser demasiado tímidas como para adentrarse en el bosque y se resisten todo lo que pueden.

Tanto para ellas como para otras mujeres adultas a quienes los rigores de la vida han apartado y separado de sus vidas profundamente intuitivas y cuya queja suele ser «Estoy harta de cuidar de mí misma», existe un excelente y sabio remedio. La reafirmación, la recuperación de la pista o la reiniciación permitirá restablecer la intuición profunda cualquiera que sea la edad de la mujer. Esta intuición profunda es la que sabe lo que nos conviene y lo que necesitamos y lo sabe con la rapidez de un relámpago, siempre y cuando nosotras queramos anotar lo que ella nos dicte.

La iniciación de Vasalisa empieza cuando ésta aprende a dejar morir lo que tiene que morir. Eso significa dejar morir los valores y las actitudes de la psique que ya no le son útiles. Hay que examinar con especial detenimiento aquellos férreos principios que hacen la vida demasiado cómoda, que protegen en exceso, que hacen que las mujeres caminen como si se escabulleran de algo en lugar de pisar con paso firme.

El período durante el cual disminuye la «madre positiva» de la infancia —y desaparecen también sus actitudes— es siempre un período de intenso aprendizaje. Aunque existe un período de nuestras vidas durante el cual nos mantenemos cerca de la protectora madre psíquica tal como debe ser (por ejemplo, en nuestra infancia o durante la recuperación de una enfermedad o de un trauma psicológico o espiritual o cuando nuestras vidas corren peligro y el hecho de estarnos quietas es nuestra salvación) y aunque conservemos grandes reservas de su ayuda para la vida futura, llega también el momento en que hay que cambiar de madre, por así decirlo[4].

Si permanecemos demasiado tiempo con la madre protectora en nuestra psique, no podremos enfrentarnos con los retos que se nos planteen y bloquearemos nuestro ulterior desarrollo. Con ello no quiero decir en modo alguno que una mujer se tenga que lanzar a situaciones ofensivas o dolorosas sino que tiene que fijarse en la vida un objetivo por el que esté dispuesta a correr riesgos. A través de este proceso se afilarán sus facultades intuitivas.

Entre los lobos, cuando una madre loba amamanta a sus lobeznos, tanto ella como sus crías pasan mucho tiempo holgazaneando. Todos se echan los unos encima de los otros en un gran revoltijo; el mundo exterior y el mundo de los desafíos quedan muy lejos. Sin embargo, cuando la madre loba enseña finalmente a sus lobeznos a cazar y a merodear, suele mostrarles los dientes, los mordisquea, les exige que espabilen y los empuja si no hacen lo que ella les pide.

Por consiguiente, es justo que, para que podamos proseguir nuestro desarrollo, cambiemos la solícita madre interior que nos era beneficiosa en nuestra infancia por otra clase de madre, una madre que habita en los más hondos desiertos psíquicos y es no sólo una escolta sino también una maestra, una madre afectuosa, pero también severa y exigente.

La mayoría de nosotras no deja que muera la madre demasiado buena cuando llega el momento. Aunque esta madre demasiado buena no permita que afloren a la superficie nuestras más desbordantes energías, nos resulta tan cómodo y agradable estar con ella que, ¿para qué dejarla? A menudo oímos unas voces mentales que nos animan a conservarla y a mantenernos a salvo.

Estas voces dicen cosas tales como «Vamos, no digas eso», o «No puedes hacerlo» o «Está claro que no eres hija [amiga, compañera] mía si lo haces» o «Allí fuera hay muchos peligros» o «Quién sabe qué va a ser de ti si te empeñas en abandonar este cálido nido» o «Lo único que conseguirás será humillarte» o algo todavía más insidioso, «Haz como que corres riesgos, pero, en secreto, quédate aquí conmigo». Éstas son las voces de la asustada y un tanto irritada madre demasiado buena que anida en la psique. No lo puede remediar; es como es. Sin embargo, si permanecemos unidas demasiado tiempo a la madre demasiado buena, nuestra vida y nuestra capacidad de expresarnos se hundirán en las sombras y, en lugar de fortalecernos, nos debilitaremos.

Y algo todavía peor; ¿qué ocurre cuando alguien reprime una desbordante energía y no le permite vivir? Como una cazuela de gachas de avena en malas manos, aumenta, aumenta y aumenta de tamaño hasta que estalla y todo su delicioso contenido se derrama al suelo. Por consiguiente, hay que comprender que, para que la psique intuitiva se fortalezca, es necesario que la bondadosa y solícita protectora se retire. O quizá podríamos decir más propiamente que, al final, nos sentimos obligadas a abandonar aquel cómodo y agradable *tête-à-tête* no porque nosotras lo hayamos planeado así y tampoco porque ya estemos completamente preparadas para ello —una nunca está completamente preparada—, sino porque algo nos espera en el lindero del bosque y nuestro destino es ir a su encuentro.

Guillaume Apollinaire escribió: «Los llevamos al borde del abismo y les ordenamos que volaran. Ellos no se movieron. "¡Volad!", les dijimos. Pero ellos no se movieron. Los empujamos hacia el abismo. Y entonces volaron.»

Es frecuente que las mujeres teman dejar morir la vida demasiado cómoda y demasiado segura. A veces una mujer se ha recreado en la protección de la madre demasiado buena y desea seguir igual por tiempo indefinido. Pero seguramente está dispuesta a sentirse angustiada alguna vez, pues, de otro modo, se hubiera quedado en el nido.

A veces, una mujer teme quedarse sin seguridad o sin certidumbre aunque sólo sea por muy breve tiempo. Tiene más pretextos que pelos tienen los perros. Pero es necesario que se lance y se mantenga firme sin saber lo que ocurrirá a continuación. Sólo así podrá recuperar su naturaleza instintiva. Otras veces la mujer se siente atada por el hecho de ser la madre demasiado buena para otros adultos que se han agarrado a sus tetas y no están dispuestos a permitir que ella los abandone. En este caso, la mujer tiene que propinarles una patada con la pata trasera y seguir su camino.

Y puesto que, entre otras cosas, la psique soñadora compensa todo aquello que el ego no quiere o no puede reconocer, los sueños de una mujer durante esta lucha están llenos, en contrapartida, de persecuciones, callejones sin salida, coches que no se ponen en marcha, embarazos incompletos y otros símbolos que representan el estancamiento de la vida. En su fuero interno la mujer sabe que el hecho de ser demasiado dulce durante demasiado tiempo equivale a estar un poco muerta.

Por consiguiente, el primer paso consiste en desprendernos del resplandeciente arquetipo de la siempre dulce y demasiado buena madre de la psique. Así pues, dejamos la teta y aprendemos a cazar. Una madre salvaje está esperando para enseñarnos. Pero, entretanto, la segunda tarea consiste en conservar la muñeca en nuestro poder hasta que hayamos aprendido cuáles son sus aplicaciones.

Segunda tarea: Dejar al descubierto la tosca sombra

En esta parte del cuento, la «podrida» familia putativa[5] irrumpe en el mundo de Vasalisa y empieza a amargarle la vida. Las tareas de esta fase son: Aprender de una manera todavía más consciente a soltar a la madre excesivamente positiva. Descubrir que el hecho de ser buena, dulce y amable no permite alcanzar la felicidad en la vida. (Vasalisa se convierte en una esclava, pero eso no le sirve de nada.) Experimentar directamente la oscuridad de la propia naturaleza, y concretamente los aspectos excluyentes, envidiosos y explotadores del yo (la madrastra y las hermanas). Reconocerlo de manera inequívoca. Establecer las mejores relaciones posibles con las peores partes de una misma. Permitir que crezca la tensión entre aquella que la mujer está aprendiendo a ser y la que realmente es. Y, finalmente, ir permitiendo que muera el viejo yo y nazca el nuevo yo intuitivo.

La madrastra y las hermanastras representan los elementos subdesarrollados pero provocadoramente crueles de la psique. Se trata de los elementos de sombra*, es decir, de unos aspectos de la personalidad que se consideran indeseables o inútiles y que por esta razón se relegan a las tinieblas. Por otra parte, el oscuro material negativo —el que con tanto afán se dedica a destruir u obstaculizar la nueva vida— también puede utilizarse en beneficio propio tal como veremos más adelante. Cuando estalla y nosotras identificamos finalmente sus aspectos y sus orígenes, adquirimos más fuerza y sabiduría.

En esta fase de la iniciación una mujer se siente acosada por las mezquinas exigencias de su psique que la exhortan a acceder a cualquier cosa que deseen los demás. Pero el cumplimiento de las exigencias ajenas da lugar a una terrible comprensión de la que todas las mujeres tienen que tomar nota. La comprensión de que el hecho de ser nosotras mismas hace que muchos nos destierren y de que el hecho de acceder a las exigencias de los demás hace que nos desterremos de nosotras mismas. La tensión es un tormento y se tiene que resistir, pero la elección está muy clara.

Vasalisa se ve privada de cualquier tipo de privilegio, pues hereda y es heredada por una familia que no puede comprenderla ni apreciarla. Por lo que a ellas respecta, es innecesaria. La odian y la insultan. La tratan como a la Forastera, la indigna de confianza. En los cuentos de hadas, el papel del forastero o del proscrito suele estar representado por el personaje que está más profundamente relacionado con la naturaleza sabia.

La madrastra y las hermanastras pueden interpretarse como unas criaturas colocadas en la psique de la mujer por la cultura a la que ésta pertenece. La familia putativa de la psique es distinta de la «familia del alma», pues pertenece al superego, el aspecto de la psique que está estructurado de acuerdo con las expectativas —saludables o no— que tiene cada sociedad en particular con respecto a las mujeres. Estos estratos y estas exigencias culturales —es decir, el superego— no son percibidos por las mujeres como algo que emana de la psique del Yo emocional sino como algo procedente del «exterior», de otra fuente que no es innata. Los estratos del superego cultural pueden ser muy positivos o muy perjudiciales.

La familia putativa de Vasalisa es un ganglio intrapsíquico que pinza el nervio vital de la vida. La madrastra y las hermanastras entran en esce-

---

* En la psicología analítica de Jung, la «sombra» es el conjunto de modalidades y posibilidades de existencia que el sujeto no quiere reconocer como propias porque son negativas con respecto a los valores codificados de la conciencia y que aleja de sí para defender su propia identidad, pero con el riesgo de paralizar el desarrollo de su personalidad. *(N. de la T.)*

na como un coro de viejas brujas que la pinchan diciendo: «No lo vas a poder hacer. No vales lo bastante. No tienes el valor suficiente. Eres estúpida, sosa y vacía. No tienes tiempo. Sólo sirves para cosas sencillas. Tienes una capacidad limitada. Déjalo mientras puedas.» Pero, puesto que todavía no es plenamente consciente de sus facultades, Vasalisa permite que este mal ponga obstáculos a su cabo salvavidas.

Lo mismo nos ocurre a nosotras. Vemos en el cuento que la intuición que tiene Vasalisa de lo que está ocurriendo a su alrededor es muy vaga y que el padre de la psique tampoco se da cuenta del ambiente hostil que lo rodea; él también es demasiado bueno y carece de desarrollo intuitivo. Es curioso observar que las hijas de padres ingenuos suelen tardar más en despertar.

Nosotras también estamos pinzadas cuando la familia putativa que llevamos dentro o que nos rodea nos dice que no servimos para nada e insiste en que nos centremos en nuestros defectos en lugar de fijarnos en la crueldad que se arremolina a nuestro alrededor, tanto si ésta emana de nuestra psique como si emana de la cultura a la que pertenecemos. No obstante, para poder ver algo necesitamos intuición y fuerza para resistir lo que vemos. Es posible que, como Vasalisa, tratemos de ser amables en lugar de ser astutas. Es posible que nos hayan enseñado a apartar a un lado la aguda perspicacia para poder llevarnos bien con la gente. Sin embargo, la recompensa que recibimos a cambio de ser amables[6] en circunstancias opresivas consiste en una intensificación de los malos tratos. Aunque una mujer piense que el hecho de ser ella misma le granjeará la hostilidad de los demás, esta tensión psíquica es precisamente lo que necesita para poder desarrollar el alma y crear un cambio.

Por eso la madrastra y las hermanastras deciden enviar lejos a Vasalisa, pensando en su fuero interno: «Vete al bosque, Vasalisa, vete a ver a la Baba Yagá y, si sobrevives, ja, ja —cosa que no ocurrirá—, puede que te aceptemos.» Se trata de una idea de importancia decisiva, pues muchas mujeres se quedan atascadas a medio camino de este proceso de iniciación... como si estuvieran medio dentro y medio fuera del aro. A pesar de la existencia del depredador natural de la psique que dice «¡Muérete!», «¡Déjalo!» y «¿Por qué no te rindes?», de una manera prácticamente automática, la cultura en la que vive una mujer y la familia en la que creció pueden intensificar dolorosamente este natural pero moderado aspecto negativo de la psique.

Por ejemplo, las mujeres que se han criado en familias que no aceptan sus cualidades se lanzan una y otra vez al cumplimiento de impresionantes hazañas... sin saber por qué. Experimentan la necesidad de tener tres doctorados universitarios, colgar boca abajo desde la cumbre del Everest o llevar a cabo toda suerte de arriesgadas y costosas proezas que les ocupan mucho tiempo para demostrar su valía a su familia. «¿Ahora me aceptáis? ¿No? Muy bien pues (suspiro), ahora veréis.» El ganglio de la familia putativa nos pertenece cualquiera que sea el medio a través del cual lo hayamos recibido, y nuestra obligación es deshacernos de él con autoridad. Sin embargo, sabemos que, para que esta profunda tarea pueda seguir adelante, el hecho de tratar de demostrar la propia valía al coro de celosas brujas es inútil y, tal como veremos más adelante, incluso obstaculiza la iniciación.

Vasalisa cumple sus tareas cotidianas sin quejarse. El hecho de someterse puede parecer una heroicidad, pero, en realidad, provoca más presiones y conflictos entre las dos naturalezas contrarias, la demasiado buena y la demasiado exigente. Tal como ocurre con el conflicto entre el hecho de someterse a los deseos de los demás y el de ser una misma, esta presión conduce a un buen final. La mujer que se debate entre ambas cosas va por buen camino, pero tiene que dar los pasos que todavía le quedan.

En el cuento, las parientes putativas exprimen hasta tal punto la naciente psique que, a causa de sus intrigas, el fuego se apaga. En este momento una mujer empieza a desorientarse. Puede que tenga frío, se sienta sola y esté dispuesta a hacer cualquier cosa para recuperar el fuego. Ésta es justo la sacudida que necesita la mujer demasiado amable para poder proseguir su camino hacia su propio poder. Vasalisa tiene que conocer a la Gran Bruja Salvaje porque necesita pegarse un buen susto. Tenemos que abandonar el coro de los detractores y adentrarnos en el bosque. No podemos quedarnos y marcharnos al mismo tiempo.

Vasalisa, como nosotras, necesita una luz que la ayude a distinguir entre lo que es bueno para ella y lo que no. No podrá desarrollarse mientras siga siendo la criada de todo el mundo. Las mujeres que tratan de ocultar sus más profundos sentimientos se están matando. El fuego se apaga. Es como una dolorosa forma de cese temporal de las funciones vitales. Pero, al mismo tiempo y quizá con una cierta crueldad, el hecho de que el fuego se apague ayuda a Vasalisa a salir de su sumisión. Y la induce a morir a su antigua vida y entrar temblando en una nueva vida basada en una clase más antigua y más sabia de conocimiento interior.

Tercera tarea: Navegar a oscuras

En esta parte del cuento, el legado de la madre muerta —la muñeca— guía a Vasalisa a través de la oscuridad hasta la casa de Baba Yagá. He aquí las tareas psíquicas de esta fase: Acceder a adentrarse en el lugar de la profunda iniciación (entrar en el bosque) y empezar a experimentar el nuevo numen de la posesión de la capacidad intuitiva, percibido por la mujer como peligroso. Aprender a desarrollar la percepción del misterioso inconsciente y confiar exclusivamente en los propios sentidos internos. Aprender el camino de regreso a la casa de la Madre Salvaje (siguiendo las instrucciones de la muñeca). Aprender a alimentar la intuición (dar de comer a la muñeca). Dejar que la frágil doncella ignorante se muera un poco más. Desplazar el poder a la muñeca, es decir, a la intuición.

La muñeca de Vasalisa procede de las reservas de la Vieja Madre Salvaje. Las muñecas son uno de los simbólicos tesoros de la naturaleza instintiva. En el caso de Vasalisa, la muñeca representa la *vidita*, la fuerza vital instintiva, feroz y resistente. Por muy grande que sea el embrollo en el que nos encontremos, ésta sigue viviendo oculta en nuestro interior.

A lo largo de muchos siglos los seres humanos han experimentado la sensación de que las muñecas irradian no sólo santidad sino también *mana*[7], una impresionante e irresistible presencia que actúa sobre las personas, provocando en ellas un cambio espiritual. Por ejemplo, entre los curanderos rurales, la raíz de la mandrágora es alabada por su parecido con el cuerpo humano, pues tiene apéndices en forma de brazos y piernas y una nudosa protuberancia en forma de cabeza. Dicen que posee un gran poder espiritual. Se cree que los que hacen los muñecos les infunden vida. Algunos se utilizan en rituales, ceremonias, ritos de vudú, hechizos amorosos y maldades de todo tipo. Cuando yo vivía entre los cuna de las islas situadas frente a la costa de Panamá, las figurillas de madera se utilizaban como símbolos de autoridad para recordarle a uno el propio poder.

Los museos de todo el mundo están llenos a rebosar de ídolos y figurillas hechas de arcilla, madera y metales. Las figurillas del paleolítico y el neolítico son muñecos. Las galerías de arte están llenas de muñecos. En el arte moderno, las momias de tamaño natural de Segal envueltas en gasa son muñecos. Desde muy antiguo, entre los miembros de las familias reales se han venido regalando muñecos como señal de buena voluntad. En las iglesias rurales de todo el mundo hay muñecos que son imágenes de santos. A las imágenes de los santos no sólo se las baña con regulidad y se las viste con prendas confeccionadas a mano sino que incluso se las «saca de paseo» para que contemplen el estado de los campos y de la gente e intercedan en el cielo en favor de los seres humanos.

El muñeco es el simbólico *homunculus*[8]*, el símbolo de lo numi-

---

* En latín diminutivo de *homo*, es decir, «hombrecillo», pequeño ser dotado de poder sobrenatural que los alquimistas afirmaban poder crear a partir de esperma y sangre, según las indicaciones de Paracelso. *(N. de la T.)*

noso que se oculta en los seres humanos, un pequeño y resplandeciente facsímil del Yo original. Exteriormente, no es más que un muñeco. Pero, en realidad, representa un minúsculo fragmento de alma que contiene toda la sabiduría del Yo espiritual. En la muñeca está la voz en diminutivo de la vieja *La Que Sabe*.

El muñeco está relacionado con los símbolos del duende, el trasgo, el gnomo, el hada y el enano. En los cuentos de hadas éstos representan un profundo latido de sabiduría dentro de la cultura de la psique. Son las criaturas que llevan adelante la prudente obra interior y que jamás se cansan. La psique actúa incluso cuando dormimos, muy especialmente cuando dormimos, e incluso cuando no somos plenamente conscientes de lo que hacemos.

De esta manera la muñeca representa el espíritu interior de las mujeres; la voz de la razón interior, de la sabiduría y la conciencia interiores. La muñeca es como el pajarillo de los cuentos de hadas que aparece y habla en susurros al oído de la heroína, el que revela la existencia del enemigo interior y dice lo que hay que hacer. Ésta es la sabiduría del *homunculus*, el pequeño ser que llevamos dentro. Es nuestro socorredor invisible, pero siempre accesible.

La mayor bendición que una madre puede dar a su hija es el sentido cierto de la veracidad de su propia intuición. La intuición se transmite de progenitor a hijo con la mayor sencillez posible: «Has juzgado muy bien. ¿Qué crees tú que hay detrás de todo eso?» Más que definir la intuición como una especie de imperfecta rareza irracional, podríamos definirla como la auténtica voz del alma. La intuición percibe el camino que hay que seguir para poder sacar el mayor provecho posible de una situación. Tiene instinto de conservación, capta los motivos y la intención subyacente y opta por aquello que causará la menor fragmentación posible en la psique.

En el cuento de hadas el proceso es muy similar. La madre de Vasalisa le hace un extraordinario regalo a su hija, uniéndola con la muñeca. La unión con la propia intuición fomenta una serena confianza en ella, ocurra lo que ocurra. Cambia la actitud de la mujer, haciéndola pasar de un «lo que sea sonará» a un «voy a ver todo lo que hay que ver».

¿Qué utilidad tiene esta intuición salvaje para las mujeres? Como el lobo, la intuición tiene garras que abren las cosas y las inmovilizan, tienen ojos que pueden ver a través de los escudos protectores de la *persona* y orejas que oyen más allá del alcance del oído humano. Con estas formidables herramientas psíquicas la mujer adquiere una astuta e incluso precognitiva conciencia animal[9] que intensifica su feminidad y agudiza su capacidad de moverse confiadamente en el mundo exterior.

Ahora Vasalisa va en busca de unas brasas para volver a encender el fuego. Cruza el bosque en medio de la oscuridad y lo único que puede hacer es prestar atención a la voz interior de la muñeca. Está aprendiendo a confiar en esta relación y está aprendiendo, además, otra cosa: a alimentar a la muñeca.

¿Qué hay que darle de comer a la intuición para que esté debidamente alimentada y responda a nuestra petición de explorar lo que nos rodea? Se le da de comer vida... prestándole atención. ¿De qué sirve una voz sin un oído que la reciba? ¿De qué sirve una mujer en la selva de la megápolis o de la vida cotidiana si no puede oír y fiarse de la voz de *La Que Sabe*?

He oído decir a las mujeres, no cien sino mil veces: «Sé que hubiera tenido que fiarme de mi intuición. Intuí que debería/no debería haber hecho tal cosa o tal otra, pero no hice caso.» Alimentamos el profundo yo intuitivo prestándole atención y siguiendo sus consejos. Es un personaje por derecho propio, un mágico ser del tamaño de una muñeca que habita en la tierra psíquica del interior de la mujer. Si el músculo no se ejercita, al final se debilita. A la intuición le ocurre exactamente lo mismo. Sin alimento, sin ejercicio, se atrofia.

El alimento de la muñeca es un ciclo esencial del arquetipo de la Mujer Salvaje, la guardiana de los tesoros ocultos. Vasalisa alimenta a la muñeca de dos maneras, primero con un trozo de pan, un trozo de vida para su nueva aventura psíquica, y después encontrando el camino de la casa de la Vieja Madre Salvaje, la Baba Yagá. Si prestamos atención a la muñeca —en cada curva y en cada encrucijada—, la muñeca indica por dónde se va a «casa». Nosotras, como Vasalisa, fortalecemos nuestro vínculo con nuestra naturaleza intuitiva prestando atención a nuestro interior a cada vuelta del camino. «¿Tengo que ir por aquí o por allí? ¿Tengo que quedarme o me tengo que ir? ¿Tengo que resistir o ser flexible? ¿Tengo que huir o acercarme? ¿Esta persona, este acontecimiento, esta arriesgada empresa es verdadera o falsa?»

A menudo la ruptura del vínculo entre la mujer y su intuición salvaje se interpreta erróneamente como una ruptura de la intuición. Pero no es así. No es la intuición la que se rompe sino más bien el don matrilineal de la intuición, la transmisión de la confianza intuitiva entre una mujer y todas las mujeres de su linaje que la han precedido, es este largo río de mujeres que se ha represado[10]. Como consecuencia de ello, cabe la posibilidad de que la comprensión de la sabiduría intuitiva de una mujer se debilite, pero ésta se puede recuperar y volver a manifestar plenamente por medio del ejercicio[11].

Las muñecas se utilizan como talismanes. Los talismanes son recordatorios de lo que se siente, pero no se ve, de lo que es así, pero no resulta obvio con carácter inmediato. El numen talismánico de la imagen de la muñeca nos recuerda, nos dice y prevé las cosas. Esta función intuitiva pertenece a todas las mujeres. Es una receptividad masiva y fundamental. No una receptividad como la que antiguamente se enseñaba en la psicología tradicional, es decir, la de un recipiente vacío sino una receptividad que consiste en tener acceso inmediato a una profunda sabiduría que llega hasta los mismísimos huesos de las mujeres[12].

Cuarta tarea: El enfrentamiento con la Bruja Salvaje

En esta parte del cuento, Vasalisa se enfrenta cara a cara con la Bruja Salvaje. Las tareas de este encuentro son las siguientes: Poder resistir la contemplación del rostro de la temible diosa salvaje sin temblar, es decir, poder enfrentarse con la imago* de la madre feroz (la reunión con la Baba Yagá). Familiarizarse con el arcano, lo extraño, la «otredad» de lo salvaje (vivir durante algún tiempo en la casa de Baba Yagá). Incorporar a nuestras vidas algunos de sus valores, convirtiéndonos con ello en unos seres un poco raros en el buen sentido (comiendo su comida). Aprender a enfrentarnos con un gran poder, con el de los demás y posteriormente con el nuestro.

Dejar que muera un poco más la frágil niña demasiado dulce.

Baba Yagá vive en una casa que se levanta sobre unas patas de gallina y que gira y da vueltas siempre que le apetece. En los sueños, el símbolo de la casa representa la organización del espacio psíquico en el que habita una persona tanto a nivel consciente como inconsciente. Por una curiosa ironía, si este cuento fuera un sueño equilibrador, la extraña casa significaría que la persona, en este caso Vasalisa, es demasiado anodina y vulgar y necesita girar y dar vueltas para averiguar qué tal sería bailar como una gallina loca de vez en cuando.

Vemos por tanto que la casa de la Yagá pertenece al mundo instintivo y que Vasalisa necesita aumentar la presencia de este elemento en su personalidad. Esta casa camina con sus patas de gallina y evoluciona en una especie de danza saltarina. La casa está viva y rebosa de entusiasmo y de alegría vital. Estos atributos son los principales fundamentos de la psique arquetípica de la Mujer Salvaje; una gozosa y salvaje fuerza vital, en la que las casas bailan, los objetos inanimados, como los almireces, vuelan como los pájaros, la vieja puede practicar la magia y nada es lo que parece, aunque sea en buena parte mucho mejor de lo que parecía al principio.

Vasalisa empezó con lo que podríamos llamar una personalidad

---

* En psicoanálisis, la representación inconsciente que preside la relación del sujeto con las cosas que lo rodean. (N. de la T.)

exterior insípida y aplanada. Esta «hipernormalidad» se va apoderando poco a poco de nosotras hasta hacer que nuestra vida se convierta en algo rutinario, en una existencia exánime sin que nosotras lo queramos realmente. Esto fomenta que no se preste atención a los dictados de la intuición[13], lo que a su vez conlleva una falta de iluminación psíquica. Por consiguiente, tenemos que hacer algo, tenemos que adentrarnos en el bosque, ir en busca de la temible mujer para evitar que algún día, bajando por la calle, se abra una tapa de alcantarilla y algo inconsciente nos agarre y nos sacuda como un trapo, alegremente o no, más bien no, aunque siempre con buena intención[14].

La entrega de la muñeca intuitiva por parte de la dulce madre inicial queda incompleta sin las pruebas a que nos somete la Vieja Salvaje y sin las tareas que ésta nos encomienda. Baba Yagá es el tuétano de la psique instintiva e integrada. Lo deducimos de lo que ella sabe acerca de todo lo que ha ocurrido anteriormente. «Sí —dice cuando llega Vasalisa—, te conozco y conozco a los tuyos.» Además, en sus encarnaciones como Madre de los Días y *Madre Nyx* (Madre Noche[15], una diosa de la Vida/Muerte/Vida), la vieja Baba Yagá es la guardiana de los seres celestes y terrestres: el Día, el Sol Naciente y la Noche. Los llama «mi Día, mi Noche».

Baba Yagá es temible, pues representa al mismo tiempo el poder de la aniquilación y el poder de la fuerza vital. Contemplar su rostro es contemplar la *vagina dentata*, unos ojos de sangre, el recién nacido perfecto y las alas de los ángeles todo de golpe.

Y Vasalisa permanece allí y acepta a esta salvaje divinidad materna, con su sabiduría, sus verrugas y todo lo demás. Una de las facetas más extraordinarias de la Yagá descrita en este cuento es el hecho de que, a pesar de sus amenazas, es justa. No le hace daño a Vasalisa siempre y cuando ésta la respete. El respeto en presencia del poder es una lección esencial. Una mujer tiene que ser capaz de permanecer en presencia del poder, pues, al final, una parte de este poder será suya. Vasalisa se enfrenta a Baba Yagá sin servilismo, jactancia o bravuconería y tampoco huye o se esconde. Se presenta honradamente tal como es.

Muchas mujeres se están recuperando de sus complejos de «amabilidad desmesurada», en los que, cualesquiera que fueran sus sentimientos y quienquiera que las atacara, ellas reaccionaban con una dulzura rayana en la adulación. Pero, aunque de día sonrieran amablemente, de noche enseñaban los dientes como fieras, pues la Yagá de sus psiques estaba pugnando por manifestarse.

Esta exagerada amabilidad y este afán de acomodarse a los deseos de los demás suelen producirse cuando las mujeres temen desesperadamente ser privadas de sus derechos o ser consideradas «innecesarias». Dos de los más conmovedores sueños que he oído en mi vida los tuvo una joven que necesitaba ser menos sumisa. En el primero de ellos heredaba un álbum de fotos especial en el que figuraban unas fotografías de la «Madre Salvaje». Se puso muy contenta hasta que, a la semana siguiente, soñó que abría un álbum parecido y veía a una vieja horrible, mirándola fijamente. La bruja tenía unos dientes cubiertos de musgo y le bajaba por la barbilla un hilillo de negro jugo de betel.

Este sueño es típico de las mujeres que se están recuperando de su excesiva dulzura. El primer sueño revela un lado de la naturaleza salvaje... el benévolo y generoso, todo lo que está bien en su mundo personal. Sin embargo, cuando aparece la Mujer Salvaje con los dientes cubiertos de musgo, entonces... ah, bueno, mmm... ¿no podríamos dejarlo para más tarde? La respuesta es no.

El inconsciente, con su habitual brillantez, muestra a la soñadora una nueva forma de vivir que no es simplemente la sonrisa de dos dientes frontales de la mujer demasiado amable. Enfrentarnos con este salvaje poder creador que llevamos dentro significa tener acceso a la miríada de rostros de lo femenino subterráneo. Éstos son innatos en nosotras y podemos habitar en los que nos sean más útiles en los distintos momentos.

En este drama de la iniciación, Baba Yagá es la naturaleza instintiva disfrazada de bruja. Al igual que la palabra «salvaje», la palabra «bruja» posee un matiz peyorativo, pero hace tiempo era un calificativo que se aplicaba a sanadoras tanto jóvenes como viejas en la época en que la imagen religiosa monoteísta aún no se había impuesto a las antiguas culturas panteístas que entendían la Divinidad a través de múltiples imágenes religiosas del universo y todos sus fenómenos. Pero, aun así, la bruja, la naturaleza salvaje y cualquier otra criatura u otro aspecto integral que la cultura considera desagradables son en la psique de las mujeres unos elementos muy positivos que a menudo éstas necesitan recuperar y sacar a la superficie.

Buena parte de la literatura acerca del tema del poder femenino afirma que los hombres temen este poder. «¡Madre de Dios! —siento deseos de exclamar—. Hay muchas mujeres que también temen el poder femenino», pues los viejos atributos y las fuerzas femeninas son muy amplios y son en efecto impresionantes. Se comprende que la primera vez que se enfrentan cara a cara con los Viejos Poderes Salvajes tanto los hombres como las mujeres los miren con inquietud y den media vuelta; y que lo único que veamos de ellos sean el envés de las pezuñas y las atemorizadas colas de lobo volando al viento.

Para que los hombres puedan aprender a resistirlo, está clarísimo que las mujeres tienen que aprender a resistirlo. Para que los hombres puedan comprender a las mujeres, éstas les tendrán que enseñar las configuraciones del femenino salvaje. Para ello, la función soñadora de la psique conduce por la noche a la Yagá y a todas sus huestes directamente a los dormitorios de las mujeres durante el sueño. Con un poco de suerte, la Yagá dejará sus grandes y anchas huellas en la alfombra al lado de nuestra cama. Vendrá a contemplar a aquellas que no la conocen. Cuando llegamos tarde a nuestra iniciación, se pregunta por qué no vamos a visitarla y es ella la que viene a visitarnos por la noche durante el sueño.

Una mujer a quien yo traté veía en sus sueños a unas mujeres vestidas con unos camisones hechos jirones, comiendo cosas que jamás se hubieran podido encontrar en el menú de un restaurante. Otra mujer soñaba con una anciana que, bajo la apariencia de una vieja bañera con patas en forma de garras, hacía vibrar sus cañerías y amenazaba con reventarlas a no ser que la soñadora derribara una pared para que ella pudiera «ver». Una tercera mujer soñaba que era una de las tres componentes de un grupo de tres ancianas ciegas, sólo que ella perdía constantemente el carnet de conducir y tenía que abandonar constantemente el grupo para buscarlo. En cierto sentido se podría decir que tenía dificultades para identificarse con las tres Parcas, las fuerzas que presiden la vida y la muerte en la psique. Pero con el tiempo ella también aprendió a resistir y a no apartarse de lo que tanto miedo le daba al principio, es decir, su propia naturaleza salvaje.

Todas estas criaturas de los sueños le recuerdan a la soñadora su yo elemental: el Yo de la Yagá, el enigmático y profundo poder de la Madre de la Vida/Muerte/Vida. Sí, estamos diciendo que ser yagaísta es bueno y tenemos que resistirlo. Ser fuerte no significa tener músculos y hacer flexiones. Significa afrontar la propia numinosidad sin huir, viviendo activamente con la naturaleza salvaje cada una a su manera. Significa poder aprender, poder resistir lo que sabemos. Significa resistir y vivir.

Quinta tarea: El servicio a lo irracional

En esta parte del cuento Vasalisa le ha pedido fuego a Baba Yagá y la Yagá accede a dárselo... pero sólo en el caso de que, a cambio, ella se preste a hacerle algunas tareas domésticas. Las tareas psíquicas de esta fase de aprendizaje son las siguientes: Quedarse con la bruja; aclimatarse a los grandes poderes salvajes de la psique femenina. Comprender su poder (el propio poder) y el de las purificaciones interiores; limpiar, clasificar, dar de comer, construir energías e ideas (lavar la ropa de la Baba Yagá, guisar para ella, limpiarle la casa y clasificar los elementos).

No hace mucho tiempo, las mujeres mantenían una estrecha relación con los ritmos de la vida y de la muerte. Aspiraban el intenso olor a hierro de la sangre fresca del parto. Y lavaban también los cuerpos medio fríos de los muertos. La psique de las mujeres modernas, sobre todo de las que pertenecen a las culturas industriales y tecnológicas, se ven privadas a menudo de estas benditas y fundamentales experiencias de transmisión directa. Pero hay un medio para que la novata participe plenamente de los delicados aspectos de los ciclos de la vida y la muerte.

Baba Yagá, la Madre Salvaje, es la maestra a la que podemos recurrir en estas cuestiones. Ella enseña cómo ordenar la casa del alma. Infunde en el ego un orden alternativo, en el que la magia puede ocurrir, la alegría es posible, el apetito permanece intacto y las tareas se llevan a cabo con placer. Baba Yagá es el modelo de la fidelidad al Yo. Enseña la muerte y la renovación.

En el cuento, le enseña a Vasalisa a cuidar de la casa psíquica de lo femenino salvaje. La colada de Baba Yagá es un símbolo extraordinario. En los países arcaicos, todavía en la actualidad, para lavar la ropa hay que bajar al río y allí se hacen las abluciones rituales que la gente lleva haciendo desde tiempos inmemoriales para renovar la ropa. Es un símbolo espléndido de la purificación de toda la orientación de la psique.

En la mitología, el lienzo tejido es obra de las madres de la Vida/Muerte/Vida. Por ejemplo, en el Viejo Continente tenemos a las Tres Parcas: Cloto, Láquesis y Átropo. En el Nuevo Continente tenemos a la *Na'ashjé'ii Asdzáá*, la Mujer Araña que regaló el don del tejido a los diné (los navajos). Estas madres de la Vida/Muerte/Vida enseñan a las mujeres la sensibilidad necesaria para identificar lo que tiene que morir y lo que tiene que vivir, lo que se tiene que cardar y lo que se tiene que tejer. En el cuento, Baba Yagá encarga a Vasalisa hacer la colada para que este tejido, estos dibujos que conoce la diosa de la Vida/Muerte/Vida, salgan al exterior y afloren a la conciencia; para transmitirlos, lavarlos, renovarlos.

Lavar algo es un ritual de purificación eterno. Significa no sólo purificar sino también —como el bautismo, del latín *baptisma*, ablución, inmersión— empapar, impregnar de numen espiritual y misterio. En el cuento, la colada es la primera tarea. Significa tensar de nuevo lo que se había aflojado con el uso. Las prendas de vestir son como nosotras, se siguen llevando hasta que, como nuestras ideas y nuestros valores, se aflojan con el tiempo. La renovación, la vivificación, tiene lugar en el agua, en el redescubrimiento de lo que realmente consideramos verdadero, de lo que realmente consideramos sagrado.

En el simbolismo arquetípico, las prendas de vestir representan la *persona*, lo primero de nosotros que ven los demás. La persona es una especie de camuflaje que sólo permite a los demás ver de nosotros lo que nosotros queremos que vean y nada más. Pero la *persona* tiene también otro significado más antiguo, el que se encuentra presente en todos los ritos mesoamericanos y que tan bien conocen las *cantadoras, cuentistas* y *curanderas*. La persona no es una simple máscara detrás de la que uno se oculta sino una presencia que eclipsa la personalidad exterior. En este sentido, la persona o máscara es un signo de categoría, virtud, carácter y autoridad. Es el significador exterior, la exhibición externa de dominio[16].

Me encanta esta tarea de iniciación que exige a la mujer purificar las *personas*, las prendas de la autoridad de la gran Yagá del bosque. Lavando la ropa de la Yagá, la mujer verá cómo se cosen las costuras de la *persona* y qué patrones siguen los vestidos. Y no tardará en tener algunas de estas *personas* en su armario entre otras que ha confeccionado a lo largo de toda su vida[17].

Se comprende fácilmente que los signos de poder y autoridad de la Yagá —sus prendas de vestir— estén hechas tal como es ella desde un punto de vista psicológico: fuerte y resistente. Lavar su ropa es una metáfora a través de la cual aprendemos a presenciar, examinar y asumir esta combinación de cualidades. Aprendemos a clasificar, remendar y renovar la psique instintiva por medio de una *purificatio*, un lavado o purificación de las fibras del ser.

La siguiente tarea de Vasalisa es barrer la cabaña y el patio. En los cuentos de hadas de la Europa oriental las escobas suelen estar hechas con ramas de árboles y arbustos y, a veces, de raíces de plantas fibrosas. La misión de Vasalisa es pasar este objeto hecho con materia vegetal por los suelos de la casa y el patio con el fin de eliminar los desechos. La mujer sabia mantiene ordenado su ambiente psíquico. Y lo hace conservando la cabeza clara, conservando un espacio libre para su trabajo y esforzándose por llevar a feliz término sus ideas y proyectos[18].

A muchas mujeres dicha tarea les exige que cada día dejen libre un espacio para la meditación, un espacio para vivir que sea indiscutiblemente suyo, con papel, plumas, pinturas, herramientas, conversaciones, tiempo y libertades destinadas exclusivamente a este fin. Muchas de ellas adquieren ese tiempo y ese lugar especiales para el trabajo a través del psicoanálisis, la contemplación, la meditación, la aceptación de la soledad y otras experiencias de descenso y transformación. Cada mujer tiene sus preferencias, su manera de hacer.

Si la tarea se puede llevar a cabo en la cabaña de Baba Yagá, tanto mejor. Pero incluso el hecho de llevarla a cabo en las inmediaciones de la cabaña es mejor que lejos de ella. En cualquier caso, hay que ordenar la vida salvaje con regularidad. No es bueno acudir a ella un día o unos cuantos días al año.

Pero, puesto que lo que barre Vasalisa es la cabaña de Baba Yagá y puesto que se trata del patio de Baba Yagá, estamos hablando también de mantener claras y ordenadas las ideas insólitas. Entre estas ideas se incluyen las que son poco habituales, las místicas, espirituales y extrañas[19].

Barrer la casa significa no sólo valorar la vida no superficial sino también preocuparse por su limpieza. A veces las mujeres se hacen un lío con el trabajo espiritual y descuidan su arquitectura hasta el punto de que la maleza la invade. Poco a poco las estructuras de la psique se van llenando de malas hierbas hasta convertirse prácticamente en una ruina arqueológica oculta en el inconsciente de la psique. Un cíclico y decisivo barrido impedirá que eso ocurra. Cuando las mujeres limpian el espacio, la naturaleza salvaje se desarrolla mejor.

Cuando queremos guisar para Baba Yagá, nos preguntamos literalmente, ¿cómo se da de comer a la Baba Yagá de la psique, qué se le da de comer a una diosa tan salvaje? En primer lugar, si alguien quiere guisar para la Yagá, tiene que encender el fuego; una mujer tiene que estar dispuesta a arder al rojo vivo, a arder con pasión, a arder con palabras, con ideas, con deseo de cualquier cosa que ella aprecie sinceramente. Esta pasión es la que, de hecho, permite guisar y lo que se guisa son las sólidas ideas originales de una mujer. Si alguien quiere guisar para la Yagá tiene que procurar que debajo de la propia vida creativa haya un buen fuego.

A casi todas nosotras nos irían mejor las cosas si nos acostumbráramos a vigilar el fuego que arde debajo de nuestro trabajo, si vigiláramos con más detenimiento el proceso de cocción destinado a alimentar el Yo salvaje. Demasiado a menudo nos apartamos de la olla, de la cocina. Nos olvidamos de vigilar, de añadir combustible y de remover. Pensamos erróneamente que el fuego y la cocción son como una de esas resistentes plantas de interior que pueden pasarse ocho meses sin agua antes de perecer. Pero no es así. El fuego necesita, *exige* vigilancia, pues la llama se apaga fácilmente. Hay que dar de comer a la Yagá. El hecho de que pase hambre se paga muy caro.

Por consiguiente, la elaboración de nuevos platos completamente originales, de nuevos rumbos, de compromisos con el propio arte y el propio trabajo es la que constantemente alimenta el alma salvaje. Estas mismas cosas alimentan a la Vieja Madre Salvaje y le dan sustento en nuestra psique.

Sin el fuego, nuestras grandes ideas, nuestros pensamientos originales, nuestros anhelos y aspiraciones no se podrán guisar y todo el mundo quedará insatisfecho. Por otra parte, cualquier cosa que hagamos complacerá a la Madre Salvaje y nos alimentará a todas, siempre y cuando tenga fuego.

En el desarrollo de las mujeres todas estas acciones «domésticas», el guisar, el lavar, el barrer, cuantifican algo que rebasa los límites de lo ordinario. Todas estas metáforas ofrecen maneras de pensar, medir, alimentar, fortalecer, limpiar y ordenar la vida espiritual.

Vasalisa es iniciada en todas estas cosas y su intuición la ayuda a realizar las tareas. La naturaleza instintiva tiene la habilidad de medir las cosas a primera vista, pesar en un instante, limpiar los desperdicios que rodean una idea, identificar la esencia de las cosas, infundirle vitalidad, guisar las ideas crudas y preparar comida para la psique. Vasalisa, por medio de la muñeca de la intuición, aprende a clasificar, comprender, organizar y mantener limpia y en orden la casa psíquica.

Aprende, además, que la Madre Salvaje necesita mucho alimento para poder cumplir su función. A Baba Yagá no se la puede poner a régimen con una hoja de lechuga y una taza de café cargado. Si la mujer quiere estar cerca de ella, tiene que comprender que a la Madre Salvaje le apetecen ciertas cosas. Para poder mantener una relación con lo antiguo femenino hay que guisar mucho.

Por medio de todas estas tareas Baba Yagá enseña y Vasalisa aprende a no retroceder ante lo grande y poderoso, lo cíclico, lo imprevisto, lo inesperado, la vasta e inmensa escala del tamaño de la naturaleza, lo raro, lo extraño y lo insólito.

Los ciclos femeninos según las tareas de Vasalisa son los siguientes: Purificar los propios pensamientos y renovar regularmente los propios valores. Eliminar las trivialidades que ocupan la psique, barrer el propio yo, limpiar con regularidad los propios pensamientos y estados emocionales. Encender un fuego duradero debajo de la vida creativa y guisar sistemáticamente ideas significa sobre todo guisar con originalidad mucha vida sin precedentes para poder alimentar la relación entre la mujer y su naturaleza salvaje.

Vasalisa, gracias al tiempo pasado al lado de la Yagá, asumirá finalmente una parte de los modos y el estilo de la Yagá. Y nosotras también. Nuestra misión, a nuestra limitada manera humana, será ajustarnos a ella. Y eso es lo que aprendemos a hacer, aunque nos sintamos al mismo tiempo intimidadas, pues en la tierra de Baba Yagá hay cosas que vuelan por el aire de noche y que se despiertan de nuevo al rayar el alba, todas ellas llamadas y evocadas por la naturaleza instintiva salvaje. Están los huesos de los muertos que nos siguen hablando, están los vientos, los destinos y los soles, la luna y el cielo, y todo eso vive en el interior de su gran baúl. Pero ella mantiene el orden. El día sigue a la noche y una estación sigue a otra. Baba Yagá no actúa al azar. Es Rima y Razón.

En el cuento, la Yagá descubre que Vasalisa ha terminado todas las tareas que se le han encomendado y se alegra, aunque también se decepciona un poco por el hecho de no poder regañar a la chica. Por consiguiente, para asegurarse de que Vasalisa no dé nada por descontado, Baba Yagá le dice: «Que hayas llevado a cabo el trabajo que te encomendé no significa que lo puedas volver a hacer. O sea que aquí tienes otro día de tarea. A ver cómo te las arreglas, querida, de lo contrario...»

Una vez más, gracias a la ayuda de la guía intuitiva, Vasalisa termina el trabajo y la Yagá le da a regañadientes y refunfuñando su aprobación, el tipo de aprobación que suelen dar las viejas que han vivido mucho tiempo y han visto muchas cosas que preferirían no haber visto, aunque se enorgullezcan en cierto modo de haberlo hecho.

Sexta tarea: La separación entre esto y aquello

En esta parte del cuento, Baba Yagá impone a Vasalisa dos tareas muy difíciles. Las tareas psíquicas de una mujer son las siguientes: Aprender a separar una cosa de la otra con el mejor criterio posible, aprender a establecer sutiles distinciones de juicio (separando el maíz añublado del bueno y sacando las semillas de adormidera mezcladas con un montón de tierra). Observar el poder del inconsciente y su funcionamiento incluso cuando el ego no es consciente de ello (los pares de manos que aparecen en el aire). Aprender algo más acerca de la vida (el maíz) y la muerte (las semillas de adormidera).

A Vasalisa se le pide que separe cuatro sustancias: que aparte el maíz añublado del maíz bueno y que aísle las semillas de adormidera de la tierra con la que están mezcladas. La muñeca intuitiva consigue realizar ambas tareas. A veces, este proceso de clasificación se produce a un nivel tan profundo que apenas somos conscientes de él hasta que un día...

La clasificación a la que se refiere el cuento es la que se produce cuando nos enfrentamos con un dilema o una pregunta, pero casi nada nos ayuda a resolverlo. Sin embargo, si lo dejamos reposar y regresamos más tarde, es posible que nos encontremos con una buena respuesta allí donde antes no había nada. «Si nos vamos a dormir, a ver qué soñamos»[20], puede que la vieja de los dos millones de años venga a visitarnos desde su tierra nocturna. A lo mejor, nos traerá una solución o nos mostrará que la respuesta se encuentra debajo de la cama o en nuestro bolsillo, en un libro o detrás de la oreja. Se ha observado a menudo que una pregunta hecha antes de acostarse engendra con la práctica una respuesta al despertar. Hay algo en la psique, en la muñeca intuitiva, algo debajo, encima o en el inconsciente colectivo que clasifica el material mientras dormimos y soñamos[21]. El hecho de confiar en esta cualidad también forma parte de la naturaleza salvaje.

Simbólicamente, el maíz añublado posee un doble significado. En forma de licor, se puede usar como sustancia embriagadora o como medicamento. Hay un tipo de micosis llamado tizón —un hongo velloso y negruzo presente en el maíz añublado— que se considera alucinógeno.

Varios estudiosos han formulado la hipótesis de que en los antiguos ritos griegos de la diosa eleusina* se consumían sustancias alucinógenas derivadas del trigo, la cebada, la adormidera o el maíz. Además, la clasificación del maíz que la Yagá le exige a Vasalisa está relacionada con la recolección de medicinas por parte de las viejas *curanderas* que hoy en día siguen desarrollando esta labor en todo Norte, Centro y Sudamérica. Vemos también los antiguos remedios y tratamientos de la curandera en la semilla de adormidera, que es un soporífero y un barbitúrico, y también en la tierra que se lleva utilizando desde la más remota antigüedad y se usa todavía actualmente en emplastos y cataplasmas, en baños e incluso, en determinadas circunstancias, para su ingestión oral[22].

Se trata de uno de los pasajes más deliciosos del cuento. El maíz bueno, el maíz añublado, las semillas de adormidera y la tierra son vestigios de la antigua botica curativa. Estas sustancias se utilizan como bálsamos, ungüentos, infusiones y emplastos para la aplicación de otras medicinas al cuerpo. Como metáforas también son medicinas para la mente; algunas alimentan, otras favorecen el descanso, otras provocan languidez y otras son estimulantes. Son facetas de los ciclos de la Vida/Muerte/Vida. Baba Yagá no sólo le pide a Vasalisa que separe esto de aquello para establecer la diferencia entre cosas parecidas —como el verdadero amor del falso amor, la vida nutricia de la vida inútil— sino que, además, le pide que diferencie una medicina de otra.

Como los sueños, que pueden interpretarse a nivel objetivo sin que pierdan su realidad subjetiva, estos elementos de las medicinas/alimento también tienen un significado simbólico para nosotras. Como Vasalisa, también tenemos que clasificar nuestros agentes curativos psíquicos, clasificar incesantemente con el fin de comprender que el alimento de la psique es también una medicina para la psique, y extraer la verdad y la esencia de todos estos agentes curativos para nuestro propio alimento.

Todos estos elementos y estas tareas le enseñan a Vasalisa la existencia de los ciclos de la Vida/Muerte/Vida, del toma y daca del cuidado de la naturaleza salvaje. A veces, para aproximar a una mujer a esta naturaleza, le pido que cuide un jardín. Un jardín psíquico o un jardín

---

* Deméter, en cuyo templo de la ciudad de Eleusis se celebraban unos misterios en su honor *(N. de la T.)*

con barro, tierra, plantas y todas las cosas que rodean, ayudan y atacan. Y que se imagine que este jardín es la psique. El jardín es una conexión concreta con la vida y la muerte. Incluso se podría decir que existe una religión del jardín, pues éste nos imparte unas profundas lecciones psicológicas y espirituales. Cualquier cosa que le pueda ocurrir a un jardín le puede ocurrir también al alma y a la psique: demasiada agua, demasiado poca, plagas, calor, tormentas, invasiones, milagros, muerte de las raíces, renacimiento, beneficios, curación, florecimiento, recompensas, belleza.

Durante la vida del jardín, las mujeres llevan un diario en el que anotan todas las señales de aparición y desaparición de vida. Cada entrada crea un alimento psíquico. En el jardín aprendemos a dejar que los pensamientos, las ideas, las preferencias, los deseos e incluso los amores vivan y mueran. Plantamos, arrancamos, enterramos. Secamos semillas, las sembramos, las mojamos, las cuidamos y cosechamos.

El jardín es una práctica de meditación en cuyo transcurso vemos cuándo es preciso que algo muera. En el jardín se puede ver llegar el momento tanto de la fructificación como de la muerte. En el jardín nos movemos, no contra sino con las inhalaciones y las exhalaciones de una más vasta naturaleza salvaje.

A través de esta meditación reconocemos que el ciclo de la Vida/Muerte/Vida es algo natural. Tanto la naturaleza que da vida como la que se enfrenta con la muerte están deseando nuestra amistad y nuestro eterno amor. En el transcurso de este proceso nos convertimos en algo análogo a lo salvaje cíclico. Tenemos capacidad para infundir energía y fortalecer la vida y también para apartarnos del camino de lo que se muere.

Séptima tarea: La indagación de los misterios

Una vez completadas con éxito sus tareas, Vasalisa le hace a la Yagá unas cuantas preguntas muy acertadas. Las tareas de esta fase son las siguientes: Preguntar y tratar de aprender algo más acerca de la naturaleza de la Vida/Muerte/Vida y de sus funciones (Vasalisa hace preguntas acerca de los jinetes). Aprender la verdad acerca de la capacidad de comprender todos los elementos de la naturaleza salvaje («saber demasiado puede hacer envejecer prematuramente a una persona»)[23].

Todas empezamos con la pregunta «¿Qué soy yo realmente? ¿Cuál es mi trabajo aquí?». La Yagá nos enseña que somos Vida/Muerte/Vida, que éste es nuestro ciclo, nuestra especial percepción de lo profundo femenino. Cuando yo era pequeña, una de mis tías me contó la leyenda de «Las Mujeres del Agua» de nuestra familia. Me dijo que a la orilla de todos los lagos vivía una joven que tenía las manos viejas. Su primera misión era infundir *tüz* —algo que se podría traducir como alma o «fuego espiritual»— en docenas de preciosos patos de porcelana. Su segunda misión era darles cuerda con unas llaves de madera insertadas en las plumas del dorso. Cuando se les acababa la cuerda, los patos se caían y sus cuerpos se rompían y entonces ella tenía que abanicar con su delantal a las almas que salían para enviarlas al cielo. Su cuarta tarea era volver a infundir *tüz* en otros preciosos patos de porcelana, darles cuerda y liberarlos hacia sus vidas...

El cuento del *tüz* es uno de los que con más claridad explican qué hace exactamente la madre de la Vida/Muerte/Vida con el tiempo de que dispone. Psíquicamente, la Madre Nyx, Baba Yagá, las Mujeres del Agua, *La Que Sabe* y la Mujer Salvaje constituyen distintas imágenes, distintas edades, distintos estados de ánimo y aspectos del Dios de la Madre Salvaje. La infusión de *tüz* en nuestras ideas, nuestras vidas y las vidas de los que se relacionan con nosotros es nuestra tarea. El envío del alma hacia su hogar es nuestra tarea. La liberación de una lluvia de chispas que llenan el día y crean una luz que nos permite encontrar el camino a través de la noche es nuestra tarea.

Vasalisa pregunta acerca de los jinetes que ha visto mientras trataba de encontrar el camino de la cabaña de Baba Yagá; el hombre blanco montado en el caballo blanco, el hombre rojo montado en el caballo rojo y el hombre negro montado en el caballo negro. La Yagá, como Deméter, es una vieja diosa madre-caballo, asociada con el poder de la yegua y también con la fecundidad. La cabaña de Baba Yagá es una cuadra para los caballos multicolores y sus jinetes. Las parejas de hombre-caballo hacen que el sol nazca y cruce el cielo de día, y extienden el manto de la oscuridad sobre el cielo nocturno. Pero hay más.

Los jinetes negro, rojo y blanco lucen los colores que antiguamente simbolizaban el nacimiento, la vida y la muerte. Estos colores también representan los antiguos conceptos del descenso, la muerte y la resurrección; el negro simboliza la disolución de los propios valores antiguos, el rojo representa el sacrificio de las ilusiones que antaño se consideraban valiosas y el blanco es la nueva luz, la nueva sabiduría que procede del hecho de haber conocido a los dos primeros.

Las antiguas palabras utilizadas en la época medieval son *nigredo*, negrura; *rubedo*, rojez; y *albedo*, blancura, y describen una alquimia[24] que sigue el ciclo de la Mujer Salvaje, la obra de la Madre de la Vida/Muerte/Vida. Sin los símbolos del alba, el ascenso de la luz y la misteriosa oscuridad, la mujer no sería lo que es. Sin el crecimiento de la esperanza en nuestros corazones, sin la luz estable —de una vela o de un sol— que nos permita distinguir una cosa de otra en nuestra vida, sin una noche en la que todas las cosas se serenan y de la que todas las cosas pueden nacer, nosotras tampoco podríamos utilizar con provecho nuestras naturalezas salvajes.

Los colores del cuento son extremadamemnte valiosos, pues cada uno de ellos posee su naturaleza mortal y su naturaleza vital. El negro es el color del barro, de lo fértil, de la sustancia esencial en la que se siembran las ideas. Pero el negro es también el color de la muerte, del oscurecimiento de la luz. Y el negro tiene incluso un tercer aspecto. Es también el color asociado con aquel mundo entre los mundos en el que se asienta *La Loba*, pues el negro es el color del descenso. El negro es la promesa de que muy pronto la mujer sabrá algo que antes no sabía.

El rojo es el color del sacrificio, de la cólera, del asesinato, del ser atormentado y asesinado. Pero también es el color de la vida vibrante, de la emoción dinámica, de la excitación, del *eros* y del deseo. Es un color que se considera una poderosa medicina contra las dolencias psíquicas, un color que despierta el apetito. Hay en todo el mundo una figura conocida como la madre roja[25]. No es tan famosa como la madre negra o la virgen negra, pero es la guardiana de las «cosas que brotan». Es especialmente invocada por aquellas que están a punto de dar a luz, pues quienquiera que abandone este mundo o venga a este mundo tiene que cruzar su rojo río. El rojo es la promesa de que está a punto de producirse un crecimiento o un nacimiento.

El blanco es el color de lo nuevo, lo puro, lo prístino. Es también el color del alma liberada del cuerpo, del espíritu liberado del estorbo de lo físico. Es el color del alimento esencial, la leche de la madre. Por contra, es también el color de la muerte, de las cosas que han perdido su aspecto más favorable, su torrente de vitalidad. Donde hay blancura, todo es de momento una *tabula rasa* en la que no se ha escrito nada. El blanco es la promesa de que habrá alimento suficiente para que las cosas empiecen de nuevo, de que el vacío se llenará.

Aparte de los jinetes, tanto Vasalisa como su muñeca visten de rojo, blanco y negro. Vasalisa y su muñeca son el *anlagen* alquímico. Juntas dan lugar a que Vasalisa sea una pequeña Madre de la Vida/Muerte/Vida en ciernes. El cuento tiene dos epifanías o revelaciones. La vida de Vasalisa se revitaliza gracias a la muñeca y a su encuentro con Baba Yagá y, como consecuencia de ello, gracias a todas las tareas que aprende a dominar. Hay también dos muertes en el cuento: la de la inicial madre demasiado buena y la de su familia putativa. Pero enseguida nos damos cuenta de que son unas muertes necesarias, pues al final confieren a la joven psique una vida mucho más plena.

De ahí la importancia del dejar vivir y el dejar morir. Se trata del ritmo básico natural que las mujeres tienen que comprender y vivir. Cuando se capta este ritmo, se reduce el temor, pues podemos anticiparnos al futuro, a los temblores del suelo y a los vaciamientos de lo que aquél contendrá. La muñeca y la Yagá son las madres salvajes de todas las mujeres; las que nos ofrecen las perspicaces dotes intuitivas del nivel personal y del divino. Ésta es la gran paradoja y enseñanza de la naturaleza instintiva. Es una especie de Budismo Lobuno. Lo que es uno es dos. Lo que es dos es tres. Lo que vive morirá. Lo que muere vivirá.

A eso se refiere Baba Yagá al decir «saber demasiado puede hacer envejecer prematuramente a una persona». Hay cierta cantidad de cosas que todas debemos saber a cada edad y en cada fase de nuestra vida. En el cuento, conocer el significado de las manos que aparecen y extraen el aceite del maíz y de las semillas de adormidera, sustancias ambas que pueden dar la vida y la muerte en sí mismas y por sí mismas, es querer saber demasiado. Vasalisa hace preguntas acerca de los caballos, pero no acerca de las manos.

Cuando yo era joven, le pedí a mi amiga Bulgana Robnovich, una anciana narradora de cuentos del Cáucaso que vivía en una pequeña comunidad agrícola rusa de Minnesota, que me hablara de la Baba Yagá. ¿Cómo veía ella la parte del cuento en la que Vasalisa «comprende sin más» que tiene que dejar de hacer preguntas? Mirándome con sus ojos sin pestañas de perro viejo, me contestó: «Hay ciertas cosas que no se pueden saber.» Después esbozó una cautivadora sonrisa, cruzó sus gruesos tobillos y eso fue todo.

Tratar de comprender el misterio de los criados que aparecen y desaparecen bajo la forma de unas manos incorpóreas es como intentar comprender en su totalidad la esencia de lo numinoso. Aconsejando a Vasalisa que no haga la pregunta, tanto la muñeca como la Yagá la advierten del peligro que supone el hecho de indagar en exceso acerca de la numinosidad del mundo subterráneo, y es bueno que lo hagan, pues, aunque visitemos este mundo, no conviene que nos dejemos seducir por él y nos quedemos atrapadas allí.

Aquí la Yagá alude a otra serie de ciclos, los ciclos de la vida femenina. A medida que los vive, la mujer va entendiendo cada vez más estos ritmos femeninos interiores, entre ellos, los de la creatividad, el alumbramiento de hijos psíquicos y quizá también humanos, los ritmos de la soledad, el juego, el descanso, la sexualidad y la caza. No hay que esforzarse, la comprensión vendrá por sí sola. Debemos aceptar que ciertas cosas no están a nuestro alcance, aunque influyan en nosotras y nos enriquezcan. En mi familia hay un dicho: «Ciertas cosas son asunto de Dios.»

Por consiguiente, cuando finalizan estas tareas, «el legado de las madres salvajes» es más profundo y la capacidad intuitiva emana tanto del lado humano como del lado espiritual de la psique. Ahora tenemos a la muñeca de maestra por un lado y a la Baba Yagá por el otro.

Octava tarea: Ponerse a gatas

Baba Yagá, molesta por la bendición que la difunta madre de Vasalisa ha otorgado a la niña, le entrega la luz —una terrorífica calavera en lo alto de un palo— y le dice que se vaya. Las tareas de esta parte del cuento son las siguientes: Asumir un inmenso poder para ver e influir en los demás (la recepción de la calavera). Contemplar las situaciones de la propia vida bajo esta nueva luz (encontrar el camino de vuelta a la vieja familia putativa).

¿Se molesta Baba Yagá porque Vasalisa ha recibido la bendición de su madre o más bien por las bendiciones en general? En realidad, ni lo uno ni lo otro. Teniendo en cuenta los posteriores estratos monoteístas de este cuento, se podría pensar que aquí el relato se ha modificado de tal forma que la Yagá se muestre atemorizada ante el hecho de que Vasalisa haya recibido una bendición para demonizar con ella a la Vieja Madre Salvaje (cuya existencia tal vez se remonte nada menos que a la era neolítica) con el propósito de enaltecer la más reciente religión cristiana en detrimento de la pagana más antigua.

Es posible que el vocablo original del cuento se haya cambiado por el de «bendición» para fomentar la conversión, pero yo creo que la esencia del significado arquetípico original sigue estando presente en el relato. La cuestión de la bendición de la madre se puede interpretar de la siguiente manera: A la Yagá no le molesta la bendición en sí sino más bien el hecho de que ésta proceda de la madre excesivamente buena; la madre amable, buena y cariñosa de la psique. Si la Yagá es fiel a sus principios, no puede tener excesivo interés en acercarse mucho ni durante demasiado tiempo a la faceta demasiado conformista y sumisa de la naturaleza femenina.

Aunque la Yagá sea capaz de infundir el soplo vital a una cría de ratón con infinita ternura, es lo bastante lista como para permanecer en su propio terreno. Y su terreno es el mundo subterráneo de la psique. El terreno de la madre demasiado buena es el del mundo de arriba. Y, aunque la dulzura puede encajar en lo salvaje, lo salvaje no puede encajar durante mucho tiempo en la dulzura.

Cuando las mujeres asimilan este aspecto de la Yagá, dejan de aceptar sin discusión todas las bobadas, todos los comentarios mordaces y todas las bromas e insinuaciones que les dirigen. Para distanciarse un poco de la dulce bendición de la madre demasiado buena, la mujer aprende poco a poco no simplemente a mirar sino a mirar con desprecio, a mirar fijamente y a tolerar cada vez menos las imbecilidades de los demás.

Ahora que, gracias a los servicios prestados a la Yagá, ha adquirido una capacidad interior que antes no tenía, Vasalisa recibe una parte del poder de la Bruja salvaje. Algunas mujeres temen que la profunda sabiduría que han adquirido por medio del instinto y de la intuición las induzca a ser temerarias y desconsideradas, pero se trata de un temor infundado.

Muy al contrario, la falta de intuición y de sensibilidad ante los ciclos femeninos o el hecho de no seguir los consejos de la propia sabiduría da lugar a unas decisiones desacertadas e incluso desastrosas. En general esta clase de sabiduría «yaguiana» hace que las mujeres vayan avanzando poco a poco y casi siempre las orienta y les transmite imágenes claras de «lo que hay debajo o detrás» de los motivos, ideas, acciones y palabras de los demás.

Si la psique instintiva le advierte «¡Cuidado!», la mujer tiene que prestarle atención. Si su profunda intuición le dice «Haz esto, haz lo otro, sigue este camino, detente, sigue adelante», la mujer tiene que introducir en su plan todas las correcciones necesarias. La intuición no está hecha para que se la consulte una vez y después se la olvide. No es algo que se pueda desechar. Se la tiene que consultar en todas las etapas del camino, tanto si las actividades de la mujer están en conflicto con un demonio interior como si están completando una tarea en el mundo exterior. No importa que las preocupaciones y aspiraciones de una mujer sean de carácter personal o global. Por encima de todo, todas las acciones tienen que empezar fortaleciendo el espíritu.

Ahora vamos a estudiar la calavera con su terrible luz. Es un símbolo asociado con lo que algunos arqueólogos de la vieja escuela llamaban «la adoración ancestral»[26]. En las sucesivas versiones arqueorreligiosas del cuento se dice que las calaveras en lo alto de los palos son las de las personas que la Yagá ha matado y devorado. Pero en los ritos religiosos más antiguos que practicaban el parentesco ancestral los huesos se consideraban elementos necesarios para la evocación de los espíritus, y las calaveras eran la parte más destacada del esqueleto[27].

En el parentesco ancestral se cree que la especial y eterna sabiduría de los ancianos de la comunidad reside en sus huesos después de la muerte. La calavera se considera la bóveda que alberga un poderoso vestigio del alma que se ha ido, un vestigio que, si así se le pide, es capaz de evocar todo el espíritu del difunto durante algún tiempo para que se le puedan hacer consultas. Es fácil imaginar que el Yo espiritual habita justo en la ósea catedral de la frente y que los ojos son las ventanas, la boca es la puerta y las orejas son los vientos.

Por consiguiente, cuando la Yagá le entrega a Vasalisa la calavera iluminada, le entrega un antiguo icono femenino, una «sabia ancestral» para que la lleve consigo toda la vida. La inicia en un legado matrilineal de sabiduría que siempre se conserva intacto y floreciente en las cuevas y los desfiladeros de la psique.

Así pues, Vasalisa atraviesa el oscuro bosque con la espantosa calavera. Fue a buscar a la Yagá y ahora regresa a casa más segura y decidida, caminando con las caderas firmemente echadas hacia delante. Éste es el ascenso desde la iniciación en la profunda intuición. La intuición se ha colocado en Vasalisa como la joya central de una corona. Cuando una mujer llega a esta fase, ya ha conseguido abandonar la protección de la madre demasiado buena que lleva dentro y ha aprendido a esperar y afrontar las adversidades del mundo exterior con fortaleza y sin temor. Es consciente de la sombra represora de su madrastra y sus hermanastras y del daño que éstas le quieren hacer.

Ha atravesado la oscuridad prestando atención a su voz interior y ha podido resistir la contemplación del rostro de la Bruja, que es una faceta de su propia naturaleza, pero también la poderosa naturaleza salvaje. De esta manera puede comprender el temible poder de su propia conciencia y el de la conciencia de los demás. Y ya no dice «Le tengo miedo (a él, a ella, a esto)».

Ha servido a la divina Bruja de la psique, ha alimentado la relación, ha purificado las *personae* y ha conservado la claridad del pensamiento. Ha descubierto esta salvaje fuerza femenina y sus costumbres. Ha aprendido a distinguir y a separar el pensamiento de los sentimientos. Ha aprendido a identificar el gran poder salvaje de su propia psique.

Conoce el significado de la Vida/Muerte/Vida y el papel que en todo ello desempeña la mujer. Con las recién adquiridas habilidades de la Yagá, ya no tiene por qué faltarle la confianza ni el poder. Tras haber recibido el legado de las madres —la intuición de la faceta humana de su naturaleza y la sabiduría salvaje de la faceta de *La Que Sabe* de la psique—, ya está preparada para lo que sea. Avanza por la vida asentando con firmeza los pies en el suelo uno detrás de otro, con toda su feminidad. Ha fundido todo su poder y ahora ve el mundo y su propia vida a través de esta nueva luz. Veamos qué ocurre cuando una mujer se comporta de esta manera.

Novena tarea: La modificación de la sombra

Vasalisa regresa a casa con la espantosa calavera ensartada en un palo. Está a punto de arrojarla lejos de sí, pero la calavera la tranquiliza. Una vez en casa, la calavera contempla a la madrastra y a las hermanastras y las abrasa hasta dejarlas convertidas en cenizas. Y, a partir de entonces, Vasalisa vive una larga y satisfactoria existencia[28].

Hc aquí las tareas psíquicas de esta fase: Utilizar la agudeza visual (los ardientes ojos) para identificar las sombras negativas de la propia psique y/o a los aspectos negativos de las personas y los acontecimientos del mundo exterior, y para reaccionar ante ellos. Modificar las sombras negativas de la propia psique con el fuego de la bruja (la perversa familia putativa que antes había torturado a Vasalisa se convierte en ceniza).

Vasalisa sostiene la temible calavera en alto mientras avanza por el bosque y la muñeca le indica el camino de regreso. «Sigue por aquí, ahora por aquí.» Y Vasalisa, que antes era una dulce criatura de ojos azules, es ahora una mujer que camina precedida por su poder.

Una temible luz emana de los ojos, los oídos, la nariz y la boca de la calavera. Es otra representación de todos los procesos psíquicos relacionados con la discriminación. Y está relacionada también con el parentesco ancestral y, por consiguiente, con el recuerdo. Si la Yagá le hubiera entregado a Vasalisa una rótula en lo alto de un palo, el símbolo hubiera sido distinto. Si le hubiera entregado un hueso de la muñeca, un hueso del cuello o cualquier otro hueso —a excepción tal vez de la pelvis femenina—, no hubiera significado lo mismo[29].

Por consiguiente, la calavera es otra representación de la intuición —no le hace daño ni a la Yagá ni a Vasalisa— y ejerce su propia discriminación. Ahora Vasalisa lleva la llama de la sabiduría; posee unos sentidos despiertos. Puede oír, ver, oler y saborear las cosas y tiene su Yo. Tiene la muñeca, tiene la sensibilidad de la Yagá y tiene también la temible calavera.

Por un instante, Vasalisa se asusta del poder que lleva y está a punto de arrojar la temible calavera lejos de sí. Teniendo este formidable poder a su disposición, no es de extrañar que el ego piense que quizá sería mejor, más fácil y más seguro rechazar la ardiente luz, pues le parece demasiado fuerte y, por su mediación, ella se ha vuelto demasiado fuerte. Pero la voz sobrenatural de la calavera le aconseja que se tranquilice y siga adelante. Y eso lo puede hacer.

La mujer que recupera su intuición y los poderes «yaguianos» llega a un punto en el que siente la tentación de desecharlos, pues, ¿de qué sirve ver y saber todas estas cosas? La luz de la calavera no tiene compasión. Bajo su resplandor, los ancianos son unos viejos; lo bello es lujuriante; el tonto es un necio; los que están bebidos son unos borrachos; los desleales son infieles; las cosas increíbles son milagros. La luz de la calavera ve lo que ve. Es una luz eterna colocada directamente delante de una mujer como una presencia que la precede y regresa para comunicarle lo que ha descubierto más adelante. Es su perpetua exploración.

Sin embargo, cuando una mujer ve y siente de esta manera, tiene que tratar de actuar al respecto. El hecho de poseer una buena intuición y un considerable poder obliga a trabajar. En primer lugar, en la vigilancia y la comprensión de las fuerzas negativas y los desequilibrios tanto interiores como exteriores. En segundo lugar, obliga a hacer acopio de voluntad para poder actuar con respecto a lo que se ha visto, tanto si es para un bien como si es para recuperar el equilibrio o para dejar que algo viva o muera.

Es verdad y no quiero engañar a nadie. Es más cómodo arrojar la luz e irse a dormir. No cabe duda de que a veces hay que hacer un esfuerzo para sostener en alto la luz delante de nosotras, pues con ella vemos todas nuestras facetas y todas las facetas de los demás, las desfiguradas, las divinas y todos los estados intermedios.

Y, sin embargo, gracias a esta luz afloran a la conciencia los milagros de la belleza profunda del mundo y de los seres humanos. Con esta penetrante luz podemos ver un buen corazón más allá de una mala acción, podemos descubrir un dulce espíritu hundido por el odio y podemos comprender muchas cosas en lugar de quedarnos perplejas. La luz puede distinguir las capas de la personalidad, las intenciones y los motivos de los demás. Puede distinguir la conciencia y la inconsciencia en el yo y en los demás. Es la varita mágica de la sabiduría. Es el espejo en el cual se perciben y se ven todas las cosas. Es la profunda naturaleza salvaje.

Pero a veces sus informes son dolorosos y casi no se pueden resistir, pues la cruel luz de la calavera también muestra las traiciones y la cobardía de los que se las dan de valientes. Señala la envidia que se oculta como una fría capa de grasa detrás de una cordial sonrisa y las miradas que no son más que unas máscaras que disimulan la antipatía. Y, con respecto a nosotras, la luz es tan brillante como para iluminar lo exterior: nuestros tesoros y nuestras flaquezas.

Éstos son los conocimientos que más nos cuesta afrontar. Aquí es donde siempre queremos desprendernos de todo este maldito y sagaz conocimiento. Aquí es donde percibimos, siempre y cuando no queramos ignorarla, una poderosa fuerza del Yo que nos dice: «No me arrojes lejos de ti. Consérvame a tu lado y ya verás.»

Mientras avanza por el bosque, no cabe duda de que Vasalisa también piensa en su familia putativa que la ha enviado perversamente a morir y, aunque ella tiene un corazón muy tierno, la calavera no es tierna; su misión es ver las cosas con toda claridad. Por consiguiente, cuando Vasalisa la quiere arrojar lejos de sí, sabemos que está pensando en el dolor que produce el hecho de saber ciertas cosas sobre la propia persona y los demás, y sobre la naturaleza del mundo.

Llega a casa y la madrastra y las hermanastras le dicen que no han tenido lumbre ni combustible alguno en su ausencia y que, a pesar de sus repetidos intentos, no han podido encender el fuego. Eso es exactamente lo que ocurre en la psique de la mujer cuando ésta posee el poder salvaje. En su ausencia, todas las cosas que la oprimían se quedan sin libido, pues ella se lo lleva todo en su viaje. Sin libido, los aspectos más desagradables de la psique, los que explotan la vida creativa de una mujer o la animan a malgastar su vida en menudencias, se convierten en algo así como unos guantes sin manos en su interior.

La temible calavera empieza a mirar a las hermanastras y a la madrastra y las estudia con detenimiento. ¿Puede un aspecto negativo de la psique quedar reducido a ceniza por el simple hecho de estudiarlo con detenimiento? Pues sí. El hecho de examinar una cosa con consciente lógica la puede deshidratar. En una de las versiones del cuento, los miembros descarriados de la familia se quedan achicharrados; en otra versión, quedan reducidos a tres pequeñas y negras pavesas.

Las tres pequeñas y negras pavesas encierran una antiquísima e interesante idea. El minúsculo *dit* negro o puntito se considera a menudo el principio de la vida. En el Antiguo Testamento, cuando Dios crea al Primer Hombre y a la Primera Mujer, los hace de tierra o barro según la versión que uno lea. ¿Cuánta tierra? Nadie lo dice. Pero, entre otros relatos de la creación, el principio del mundo y de sus habitantes suele proceder del *dit*, de un grano, de un minúsculo y oscuro punto de algo[30].

De esta manera, las tres pequeñas pavesas quedan en el ámbito de la Madre de la Vida/Muerte/Vida. Y se reducen prácticamente a nada en el interior de la psique. Se ven privadas de la libido. Ahora puede producirse una novedad. En casi todos los casos en que extraemos conscientemente el jugo de alguna cosa de la psique, esta cosa se encoge y su energía se libera o se configura de una manera distinta.

La tarea de exprimir a la destructiva familia putativa tiene otra faceta. No se puede conservar la conciencia que se ha adquirido tras haber entrado en contacto con la Diosa Bruja, ni llevar la ardiente luz y todo lo demás si una mujer convive con personas exterior o interiormente crueles. Si la mujer está rodeada de personas que ponen los ojos en blanco y levantan despectivamente la mirada al techo cuando ella entra en la estancia, dice algo, hace algo o reacciona a algo, no cabe duda de que se encuentra en compañía de personas que apagan las pasiones, las de la mujer y probablemente también las suyas propias. Estas personas no sienten interés por ella ni por su trabajo ni por su vida.

La mujer tiene que elegir con prudencia tanto a los amigos como a los amantes, pues tanto los unos como los otros pueden convertirse en perversas madrastras y malvadas hermanastras. En el caso de los amantes, solemos atribuirles el poder de unos grandes magos. Es fácil que así sea, pues el hecho de llegar a una auténtica intimidad es algo así como abrir un mágico taller de purísimo cristal, o eso por lo menos nos parece a nosotras. Un amante puede crear y/o destruir hasta nuestras conexiones más duraderas con nuestros propios ciclos e ideas. Hay que evitar al amante destructivo. El mejor amante es el que está hecho de poderosos músculos psíquicos y tierna carne. A la Mujer Salvaje tampoco le viene mal un amante un poco «psíquico», es decir, una persona capaz de «ver su corazón por dentro».

Cuando a la Mujer Salvaje se le ocurre una idea, el amigo o amante jamás le dirá: «Pues no sé... me parece una auténtica bobada [una exageración, una cosa imposible, muy cara, etc.].» Un verdadero amigo jamás dirá eso. Puede que diga: «No sé si lo entiendo. Dime cómo lo ves. Explícame cómo piensas hacerlo.»

Un amante/amigo que la considere una *criatura* viva que está creciendo como el árbol crece en la tierra o una planta de ficus en la casa o una rosaleda en el patio de atrás, un amante y unos amigos que la miren como un auténtico ser vivo que respira y que es humano, pero está hecho, además, de otras muchas cosas bonitas, húmedas y mágicas, un amante y unos amigos que presten su apoyo a la *criatura* que hay en ella, éstas son las personas que le convienen a la mujer, pues serán sus amigos del alma toda la vida. La esmerada elección de los amigos y amantes y también de los profesores es esencial para conservar la conciencia, la intuición y la ardiente luz que ve y sabe.

Para conservar su conexión con lo salvaje la mujer tiene que preguntarse qué es lo que quiere. Es la separación de las semillas mezcladas con la tierra. Una de las más importantes distinciones que podemos hacer es la que corresponde a las cosas que nos atraen y las cosas que necesita nuestra alma.

Y eso se hace de la siguiente manera: Imaginemos un bufé con cuencos de crema batida, bandejas de salmón, panecillos, rosbif, macedonia de fruta, enchiladas verdes, arroces, salsa curry, yogures y toda suerte de platos para muchísimos invitados. Imaginemos que la mujer echa un vistazo, ve ciertas cosas que la atraen y se dice: «Me gustaría tomar un poco de esto, un poco de aquello y un poco de lo otro.»

Algunos hombres y mujeres toman las decisiones de su vida de esta manera. A nuestro alrededor hay todo un mundo que nos llama constantemente, que penetra en nuestras vidas y despierta y crea unos apetitos donde apenas había ninguno. En esta clase de elección, elegimos una cosa por el simple hecho de tenerla delante de nuestras narices en aquel momento. No es necesariamente lo que queremos, pero nos parece interesante y, cuanto más la miramos, más nos atrae.

Cuando estamos unidas al yo instintivo, al alma de lo femenino que es natural y salvaje, en lugar de contemplar lo que casualmente tenemos delante, nos preguntamos: «¿Qué es lo que me apetece?» Sin mirar nada de lo que hay fuera, miramos hacia dentro y nos preguntamos: «¿Qué quiero? ¿Qué deseo en este momento?» Otras frases alternativas podrían ser: «¿Qué es lo que más me seduce? ¿Qué me apetece de verdad? ¿Qué es lo que más me gustaría?» Por regla general, la respuesta no tarda en llegar: «Pues creo que lo que más me apetece... lo que de verdad me gustaría es un poco de esto o de aquello... sí, eso es lo que yo quiero.»

¿Lo hay en el bufé? Puede que sí y puede que no. En la mayoría de los casos, probablemente no. Tendremos que buscar un poco, a veces durante bastante tiempo. Pero, al final, lo encontraremos y nos alegraremos de haber sondeado nuestros más profundos anhelos.

Esta capacidad de discernimiento que Vasalisa adquiere mientras separa las semillas de adormidera de la tierra, y el maíz añublado del bueno es una de las cosas más difíciles de aprender, pues exige ánimo, fuerza de voluntad y sentimiento y a menudo nos obliga a pedir con insistencia lo que queremos. Y en nada se pone más claramente de manifiesto que en la elección de la pareja y el amante. Un amante no se puede elegir como en un bufé. Elegir algo simplemente porque al verlo se nos hace la boca agua jamás podrá saciar satisfactoriamente el apetito del Yo espiritual. Y para eso precisamente sirve la intuición; se trata de un mensajero directo del alma.

Lo explicaremos con un ejemplo para que quede más claro. Si se te ofrece la oportunidad de comprar una bicicleta o la oportunidad de viajar a Egipto y ver las pirámides, deberás apartarla a un lado por un instante, entrar en ti misma y preguntarte: «¿Qué me apetece? ¿Qué es lo que deseo? A lo mejor, me apetece más una moto que una bicicleta. A lo mejor, prefiero hacer un viaje para ir a ver a mi abuela que se está haciendo mayor.» Las decisiones no tienen por qué ser tan importantes. A veces, las alternativas pueden ser dar un paseo o escribir un poema. Tanto si se trata de una cuestión trascendental como si se trata de una cuestión insignificante, la idea es consultar el yo instintivo a través de uno o de varios de los distintos aspectos que tenemos a nuestra disposición, simbolizados por la muñeca, la vieja Baba Yagá y la ardiente calavera.

Otra manera de fortalecer la conexión con la intuición consiste en no permitir que nadie reprima nuestras más intensas energías... es decir nuestras opiniones, nuestros pensamientos, nuestras ideas, nuestros valores, nuestra moralidad y nuestros ideales. En este mundo hay muy pocas cosas acertadas/equivocadas o buenas/malas. Pero sí hay cosas útiles y cosas inútiles. Asimismo, hay cosas que a veces son destructivas y también hay cosas creativas. Hay acciones debidamente integradas y dirigidas a un fin determinado y otras que no lo están. Sin embargo, tal como sabemos, la tierra de un jardín se tiene que remover en otoño con el fin de prepararla para la primavera. Las plantas no pueden florecer constantemente. Pero los que han de dictar los ciclos ascendentes y descendentes de nuestra vida son nuestros propios ciclos innatos, no otras fuerzas o personas del exterior y tampoco los complejos negativos de nuestro interior.

Hay ciertas entropías y creaciones constantes que forman parte de nuestros ciclos internos. Nuestra tarea es sincronizar con ellas. Como los ventrículos de un corazón que se llenan y se vacían y se vuelven a llenar, nosotras «aprendemos a aprender» los ritmos de este ciclo de la Vida/Muerte/Vida en lugar de convertirnos en sus víctimas. Lo podríamos comparar con una cuerda de saltar. El ritmo ya existe; nosotras oscilamos hacia delante y hacia atrás hasta que conseguimos copiar el ritmo. Entonces saltamos. Así es como se hace. No tiene ningún secreto.

Además, la intuición ofrece distintas opciones. Cuando estamos conectadas con el yo instintivo, siempre se nos ofrecen por lo menos cuatro opciones... las dos contrarias, el territorio intermedio y «el ulterior análisis de las posibilidades». Si no estamos muy versadas en la intuición, podemos pensar que sólo existe una opción y que ésta no parece muy deseable. Y es posible que nos sintamos obligadas a sufrir por ella, a someternos y a aceptarla. Pero no, hay otra manera mejor. Prestemos atención al oído interior, a la vista interior y el ser interior. Sigámoslos. Ellos sabrán lo que tenemos que hacer a continuación.

Una de las consecuencias más extraordinarias del uso de la intuición y de la naturaleza instintiva consiste en la aparición de una infalible espontaneidad. Espontaneidad no es sinónimo de imprudencia. No es una cuestión de «lanzarse y soltarlo». Los buenos límites todavía son importantes. Sherezade, por ejemplo, tenía unos límites excelentes. Utilizaba su inteligencia para agradar al sultán, pero, al mismo tiempo, actuaba de tal forma que éste la valorara. Ser auténtica no significa ser temeraria sino dejar que hable *La voz mitológica*. Y eso se consigue apartando provisionalmente a un lado el ego y permitiendo que hable aquello que quiere hablar.

En la realidad consensual, todas tenemos acceso a pequeñas madres salvajes de carne y hueso. Son estas mujeres que, en cuanto las vemos, sentimos que algo salta en nuestro interior y entonces pensamos «Mamá». Les echamos un vistazo y pensamos «Yo soy su progenie, soy su hija, ella es mi madre, mi abuela». En el caso de *un hombre con pechos* en sentido figurado, podríamos pensar «Oh, abuelo mío», «Oh, hermano mío, amigo mío». Porque intuimos sin más que aquel hombre nos alimenta. (Paradójicamente, se trata de personas marcadamente masculinas y marcadamente femeninas al mismo tiempo. Son como el hada madrina, el mentor, la madre que nunca tuvimos o no tuvimos el tiempo suficiente; eso es *un hombre con pechos*.)[31]

Todos estos seres humanos se podrían llamar pequeñas madres salvajes. Por regla general, todas tenemos por lo menos una. Con un poco de suerte, a lo largo de toda la vida tendremos varias. Cuando las conocemos, solemos ser adultas o, por lo menos, ya estamos en la última etapa de la adolescencia. No se parecen en nada a la madre demasiado buena. Las pequeñas madres salvajes nos guían y se enorgullecen de nuestras cualidades. Se muestran críticas con los bloqueos y las ideas equivocadas que rodean nuestra vida creativa, sensual, espiritual e intelectual y penetran en ella.

Su propósito es ayudarnos, cuidar de nuestro arte, conectarnos de nuevo con nuestros instintos salvajes y hacer aflorar a la superficie lo mejor que llevamos dentro. Nos guían en la recuperación de la vida instintiva, se entusiasman cuando establecemos contacto con la muñeca, se enorgullecen cuando descubrimos a la Baba Yagá y se alegran cuando nos ven regresar sosteniendo en alto la ardiente calavera.

Ya hemos visto que el hecho de seguir siendo unas pánfilas demasiado dulces es peligroso. Pero, a lo mejor, aún no estás muy convencida; a lo mejor, piensas: «Pero bueno, ¿a quién le interesa ser como Vasalisa?» Y yo te contesto que a ti. Tienes que ser como ella, hacer lo que ella ha hecho y seguir sus huellas, pues ésta es la manera de conservar y desarrollar el alma. La Mujer Salvaje es la que se atreve, la que crea y la que destruye. Es el alma primitiva e inventora que hace posibles todas las artes y los actos creativos. Crea un bosque a nuestro alrededor y nosotras empezamos a enfrentarnos con la vida desde esta nueva y original perspectiva.

Por consiguiente, cuando se reinstaura la iniciación en los misterios de la psique femenina, aparece una joven que ha adquirido un impresionante bagaje de experiencias y ha aprendido a seguir los consejos de su sabiduría. Ha superado todas las pruebas de la iniciación. La victoria es suya. Puede que el reconocimiento de la iniciación sea la más fácil de las tareas, pero conservarla conscientemente y dejar vivir lo que tiene que vivir y dejar morir lo que tiene que morir es sin lugar a dudas la meta más agotadora, pero también una de las más satisfactorias.

Baba Yagá es lo mismo que la Madre Nyx, la madre del mundo, otra diosa de la Vida/Muerte/Vida. La diosa de la Vida/Muerte/Vida es también una diosa creadora. Hace, moldea, infunde vida y está ahí para recibir el alma cuando el aliento se acaba. Siguiendo sus huellas, aprendemos a dejar que nazca lo que tiene que nacer, tanto si están ahí las personas apropiadas como si no. La naturaleza no pide permiso.

Tenemos que florecer y nacer siempre que nos apetezca. En nuestra calidad de personas adultas no necesitamos apenas permisos sino más engendramientos, más estímulo de los ciclos salvajes y mucha más visión original.

El tema del final del cuento es el de dejar morir las cosas. Vasalisa ha aprendido bien la lección. ¿Le da un ataque y lanza estridentes gritos cuando la calavera quema a las malvadas? No. Lo que tiene que morir, muere.

¿Y cómo se toma semejante decisión? Es algo que se sabe. *La Que Sabe* lo sabe. Pídele consejo en tu fuero interno. Es la Madre de las Edades. Nada la sorprende. Lo ha visto todo. En la mayoría de las mujeres, el hecho de dejar morir no es contrario a sus naturalezas sino tan sólo a la educación que han recibido. Pero eso puede cambiar. Todas sabemos en *los ovarios* cuándo es la hora de la vida y cuándo es la hora de la muerte. Podríamos tratar de engañarnos por distintas razones, pero lo sabemos.

A la luz de la ardiente calavera, lo sabemos.

✹ CAPÍTULO 4

El compañero: La unión con el otro

El himno del hombre salvaje: Manawee

Si las mujeres quieren que los hombres las conozcan de verdad, tienen que enseñarles un poco de sabiduría profunda. Algunas mujeres dicen que están cansadas, que ya han hecho demasiado a este respecto. Me atrevo a decir humildemente que han estado intentando enseñar a un hombre que no quiere aprender. Cuando los hombres ponen de manifiesto una buena disposición, es el momento de revelarles cosas no sólo por este motivo sino porque otra alma lo pide. Ya lo verás. He aquí algunas de las cosas que ayudarán a un hombre a comprender y a salir a medio camino al encuentro de la mujer; éste es el lenguaje, nuestro lenguaje.

En los mitos, como en la vida, no cabe duda de que el Hombre Salvaje busca a una esposa de debajo de la tierra. En los relatos celtas hay célebres parejas de Dioses Salvajes que se aman de esta manera. A menudo habitan en el fondo de un lago, desde donde protegen la vida y el mundo subterráneos. En los mitos babilonios Inanna la de los muslos de cedro llama a su amado, el Toro Plow: «Ven a cubrirme con tu furia salvaje.» En los tiempos modernos, incluso hoy en día en el Medio Oeste de Estados Unidos, aún se dice que la Madre y el Padre de Dios crean los truenos revolcándose en su lecho primaveral.

De igual modo, nada le gusta más a la mujer salvaje que un compañero que se le pueda igualar. Sin embargo, una y otra vez quizá desde el principio de la infinidad, los que quisieran ser sus compañeros no están muy seguros de comprender su verdadera naturaleza. ¿Qué desea realmente una mujer? Es una pregunta muy antigua, un acertijo espiritual acerca de la naturaleza salvaje y misteriosa que poseen todas las mujeres. Mientras que la vieja del cuento de «La viuda de Bath» de Chaucer dijo con voz cascada que la respuesta a esta pregunta era que las mujeres deseaban ejercer soberanía sobre su propia vida, lo cual es un hecho indiscutible, hay otra verdad igualmente poderosa que satisface también esa pregunta.

He aquí un cuento que explica cuál es la verdadera naturaleza de las mujeres. Los que se esfuerzan en comprender la forma de ser y actuar que se muestra en el cuento serán para siempre compañeros y amantes de la mujer salvaje. Hace mucho tiempo la señorita V.B. Washington me regaló un pequeño cuento afroamericano que yo he ampliado y convertido aquí en un cuento literario titulado «Manawee».

Manawee

Un hombre fue a cortejar a dos hermanas gemelas. Pero el padre le dijo: «No podrás casarte con ellas hasta que no adivines sus nombres.» Aunque Manawee lo intentó repetidamente, no pudo adivinar los nombres de las hermanas. El padre de las jóvenes sacudió la cabeza y rechazó a Manawee una y otra vez.

Un día Manawee llevó consigo a su perrito en una de sus visitas adivinatorias y el perrito vio que una hermana era más guapa que la otra y que la segunda era más dulce que la primera. A pesar de que ninguna de las dos hermanas poseía ambas cualidades, al perrito le gustaron mucho las dos, pues ambas le daban golosinas y le miraban a los ojos sonriendo.

Aquel día Manawee tampoco consiguió adivinar los nombres de las jóvenes y volvió tristemente a su casa. Pero el perrito regresó corriendo a la cabaña de las jóvenes. Allí acercó la oreja a una de las paredes laterales y oyó que las mujeres comentaban entre risas lo guapo y viril que era Manawee. Mientras hablaban, las hermanas se llamaban la una a la otra por sus respectivos nombres y el perrito lo oyó y regresó a la mayor rapidez posible junto a su amo para decírselo.

Pero, por el camino, un león había dejado un gran hueso con restos de carne al borde del sendero y el perrito lo olfateó inmediatamente y, sin pensarlo dos veces, se escondió entre la maleza arrastrando el hueso. Allí empezó a comerse la carne y a lamer el hueso hasta arrancarle todo el sabor. De repente, el perrito recordó su olvidada misión, pero, por desgracia, también había olvidado los nombres de las jóvenes.

Corrió por segunda vez a la cabaña de las gemelas. Esta vez ya era de noche y las muchachas se estaban untando mutuamente los brazos y las piernas con aceite como si se estuvieran preparando para una fiesta. Una vez más el perrito las oyó llamarse entre sí por sus nombres. Pegó un brinco de alegría y, mientras regresaba por el camino que conducía a la cabaña de Manawee, aspiró desde la maleza el olor de la nuez moscada.

Nada le gustaba más al perrito que la nuez moscada. Se apartó rápidamente del camino y corrió al lugar donde una exquisita empanada de kumquat se estaba enfriando sobre un tronco. La empanada desapareció en un santiamén y al perrito le quedó un delicioso aroma de nuez moscada en el aliento. Mientras trotaba a casa con la tripa llena, trató de recordar los nombres de las jóvenes, pero una vez más los había olvidado.

Al final, el perrito regresó de nuevo a la cabaña de las jóvenes y esta vez las hermanas se estaban preparando para casarse. «¡Oh, no! —pensó el perrito—, ya casi no hay tiempo.» Cuando las hermanas se volvieron a llamar mutuamente por sus nombres, el perrito se grabó los nombres en la mente y se alejó a toda prisa, firmemente decidido a no permitir que nada le impidiera comunicar de inmediato los dos valiosos nombres a Manawee.

El perrito en el camino vio los restos de una pequeña presa recién muerta por las fieras, pero no hizo caso y pasó de largo. Por un instante, le pareció aspirar una vaharada de nuez moscada en el aire, pero no hizo caso y siguió corriendo sin descanso hacia la casa de su amo. Sin embargo, el perrito no esperaba tropezarse con un oscuro desconocido que, saliendo de entre los arbustos, lo agarró por el cuello y lo sacudió con tal fuerza que poco faltó para que se le cayera el rabo.

Y eso fue lo que ocurrió mientras el desconocido le gritaba: «¡Dime los nombres! Dime los nombres de las chicas para que yo pueda conseguirlas.»

El perrito temió desmayarse a causa del puño que le apretaba el cuello, pero luchó con todas sus fuerzas. Gruñó, arañó, golpeó con las patas y, al final, mordió al gigante entre los dedos. Sus dientes picaban tanto como las avispas. El desconocido rugió como un carabao, pero el perrito no soltó la presa. El desconocido corrió hacia los arbustos con el perrito colgando de la mano.

«Suéltame, suéltame, perrito, y yo te soltaré a ti», le suplicó el desconocido.

El perrito le gruñó entre dientes: «No vuelvas por aquí o jamás volverás a ver la mañana.» El forastero huyó hacia los arbustos, gimiendo y sujetándose la mano mientras corría. Y el perrito bajó medio renqueando y medio corriendo por el camino que conducía a la casa de Manawee.

Aunque tenía el pelaje ensangrentado y le dolían mucho las mandíbulas, conservaba claramente en la memoria los nombres de las jóvenes, por lo que se acercó cojeando a Manawee con una radiante expresión de felicidad en el rostro. Manawee lavó suavemente las heridas del perrito y éste le contó toda la historia de lo ocurrido y le reveló los nombres de las jóvenes. Manawee regresó corriendo a la aldea de las jóvenes llevando sentado sobre sus hombros al perrito cuyas orejas volaban al viento como dos colas de caballo. Cuando Manawee se presentó ante el padre de las muchachas y le dijo sus nombres, las gemelas lo recibieron completamente vestidas para emprender el viaje con él; le habían estado esperando desde el principio. De esta manera Manawee consiguió a las doncellas más hermosas de las tierras del río. Y los cuatro, las hermanas, Manawee y el perrito, vivieron felices juntos muchos años.

Krik Krak Krado, este cuento se ha acabado
Krik Krak Kron, este cuento se acabó[1].

~~~~~~~~~~~~

La doble naturaleza de las mujeres

En los cuentos populares, al igual que en los sueños, podemos comprender los contenidos de manera subjetiva, en cuyo caso todos los símbolos representan aspectos de la psique de una sola persona, pero también podemos comprender los cuentos de manera objetiva, puesto que se refieren a situaciones y relaciones del mundo exterior. Aquí comentaremos el cuento de Manawee más bien desde el punto de vista de las relaciones entre una mujer y su compañero, teniendo en cuenta que muchas veces «lo de fuera es igual que lo de dentro».

Este cuento revela un antiquísimo secreto con respecto a las mujeres, y es el siguiente: para ganarse el corazón salvaje de una mujer, el compañero tiene que comprender al máximo la doble naturaleza de ésta.

Aunque se entienda etnológicamente a las dos mujeres del cuento como unas futuras esposas de una cultura polígama, desde una perspectiva arquetípica el cuento nos habla también del misterio de las dos poderosas fuerzas femeninas que anidan en el interior de cada mujer.

El cuento de Manawee contiene todos los hechos esenciales necesarios para poder acercarse a la mujer salvaje. Manawee, a través de su fiel perro, adivina los dos nombres, las dos naturalezas de lo femenino. No puede vencer si no resuelve el misterio. Y para ello tiene que echar mano de su propio yo instintivo, simbolizado en la figura del perro.

Cualquiera que se acerque a una mujer se encuentra de hecho en presencia de dos mujeres, un ser exterior y una criatura interior, una que vive en el mundo de arriba y otra que vive en otro mundo no tan fácilmente visible. El ser exterior vive a la luz del día y es fácilmente observable. Suele ser pragmático, aculturado y muy humano. En cambio, la criatura interior suele emerger a la superficie desde muy lejos, a menudo aparece y desaparece rápidamente, pero siempre deja a su espalda una sensación de algo sorprendente, original y sabio.

La comprensión de esta doble naturaleza de las mujeres hace que a veces los hombres, e incluso las propias mujeres, cierren los ojos y pidan ayuda al cielo. La paradoja de la doble naturaleza de las mujeres consiste en que, cuando una de ellas se muestra sentimentalmente más fría, la otra es más ardiente. Cuando una mantiene unas relaciones más intensas y enriquecedoras, la otra puede mostrarse ligeramente glacial. A menudo una de ellas es más feliz y elástica mientras que la otra anhela «no sé qué». Una puede estar contenta y la otra puede experimentar una agridulce nostalgia. Estas «dos mujeres en una» son unos elementos separados pero unidos que se combinan en la psique de mil maneras distintas.

El poder de Dos

Aunque cada faceta de la naturaleza de la mujer constituye un ente aparte con distintas funciones y un conocimiento diferenciado, ambas poseen una conciencia o interpretación mutua, tal como ocurre entre el cerebro y su *corpus callosum*, y, por consiguiente, actúan como un todo. Cuando una mujer esconde o favorece demasiado una de sus facetas, vive una existencia muy desequilibrada que le impide el acceso a todo su poder. Y eso no es bueno. Hay que desarrollar ambas facetas.

Hay mucho que aprender acerca de la fuerza de Dos cuando examinamos el símbolo de las gemelas. En todo el mundo y desde la más remota antigüedad, se ha creído que los gemelos están dotados de poderes sobrenaturales. En algunas culturas, existe toda una disciplina dedicada al equilibrio de la naturaleza de los gemelos, considerados dos seres que comparten una sola alma. E incluso después de su muerte, a los gemelos se les da de comer, se les habla y se les ofrecen obsequios y sacrificios.

En varias comunidades africanas y caribeñas se dice que el símbolo de las hermanas gemelas tiene *juju*, la mística energía del alma. Por consiguiente, hay que cuidar esmeradamente de las gemelas para evitar que un mal destino se abata sobre toda la comunidad. Una norma del culto vudú de Haití exige que a los gemelos se les dé de comer exactamente las mismas raciones de alimento para evitar que surjan celos entre ambos, pero, sobre todo, para evitar que uno de ellos languidezca, pues, si muere uno, también morirá el otro y entonces se perderá la especial espiritualidad que ambos aportan a la comunidad.

De igual modo, una mujer posee un poder extraordinario cuando los dos aspectos de su psique se reconocen conscientemente y se perciben como una unidad, juntas y no separadas. El poder de Dos es muy fuerte y no debe descuidarse ninguna de las facetas de la dualidad. Se las tiene que alimentar por igual, pues ambas aportan un misterioso poder al individuo.

Una vez un viejo afroamericano del Medio Sur me contó un cuento. Salió de un callejón mientras yo permanecía sentada entre las pintadas de un aparcamiento del centro de una ciudad. Muchas personas lo hubieran calificado de loco, pues hablaba con todo el mundo sin dirigirse a nadie en particular. Avanzaba con un dedo extendido como si estuviera tanteando la dirección del viento. Las *cuentistas* dicen que estas personas han sido tocadas por los dioses. En nuestra tradición, a un hombre así lo llamaríamos *El bulto*, pues las almas como él llevan una cierta mercancía y la muestran a quien quiera verla, a cualquiera que tenga ojos para verla y sentido común para acogerla.

Aquel simpático *bulto* en particular me contó el siguiente cuento. Gira en torno a cierta transmisión ancestral y se titula «Un ramita, dos ramitas». «Así actúan los viejos reyes africanos», me dijo en un susurro.

En el cuento, un anciano se está muriendo y convoca en torno a sí a los suyos. A cada uno de sus muchos hijos, esposas y parientes le entrega una corta y resistente ramita. «Romped la ramita», les ordena. Con cierto esfuerzo, todos rompen la ramita por la mitad.

«Eso es lo que ocurre cuando un alma está sola y no tiene a nadie. Se rompe fácilmente.»

Después el viejo les dio a cada uno de sus parientes otra ramita y les dijo: «Así me gustaría que vivierais cuando yo haya muerto.

Reunid todas las ramitas en haces de dos y de tres. Y ahora, quebrad los haces por la mitad.»

Nadie puede quebrar las ramitas cuando forman un haz de dos o tres. El viejo me miró sonriendo. «Somos fuertes cuando estamos con otra alma. Cuando estamos unidos a los demás, no nos pueden romper.»

De igual manera, cuando las dos facetas de la doble naturaleza se mantienen juntas en la conciencia, ejercen un enorme poder y no se pueden quebrar. Es la característica de la dualidad psíquica, de los dos aspectos gemelos de la personalidad de una mujer. Por su cuenta, el yo más civilizado se encuentra a gusto, pero un poco solitario. Por su cuenta, el yo salvaje también se encuentra a gusto, pero ansía relacionarse con el otro. La pérdida de los poderes psicológicos, emocionales y espirituales de las mujeres se debe a la separación de estas dos naturalezas, a la simulación de que uno u otro de ellos ya no existe.

Este cuento se puede interpretar como referido a la dualidad masculina y a la femenina. Manawee posee también una doble naturaleza: una naturaleza humana y una naturaleza instintiva, simbolizada por el perro. Su naturaleza humana, amable y afectuosa, no es suficiente para superar la prueba. Es su perro, símbolo de la naturaleza instintiva, el que tiene la capacidad de acercarse subrepticiamenmte a las mujeres y, gracias a la agudeza de su oído, averiguar sus nombres. Es el perro el que aprende a desechar las seducciones superficiales y a conservar los conocimientos más importantes. Es el perro de Manawee el que posee un fino oído y es dueño de una tenacidad y un instinto que lo lleva a ocultarse junto a las paredes y a buscar, perseguir y recuperar las ideas valiosas.

Como en otros cuentos de hadas, las fuerzas masculinas pueden poseer una energía de tipo Barba Azul o una energía tan aniquiladora como la de la Raposa, con la cual intentarán destruir la doble naturaleza de las mujeres. Esta clase de pretendiente no puede tolerar la dualidad y busca la perfección, la única verdad, la única *sustancia femenina* encarnada en una sola mujer perfecta. ¡Ay! Si tú conoces a esta clase de persona, echa a correr en dirección contraria a la mayor velocidad que puedas. Es mejor tener un amante que sea como Manawee tanto por dentro como por fuera: es un pretendiente mucho más satisfactorio, pues está profundamente entregado a la idea del Dos. Y el poder de Dos actúa como una entidad integral.

Por consiguiente, Manawee desea tocar esta extremadamente ubicua pero misteriosa combinación de vida espiritual de la mujer y posee una soberanía propia. Puesto que él es también un hombre salvaje y natural, percibe el eco de la mujer salvaje y se siente atraído por ella.

Entre esta tribu acumulativa de figuras masculinas de la psique femenina que los junguianos denominan *animus*, existe también una actitud de tipo Manawee que descubre y aprecia la dualidad femenina, la considera valiosa y digna de ser cortejada y deseada y no ya diabólica, fea y despreciable[2]. Manawee, tanto si es una figura externa como si es interna, representa un amante audaz pero rebosante de confianza cuyo mayor deseo es nombrar y comprender la misteriosa y numinosa dualidad de la naturaleza femenina.

El poder del nombre

Dar nombre a una fuerza, una criatura, una persona o una cosa tiene varias connotaciones. En las culturas en las que los nombres se eligen cuidadosamente por sus significados mágicos o propicios, conocer el verdadero nombre de una persona significa conocer el camino vital y las cualidades espirituales de dicha persona. Y la razón de que el verdadero nombre se mantenga a menudo en secreto es la necesidad de proteger a su propietario para que pueda adquirir poder sobre dicho nombre y nadie lo pueda vilipendiar o pueda apartar la atención de él y para que su poder espiritual pueda desarrollarse en toda su plenitud.

En los cuentos de hadas y las narraciones populares el nombre tiene varios aspectos adicionales, lo cual queda claramente de manifiesto en el cuento de Manawee. Aunque en algunos cuentos el protagonista busca el nombre de una fuerza perversa para poder dominarla, por regla general la búsqueda del nombre obedece al deseo de evocar esta fuerza o a esta persona, a la necesidad de estar cerca de esta persona y establecer una relación con ella.

Es lo que ocurre en el cuento de Manawee. Éste va y viene una y otra vez en un sincero intento de acercarse al poder de «las Dos». Le interesa nombrarlas no para adueñarse de su poder sino para adquirir un poder propio igual al suyo. Conocer los nombres equivale a adquirir y conservar la conciencia de la doble naturaleza. Por mucho que uno lo desee e incluso recurriendo al uso del propio poder, no se puede establecer una relación profunda sin conocer los nombres.

La adivinación de los nombres de la doble naturaleza, es decir, de las dos hermanas, es inicialmente una tarea tan difícil para las mujeres como para los hombres. Pero no tenemos que preocuparnos demasiado. El solo hecho de que nos interese descubrir los nombres significa que ya vamos por buen camino.

¿Y cuáles son exactamente los nombres de estas dos hermanas simbólicas de la psique femenina? Como es natural, los nombres de las dualidades varían según las personas, pero tienden a ser en cierto modo contrarios. Tal como ocurre con buena parte del mundo natural, es posible que al principio los nombres nos parezcan inmensos y pensemos que carecen de una pauta o repetición determinada. Pero un minucioso examen de la doble naturaleza, haciendo preguntas y prestando atención a las respuestas, no tardará en revelarnos una pauta que efectivamente es muy amplia, pero que posee una estabilidad semejante al flujo y reflujo de las mareas; la pleamar y la bajamar son predecibles y pueden trazarse mapas de sus corrientes profundas.

En la cuestión de la adivinación de los nombres, pronunciar el nombre de una persona es formular un deseo o una bendición acerca de él cada vez que se pronuncia. Nombramos estos dos temperamentos que llevamos dentro para casar el ego con el espíritu. Esta pronunciación del nombre y este casamiento se llaman, con palabras humanas, amor propio. Cuando se produce entre dos personas individuales se llama amor recíproco.

Manawee trata una y otra vez de adivinar los nombres, pero sólo con su naturaleza exterior no consigue adivinar los nombres de las gemelas. El perro, como representante de la intuición, actúa al servicio de Manawee. Las mujeres ansían a menudo encontrar a un compañero que tenga esta clase de paciencia y el ingenio necesario para seguir intentando comprender su naturaleza profunda. Cuando encuentra a un compañero de este tipo, lo hace objeto de su lealtad y amor durante toda su vida. En el cuento, el padre de las gemelas actúa de guardián de la pareja mística. Es el símbolo de un rasgo intrapsíquico real que protege la integridad de unas cosas que tienen que «permanecer unidas» y no separadas. Él es quien somete a prueba el valor, la «idoneidad» del pretendiente. Es bueno que las mujeres tengan este vigilante.

En este sentido se podría decir que una psique sana somete a prueba todos los nuevos elementos que piden permiso para incorporarse a ella; que la psique posee una integridad cuya protección exige un proceso de selección. Una psique sana poseedora de un paternal vigilante no acepta sin más cualquier viejo pensamiento o cualquier actitud o persona, sólo acepta los que poseen capacidad de percepción consciente o se esfuerzan por alcanzarla.

El padre de las dos hermanas dice: «Espera. Hasta que no me convenzas de que te interesa realmente conocer la verdadera esencia —los verdaderos nombres—, no podrás tener a mis hijas.» El padre quiere decir: «No podrás comprender los misterios de las mujeres con sólo pedirlo. Primero tienes que esforzarte. Tienes que estar dispuesto a entregarte por entero. Tienes que imaginarte cada vez más cerca de la auténtica verdad de este rompecabezas espiritual femenino, de este esfuerzo que es no sólo un descenso sino también un enigma.»

La tenaz naturaleza canina

El perrito del cuento muestra exactamente de qué manera actúa la tenacidad psíquica. Los perros son los magos del universo. Con su sola presencia transforman a las personas malhumoradas en sonrientes, a las personas tristes en menos tristes; engendran relaciones. Como en la antigua epopeya babilónica de Gilgamés, en la que Inkadu, el peludo hombre/animal es el contrapunto de Gilgamés, el rey excesivamente racional, el perro constituye una de las dos naturalezas del hombre. Es la naturaleza del bosque, la que puede seguir el rastro, la que percibe lo que son las cosas.

Al perro le gustan las hermanas porque éstas le dan de comer y le sonríen. Lo místico femenino comprende y acepta de buen grado la naturaleza instintiva del perro. El perro representa, entre otras cosas, al (o a la) que ama fácilmente y durante mucho tiempo con todo su corazón, que perdona sin esfuerzo, que es capaz de correr durante largo rato y de luchar hasta morir en caso necesario. La naturaleza canina[3] nos da las claves concretas sobre la forma en que un compañero se ganará el corazón de las hermanas gemelas y de la mujer salvaje, y la clave principal es «vuelve una y otra vez».

Manawee no consigue adivinar los nombres y regresa tristemente a casa. Pero el perrito vuelve a la cabaña de las hermanas y presta atención hasta que oye los nombres. En el mundo de los arquetipos la naturaleza canina es psicopompa* —mensajera entre el mundo superior y el oscuro mundo inferior— y ctónica**, es decir, originaria de las más oscuras y remotas regiones de la psique, las que desde tiempo inmemorial se han venido llamando el infierno o mundo subterráneo de ultratumba. Un compañero tiene que llegar a esta sensibilidad para poder comprender la doble naturaleza.

El perro es parecido al lobo, sólo que un poco más civilizado, si bien, tal como se ve en el resto del cuento, no demasiado. Este perrito en su calidad de psicopompo representa la psique instintiva. Oye y ve las cosas de manera distinta a como lo hace un ser humano. Llega a unos niveles que el ego jamás conseguiría imaginar por su cuenta. Oye unas palabras y unas instrucciones que el ego no puede oír. Y se guía por lo que oye.

Una vez, en un museo de la ciencia de San Francisco, entré en una sala llena de micrófonos y altavoces que simulaban el oído de un pe-

---

* Uno de los epítetos del dios griego Hermes en su papel de guía de las almas al mundo subterráneo. *(N. de la T.)*

** Uno de los epítetos de Zeus y de las divinidades del mundo subterráneo cuyo significado es «perteneciente al reino de ultratumba». *(N. de la T.)*

rro. Cuando una palmera se agitaba al viento, sonaba como un terremoto; cuando unas pisadas se acercaban desde lejos, era como si alguien estrujara contra mi oído un millón de bolsas de palomitas de maíz. El mundo del perro está lleno de constantes cataclismos acústicos, unos cataclismos acústicos que nosotros los seres humanos no percibimos en absoluto. Pero el perrito sí.

El cánido oye más allá del alcance del oído humano. Este aspecto medial de la psique instintiva, de características semejantes a las de los médiums, percibe la profunda función, la profunda música y los profundos misterios de la psique femenina. Ésta es la naturaleza que puede conocer la naturaleza salvaje de las mujeres.

El sigiloso apetito seductor

No es casual que los hombres y las mujeres se esfuercen en buscar las facetas más profundas de sus naturalezas y, sin embargo, se distraigan de este propósito por toda una serie de razones, generalmente por placeres de distintas clases. Algunos se aficionan a dichos placeres, se quedan perennemente enredados en ellos y jamás reanudan su tarea.

Al principio, el perrito también se distrae a causa de sus apetitos. Muchas veces los apetitos son unos encantadores *forajidos* que se dedican a robar el tiempo y la libido. Nuestro tiempo y nuestra libido. Jung señaló que se tenía que controlar en cierto modo el apetito humano. De lo contrario y tal como ya hemos visto, la persona se detiene ante cada hueso que ve por el camino y ante cada empanada que ve sobre un tronco.

Es posible que, como el perro, los compañeros que buscan el nombre de la doble naturaleza pierdan su determinación en presencia de cualquier tentación que encuentren por el camino. Tal cosa puede ocurrir si se trata de criaturas salvajes o famélicas. En tal caso, es posible que también se olviden de lo que tienen entre manos. Puede que sean tentados/atacados por algo de su propio inconsciente que desea ejercer su dominio sobre las mujeres con el fin de explotarlas o de atraerlas para la satisfacción de su propio placer o para llenar su vacío de cazador.

Durante el camino de regreso a la casa de su amo, el perro se distrae a causa de un sabroso hueso, lo cual lo lleva a olvidar los nombres de las muchachas. Este episodio representa algo que suele ocurrir en la función psíquica profunda: las distracciones del apetito obstaculizan el proceso primario. No pasa un mes sin que alguna paciente me diga «Bueno, me distraje porque tenía mucho trabajo o porque experimenté una fuerte excitación sexual y tardé siete días en calmar esa fiebre» o

«... porque pensé que esta semana era el momento adecuado para podar las quinientas plantas de mi casa» o «... porque emprendí siete nuevas aventuras creativas, me lo pasé muy bien y después llegué a la conclusión de que ninguna de ellas era demasiado prometedora y decidí dejarlo todo».

Por consiguiente, el hueso en el camino es algo a lo que nadie es inmune. Su delicioso hedor es una tentación irresistible para un perro. En el peor de los casos, probablemente se trata de una afición que ya nos ha salido muy cara en varias ocasiones. Sin embargo, aunque hayamos fracasado una y otra vez, tenemos que volver a intentarlo hasta que podamos pasar de largo y seguir adelante con nuestra tarea principal.

El momento culminante de nuestra actuación profunda es similar a la excitación sexual en el sentido de que empieza de cero, acelera alcanzando distintos niveles y llega a una fase intensa y sostenida. Si la aceleración se interrumpe bruscamente (por culpa de un ruido intenso e inesperado, por ejemplo), hay que empezar de nuevo por el principio. Cuando se trabaja con el estrato arquetípico de la psique se produce una tensión de excitación parecida. Si se interrumpe la tensión, hay que empezar prácticamente de cero. Por consiguiente, en el camino hay muchos huesos jugosos, agradables, interesantes y tremendamente excitantes. Pero todos ellos nos arrastran en cierto modo hacia una especie de amnesia que nos hace olvidar no sólo en qué fase de nuestra tarea nos encontramos sino también cuál es nuestra tarea.

El Corán nos advierte sabiamente de que se nos pedirá cuentas de todos los placeres permitidos de la vida de los que no quisimos gozar cuando estábamos en la tierra. Sin embargo, un exceso e incluso una pequeña cantidad de una cosa buena en el momento inadecuado puede provocarnos una considerable pérdida del nivel de conciencia. En cuyo caso, en lugar de experimentar una repentina oleada de sabiduría, andamos por ahí como un profesor distraído que murmura por lo bajo: «¿Dónde estaba yo ahora?» Tardamos semanas y a veces meses en recuperarnos de estas distracciones.

En el cuento el perro regresa corriendo a la cabaña de las gemelas, oye de nuevo sus nombres y una vez más se aleja a toda prisa. El cánido sigue el instintivo impulso de intentarlo una y otra vez. Pero, ay, una empanada de kumquat lo distrae y vuelve a olvidar los nombres. Otro aspecto del apetito ha asaltado a la criatura y la ha apartado una vez más de su tarea. Su vientre ha quedado satisfecho, pero no así la tarea de su alma.

Estamos empezando a comprender que el proceso de conservar la conciencia y más concretamente de no ceder a los apetitos que nos distraen mientras tratamos de encontrar una conexión psíquica es un proceso muy largo, al que resulta muy difícil mantenerse agarrado. Vemos que el sagaz perrito lo intenta con todas sus fuerzas. Sin embargo, cuesta mucho salir del profundo inconsciente arquetípico para regresar a la mente consciente. Cuesta mucho bajar a los nombres y cuesta mucho subir de nuevo a la superficie. Cuesta mucho conservar el conocimiento consciente cuando se tropieza con trampas por el camino.

La empanada de kumquat y el hueso representan seducciones que nos distraen y que a su manera son deliciosas... en otras palabras, hay en la psique de todo el mundo unos elementos tortuosos, falsos y exquisitos. Estos elementos son contrarios a la conciencia; se conservan lozanos manteniendo las cosas oscuras y atrayentes. A veces nos cuesta recordar que estamos luchando por alcanzar la belleza de la luz.

En este cuento, el perro es el portador de la luz y trata de establecer una conexión consciente con la mística naturaleza gemela. Hay «algo» que periódicamente intenta evitarlo, algo que es invisible, pero que con toda certeza es el responsable de la colocación de los huesos y de las empanadas. No cabe duda de que se trata del oscuro forastero, otra versión del depredador natural de la psique que se opone a la conciencia. Debido a la presencia de este adversario natural en la psique de todas las personas, hasta la psique más sana puede perder su lugar. El hecho de recordar la verdadera tarea que tenemos entre manos y de recordarla una y otra vez prácticamente al modo de los mantras, nos conducirá de nuevo a la conciencia.

La adquisición de la fiereza

El perrito aprende una vez más los nombres de las mujeres y regresa corriendo junto a su amo. Pasa de largo por delante del festín del camino y de los deliciosos efluvios procedentes de los arbustos. Vemos aquí que la intensidad de la conciencia de la psique está aumentando. La psique instintiva ha aprendido a reprimirse, a respetar las prioridades y a concentrarse. Se niega a distraerse. Ahora está atenta.

Pero, como llovida del cielo, una cosa oscura se abalanza de repente sobre el perrito. El desconocido sacude al perro y le grita: «¡Dime los nombres! ¿Cómo se llaman las jóvenes para que yo pueda conseguirlas?» Al desconocido no le interesa la doble naturaleza ni las mejores cualidades de la psique. Para él, lo femenino es una posesión que desea adquirir y nada más.

El desconocido puede ser una persona real del mundo exterior o un complejo negativo del interior. No importa lo que sea, pues el efecto devastador es el mismo. Esta vez el perro libra una batalla desenfrenada. Tanto si el sujeto es varón como si es mujer, eso es lo que ocurre en la vida exterior cuando un incidente, un error verbal o alguna cosa extraña se abalanza sobre nosotros y trata de hacernos olvidar quiénes somos. Siempre hay algo en la psique que trata de robarnos los nombres. En el mundo exterior también hay muchos ladrones de nombres.

En el cuento, el perrito lucha con denuedo. A veces, sólo aprendemos a aferrarnos a nuestro más profundo conocimiento porque un desconocido se nos echa encima. Entonces tenemos que luchar por lo que más queremos, por aquello que tenemos entre manos, por nuestro desarrollo más allá de nuestros motivos espirituales superficiales, lo que Robert Bly llama «el deseo de sentirnos maravillosamente»[4], por mantenernos aferrados al conocimiento profundo, por terminar lo que hemos empezado.

El perrito lucha por conservar los nombres y, de esta manera, vence las repetidas caídas en el inconsciente. Una vez terminada la batalla, comprobamos con asombro que el perro no ha perdido los nombres, pues la pelea era por eso, por el conocimiento de lo femenino salvaje. Quienquiera que lo posea tiene el mismo poder que la mujer. El perro ha luchado para entregarle este poder al hombre digno de él, Manawee. Ha luchado para impedir que el poder fuera a parar a un aspecto de la antigua naturaleza humana que lo utilizaría mal. La entrega del poder a unas manos adecuadas es tan importante como el descubrimiento de los nombres.

El heroico perro entrega los nombres a Manawee, el cual los ofrece al padre de las jóvenes. Las muchachas ya están preparadas para irse con Manawee. Han estado esperando desde el principio que Manawee descubriera y conservara el conocimiento consciente de sus naturalezas intrínsecas.

Vemos por tanto que las dos cosas que impiden el progreso en estas cuestiones son las distracciones del propio apetito y el oscuro desconocido, el cual puede ser un innato opresor del interior de la psique o una persona o situación del mundo exterior. En cualquier caso, el viajero sabe instintivamente cómo derrotar a estos saqueadores y merodeadores. Hay que conservar los nombres, los nombres lo son todo.

La mujer interior

A veces las mujeres se cansan y se ponen nerviosas aguardando que sus compañeros las comprendan. «¿Cómo es posible que no sepan lo que pienso y lo que quiero?», se preguntan. Las mujeres se hartan de hacerse esta pregunta. Pero el dilema tiene una solución que es eficaz y efectiva.

Si una mujer quiere que su compañero responda de esta manera, tendrá que enseñarle el secreto de la dualidad femenina. Tendrá que hablarle de la mujer interior, aquella que, añadida a ella misma, suma dos. Y lo hará enseñando a su compañero a hacerle dos preguntas falsamente sencillas que conseguirán que se sienta vista, oída y conocida.

La primera pregunta es la siguiente: «¿Qué es lo que quieres?» Casi todo el mundo suele formular una versión de esta pregunta. Pero hay otra pregunta más esencial y es la siguiente: «¿Qué es lo que quiere tu yo profundo?»

Si un hombre pasa por alto la doble naturaleza de una mujer y la toma por lo que parece, lo más seguro es que se lleve una sorpresa, pues, cuando la naturaleza salvaje de la mujer surge de las profundidades y empieza a dejar sentir su presencia, a menudo tiene unas ideas, unos intereses y unos sentimientos muy distintos de los que había puesto de manifiesto anteriormente.

Para entablar una relación segura, la mujer tendrá que hacerle a su compañero estas mismas preguntas. En nuestra calidad de mujeres, nosotras aprendemos a interrogar las dos facetas de nuestra naturaleza y también las de los demás. A través de la información que recibimos de ambas facetas, podemos establecer con toda claridad qué es lo que más valoramos y actuar en consecuencia.

Cuando una mujer consulta su doble naturaleza, busca, examina y toma muestras de un material que está más allá de la conciencia y que, por consiguiente, resulta muchas veces sorprendente por su contenido y su elaboración y es a menudo extremadamente valioso.

Para amar a una mujer, el hombre tiene que amar también su naturaleza indómita. Si la mujer acepta a un compañero que no sabe o no puede amar su otra faceta, tendrá la sensación de que la han desmontado y cojeará como si estuviera averiada.

Por consiguiente, los hombres, al igual que las mujeres, tienen que averiguar también el nombre de su doble naturaleza. El amante más estimado, el pariente y el amigo más apreciado, el «hombre salvaje» más estimable es el que desea aprender. Aquellos que no disfrutan con el aprendizaje, los que no se sienten atraídos por las nuevas ideas y experiencias, no pueden desarrollarse más allá del poste del camino junto al cual están descansando en este momento. Si existe una fuerza que alimenta la raíz del dolor, ésta es la negativa a aprender más allá del momento presente.

Sabemos que la criatura del hombre salvaje está buscando su propia mujer terrenal. Tanto si uno tiene miedo como si no, el hecho de dejarse conmover por el alma salvaje de otra persona constituye un profundo acto de amor. En un mundo en el que los seres humanos tienen siempre tanto miedo de «perder», hay demasiadas murallas protectoras que impiden la disolución de las personas en la numinosidad de otra alma humana.

El compañero de la mujer salvaje es el que posee tenacidad y paciencia espirituales, el que es capaz de enviar su propia naturaleza instintiva a atisbar bajo la tienda de la vida espiritual de una mujer y comprender lo que ve y oye allí. El mejor partido es el hombre que insiste en regresar para intentar comprender, el que no permite que los espectáculos secundarios que encuentra por el camino lo aparten de su propósito.

La tarea salvaje del hombre es por tanto la de descubrir los verdaderos nombres de la mujer y no hacer mal uso de este conocimiento para ejercer su poder sobre ella, sino captar y comprender la sustancia numinosa de que está hecha, dejarse inundar, sorprender, escandalizar e incluso atemorizar por ella. Y permanecer a su lado. Y cantarle sus nombres. Eso hará que a la mujer le brillen los ojos y que a él le brillen a su vez los suyos.

Pero, para que no se duerma demasiado pronto sobre los laureles, queda todavía otro aspecto de los nombres de la doble naturaleza, un aspecto todavía más temible, pero que es esencial para todos los amantes. Mientras que una de las dos naturalezas de la mujer se podría llamar Vida, la hermana «gemela» de la vida es una fuerza llamada Muerte. La fuerza llamada Muerte es una de las dos púas del tenedor magnético de la naturaleza salvaje. Si uno aprende a nombrar las dos naturalezas, al final acabará tropezando directamente con la calavera desnuda de la naturaleza de la Muerte. Dicen que sólo los héroes lo pueden resistir. El hombre salvaje lo puede resistir con toda certeza. Y no cabe duda de que la mujer salvaje también. De hecho, ambos se ven totalmente transformados por ella.

Ahora tengo el gusto de presentarles a la Mujer Esqueleto.

🦊 CAPÍTULO 5

La caza:
Cuando el corazón
es un cazador solitario

La Mujer Esqueleto: El enfrentamiento
con la naturaleza de la Vida/Muerte/Vida del amor

A los lobos se les dan muy bien las relaciones. Cualquiera que haya observado el comportamiento de los lobos se habrá dado cuenta de la profundidad de sus vínculos. Las parejas suelen ser de por vida. Aunque se registren conflictos y desacuerdos entre los miembros de la pareja, sus fuertes vínculos les permiten superarlos y conocer juntos duros inviernos, numerosas primaveras, largos paseos, nuevas camadas, viejos depredadores, danzas tribales y cantos corales. Las necesidades de relación de los seres humanos no difieren demasiado de las suyas.

Mientras que la vida instintiva de los lobos se caracteriza por la lealtad y unos vínculos duraderos de confianza y afecto, los seres humanos tropiezan a veces con dificultades en estas cuestiones. Si describiéramos los fuertes vínculos que se registran entre los lobos en términos arquetípicos, diríamos que la integridad de sus relaciones deriva de su sincronización con la antigua pauta de toda naturaleza... lo que yo llamo el ciclo de la Vida/Muerte/Vida.

La naturaleza de la Vida/Muerte/Vida es un ciclo de nacimiento, desarrollo, declive y muerte, seguido siempre de un renacimiento. Este ciclo influye en toda la vida física y en todas las facetas de la vida psicológica. Todo —el sol, las novas y la luna y también los asuntos de los seres humanos y de todas las más minúsculas criaturas, de las células y los átomos por igual— presenta esta palpitación, seguida de un titubeo y otra palpitación.

A diferencia de los seres humanos, los lobos no piensan que los altibajos de la vida, la energía, la fuerza, el alimento o las oportunidades sean sorprendentes o constituyan un castigo. Las cumbres y los valles están simplemente ahí y los lobos los recorren con la mayor eficacia y naturalidad posible. La naturaleza instintiva posee la prodigiosa capacidad de vivir todas las circunstancias positivas y todas las consecuencias negativas sin interrumpir la relación con el yo y con los demás.

El lobo afronta los ciclos de la naturaleza y el destino con buena voluntad e ingenio y con la paciencia necesaria para permanecer unido a la propia pareja y vivir lo mejor que pueda durante el mayor tiempo posible. Sin embargo, para que los seres humanos puedan vivir y entregar su lealtad de esta manera tan acertada y tan sabia, tan protectora y tan sensible, es necesario que éstos se enfrenten con aquello que más temen. Y no hay manera de evitarlo, tal como veremos más adelante. Hay que acostarse con Doña Muerte.

En los cuentos más sabios el amor raras veces es un encuentro entre dos enamorados. Por ejemplo, algunos cuentos de las regiones circumpolares describen el amor como la unión entre dos seres cuya fuerza conjunta permite a uno de ellos o a los dos establecer comunicación con el mundo espiritual y participar en el destino como si éste fuera una danza con la vida y la muerte.

El cuento que voy a relatar es una historia de caza acerca del amor. La acción transcurre en el gélido norte. Para comprender el relato, hay que tener en cuenta que allí, en uno de los ambientes más inhóspitos y una de las más duras culturas cazadoras del mundo, el amor no significa un coqueteo o una búsqueda con el simple propósito de complacer el ego, sino un vínculo visible formado por el tendón psíquico de la resistencia, una unión que perdura en la prosperidad y en la austeridad, a lo largo de los días y noches más complicados y más sencillos. La unión de dos seres se ve en sí misma como una magia *angakok*, como una relación a través de la cual ambos individuos pueden conocer «quién es es el que manda».

Pero esta clase de unión plantea ciertas exigencias. Para poder crear este amor duradero, se invita a un tercer participante. Es el que yo llamo la Mujer Esqueleto. También se le podría llamar Doña Muerte y, como tal, sería otra figura de la Vida/Muerte/Vida en uno de sus múltiples disfraces. Bajo esta forma, Doña Muerte no es una enfermedad sino una divinidad.

En una relación, desempeña el papel del oráculo que sabe cuándo es el momento de que los ciclos empiecen y terminen[1]. Como tal, es el aspecto más salvaje de la relación, el que más temen los hombres y a veces incluso las mujeres, pues, cuando se ha perdido la confianza en la transformación, también se pierden los ciclos naturales del desarrollo y el desgaste.

Para crear un amor duradero, ambos amantes tienen que abrazar a la Mujer Esqueleto y aceptar su presencia en la relación. Aquí, en un primitivo ambiente inuit y convertida en cuento literario original a partir de un poema oral de cinco versos que me facilitó Mary Uukalat, está la Mujer Esqueleto. Aquí están también las fases psíquicas por las que hay que pasar para aprender a abrazarla. Vamos a mirar a través de las imágenes que surgen del humo de este cuento.

La Mujer Esqueleto

Había hecho algo que su padre no aprobaba, aunque ya nadie recordaba lo que era. Pero su padre la había arrastrado al acantilado y la había arrojado al mar. Allí los peces se comieron su carne y le arrancaron los ojos. Mientras yacía bajo la superficie del mar, su esqueleto daba vueltas y más vueltas en medio de las corrientes.

Un día vino un pescador a pescar, bueno, en realidad, antes venían muchos pescadores a esta bahía. Pero aquel pescador se había alejado mucho del lugar donde vivía y no sabía que los pescadores de la zona procuraban no acercarse por allí, pues decían que en la cala había fantasmas.

El anzuelo del pescador se hundió en el agua y quedó prendido nada menos que en los huesos de la caja torácica de la Mujer Esqueleto. El pescador pensó: «¡He pescado uno muy gordo! ¡Uno de los más gordos!» Ya estaba calculando mentalmente cuántas personas podrían alimentarse con aquel pez tan grande, cuánto tiempo les duraría y cuánto tiempo él se podría ver libre de la ardua tarea de cazar. Mientras luchaba denodadamente con el enorme peso que colgaba del anzuelo, el mar se convirtió en una agitada espuma que hacía balancear y estremecer el kayak, pues la que se encontraba debajo estaba tratando de desengancharse. Pero, cuanto más se esforzaba, más se enredaba con el sedal. A pesar de su resistencia, fue inexorablemente arrastrada hacia arriba, remolcada por los huesos de sus propias costillas.

El cazador, que se había vuelto de espaldas para recoger la red, no vio cómo su calva cabeza surgía de entre las olas, no vio las minúsculas criaturas de coral brillando en las órbitas de su cráneo ni los crustáceos adheridos a sus viejos dientes de marfil. Cuando el pescador se volvió de nuevo con la red, todo el cuerpo de la mujer había aflorado a la superficie y estaba colgando del extremo del kayak, prendido por uno de sus largos dientes frontales.

«¡Ay!», gritó el hombre mientras el corazón le caía hasta las rodillas, sus ojos se hundían aterrorizados en la parte posterior de la cabeza y las orejas se le encendían de rojo. «¡Ay!», volvió a gritar, golpeándola con el remo para desengancharla de la proa y remando como un desesperado rumbo a la orilla. Como no se daba cuenta de que la mujer estaba enredada en el sedal, se pegó un susto tremendo al verla de nuevo, pues parecía que ésta se hubiera puesto de puntillas sobre el agua y lo estuviera persiguiendo. Por mucho que zigzagueara con el kayak, ella no se apartaba de su espalda, su aliento se propagaba sobre la superficie del agua en nubes de vapor y sus brazos se agitaban como si quisieran agarrarlo y hundirlo en las profundidades.

«¡Aaaaayy!», gritó el hombre con voz quejumbrosa mientras se acercaba a la orilla. Saltó del kayak con la caña de pescar y echó a correr, pero el cadáver de la Mujer Esqueleto, tan blanco como el coral, lo siguió brincando a su espalda, todavía prendido en el sedal. El hombre corrió sobre las rocas y ella lo siguió. Corrió sobre la tundra helada y ella lo siguió. Corrió sobre la carne puesta a secar y la hizo pedazos con sus botas de piel de foca.

La mujer lo seguía por todas partes e incluso había agarrado un poco de pescado helado mientras él la arrastraba en pos de sí. Y ahora estaba empezando a comérselo, pues llevaba muchísimo tiempo sin llevarse nada a la boca. Al final, el hombre llegó a su casa de hielo, se introdujo en el túnel y avanzó a gatas hacia el interior. Sollozando y jadeando permaneció tendido en la oscuridad mientras el corazón le latía en el pecho como un gigantesco tambor. Por fin estaba a salvo, sí, a salvo gracias a los dioses, gracias al Cuervo, sí, y a la misericordiosa Sedna, estaba... a salvo... por fin.

Pero, cuando encendió su lámpara de aceite de ballena, la vio allí acurrucada en un rincón sobre el suelo de nieve de su casa, con un talón sobre el hombro, una rodilla en el interior de la caja torácica y un pie sobre el codo. Más tarde el hombre no pudo explicar lo que ocurrió, quizá la luz de la lámpara suavizó las facciones de la mujer o, a lo mejor, fue porque él era un hombre solitario. El caso es que se sintió invadido por una cierta compasión y lentamente alargó sus mugrientas manos y, hablando con dulzura como hubiera podido hablarle una madre a su hijo, empezó a desengancharla del sedal en el que estaba enredada.

«Bueno, bueno.» Primero le desenredó los dedos de los pies y después los tobillos. Siguió trabajando hasta bien entrada la noche hasta que, al final, cubrió a la Mujer Esqueleto con unas pieles para que entrara en calor y le colocó los huesos en orden tal como hubieran tenido que estar los de un ser humano.

Buscó su pedernal en el dobladillo de sus pantalones de cuero y utilizó unos cuantos cabellos suyos para encender un poco más de fuego. De vez en cuando la miraba mientras untaba con aceite la valiosa madera de su caña de pescar y enrollaba el sedal de tripa. Y ella, envuelta en las pieles, no se atrevía a decir ni una sola palabra, pues temía que aquel cazador la sacara de allí, la arrojara a las rocas de abajo y le rompiera todos los huesos en pedazos.

El hombre sintió que le entraba sueño, se deslizó bajo las pieles de dormir y enseguida empezó a soñar. A veces, cuando los seres humanos duermen, se les escapa una lágrima de los ojos. No sabemos qué clase de sueño lo provoca, pero sabemos que tiene que ser un sueño triste o nostálgico. Y eso fue lo que le ocurrió al hombre.

La Mujer Esqueleto vio el brillo de la lágrima bajo el resplandor del fuego y, de repente, le entró mucha sed. Se acercó a rastras al hombre dormido entre un crujir de huesos y acercó la boca a la lágrima. La solitaria lágrima fue como un río y ella bebió, bebió y bebió hasta que consiguió saciar su sed de muchos años.

Después, mientras permanecía tendida al lado del hombre, introdujo la mano en el interior del hombre dormido y le sacó el corazón, el que palpitaba tan fuerte como un tambor. Se incorporó y empezó a golpearlo por ambos lados: *¡Pom, Pom!.... ¡Pom, Pom!*

Mientras lo golpeaba, se puso a cantar «¡Carne, carne, carne! ¡Carne, carne, carne!». Y, cuanto más cantaba, tanto más se le llenaba el cuerpo de carne. Pidió cantando que le saliera el cabello y unos buenos ojos y unas rollizas manos. Pidió cantando la hendidura de la entrepierna, y unos pechos lo bastante largos como para envolver y dar calor y todas las cosas que necesita una mujer.

Y, cuando terminó, pidió cantando que desapareciera la ropa del hombre dormido y se deslizó a su lado en la cama, piel contra piel. Devolvió el gran tambor, el corazón, a su cuerpo y así fue como ambos se despertaron, abrazados el uno al otro, enredados el uno en el otro después de pasar la noche juntos, pero ahora de otra manera, de una manera buena y perdurable.

La gente que no recuerda la razón de su mala suerte dice que la mujer y el pescador se fueron y, a partir de entonces, las criaturas que ella había conocido durante su vida bajo el agua, se encargaron de proporcionarles siempre el alimento. La gente dice que es verdad y que eso es todo lo que se sabe.

La Muerte en la casa del amor

La incapacidad de enfrentarse con la Mujer Esqueleto y de desenredarla es el origen del fracaso de muchas relaciones amorosas. Para amar, hay que ser no sólo fuerte sino también sabio. La fuerza procede del espíritu. La sabiduría procede de la experiencia con la Mujer Esqueleto.

Tal como hemos visto en el cuento, si uno desea ser alimentado de por vida, tiene que enfrentarse con la naturaleza de la Vida/Muerte/Vida y entablar una relación con ella. En cuanto conseguimos este propósito, ya no andamos dando tumbos por ahí en un intento de pescar fantasías, pues comprendemos que la verdadera relación la crean las muertes necesarias y los sorprendentes nacimientos. Cuando nos enfrentamos con la Mujer Esqueleto, comprendemos que la pasión no es algo que se «va a buscar» sino algo que se genera a través de unos ciclos y se distribuye por este medio. La Mujer Esqueleto es la que nos muestra que una vida compartida en todos los incrementos y todas las disminuciones, en todos los finales y los principios crea un fiel amor sin parangón.

El cuento es una metáfora muy apropiada para el problema del amor moderno, el temor a la naturaleza de la Vida/Muerte/Vida y al aspecto de la Muerte en particular. En buena parte de la cultura occidental el carácter original de la naturaleza de la Muerte se ha envuelto en distintos dogmas y doctrinas hasta separarlo de su otra mitad que es la Vida. Nos han enseñado equivocadamente a aceptar una forma rota de uno de los más básicos y profundos aspectos de la naturaleza salvaje. Nos han enseñado que la muerte siempre va seguida de más muerte. Pero no es así, la muerte siempre está incubando nueva vida aunque nuestra existencia haya quedado reducida a los huesos.

En lugar de ser considerados contrarios, los arquetipos de la Muerte y la Vida tienen que ser vistos como un conjunto, como la izquierda y la derecha de una sola idea. Es cierto que dentro de una sola relación amorosa hay muchos finales. Pero, en algún lugar de los delicados estratos del ser que se crea cuando dos personas se aman, hay un corazón y un aliento. Cuando se vacía un lado del corazón, se llena el otro. Cuando se agota un aliento, empieza otro.

Si creemos que la fuerza de la Vida/Muerte/Vida no tiene ningún espacio más allá de la muerte, no es de extrañar que algunas personas teman concertar compromisos. Les aterra la simple posibilidad de soportar un final. No pueden soportar la idea de pasar de la galería a las habitaciones interiores. Tienen miedo, pues intuyen que en el cuarto del desayuno de la casa del amor está sentada la Dama de la Muerte, golpeando el suelo con el pie, doblando y volviendo a doblar los guantes. Tiene delante una lista de trabajo, a un lado lo que está vivo y al otro lo que se está muriendo. Y está firmemente decidida a realizar su tarea. Está firmemente decidida a mantener el equilibrio.

El arquetipo de la fuerza de la Vida/Muerte/Vida ha sido muy mal interpretado en muchas culturas modernas. En algunas ya no se comprende que la Dama de la Muerte representa una pauta esencial de la creación. Gracias a sus amorosos cuidados, la vida se renueva. En muchas tradiciones populares las figuras femeninas de la muerte son objeto de representaciones espectaculares: lleva una guadaña y «cosecha» a los que menos lo esperan, besa a sus víctimas y deja los cadáveres a su espalda o asfixia a la gente y después se pasa la noche lanzando gemidos de dolor.

Pero en otras culturas como la de las Indias Orientales y la maya, que han conservado las enseñanzas acerca de la rueda de la vida y la muerte, la Dama de la Muerte envuelve a los moribundos, alivia su dolor y los consuela. En el *curanderismo*, dicen que da la vuelta al niño en el vientre y lo coloca boca abajo para que pueda nacer. Dicen que guía las manos de la comadrona, abre los caminos de la leche de la madre en los pechos y consuela a todos los que lloran solos. Lejos de despreciarla, los que la conocen en su ciclo completo respetan su generosidad y sus lecciones.

Desde un punto de vista arquetípico, la naturaleza de la Vida/Muerte/Vida es un componente básico de la naturaleza instintiva. En el mito y el folclore se la llama la *Dama de la Muerte*; *Coatlicue*; *Hel*; *Berchta*; *Ku'an Yin*; *Baba Yagá*; la Dama de Blanco; la Belladona Misericordiosa; y, formando un grupo de mujeres, las griegas *Graeae*, las Damas Grises. Desde la *Banshee*, en su carruaje hecho de nubes nocturnas, hasta *La Llorona* de la orilla del río, desde el ángel oscuro que roza a los seres humanos con la punta de su ala hundiéndolos en un éxtasis hasta el fuego de los pantanos que aparece cuando la muerte es inminente, los cuentos están llenos de estos vestigios de las antiguas personificaciones de la diosa de la creación[2].

Buena parte de nuestro conocimiento de la naturaleza de la Vida/Muerte/Vida está contaminada por nuestro temor a la muerte. De ahí que nuestra capacidad de movernos al ritmo de los ciclos de esta naturaleza sea un tanto escasa. Estas fuerzas no «nos hacen nada». No son ladrones que nos roban las cosas que más queremos. Esta naturaleza no es un conductor que atropella lo que más apreciamos y se da a la fuga.

No, las fuerzas de la Vida/Muerte/Vida forman parte de nuestra propia naturaleza, forman parte de una autoridad interior que conoce los pasos de la Danza de la Vida y la Muerte. Está integrada por los aspectos de nuestra personalidad que saben cuándo algo puede, debe y tiene que nacer y cuándo tiene que morir. Es una maestra muy sabia siempre y cuando nosotros sepamos aprender su ritmo. Rosario Castellanos, la mística y poeta mexicana, escribe a propósito de la entrega a las fuerzas que gobiernan la vida y la muerte:

... dadme la muerte que me falta...

Los poetas comprenden que todo carece de valor sin la muerte. Sin la muerte no hay lecciones, sin la muerte no hay oscuridad sobre la cual pueda destacar el fulgor del diamante. Mientras que los iniciados no temen a la Dama de la Muerte, nuestra cultura nos anima a menudo a arrojar a la Mujer Esqueleto desde el acantilado, pues no sólo es un personaje temible sino que, además, se necesita mucho tiempo para aprender a conocerla. Un mundo sin alma fomenta la rápida y desesperada búsqueda del filamento capaz de arder perennemente y a partir de ahora. Sin embargo, el milagro que estamos buscando exige tiempo: tiempo para buscarlo y tiempo para traerlo a la vida.

La búsqueda moderna de la máquina del movimiento continuo compite con la búsqueda de la máquina del amor continuo. No es de extrañar que las personas que pretenden amar se sientan perplejas y acosadas como en el cuento de «Las zapatillas rojas», y se entreguen a una enloquecida danza, incapaces de detener sus frenéticas evoluciones, pasando como un torbellino por delante de las cosas que más aprecian en su fuero interno.

Sin embargo, hay otra manera, una manera mucho mejor que tiene en cuenta las flaquezas, los temores y las singularidades humanas. Pero, tal como suele ocurrir en los ciclos de la individuación, casi todos nosotros nos limitamos a pasar tropezando por encima de ella.

Las primeras fases del amor

El hallazgo accidental del tesoro

En todos los cuentos hay algún material que se puede considerar un reflejo de las enfermedades o el bienestar de la propia cultura o de la propia vida interior. En los cuentos hay también unos temas míticos que se pueden interpretar como representación de las distintas fases de la conservación del equilibrio de los mundos interior y exterior, y como instrucciones para lograrlo.

Aunque la Mujer Esqueleto se puede considerar la representación de los movimientos del interior de una sola psique, este cuento me parece más interesante si se interpreta como una serie de siete tareas que enseñan a cada alma a amar profunda y satisfactoriamente a otra. Éstas son las tareas: descubrir a otra persona como una especie de tesoro espiritual, aunque al principio uno no se dé cuenta de lo que ha encontrado. En casi todas las relaciones amorosas viene a continuación la persecución y el ocultamiento, un período de esperanzas y temores para ambos componentes de la pareja. Después viene el desenredo y la comprensión de los aspectos de la Vida/Muerte/Vida que contiene la relación y la aparición de un sentimiento de compasión con respecto a la tarea. La siguiente fase es la de la relajación, la confianza y la capacidad de descansar en presencia del otro y con su beneplácito, tras lo cual se inicia un período de participación de ambos en los sueños futuros y las tristezas pasadas, los cuales marcan el comienzo de la curación de las antiguas heridas de amor. Después viene el uso del corazón para entonar un cántico a la nueva vida y, finalmente, la fusión del cuerpo y el alma.

La primera tarea, el hallazgo del tesoro, figura en docenas de cuentos de todo el mundo en los que se narra la pesca de una criatura del fondo del mar. Cuando eso ocurre en una narración, siempre sabemos que muy pronto se producirá una lucha entre lo que vive en el mundo de arriba y lo que vive o se ha reprimido en el mundo subterráneo. En este cuento, el pescador pesca mucho más de lo que esperaba. «Es uno de los gordos», piensa mientras se da la vuelta para recoger la red.

No se da cuenta de que está izando a la superficie el tesoro más terrorífico que pueda imaginar, que está izando a la superficie algo muy superior a sus fuerzas. No sabe que tendrá que llegar a un entendimiento con él y que está a punto de poner a prueba todos sus poderes. Y lo peor es que no sabe que no sabe. Éste es el estado de todos los enamorados al principio: están tan ciegos como los murciélagos.

Los seres humanos que no tienen demasiados conocimientos al respecto muestran una cierta tendencia a acercarse al amor tal como el pescador del cuento se acerca a la caza: «Espero pescar uno muy gordo que me alimente durante mucho tiempo, me llene de emoción y me facilite la vida y del que pueda presumir delante de todos los demás cazadores cuando vuelva a casa.»

Es el comportamiento natural del cazador ingenuo o muerto de hambre. Los muy jóvenes, los no iniciados, los hambrientos y los heridos tienen unos valores que giran en torno al hallazgo y la ganancia de trofeos. Los muy jóvenes aún no saben realmente lo que buscan, los hambrientos buscan sustento y los heridos buscan consuelo de sus anteriores pérdidas. Pero a todos les «caerá encima» el tesoro.

Cuando alguien está en compañía de los grandes poderes de la psique, en este caso de la mujer de la Vida/Muerte/Vida, y es muy ingenuo, lo más seguro es que pesque más de lo que esperaba. A menudo acariciamos la fantasía de recibir el alimento de la profunda naturaleza a través de una relación amorosa, un trabajo o el dinero, y esperamos que el alimento nos dure mucho tiempo. Nos gustaría no tener que trabajar más. Hay veces en que incluso nos gustaría que nos dieran de comer sin apenas tener que trabajar. En realidad, sabemos muy bien que, de esta manera, no conseguiremos nada que merezca la pena. Pero, aun así, lo deseamos.

Es fácil permanecer tendidos soñando simplemente con el amor perfecto. Es una anestesia de la cual tal vez jamás nos recuperemos como no sea para apropiarnos despiadadamente de algo valioso que se encuentra, sin embargo, fuera de nuestra conciencia. Para los ingenuos y heridos el milagro de la actuación de la psique consiste en que, aunque uno esté desanimado, aunque se muestre irreverente, no quiera hacerlo, no lo espere en realidad, no le apetezca, aunque se sienta indigno o no esté preparado, tropezará accidentalmente y de todos modos con el tesoro. Entonces al alma le corresponde la tarea de no pasar por alto lo que se ha encontrado, reconocer que el tesoro lo es efectivamente y reflexionar cuidadosamente acerca de lo que debe hacer a continuación.

La figura del pescador comparte un poco el arquetípico simbolismo de la del cazador y ambas representan entre otras muchas cosas los elementos psicológicos de los seres humanos que intentan saber y se esfuerzan por alimentar el yo por medio de la fusión con la naturaleza instintiva. En los cuentos como en la vida el cazador y el pescador inician su búsqueda mediante una de estas tres maneras: de una manera sagrada, con mezquindad o a trompicones. En el cuento de la Mujer Esqueleto vemos que el pescador anda un poco a trompicones. No es mezquino, pero tampoco pone de manifiesto una actitud o intención sagrada.

A veces los amantes empiezan también de esta manera. Al principio de una relación sólo intentan pescar un poco de emoción o una especie de antidepresivo del tipo «ayúdame a pasar la noche». Sin darse cuenta entran en una parte de su propia psique y en la de la otra persona en la que habita la Mujer Esqueleto. Aunque sus egos sólo busquen un poco de diversión, el espacio psíquico es un territorio sagrado para la Mujer Esqueleto. Si navegamos por estas aguas, la pescaremos con toda seguridad.

El pescador cree que sólo anda en busca de un poco de alimento, pero de hecho está sacando a la superficie toda la naturaleza femenina elemental, la olvidada naturaleza de la Vida/Muerte/Vida. Y ésta no se puede pasar por alto, pues, siempre que empieza una nueva vida, se presenta la Reina de la Muerte. Y cuando eso ocurre, por lo menos en un primer tiempo, la gente le presta una extasiada y temerosa atención.

En el tema inicial —el de la mujer que yace bajo la superficie del mar—, la Mujer Esqueleto se parece a Sedna[3], una figura de la Vida/Muerte/Vida de la mitología inuit. Sedna es la gran diosa deforme de la creación que habita en el mundo subterráneo inuit. Su padre la arrojó por la borda de su kayak, pues, a diferencia de otras obedientes hijas de la tribu, ella se había escapado con un hombre-perro. Como el padre del cuento de hadas «La doncella manca», el padre de Sedna le amputó las manos. Sus dedos y sus miembros se hundieron hasta el fondo del mar, donde se convirtieron en peces y focas y otras formas de vida que a partir de entonces alimentaron a los inuit.

Lo que quedó del cuerpo de Sedna también se hundió hasta el fondo del mar. Allí se convirtió en huesos y en cabello muy largo. En el rito inuit, los chamanes de la tierra descienden nadando hasta ella y llevan comida para apaciguar a su furioso consorte-perro y guardián. Los chamanes le peinan el larguísimo cabello, le cantan y le suplican que sane el alma o el cuerpo de alguna persona de arriba, pues ella es la gran *angakok*, la maga; es la gran puerta norteña de la Vida y la Muerte.

La Mujer Esqueleto que se pasó siglos bajo el agua también se puede interpretar como la fuerza de la Vida/Muerte/Vida no utilizada y mal utilizada de una mujer. En su forma vital y resucitada, gobierna las facultades intuitivas y emotivas que completan los ciclos vitales de los nacimientos y los finales, de las penas y las celebraciones. Es la que examina las cosas, la que puede decir cuándo es el momento de que muera un lugar, una cosa, un grupo o una relación. Este regalo de la percepción psicológica espera a todos aquellos que la hacen aflorar a la conciencia a través del acto de amar a otra persona.

Una parte de todas las mujeres y de todos los hombres se niega a saber que en todas las relaciones amorosas la Muerte también tiene que intervenir. Fingimos poder amar sin que mueran nuestras ilusiones acerca del amor, fingimos poder avanzar sin que jamás tengan que morir nuestros vehementes arrebatos de emoción. Pero en el amor, desde un punto de vista psíquico, todo, absolutamente todo se desmenuza. El ego no lo quisiera, pero así tiene que ser y toda persona dotada de una profunda naturaleza salvaje se muestra inclinada a aceptarlo.

¿Qué es lo que muere? La ilusión, las expectativas, el ansia de tenerlo todo, de querer tan sólo lo bello, todo muere. Puesto que el amor siempre da lugar a un descenso a la naturaleza de la Muerte, se comprende por qué razón es necesario tanto dominio sobre uno mismo y tanta fuerza espiritual para entregarse a este compromiso. Cuando uno se compromete con el amor, se compromete también con la resurrección de la esencia de la Mujer Esqueleto y de todas sus enseñanzas.

El pescador del cuento tarda en comprender la naturaleza de lo que ha pescado. Es lo que le ocurre a todo el mundo al principio. Si uno es inexperto, no sabe que allí abajo habita la naturaleza de la Muerte. En cuanto el sujeto averigua qué es lo que tiene delante, su impulso es intentar rechazarlo. Nos convertimos en unos seres semejantes a los padres mitológicos que arrojan al mar a sus hijas salvajes por la borda del kayak.

Sabemos que a veces las relaciones fallan cuando pasan de la fase de anticipación a la fase de enfrentamiento con lo que hay realmente en el extremo del anzuelo. Ocurre en la relación de una madre con su hijo de dieciocho meses lo mismo que entre los padres y su hijo adolescente, entre los amigos y entre los amantes de toda la vida y los que llevan muy poco tiempo juntos. Una relación iniciada con la mejor voluntad vacila, se agita y a veces se tambalea cuando termina la fase del enamoramiento. Entonces, en lugar de llevar a la práctica una fantasía, empieza en serio el desafío de la relación y uno tiene que echar mano de toda su habilidad y prudencia.

La Mujer Esqueleto que habita bajo el agua representa una forma inerte de una profunda vida instintiva que se conoce de memoria la creación de la Vida y la creación de la Muerte. Si los amantes insisten en llevar una vida de forzada alegría, perpetuos placeres y otras formas de nefasta intensidad, si se empeñan en que haya constantes *Donner und Blitz*, truenos y relámpagos sexuales, o un torrente de cosas agradables y ningún conflicto, arrojarán por el acantilado la naturaleza de la Vida/Muerte/Vida y ésta se volverá a ahogar en el mar.

El hecho de excluir de la relación amorosa todos los ciclos de la vida y la muerte da lugar a que la naturaleza de la Mujer Esqueleto sea arrancada de su alojamiento psíquico y se ahogue. Entonces la relación amorosa adopta una forzada expresión de «no nos pongamos tristes, procuremos divertirnos todo lo que podamos» que se esfuerza en mantener a toda costa. El alma de la relación desaparece y se hunde en el agua, inútil y sin sentido.

Siempre se arroja por el acantilado a la Mujer Esqueleto cuando uno o los dos componentes de la pareja no la soportan o no la entienden. La arrojamos por el acantilado cuando no aprendemos bien el uso de los ciclos transformativos: cuando las cosas tienen que morir y ser sustituidas por otras. Si los amantes no pueden soportar estos procesos de la Vida/Muerte/Vida, tampoco se pueden amar el uno al otro más allá de las aspiraciones hormonales.

El hecho de arrojar por el acantilado esta misteriosa naturaleza siempre da lugar a que la amante y la fuerza espiritual del amante se conviertan en unos esqueletos privados de auténtico amor y alimento. Puesto que la mujer suele vigilar muy de cerca los ciclos biológicos y emocionales, los ciclos de la vida y la muerte constituyen el centro de su interés. Y, puesto que no puede haber mucha vida si no se produce un declive de lo que antes había, los amantes que se empeñan en mantenerlo todo al máximo nivel de esplendor psíquico vivirán una relación cada vez más osificada. El deseo de obligar al amor a vivir sólo en su forma más positiva es la causa de que, al final, el amor muera definitivamente.

El desafío del pescador es el de enfrentarse con la Dama de la Muerte, su abrazo y sus ciclos de vida y muerte. A diferencia de otros cuentos en los que se captura una criatura subacuática a la que después se deja en libertad y el pescador recibe en prenda de gratitud el cumplimiento de un deseo, a la Dama de la Muerte no se la puede soltar y ésta no accede amablemente a ningún deseo. Emerge a la superficie tanto si uno quiere como si no, pues sin ella no puede haber ningún auténtico conocimiento de la vida y, sin este conocimiento, no puede haber lealtad ni verdadero amor o afecto. El amor cuesta caro. Cuesta el precio de la valentía. Cuesta tomarse una molestia, tal como veremos más adelante.

Una y otra vez observo en los amantes, cualquiera que sea su sexo, un fenómeno de este tipo: dos personas inician una danza para ver si les interesa amarse. De repente, pescan accidentalmente a la Mujer Esqueleto. Algo en la relación empieza a disminuir y resbala hacia la entropía. A menudo se reduce el doloroso placer de la excitación sexual o uno de los componentes de la pareja ve la frágil y herida parte oculta del otro o ve al otro como algo que «no es precisamente un trofeo» y es entonces cuando emerge a la superficie la vieja con su calva y sus amarillentos dientes.

Parece espantoso y, sin embargo, es el momento privilegiado en que existe una auténtica oportunidad de dar muestras de valentía y conocer el amor. Amar significa permanecer al lado de alguien. Significa salir de un mundo de fantasía y entrar en un mundo en el que es posible el amor duradero, cara a cara, hueso a hueso, un amor hecho de afecto. Amar significa quedarse cuando todas las células gritan: «¡Echa a correr!»

Cuando los amantes son capaces de soportar la naturaleza de la Vida/Muerte/Vida y de entenderla como un continuo —como una noche entre dos días— y como la fuerza capaz de crear un amor para toda la vida, pueden enfrentarse con la presencia de la Mujer Esqueleto en su relación. Entonces se fortalecen juntos y ambos se sienten llamados a una comprensión más profunda de los dos mundos en los que viven, el mundo material y el mundo del espíritu.

A lo largo de mis veintitantos años de práctica, los hombres y las mujeres se han tendido en mi sofá diciendo con emocionado terror: «He conocido a alguien... yo no quería, estaba ocupado en mis propios asuntos y ni siquiera miraba y, ¡de pronto!, conozco a alguien con A mayúscula. ¿Qué hago ahora?» Mientras alimentan la nueva relación, empiezan a acobardarse. Se echan para atrás y se preocupan. ¿Temen perder el amor de esta persona? No. Tienen miedo porque están empezando a vislumbrar una calva calavera por debajo de las olas de su pasión. ¡Ay! ¿Y ahora qué hacen?

Yo les digo que es un momento mágico, pero no logro tranquilizarlos. Les digo que ahora veremos algo maravilloso. Pero les falta la fe. Les digo que resistan y eso sí lo hacen, aunque con gran esfuerzo. Sin que yo me dé cuenta desde la óptica de mi análisis, la barquita de su relación amorosa se va alejando cada vez más rápido. Alcanza la orilla y, en un santiamén, sus ocupantes echan a correr como alma que lleva el diablo y yo en mi papel de analista corro a su lado e intento decirles algo mientras a nuestra espalda nos sigue a trompicones quien ya sabemos.

La mayoría de la gente cuando se enfrenta por primera vez con la Mujer Esqueleto experimenta el impulso de echar a correr y alejarse al máximo. Correr forma parte del proceso. Hacerlo es humano, pero no durante el tiempo y no para siempre.

La persecución y el escondrijo

La naturaleza de la Muerte tiene la extraña costumbre de aparecer en las relaciones amorosas justo en el momento en que creemos haber encontrado a un amante adecuado, en que creemos haber pescado «un pez muy gordo». Es entonces cuando aflora a la superficie la naturaleza de la Vida/Muerte/Vida y pega un susto a todo el mundo. Surge cuando los amantes hacen toda suerte de equilibrios y se preguntan por qué razón el amor no va a «dar resultado» para cualquiera de los componentes de la pareja. Es entonces cuando uno se esconde en la madriguera en un esfuerzo por hacerse invisible. ¿Invisible para el amante? No. Invisible para la Mujer Esqueleto. Es entonces cuando empiezan las carreras y la búsqueda de escondrijos. Pero, tal como veremos, no hay ningún lugar donde ocultarse.

La psique racional sale de pesca en la esperanza de lograr una buena pieza y no sólo la consigue sino que, además, se lleva un susto tan grande que apenas puede resistirlo. Los amantes tienen la sensación de que algo los persigue. A veces piensan que es el otro quien los persigue. Pero, en realidad, es la Mujer Esqueleto. Al principio, cuando aprendemos a amar de verdad, interpretamos erróneamente muchas cosas. Creemos que es el otro quien nos persigue cuando, en realidad, lo que atrapa a la Mujer Esqueleto de tal forma que no puede escapar de nosotros es nuestra intención de relacionarnos de una manera especial con otro ser humano. Siempre que nace el amor, emerge a la superficie la fuerza de la Vida/Muerte/Vida. Siempre.

Así pues, el pescador y la Mujer Esqueleto se enredan el uno con el otro. Mientras la Mujer Esqueleto avanza a trompicones detrás del aterrorizado pescador, se inicia su primitiva participación en la vida; le entra apetito y come pescado seco. Más tarde, cuando cobra más vida, apaga su sed con la lágrima del pescador.

Este extraño fenómeno se produce en todas las relaciones amorosas: cuanto más corre el amante, más acelera ella. Cuando uno de los componentes de la pareja intenta huir de la relación, ésta se llena paradójicamente de vida. Y, cuanta más vida se crea, tanto más se asusta el pescador. Y, cuanto más corre, más vida se crea. El fenómeno es una de las tragicomedias más esenciales de la vida.

Una persona que se encontraba en esta situación soñó que encontraba a una amante cuyo suave cuerpo se abría como un armario. En el interior de la cavidad de su cuerpo había unos embriones relucientes y palpitantes, unas dagas en unos anaqueles que chorreaban sangre y unas bolsas llenas del primer verdor de la primavera. El sujeto se quedó perplejo, pues se trataba de un sueño acerca de la naturaleza de la Vida/Muerte/Vida.

Estas fugaces visiones del interior de la Mujer Esqueleto inducen a los amantes en ciernes a tomar su equipo de pesca y echar a correr a toda velocidad en un intento de interponer la mayor distancia posible entre su persona y la Mujer Esqueleto. Ésta es inmensa, enigmática y deslumbradoramente numinosa. Desde un punto de vista psíquico, se extiende de horizonte a horizonte y del cielo al infierno. Es tan enorme que cuesta mucho abrazarla. Y, sin embargo, no es de extrañar que la gente corra a echarse en sus brazos. Aquello que uno teme es capaz de fortalecer y sanar.

La fase de la persecución y el escondite es el período durante el cual los amantes intentan racionalizar su temor a los ciclos de la Vida/Muerte/Vida del amor. Se dicen «Con otra persona me irán mejor las cosas», o «No quiero renunciar a (llénese el espacio en blanco)...», o «No quiero cambiar de vida», o «No quiero enfrentarme con mis heridas o con las de otra persona», o «Aún no estoy preparado», o «No quiero que me transformen sin antes averiguar con todo detalle qué pareceré/sentiré después».

Es un período en el que los pensamientos están todos revueltos, en el que uno busca desesperadamente un refugio y el corazón le late con fuerza no porque ama y es amado sino de puro miedo. ¡Mira que haber sido atrapado por la Dama de la Muerte! ¡Ay! ¡Qué horror encontrarse cara a cara con la fuerza de la Vida/Muerte/Vida! ¡Doble ay!

Algunos cometen el error de pensar que escapan corriendo de la relación con su amante. Pero no es así. No se escapan del amor ni de las presiones de la relación. Intentan dejar atrás la misteriosa fuerza de la Vida/Muerte/Vida. La psicología diagnostica esta situación como «temor a la intimidad, temor al compromiso». Pero eso no son más que síntomas. La cuestión más profunda es la incredulidad y la desconfianza. Los que andan siempre huyendo temen en realidad vivir de acuerdo con los ciclos de la naturaleza salvaje e integral.

Así pues, la Dama de la Muerte persigue al hombre a través del agua y cruza la frontera que separa el inconsciente de la conciencia de la mente. La psique consciente se da cuenta de lo que ha atrapado e intenta desesperadamente dejarlo atrás. Lo hacemos constantemente en nuestra vida cuando aparece algo temible. No prestamos atención y seguimos tirando de ello hacia arriba, en la creencia de que es un gran trofeo. Y es efectivamente un tesoro, pero no de la clase que nosotros habíamos imaginado. Es un tesoro que, por desgracia, nos han enseñado a temer. Y entonces intentamos huir o desprendernos de él o embellecerlo para que parezca lo que no es. Pero no da resultado. Al final, todos tenemos que besar a la vieja bruja.

En el amor tiene lugar el mismo proceso. Nosotros sólo queremos la belleza, pero acabamos enfrentándonos con lo malo. Tratamos de apartar de un empujón a la Mujer Esqueleto, pero ella sigue adelante. Echamos a correr y nos sigue. Es la gran maestra que siempre habíamos afirmado querer. «¡Pero no ésta!», gritamos cuando la vemos aparecer. Queremos otra. Lástima. Ésta es la maestra que a todos nos toca.

Hay un dicho según el cual, cuando el alumno está preparado, aparece la profesora. Quiere decir que la maestra interior aflora a la superficie cuando el alma, no el ego, está preparada. La maestra se presenta siempre que el alma la llama... menos mal, pues el ego nunca está del todo preparado. Si la aparición de la maestra dependiera exclusivamente del ego, nos quedaríamos toda la vida sin maestra. En eso tenemos suerte, pues el alma sigue transmitiendo sus deseos sin tener en cuenta las opiniones perennemente cambiantes de nuestros egos.

Cuando las cosas en las relaciones amorosas se enredan y adquieren un cariz alarmante, la gente teme que el final esté cerca, pero no es así. Dado que se trata de una cuestión arquetípica y dado que la Mujer Esqueleto cumple la función del destino, el héroe se tiene que perder por el horizonte, la Dama de la Muerte tiene que presentarse inmediatamente después y el amante en período de adiestramiento tiene que entrar a gatas en su pequeña choza, jadeando y confiando en salvarse. Y la Mujer Esqueleto tiene que seguirlo al interior de su seguro refugio. A continuación, él tienc que desenredarla, etc., etc.

Para los amantes modernos, la idea de «ocupar un espacio» es como el iglú del pescador, donde éste cree que se encuentra a salvo. A veces este temor a enfrentarse con la naturaleza de la muerte se distorsiona en una «excusa», mediante la cual se intentan conservar tan sólo las facetas agradables de la relación sin tener que enfrentarse con la Mujer Esqueleto. Pero eso jamás da resultado.

Y hace que los amantes que no «ocupan un espacio» experimenten una enorme ansiedad, pues desearían conocer a la Mujer Esqueleto. Se han preparado a conciencia, se han fortalecido, están intentando mantener a raya sus temores. Y ahora, justo en el momento en que están a punto de desentrañar el misterio, cuando uno de ellos se dispone a tocar el tambor del corazón y a entonar un canto a la vida en común, el otro componente de la pareja le grita «Todavía no, todavía no» o «No, jamás».

Hay una gran diferencia entre la necesidad de soledad y renovación y el deseo de «ocupar un espacio» para evitar la necesaria relación con la Mujer Esqueleto. Pero esta relación, entendida como la aceptación de la naturaleza de la Vida/Muerte/Vida y el intercambio con ella, es el siguiente paso para fortalecer la propia capacidad de amar. Los que entablan una relación con ella adquirirán una capacidad dudadera de amar. Y los que no, no la adquirirán. No hay vuelta de hoja[4].

Todos los «No estoy preparado», todos los «Necesito tiempo» son comprensibles, pero sólo durante un breve período. La verdad es que la gente nunca está «completamente preparada» y nunca hay un «momento adecuado». Tal como ocurre con todos los descensos al inconsciente, llega un momento en que uno se limita a confiar en la suerte, se tapa la nariz y se lanza al abismo. Si no fuera así, no habría sido necesario crear las palabras heroína, héroe o valentía.

La tarea de conocer la naturaleza de la Vida/Muerte/Vida se tiene que llevar a cabo. Si se retrasa, la Mujer Esqueleto se sumerge en el agua, pero volverá a salir una y otra vez y seguirá persiguiendo una y otra vez. Ésta es su misión. Y nuestra misión es aprender. Si uno quiere amar, no hay más remedio. El hecho de abrazar a la Mujer Esqueleto es una *tarea*. Sin una tarea que suponga un reto, no puede haber transformación. Sin una tarea, no se puede experimentar una auténtica satisfacción. Amar el placer exige muy poco esfuerzo. Para amar de verdad hay que ser un héroe capaz de superar el propio temor.

Es cierto que muchas personas alcanzan la fase de la «fuga y el escondrijo». Por desgracia, algunas la alcanzan una y otra vez. La entrada de la madriguera está llena de huellas de los que han entrado apresuradamente a gatas. Pero los que quieren amar de verdad emulan al pescador. Se esfuerzan en encender el fuego y en enfrentarse con la naturaleza de la Vida/Muerte/Vida. Contemplan cara a cara lo que temen y, paradójicamente, responden con convicción y asombro.

El desenredo del esqueleto

El cuento de la Mujer Esqueleto contiene un «test del pretendiente». En los tests de los pretendientes los amantes tienen que poner a prueba sus legítimas intenciones y aptitudes y lo suelen hacer demostrando que tienen *cojones* u *ovarios* para enfrentarse con una suerte de poderosa y temible numinosidad, a quien aquí llamamos la naturaleza de la Vida/Muerte/Vida, si bien otros podrían llamarla un aspecto del Yo, o el espíritu del Amor y otros la podrían llamar Dios o la *Gracia*, el espíritu de la energía o cualquier otro calificativo.

El pescador demuestra sus legítimas intenciones, sus aptitudes y su creciente compromiso con la Mujer Esqueleto, desenredándola del sedal. La contempla acurrucada y doblada en ángulos imposibles y ve en ella un destello de algo, aunque no sabe de qué. Había huido de ella, jadeando y sollozando. Ahora tiene intención de tocarla. Su sola existencia le conmueve el corazón. Cuando comprendamos la soledad de la naturaleza de la Vida/Muerte/Vida en el interior de la psique, ella que sin culpa alguna por su parte se ve constantemente rechazada... puede que a nosotros también nos conmueva su tormento.

Si queremos amar, por muy grandes que sean nuestro temor y nuestro recelo, estaremos dispuestos a desenredar los huesos de la naturaleza de la Muerte y a ver qué es lo que ocurre. Estaremos dispuestos a tocar lo que no es bonito[5] en otra persona y en nosotros mismos. Detrás de este reto se oculta un sagaz test del Yo. Y está presente todavía con más claridad en los cuentos en los que lo bello se presenta como feo para poner a prueba el carácter de alguien.

En el cuento «Diamantes, rubíes y perlas», una hijastra buena pero denigrada saca agua del pozo para un acaudalado forastero y es recompensada con el don de arrojar por la boca diamantes, rubíes y perlas cada vez que habla. La madrastra ordena a sus perezosas hijas ir al mismo pozo para esperar el paso del rico forastero. Pero esta vez se presenta una forastera andrajosa. Cuando ésta pide un cacillo de agua, las hijas se niegan orgullosamente a dárselo. La forastera las recompensa con el castigo de arrojar por la boca culebras, sapos y lagartijas por siempre jamás.

En la justicia de los cuentos de hadas, al igual que en la psique profunda, la amabilidad con lo que parece inferior se recompensa con un bien y la negativa a mostrarse bueno con alguien que carece de belleza se denuesta y se castiga. Ocurre lo mismo en los grandes estados emocionales como el amor. Cuando nos estiramos e inclinamos para tocar lo que no es bello, recibimos una recompensa. Si despreciamos lo que no es bello, nos aislamos de la vida real y nos quedamos fuera, muertos de frío.

A algunos les resulta más fácil pensar en cosas sublimes y bellas y tocar todo aquello que nos trasciende positivamente que tocar, prestar ayuda y asistencia a lo que no es tan positivo. Es más fácil, tal como ilustra el cuento, apartarse de lo no bello y, encima, sentirse falsamente honrados. Éste es el problema amoroso que plantea el trato con la Mujer Esqueleto.

¿Qué es lo no bello? Lo no bello es nuestra ansia secreta de ser amados. Lo no bello es el desuso y el uso incorrecto del amor. Nuestro abandono de la lealtad y el aprecio es desagradable, nuestro sentido del aislamiento del alma es feo, nuestras verrugas psicológicas, nuestros defectos, nuestros malentendidos y nuestras fantasías infantiles son lo no bello. Y además, nuestras culturas consideran no bello la naturaleza de la Vida/Muerte/Vida, que alumbra, destruye y vuelve a alumbrar.

Desenredar a la Mujer Esqueleto es comprender este error conceptual y subsanarlo. Desenredar a la Mujer Esqueleto es comprender que el amor no significa velas perennemente encendidas e incrementos constantes. Desenredar a la Mujer Esqueleto significa sentirse reconfortado más que atemorizado en la oscuridad de la regeneración. Significa un bálsamo para las viejas heridas. Significa cambiar nuestra manera de ver y de ser para poder reflejar la salud y no ya las deficiencias del alma.

Para amar tenemos que tocar a la huesuda mujer básica y no demasiado agradable, desenredando el sentido de esta naturaleza en nuestro propio beneficio, colocándole de nuevo los huesos en su sitio y permitiendo que vuelva a vivir. No basta con tirar del inconsciente para que suba a la superficie y ni siquiera es suficiente con arrastrar accidentalmente a la Mujer Esqueleto a nuestra casa. El avance del amor se detiene cuando el sujeto la teme o la desprecia durante mucho tiempo.

El hecho de desenredar el misterio de la Mujer Esqueleto empieza a romper el hechizo... es decir, el temor a consumirse y morir para siempre. Desde el punto de vista arquetípico, para desenredar algo hay que descender y seguir un laberinto hasta llegar al mundo subterráneo o al lugar en el que las cuestiones se nos revelan de una manera totalmente distinta. Hay que seguir algo que al principio parece un proceso complejo, pero que, en realidad, es una profunda pauta de renovación. En los cuentos de hadas, resolver el acertijo, deshacer un nudo, desatar y desenredar significa empezar a comprender algo que hasta entonces nos era desconocido, comprender sus aplicaciones y usos, convertirse en una especie de mago, en un alma sagaz.

Cuando el pescador desenreda a la Mujer Esqueleto, empieza a adquirir un conocimiento directo de las articulaciones de la Vida y la Muerte. El esqueleto es una excelente imagen representativa de la naturaleza de la Vida/Muerte/Vida. Como imagen psíquica, el esqueleto está formado por cientos de pequeños y grandes palos y nudos de extrañas formas en continua y armoniosa relación entre sí. Cuando un hueso gira, giran todos los demás aunque sea de manera imperceptible. Los ciclos de la Vida/Muerte/Vida son exactamente igual. Cuando la Vida se mueve, los huesos de la Muerte se mueven solidariamente. Cuando la Muerte se mueve, los huesos de la vida también empiezan a girar.

Además, cuando un huesecito se disloca o astilla, le salen espolones o sufre una subluxación, la integridad de todo el conjunto se resiente de ello. Cuando se suprime la naturaleza de la Vida/Muerte/Vida en la propia persona o en una relación, ocurre lo mismo. La propia vida avanza renqueando, se recupera, cojea y protege el movimiento. Cuando se produce un daño en estas estructuras y ciclos, siempre se registra una interrupción de la libido. Y entonces no es posible el amor. Nos quedamos bajo la superficie del agua y nos convertimos en unos simples huesos llevados por la corriente hacia delante y hacia atrás.

Desenredar esta naturaleza significa aprender sus amortiguamientos, sus hábitos y sus movimientos. Significa familiarizarse con los ciclos de la vida y la muerte, aprenderlos de memoria, comprobar que actúan todos juntos y forman un solo organismo, de la misma manera que el esqueleto es un solo organismo.

El temor no es un pretexto válido para no llevar a cabo la tarea. Todos tenemos miedo. Cuando se vive, se tiene miedo. Entre los inuit, el Cuervo es un estafador. En su faceta subdesarrollada, es una criatura llena de apetitos. Le gusta sólo el placer y trata de evitar todas las incertidumbres y los temores que éstas llevan aparejados. Es muy receloso y también muy voraz. Se asusta si algo no le parece satisfactorio a primera vista. Y se precipita sobre ello cuando le parece apetecible. Le gustan las relucientes conchas de las orejas marinas, las cuentas de plata, la incesante comida, los chismorreos y dormir caliente sobre el agujero del humo de los iglús. El aspirante a amante puede ser como el Cuervo que sólo quiere «lo seguro». Como el Cuervo, el ego teme que la pasión se acabe y trata por todos los medios de evitar el final de la comida, de la hoguera, del día y del placer. El Cuervo, como el ego, es astuto pero siempre en su propio perjuicio, pues, cuando se olvida de su alma, pierde todo su poder.

El ego teme que, si reconocemos la presencia de la naturaleza de la Vida/Muerte/Vida en nuestra existencia, no podamos volver a ser felices nunca más. ¿Acaso hemos sido siempre absolutamente felices? No. Pero el ego subdesarrollado es tan simple como un niño no socializado y, encima, no excesivamente despreocupado; es más bien como un niño que anda vigilando constantemente para llevarse la loncha más grande, la cama más mullida, el amante más guapo.

Tres cosas distinguen el vivir del alma del vivir exclusivamente del ego y son: la capacidad de percibir y aprender nuevas maneras de hacer las cosas, la tenacidad de recorrer un camino accidentado y la paciencia necesaria para aprender a amar profundamente y durante mucho tiempo. Pero el ego tiene tendencia e inclinación a evitar los aprendizajes. La paciencia no es lo suyo. Las relaciones duraderas no son el punto fuerte del Cuervo. Por consiguiente, no amamos a otra persona desde el ego perennemente cambiante sino desde el alma salvaje.

Se necesita una «paciencia salvaje», tal como dice la poeta Adrienne Rich[6], para desenredar los huesos, aprender el significado de la Dama de la Muerte y poseer la suficiente tenacidad como para permanecer con ella. Sería un error pensar que es necesario un héroe musculoso para conseguir tal cosa. No es así. Es necesario un corazón dispuesto a morir y nacer y a volver a morir y nacer una y otra vez.

El hecho de desenredar la Mujer Esqueleto revela que ésta es vieja y más antigua que el tiempo definido. Es ella, la Dama de la Muerte, la que mide la energía en comparación con la distancia, la que pesa el tiempo en comparación con la libido, la que sopesa el espíritu en comparación con la supervivencia. Medita acerca de ello, lo estudia, lo considera y después procede a infundirle una o dos chispas o una repentina llamarada de fuego salvaje o a reducir un poco su fuerza, a cubrirlo con ceniza o a apagarlo del todo. Ella sabe lo que hay que hacer. Sabe cuándo ha llegado el momento.

En este sentido, por tanto, un amante que antes era un poco inexperto en el amor adquiere mucha más habilidad mediante la observación de la Mujer Esqueleto y la clasificación de sus huesos. En cuanto una persona empieza a comprender las pautas de la Vida/Muerte/Vida, puede prever los ciclos de la relación, sabiendo que a una merma le corresponderá un incremento y a una abundancia, un desgaste.

Una persona que ha desenredado a la Mujer Esqueleto sabe lo que es la paciencia y sabe esperar. No se espanta ni se asusta ante la escasez. Y no se siente abrumada por el cumplimiento de sus deseos. Sus necesidades de alcanzar, de tener las cosas «enseguida», se transforman en el arte más refinado de buscar todas las facetas de la relación y observar cómo actúan los ciclos de la relación. No teme entrar en contacto con la belleza de la ferocidad, con la belleza de lo desconcido y con la belleza de lo no bello. Y, gracias al aprendizaje y el conocimiento de todas estas cosas, se convierte en la quinta esencia del amante salvaje.

¿Cómo aprende un hombre estas cosas? ¿Cómo las aprende cualquier persona? Entremos en diálogo directo con la naturaleza de la Vida/Muerte/Vida prestando atención a esta voz interior que no es el ego. Aprendamos, haciéndole a la naturaleza Vida/Muerte/Vida preguntas directas acerca del amor y la manera de amar y prestemos atención a sus respuestas. Gracias a todas estas cosas, aprenderemos a no dejarnos engañar por la gruñona voz de la parte de atrás de nuestra mente que nos dice «Esto es un cuento chino... me lo estoy inventando todo». Aprenderemos a prestar atención a lo que oímos... a todas las cosas que nos acercan cada vez más a la aguda conciencia, al amor a la lealtad y a la clara visión del alma.

Es bueno adquirir la reflexiva y cotidiana costumbre de desenredar una y otra vez la naturaleza de la Vida/Muerte/Vida. El pescador entona una cancioncilla de una sola estrofa para facilitar la tarea del desenredo. Es una canción destinada a ayudar a la conciencia, a ayudar a desenredar la naturaleza de la Mujer Esqueleto. No sabemos lo que canta. Sólo podemos adivinarlo. Mientras desenredamos esta naturaleza, sería bueno que cantáramos algo de este tipo: ¿A qué tengo hoy que dar más muerte para generar más vida? ¿Qué me consta que debe morir, pero yo me resisto a permitir que muera? ¿Qué tiene que morir en mí para que pueda amar? ¿Qué no belleza me da miedo? ¿De qué me sirve hoy el poder de lo no bello? ¿Qué es lo que hoy tiene que morir? ¿Qué tiene que vivir? ¿A qué vida temo alumbrar? Y, si no ahora, ¿cuándo?

Si entonamos la canción de la conciencia hasta sentir la quemadura de la verdad, arrojaremos una llamarada de fuego a la oscuridad de la psique y veremos lo que estamos haciendo, lo que estamos haciendo de verdad, no lo que queremos creer que estamos haciendo. Así desenredamos nuestros sentimientos y empezamos a comprender la razón por la cual el amor y la vida se tienen que vivir a través de los huesos.

Para enfrentarnos con la Mujer Esqueleto no tenemos que asumir el papel del héroe solar, no tenemos que librar una batalla ni poner en peligro nuestra vida en el desierto. Basta con que procuremos desenredarla. La capacidad de conocer la naturaleza de la Vida/Muerte/Vida aguarda a los amantes que superan el impulso de echar a correr y el deseo de sentirse seguros.

Los antiguos que buscaban el conocimiento de la vida y de la muerte lo llamaban la Perla de Gran Valor, el Tesoro Inimitable. El hecho de sostener los hilos de estos misterios y de desenredarlos confiere un profundo conocimiento del Destino y el Tiempo, un tiempo para todas las cosas y cada cosa a su debido tiempo, rodando con lo áspero y resbalando con lo suave. No hay ningún conocimiento que sea más protector, nutritivo y fortalecedor del amor que éste.

Eso es lo que aguarda al amante que se sienta al amor de la lumbre con la Mujer Esqueleto, que la contempla y se deja conmover por ella. Es lo que aguarda a todos los que tocan su no belleza y desenredan con ternura su naturaleza de la Vida/Muerte/Vida.

El sueño de la confianza

En esta fase de la relación el enamorado regresa a un estado de inocencia, un estado en el que todavía está impresionado por los elementos emocionales, un estado en el que se siente lleno de deseos, esperanzas y sueños. La inocencia no tiene nada que ver con la ingenuidad. Hay un antiguo dicho en las salvajes y remotas regiones de las que yo procedo: «La ignorancia es no saber nada y sentirse atraído por lo bueno. La inocencia es saberlo todo y seguir sintiéndose atraído por lo bueno.»

Veamos hasta dónde hemos llegado ahora. El pescador-cazador ha sacado a la superficie la naturaleza de la Vida/Muerte/Vida. Sin él quererlo, ha sido «perseguido» por ella. Pero también ha conseguido mirarla a la cara; se ha compadecido de su enredado estado y la ha tocado. Y todo eso lo está conduciendo a la plena participación de su naturaleza, a una transformación y al amor.

Aunque la metáfora del sueño pueda inducir a pensar en una inconsciencia psíquica, aquí simboliza la creación y la renovación. El sueño es el símbolo del renacimiento. En los mitos de la creación, las almas se duermen mientras tiene lugar la transformación, pues en el sueño somos re-creados y renovados.

... el sueño que teje la enredada manga de las cuitas; el sueño, alivio de la dura fatiga; bálsamo de las mentes heridas, segundo plato de la Naturaleza, primer alimento del festín de la vida.

Shakespeare, *Macbeth*, *II, 11, 36*

Si pudiéramos contemplar a la persona más cruel, perversa y desalmada de este mundo durante el sueño y en el momento de despertar, veríamos en ella por un instante un espíritu infantil no contaminado, un purísimo inocente. En el sueño regresamos al estado de dulzura. Nos vuelven del revés, nos montan de arriba abajo y nos dejan como nuevos.

Este estado de sabia inocencia se alcanza cuando nos despojamos del cinismo y del afán protector y entramos de nuevo en el estado de asombro propio de la mayoría de los seres humanos muy jóvenes y de muchos ancianos. Consiste en mirar a través de los ojos de un perspicaz y amoroso espíritu y no de los de un perro apaleado, una criatura perseguida, una boca encima de un estómago, un furioso y herido ser humano. La inocencia es un estado que se renueva durante el sueño. Por desgracia, muchos la apartan a un lado junto con la colcha cada mañana cuando se levantan. Sería mucho mejor llevarnos una vigilante inocencia y apretujarnos contra ella para que nos diera calor.

Aunque el regreso inicial a este estado pueda exigir rascar años de displicentes puntos de vista y décadas de baluartes de insensibilidad esmeradamente construidos, en cuanto uno regresa, ya jamás tiene que volver a hacer palanca ni que cavar para recuperarlo. Regresar a un estado de vigilante inocencia no es un esfuerzo tan grande como acarrear un montón de ladrillos de uno a otro sitio, pues basta con permanecer inmóvil el tiempo suficiente como para que el espíritu nos encuentre. Dicen que todo lo que nosotros estamos buscando también nos busca a nosotros y que, si nos quedamos quietos, nos encontrará. Es algo que lleva mucho tiempo esperándonos. En cuanto llegue, no te muevas. Descansa. Ya verás lo que ocurre a continuación.

Así hay que acercarse a la naturaleza de la Muerte, no con astucia y artería sino con la confianza del espíritu. La palabra «inocente» se utiliza a menudo para calificar a una persona sin criterio, a un simplón, pero las raíces de la palabra se refieren a alguien libre de lesiones y daños. En español, la palabra *inocente* se aplica a una persona que procura no hacer daño a nadie, pero que también puede sanar cualquier daño o herida que los demás le hayan causado a ella.

La inocente es el calificativo que a menudo se aplica a las *curanderas* que sanan las heridas y los daños que sufren los demás. Ser un inocente significa ver con toda claridad qué es lo que ocurre y poder arreglarlo. Éstas son las poderosas ideas que encierra la inocencia, la cual se considera no sólo la actitud de evitar el daño a los demás y a la propia persona sino también la capacidad de curar y restablecer la propia persona (y la de los demás). Pensémoslo bien. Qué beneficio tan grande para todos los ciclos del amor.

Por medio de esta metáfora del sueño inocente, el pescador confía lo bastante en la naturaleza de la Vida/Muerte/Vida como para descansar y revitalizarse en su presencia. Entra en una transición que lo llevará a una comprensión mucho más profunda y a una fase más elevada de madurez. Cuando los amantes entran en este estado, se entregan a las fuerzas que llevan dentro, las de la confianza, la fe y el profundo poder de la inocencia. En este sueño espiritual, el amante confía en que la obra de su alma se realizará en él y en que todo será como tiene que ser. El amante duerme entonces el sueño de los sabios, no el de los recelosos.

Hay un recelo real cuando el peligro está cerca y un recelo injustificado que se produce como consecuencia de heridas anteriores. Esto último hace que muchos hombres y mujeres se comporten con desconfianza y desinterés incluso en los momentos en que desearían mostrarse cordiales y afectuosos. Las personas que temen caer en una trampa o que «les tomen el pelo» —o que una y otra vez proclaman a voz en grito su deseo de «ser libres»— son las que dejan que el oro se les escape directamente entre los dedos.

Muchas veces he oído decir a un hombre que tiene a una «mujer estupenda» que está enamorada de él y él lo está de ella, pero que no logra «soltarse» lo bastante como para ver qué es lo que siente realmente por ella. El momento decisivo para semejante persona se produce cuando se atreve a amar «a pesar de», a pesar de sus dudas, a pesar de su inquietud, a pesar de las heridas que ya ha sufrido anteriormente, a pesar de su temor a lo desconocido.

A veces no existen palabras capaces de ayudarle a uno a ser valiente. A veces hay que lanzarse sin más. Tiene que haber en la vida de un hombre algún momento en que éste se deje llevar por el amor, en que le dé más miedo quedar atrapado en el reseco y agrietado lecho fluvial de la psique que adentrarse en un exuberante pero inexplorado territorio.

En esta fase de la inocencia el pescador vuelve a ser un alma joven, pues en su sueño no hay cicatrices ni recuerdo de lo que era ayer o antes. En el sueño no trata de ocupar un lugar o una posición. En el sueño se renueva.

En la psique masculina hay una criatura, un hombre ileso que cree en el bien, que no tiene dudas acerca de la vida, que no sólo es sabio sino que, además, no teme morir. Algunos lo calificarían de yo guerrero. Pero es algo más que eso. Es un yo espiritual, un joven espíritu que, a pesar de los tormentos, las heridas y los exilios, sigue amando porque se trata de algo que es en sí mismo curativo y reparador.

Muchas mujeres pueden atestiguar haber visto a esta criatura acechando en un hombre sin que él se dé cuenta. La capacidad de este joven espíritu de utilizar su poder curativo en su propia psique es auténticamente asombrosa. Su confianza no se basa en la premisa de que su amante no le haga daño. Su confianza es la de que cualquier herida que sufra se podrá sanar, la de que a la vida antigua le sucede la nueva. La confianza de que todas estas cosas tienen un significado más profundo, la de que los acontecimientos aparentemente desagradables también tienen su significado y de que todas las cosas de nuestra propia vida —las melladas, las abolladas, las melodiosas y las elevadas— se pueden utilizar como energía vital.

Hay que decir también que a veces, cuando un hombre se vuelve más libre y se acerca más a la Mujer Esqueleto, su amante se vuelve más recelosa y tiene que hacer un esfuerzo para desenredar y observar el sueño que devuelve la inocencia y para aprender a confiar en la naturaleza de la Vida/Muerte/Vida. Cuando ambos ya se han iniciado debidamente, adquieren el poder de suavizar cualquier herida y sobrevivir a cualquier dolor.

A veces una persona teme «dormirse» en presencia de otra, regresar a la inocencia psíquica o que la otra persona se aproveche de ella. Se trata de seres que proyectan toda suerte de motivos en los demás y no confían en sí mismos. Sin embargo, no es de sus amantes de quienes desconfían. Es que todavía no se han hecho a la idea de la naturaleza de la Vida/Muerte/Vida. Es que todavía tienen que aprender a confiar en la naturaleza de la Muerte. Tal como ocurre en el sueño, la naturaleza de la Vida/Muerte/Vida en su forma más salvaje es tan sencilla como una suave exhalación (final) e inhalación (comienzo). La única confianza que se requiere es la de saber que, cuando se produce un final, habrá otro comienzo.

Para poder hacerlo, si tenemos suerte, es necesario que nos dejemos llevar y nos deslicemos hacia la confianza cediendo a su tirón. El camino más difícil consiste en arrojarnos a la fuerza a un estado mental confiado, tratando de eliminar todas las condiciones, todos los «si» y los «si por lo menos». Sin embargo, normalmente no tiene sentido esperar a que nos sintamos lo bastante fuertes como para confiar, pues este día jamás llegará. Por consiguiente, hay que arriesgarse a pensar que todo lo que la cultura nos ha enseñado a creer acerca de la naturaleza de la Vida/Muerte/Vida es falso y que nuestros instintos tienen razón.

Para que prospere el amor, el compañero tiene que confiar en que cualquier cosa que ocurra será transformativa. El hombre o la mujer tienen que entrar en este estado de sueño que devuelve a las personas una sabia inocencia que crea y re-crea, tal como debe ser, las más profundas espirales de la experiencia de la Vida/Muerte/Vida.

La entrega de la lágrima

Mientras el pescador duerme, una lágrima le asoma por el ángulo del ojo. La Mujer Esqueleto, muerta de sed, lo ve y se arrastra torpemente hacia él para beber de la copa de su ojo. ¿Qué estaría soñando el pescador, nos preguntamos, para que una lágrima haya asomado a su ojo?

Las lágrimas encierran un poder creador. En los mitos, las lágrimas producen una inmensa creación y una sincera reunión. En el folclore herbario, las lágrimas se utilizan como sustancia aglutinante para asegurar los elementos, unir las ideas y juntar las almas. Cuando se derraman lágrimas en los cuentos de hadas, éstas alejan a los ladrones o provocan el desbordamiento de los ríos. Cuando se rocían, evocan los espíritus. Cuando se derraman sobre el cuerpo, curan las laceraciones y devuelven la vista. Cuando se tocan, dan lugar a la concepción.

Cuando alguien se ha adentrado hasta este extremo en su relación con la naturaleza de la Vida/Muerte/Vida, la lágrima que se derrama es la lágrima de la pasión y de la compasión por la propia persona y por la del otro. Es la lágrima que más cuesta derramar, sobre todo para ciertos hombres y para cierta clase de mujeres «endurecidas por la vida».

Esta lágrima de pasión y compasión se suele derramar después del hallazgo accidental del tesoro, después de la horrible persecución, después del desenredo de la Mujer Esqueleto, pues la combinación de todas estas cosas es la causante del agotamiento, del desmontaje de las defensas, del enfrentamiento con uno mismo, del quedarse desnudo hasta los huesos, del deseo no sólo de conocimiento sino también de alivio. Todo ello da lugar a que el alma examine qué es lo que desea realmente y llore por la pérdida y el amor del conocimiento y el alivio.

De la misma manera que la Mujer Esqueleto fue sacada a la superficie, ahora esta lágrima, este sentimiento del hombre, también es sacado a la superficie. Es una lección de amor tanto al propio yo como a otra persona. Despojado ahora de todas las púas, los ganchos y los estremecimientos del mundo diurno, el hombre deja que la Mujer Esqueleto se tienda a su lado, beba y se alimente de su más hondo sentimiento. En su nueva forma, puede alimentar a la sedienta. El espectro de la Mujer Esqueleto ha sido evocado por el llanto del hombre, las ideas y las facultades de un lugar muy lejano del mundo psíquico se unen gracias al calor de su lágrima. La historia del símbolo del agua como creadora y como camino es muy larga y variada. La primavera llega con una lluvia de lágrimas. La entrada al mundo subterráneo se produce con una cascada de lágrimas. Una lágrima, oída por alguien que tenga corazón, se interpreta como una invitación a acercarse. Eso es lo que hace el llanto del pescador y entonces ella se acerca. Sin la lágrima del pescador, ella seguiría siendo un montón de huesos. Y, sin su propia lágrima, él jamás podría despertar al amor.

La lágrima del soñador se produce cuando un amante en ciernes se deja llevar por el sentimiento y venda sus propias heridas, cuando se atreve a contemplar la autodestrucción que él mismo ha provocado mediante la pérdida de confianza en la bondad del yo, cuando se siente separado del nutritivo y revitalizante ciclo de la naturaleza de la Vida/Muerte/Vida. Entonces llora porque percibe su soledad, su profunda añoranza de aquel lugar psíquico, de aquella sabiduría salvaje.

Así sana el hombre, así aumenta su comprensión. Él mismo se prepara la medicina, él mismo asume la tarea de alimentar a la «otra persona borrada». Con sus lágrimas, empieza a crear.

Amar a otra persona no es suficiente, el hecho de «no ser un obstáculo» en la vida de otra persona no es suficiente. No basta con mostrarse «comprensivo», «estar disponible» y otras cosas por el estilo. El objetivo es convertirse en un entendido en las cosas de la vida y la muerte, en los asuntos de la propia vida y el panorama general. Y la única manera de convertirse en un hombre entendido consiste en aprender en los huesos de la Mujer Esqueleto. Ella está esperando la señal del sentimiento profundo, la solitaria lágrima que dice «confieso que estoy herido».

Esta confesión alimenta la naturaleza de la Vida/Muerte/Vida, crea el vínculo y la profunda sabiduría del hombre. Todos hemos cometido el error de pensar que otra persona nos puede curar, emocionar o llenar. Se tarda mucho tiempo en averiguar que no es así, sobre todo porque proyectamos la herida fuera de nosotros en lugar de curarla dentro de nosotros.

Probablemente, lo que más desea una mujer de un hombre es que disuelva sus proyecciones y se enfrente con su propia herida. Cuando un hombre se enfrenta con su herida, la lágrima asoma con naturalidad a su ojo y sus lealtades exteriores e interiores se aclaran y se fortalecen. Entonces se convierte en su propio sanador; ya no es un solitario para el Yo profundo. Ya no recurre a la mujer para que sea su analgésico.

Existe un relato que lo describe muy bien. En la mitología griega, había un hombre llamado Filoctetes. Dicen que heredó el arco y la flecha mágicos de Heracles. Filoctetes resultó herido en un pie durante la batalla. Pero la herida no sanaba, despedía un olor tan nauseabundo y sus gritos de dolor eran tan espantosos que sus compañeros lo abandonaron en la isla de Lemnos y allí lo dejaron solo para que se muriera.

Filoctetes evitó morirse de hambre utilizando el arco de Heracles para cobrar pequeñas piezas de caza. Pero la herida se le enconó y el hedor era tan desagradable que cualquier marinero que se acercara a la isla tenía que desviarse rápidamente. Sin embargo, un grupo de hombres decidió enfrentarse con el hedor de la herida de Filoctetes para robarle el arco y la flecha mágicos.

Los hombres lo echaron a suertes y la tarea le tocó al más joven[7]. Los mayores lo animaron a darse prisa y a viajar al amparo de la noche. Así pues, el más joven se hizo a la mar. Pero, sobre el trasfondo del olor del mar, el viento le llevó otro olor tan horrible que el joven tuvo que cubrirse el rostro con un lienzo empapado con agua de mar para poder respirar. Nada, sin embargo, podía proteger sus oídos de los desgarradores gritos de Filoctetes.

La luna estaba cubierta por una nube. Muy bien, pensó él mientras amarraba su embarcación y se acercaba sigilosamente al atormentado Filoctetes. En el momento en que alargaba la mano hacia los ansiados arco y flecha, la luna derramó súbitamente su luz sobre el maciliento rostro del anciano moribundo. Y algo en el joven —éste no supo qué— lo indujo repentinamente a echarse a llorar y entonces se sintió invadido por una profunda compasión.

En lugar de robar el arco y la flecha, el joven limpió la herida de Filoctetes, se la vendó y permaneció a su lado, dándole de comer, lavándolo, encendiendo hogueras y cuidando de él hasta que pudiera llevárselo a Troya, donde lo podría curar el semidivino médico Asclepio. Y así termina la historia.

La lágrima de compasión se derrama en respuesta a la contemplación de la maloliente herida. La maloliente herida tiene distintas configuraciones y orígenes en cada persona. Para algunos significa pasarse la vida escalando sin descanso y con gran esfuerzo la montaña, para descubrir demasiado tarde que han estado escalando la montaña que no debían. Para otros son las cuestiones no resueltas y no curadas de los malos tratos sufridos en la infancia.

Para otros es una dolorosa pérdida en la vida o en el amor. Un joven sufrió la pérdida de su primer amor, no tuvo apoyo de nadie y no supo cómo curarse. Durante años anduvo destrozado por la vida, por más que él insistiera en afirmar que no estaba herido. Otro era un jugador novato de un equipo profesional de fútbol americano. Un día se produjo accidentalmente una lesión permanente en la pierna y su sueño de toda la vida se esfumó de la noche a la mañana. La maloliente herida no fue sólo la tragedia o la lesión sino el hecho de que, durante veinte años, sólo aplicara a la herida la medicina de la amargura, el abuso de estupefacientes y las juergas. Cuando los hombres sufren heridas de este tipo, se les huele desde lejos. Ninguna mujer, ningún amor, ningún cuidado es capaz de sanar semejante herida, sólo la compasión que uno siente de sí mismo y los cuidados que prodiga a su herida.

Cuando el hombre derrama la lágrima, significa que ha llegado a su dolor y se percata de ello cuando lo toca. Se da cuenta de que ha vivido una existencia a la defensiva por culpa de la herida. Se da cuenta de las cosas que se ha perdido en la vida por este motivo y de lo paralizado que está su amor por la vida, por su propia persona y por los demás.

En los cuentos de hadas las lágrimas cambian a las personas, les recuerdan qué es lo más importante y salvan sus almas. Sólo la dureza del corazón impide el llanto y la unión. Hay un dicho que yo traduje del sufí hace tiempo y que es más bien una plegaria, en la que el orante le pide a Dios que le rompa el corazón: «Destroza mi corazón de tal forma que quede espacio libre para el Amor Infinito.»

El sentimiento interior de ternura que induce al pescador a desenredar a la Mujer Esqueleto le permite también experimentar otros anhelos largo tiempo olvidados y resucitar la compasión por sí mismo. Puesto que se encuentra en un estado de inocencia en el que piensa que todo es posible, no teme expresar los deseos de su alma. No teme desear, pues cree que su necesidad será satisfecha. Es para él un gran alivio creer que su alma se verá colmada. Cuando el pescador manifiesta lo que verdaderamente siente, favorece su reunión con la naturaleza de la Vida/Muerte/Vida.

La lágrima del pescador atrae a la Mujer Esqueleto; le provoca sed y un deseo de unirse más estrechamente a él. Como en los cuentos de hadas, las lágrimas atraen cosas hacia nosotros, corrigen cosas y proporcionan la parte o la pieza que falta. En el cuento africano «Las Cataratas de Oro», un mago da cobijo a una esclava fugitiva derramando tantas lágrimas que, al final, crea una cascada de agua bajo la cual se refugia la esclava. En el cuento africano «El sonajero de hueso», se evocan las almas de los curanderos muertos rociando la tierra con lágrimas de niño. Las lágrimas poseen poder de atracción y la lágrima contiene en su interior unas poderosas imágenes que nos guían. Las lágrimas no sólo representan el sentimiento sino que, además, son unas lentes a través de las cuales adquirimos una visión alternativa y otro punto de vista.

En el cuento, el pescador deja que se le rompa el corazón... pero no que se le rompa de debilidad sino que se le parta. No es el amor de la teta, la leche materna, lo que él quiere; no es el afán de lucro ni de poder ni de fama ni de sexualidad. Es un amor que lo inunda, un amor que él siempre ha llevado dentro, pero cuya existencia jamás había reconocido anteriormente.

Cuando comprende esta relación, el alma del hombre se asienta más profundamente y con más claridad. La lágrima brota. Ella se la bebe. Ahora se desarrollará y renacerá en el interior del hombre algo distinto, algo que éste le podrá regalar a la Mujer: un corazón tan inmenso como el océano.

Las fases más tardías del amor

El tambor y el canto del corazón

Dicen que la piel o cuerpo del tambor determina quién será llamado a existir. Se cree que algunos tambores son ambulantes y transportan al que lo toca y a quienes lo escuchan (llamados también «pasajeros» en algunas tradiciones) a muy distintos y variados lugares. Otros tipos de tambores poseen otras formas de poder.

Dicen que los tambores hechos con huesos humanos evocan a los muertos. Los tambores hechos con pellejos de ciertos animales evocan unos espíritus animales determinados. Los tambores especialmente bellos evocan la Belleza. Los tambores adornados con cascabeles evocan los espíritus infantiles y el tiempo atmosférico. Los tambores de sonido sordo evocan los espíritus capaces de oír aquel tono. Los tambores estridentes evocan los espíritus capaces de oír aquel tono y así sucesivamente.

Un tambor hecho de corazón evocará los espíritus relacionados con el corazón humano. El corazón simboliza la esencia. El corazón es uno de los pocos órganos esenciales que los seres humanos y los animales han de poseer para poder vivir. Si se extirpa un riñón, la persona vive. Si se le amputan ambas piernas y se le extirpa la vesícula biliar, un pulmón, un brazo y el bazo, la persona vive... no muy bien quizá, pero vive. Si se le priva de ciertas funciones cerebrales, la persona sigue viviendo. Pero si se extrae el corazón, la persona muere instantáneamente.

El centro psicológico y fisiológico es el corazón. En los *tantras* indios, que son los preceptos que dan los dioses a los seres humanos, el corazón es el *Anāhata chakra*, el centro neurálgico que incluye el sentimiento por otro ser humano, por la propia persona, por la tierra y por Dios. El corazón es el que nos permite amar como ama un niño: plenamente y sin reservas, sin el menor vestigio de sarcasmo, menosprecio o paternalismo.

Cuando la Mujer Esqueleto utiliza el corazón del pescador, utiliza el motor central de toda la psique, lo único que ahora importa realmente, lo único capaz de crear un sentimiento puro e inocente. Dicen que es la mente la que piensa y crea. Pero el cuento dice otra cosa. Da a entender que es el corazón el que piensa y evoca las moléculas y los átomos, los sentimientos, los anhelos y cualquier otra cosa que sea necesaria para que acudan a un lugar y creen la materia con la cual se crea a la Mujer Esqueleto.

El cuento encierra esta promesa: deja que la Mujer Esqueleto sea más tangible en tu vida y ella ensanchará tu vida a cambio. Cuando la liberas de su enredado e incomprendido estado y te das cuenta de que es no sólo maestra sino también amante, se convierte en tu aliada y compañera.

Entregar el propio corazón para la nueva creación y la nueva vida y para las fuerzas de la Vida/Muerte/Vida es bajar al reino de los sentimientos. Para nosotros puede ser difícil, sobre todo si hemos sido heridos por la decepción o el dolor. Pero es algo que hay que hacer a toda costa para dar plena vida a la Mujer Esqueleto, para acercarnos a la que siempre ha estado cerca de nosotros.

Cuando un hombre entrega todo su corazón, se convierte en una fuerza asombrosa... se convierte en una inspiradora, papel que antaño estaba exclusivamente reservado a las mujeres. Cuando la Mujer Esqueleto se acuesta con él, el hombre se vuelve fértil y recibe unas facultades femeninas en un medio masculino. Lleva dentro las semillas de la nueva vida y de las muertes necesarias. Inspira nuevas obras en su interior, pero también en quienes lo rodean.

Durante muchos años lo he observado en otras personas y yo misma lo he experimentado. Sientes una emoción muy honda cuando creas algo de valor gracias a la confianza de tu amante y al sincero aprecio que éste manifiesta por tu obra, tu proyecto o tu tema. Se trata de un fenómeno asombroso que no está necesariamente limitado a un amante; se puede producir a través de cualquier persona que te entregue profundamente su corazón.

Por consiguiente, el vínculo del hombre con la naturaleza de la Vida/Muerte/Vida le inspirará finalmente ideas a espuertas y argumentos y situaciones vitales y partituras musicales, colores e imágenes sin par, pues la naturaleza de la Vida/Muerte/Vida está relacionada con el arquetipo de la Mujer Salvaje y tiene a su disposición todo lo que siempre existió y siempre existirá. Cuando la Mujer Esqueleto crea, se recubre de carne cantando y entonces la persona cuyo corazón ella utiliza se da cuenta de lo que ocurre, se llena de creación y ésta le estalla y se desborda.

El cuento ilustra también un poder que se origina en la psique y está representado por los símbolos del tambor y el canto. En los mitos los cantos sanan las heridas y se utilizan para atraer a las piezas de caza. Las personas se atraen mediante el canto de sus nombres. Se alivia el dolor y un mágico aliento restaura el cuerpo. Los muertos se evocan o resucitan por medio del canto.

Se dice que toda la creación estuvo acompañada por un sonido o una palabra pronunciada en voz alta, un sonido o una palabra susurrados o pronunciados con el aliento. En los mitos, se considera que el canto procede de una misteriosa fuente que confiere sabiduría a toda la creación, todos los animales y los seres humanos, los árboles, las plantas y cualquier ser que lo escuche. En los cuentos se dice que todo lo que tiene «savia» tiene canto.

El himno de la creación produce un cambio psíquico. La tradición está muy difundida: hay cantos que crean amor en Islandia y entre los indios wichita y los micmac. En Irlanda el poder mágico se evoca con el canto mágico. En un cuento islandés, una persona cae sobre un peñasco helado y se corta una extremidad, pero ésta se le regenera por medio de una canción.

En casi todas las culturas, los dioses entregan canciones a los hombres y les dicen que su empleo evocará la presencia de las divinidades en cualquier momento, les traerá las cosas que necesitan y transformará o desterrará las que no quieren. De esta manera, la entrega de un canto es un acto de compasión que permite a los seres humanos evocar a los dioses y las grandes fuerzas en los círculos humanos. El canto es una modalidad especial de lenguaje que permite alcanzar cosas que la voz hablada no podría. Desde tiempos inmemoriales el canto, como el tambor, se ha utilizado para crear una conciencia no ordinaria, un estado de hipnosis o un estado de plegaria. La conciencia de todos los seres humanos y de muchos animales se puede alterar mediante el sonido. Ciertos sonidos, como el goteo de un grifo o el insistente claxon de un automóvil, pueden provocar ansiedad e incluso irritación. Otros sonidos, como el rumor del océano o el aullido del viento entre los árboles, nos pueden llenar de sentimientos satisfactorios. El sonido sordo —como el de unas pisadas— hace que una serpiente experimente una tensión negativa. Pero un suave canto puede hacerla bailar.

La palabra *pneuma* (aliento) comparte su origen con la palabra *psique*; ambas se consideran denominaciones del alma. Por consiguiente, cuando se habla de una canción en un cuento o un mito, sabemos que se está evocando a los dioses para que infundan su sabiduría y su poder en el asunto en cuestión. Sabemos entonces que las fuerzas están actuando en el mundo espiritual para crear alma.

Por consiguiente, el canto de la canción y el empleo del corazón como tambor son actos místicos que despiertan unos estratos de la psique no demasiado utilizados ni vistos. El aliento o pneuma que se derrama sobre nosotros abre ciertas puertas y despierta ciertas facultades que de otro modo no serían accesibles. No podemos decir qué efectos generarán los cantos o el sonido de los tambores en las distintas personas, pues ambas cosas producen en los seres humanos que participan en la experiencia unas aperturas de lo más extrañas e insólitas. Sin embargo, podemos estar seguros de que cualquier cosa que ocurra será numinosa y llamativa.

La danza del cuerpo y el alma

Con sus cuerpos las mujeres viven muy cerca de la naturaleza de la Vida/Muerte/Vida. Cuando las mujeres están en su sano juicio instintivo, las ideas e impulsos que las inducen a amar, crear, creer y desear, nacen, viven su tiempo, se desvanecen y mueren y vuelven a nacer. Se podría decir que las mujeres ponen en práctica este concepto de una manera consciente o inconsciente en cada ciclo lunar de sus vidas. Para algunas, la luna que indica los ciclos está en el cielo. Para otras es la Mujer Esqueleto que vive en su psique.

Desde su propia carne y sangre y desde los constantes ciclos que llenan y vacían el rojo jarrón de su vientre, una mujer comprende física, emocional y espiritualmente que los cenits se desvanecen y expiran y que lo que queda renace con formas inesperadas y por medios inspirados para reducirse de nuevo a nada y ser concebido otra vez en toda su gloria. Como se puede ver, los ciclos de la Mujer Esqueleto discurren en toda la mujer, a través de ella y por debajo de ella. No podría ser de otro modo.

A veces, los hombres que todavía huyen de la naturaleza de la Vida/Muerte/Vida temen a semejante mujer, pues intuyen que es una aliada natural de la Mujer Esqueleto. Sin embargo, no siempre fue así. El símbolo de la muerte como transformadora espiritual es un vestigio de una época en la que la Dama de la Muerte era acogida como un pariente cercano, como una hermana, un hermano, un padre, una madre o un amante. En la imaginería femenina, la Mujer de la Muerte o la Doncella de la Muerte siempre se ha considerado la portadora del destino, la hacedora, la doncella de la cosecha, la madre, la paseante fluvial y la re-creadora; todas ellas siguiendo un ciclo.

A veces quien huye de la naturaleza de la Vida/Muerte/Vida insiste en considerar el amor como algo exclusivamente positivo. Pero el amor en su plenitud es toda una serie de muertes y renacimientos. Abandonamos una fase, un aspecto del amor, y entramos en otra. La pasión muere y regresa. El dolor se aleja y aparece de nuevo. Amar significa abrazar y, al mismo tiempo, resistir muchos finales y muchísimos comienzos... todos en la misma relación.

El proceso se complica por el hecho de que buena parte de nuestra supercivilizada cultura tiene dificultades para tolerar lo transformativo. Sin embargo, hay otras actitudes mejores para abrazar la naturaleza de la Vida/Muerte/Vida. En todo el mundo, aunque se la conozca con distintos nombres, muchos ven esta naturaleza como *un baile con la Muerte*; la Muerte que tiene por pareja de baile a la Vida.

Allá arriba en la tierra de las dunas de los Grandes Lagos donde me crié, vivían personas que todavía utilizaban en su lenguaje las expresiones propias de las Sagradas Escrituras. La señora Arle Scheffeler, una anciana amiga de mi infancia de cabellos plateados que había perdido a su único hijo en la Segunda Guerra Mundial, seguía aferrada a esta arcaica prosa. Una noche estival me atreví a preguntarle si todavía echaba de menos a su hijo y ella me explicó amablemente su sentido de la vida y la muerte, utilizando unos términos apropiados para la comprensión infantil. El relato que ella crípticamente llamaba «El rayo muerto»[8] decía en parte lo siguiente: Una mujer recibe en su casa a un extraño viajero llamado Muerte. Pero la anciana no tiene miedo. Al parecer, sabe que Muerte da la vida y no sólo administra la muerte. Está segura de que Muerte es la causa de todas las lágrimas y de todas las risas.

Da a Muerte la bienvenida y le dice que lo ha querido cuando «todas mis cosechas estallaban y cuando todos mis campos languidecían, cuando mis hijos nacían y cuando mis hijos morían». Le dice que lo conoce y que ella es su amiga: «Tú has sido la causa de mi gran llanto y de mis danzas, Muerte. ¡Por consiguiente, ahora puedes proclamar a gritos el inicio de la danza! ¡Me conozco los pasos!»

Para poder amar, *bailamos con la Muerte*. Habrá desbordamientos y sequías, habrá nacimientos vivos y nacimientos muertos y nacimientos renacidos de algo nuevo. Amar es aprender los pasos. Amar es bailar la danza.

La energía, el sentimiento, la intimidad, la soledad, el deseo, el tedio, todo sube y baja en ciclos relativamente seguidos. El deseo de intimidad y de separación crece y disminuye. La naturaleza de la Vida/Muerte/Vida no sólo nos enseña a bailar todas esas cosas sino que, además, nos enseña que la solución del malestar es siempre lo contrario; por consiguiente, el remedio del aburrimiento es una nueva actividad, la intimidad con otro es el remedio de la soledad, el aislamiento es el remedio cuando uno se siente agobiado.

Cuando no conoce esta danza, la persona muestra tendencia, durante los distintos períodos de estancamiento, a expresar la necesidad de nuevas actividades personales gastando demasiado dinero, corriendo peligros, haciendo elecciones temerarias, tomando un nuevo amante. Es el comportamiento propio de los tontos o los insensatos. Es el comportamiento propio de los que no saben.

Al principio, todos pensamos que podemos superar el aspecto muerte de la naturaleza de la Vida/Muerte/Vida. Pero, en realidad, no es así. Éste nos sigue a trompicones hasta el interior de nuestras casas, hasta nuestra conciencia. Si no lo hacemos por otro medio, adquirimos conocimiento de esta naturaleza más oscura cuando reconocemos que el mundo no es un lugar justo, que las ocasiones se pierden, que las oportunidades se nos presentan inesperadamente, que los ciclos de la

Vida/Muerte/Vida prevalecen tanto si queremos como si no. Y, sin embargo, si vivimos tal como respiramos, inspirando y espirando, no podemos equivocarnos.

En este cuento se producen dos transformaciones, la del cazador y la de la Mujer Esqueleto. En términos modernos, la transformación del cazador tiene lugar de la siguiente manera. Primero es el cazador inconsciente. «Hola, soy yo. Estoy pescando y voy a lo mío.» Después es el cazador asustado que huye. «¿Cómo dices? ¿Quieres hablar conmigo? Perdona, tengo que irme.» Ahora reconsidera su postura, empieza a desenredar sus sentimientos y descubre un medio de relacionarse con la Mujer Esqueleto. «Mi alma se siente atraída por ti. ¿Quién eres realmente, cómo estás hecha?»

A continuación, se queda dormido. «Me fiaré de ti. Me atrevo a mostrar mi inocencia.» Derrama una lágrima de profundo sentimiento y ésta alimenta a la Mujer Esqueleto. «Llevo mucho tiempo esperándote.» Su corazón está dispuesto a crearla por entero. «Aquí tienes, toma mi corazón y vuelve a la vida en mi vida.» Y, de esta manera, el cazador-pescador es amado a cambio. Es la típica transformación de la persona que aprende a amar de verdad.

Las transformaciones de la Mujer Esqueleto siguen una trayectoria ligeramente distinta. Primero, como la naturaleza Vida/Muerte/Vida, está acostumbrada a que sus relaciones con los seres humanos terminen inmediatamente después de la pesca inicial. No es de extrañar que derrame tantas bendiciones sobre aquellos que se toman la molestia de acompañarla, pues está acostumbrada a que las personas corten el anzuelo y regresen corriendo a la orilla.

Primero es rechazada y exiliada. Después es atrapada accidentalmente por alguien que le tiene miedo. A partir de un estado inerte empieza a regresar a la vida; come, bebe de aquel que la ha pescado, se transforma gracias a la fuerza del corazón de su pescador y a la forteleza que éste pone de manifiesto al atreverse a mirarla y a mirarse a sí mismo cara a cara. Entonces deja de ser un esqueleto y se convierte en un ser vivo. Es amado por él y él lo es por ella. Le otorga poderes tal como él se los otorga a ella. Ella, que es la gran rueda de la naturaleza, y él, el ser humano, viven ahora en recíproca armonía.

Vemos en el cuento qué es lo que la Muerte exige del amor. Exige su lágrima —su sentimiento— y su corazón. Exige que se la ame. La naturaleza de la Vida/Muerte/Vida pide a los amantes que se enfrenten inmediatamente con ella, que no se acobarden ni la esquiven, que su compromiso signifique algo más que «estar juntos», que su amor se base en la combinación de su capacidad de aprendizaje y de su fuerza para enfrentarse con esta naturaleza, que la amen y bailen juntos con ella.

La Mujer Esqueleto canta para poder adquirir un cuerpo lozano. Este cuerpo que la Mujer Esqueleto evoca con su canto es válido en todos los sentidos; no es un conjunto de partes y piezas de carne de mujer idolatradas por algunos en ciertas culturas sino un cuerpo femenino entero capaz de amamantar a los hijos, hacer el amor, bailar y cantar y sangrar sin morir.

Esta recuperación de la carne por medio del canto es otro tema popular muy común. En los cuentos africanos, papúes, judíos, hispánicos e inuit, los huesos se transforman en una persona. La mexicana *Coatlicue* extrae seres humanos maduros de los huesos de los muertos del mundo subterráneo. Un chamán tlingit le quita cantando la ropa a la mujer que ama. En los cuentos de todo el mundo el fruto de los cantos es la magia. Y en todo el mundo las distintas hadas, ninfas y gigantas tienen unos pechos tan largos que se los pueden echar sobre los hombros. En Escandinavia, entre los celtas y en la región circumpolar, los cuentos hablan de mujeres capaces de crear sus cuerpos a voluntad.

Vemos en el cuento que la entrega del cuerpo es una de las últimas fases del amor. Eso es lo que tiene que ser. Es bueno dominar las primeras fases de la unión con la naturaleza de la Vida/Muerte/Vida y dejar para después las experiencias directas cuerpo a cuerpo. Quiero advertir a las mujeres contra el peligro de un amante que quiere pasar de la pesca accidental a la entrega del cuerpo. Conviene pasar por todas las fases. Si se hace así, la última fase vendrá por sus pasos contados y la unión corporal se producirá a su debido tiempo.

Cuando la unión empieza por la fase del cuerpo, el proceso de enfrentarse con la naturaleza de la Vida/Muerte/Vida puede producirse más tarde... pero exige más valor. Es una tarea más dura, pues, para poder llevar a cabo el trabajo de los cimientos, el ego del placer se tiene que apartar de su interés carnal. El perrito del cuento de Manawee nos muestra lo difícil que resulta recordar en qué camino se encuentra uno cuando el placer estimula los nervios.

Por consiguiente, hacer el amor es fundir el aliento y la carne, el espíritu y la materia; lo uno encaja en lo otro. En este cuento vemos la unión de lo mortal con lo inmortal, tal como debe ser en una auténtica relación amorosa duradera. Existe una relación inmortal de alma con alma que nos cuesta describir o tal vez decidir, pero que experimentamos en lo más profundo de nuestro ser. En un maravilloso cuento de la India un ser mortal toca el tambor para que las hadas puedan danzar en presencia de la diosa Indra. A cambio de este servicio, al hombre se le concede un hada por esposa. En la relación amorosa se produce algo muy parecido; el hombre que establece una relación de colaboración con el reino psíquico femenino, que para él es misterioso, recibe una recompensa a cambio.

Al final del cuento, el pescador se identifica aliento con aliento y piel con piel con la naturaleza de la Vida/Muerte/Vida. El significado de esta relación es distinto en cada hombre. Y la manera de experimentar esta relación es también distinta. Sólo sabemos que, para poder amar, tenemos que besar a la bruja y algo más que eso. Tenemos que hacer el amor con ella.

Sin embargo, el cuento también nos enseña cómo establecer una satisfactoria relación de colaboración con aquello que más tememos. Ella es justo aquello a lo que el hombre tiene que entregar su corazón. Cuando el hombre se funde con la Mujer Esqueleto, símbolo de lo psicológico y lo espiritual, se une íntimamente con ella y, como consecuencia de esta unión, se une íntimamente con su amante. Para encontrar a esta eminente asesora de la vida y el amor, basta con dejar de correr, con desenredar algunas cosas, enfrentarse con la herida y con la propia ansia de compasión y poner todo el corazón en ello.

Por consiguiente, cuando al final se cubre de carne, la Mujer Esqueleto escenifica todo el proceso de la creación, pero, en lugar de empezar como una criatura recién nacida, tal como a los occidentales se les enseña a pensar en la vida y la muerte, empieza como un montón de viejos huesos, a partir de los cuales se recubre de carne y cobra vida. Ella es la que enseña al hombre a vivir una nueva existencia. Ella le enseña que el camino del corazón es el camino de la creación. Le muestra que la creación consiste en una serie de nacimientos y muertes. Le enseña que las actitudes protectoras no conducen a nada, que el egoísmo no crea nada, que con los recelos y los gritos no se consigue nada.

Lo único capaz de crear es el hecho de soltarse y de entregar el corazón, el gran tambor, el gran instrumento de la naturaleza salvaje.

Así tiene que funcionar la relación amorosa, cada miembro de la pareja transformando al otro. La fuerza y el poder del uno se desenreda y se comparte. Él le entrega a ella el tambor del corazón. Ella le entrega a él el conocimiento de los ritmos y las emociones más complicadas que imaginar se pueda. ¿Quién sabe qué cazarán juntos? Sólo sabemos que recibirán alimento hasta el final de sus días.

⚸ CAPÍTULO 6

El hallazgo de la manada: La dicha de la pertenencia

El patito feo

A veces a la mujer salvaje la vida le falla desde el principio. Muchas mujeres son hijas de unos progenitores que en su infancia las estudiaban, preguntándose cómo era posible que aquella pequeña intrusa hubiera conseguido introducirse en la familia. Otros progenitores se pasaban el rato con los ojos en blanco sin prestar la menor atención a su hija o bien la maltrataban o la miraban con frialdad.

Las mujeres que han pasado por esta experiencia tienen que animarse. Se han vengado siendo, sin culpa por su parte, un engorro al que sus padres han tenido que criar y una espina clavada permanentemente en sus costados. Y hasta es muy posible que hoy en día sean capaces de causarles un profundo temor cuando llaman a su puerta. No está del todo mal como justo castigo infligido por el inocente.

Hay que dedicar menos tiempo a pensar en lo que ellos no dieron y más tiempo a buscar a las personas que nos corresponden. Es muy posible que una persona no pertenezca en absoluto a su familia biológica. Es muy posible que, desde un punto de vista genético, pertenezca a su familia, pero por temperamento se incorpore a otro grupo de personas. También cabe la posibilidad de que alguien pertenezca aparentemente a su familia, pero su alma se escape de un salto, corra calle abajo y sea glotonamente feliz zampándose pastelillos espirituales en otro sitio.

Hans Christian Andersen[1] escribió docenas de cuentos literarios acerca de los huérfanos. Era un gran defensor de los niños perdidos y abandonados y un firme partidario de la búsqueda de los que son como nosotros.

Su versión del «Patito feo» se publicó por primera vez en 1845. El antiguo tema del cuento es el de lo insólito y lo desvalido, una semi-historia perfecta de la Mujer Salvaje. En los últimos dos siglos «El patito feo» ha sido uno de los pocos cuentos que han animado a varias generaciones sucesivas de seres «extraños» a resistir hasta encontrar a los suyos.

Es lo que yo llamaría un cuento psicológico y espiritual «de raíz», es decir, un cuento que contiene una verdad tan fundamental para el desarrollo humano que, sin la asimilación de este hecho, el ulterior progreso de una persona sería muy precario y ésta no podría prosperar del todo desde un punto de vista psicológico sin resolver primero esta cuestión. He aquí por tanto «El patito feo» que yo escribí como cuento literario, basándome en la extravagante versión original relatada en lengua magiar por las *falusias mesélök*, las rústicas narradoras de cuentos de mi familia[2].

〰〰〰〰〰〰〰〰〰〰〰〰〰〰〰〰〰〰〰

El patito feo

Se acercaba la estación de la cosecha. Las viejas estaban confeccionando unas muñequitas verdes con gavillas de maíz. Los viejos remendaban las mantas. Las muchachas bordaban sus vestidos blancos con flores de color rojo sangre. Los chicos cantaban mientras aventaban el dorado heno. Las mujeres tejían unas ásperas camisas para el cercano invierno. Los hombres ayudaban a recoger, arrancar, cortar y cavar los frutos que los campos habían ofrecido. El viento estaba empezando a arrancar las hojas de los árboles, cada día un poquito más. Y allá abajo en la orilla del río una mamá pata estaba empollando sus huevos.

Para la pata todo marchaba según lo previsto hasta que, al final, uno a uno los huevos empezaron a estremecerse y a temblar, los cascarones se rompieron y los nuevos patitos salieron tambaleándose. Pero quedaba todavía un huevo, un huevo muy grande, inmóvil como una piedra.

Pasó por allí una vieja pata y la mamá pata le mostró su nueva prole.

—¿A que son bonitos? —preguntó con orgullo.

Pero la vieja pata se fijó en el huevo que no se había abierto y trató de disuadir a su amiga de que siguiera empollándolo.

—Es un huevo de pavo —sentenció la vieja pata—, no es un huevo apropiado. A un pavo no se le puede meter en el agua, ¿sabes?

Ella lo sabía porque lo había intentado una vez.

Pero la pata pensó que, puesto que ya se había pasado tanto tiempo empollando, no le molestaría hacerlo un poco más.

—Eso no es lo que más me preocupa —dijo—. ¿Sabes que el muy bribón del padre de estos patitos no ha venido a verme ni una sola vez?

A final, el enorme huevo empezó a estremecerse y a vibrar, la cáscara se rompió y apareció una inmensa y desgarbada criatura. Tenía la piel surcada por unas tortuosas venas rojas y azules. Las patas eran de color morado claro y sus ojos eran de color de rosa transparente.

La mamá pata ladeó la cabeza y estiró el cuello para examinarlo y no tuvo más remedio que reconocerlo: era decididamente feo.

—A lo mejor, es un pavo —pensó, preocupada. Sin embargo, cuando el patito feo entró en el agua con los demás polluelos de la nidada, la mamá pata vio que sabía nadar perfectamente—. Sí, es uno de los míos, a pesar de este aspecto tan raro que tiene. Aunque, bien mirado... me parece casi guapo.

Así pues lo presentó a las demás criaturas de la granja, pero, antes de que se pudiera dar cuenta, otro pato cruzó como una exhalación el patio y picoteó al patito feo directamente en el cuello.

—¡Detente! —gritó la mamá pata.

Pero el matón replicó:

—Es tan feo y tan raro que necesita que lo intimiden un poco.

La reina de los patos con su cinta roja en la pata comentó:

—¡Vaya, otra nidada! Como si no tuviéramos suficientes bocas que alimentar. Y aquel de allí tan grande y tan feo tiene que ser una equivocación.

—No es una equivocación —dijo la mamá pata—. Será muy fuerte. Lo que ocurre es que se ha pasado demasiado tiempo en el huevo y aún está un poco deformado. Pero todo se arreglará, ya lo verás —añadió, alisando las plumas del patito feo y lamiéndole los remolinos de plumas que le caían sobre la frente.

Sin embargo los demás hacían todo lo posible por hostigar de mil maneras al patito feo. Se le echaban encima volando, lo mordían, lo picoteaban, le silbaban y le gritaban. Conforme pasaba el tiempo, el tormento era cada vez peor. El patito se escondía, procuraba esquivarlos, zigzagueaba de derecha a izquierda, pero no podía escapar. Era la criatura más desdichada que jamás hubiera existido en este mundo.

Al principio, su madre lo defendía, pero después hasta ella se cansó y exclamó exasperada:

—Ojalá te fueras de aquí.

Entonces el patito feo huyó. Con casi todas las plumas alborotadas y un aspecto extremadamente lastimoso, corrió sin parar hasta que llegó a una marisma. Allí se tendió al borde del agua con el cuello estirado, bebiendo agua de vez en cuando. Dos gansos lo observaban desde los cañaverales.

—Oye, tú, feúcho —le dijeron en tono de burla—, ¿quieres venir con nosotros al siguiente condado? Allí hay un montón de ocas solteras para elegir.

De repente se oyeron unos disparos, los gansos cayeron con un sordo rumor y el agua de la marisma se tiñó de rojo con su sangre. El patito feo se sumergió mientras a su alrededor sonaban los disparos, se oían los ladridos de los perros y el aire se llenaba de humo.

Al final, la marisma quedó en silencio y el patito corrió y se fue volando lo más lejos que pudo. Al anochecer llegó a una pobre choza; la puerta colgaba de un hilo y había más grietas que paredes. Allí vivía una vieja andrajosa con su gato despeinado y su gallina bizca. El gato se ganaba el sustento cazando ratones. Y la gallina se lo ganaba poniendo huevos.

La vieja se alegró de haber encontrado un pato. A lo mejor, pondrá huevos, pensó, y, si no los pone, podremos matarlo y comérnoslo. El pato se quedó allí, donde constantemente lo atormentaban el gato y la gallina, los cuales le preguntaban:

—¿De qué sirves si no puedes poner huevos y no sabes cazar?

—A mí lo que más me gusta es estar debajo —dijo el patito, lanzando un suspiro—, debajo del vasto cielo azul o debajo de la fría agua azul.

El gato no comprendía qué sentido tenía permanecer debajo del agua y criticaba al patito por sus estúpidos sueños. La gallina tampoco comprendía qué sentido tenía mojarse las plumas y también se burlaba del patito. Al final, el patito se convenció de que allí no podría gozar de paz y se fue camino abajo para ver si allí había algo mejor.

Llegó a un estanque y, mientras nadaba, notó que el agua estaba cada vez más fría. Una bandada de criaturas volaba por encima de su cabeza; eran las más hermosas que él jamás hubiera visto. Desde arriba le gritaban y el hecho de oír sus gritos hizo que el corazón le saltara de gozo y se le partiera de pena al mismo tiempo. Les contestó con un grito que jamás había emitido anteriormente. En su vida había visto unas criaturas más bellas y nunca se había sentido más desvalido.

Dio vueltas y más vueltas en el agua para contemplarlas hasta que ellas se alejaron volando y se perdieron de vista. Entonces descendió al fondo del lago y allí se quedó acurrucado, temblando. Estaba desesperado, pues no acertaba a comprender el ardiente amor que sentía por aquellos grandes pájaros blancos.

Se levantó un viento frío que sopló durante varios días y la nieve cayó sobre la escarcha. Los viejos rompían el hielo de las lecheras y las viejas hilaban hasta altas horas de la noche. Las madres amamantaban a tres criaturas a la vez a la luz de las velas y los hombres buscaban a las ovejas bajo los blancos cielos a medianoche. Los jóvenes se hundían hasta la cintura en la nieve para ir a ordeñar y las muchachas creían ver los rostros de apuestos jóvenes en las llamas del fuego de la chimenea mientras preparaban la comida. Allá abajo en el estanque el patito tenía que nadar en círculos cada vez más rápidos para conservar su sitio en el hielo.

Una mañana el patito se encontró congelado en el hielo y fue entonces cuando comprendió que se iba a morir. Dos ánades reales descendieron volando y resbalaron sobre el hielo. Una vez allí estudiaron al patito.

—Cuidado que eres feo —le graznaron—. Es una pena. No se puede hacer nada por los que son como tú.

Y se alejaron volando.

Por suerte, pasó un granjero y liberó al patito rompiendo el hielo con su bastón. Tomó en brazos al patito, se lo colocó bajo la chaqueta y se fue a casa con él. En la casa del granjero los niños alargaron las manos hacia el patito, pero éste tenía miedo. Voló hacia las vigas y todo el polvo allí acumulado cayó sobre la mantequilla. Desde allí se sumergió directamente en la jarra de la leche y, cuando salió todo mojado y aturdido, cayó en el tonel de la harina. La esposa del granjero lo persiguió con la escoba mientras los niños se partían de risa.

El patito salió a través de la gatera y, una vez en el exterior, se tendió medio muerto sobre la nieve. Desde allí siguió adelante con gran esfuerzo hasta que llegó a otro estanque y otra casa, otro estanque y otra casa y se pasó todo el invierno de esta manera, alternando entre la vida y la muerte.

Así volvió el suave soplo de la primavera, las viejas sacudieron los lechos de pluma y los viejos guardaron sus calzoncillos largos. Nuevos niños nacieron en mitad de la noche mientras los padres paseaban por el patio bajo el cielo estrellado. De día las muchachas se adornaban el pelo con narcisos y los muchachos contemplaban los tobillos de las chicas. Y en un cercano estanque el agua empezó a calentarse y el patito feo que flotaba en ella extendió las alas.

Qué grandes y fuertes eran sus alas. Lo levantaron muy alto por encima de la tierra. Desde el aire vio los huertos cubiertos por sus blancos mantos, a los granjeros arando y toda suerte de criaturas, em pollando, avanzando a trompicones, zumbando y nadando. Vio también en el estanque tres cisnes, las mismas hermosas criaturas que había visto el otoño anterior, las que le habían robado el corazón, y sintió el deseo de reunirse con ellas.

¿Y si fingen apreciarme y, cuando me acerco a ellas, se alejan volando entre risas?, pensó el patito. Pero bajó planeando y se posó en el estanque mientras el corazón le martilleaba con fuerza en el pecho.

En cuanto lo vieron, los cisnes se acercaron nadando hacia él. No cabe duda de que estoy a punto de alcanzar mi propósito, pensó el patito, pero, si me tienen que matar, prefiero que lo hagan estas hermosas criaturas y no los cazadores, las mujeres de los granjeros o los largos inviernos. E inclinó la cabeza para esperar los golpes.

Pero ¡oh prodigio! En el espejo del agua vio reflejado un cisne en todo su esplendor: plumaje blanco como la nieve, ojos negros como las endrinas y todo lo demás. Al principio, el patito feo no se reconoció, pues su aspecto era el mismo que el de aquellas preciosas criaturas que tanto había admirado desde lejos.

Y resultó que era una de ellas. Su huevo había rodado accidentalmente hacia el nido de una familia de patos. Era un cisne, un espléndido cisne. Y, por primera vez, los de su clase se acercaron a él y lo acariciaron suave y amorosamente con las puntas de sus alas. Le atusaron las plumas con sus picos y nadaron repetidamente a su alrededor en señal de saludo.

Y los niños que se acercaron para arrojar migas de pan a los cisnes exclamaron:

—Hay uno nuevo.

Y, tal como suelen hacer los niños en todas partes, corrieron a anunciarlo a todo el mundo. Y las viejas bajaron al estanque y se soltaron sus largas trenzas plateadas. Y los mozos recogieron en el cuenco de sus manos el agua verde del lago y se la arrojaron a las mozas, quienes se ruborizaron como pétalos. Los hombres dejaron de ordeñar simplemente para aspirar bocanadas de aire. Las mujeres abandonaron sus remiendos para reírse con sus compañeros. Y los viejos contaron historias sobre la longitud de las guerras y la brevedad de la vida.

Y uno a uno, a causa de la vida, la pasión y el paso del tiempo, todos se alejaron danzando; los mozos y las mozas se alejaron danzando. Los viejos, los maridos y las esposas también se alejaron danzando. Los niños y los cisnes se alejaron danzando... y nos dejaron solos... con la primavera... y allá abajo junto a la orilla del río otra mamá pata empezó a empollar los huevos de su nido.

El problema del exiliado es muy antiguo. Muchos cuentos de hadas y mitos se centran en el tema del proscrito. En tales relatos, la figura principal se siente torturada por unos acontecimientos que la rebasan, con frecuencia a causa de un doloroso descuido. En «La bella durmiente», la decimotercera hada es olvidada y no se la invita al bautizo, lo cual da lugar a que la niña sea objeto de una maldición que exilia a todo el mundo de una u otra forma. A veces el exilio se produce por pura maldad, como cuando la madrastra envía a la hijastra a la oscuridad del bosque en «Vasalisa la Sabia».

Otras veces el exilio se produce como consecuencia de un ingenuo error. El griego Hefesto se puso del lado de su madre Hera en una discusión de ésta con su esposo Zeus. Zeus se enfureció y arrojó a Hefesto del monte Olimpo, desterrándolo y provocándole una cojera.

A veces el exilio es consecuencia de un pacto que no se comprende, tal como ocurre en el cuento de un hombre que accede a vagar como una bestia durante un determinado número de años para poder ganar un poco de oro y más tarde descubre que ha entregado su alma al diablo disfrazado.

El tema de «El patito feo» es universal. Todos los cuentos del «exilio» contienen el mismo significado esencial, pero cada uno de ellos está adornado con distintos flecos y ringorrangos que reflejan el fondo cultural del cuento y la poesía de cada cuentista en particular.

Los significados esenciales que aquí nos interesan son los siguientes: El patito del cuento es un símbolo de la naturaleza salvaje que, cuando las circunstancias la obligan a pasar penurias nutritivas, se esfuerza instintivamente en seguir adelante ocurra lo que ocurra. La naturaleza salvaje resiste instintivamente y se agarra con fuerza, a veces con estilo y otras con torpeza. Y menos mal que lo hace, pues, para la mujer salvaje, la perseverancia es una de sus mayores cualidades.

Otro importante aspecto del relato es el de que, cuando el sentimiento anímico particular de un individuo, que es simultáneamente una identidad instintiva y espiritual, se ve rodeado por el reconocimiento y la aceptación psíquicas, la persona percibe la vida y el poder con más fuerza que nunca. El hecho de descubrir a la propia familia psíquica confiere a la persona vitalidad y sensación de pertencia.

El exilio del hijo singular

En el cuento, las distintas criaturas de la aldea contemplan al patito «feo» y de una u otra forma lo consideran inaceptable. En realidad, no es feo, pero no se asemeja a los demás. Es tan distinto que parece una alubia negra entre un kilo de guisantes. Al principio, la mamá pata intenta defender al patito que cree suyo. Pero, al final, se siente emocionalmente dividida y deja de preocuparse por aquel extraño retoño.

Sus hermanos y otras criaturas de la comunidad se le echan encima, lo picotean y lo atormentan. Quieren obligarlo a irse, pero el patito feo se muere de pena al verse rechazado por los suyos, lo cual es terrible, pues él no ha hecho nada para merecer este trato como no sea el hecho de ser distinto y comportarse de una manera distinta. De hecho, sin haber alcanzado ni siquiera la mitad de su desarrollo, el patito padece un fuerte complejo psicológico.

Las niñas que poseen una acusada naturaleza instintiva suelen experimentar un considerable sufrimiento en las etapas iniciales de su vida. Desde su más tierna infancia se sienten cautivas y domesticadas y les dicen que son tercas y se portan mal. Su naturaleza salvaje se revela muy pronto. Son niñas muy curiosas y astutas y ponen de manifiesto unas excentricidades que, debidamente desarrolladas, constituyen la base de su creatividad durante todo el resto de sus vidas. Teniendo en cuenta que la vida creativa es el alimento y el agua del alma, este desarrollo básico es extremadamente importante.

Por regla general, el temprano exilio se inicia sin culpa por parte del interesado y se intensifica por medio de la incomprensión, la crueldad de la ignorancia o la maldad deliberada de los demás. En tal caso, el yo básico de la psique sufre una temprana herida. Cuando ello ocurre, una niña empieza a creer que las imágenes negativas que su familia y su cultura le ofrecen de ella no sólo son totalmente ciertas sino que, además, están totalmente libres de prejuicios, opiniones y preferencias personales. La niña empieza a creer que es débil, fea e inaceptable y así lo seguirá creyendo por mucho que se esfuerce en modificar la situación.

Una niña es desterrada exactamente por las mismas razones que vemos en «El patito feo». En muchas culturas, cuando nace una niña se espera de ella que sea o se convierta en un determinado tipo de persona, se comporte de una cierta manera convencional, tenga una serie de valores que, aunque no sean idénticos a los de su familia, sí por lo menos se basen en ellos y, en cualquier caso, no provoque sobresaltos de ningún tipo. Estas expectativas quedan muy bien definidas cuando uno o ambos progenitores experimentan el deseo de una «hija angelical», es decir, de una hija sumisamente «perfecta».

En las fantasías de algunos padres la hija que tengan deberá ser perfecta y sólo deberá reflejar sus criterios y sus valores. Por desgracia, si la niña sale salvaje, ésta deberá padecer los repetidos intentos de sus padres de someterla a una operación quirúrgica psíquica en su afán de re-crearla y de modificar lo que el alma le pide a la niña. Por mucho que su alma le pida que mire, la cultura circundante le pedirá que se vuelva ciega. Y, aunque su alma quiera decirle la verdad, ella se verá obligada a guardar silencio.

Pero ni el alma ni la psique de la niña se pueden adaptar a tales exigencias. La insistencia en que se porte de forma «apropiada», cualquiera que sea la definición que pueda dar de ello la autoridad, puede obligar a la niña a huir o a ocultarse bajo tierra o a vagar durante mucho tiempo en busca de un lugar en el que pueda encontrar alimento y paz.

Cuando la cultura define minuciosamente lo que constituye el éxito o la deseable perfección en algo —el aspecto, la estatura, la fuerza, la forma, el poder adquisitivo, la economía, la virilidad, la feminidad, los buenos hijos, la buena conducta, las creencias religiosas—, en la psique de todos los miembros de esa cultura se produce una introyección de los mandatos correspondientes con el fin de que las personas puedan acomodarse a dichos criterios. Por consiguiente, el tema de la mujer salvaje exiliada suele ser doble: interior y personal y exterior y cultural.

Vamos a analizar aquí el tema del exilio interior, pues, cuando el sujeto adquiere la necesaria fuerza — no una fuerza perfecta sino una fuerza moderada e idónea— para ser él mismo y encontrar el lugar que le corresponde, puede influir magistralmente en la comunidad exterior y en la conciencia cultural. ¿Qué es una fuerza moderada? Es la que se posee cuando la madre interior que cuida a la persona no sabe al ciento por ciento lo que hay que hacer a continuación. Basta con que lo sepa al setenta y cinco por ciento. El setenta y cinco por ciento es un porcentaje aceptable. Recuerda que decimos que una planta está florida tanto si se encuentra a la mitad como si se encuentra a tres cuartos o en la plenitud de su ciclo de floración.

Clases de madres

Aunque la madre del cuento se puede interpretar como un símbolo de la madre exterior, la mayoría de las personas que ahora son adultas han recibido de su madre real el legado de la madre interior. Se trata de un aspecto de la psique que actúa y responde de una manera que es idéntica a la experiencia infantil de la mujer con su propia madre. Además, la madre interior está hecha no sólo de la experiencia de la madre personal sino también de la de otras figuras maternas de nuestra vida y de las imágenes culturales que se tenían de la buena madre y de la mala madre en la época de nuestra infancia.

En casi todos los adultos, si hubo en otros tiempos alguna dificultad con la madre, pero ahora ya no la hay, existe todavía en su psique una doble de su madre que habla, actúa y responde de la misma manera que su madre real en la primera infancia. Aunque la cultura de una mujer haya evolucionado hacia un razonamiento más consciente con respecto al papel de las madres, la madre interior seguirá teniendo los mismos valores y las mismas ideas acerca del aspecto y la forma de actuar de una madre que los que imperaban en la cultura de su infancia[3].

En la psicología profunda, todo este laberinto se llama «complejo de la madre», es uno de los aspectos esenciales de la psique de una mujer y es importante reconocer su condición, fortalecer ciertos aspectos, enderezar otros, eliminar otros y empezar de nuevo en caso necesario.

La mamá pata del cuento tiene varias cualidades que analizaremos una a una. Representa simultáneamente a la madre ambivalente, la madre derrumbada y la madre no mimada. Examinando estas estructuras maternas, podremos empezar a establecer si nuestro complejo de la madre interior defiende firmemente nuestras singulares cualidades personales o si, por el contrario, necesita desde hace tiempo un ajuste.

LA MADRE AMBIVALENTE

En nuestro cuento, los instintos de la mamá pata la obligan a alejarse y aislarse. Se siente atacada por el hecho de tener un hijo distinto. Se siente emocionalmente dividida y, como consecuencia de ello, se derrumba y deja de preocuparse por el extraño hijo. Aunque al principio intenta mantenerse firme, la «otredad» del patito pone en peligro su seguridad dentro de la comunidad y entonces esconde la cabeza y se zambulle.

¿No habéis visto alguna vez a una madre obligada a tomar semejante decisión si no en su totalidad, por lo menos en parte? La madre se doblega a los deseos de la aldea en lugar de tomar partido por su hijo. En la actualidad muchas madres siguen actuando de acuerdo con los antiguos temores de las mujeres que las han precedido a lo largo de los siglos; ser excluida de la comunidad equivale a ser ignorada y mirada con recelo en el mejor de los casos y ser perseguida y destruida en el peor. Una mujer en semejante ambiente suele intentar moldear a su hija de tal manera que se comporte «como es debido» en el mundo exterior... esperando con ello salvar a su hija y salvarse a sí misma del ataque.

De esta manera, la madre y la hija están divididas. En «El patito feo», la mamá pata está psíquicamente dividida y ello da lugar a que se sienta atraída en distintas direcciones. En eso consiste precisamente la ambivalencia. Cualquier madre que haya sido atacada alguna vez se identificará con ella. Una atracción es su deseo de ser aceptada por su aldea. Otra es su instinto de supervivencia. La tercera es su necesidad de reaccionar ante el temor de que ella y su hija sean castigadas, perseguidas o matadas por los habitantes de la aldea. Este temor es una respuesta normal a una amenaza anormal de violencia psíquica o física. La cuarta atracción es el amor instintivo de la madre por su hija y su deseo de proteger a esta hija.

En las culturas punitivas es frecuente que las mujeres se debatan entre el deseo de ser aceptadas por la clase dominante (su aldea) y el amor a su hijo, tanto si se trata de un hijo simbólico como si se trata de un hijo creativo o de un hijo biológico. La historia es muy antigua. Muchas mujeres han muerto psíquica y espiritualmente en su afán de proteger a un hijo no aceptado, el cual puede ser su arte, su amante, sus ideas políticas, sus hijos o su vida espiritual. En casos extremos las mujeres han sido ahorcadas, quemadas en la hoguera y asesinadas por haber desafiado los preceptos de la aldea y haber protegido al hijo no sancionado.

La madre de un hijo que es distinto tiene que poseer la resistencia de Sísifo, el terrorífico aspecto de los cíclopes y el duro pellejo de Calibán[4] para poder ir a contracorriente de una cultura estrecha de miras. Las condiciones culturales más destructivas en las que puede nacer y vivir una mujer son aquellas que insisten en la necesidad de obedecer sin consultar con la propia alma, las que carecen de comprensivos rituales de perdón, las que obligan a la mujer a elegir entre su alma y la sociedad, aquellas en las que las conveniencias económicas o los sistemas de castas impiden la compasión por los demás, en las que el cuerpo es considerado algo que hay que «purificar» o un santuario que se rige por decretos, en las que lo nuevo, lo insólito o lo distinto no suscita el menor placer, en las que la curiosidad y la creatividad son castigadas y denostadas en lugar de ser premiadas o en las que sólo se premian si el sujeto no es una mujer, aquellas en las que se cometen actos dolorosos contra el cuerpo, unos actos que, encima, se llaman sagrados, o aquellas en las que la mujer es castigada injustamente «por su bien»[5], tal como lacónicamente dice Alice Miller, y en las que el alma no se considera un ente de pleno derecho.

Es posible que la mujer que tiene en su psique esta madre ambivalente ceda con demasiada facilidad y tema asumir una postura, exigir respeto, ejercer su derecho a hacer las cosas, aprenderlas y vivirlas a su manera.

Tanto si estas cuestiones derivan de una estructura interior como si proceden de la cultura exterior, para que la función materna pueda resistir semejantes presiones, la mujer tiene que poseer ciertas cualidades agresivas que en muchas culturas se consideran masculinas. Por desgracia, durante varias generaciones la madre que deseaba ganar el aprecio de los demás para su propia persona y para sus hijos necesitaba las cualidades que le estaban expresamente prohibidas: vehemencia, intrepidez y fiereza.

Para que una madre pueda criar satisfactoriamente a un hijo que, en sus necesidades psíquicas y anímicas, es ligera o considerablemente distinto de lo que manda la cultura dominante, tiene que hacer acopio de ciertas cualidades heroicas. Como las heroínas de los mitos, tiene que ser capaz de encontrar y adueñarse de estas cualidades en caso de que no estén autorizadas, tiene que guardarlas y soltarlas en el momento adecuado y tiene que defender su propia persona y aquello en lo que cree. No hay prácticamente ninguna manera de prepararse para eso como no sea armándose de valor y entrando en acción. Desde tiempo inmemorial un acto considerado heroico ha sido el remedio de la entontecedora ambivalencia.

LA MADRE DERRUMBADA

Al final, la mamá pata ya no puede soportar el acoso que sufre el hijo que ella ha traído al mundo. Pero lo más revelador es que ya no puede tolerar el tormento que a ella misma le causa la comunidad como consecuencia de sus intentos de proteger a su «extraño» hijo. Y entonces se derrumba y le grita al patito: «Ojalá te fueras de aquí.» Y el desventurado patito se va.

Cuando una madre se derrumba psicológicamente, significa que ha perdido el sentido de sí misma. Puede ser una malvada madre narcisista que se considera con derecho a ser una niña. Pero lo más probable es que se haya visto separada del Yo salvaje y se haya derrumbado debido al temor a una amenaza real de carácter psíquico o físico.

Cuando las personas se derrumban, suelen resbalar hacia uno de los tres estados emocionales siguientes: un lío (están confusas), un revolcadero (creen que nadie comprende debidamente su tormento) o un pozo (una repetición emocional de una antigua herida, a menudo una injusticia no reparada y por la que nadie pagó, cometida con ellas en su infancia).

Para conseguir que una madre se derrumbe hay que provocar en ella una división emocional. Desde tiempo inmemorial, el medio más utilizado ha sido el de obligarla a elegir entre el amor a su hijo y el temor al daño que la aldea pueda causarles a ella y a su hijo si no se atiene a las reglas. En *La decisión de Sophie* de William Styron, la heroína Sophie, es una prisionera en un campo de exterminio nazi. Comparece ante la presencia del comandante nazi con sus dos hijos en brazos. El comandante la obliga a elegir cuál de sus hijos se salvará y cuál de ellos morirá, diciéndole que, si se niega a hacerlo, ambos niños morirán.

Aunque semejante elección sea impensable, se trata de una opción psíquica que las madres se han visto obligadas a hacer a lo largo de los siglos. Cumple las reglas y mata a tus hijos o atente a las consecuencias. Y así sucesivamente. Cuando una madre se ve obligada a elegir entre su hijo y la cultura, nos encontramos en presencia de una cultura terriblemente cruel y desconsiderada. Una cultura que exige causar daño a una persona para defender sus propios preceptos es verdaderamente una cultura muy enferma. Esta «cultura» puede ser aquella en la que vive la mujer, pero lo más grave es que también puede ser la que ella lleva consigo en el interior de su mente.

Hay innumerables ejemplos literales de ello en todo el mundo[6] y algunos de los más infames se dan en el continente americano, donde ha sido tradicional obligar a las mujeres a separarse de sus seres queridos y de las cosas que aman. En los siglos XVIII, XIX y XX hubo la larga y espantosa historia de la ruptura de las familias obligadas a someterse a la esclavitud. En los últimos siglos las madres han tenido que entregar sus hijos a la patria en tiempo de guerra y, encima, alegrarse de ello. Las forzadas «repatriaciones» se siguen produciendo hoy en día[7].

En todo el mundo y en distintas épocas se ha prohibido a las mujeres amar y dar cobijo a quien ellas quieren y en la forma que desean.

Una de las opresiones contra la vida espiritual de las mujeres de la que menos se habla es la de millones de madres solteras en todo el mundo, incluso en Estados Unidos, que, sólo en este siglo, se han visto obligadas por la moral dominante a ocultar su condición o a esconder a sus hijos o bien a matarlos o a renunciar a ellos o a vivir mal bajo una falsa identidad como ciudadanas humilladas y privadas de todo derecho[8].

Durante muchas generaciones las mujeres han aceptado el papel de seres humanos legitimizados a través de su matrimonio con un hombre. Se han mostrado de acuerdo en que una persona no es aceptable a menos que así lo decida un hombre. Sin la protección «masculina» la madre es vulnerable. Es curioso que en «El patito feo» al padre se le mencione sólo una vez cuando la madre está empollando el huevo del patito feo y se queja del comportamiento del padre de sus crías: «El muy bribón no ha venido a visitarme ni una sola vez.» Durante mucho tiempo en nuestra cultura —lamentablemente y por distintas razones[9]— el padre no ha podido o no ha querido, por desgracia, estar «disponible» para nadie, ni siquiera para sí mismo. Se podría decir con razón que, para muchas niñas salvajes, el padre era un hombre derrumbado, una simple sombra que todas las noches se colgaba en el armario junto con su abrigo.

Cuando una mujer tiene en el interior de su psique o en la cultura en la que vive la imagen de una madre derrumbada, suele dudar de su propia valía. Puede pensar que el hecho de escoger entre la satisfacción de sus exigencias externas y las exigencias de su alma es una cuestión de vida o muerte. Puede sentirse como una atormentada forastera que no pertenece a ningún lugar, lo cual es relativamente normal en un exiliado, pero lo que en modo alguno es normal es sentarse a llorar sin hacer nada al respecto. Hay que levantarse e ir en busca del lugar al que una pertenece. Para un exiliado, éste es siempre el siguiente paso y, para una mujer con una madre derrumbada en su interior, es el paso esencial. La mujer que tiene una madre derrumbada, debe negarse a convertirse en lo mismo.

LA MADRE NIÑA O LA MADRE NO MIMADA

La imagen representada por la mamá pata del cuento es, como se puede ver, muy ingenua y poco sofisticada. La clase más habitual de madre frágil es con mucho la de la madre no mimada. En el cuento, la que tanto insistía en tener hijos es la que más tarde se aparta de su hijo. Hay muchas razones por las cuales un ser humano o una madre psíquica se puede comportar de esta manera. Puede tratarse de una mujer que no ha sido mimada. Puede ser una madre frágil, muy joven o muy ingenua desde un punto de vista psíquico.

Puede estar psíquicamente lastimada hasta el extremo de considerarse indigna de ser amada incluso por un niño. Puede haber estado tan torturada por su familia y su cultura que no se considere digna de tocar la orla del arquetipo de la «madre radiante» que acompaña a la nueva maternidad. Como se ve, no hay vuelta de hoja: a una madre se la tiene que mimar para que mime a su vez a sus hijos. A pesar de que una mujer tiene un inalienable vínculo espiritual y físico con sus hijos, en el mundo de la Mujer Salvaje instintiva, ésta no se convierte por sí sola de golpe y porrazo en una madre temporal plenamente formada.

En tiempos antiguos, las cualidades de la naturaleza salvaje se solían transmitir a través de las manos y las palabras de las mujeres que cuidaban a las jóvenes madres. Sobre todo las madres primerizas llevan dentro, no una experta anciana sino una madre niña. Una madre niña puede tener cualquier edad, dieciocho o cuarenta y tantos años, da lo mismo. Todas las madres primerizas son madres niñas al principio. Una madre niña es lo bastante mayor como para tener hijos y sus buenos instintos siguen la dirección apropiada, pero precisa de los cuidados de una mujer de más edad o de unas mujeres que la estimulen, la animen y la apoyen en el cuidado de sus retoños.

Durante siglos este papel ha estado reservado a las mujeres más viejas de la tribu o la aldea. Estas «madres-diosas» humanas que posteriormente fueron relegadas por las instituciones religiosas al papel de «madrinas» constituían un sistema nutritivo esencial de hembra-a-hembra que alimentaba a las jóvenes madres en particular, enseñándoles cómo alimentar a su vez la psique y el alma de sus hijos. Cuando el papel de la madre-diosa se intelectualizó un poco más, el término «madrina» pasó a significar una persona que se encargaba de que el niño no se apartara de los preceptos de la Iglesia. Muchas cosas se perdieron en esta transmigración.

Las ancianas eran las depositarias de una sabiduría y un comportamiento que podían transmitir a las jóvenes madres. Las mujeres se transmiten esta sabiduría las unas a las otras con las palabras, pero también por otros medios. Una simple palabra, una mirada, un roce de la palma de la mano, un murmullo o una clase especial de afectuoso abrazo son suficientes para transmitir complicados mensajes acerca de lo que se tiene que ser y el cómo se tiene que ser.

El yo instintivo siempre bendice y ayuda a las que vienen detrás. Es lo que ocurre entre las criaturas sanas y los seres humanos sanos. De esta manera, la madre-niña cruza el umbral del círculo de las madres maduras que la acogen con bromas, regalos y relatos.

Este círculo de mujer-a-mujer era antaño el dominio de la Mujer Salvaje y el número de afiliadas era ilimitado; cualquiera podía pertenecer a él. Pero lo único que nos queda hoy en día de todo eso es el pequeño vestigio de la fiesta que suele preceder al nacimiento de un niño y en la que todos los chistes sobre partos, los regalos a la madre y los relatos de carácter escatológico se concentran en unas dos horas, de las cuales una mujer no podrá volver a disfrutar a lo largo de toda su vida de madre.

En casi todos los países industrializados actuales, la joven madre pasa por el embarazo y el parto e intenta cuidar de su hijo en solitario. Es una tragedia de enormes proporciones. Puesto que muchas mujeres son hijas de madres frágiles, madres-niñas y madres no mimadas, es muy posible que posean un estilo interno de «cuidados maternales» parecido al de sus madres.

Es muy probable que la mujer que tiene en su psique la imagen de una madre-niña o una madre no mimada o que la tiene glorificada por la cultura y conservada en activo en la familia experimente presentimientos ingenuos, falta de experiencia y, sobre todo, un debilitamiento de la capacidad instintiva de imaginar lo que ocurrirá dentro de una hora, una semana, un mes, uno, cinco o diez años.

La mujer que lleva dentro una madre-niña adopta el aire de una niña que se las quiere dar de madre. Las mujeres que se encuentran en esta situación suelen poner de manifiesto una actitud generalizada de «viva todo», una variedad de hipermaternalismo en la que se esfuerzan por «hacerlo todo y serlo todo para todo el mundo». No pueden guiar ni apoyar a sus hijos, pero, al igual que los hijos del granjero de «El patito feo» que se alegran tanto de tener aquella criatura en la casa pero no saben prodigarle los cuidados que necesita, la madre-niña acaba dejando a su hijo sucio y apaleado. Sin darse cuenta, la madre-niña tortura a sus hijos con varias modalidades de atención destructiva y, en algunos casos, por falta de la necesaria atención.

A veces la madre frágil es a su vez un cisne que ha sido criado por unos patos. No ha conseguido descubrir su verdadera identidad lo bastante temprano como para que sus hijos se puedan beneficiar de ello. Después, cuando su hija tropieza con el gran misterio de la naturaleza salvaje de lo femenino en la adolescencia, ella también experimenta punzadas de identificación e impulsos de cisne. La búsqueda de identidad por parte de la hija puede dar lugar al comienzo de un viaje «virginal» de la madre en busca de su yo perdido. Entre madre e hija habrá por tanto en el sótano de la casa dos espíritus salvajes dándose la mano en espera de que los llamen desde arriba.

Éstas son por consiguiente las cosas que pueden torcerse cuando la madre se ve apartada de su naturaleza instintiva. Pero no hay que suspirar demasiado fuerte ni durante demasiado tiempo, pues todo eso tiene remedio.

LA MADRE FUERTE, LA HIJA FUERTE

El remedio consiste en mimar amorosamente a la joven madre que una lleva dentro, lo cual se consigue por medio de mujeres del mundo exterior más sabias y maduras, preferentemente templadas como el acero y robustecidas por el fuego tras haber pasado por lo que han tenido que pasar. Cualquiera que sea el precio que se tenga que pagar incluso hoy en día, sus ojos ven, sus oídos oyen, sus lenguas hablan y son amables.

Aunque hayas tenido la madre más maravillosa del mundo, es posible que, al final, llegues a tener más de una. Tal como tantas veces les he dicho a mis hijas: «Sois hijas de una madre, pero, con un poco de suerte, tendréis más de una. Y, entre ellas, encontraréis casi todo lo que necesitáis.» Sus relaciones con *todas las madres* serán probablemente de carácter progresivo, pues la necesidad de guía y de consejo nunca termina ni conviene que termine desde el punto de vista de la profunda vida creativa de las mujeres[10].

Las relaciones entre las mujeres, tanto si son entre mujeres que comparten la misma sangre como si son entre compañeras psíquicas, entre analista y paciente, profesora y alumna o almas gemelas, son relaciones de parentesco de la máxima importancia.

Aunque algunos de los que escriben sobre psicología en la actualidad afirmen que el abandono de la matriz materna es una hazaña que, si no se cumple, contamina para siempre a la mujer y aunque otros digan que el desprecio hacia la propia madre es algo beneficioso para la salud mental del individuo, en realidad la imagen y el concepto de la madre salvaje no se puede ni se debe abandonar jamás, pues la mujer que lo hace abandona su naturaleza profunda, la que contiene toda la sabiduría, todas las bolsas y las semillas, todas las agujas para remendar, todas las medicinas para trabajar y descansar, amar y esperar.

Más que deshacernos de la madre, nuestra intención tiene que ser la de buscar a una madre sabia y salvaje. No estamos y no podemos estar separadas de ella. Nuestra relación con esta madre espiritual tiene que girar incesantemente, tiene que cambiar incensantemente y es una paradoja. Esta madre es la escuela en la que hemos nacido, una escuela en la que somos simultáneamente alumnas y profesoras durante toda la vida. Tanto si tenemos hijos como si no, tanto si cultivamos el jardín como si cultivamos la ciencia o el vibrante mundo de la poesía, siempre tropezaremos con la madre salvaje en nuestro camino hacia otro lugar. Y así tiene que ser.

Pero ¿qué decir de la mujer que ha pasado realmente por la experiencia de una madre destructiva en su infancia? Por supuesto que este período no se puede borrar, pero se puede suavizar. No se puede endulzar, pero ahora se puede reconstruir debidamente y con toda su fuerza. No es la reconstrucción de la madre interior lo que tanto asusta a muchas sino el temor de que haya muerto algo esencial, algo que jamás podrá volver a la vida, algo que no recibió alimento porque la madre psíquica estaba muerta. A estas mujeres les digo que se tranquilicen porque no están muertas ni mortalmente heridas.

Tal como ocurre en la naturaleza, el alma y el espíritu cuentan con unos recursos sorprendentes. Como los lobos y otras criaturas, el alma y el espíritu pueden vivir con muy poco y a veces pueden pasarse mucho tiempo sin nada. Para mí, éste es el milagro más grande que puede haber. Una vez yo estaba trasplantando un seto vivo de lilas. Un gran arbusto había muerto por misteriosas razones, pero los demás estaban cubiertos de primaverales flores moradas. Cuando lo saqué de la tierra, el arbusto muerto crujía como las quebradizas cáscaras de los cacahuetes. Descubrí que su sistema de raíces estaba unido a los de las restantes lilas vivas que bordeaban toda la valla.

Pero lo más sorprendente fue descubrir que el arbusto muerto era la «madre». Sus raíces eran las más viejas y fuertes. Todos sus hijos mayores se encontraban de maravilla a pesar de que ella estaba *patas arriba,* por así decirlo. Las lilas se reproducen con el llamado sistema de chupón, por lo que cada árbol es un vástago del progenitor inicial. Con este sistema, si la madre falla, el hijo puede sobrevivir. Ésta es la pauta y la promesa psíquica para las mujeres que no han tenido cuidados maternales o han tenido muy pocos, y también para aquellas cuyas madres las han torturado. Aunque la madre caiga, aunque no tenga nada que ofrecer, la hija se desarrollará, crecerá independientemente y prosperará.

Las malas compañías

El patito feo va de un lado para otro en busca de un lugar donde descansar. Aunque el instinto que nos indica adónde tenemos que ir no esté plenamente desarrollado, el instinto que nos induce a seguir vagando hasta encontrar lo que necesitamos se mantiene intacto. No obstante, en el síndrome del patito feo hay a veces una especie de patología. Uno sigue llamando a las puertas que no debe, a pesar de constarle que no tendría que hacerlo. Cuesta imaginar que una persona pueda saber qué puertas son las equivocadas cuando nunca ha sabido lo que era una puerta apropiada. Sin embargo, las puertas equivocadas son las causantes de que una persona se vuelva a sentir una vez más una proscrita.

Esta «búsqueda del amor en todos los lugares equivocados» es la reacción al exilio. Cuando una mujer recurre a una conducta compulsiva y repetida —repitiendo una y otra vez un comportamiento que no la satisface y que provoca declive en lugar de una prolongada vitalidad— para aliviar su exilio, lo que hace en realidad es causarse más daño, pues no se cura la herida inicial y, en cada una de sus incursiones, se produce nuevas heridas.

Es algo así como aplicarse una ridícula medicina en la nariz cuando uno se ha hecho un corte en el brazo. Las distintas mujeres eligen distintas clases de «medicinas equivocadas». Algunas eligen las que son visiblemente equivocadas como las malas compañías o los vicios y caprichos perjudiciales o nocivos para el alma, cosas que primero elevan a la mujer y después la derriban al suelo en menos de lo que canta un gallo.

Las soluciones a estas opciones equivocadas son varias. Si la mujer pudiera sentarse y contemplar su corazón, vería en él la necesidad de que se reconocieran y aceptaran respetuosamente sus cualidades, sus dotes y sus limitaciones. Por consiguiente, para empezar a curarte, deja de engañarte pensando que un pequeño placer equivocado te curará la pierna rota. Di la verdad acerca de tu herida y entonces comprenderás el remedio que le tienes que aplicar. No llenes el vacío con lo que te resulte más fácil o lo que tengas más a mano. Espera a encontrar la medicina adecuada. La reconocerás porque tu vida será más fuerte y no más débil.

Lo que no parece correcto

Como el patito feo, un forastero aprende a mantenerse apartado de las situaciones en las que, aunque uno actúe correctamente, no lo parezca. El patito, por ejemplo, sabe nadar muy bien, pero no da esa impresión. Una mujer puede ofrecer un aspecto correcto, pero no saber actuar correctamente. Hay muchos dichos acerca de las personas que no pueden disimular lo que son (y, en su fuero interno, no lo desean), desde el texano oriental: «Por mucho que los disfraces, no los podrás sacar de paseo», al español: «Aunque la mona se vista de seda, mona se queda»[11].

En el cuento, el patito empieza a comportarse como si fuera tonto[12], es uno de esos que no hacen nada a derechas... echa polvo sobre la mantequilla y cae en el tonel de harina, pero no sin antes haber caído en la jarra de leche. Todos hemos tenido momentos así. Todo lo hacemos al revés. Intentamos arreglarlo y todavía es peor. Al patito no se le había perdido nada en aquella casa. Pero ya vemos lo que ocurre cuando uno está desesperado. Acude donde no debe y hace lo que no debe. Tal como decía uno de mis queridos colegas difuntos «No pueden darte leche en la casa del carnero»[13].

Aunque es útil tender puentes incluso con los grupos a los que uno no pertenece y es importante procurar ser amable, también es imprescindible no esforzarse demasiado y no creerse demasiado que, si una se comporta como debe y consigue ocultar todas las comezones y crispaciones de la *criatura* salvaje, conseguirá parecer una dama amable, reservada, modosa y circunspecta. Esta clase de comportamiento, este afán del ego de encontrar un lugar a toda costa es el que corta la conexión con la Mujer Salvaje de la psique. En tal caso, en lugar de una mujer vital, nos queda una mujer sin garras. Nos queda una nerviosa, comedida y bienintencionada mujer que se muere de ganas de ser buena. Pues no, es mucho mejor, mucho más elegante e infinitamente más espiritual ser lo que se es y tal como se es, y dejar que los demás sean también lo que son.

El sentimiento paralizado, la creatividad paralizada

Las mujeres afrontan el exilio de otras maneras. Como el patito que se queda atrapado en el hielo del estanque, ellas también se congelan. Lo peor que puede hacer una persona es congelarse. La frialdad es el beso de la muerte de la creatividad, de la relación y de la vida. Algunas mujeres se comportan como si el hecho de mostrarse frías fuera una hazaña. Pero no lo es. Es un acto de cólera defensiva.

En la psicología arquetípica mostrarse frío equivale a carecer de sentimientos. Hay cuentos acerca del niño congelado, del niño que no podía sentir, de los cadáveres congelados en el hielo a lo largo de un período en el que nada se podía mover, nada se podía convertir en nada y nada podía nacer. Estar congelado significa en un ser humano carecer deliberadamente de sentimientos, especialmente hacia la propia persona, pero también, y a veces más todavía, hacia los demás. Aunque se trate de un mecanismo de autoprotección, es algo muy duro para la psique espiritual, pues el alma no responde a la frialdad sino al calor. Una actitud helada apaga el fuego creador de una mujer. Inhibe la función creadora.

Se trata de un problema muy serio, pero el cuento nos da una idea. El hielo se tiene que romper y el alma se tiene que sacar del frío glacial.

Por ejemplo, cuando los escritores se sienten muy secos, saben que la mejor manera de mojarse es escribir. En cambio, si se quedan paralizados en el hielo, no podrán escribir. Hay pintores que se mueren de deseo de pintar, pero se dicen: «Largo de aquí. Tu obra es estrambótica y fea.» Hay muchos artistas que aún no han conseguido afianzarse o que son muy expertos en el desarrollo de sus existencias creativas y que, sin embargo, cada vez que toman la pluma, el pincel, las cintas, el guión, oyen una voz que les dice «No eres más que un incordio, tu obra es marginal o totalmente inaceptable... porque tú mismo eres marginal e inaceptable».

¿Dónde está pues la solución? Haz lo que hace el patito. Sigue adelante por mucho que te cueste. Toma la pluma, acércala a la página y deja de gimotear. Escribe. Toma el pincel y, para variar, sé dura con tu propia persona y pinta. Bailarinas, poneos la túnica holgada, ataos cintas en el pelo, en la cintura y en los tobillos y decidle al cuerpo que empiece a partir de ahí. Bailad. Actriz, comediógrafo, poeta, músico o quienquiera que seáis, dejad de hablar. No digáis una sola palabra más a no ser que seáis cantantes. Encerraos en una habitación con un techo o en un claro del bosque bajo el cielo. Dedicaos a vuestro arte. Por regla general, una cosa no puede congelarse si se mueve. Moveos pues. No dejéis de moveros.

El forastero de paso

Aunque en el cuento el granjero que se lleva el patito a casa parece un artificio literario para adornar el relato y no un *leitmotiv* arquetípico acerca del exilio, el episodio contiene una idea que me parece interesante. La persona que quizá nos saque del hielo y que tal vez nos pueda liberar psíquicamente de nuestra falta de sentimientos no va a ser necesariamente la que nos corresponda. Podría ser, como en el cuento, uno más de esos magníficos pero fugaces acontecimientos que aparecieron cuando menos lo esperábamos, un acto de bondad de un forastero de paso.

He aquí otro ejemplo de alimento de la psique que se produce cuando una persona se encuentra al límite de sus fuerzas y ya no puede resistir. En tal caso algo que nos reconforta aparece como llovido del cielo para ayudarnos y después se pierde en la noche dejando a su paso una estela de duda. ¿Era un ser humano o un espíritu? Podría ser una repentina ráfaga de suerte que cruza la puerta llevando consigo algo muy necesario. Podría ser algo tan sencillo como una tregua, una disminución de la presión, un pequeño espacio de descanso y reposo.

Ahora no estamos hablando de un cuento de hadas sino de la vida real. Cualquier cosa que sea, se trata de un momento en que el espíritu, de una u otra forma, nos obliga a salir fuera, nos muestra el pasadizo secreto, el escondrijo, la ruta de la huida. Y esta aparición cuando nos sentimos abatidas y tormentosamente oscuras u oscuramente serenas es lo que nos empuja a través del pasadizo hacia el siguiente paso, la siguiente fase del aprendizaje de la fuerza del exilio.

El don del exilio

Si has intentado encajar en algún molde y no lo has conseguido, probablemente has tenido suerte. Es posible que seas una exiliada, pero has protegido tu alma. Cuando alguien intenta repetidamente encajar y no lo consigue, se produce un extraño fenómeno. Cuando la proscrita es rechazada, cae directamente en los brazos de su verdadero pariente psíquico, que puede ser una materia de estudio, una forma artística o un grupo de personas. Es peor permanecer en el lugar que no nos corresponde en absoluto que andar perdidas durante algún tiempo, buscando el parentesco psíquico y espiritual que necesitamos. Jamás es un error buscar lo que una necesita. Jamás.

Toda esta torsión y esta tensión tienen una utilidad. El exilio consolida y fortalece en cierto modo al patito. Aunque se trata de una situación que no le desearíamos a nadie por ningún motivo, su efecto es similar al del carbón natural puro que, sometido a presión, produce diamantes y, al final, conduce a una profunda magnitud y claridad de la psique.

Es algo así como un procedimiento alquímico en el que la sustancia base de plomo se golpea y se aplana. Aunque el exilio no sea deseable por gusto, contiene una inesperada ventaja, pues sus beneficios son muy numerosos. Los golpes que se reciben eliminan la debilidad y los gimoteos, agudizan la visión, incrementan la intuición, otorgan el don de una perspicaz capacidad de observación y una perspectiva que los que están «dentro» jamás pueden alcanzar.

Aunque el exilio tenga aspectos negativos, la psique salvaje lo puede soportar, pues acrecienta nuestro anhelo de liberar nuestra verdadera naturaleza y nos induce a desear una cultura acorde con ella. El anhelo y el deseo hacen por sí solos que una persona siga adelante. Hace que una mujer siga buscando y, en caso de que no logre encontrar una cultura apropiada, hace que ella misma se la construya. Lo cual es muy bueno, pues, si la construye, un día aparecerán misteriosamente otras mujeres que llevaban mucho tiempo buscando y proclamarán con entusiasmo que era eso lo que tanto ansiaban encontrar.

Los gatos despeinados y las gallinas bizcas del mundo

El gato despeinado y la gallina bizca consideran estúpidas e insensatas las aspiraciones del patito. Su actitud nos ofrece una perspectiva de la susceptibilidad y los valores de los que se burlan de los que no son como ellos. ¿Quién podría imaginar que a un gato le gustara el agua? ¿Quién podría imaginar que una gallina se fuera a nadar? Nadie, por supuesto. Pero demasiado a menudo desde el punto de vista del exiliado, cuando las personas no son iguales, la inferior es siempre la exiliada y las limitaciones y/o los motivos de la otra no son debidamente sopesados o juzgados.

Bien, para no considerar a una persona inferior y a otra superior o, por lo menos, no más de lo que nos interesa a los fines de esta discusión, digamos simplemente que aquí el patito vive la misma experiencia que miles de mujeres exiliadas, la de una incompatibilidad básica con personas distintas, lo cual no es culpa de nadie, aunque casi todas las mujeres se muestren excesivamente serviles y actúen como si ellas tuvieran personalmente la culpa.

Cuando ello ocurre, vemos que algunas mujeres están dispuestas a pedir perdón por ocupar un espacio. Vemos que muchas mujeres temen decir simplemente «No, gracias» y marcharse sin más. Vemos que muchas mujeres prestan atención a alguien que les dice una y otra vez que son unas tercas sin comprender que los gatos no nadan y las gallinas no se zambullen bajo el agua.

Debo reconocer que a veces en el ejercicio de mi profesión me resulta útil delinear las distintas tipologías de personalidades como gatos, gallinas, patos, cisnes y cosas por el estilo. Si el caso lo requiere, a veces le pido a mi cliente que imagine por un instante que es un cisne sin saberlo. Y que piense también por un instante que se ha criado entre patos o se encuentra rodeada de patos en la actualidad.

Los patos no tienen nada de malo, os lo aseguro, ni los cisnes tampoco. Pero los patos son patos y los cisnes son cisnes. A veces, para demostrar un aserto tengo que pasar a otras metáforas animales. ¿Y si la hubieran criado unos ratones pero fuera usted un cisne? Los cisnes y los ratones suelen aborrecer sus respectivos alimentos. Los unos piensan que la comida de los otros huele muy raro. No tienen el menor interés en estar juntos y, si lo estuvieran, el uno se pasaría el rato hostigando al otro.

¿Y si, siendo un cisne, tuvieras que fingir que eres un ratón? ¿Y si tuvieras que fingir que eres de color gris, peluda y minúscula? ¿Y si no tuvieras una larga y sinuosa cola que levantar en el aire el día en que hubiera que ostentar una cola? ¿Y si dondequiera que fueras intentaras caminar como un ratón pero caminaras como un pato? ¿Y si intentaras caminar como un ratón pero cada vez que lo hicieras sonara un claxon? ¿No serías la criatura más desdichada del mundo?

La respuesta es inequívocamente sí. Por consiguiente, si eso es cierto y es así, ¿por qué insisten las mujeres en doblegarse y adoptar formas que no son las suyas? Puedo decir, por mis muchos años de observación clínica de este problema, que la mayoría de las veces ello no se debe a un arraigado masoquismo o a una perversa intención de autodestruirse ni nada por el estilo. Con más frecuencia se debe a que la mujer simplemente no sabe hacer otra cosa. Nadie la ha cuidado amorosamente.

El dicho *tú puedes saber muchas cosas* no equivale a tener *sentido*. Al parecer, el patito sabe «cosas», pero le falta sentido. No ha sido mimado, es decir que no le han enseñado nada al nivel más básico. Recuerda que es la madre la que enseña, ampliando las dotes innatas de su prole. Las madres del reino animal que enseñan a sus crías a cazar no les enseñan exactamente «cómo cazar», pues eso ellas ya lo llevan en la sangre. Les enseñan más bien a mantenerse vigilantes, a prestar atención a las cosas que no conocen si antes ella no se las enseña activando su capacidad de aprendizaje y su sabiduría innata.

Lo mismo le ocurre a la mujer exiliada. Si es un patito feo, si no la han mimado, sus instintos no están aguzados, por cuya razón tiene que aprender con la experiencia, pasando por muchas pruebas y cometiendo muchos errores. Pero hay esperanza, pues la exiliada nunca se da por vencida. Sigue adelante hasta que encuentra una guía, un rastro, una huella, hasta que encuentra su hogar.

Jamás resultan más ridículos los lobos que cuando pierden el rastro y se esfuerzan por volverlo a encontrar. Pegan brincos en el aire; corren en círculo; husmean el terreno; rascan la tierra, echan a correr, retroceden y se quedan inmóviles como estatuas. Dan la impresión de haber perdido el juicio, pero lo que en realidad están haciendo es seguir todas las pistas que puedan encontrar. Se las tragan al vuelo, se llenan los pulmones con los olores que perciben al nivel del suelo y al de sus hombros, saborean el aire para ver quién ha pasado últimamente por allí y mueven las orejas como antenas parabólicas captando las distantes transmisiones. Una vez que han reunido todas las pistas en un sitio, ya saben lo que tienen que hacer.

Aunque una mujer pueda ofrecer un aspecto aturdido cuando ha perdido el contacto con la vida que más valora y corra de un lado a otro en su afán de recuperarla, la mayoría de las veces está recogiendo información, saboreando esto o tocando con la pata aquello. Lo más que se puede hacer en tales casos es explicarle brevemente lo que está haciendo. Y después dejarla en paz. En cuanto procese toda la información de las pistas que ha recogido, volverá a actuar con un propósito definido. Y entonces el deseo de pertenecer al club del gato despeinado y la gallina bizca se reducirá a nada.

El recuerdo y el afán de seguir adelante
contra viento y marea

Todos sentimos el anhelo de reunirnos con los nuestros, con nuestros parientes salvajes. Recordemos que el patito huyó tras haber sido torturado sin piedad. Después tuvo un encuentro con una manada de gansos y estuvo a punto de morir a manos de unos cazadores. Lo expulsaron del corral y de la casa de un granjero y, finalmente, llegó temblando de cansancio a la orilla de un lago. No existe ninguna mujer entre nosotras que no conozca esta sensación. Y, sin embargo, este anhelo es el que nos impulsa a resistir y a seguir adelante sin ninguna esperanza.

Ésta es la promesa que nos hace a todas la psique salvaje. Aunque sólo hayamos oído hablar, vislumbrado o soñado con un prodigioso mundo salvaje al que antaño pertenecimos, y a pesar de que todavía no lo hayamos tocado o sólo lo hayamos hecho momentáneamente y no nos identifiquemos como parte de él, su recuerdo es un faro que nos guía hacia el lugar que nos corresponde y ya para el resto de nuestras vidas. En el patito feo se despierta una perspicaz ansia cuando ve levantar el vuelo a los cisnes y, por este solo hecho, el recuerdo de aquella visión lo sostiene.

Un vez traté a una mujer que se encontraba al límite de sus fuerzas y pensaba en el suicidio. Una araña que estaba tejiendo su tela en el porche le llamó la atención. Jamás sabremos qué detalle del comportamiento de aquel pequeño animalillo rompió el hielo que tenía aprisionada su alma y le permitió recuperar la libertad y volver a crecer, pero yo estoy convencida no sólo como psicoanalista sino también como *cantadora* de que muchas veces las cosas de la naturaleza son las más curativas, sobre todo las muy sencillas y las que más tenemos a nuestro alcance. Las medicinas de la naturaleza son muy poderosas y honradas; una mariquita en la verde corteza de una sandía, un petirrojo con un trozo de hilo en el pico, una planta florida, una estrella fugaz e incluso un arco iris en un fragmento de cristal en la calle puede ser una medicina apropiada. La perseverancia es algo muy curioso: exige una enorme energía y puede recibir alimento suficiente para un mes con sólo cinco minutos de contemplación de unas aguas tranquilas.

Es interesante señalar que entre los lobos, por muy enferma que esté, por muy acorralada que se encuentre y por muy sola, asustada o debilitada que se sienta, una loba sigue adelante. Se acercará a los demás en busca de la protección de la manada. Intentará por todos los medios resistir, derrotar con su ingenio, dejar atrás y sobrevivir a cualquier cosa que la esté acosando. Pondrá todo su empeño en ir respirando poco a poco. En caso necesario, se arrastrará como el patito de un sitio a otro hasta que encuentre un buen lugar, un lugar curativo, un lugar donde recuperarse.

La marca distintiva de la naturaleza salvaje es su afán de seguir adelante. Su perseverancia. No se trata de algo que hacemos sino de algo que somos de una manera natural e innata. Cuando no podemos prosperar, seguimos adelante hasta que podemos volver a prosperar. Aunque estemos apartadas de nuestra vida creativa, aunque nos hayan expulsado de una cultura o de una religión, aunque estemos sufriendo un exilio familiar, un destierro por parte de un grupo, un castigo a nuestros movimientos, pensamientos y sentimientos, la vida salvaje interior seguirá y nosotras seguiremos avanzando. La naturaleza salvaje no es propia de ningún grupo étnico en particular. Es la naturaleza esencial de las mujeres de Benín, Camerún y Nueva Guinea. Está presente en las mujeres de Letonia, los Países Bajos y Sierra Leona. Es el centro de las mujeres guatemaltecas, haitianas y polinesias. En cualquier país. En cualquier raza. En cualquier religión. En cualquier tribu. En cualquier ciudad, aldea o solitario puesto fronterizo. Todas las mujeres tienen en común a la Mujer Salvaje y el alma salvaje. Todas siguen lo salvaje y lo buscan a tientas.

Por consiguiente, en caso necesario las mujeres pintarán el azul del cielo en los muros de las cárceles. Si se queman las madejas, hilarán otras. Si se destruye la cosecha, sembrarán inmediatamente más semillas. Las mujeres dibujarán puertas donde no las hay, las abrirán y las cruzarán para entrar en nuevas maneras y nuevas vidas. Las mujeres perseverarán y prevalecerán porque la naturaleza salvaje persevera y prevalece.

El patito se encuentra en un tris de perder la vida. Se ha sentido solitario, ha pasado frío, se ha congelado, lo han hostigado y perseguido, han disparado contra él, ha sido abandonado, no le han dado de comer, se ha quedado absolutamente desamparado, al borde de la vida y la muerte sin saber lo que iba a ocurrir a continuación. Y ahora viene la parte más importante del cuento: se acerca la primavera, se acelera la llegada de la nueva vida, es posible un nuevo giro, un nuevo intento. Lo más importante es resistir y perseverar, pues la vida salvaje promete lo siguiente: después del invierno, viene siempre la primavera.

El amor al alma

Resiste. Sigue resistiendo. Haz tu trabajo. Encontrarás tu camino. Al final del cuento, los cisnes reconocen al patito como uno de los suyos antes de que él lo haga. Eso es muy típico en las mujeres exiliadas. Después de su duro peregrinaje, consiguen cruzar la frontera y entrar en su territorio doméstico, pero a menudo tardan algún tiempo en darse cuenta de que las miradas de la gente ya no son despectivas y con frecuencia son neutrales cuando no admirativas y aprobatorias.

Cabría pensar que, tras haber encontrado su propio territorio psíquico, las mujeres tendrían que sentirse desbordantemente felices. Pero no es así. Durante algún tiempo por lo menos, se sienten terriblemente desconfiadas. ¿De veras me aprecia esta gente? ¿De veras me encuentro a salvo aquí? ¿Me perseguirán? ¿Podré dormir ahora de verdad con los dos ojos cerrados? ¿Está bien que me comporte como... un cisne? Al cabo de algún tiempo los recelos desaparecen y se inicia la siguiente fase del regreso a la propia persona que consiste en la aceptación de la singular belleza del propio ser, es decir, del alma salvaje de la que estamos hechas.

Probablemente no hay ningún medio mejor ni más fidedigno de averiguar si una mujer ha pasado por la condición de patito feo en algún momento de su vida o a lo largo de toda su vida que su incapacidad de digerir un cumplido sincero. Aunque semejante comportamiento se podría atribuir a la modestia o a la timidez —y a pesar de que demasiadas heridas graves se despachan a la ligera como «pura timidez»[14]— a menudo un cumplido se rechaza con torpes tartamudeos porque desencadena un automático y desagradable diálogo en la mente de la mujer.

Si alguien le dice que es encantadora o pondera la belleza de su arte o la felicita por algo que su alma inspiró o en lo que participó o intervino, algo en su mente le dice que no lo merece y tú, la persona que la felicita, eres una idiota por pensar tal cosa. En lugar de comprender que la belleza de su alma resplandece cuando ella es ella misma, la mujer cambia de tema y arrebata literalmente el alimento al yo espiritual que vive del reconocimiento y de la admiración.

Por consiguiente, ésta es la tarea final de la exiliada que encuentra a los suyos: no sólo aceptar la propia individualidad, la propia identidad específica como persona de un tipo determinado, sino también la propia belleza, la forma de la propia alma y el reconocimiento de que el hecho de vivir en contacto con esa criatura salvaje nos transforma a nosotras y transforma todo lo que toca.

Cuando aceptamos nuestra belleza salvaje, la colocamos en perspectiva y ya no somos conmovedoramente conscientes de ella, pero por nada del mundo la abandonaríamos ni la negaríamos. ¿Sabe una loba lo hermosa que es cuando salta? ¿Sabe la hembra de un felino lo hermosas que son las formas que crea cuando se sienta? ¿Se impresiona un pájaro por el rumor que oye cuando despliega las alas? Cuando aprendemos de ellos, nos comportamos de acuerdo con nuestra verdadera manera de ser y no nos echamos atrás ni nos escondemos en presencia de nuestra belleza natural. Como las demás criaturas, nos limitamos a existir y así es como debe ser.

En el caso de las mujeres, esta búsqueda y este hallazgo se basan en la misteriosa pasión que sienten por lo que es salvaje, por lo que ellas mismas son con carácter innato. El objeto de este anhelo lo hemos denominado aquí la Mujer Salvaje, pero, incluso cuando ignoran su nombre y ni siquiera saben dónde vive, las mujeres se esfuerzan por ir a su encuentro y la aman con todo su corazón. La añoran y esta añoranza es a un tiempo motivación y locomoción. Este anhelo es el que nos induce a buscar y encontrar a la Mujer Salvaje. No es tan difícil como podría parecer a primera vista, pues la Mujer Salvaje también nos está buscando a nosotras. Nosotras somos sus hijas.

El Zigoto Equivocado

A lo largo de todos los años de ejercicio de mi profesión he comprendido que a veces esta cuestión de la pertenencia tiene que ser abordada con un talante más ligero, pues la frivolidad puede aliviar en parte el dolor de una mujer. Empecé a contar a mis clientas este cuento que yo me inventé, titulado «El Zigoto Equivocado», para ayudarlas sobre todo a contemplar su condición de forasteras con una metáfora más poderosa. El cuento dice así:

¿Te has preguntado alguna vez cómo te las arreglaste para acabar en una familia tan rara como la tuya? Si has vivido tu existencia como una forastera, como una persona ligeramente extraña o distinta, si eres una solitaria y vives al borde de la corriente principal, tú has sufrido. Y, sin embargo, también llega un momento en que hay que alejarse remando de todas estas cosas, conocer otra posición estratégica, emigrar a la tierra que nos corresponde.

Deja ya de sufrir y de intentar averiguar dónde fallaste. El misterio del porqué naciste como hija de quienquiera que sea ha *terminado*, *finis*, se acabó. Descansa un momento en la proa y refréscate con el viento que sopla desde tu patria.

Durante muchos años las mujeres que llevan la mítica vida del arquetipo de la Mujer Salvaje se han preguntado llorando en silencio: «¿Por qué soy tan distinta? ¿Por qué nací en una familia tan extraña [o insensible]?» Dondequiera que sus vidas quisieran brotar, había alguien que echaba sal en la tierra para que no pudiera crecer nada. Se sentían torturadas por todas las prohibiciones que iban en contra de sus deseos naturales. Si eran hijas de la naturaleza, las mantenían bajo un techo. Si eran unas científicas, les decían que tenían que ser madres. Si querían ser madres, les decían que no encajaban en absoluto con la idea. Si querían inventar algo, les decían que fueran prácticas. Si querían crear, les decían que las tareas domésticas de una mujer nunca terminan.

A veces intentaban ser buenas y adaptarse a las pautas imperantes sin darse cuenta hasta más tarde de lo que realmente querían y de lo mucho que necesitaban vivir. Después, para poder tener una vida, experimentaban las dolorosas amputaciones de dejar a sus familias, los matrimonios que habían jurado conservar hasta la muerte, los trabajos que hubieran tenido que ser los trampolines hacia algo más entontecedor pero mejor remunerado. Dejaban los sueños diseminados por todo el camino.

A menudo las mujeres eran artistas que procuraban ser razonables, dedicando el ochenta por ciento de su tiempo a actividades que mataban su vida creativa a diario. Aunque los guiones eran muy variados, todos tenían un elemento en común: a muy temprana edad se las calificaba de «distintas» con connotaciones peyorativas. Pero, en realidad, eran apasionadas, individualistas e inquisitivas y todas estaban en su sano juicio instintivo. Por consiguiente, la respuesta a los por qué yo, por qué esta familia, por qué soy tan distinta es naturalmente la de que no hay respuestas a tales preguntas. No obstante, el ego necesita algo que llevarse a la boca antes de seguir adelante, por cuyo motivo yo propongo tres respuestas a pesar de todo. (La mujer sometida a psicoanálisis puede elegir la que guste, pero tiene que elegir una. Casi todas eligen la última, pero cualquiera de ellas es suficiente.) Prepárate. Aquí las tienes.

Hemos nacido tal como somos y en las extrañas familias por medio de las cuales vinimos a este mundo, 1) porque sí (eso casi nadie se lo cree), 2) el Yo tiene un plan y nuestros diminutos cerebros son demasiado pequeños para comprenderlo (a muchas les parece una idea esperanzadora) o 3) por culpa del Síndrome del Zigoto Equivocado (bueno... sí, tal vez... pero ¿eso qué es?).

Tu familia cree que eres una extraterrestre. Tú tienes plumas y ellos tienen escamas. La idea que tú tienes de la diversión son los bosques, los espacios agrestes, la vida interior, la majestuosa belleza de la creación. La idea que tiene tu familia de la diversión es doblar toallas. Si eso es lo que ocurre en tu familia, eres víctima del Síndrome del Zigoto Equivocado.

Tu familia se mueve muy despacio a través del tiempo, tú te mueves con la rapidez del viento; ellos son locuaces y tú eres reposada, o ellos son taciturnos y a ti te gusta cantar. Tú sabes porque sabes. Ellos quieren pruebas y una tesis de trescientas páginas. No cabe duda, se trata del Síndrome del Zigoto Equivocado.

¿Nunca has oído hablar de él? Verás, el Hada de los Zigotos volaba una noche sobre tu ciudad mientras todos los pequeños zigotos que llevaba en el cesto brincaban y saltaban de emoción.

Tú estabas destinada en realidad a unos padres que te hubieran comprendido, pero el Hada de los Zigotos tropezó con una borrasca y, zas, te caíste del cesto y fuiste a parar a una casa equivocada. Caíste de cabeza en una familia que no te estaba destinada. Tu «verdadera» familia se encontraba cinco kilómetros más allá.

Por eso tú te enamoraste de una familia que no era la tuya y que vivía cinco kilómetros más allá. Tú siempre pensabas que ojalá el señor Fulano de tal y su esposa hubieran sido tus padres. Es muy probable que estuvieran destinados a serlo.

Por eso tú bailas el claqué por los pasillos a pesar de pertenecer a una familia de adictos a la televisión. Por eso tus padres se alarman cada vez que tú regresas a casa o los visitas. «¿Qué es lo que va a hacer ahora? —se preguntan, preocupados—. ¡La última vez nos avergonzó y sólo Dios sabe lo que va a hacer ahora!» Se tapan los ojos cuando te ven acercarte y no precisamente porque la luz que tú despides los deslumbre.

Tú sólo quieres amor. Ellos sólo quieren paz.

A los miembros de tu familia, por motivos personales (por sus preferencias, por su inocencia, por las heridas sufridas, por constitución, enfermedad mental o deliberada ignorancia) no se les da muy bien la espontaneidad con el subconsciente y, como es natural, cuando tú visitas la casa evocas el arquetipo del bromista, del que arma jaleo. Por consiguiente, antes de partir el pan juntos, la bromista experimenta el irreprimible deseo de arrojar un cabello al estofado de la familia.

Aunque tú no pretendas molestar a los miembros de tu familia, ellos se molestan de todos modos. Cuando tú apareces, todo y todos se vuelven locos.

Un signo inequívoco de la presencia de zigotos salvajes en la familia es el hecho de que los padres se sientan constantemente ofendidos y los hijos tengan la sensación de no hacer nunca nada a derechas.

La familia que no es salvaje sólo quiere una cosa, pero el Zigoto Equivocado nunca consigue averiguar lo que es y, aunque lo averiguara, se le pondrían los pelos tan de punta como signos de exclamación.

Prepárate porque te voy a contar el gran secreto. Eso es lo que ellos quieren realmente de ti, eso tan misterioso y trascendental.

Los que no son salvajes quieren que seas consecuente.

Quieren que hoy seas exactamente igual que ayer. Quieren que no cambies con el paso de los días sino que permanezcas siempre como al principio.

Pregúntale a la familia si desea una conducta consecuente y te contestarán afirmativamente. ¿En todo? No, dirán, sólo en las cosas importantes. Independientemente de lo que sean las cosas importantes en su sistema de valores, con frecuencia son anatema para la naturaleza salvaje de las mujeres. Por desgracia, «las cosas importantes» para ellos no coinciden con «las cosas importantes» para la hija salvaje.

～～～～～～～～～～～～～

La conducta consecuente es algo imposible para la Mujer Salvaje, pues su fuerza estriba en su adaptación a los cambios, en sus danzas, sus aullidos, sus gruñidos, su profunda vida instintiva, su fuego creador. No es consecuente por medio de la uniformidad sino más bien por medio de la vida creativa, de sus sagaces percepciones, de la rapidez de su visión, de su flexibilidad y su habilidad.

Si tuviéramos que nombrar sólo una de las cosas que convierten a la Mujer Salvaje en lo que es, sería su sensibilidad, su capacidad de respuesta. La palabra «respuesta» procede del verbo latino *respondere* cuyo significado es, entre otras cosas, «prometer, garantizar, comprometerse». Sus perspicaces y hábiles respuestas son una promesa consecuente y un compromiso con las fuerzas creadoras, tanto si se trata del *duende* —el espíritu que se oculta detrás del encanto y la pasión— como si se trata de la belleza, el arte, la danza o la vida. La promesa que nos hace, si nosotras no la malogramos, es la de ayudarnos a vivir plenamente vivas, de una manera consecuente y responsable.

De este modo, el Zigoto Equivocado ofrece su lealtad no a su familia sino a su Yo interior. Por eso la mujer se siente desgarrada. Se podría decir que su madre loba la agarra por el rabo y su familia biológica la agarra por los brazos. No tardará mucho en llorar de dolor, en enseñar los dientes y morderse a sí misma y morder a los demás antes de que se produzca un silencio mortal. Si la miras a los ojos, verás unos *ojos del cielo*, los ojos de una persona que ya no está aquí.

Aunque la socialización es muy importante para los niños, el hecho de matar a la *criatura* interior equivale a matar al niño. Los africanos occidentales reconocen que el hecho de ser duros con un niño da lugar a que el alma se aleje del cuerpo, a veces sólo unos pasos y otras a varios días de camino.

Aunque las necesidades del alma infantil tienen que guardar equilibrio con la necesidad de seguridad y de cuidados físicos y con unos conceptos minuciosamente estudiados acerca del «comportamiento civilizado», yo siempre me preocupo por los niños que se comportan demasiado bien, pues sus ojos reflejan a menudo un «alma acobardada».

Algo no marcha bien. Un alma sana brilla a través de la «persona» casi todos los días y resplandece ciertos días. Donde existe una notoria herida, el alma se escapa.

A veces se va sin rumbo o se escapa tan lejos que hace falta una magistral propiciación para convencerla de que regrese. Tiene que transcurrir mucho tiempo antes de que semejante alma recupere la confianza suficiente para volver, pero se puede hacer. Para ello son necesarios varios ingredientes: pura honradez, resistencia, ternura, dulzura, desahogo de la cólera, gracia. La combinación de todas estas cosas crea una canción que induce al alma a regresar a casa.

¿Cuáles son las necesidades del alma? Pertenecen a dos reinos: el de la naturaleza y el de la creatividad. En estos reinos vive *Na'ashjé'ii*

Asdzáá, la Mujer Araña, el gran espíritu creador de los indios diné. Ella protege a su pueblo. Su acción, entre otras, es la enseñanza del amor a la belleza.

Las necesidades del alma se encuentran en la choza de estas tres viejas (o jóvenes, según el día) hermanas —Cloto, Láquesis y Átropo—, las cuales tejen el hilo de color rojo —que significa la pasión— de la vida de una mujer. Tejen las edades de la vida de una mujer y las atan entre sí cuando una de ellas termina y comienza la siguiente. Se encuentran en los bosques de los espíritus de las cazadoras, Diana y Artemisa, quienes son mujeres lobas que representan la capacidad de cazar, seguir la pista y recuperar distintos aspectos de la psique.

Las necesidades del alma están gobernadas por *Coatlicue*, la diosa azteca de la autosuficiencia femenina que da a luz en cuclillas y firmemente asentada sobre los pies. Ella enseña lo que es la vida de la mujer solitaria. Es la hacedora de niños, es decir, de un nuevo potencial de vida, pero es también la madre de la Muerte que lleva en su falda unas calaveras que suenan como los cascabeles de una serpiente, pues son cráneos de serpiente y, puesto que los cascabeles de los cráneos suenan también como la lluvia, por afinidad de resonancia atraen la lluvia sobre la tierra. Es la protectora de todas las mujeres solitarias y de aquellas cuya *magia* y cuyos pensamientos e ideas son tan poderosos que tienen que vivir al margen de quién sabe dónde para no deslumbrar demasiado a los habitantes de la aldea. *Coatlicue* es la protectora especial de la forastera.

¿Cuál es el alimento esencial del alma? Bueno, eso difiere de criatura a criatura, pero he aquí algunas combinaciones que pueden considerarse algo así como una macrobiótica psíquica. Para algunas mujeres el aire, la noche, la luz del sol y los árboles son unas necesidades imprescindibles. Otras sólo se pueden saciar con las palabras, el papel y los libros. Para otras, el color, la forma, la sombra y la arcilla son necesidades absolutas. Algunas mujeres tienen que saltar, inclinarse y correr, pues sus almas ansían bailar. Otras sólo ansían la paz que produce el hecho de apoyarse en el tronco de un árbol.

Hay todavía que tener en cuenta otra cuestión. Los Zigotos Equivocados aprenden a ser unos supervivientes. Es duro pasarse años entre aquellos que no pueden ayudarnos a florecer. El hecho de que alguien pueda decir que es un superviviente ya es una hazaña. Para muchas personas, el poder reside en su mismo nombre. Sin embargo, en el proceso de individuación llega un momento en que la amenaza o el trauma ya pertenecen significativamente al pasado. Es el momento de pasar de la fase de la supervivencia a la de la curación y el crecimiento.

Si nos quedamos en la fase de la supervivencia sin pasar a la del crecimiento, nos limitamos y reducimos a la mitad nuestra energía y nuestro poder en el mundo. El orgullo que experimentan algunas personas por el hecho de ser supervivientes puede constituir un obstáculo para un ulterior desarrollo creativo. A veces las personas temen superar su situación de supervivientes, pues sólo se trata de eso, una situación, una marca distintiva, una hazaña de las de «más te vale creerlo porque es la pura verdad».

En lugar de convertir la supervivencia en el eje de la propia vida, conviene usarla como una de nuestras insignias, pero no la única. Los seres humanos merecen recrearse en los bellos recuerdos, las medallas y las condecoraciones recibidas por el hecho de haber vivido y triunfado en toda regla. Pero, una vez ha pasado la amenaza, podemos caer en la trampa de utilizar los nombres que nos hemos ganado en los momentos más terribles de nuestra vida, lo cual crea una disposición mental susceptible de limitarnos. No es bueno basar la identidad del alma exclusivamente en las hazañas, las pérdidas y las victorias de los malos momentos. A pesar de que la supervivencia puede dejar a la mujer tan endurecida como la cecina de buey, el hecho de aliarnos en determinado momento exclusivamente con ella puede inhibir los nuevos desarrollos.

Cuando una mujer insiste una y otra vez en decir «soy una superviviente» una vez superada la fase en que ello le podía reportar una utilidad, la tarea que tenemos por delante está muy clara. Hay que arrancar a la persona del arquetipo de la supervivencia. De lo contrario, no podría crecer nada más. Me gusta comparar esta situación con la de una plantita que consigue —sin agua, sol ni abono— sacar una valerosa y tenaz hojita a pesar de todo.

Sin embargo, ahora que los malos tiempos han quedado atrás, el crecimiento significa exponernos a situaciones propicias para el nacimiento y el desarrollo de vigorosas y abundantes flores y hojas. Es mejor ponernos nombres que nos inviten a crecer como criaturas libres. Eso es el crecimiento. Eso es lo que nos estaba destinado. Los rituales son uno de los medios utilizados por los seres humanos para situar sus vidas en perspectiva, ya sea el Purim de los judíos, el Adviento de los cristianos o el descenso de la luna. Los rituales evocan las sombras y los espectros de las vidas de las personas, los clasifican y los apaciguan. Hay una imagen especial de los festejos del *Día de los Muertos* que puede utilizarse para ayudar a las mujeres a hacer la transición desde la supervivencia al crecimiento. Se basa en el rito de las llamadas *ofrendas*, unos altares que se erigen en honor de los difuntos. Las *ofrendas* son tributos, monumentos conmemorativos y expresiones de profunda consideración hacia los seres queridos que ya no están en esta tierra. Creo que a las mujeres les es más útil hacer una *ofrenda* a la niña que fueron antaño, algo así como un testamento en favor de la niña heroica.

Algunas mujeres eligen objetos, escritos, prendas de vestir, juguetes, recuerdos de acontecimientos y otros símbolos de la infancia que se va a representar. Montan la *ofrenda* a su manera, cuentan una historia que a veces encaja con ella y otras no y después la dejan allí todo el tiempo que quieren. Es la prueba de todas las penalidades del pasado, de su valentía y de su triunfo sobre la adversidad[15].

Esta manera de contemplar el pasado consigue varios objetivos: permite ver las cosas en perspectiva con una compasiva mirada sobre el pasado, mostrando lo que se ha experimentado, lo que se ha hecho con el pasado y lo que es admirable en él. La admiración que suscita el pasado, más que su existencia, es lo que libera a la persona.

El hecho de seguir siendo una niña superviviente más allá del período en que ello ocurrió es identificarse en exceso con un arquetipo herido. Comprender la herida y recordarla nos permite crecer. Nuestro derecho como mujeres es crecer, no simplemente sobrevivir.

No te amilanes ni te acobardes si te llaman oveja negra, inconformista, lobo solitario. Los estrechos de miras dicen que los inconformistas son una lacra de la sociedad. Sin embargo, se ha demostrado a lo largo de los siglos que el hecho de ser distinta significa estar al margen, tener la certeza de que una hará una aportación original, una útil y sorprendente aportación a su cultura[16]. Cuando busques una guía, no prestes jamás atención a los pusilánimes. Sé amable con ellos, llénalos de cumplidos, procura engatusarlos, pero no sigas sus consejos.

Si alguna vez te han llamado insolente, incorregible, descarada, astuta, revolucionaria, indisciplinada, rebelde, vas por buen camino. La Mujer Salvaje está muy cerca.

Si jamás te han llamado nada de todo eso, aún hay tiempo. Haz prácticas con tu Mujer Salvaje. *¡Ándele!* Sigue intentándolo.

✒ CAPÍTULO 7

El júbilo del cuerpo: La carne salvaje

Me fascina la forma en que los lobos chocan unos con otros cuando corren y juegan, los lobos viejos a su manera, los jóvenes a la suya, los flacos, los patilargos, los rabicortos, los de orejas colgantes, aquellos cuyas fracturadas extremidades se soldaron torcidas. Todos tienen sus propias configuraciones y fuerza corporal, su propia belleza. Viven y juegan de acuerdo con lo que son, quiénes son y cómo son. No fingen ser lo que no son.

Allá arriba en el norte vi una vez una vieja loba que sólo tenía tres patas; era la única que podía pasar a través de una grieta donde crecían los arándanos. Otra vez vi a una loba gris agacharse y pegar un brinco tan rápido que, por un segundo, dejó la imagen de un arco de plata en el aire. Recuerdo a una muy delicada, una recién parida todavía con el vientre deformado, pisando el musgo del borde del estanque con la gracia de una bailarina.

Y, sin embargo, a pesar de su belleza y de su capacidad para conservar la fuerza, a las lobas se les habla a veces de la siguiente guisa: «Estás demasiado hambrienta, tienes unos dientes demasiado afilados, tus apetitos son demasiado interesados.» Tal como ocurre con las lobas, a veces se habla de las mujeres como si sólo un cierto temperamento, sólo un cierto apetito moderado fuera aceptable. A lo cual se añade con harta frecuencia un juicio sobre la bondad o la maldad moral de la mujer según su tamaño, estatura, andares y forma se ajusten o no a un singular y selecto ideal. Cuando se relega a las mujeres a los estados de ánimo, gestos y perfiles que sólo coinciden con un único ideal de belleza y conducta, se las aprisiona en cuerpo y alma y ya no son libres.

En la psique instintiva, el cuerpo se considera un sensor, una red de información, un mensajero con una miríada de sistemas de comunicación: cardiovascular, respiratorio, esquelético, autónomo y también emotivo e intuitivo. En el mundo imaginativo el cuerpo es un poderoso vehículo, un espíritu que vive con nosotros, una oración de la vida por derecho propio. En los cuentos de hadas, el cuerpo personificado en los objetos mágicos que poseen cualidades y poderes sobrehumanos, se presenta dotado de dos juegos de orejas, uno para oír el mundo material y otro para oír el alma; dos juegos de ojos, uno para la visión normal y otro para la clarividencia; dos clases de fuerza, la fuerza de los músculos y la fuerza invencible del alma. La lista de los dobles elementos del cuerpo es interminable.

En los sistemas de desarrollo corporal como el método Feldenkreis, el Ayurveda y otros, se considera que el cuerpo está dotado de seis sentidos en lugar de cinco. El cuerpo utiliza la piel, las fascias profundas y la carne para registrar todo lo que ocurre a su alrededor. Para quienes saben leerlo, el cuerpo es, como la piedra de Rosetta, un registro viviente de la vida entregada, la vida arrebatada, la vida esperada y la vida sanada. Se valora por su capacidad de reacción inmediata, su profunda sensibilidad y su previsión.

El cuerpo es un ser multilingüe. Habla a través de su color y su temperatura, el ardor del reconocimiento, el resplandor del amor, la ceniza del dolor, el calor de la excitación, la frialdad de la desconfianza. Habla a través de su diminuta y constante danza, a veces balanceándose, otras moviéndose con nerviosismo y otras con temblores. Habla a través de los vuelcos del corazón, el desánimo, el abismo central y el renacimiento de la esperanza.

El cuerpo recuerda, los huesos recuerdan, las articulaciones recuerdan y hasta el dedo meñique recuerda. El recuerdo se aloja en las imágenes y en las sensaciones de las células. Como ocurre con una esponja empapada en agua, dondequiera que la carne se comprima, se estruje e incluso se roce ligeramente, el recuerdo puede surgir como un manantial.

Reducir la belleza y el valor del cuerpo a cualquier cosa que sea inferior a esta magnificencia es obligar al cuerpo a vivir sin el espíritu, la forma y la exultación que le corresponden. Ser considerado feo o inaceptable por el hecho de que la propia belleza esté al margen de la moda actual hiere profundamente el júbilo natural que es propio de la naturaleza salvaje.

Las mujeres tienen buenos motivos para rechazar los modelos

psicológicos y físicos que ofenden el espíritu y cortan la relación con el alma salvaje. Está claro que la naturaleza instintiva de las mujeres valora el cuerpo y el espíritu mucho más por su vitalidad, capacidad de reacción y resistencia que por cualquier detalle de su aspecto. Lo cual no significa rechazar a la persona o el objeto que es considerado bello por algún segmento de la cultura sino trazar un círculo más amplio que abarca todas las variedades de belleza, forma y función.

El lenguaje corporal

Una vez formé con una amiga mía un tándem de narración de cuentos llamado «Lenguaje corporal», destinado a descubrir las virtudes ancestrales de nuestros parientes y amigos. Opalanga es una *griot* afroamericana tan alta y delgada como un tejo. Yo soy *una mexicana*, tengo una hechura muy terrenal y abundantes carnes. Aparte el hecho de ser objeto de burla por su estatura, de niña le decían a Opalanga que la separación entre sus dientes frontales significaba que era una mentirosa. Y a mí me decían que la forma y el tamaño de mi cuerpo significaban que era inferior y carecía de autocontrol. En nuestros relatos sobre el cuerpo hablábamos de las pedradas y las flechas que nos habían arrojado a lo largo de nuestras vidas porque, según los grandes «ellos», nuestros cuerpos tenían demasiado de esto y demasiado poco de lo otro. En nuestros relatos entonábamos un canto de duelo por los cuerpos de los que no nos estaba permitido gozar. Nos balanceábamos, bailábamos y nos mirábamos. Cada una de nosotras pensaba que la otra era tan hermosa y misteriosa que nos parecía imposible que los demás no lo creyeran así.

Qué sorpresa me llevé al enterarme de que, de mayor, ella había viajado a Gambia en África Occidental y había conocido a algunos representantes de su pueblo ancestral en cuya tribu, mira por dónde, muchas personas eran tan altas y delgadas como los tejos y tenían los dientes frontales separados. Aquella separación, le explicaron, se llamaba *Sakaya Yallah*, es decir, la «abertura de Dios» y se consideraba una señal de sabiduría.

Y qué sorpresa se llevó ella al decirle yo que de mayor había viajado al istmo de Tehuantepec en México y había conocido a algunos representantes de mi pueblo ancestral, los cuales, mira por dónde, eran una tribu de coquetas y gigantescas mujeres de fuerte cuerpo y considerable volumen. Éstas me dieron unas palmadas[1] y me palparon, comentando descaradamente que no estaba lo bastante gorda. ¿Comía lo suficiente? ¿Había estado enferma? Tenía que esforzarme en engordar, me explicaron, ya que las mujeres son la Tierra y son redondas como ella, pues la tierra abarca muchas cosas[2].

Por consiguiente, en la representación, al igual que en nuestras vidas, nuestras historias personales, que habían empezando siendo opresivas y deprimentes a la vez, terminaban con alegría y un fuerte sentido del yo. Opalanga comprende que su estatura es su belleza, su sonrisa es la de la sabiduría y la voz de Dios está siempre cerca de sus labios. Y yo comprendo que mi cuerpo no está separado de la tierra, que mis pies están hechos para asentarse firmemente en el suelo y mi cuerpo es un recipiente destinado a contener muchas cosas. Gracias a unos pueblos poderosos no pertenecientes a nuestra cultura de Estados Unidos, aprendimos a atribuir un nuevo valor al cuerpo y a rechazar las ideas y el lenguaje que insultaban el misterio del cuerpo o ignoraban el cuerpo femenino como instrumento de sabiduría[3].

Experimentar un profundo placer en un mundo lleno de muchas clases de belleza es una alegría de la vida, a la cual todas las mujeres tienen derecho. Aprobar sólo una clase de belleza equivale en cierto modo a no prestar atención a la naturaleza. No puede haber un solo canto de pájaro, una sola clase de pino, una sola clase de lobo. No puede haber una sola clase de niño, de hombre o de mujer. No puede haber una sola clase de pecho, de cintura o de piel.

Mis experiencias con las voluminosas mujeres de México me indujeron a poner en tela de juicio toda una serie de premisas analíticas acerca de los distintos tamaños y formas y en especial los pesos de las mujeres. Una antigua premisa psicológica en particular se me antojaba grotescamente equivocada: la idea según la cual todas las mujeres voluminosas tienen hambre de algo; la idea según la cual «dentro de ellas hay una persona delgada que está pidiendo a gritos salir». Cuando le comenté esta metáfora de la «mujer delgada que gritaba» a una de las majestuosas mujeres de la tribu tehuana, ella me miró con cierta alarma. ¿Me estaba refiriendo acaso a la posesión de un mal espíritu?[4] «¿Quién hubiera podido tener empeño en poner una cosa tan mala en el interior de una mujer?», me preguntó. No acertaba a comprender que los «curanderos» o cualquier otra persona pudiera pensar que una mujer tenía en su interior a una mujer que gritaba por el simple hecho de estar naturalmente gorda.

A pesar de que los trastornos alimenticios compulsivos y destructivos que deforman el tamaño y la imagen del cuerpo son reales y trágicos, no suelen ser la norma en la mayoría de las mujeres. Lo más probable es que las mujeres que son gordas o delgadas, anchas o estrechas, altas o bajas lo sean simplemente por haber heredado la configuración corporal de su familia; y, si no de su familia inmediata, de los miembros de una o dos generaciones anteriores. Despreciar o juzgar negativamente el aspecto físico heredado de una mujer es crear una generación tras otra de mujeres angustiadas y neuróticas. Emitir juicios destructivos y excluyentes acerca de la forma heredada de una mujer equivale a despojarla de toda una serie de importantes y valiosos tesoros psicológicos y espirituales. La despoja del orgullo del tipo corporal que ha recibido de su linaje ancestral. Si la enseñan a despreciar su herencia corporal, la mujer se sentirá inmediatamente privada de su identificación corporal femenina con el resto de la familia.

Si la enseñan a odiar su propio cuerpo, ¿cómo podrá amar el cuerpo de su madre que posee la misma configuración que el suyo[5], el de su abuela y los de sus hijas? ¿Cómo puede amar los cuerpos de otras mujeres (y de otros hombres) próximos a ella que han heredado las formas y las configuraciones corporales de sus antepasados? Atacar de esta manera a una mujer destruye su justo orgullo de pertenencia a su propio pueblo y la priva del natural y airoso ritmo que siente en su cuerpo cualquiera que sea su estatura, tamaño o forma. En el fondo, el ataque a los cuerpos de las mujeres es un ataque de largo alcance a las que las han precedido y a las que las sucederán[6].

Los severos comentarios acerca de la aceptabilidad del cuerpo crean una nación de altas muchachas encorvadas, mujeres bajitas sobre zancos, mujeres voluminosas vestidas como de luto, mujeres muy delgadas empeñadas en hincharse como víboras y toda una serie de mujeres disfrazadas. Destruir la cohesión instintiva de una mujer con su cuerpo natural la priva de su confianza, la induce a preguntarse si es o no una buena persona y a basar el valor que ella misma se atribuye no en quién es sino en lo que parece. La obliga a emplear su energía en preocuparse por la cantidad de alimento que ha comido o las lecturas de la báscula y las medidas de la cinta métrica. La obliga a preocuparse y colorea todo lo que hace, planifica y espera. En el mundo instintivo es impensable que una mujer viva preocupada de esta manera por su aspecto.

Es absolutamente lógico que una mujer se mantenga sana y fuerte y que procure alimentar su cuerpo lo mejor que pueda[7]. Pero no tengo más remedio que reconocer que en el interior de muchas mujeres hay una «hambrienta». Sin embargo, más que hambrientas de poseer un cierto tamaño, una cierta forma o estatura o de encajar con un determinado estereotipo, las mujeres están hambrientas de recibir una consideración básica por parte de la cultura que las rodea. La «hambrienta» del interior está deseando ser tratada con respeto, ser aceptada[8] y, por lo menos, ser acogida sin necesidad de que encaje en un estereotipo. Si existe realmente una mujer que está «pidiendo a gritos» salir, lo que pide a gritos es que terminen las irrespetuosas proyecciones de otras personas sobre su cuerpo, su rostro o su edad.

La patologización de la variedad de los cuerpos femeninos es un arraigado prejuicio compartido por muchos teóricos de la psicología y con toda certeza por Freud. En su libro sobre su padre Sigmund, por ejemplo, Martin Freud explica que toda su familia despreciaba y ridiculizaba a las personas gruesas[9]. Los motivos de las opiniones de Freud rebasan el propósito de este libro; no obstante, cuesta entender que semejante actitud pudiera corresponder a una opinión equilibrada acerca de los cuerpos femeninos.

Baste señalar, sin embargo, que distintos psicólogos siguen transmitiendo este prejuicio contra el cuerpo natural y animan a las mujeres a controlar constantemente su cuerpo, privándolas con ello de unas mejores y más profundas relaciones con la forma que han recibido. La angustia acerca del cuerpo priva a la mujer de buena parte de su vida creativa y le impide prestar atención a otras cosas.

Esta invitación a esculpir el cuerpo es extremadamente parecida a la tarea de desterronar, quemar y eliminar las capas de carne de la tierra hasta dejarla en los huesos. Cuando hay una herida en la psique y el cuerpo de las mujeres, hay una correspondiente herida en el mismo lugar de la cultura y, en último extremo, en la propia naturaleza. En una auténtica psicología holística todos los mundos se consideran interdependientes, no entidades separadas. No es de extrañar que en nuestra cultura se plantee la cuestión del modelado del cuerpo natural de la mujer y se plantee la correspondiente cuestión del modelado del paisaje y también el de algunos sectores de la cultura para su adaptación a la moda. Aunque no esté en las manos de la mujer impedir la disección de la cultura y de las tierras de la noche a la mañana, sí puede evitar hacer lo mismo en su cuerpo.

La naturaleza salvaje jamás abogaría por la tortura del cuerpo, la cultura o la tierra. La naturaleza salvaje jamás accedería a vulnerar la forma para demostrar valor, «dominio» y carácter o para ser más visualmente agradable o más valiosa desde el punto de vista económico.

Una mujer no puede conseguir que la cultura adquiera más conciencia diciéndole: «Cambia.» Pero puede cambiar su propia actitud hacia sí misma y hacer que las proyecciones despectivas le resbalen. Eso se consigue recuperando el propio cuerpo, conservando la alegría del cuerpo natural, rechazando la conocida quimera según la cual la felicidad sólo se otorga a quienes poseen una cierta configuración o edad, actuando con decisión y de inmediato recuperando la verdadera vida y viviéndola a tope. Esta dinámica autoaceptación y autoestima son los medios con los cuales se pueden empezar a cambiar las actitudes de la cultura.

El cuerpo en los cuentos de hadas

Hay muchos mitos y cuentos de hadas que describen las debilidades y el carácter salvaje del cuerpo. Tenemos al griego Hefesto, el tullido trabajador de metales preciosos; al mexicano *Hartar*, el del doble cuerpo; a Venus nacida de la espuma del mar; a las mujeres de la Montaña Gigante, cortejadas por su fuerza; a Pulgarcita, que puede viajar por arte de magia por doquier; y a muchos más.

En los cuentos de hadas ciertos objetos mágicos tienen unos poderes de transporte y percepción que constituyen unas metáforas muy acertadas del cuerpo, como, por ejemplo, la hoja mágica, la alfombra mágica, la nube. A veces, las capas, los zapatos, los escudos, los sombreros y los yelmos confieren el poder de la invisibilidad, de una fuerza superior, de la previsión, etc. Son parientes arquetípicos. Cada uno de ellos permite que el cuerpo físico disfrute de una mayor perspicacia, de un oído más fino, de la capacidad de volar o de una mayor protección para la psique y el alma.

Antes del invento de los carruajes, los coches y los carros, antes de la domesticación de los animales de tiro y de monta, parece ser que el elemento que representaba el cuerpo sagrado era el objeto mágico. Las prendas de vestir, los amuletos, los talismanes y otros objetos, cuando se utilizaban de una cierta manera, transportaban a la persona al otro lado del río o del mundo.

La alfombra mágica es un espléndido símbolo del valor sensorial y psíquico del cuerpo natural. Los cuentos de hadas en los que aparece el elemento de la alfombra mágica son un remedo de la actitud no-demasiado-consciente de nuestra cultura con respecto al cuerpo. En un primer tiempo, la alfombra mágica se considera un objeto sin excesivo valor. Pero cuando los que se sientan en su aterciopelada superficie le dicen «Levántate», la alfombra tiembla inmediatamente, se eleva un poco, permanece en suspenso en el aire y después, ¡zas!, se aleja volando y traslada a su ocupante a otro lugar, centro, punto de vista, a otra sabiduría[10]. El cuerpo, por medio de su estado de excitación, de su conciencia y sus experiencias sensoriales —como, por ejemplo, escuchar música, oír la voz de un ser querido o aspirar los efluvios de un aroma determinado— tiene el poder de trasladarnos a otro lugar.

En los cuentos de hadas, como en los mitos, la alfombra constituye un medio de locomoción, pero de una clase especial... de una clase que nos permite ver el mundo por dentro y también la vida subterránea. En los cuentos de Oriente Medio es el vehículo que utilizan los chamanes en sus vuelos espirituales. El cuerpo no es un objeto mudo del que pugnamos por librarnos. Visto en su adecuada perspectiva es una nave espacial, una serie de hojas de trébol atómicas, un revoltijo de ombligos neurológicos que conducen a otros mundos y otras experiencias.

Aparte de la alfombra mágica, el cuerpo está representado también por otros símbolos. Hay un cuento en el que aparecen tres; me lo proporcionó Fatah Kelly. Se titula simplemente «El cuento de la alfombra mágica»[11]. En él un sultán envía a tres hermanos en busca del «objeto más bello de la tierra». Aquel de los hermanos que encuentre el mayor tesoro ganará todo un reino. Un hermano busca y trae una varita mágica de marfil por medio de la cual se puede ver cualquier cosa que uno desee. Otro hermano trae una manzana cuyo aroma es capaz de curar cualquier dolencia. El tercer hermano trae una alfombra mágica que puede trasladar a cualquier persona a cualquier lugar simplemente pensando en él.

—Bien pues, ¿qué es lo mejor? —pregunta el sultán—. ¿El poder de ver lo que uno quiera, el poder de sanar y restablecer o el poder de hacer volar el espíritu?

Uno a uno los hermanos ensalzan los objetos que han encontrado. Pero, al final, el sultán levanta la mano y sentencia: «Ninguno de ellos es mejor que el otro, pues, si faltara uno de ellos, los demás no servirían de nada.» Y el reino se reparte a partes iguales entre los hermanos.

El cuento lleva incrustadas unas imágenes poderosas que nos permiten entrever cómo es la verdadera vitalidad del cuerpo. Este cuento (y otros del mismo estilo) describe los fabulosos poderes de intuición, perspicacia y curación sensorial, y tambien el arrobamiento que encierra el cuerpo[12]. Tendemos a pensar que el cuerpo es una especie de «otro» que cumple en cierto modo su función sin nuestra participación y que, si lo «tratamos» bien, nos hará «sentir a gusto». Muchas personas tratan su cuerpo como si fuera su esclavo o quizá lo tratan bien pero le exigen que cumpla sus deseos y caprichos como si en el fondo fuera su esclavo.

Algunos dicen que el alma facilita información al cuerpo. Pero imaginemos por un instante qué ocurriría si el cuerpo facilitara información al alma, la ayudara a adaptarse a la vida material, la analizara, la tradujera, le facilitara una hoja en blanco, tinta y una pluma con la cual pudiera escribir sobre nuestras vidas. ¿Y si, como en los cuentos de hadas de las formas cambiantes, el cuerpo fuera un dios por derecho propio, un maestro, un mentor, un guía oficial? ¿Qué ocurriría entonces? ¿Es sensato pasarse toda la vida castigando a este maestro que tiene tantas cosas que dar y enseñar? ¿Queremos pasarnos toda la vida dejando que otros quiten el mérito a nuestro cuerpo, lo juzguen y lo consideren defectuoso? ¿Somos lo bastante fuertes como para rechazar la línea telefónica compartida y escuchar con verdadero interés lo que dice el cuerpo como si éste fuera un ser poderoso y sagrado?[13]

La idea que en nuestra cultura se tiene del cuerpo como simple escultura es errónea. El cuerpo no es de mármol. No es ésa su finalidad. Su finalidad es proteger, contener, apoyar y encender el espíritu y el alma que lleva dentro, ser un receptáculo de la memoria, llenarnos de sentimiento, ése es el supremo alimento psíquico. Es elevarnos y propulsarnos, llenarnos de sentimiento para demostrar que existimos, que estamos aquí, darnos un fundamento, una fuerza y un peso. Es erróneo considerarlo un lugar que abandonamos para poder elevarnos hacia el espíritu. El cuerpo es el promotor de estas experiencias. Sin el cuerpo no existirían las sensaciones del cruce de los umbrales, no existiría la sensación de elevación ni la de altura e ingravidez. Todo eso procede del cuerpo. El cuerpo es la plataforma de lanzamiento del cohete. En su cápsula el alma contempla a través de la ventanilla la misteriosa noche estrellada y se queda deslumbrada.

El poder de las caderas

¿Qué es un cuerpo sano en el mundo instintivo? En su nivel más básico —el pecho, el vientre, cualquier lugar donde haya piel, cualquier lugar donde haya neuronas que transmiten las sensaciones—, la cuestión no es qué forma, qué tamaño, qué color, qué edad, sino ¿siente algo, funciona tal como tiene que funcionar, podemos reaccionar, percibimos su alcance, su espectro sensorial? ¿Tiene miedo, está paralizado por el dolor o el temor, anestesiado por antiguos traumas? ¿O acaso tiene su propia música, escucha como Baubo* a través del vientre y está mirando con sus muchas maneras de ver?

Yo viví a los veintitantos años dos experiencias decisivas, unas experiencias contrarias a todo lo que hasta entonces me habían enseñado acerca del cuerpo. Durante una concentración femenina de una semana de duración vi por la noche a la vera del fuego cerca de las calientes aguas termales a una mujer desnuda de unos treinta y cinco años; sus pechos estaban fláccidos de tanto dar a luz y su vientre estaba surcado de estrías causadas por los embarazos. Yo era muy joven y recuerdo que me compadecí de las agresiones sufridas en su hermosa y delicada piel. Alguien estaba tocando unas maracas y unos tambores y ella se puso a bailar mientras su cabello, sus pechos, su piel y sus miembros se movían en distintas direcciones. Qué hermosa me pareció, qué llena de vida. Su gracia era conmovedora. Siempre me había fascinado la expresión «fuego en las ingles», pero aquella noche lo vi. Vi el poder

---

* Personaje de la mitología griega que ayudó a Deméter en Eleusis cuando la diosa buscaba a su hija Perséfone por todo el mundo. (N. de la T.)

de sus caderas. Vi lo que me habían enseñado a ignorar, el poder del cuerpo de una mujer cuando está animado por dentro. Casi tres décadas después, aún me parece verla bailar en la noche y aún me impresiona el poder de su cuerpo.

Mi segundo despertar tuvo por protagonista a una mujer mucho mayor. Sus anchas caderas tenían forma de pera, sus pechos era muy pequeños en comparación con ellas, tenía los muslos surcados por unas finas venitas moradas y una larga cicatriz de una grave intervención quirúrgica le rodeaba el cuerpo desde la caja torácica hasta la columna vertebral, cual si fuera una mondadura circular como las que se hacen al pelar una manzana. El contorno de su cintura debía de medir más de un metro.

En aquel momento me pareció un misterio que los hombres zumbaran a su alrededor como si fuera un panal de miel. Querían dar un bocado a sus muslos voluminosos, querían lamer la cicatriz, sostener su pecho en sus manos, apoyar las mejillas sobre sus venas en forma de arañas. Su sonrisa era deslumbradora, sus andares eran preciosos y, cuando miraba, sus ojos captaban realmente lo que veían. Entonces vi por segunda vez lo que me habían enseñado a ignorar, el poder que hay en el cuerpo. El poder cultural del cuerpo es su belleza, pero el poder que hay en el cuerpo es algo extremadamente insólito, pues casi todas las personas lo han alejado de sí con las torturas a que someten la carne o con la vergüenza que ésta les produce.

Bajo esta luz la mujer salvaje puede indagar en la numinosidad de su propio cuerpo, comprenderlo y verlo no como un peso que estamos obligadas a soportar durante toda la vida, no como una bestia de carga, mimada o no, que nos lleva por la vida sino como una serie de puertas, sueños y poemas a través de los cuales podemos aprender y conocer toda suerte de cosas. En la psique salvaje, el cuerpo se considera un ser de pleno derecho, un ser que nos ama y que depende de nosotras y para el cual a veces somos una madre mientras que otras veces él es una madre para nosotras.

La Mariposa

Para hablar del poder del cuerpo de otra manera, tengo que contar un cuento auténtico y bastante largo, por cierto.

Durante muchos años los turistas han cruzado en tropel el gran desierto americano, recorriendo a toda prisa el llamado «circuito espiritual»: el Monument Valley, el Cañón de Chaco, la Mesa Verde, Kayenta, el Cañón de Keams, el Painted Desert y el Cañón de Chelly. Echan un apresurado vistazo a la pelvis del Gran Cañón Madre, sacuden la cabeza, se encogen de hombros y regresan corriendo a casa para, al verano siguiente, volver a cruzar en tromba el desierto, mirar, mirar y observar un poco más.

Bajo este comportamiento subyace la misma hambre de experiencia numinosa que los seres humanos han experimentado desde tiempos inmemoriales. Pero a veces esta hambre se exacerba, pues muchas personas han perdido a sus antepasados[14]. A menudo sólo conocen los nombres de sus abuelos. Han perdido en particular los relatos de la familia. Desde un punto de vista espiritual, esta situación produce tristeza y hambre. Muchos intentan recrear algo importante por el bien de su alma.

Durante años los turistas han acudido también a Puyé, una enorme y polvorienta mesa que se encuentra en el centro de una extensión despoblada de Nuevo México. Allí los *Anasazi*, los antiguos, se llamaban antaño unos a otros a través de las mesas. Dicen que un mar prehistórico labró miles de sonrientes, lascivos y quejumbrosos ojos y bocas en las paredes rocosas de aquel lugar.

Los diné (navajos), los apaches Jicarilla, los utes del sur, los hopis, los zunis, los Santa Clara, los Santo Domingo, los laguna, los picuris y los tesuque, todas estas tribus del desierto se reúnen en aquel lugar. Y bailan para recobrar el pasado y convertirse de nuevo en los pinos que se utilizan para construir las estacas de las cabañas, en los venados, en las águilas y *Katsinas*, en todos los poderosos espíritus.

Y allí acuden los visitantes, muchos de ellos hambrientos de sus geno-mitos y separados de su placenta espiritual. Han olvidado también a sus antiguos dioses. Vienen a contemplar a los que no los han olvidado.

El camino que sube a Puyé fue construido para cascos de caballos y mocasines. Pero con el paso del tiempo los automóviles adquirieron más fuerza y ahora los habitantes de la zona y los visitantes acuden en toda suerte de coches, furgonetas, descapotables y camionetas. Los vehículos gimen y echan humo por la cuesta en un lento y polvoriento desfile.

Todos aparcan *a troche y moche*, a la buena de Dios, en los pedregosos collados. Al mediodía, en el borde de la mesa parece que haya habido un choque en cadena de miles de automóviles. Algunos aparcan junto a malvarrosas de metro ochenta de altura, pensando que, para bajar de sus vehículos, bastará con empujar las plantas. Pero las malvarrosas de cien años de antigüedad son como ancianas de hierro. Los que aparcan junto a ellas se quedan atrapados en el interior de sus automóviles.

Al mediodía el sol convierte el lugar en un horno sofocante. Todos caminan con el calzado recalentado, cargados con paraguas por si llueve (lloverá), sillas plegables de aluminio por si se cansan (se cansarán) y, si son visitantes, quizá con una cámara (si les permiten usarla) y unas sartas de carretes de película colgadas alrededor del cuello como ristras de ajos.

Los visitantes acuden allí esperando mil cosas distintas, desde lo sagrado a lo profano. Acuden a ver algo que no todo el mundo podrá ver, una de las cosas más salvajes que existen, un numen viviente, *la Mariposa*.

El último acontecimiento del día es la Danza de la Mariposa. Todo el mundo espera con deleite esta danza de una sola persona. La interpreta una mujer, pero qué mujer. Cuando el sol se empieza a poner aparece un viejo resplandeciente con un traje turquesa de ceremonia de veinte kilos de peso. Con los altavoces chirriando como gallinas asustadas por la presencia de un halcón, susurra contra el micrófono cromado de los años treinta: «Y nuestra próxima danza será la Danza de la Mariposa.» Después se aleja renqueando y pisándose el dobladillo de sus pantalones vaqueros.

A diferencia de un espectáculo de ballet en el que en cuanto se anuncia la pieza se levanta el telón y los bailarines salen al escenario, allí en Puyé, como en otras danzas tribales, después del anuncio de la danza el intérprete puede tardar en aparecer desde veinte minutos hasta una eternidad. ¿Dónde están los artistas? Arreglando su caravana quizá. Las temperaturas de más de cuarenta grados son habituales y, por consiguiente, tienen que hacerse retoques de última hora en la pintura corporal cubierta de sudor. Si un cinturón de danza que hubiera pertenecido al abuelo del bailarín se rompiera camino del escenario, el bailarín no se presentaría, pues el espíritu del cinturón tendría que descansar. Los intérpretes tal vez se retrasan porque la radio Taos, KKIT (por Kit Carson) está transmitiendo una buena canción en «La hora india de Tony Lujan».

A veces un bailarín no oye el altavoz y tiene que ser avisado por un mensajero a pie. Y además el bailarín siempre tiene que hablar con sus parientes mientras se dirige al lugar donde actúa y detenerse sin falta para que sus sobrinos y sobrinas le puedan echar un buen vistazo. Qué impresionados se quedan los chiquillos al ver a un gigantesco espíritu *Katsina* que se parece sospechosamente, un poquito por lo menos, a tío Tomás, o a una bailarina del maíz que se parece mucho a tía Yazie. Finalmente, cabe la posibilidad de que el bailarín aún se encuentre en la autopista de Tesuque, con las piernas colgando por encima de la caja de una furgoneta de reparto cuyo silenciador tizna de negro el aire a lo largo de dos kilómetros mientras el viento sopla de cara.

Durante la emocionada espera de la Danza de la Mariposa todo el mundo habla de las doncellas mariposa y de la belleza de las muchachas zuni que danzaban ataviadas con un antiguo atuendo negro y rojo que dejaba un hombro al aire y se pintaban unos círculos de color rosa intenso en las mejillas. También se alaba a los jóvenes bailarines venado que bailaban con ramas de pino atados a los brazos y las piernas.

Pasa el tiempo.

Pasa.

Y pasa.

La gente hace tintinear las monedas en los bolsillos. Emite un siseo al aspirar aire a través de los dientes. Los visitantes están impacientes por ver a la maravillosa bailarina mariposa.

Inesperadamente, cuando todo el mundo frunce el ceño en señal de aburrimiento, los tamborileros levantan los brazos y empiezan a tocar el ritmo de la mariposa sagrada y los cantores empiezan a llamar a gritos a los dioses para que intervengan.

Los visitantes que sueñan con la frágil belleza de una delicada mariposa experimentan un inevitable sobresalto cuando ven saltar a María Luján[15]. Es gorda, decididamente gorda, como la Venus de Willendorf, como la Madre de los Días, como la mujer de proporciones heroicas que pintó Diego Rivera, la que construyó la Ciudad de México con un solo quiebro de la muñeca.

Y, además, María Luján es vieja, muy, muy vieja, como si hubiera regresado del polvo, tan vieja como el viejo río y como los viejos pinos que crecen en el lindero del bosque. Lleva un hombro al aire. Su *manta* negra y roja salta arriba y abajo con ella dentro. Su pesado cuerpo y sus huesudas piernas le confieren el aspecto de una araña que brinca, envuelta en un tamal.

Salta sobre un pie y después sobre el otro. Agita su abanico de plumas hacia delante y hacia atrás. Es la Mariposa que llega para fortalecer a los débiles. Es alguien a quien casi todo el mundo consideraría débil: por la edad, por el hecho de representar a una mariposa, por ser mujer.

El cabello de la Doncella Mariposa llega hasta el suelo. Es de color gris piedra y tan abundante como diez gavillas de maíz. Y luce unas alas de mariposa como las que llevan los niños en las representaciones teatrales escolares. Sus caderas son como dos trémulos cestos de treinta kilos de capacidad y el carnoso repliegue de la parte superior de sus nalgas es lo bastante ancho como para que en ella se sienten dos niños.

Salta, salta y salta, pero no como un conejo sino con unas pisadas que dejan ecos.

«Estoy aquí, aquí, aquí...

»Estoy aquí, aquí, aquí...

»¡Despertad todos, todos, todos!»

Agita su abanico de plumas arriba y abajo, derramando sobre la tierra y sobre el pueblo de la tierra el espíritu polinizador de la mariposa. Sus pulseras de caparazones de molusco suenan como los cascabeles de una serpiente y sus ligas adornadas con cascabeles tintinean como la lluvia. La sombra de su voluminoso vientre y de sus delgadas piernas baila de uno a otro lado del círculo. Sus pies levantan a su espalda unas pequeñas polvaredas.

Las tribus participan con actitud reverente. Pero algunos visitantes se miran unos a otros y murmuran: «¿Es eso? ¿Ésa es la Doncella Mariposa?» Están desconcertados y algunos incluso decepcionados. Parece que ya no recuerdan que el mundo espiritual es un lugar donde las lobas son mujeres, los osos son maridos y las viejas de considerables dimensiones son mariposas.

Sí, es bueno que la Mujer Salvaje/Mariposa sea vieja y gorda, pues lleva el mundo de las tormentas en un pecho y el mundo subterráneo en el otro. Su espalda es la curva del planeta Tierra con todas sus cosechas, sus alimentos y sus animales. Su nuca sostiene el amanecer y el ocaso. Su muslo izquierdo contiene todas las estacas de las cabañas indias, su muslo derecho contiene todas las lobas del mundo. Su vientre contiene todos los niños que nacerán en el mundo.

La Doncella Mariposa es la fuerza fertilizadora femenina. Transportando el polen de un lugar a otro, fecunda con fertilización cruzada tal como el alma fertiliza la mente con los sueños nocturnos y tal como los arquetipos fertilizan el mundo material. Ella es el centro. Une los contrarios, tomando un poco de aquí y poniéndolo allí. La transformación es así de sencilla. Eso es lo que ella enseña. Eso es lo que hace la mariposa. Eso es lo que hace el alma.

La Mariposa rectifica la errónea idea según la cual la transformación sólo está destinada a los atormentados, los santos o los extremadamente fuertes. El Yo no necesita transportar montañas para transformarse. Un poco es suficiente. Un poco da para mucho. La fuerza polinizadora sustituye el traslado de las montañas.

La Doncella Mariposa poliniza las almas de la tierra. Es más fácil de lo que tú piensas, dice. Agita su abanico de plumas y salta, pues está derramando el polen espiritual sobre todos los presentes, los americanos nativos, los niños pequeños, los visitantes, todo el mundo. Utiliza todo su cuerpo como bendición, su viejo, frágil, voluminoso, paticorto, cuellicorto y manchado cuerpo. Ésta es la mujer unida a su naturaleza salvaje, la traductora de lo instintivo, la fuerza fertilizadora, la reparadora, la recordadora de las antiguas ideas. Es *La voz mitológica*. Es la personificación de la Mujer Salvaje.

La bailarina mariposa tiene que ser vieja porque representa el alma, que es vieja. Es ancha de muslos y ancha de trasero porque acarrea muchas cosas. Su cabello gris atestigua que ya no necesita respetar los tabús que impiden tocar a la gente. Está autorizada a tocar a todo el mundo: a los chicos, a los niños, a las mujeres, a las niñas, a los viejos, a los enfermos, a los muertos. La Mujer Mariposa puede tocar a todo el mundo. Tiene el privilegio de poder tocar finalmente a todo el mundo. Éste es su poder. Su cuerpo es el de la Mariposa.

El cuerpo es como la tierra. Es una tierra en sí mismo. Y es tan vulnerable al exceso de edificaciones como cualquier paisaje, pues también está dividido en parcelas, aislado, sembrado de minas y privado de su poder. No es fácil reconvertir a la mujer salvaje mediante planes de remodelación. Para ella lo más importante no es cómo formar sino cómo sentir.

El pecho en todas sus formas desarrolla la función de sentir y alimentar. ¿Alimenta? ¿Siente? Es un buen pecho.

Las caderas son anchas y con razón, pues llevan dentro una satinada cuna de marfil para la nueva vida. Las caderas de una mujer son batangas para el cuerpo superior y el inferior; son pórticos, son un mullido cojín, asideros del amor, un lugar detrás del cual se pueden esconder los niños. Las piernas están destinadas a llevarnos y a veces a propulsarnos; son las poleas que nos ayudan a elevarnos, son un *anillo* para rodear al amante. No pueden ser demasiado esto o demasiado lo otro. Son lo que son.

En los cuerpos no hay ningún «tiene que ser». Lo importante no es el tamaño, la forma o los años y ni siquiera el hecho de tener un par de cada cosa, pues algunos no lo tienen. Lo importante desde el punto de vista salvaje es si el cuerpo siente, si tiene una buena conexión con el placer, con el corazón, con el alma, con lo salvaje. ¿Es feliz y está alegre? ¿Puede moverse a su manera, bailar, menearse, oscilar, empujar? Es lo único que importa.

Cuando yo era pequeña, me llevaron a visitar el Museo de Historia Natural de Chicago. Allí vi las esculturas de Malvina Hoffman, docenas de esculturas de bronce oscuro de tamaño natural reunidas en una espaciosa sala. La artista había esculpido con visión salvaje cuerpos generalmente desnudos de personas de todo el mundo.

Derramaba su amor sobre la enjuta pantorrilla del cazador, los largos pechos de la madre con dos hijos mayores, los conos de carne del pecho de la virgen, las pelotas del viejo colgando hasta medio muslo, la nariz con unas ventanas más grandes que los ojos, la nariz curvada como el pico de un halcón, la nariz como un ángulo recto. Se había enamorado de las orejas tan grandes como semáforos y de las orejas que casi llegaban a la altura de la barbilla y de las que eran tan pequeñas como pacanas. Le encantaban cada uno de los cabellos enroscados como los cestos de las serpientes y cada uno de los cabellos ondulados como unas cintas que se desdoblaran o los cabellos lisos como la hierba. Sentía el amor salvaje del cuerpo. Comprendía el poder que había en el cuerpo.

Ntozake Shange habla en su obra de *para las chicas de color que han pensado en el suicidio cuando basta el arco iris*.[16] En la obra, la mujer de morado habla tras haber tratado con todas sus fuerzas de asumir todos los aspectos psíquicos y físicos de su persona que la cultura ignora o desprecia. Y se resume a sí misma en estas sabias y serenas palabras:

> eso es lo que tengo...
> poemas
> grandes muslos
> pequeñas tetas
> y
>
> muchísimo amor.

Éste es el poder del cuerpo, nuestro poder, el poder de la mujer salvaje. En los mitos y los cuentos de hadas las divinidades y otros grandes espíritus ponen a prueba los corazones de los seres humanos apareciéndose bajo distintas formas que ocultan su divinidad. Se presentan con túnicas, andrajos o fajas plateadas o con los pies cubiertos de barro. Se presentan con la piel tan oscura como la madera vieja o con escamas hechas de pétalos de rosa, con un aspecto tan frágil como el de los niños, como el de una vieja tan amarilla como las limas, como un hombre que no puede hablar o como un animal que habla. Los grandes poderes ponen a prueba a los seres humanos para averiguar si ya han aprendido a reconocer la grandeza del alma en todas sus múltiples formas.

La Mujer Salvaje se presenta con muchos tamaños, colores, formas y condiciones. Debemos permanecer atentas para poder reconocer el alma salvaje en todos sus múltiples disfraces.

🦅 CAPÍTULO 8

El instinto de conservación: La identificación de las trampas, las jaulas y los cebos envenenados

La mujer fiera

Según el diccionario, la palabra «fiera» deriva del latín *fera* cuyo significado es «animal salvaje». En el lenguaje común se entiende por fiera un animal que antaño era salvaje, que posteriormente se domesticó y que ha vuelto una vez más al estado natural o indómito.

Yo afirmo que la mujer fiera es la que antes se encontraba en un estado psíquico natural —es decir, en su sano juicio salvaje— y que después fue atrapada por algún giro de los acontecimientos, convirtiéndose con ello en una criatura exageradamente domesticada y con los instintos naturales adormecidos. Cuando tiene ocasión de regresar a su naturaleza salvaje original, cae fácilmente en toda suerte de trampas y es víctima de todo tipo de venenos. Puesto que sus ciclos y sus sistemas de protección se han alterado, corre peligro al estar en el que antes era su estado salvaje natural. Ha perdido la cautela y la capacidad de permanecer en estado de alerta y por eso se convierte fácilmente en una presa.

La pérdida del instinto sigue una pauta muy concreta. Es importante estudiar esta pauta e incluso aprenderla de memoria para poder conservar los tesoros de nuestra naturaleza básica y también de la de nuestras hijas. En los bosques psíquicos hay muchas trampas de hierro oxidado escondidas bajo las verdes hojas del suelo. Psicológicamente ocurre lo mismo en el mundo material. Podemos ser víctima de varios engaños: las relaciones, las personas y las empresas arriesgadas son tentadoras, pero en el interior de un cebo de aspecto agradable se esconde algo muy afilado, algo que mata nuestro espíritu en cuanto lo mordemos.

Las mujeres fieras de todas las edades y especialmente las jóvenes experimentan un enorme impulso de resarcirse de las largas hambrunas y los largos exilios. Corren peligro por culpa de su excesivo y temerario afán de acercarse a unas personas y alcanzar unos objetivos que no son alimenticios ni sólidos ni duraderos. Cualquiera que sea el lugar donde viven o el momento en el que viven, siempre hay jaulas esperando; unas vidas demasiado pequeñas hacia las cuales las mujeres se pueden sentir atraídas o empujadas.

Si has sido capturada alguna vez, si alguna vez has sufrido *hambre del alma*, si alguna vez has sido atrapada y, sobre todo, si experimentas el impulso de crear algo, es muy probable que hayas sido o seas una mujer fiera. La mujer fiera suele estar muy hambrienta de cosas espirituales y a menudo se traga cualquier veneno ensartado en el extremo de un palo puntiagudo, pensando que es aquello que ansía su alma.

Aunque algunas mujeres fieras se apartan de las trampas en el último momento y sólo sufren algún que otro pequeño desperfecto en el pelaje, son muchas más las que caen en ellas inadvertidamente y pierden momentáneamente el conocimiento mientras que otras quedan destrozadas y otras consiguen liberarse y se arrastran hasta una cueva para poder lamerse a solas las heridas.

Para evitar las celadas y tentaciones con que tropieza una mujer que se ha pasado mucho tiempo capturada y hambrienta, tenemos que ser capaces de verlas por adelantado y esquivarlas. Tenemos que reconstruir nuestra perspicacia y nuestra cautela. Tenemos que aprender a virar. Tenemos que distinguir las vueltas acertadas y las equivocadas.

Existe algo que en mi opinión es un vestigio de un antiguo cuento de viejas de carácter didáctico que expone la apurada situación en que se encuentra la mujer fiera y muerta de hambre. Se lo conoce con distintos títulos tales como «Las zapatillas de baile del demonio», «Las zapatillas candentes del demonio» y «Las zapatillas rojas». Hans Christian Andersen escribió su versión de este viejo cuento y le dio el título citado en tercer lugar. Como un auténtico narrador, envolvió el núcleo del cuento con su propio ingenio étnico y su propia sensibilidad.

La siguiente versión de «Las zapatillas rojas» es la germano-magiar que mi tía Tereza solía contarnos cuando éramos pequeños y que yo utilizo aquí con su bendición. Con su habilidad acostumbrada, mi tía siempre empezaba el cuento con la frase: «Fijaos bien en vuestros zapatos y dad gracias de que sean tan sencillos... pues uno tiene que vivir con mucho cuidado cuando calza unos zapatos demasiado rojos.»

Las zapatillas rojas

Había una vez una pobre huerfanita que no tenía zapatos. Pero siempre recogía los trapos viejos que encontraba y, con el tiempo, se cosió un par de zapatillas rojas. Aunque eran muy toscas, a ella le gustaban. La hacían sentir rica a pesar de que se pasaba los días recogiendo algo que comer en los bosques llenos de espinos hasta bien entrado el anochecer.

Pero un día, mientras bajaba por el camino con sus andrajos y sus zapatillas rojas, un carruaje dorado se detuvo a su lado. La anciana que viajaba en su interior le dijo que se la iba a llevar a su casa y la trataría como si fuera su hijita. Así pues, la niña se fue a la casa de la acaudalada anciana y allí le lavaron y peinaron el cabello. Le proporcionaron una ropa interior de purísimo color blanco, un precioso vestido de lana, unas medias blancas y unos relucientes zapatos negros. Cuando la niña preguntó por su ropa y, sobre todo, por sus zapatillas rojas, la anciana le contestó que la ropa estaba tan sucia y las zapatillas eran tan ridículas que las había arrojado al fuego donde habían ardido hasta convertirse en ceniza.

La niña se puso muy triste, pues, a pesar de la inmensa riqueza que la rodeaba, las humildes zapatillas rojas cosidas con sus propias manos le habían hecho experimentar su mayor felicidad. Ahora se veía obligada a permanecer sentada todo el rato, a caminar sin patinar y a no hablar a menos que le dirigieran la palabra, pero un secreto fuego ardía en su corazón y ella seguía echando de menos sus viejas zapatillas rojas por encima de cualquier otra cosa.

Cuando la niña alcanzó la edad suficiente como para recibir la confirmación el día de los Santos Inocentes, la anciana la llevó a un viejo zapatero cojo para que le hiciera unos zapatos especiales para la ocasión. En el escaparate del zapatero había unos zapatos rojos hechos con cuero del mejor; eran tan bonitos que casi resplandecían. Así pues, aunque los zapatos no fueran apropiados para ir a la iglesia, la niña, que sólo elegía siguiendo los deseos de su hambriento corazón, escogió los zapatos rojos. La anciana tenía tan mala vista que no vio de qué color eran los zapatos y, por consiguiente, pagó el precio. El viejo zapatero le guiñó el ojo a la niña y envolvió los zapatos.

Al día siguiente, los feligreses de la iglesia se quedaron asombrados al ver los pies de la niña. Los zapatos rojos brillaban como manzanas pulidas, como corazones, como ciruelas rojas. Todo el mundo los miraba; hasta los iconos de la pared, hasta las imágenes contemplaban los zapatos con expresión de reproche. Pero, cuanto más los miraba la gente, tanto más le gustaban a la niña. Por consiguiente, cuando el sacerdote entonó los cánticos y cuando el coro lo acompañó y el órgano empezó a sonar, la niña pensó que no había nada más bonito que sus zapatos rojos.

Para cuando terminó aquel día, alguien había informado a la anciana acerca de los zapatos rojos de su protegida.

—¡Jamás de los jamases vuelvas a ponerte esos zapatos rojos! —le dijo la anciana en tono amenazador.

Pero al domingo siguiente la niña no pudo resistir la tentación de ponerse los zapatos rojos en lugar de los negros y se fue a la iglesia con la anciana como de costumbre.

A la entrada de la iglesia había un viejo soldado con el brazo en cabestrillo. Llevaba una chaquetilla y tenía la barba pelirroja. Hizo una reverencia y pidió permiso para quitar el polvo de los zapatos de la niña. La niña alargó el pie y el soldado dio unos golpecitos a las suelas de sus zapatos mientras entonaba una alegre cancioncilla que le hizo cosquillas en las plantas de los pies.

—No olvides quedarte para el baile —le dijo el soldado, guiñándole el ojo con una sonrisa.

Todo el mundo volvió a mirar de soslayo los zapatos rojos de la niña. Pero a ella le gustaban tanto aquellos zapatos tan brillantes como el carmesí, tan brillantes como las frambuesas y las granadas, que apenas podía pensar en otra cosa y casi no prestó atención a la ceremonia religiosa. Tan ocupada estaba moviendo los pies hacia aquí y hacia allá y admirando sus zapatos rojos que se olvidó de cantar.

Cuando abandonó la iglesia en compañía de la anciana, el soldado herido le gritó:

«¡Qué bonitos zapatos de baile!»

Sus palabras hicieron que la niña empezara inmediatamente a dar vueltas. En cuanto sus pies empezaron a moverse ya no pudieron detenerse y la niña bailó entre los arriates de flores y dobló la esquina de la iglesia como si hubiera perdido por completo el control de sí misma. Danzó una gavota y después una czarda y, finalmente, se alejó bailando un vals a través de los campos del otro lado. El cochero de la anciana saltó del carruaje y echó a correr tras ella, le dio alcance y la llevó de nuevo al coche, pero los pies de la niña calzados con los zapatos rojos seguían bailando en el aire como si estuvieran todavía en el suelo. La anciana y el cochero tiraron y forcejearon, tratando de quitarle los zapatos rojos a la niña. Menudo espectáculo, ellos con los sombreros torcidos y la niña agitando las piernas, pero, al final, los pies de la niña se calmaron.

De regreso a casa, la anciana dejó los zapatos rojos en un estante muy alto y le ordenó a la niña no tocarlos nunca más. Pero la niña no podía evitar contemplarlos con anhelo. Para ella seguían siendo lo más bonito de la tierra.

Poco después quiso el destino que la anciana tuviera que guardar cama y, en cuanto los médicos se fueron, la niña entró sigilosamente en la habitación donde se guardaban los zapatos rojos. Los contempló allá arriba en lo alto del estante. Su mirada se hizo penetrante y se convirtió en un ardiente deseo que la indujo a tomar los zapatos del estante y a ponérselos, pensando que no había nada malo en ello. Sin embargo, en cuanto los zapatos tocaron sus talones y los dedos de sus pies, la niña se sintió invadida por el impulso de bailar.

Cruzó la puerta bailando y bajó los peldaños, bailando primero una gavota, después una czarda y, finalmente, un vals de atrevidas vueltas en rápida sucesión. La niña estaba en la gloria y no comprendió en qué apurada situación se encontraba hasta que quiso bailar hacia la izquierda y los zapatos insistieron en bailar hacia la derecha. Cuando quería dar vueltas, los zapatos se empeñaban en bailar directamente hacia delante. Y, mientras los zapatos bailaban con la niña, en lugar de ser la niña quien bailara con los zapatos, los zapatos la llevaron calle abajo, cruzando los campos llenos de barro hasta llegar al bosque oscuro y sombrío.

Allí, apoyado contra un árbol, se encontraba el viejo soldado de la barba pelirroja con su chaquetilla y su brazo en cabestrillo.

—Vaya, qué bonitos zapatos de baile —exclamó.

Asustada, la niña intentó quitarse los zapatos, pero el pie que mantenía apoyado en el suelo seguía bailando con entusiasmo y el que ella sostenía en la mano también tomaba parte en el baile.

Así pues, la niña bailó y bailó sin cesar. Danzando subió las colinas más altas, cruzó los valles bajo la lluvia, la nieve y el sol. Bailó en la noche oscura y al amanecer y aún seguía bailando cuando anocheció. Pero no era un baile bonito. Era un baile terrible, pues no había descanso para ella.

Llegó bailando a un cementerio y allí un espantoso espíritu no le permitió entrar. El espíritu pronunció las siguientes palabras:

—Bailarás con tus zapatos rojos hasta que te conviertas en una aparición, en un fantasma, hasta que la piel te cuelgue de los huesos y hasta que no quede nada de ti más que unas entrañas que bailan. Bailarás de puerta en puerta por las aldeas y golpearás cada puerta tres veces y, cuando la gente mire, te verá y temerá sufrir tu mismo destino. Bailad, zapatos rojos, seguid bailando.

La niña pidió compasión, pero, antes de que pudiera seguir implorando piedad, los zapatos rojos se la llevaron. Bailó sobre los brezales y los ríos, siguió bailando sobre los setos vivos y siguió bailando y bailando hasta llegar a su hogar y allí vio que había gente llorando. La anciana que la había acogido en su casa había muerto. Pero ella siguió bailando porque no tenía más remedio que hacerlo. Profundamente agotada y horrorizada, llegó bailando a un bosque en el que vivía el verdugo de la ciudad. El hacha que había en la pared empezó a estremecerse en cuanto percibió la cercanía de la niña.

—¡Por favor! —le suplicó la niña al verdugo al pasar bailando por delante de su puerta—. Por favor, córteme los zapatos para librarme de este horrible destino.

El verdugo cortó las correas de los zapatos rojos con el hacha. Pero los zapatos seguían en los pies. Entonces la niña le dijo al verdugo que su vida no valía nada y que, por favor, le cortara los pies. Y el verdugo le cortó los pies. Y los zapatos rojos con los pies dentro siguieron bailando a través del bosque, subieron a la colina y se perdieron de vista. Y la niña, convertida en una pobre tullida, tuvo que ganarse la vida en el mundo como criada de otras personas y jamás en su vida volvió a desear unos zapatos rojos.

～～～～～～～～～～～～～～～

La pérdida brutal en los cuentos de hadas

Es más que razonable preguntarse el porqué de la presencia de episodios tan brutales en los cuentos de hadas. Se trata de un fenómeno que se registra en los mitos y el folclore de todo el mundo. La monstruosa conclusión de este cuento es típica de los finales de los cuentos de hadas cuyo protagonista espiritual no puede completar la transformación que pretendía.

Psicológicamente, el brutal episodio transmite una apremiante verdad psíquica. Esta verdad es tan apremiante —y, sin embargo, tan fácil de desdeñar con un simple «sí, bueno, lo comprendo», por más que con ello la persona vaya directamente a su condena— que no es probable que prestemos atención a la alarma si ésta se expresa en términos más blandos.

En el moderno mundo tecnológico, los brutales episodios de los cuentos de hadas han sido sustituidos por las imágenes de los anuncios de la televisión, como los que muestran una instantánea familiar en la que uno de los miembros de la familia ha sido borrado y un reguero de sangre sobre la fotografía subraya lo que ocurre cuando una persona conduce en estado de embriaguez, o esos anuncios que intentan disuadir a las personas de que consuman drogas ilegales, en los que un huevo friéndose en una sartén revela lo que ocurre en el cerebro humano cuando uno consume drogas. El elemento brutal es una antigua manera de conseguir que el yo emotivo preste atención a un mensaje muy serio.

La verdad psicológica que encierra el cuento de «Las zapatillas rojas» es que a una mujer se le puede arrancar, robar y amenazar su vida más significativa o se la puede apartar de ella por medio de halagos a no ser que conserve o recupere su alegría básica y su valor salvaje. El cuento nos invita a prestar atención a las trampas y los venenos con los que fácilmente tropezamos cuando estamos hambrientas de alma salvaje.

Sin una firme participación en la naturaleza salvaje, una mujer se muere de hambre y cae en la obsesión de los «me siento mejor», «déjame en paz» y «quiéreme... por favor».

Cuando se muere de hambre, la mujer acepta cualquier sucedáneo que se le ofrezca, incluyendo los que, como placebos inútiles, no le sirven absolutamente para nada y los que son destructivos, amenazan su vida y le hacen perder lastimosamente el tiempo y las cualidades o exponen su vida a peligros físicos. El hambre del alma induce a la mujer a elegir cosas que la harán bailar locamente y sin control... hasta llegar finalmente a la casa del verdugo.

Por consiguiente, para comprender más profundamente este cuento, tenemos que percatarnos de que una mujer puede extraviar totalmente el camino cuando pierde su vida instintiva y salvaje. Para conservar lo que tenemos y encontrar de nuevo el camino de lo femenino salvaje, tenemos que saber qué errores comete una mujer que se siente tan atrapada. Entonces podremos retroceder y reparar los daños. Entonces podrá tener lugar la reunión.

Tal como veremos, la pérdida de las zapatillas rojas hechas a mano representa la pérdida de la vida personalmente diseñada y de la apasionada vitalidad de una mujer, así como la aceptación de una existencia excesivamente domesticada, lo cual conduce a la larga a la pérdida de una percepción fiel, que provoca a su vez los excesos que llevan a la pérdida de los pies, la plataforma que nos sostiene, nuestra base, una parte muy profunda de la naturaleza instintiva que sostiene nuestra libertad.

«Las zapatillas rojas» nos muestra cómo se inicia el deterioro y a qué estado nos reducimos si no intervenimos en nombre de nuestra propia naturaleza salvaje. No nos engañemos, cuando una mujer se esfuerza por intervenir y luchar contra su propio demonio cualquiera que éste sea, su esfuerzo es una de las batallas más dignas que se pueden emprender tanto desde el punto de vista arquetípico como desde la perspectiva de la realidad consensual. Aunque la mujer pudiera llegar como en el cuento hasta el fondo del mayor de los abismos por medio del hambre, la captura, el instinto herido, las elecciones destructivas y todo lo demás, el fondo es el lugar que alberga las raíces de la psique. Allí están los apuntalamientos salvajes de la mujer. El fondo es el mejor terreno para sembrar y volver a cultivar algo nuevo. En este sentido, alcanzar el fondo, aunque sea extremadamente doloroso, es también llegar al terreno de cultivo.

Aunque por nada del mundo desearíamos la maldición de los perjudiciales zapatos rojos y la consiguiente disminución de vida ni para nosotras ni para las demás, hay en esta ardiente y destructiva esencia algo que combina la vehemencia con la sabiduría en la mujer que ha bailado la danza maldita, que se ha perdido a sí misma y ha perdido la vida creativa, que se ha precipitado al infierno con un barato (o caro) bolso de mano y que, sin embargo, se ha mantenido aferrada en cierto modo a una palabra, un pensamiento, una idea hasta que, a través de una rendija, pudo escapar a tiempo de su demonio y vivir para contarlo.

Por consiguiente, la mujer que ha perdido el control bailando, que ha perdido el equilibrio y ha perdido los pies y comprende el estado de privación a que se refiere el final del cuento de hadas, posee una sabiduría valiosa y especial. Es como un saguaro, un espléndido y hermoso cacto que vive en el desierto.

A los saguaros se los puede llenar de orificios de bala, se les pueden practicar incisiones, se los puede derribar y pisotear, y ellos siguen viviendo, siguen almacenando el agua que da la vida, siguen creciendo salvajes y, con el tiempo, se curan.

Los cuentos de hadas terminan al cabo de diez páginas, pero nuestras vidas no. Somos unas colecciones de varios tomos. En nuestras vidas, aunque un episodio equivalga a una colisión y una quemadura, siempre hay otro episodio que nos espera y después otro. Siempre hay oportunidades de arreglarlo, de configurar nuestras vidas de la manera que merecemos. No hay que perder el tiempo odiando un fracaso. El fracaso es mejor maestro que el éxito. Presta atención, aprende y sigue adelante. Eso es lo que estamos haciendo con este cuento. Estamos prestando atención a su antiguo mensaje. Estamos aprendiendo lo que son las pautas perjudiciales para poder seguir adelante con la fuerza propia de quien puede presentir las trampas, las jaulas y los cebos antes de caer en ellos o ser atrapados por ellos.

Vamos a empezar a desentrañar este importante cuento, comprendiendo lo que ocurre cuando la existencia vital que más apreciamos, con independencia de lo que otros piensen de ella, la vida que más amamos, pierde su valor y se convierte en cenizas.

Las zapatillas rojas hechas a mano

En el cuento vemos que la niña pierde las zapatillas rojas que ella se había hecho, las que la hacían sentirse rica a su manera. Era pobre, pero tenía ingenio; buscaba su camino. Había pasado de no tener zapatos a poseer unos zapatos que le conferían un sentido del alma a pesar de las dificultades de su vida material. Las zapatillas hechas a mano son indicios de la superación de una mísera existencia psíquica y del paso a una apasionada vida diseñada por ella misma. Las zapatillas representan literalmente un enorme paso hacia la integración de la ingeniosa naturaleza femenina en la vida de todos los días. No importa que su vida sea imperfecta. Tiene alegría. Evolucionará.

En los cuentos de hadas el típico personaje pobre pero ingenioso es una representación psicológica del que es rico en espíritu y poco a poco va adquiriendo más conciencia y más poder a lo largo de un prolongado período de tiempo. Se podría decir que este personaje es el símbolo exacto de todas nosotras, pues todas hacemos progresos lentos pero seguros.

Desde un punto de vista social, el calzado envía un mensaje y es una manera de diferenciar a un tipo de persona de otro. Los artistas suelen calzar zapatos muy distintos de los que llevan, por ejemplo, los ingenieros. Los zapatos pueden decirnos algo acerca de lo que somos e incluso a veces acerca de lo que aspiramos a ser, de la *persona* que nos estamos probando.

El simbolismo arquetípico del zapato se remonta a unos tiempos muy antiguos en los que los zapatos eran un signo de autoridad: los gobernantes los usaban mientras que los esclavos iban descalzos. Aún hoy en día a buena parte del mundo moderno se le enseña a emitir desmedidos juicios acerca de la inteligencia y las aptitudes de una persona según lleve o no lleve zapatos y según tenga o no dinero la que los lleve.

Esta versión del cuento nace del hecho de haber vivido en los fríos países del norte donde los zapatos se consideran unos medios de supervivencia. Mantener los pies secos y calientes ayuda a una persona a vivir cuando el tiempo es muy frío y desapacible. Recuerdo haberle oído decir a mi tía que el robo del único par de zapatos de una persona en invierno era un delito tan grave como el asesinato. La naturaleza creativa y apasionada de una mujer corre el mismo riesgo en caso de que ésta no conserve su capacidad de desarrollo y alegría, que son su calor y su protección.

El símbolo de los zapatos se puede considerar una metáfora psicológica; protegen y defienden aquello sobre lo cual nos asentamos, nuestros pies. En el simbolismo arquetípico, los pies representan la movilidad y la libertad. En este sentido, tener zapatos con que cubrirse los pies es estar convencidos de nuestras creencias y disponer de los medios con que actuar de conformidad con ellas. Sin zapatos psíquicos una mujer no puede superar los ambientes interiores y exteriores que exigen agudeza, sensatez, prudencia y resistencia.

La vida y el sacrificio van siempre de la mano. El rojo es el color de la vida y del sacrificio. Para vivir una existencia vibrante tenemos que hacer sacrificios de distintas clases. Si alguien quiere ir a la universidad, tiene que sacrificar tiempo y dinero y dedicarse en cuerpo y alma a este empeño. Si quiere crear algo, tiene que sacrificar la superficialidad, una cierta seguridad y, a menudo, el deseo de agradar a los demás y de enderezar sus más profundas ideas y sus visiones de mayor alcance.

Los problemas surgen cuando se hacen muchos sacrificios pero no brota de ellos ninguna vida en absoluto. Entonces el rojo es el color de la pérdida de sangre más que el de la vida de la sangre. Eso es exactamente lo que ocurre en el cuento. Cuando se queman las zapatillas rojas hechas a mano de la niña, se pierde un tipo de rojo vibrante y querido, lo cual desencadena un anhelo, una obsesión y, finalmente, una afición a otra clase de rojo: el de las vulgares emociones que se rompen rápidamente; el del sexo sin alma; el que conduce a una vida carente de significado.

Por consiguiente, considerando todos los aspectos del cuento de hadas como los componentes de la psique de una sola mujer, vemos que, confeccionándose ella misma las zapatillas rojas, la niña lleva a cabo una extraordinaria hazaña: conduce su vida desde la condición de esclava sin zapatos —siguiendo simplemente su camino con la vista dirigida hacia delante sin mirar ni a derecha ni a izquierda— a una conciencia que se detiene para crear, que contempla la belleza y experimenta alegría, que siente pasión y saciedad y todas las demás cosas que constituyen la naturaleza integral que llamamos salvaje.

El hecho de que las zapatillas sean de color rojo revela que el proceso será de vida vibrante, cosa que incluye el sacrificio. Y es justo y natural que así sea. El hecho de que las zapatillas estén hechas a mano con trozos de tela significa que la niña simboliza el espíritu creativo que, siendo huérfano e ignorante por las razones que sean, ha reunido todas estas cosas para su uso, utilizando su percepción innata para conseguir finalmente un resultado hermoso y espiritual.

Si lo bueno se dejara en paz, la situación del yo creativo seguiría progresando sin problemas. En el cuento la niña está encantada con su obra y con su capacidad de haberlo hecho todo ella sola, buscando y reuniendo cosas con paciencia, diseñando y juntando los trozos para expresar con ello sus ideas. No importa que, al principio, el producto sea muy tosco; muchos dioses de la creación de todas las culturas y todas las épocas no crean perfectamente la primera vez. El primer intento siempre admite mejoras y también el segundo y a menudo el tercero y el cuarto. Eso no tiene nada que ver con la propia valía y habilidad. Es la vida que evoca y evoluciona.

Si a la niña la dejan en paz, ésta se hará otro par de zapatillas rojas y otro y otro hasta conseguir que no sean tan toscas. Irá progresando. Sin embargo, aparte de su prodigiosa exhibición de ingenio para seguir adelante en circunstancias difíciles, lo más importante para ella es que las zapatillas que se ha confeccionado le producen una enorme alegría y la alegría es la sangre de la vida, el alimento del espíritu y la vida del alma todo en una pieza.

La alegría es la clase de sentimiento que experimenta una mujer cuando pone unas palabras por escrito así sin más o cuando consigue reproducir unas notas a la primera. Qué emoción tan grande. Parece increíble. Es la clase de sentimiento que experimenta una mujer cuando descubre que está embarazada y desea estarlo. Es la clase de alegría que siente cuando ve disfrutar a las personas que ama. Es la clase de alegría que siente cuando ha hecho algo que la perseguía, que la obsesionaba, que era peligroso, que la había obligado a esforzarse y a mejorar para poder alcanzar el éxito... tal vez con gracia o tal vez sin ella, pero lo importante es que consiguió crear un algo, a un alguien, el arte, la batalla, el momento; su vida. Éste es el estado natural e instintivo de la mujer. La esencia de la Mujer Salvaje se irradia a través de esta clase de alegría. Esta suerte de situación espiritual la llama por su nombre.

Pero en el cuento quiso el destino que un día, en oposición directa a las simples zapatillas rojas hechas con trozos de tela, las zapatillas que eran la pura alegría de la vida, pasara chirriando un carruaje dorado y entrara en la vida de la niña.

Las trampas

Trampa 1: La carroza dorada, la vida devaluada

En el simbolismo arquetípico, el carruaje es una imagen literal, un vehículo que traslada algo de un lugar a otro. En las imágenes oníricas modernas y en el folclore contemporáneo ha sido sustituido en buena parte por el automóvil que, desde un punto de vista arquetípico, «suena» de la misma manera. Este tipo de vehículo que «transporta» se ha considerado tradicionalmente el estado de ánimo central de la psique que nos transporta de un lugar de la psique a otro y de un esfuerzo a otro.

El hecho de subir al carruaje dorado de la anciana es similar en este caso al hecho de entrar en una jaula dorada que teóricamente tendría que ser más cómoda y agradable, pero que, en realidad, es una prisión. Una prisión que atrapa de una manera no inmediatamente perceptible, puesto que todo lo dorado suele deslumbrar al principio. Imaginemos por tanto que bajamos por el camino de nuestras vidas con nuestras preciosas zapatillas hechas a mano y, de pronto, se nos ocurre pensar algo así: «Quizá sería mejor otra cosa, otra cosa que no fuera tan difícil, que exigiera menos tiempo, energía y esfuerzo.»

Es algo que suele ocurrir en la vida de las mujeres. Nos encontramos en plena realización de algo que nos produce una sensación que puede variar desde lo agradable a lo desagradable. Creamos nuestras vidas a medida que avanzamos y hacemos lo mejor que podemos. Pero muy pronto se nos ocurre algo, algo que dice: «Eso es muy duro. Mira qué bonito es eso o aquello de allí. Parece más fácil, más agradable, más atractivo.» De repente, se acerca el carruaje dorado, se abre la portezuela, se extienden las escalerillas y subimos. Nos han seducido. Esta tentación se suele producir muy a menudo y, a veces, a diario. En muchas ocasiones cuesta decir que no.

Así, nos casamos con la persona equivocada porque nos facilita nuestra vida económica. Abandonamos el trabajo que estábamos haciendo y regresamos a otro más fácil pero más trillado que llevamos diez años arrastrando. No procuramos que ese excelente poema alcance el mejor nivel posible sino que lo dejamos en el tercer borrador en lugar de seguir esforzándonos un poco más. El espectáculo del carruaje dorado ensombrece la pura alegría de las zapatillas rojas. Aunque esta circunstancia podría interpretarse también como una búsqueda de bienes y comodidades materiales por parte de la mujer, a menudo es la expresión de un simple deseo psicológico de no tener que esforzarse tanto en las cuestiones básicas de la vida creativa. El deseo de tenerlo todo más fácil no es una trampa; es algo a lo que el ego aspira naturalmente. Ah, ¡pero a qué precio! El precio es una trampa. La trampa surge cuando la niña se va a vivir con la acaudalada anciana. Allí tiene que permanecer callada como Dios manda... no está permitido anhelar nada abiertamente y, en concreto, no se puede satisfacer el anhelo. Eso es el comienzo del hambre del alma para el espíritu creativo.

La psicología junguiana clásica señala que la pérdida del alma se produce en particular hacia la mitad de la vida, hacia los treinta y cinco años o algo más tarde. Sin embargo, para las mujeres de la cultura moderna la pérdida del alma es un peligro cotidiano, tanto si una tiene dieciocho años como si tiene ochenta, tanto si está casada como si no, cualquiera que sea su familia, su educación o su situación económica. Muchas personas «instruidas» sonríen con indulgencia cuando oyen decir que los pueblos «primitivos» tienen una interminable lista de experiencias y acontecimientos que, según ellos, les pueden robar el alma, desde ver un oso en una época del año equivocada a entrar en una casa que aún no ha recibido la bendición tras haberse producido en ella una muerte.

Aunque la cultura moderna contiene muchos elementos prodigiosos que enriquecen la vida, hay en una sola manzana de casas más osos en momentos equivocados y más lugares de muertos sin bendecir que en mil kilómetros cuadrados de tierras habitadas por poblaciones primitivas. El hecho psíquico esencial es que debemos vigilar constantemente nuestra relación con el significado, la pasión, la espiritualidad y la naturaleza profunda. Hay muchas cosas que tratan de apartarnos y alejarnos con engaño de las zapatillas hechas a mano, cosas aparentemente sencillas como decir, por ejemplo: «Ya bailaré, plantaré, abrazaré, buscaré, planificaré, aprenderé, haré las paces, limpiaré... más tarde.» Todo eso son trampas.

Trampa 2: La anciana reseca, la fuerza de la senescencia

En la interpretación de los sueños y de los cuentos de hadas, quienquiera que posea el «transmisor de actitudes», es decir, el carruaje dorado, es el principal valor que pesa sobre la psique, empujándola hacia delante, obligándola a seguir la dirección que a él le interesa. En este caso, los valores de la anciana propietaria del carruaje empiezan a empujar a la psique.

En la psicología junguiana clásica, la figura arquetípica del anciano se denomina a veces la fuerza «senex». En latín, *senex* significa «anciano». Más concretamente y sin distinción de sexos, el símbolo de los ancianos se puede interpretar como la *fuerza senescente*: una fuerza que actúa en la forma que es propia de los ancianos[1]. En los cuentos de hadas esta fuerza senescente está simbolizada por una persona anciana que a menudo se representa de una forma desequilibrada para dar a entender que el proceso psíquico de la persona también está desarrollando un comportamiento desequilibrado. Idealmente una anciana simboliza la dignidad, la capacidad de aconsejar, la sabiduría, el conocimiento de la propia persona, la tradición, la definición de los límites y la experiencia, con una buena dosis de malhumorada, envidiosa, deslenguada y coquetuela desfachatez para redondear la cosa.

Sin embargo, cuando la anciana de un cuento de hadas utiliza estos atributos negativamente, tal como ocurre en «Las zapatillas rojas», se nos advierte de antemano de que ciertos aspectos de la psique que deberían conservarse templados están a punto de quedarse congelados en el tiempo. Algo que normalmente es vibrante en el interior de la psique está a punto de ser rígidamente aplanado, de recibir una azotaina y de ser distorsionado hasta el extremo de resultar irreconocible. Cuando la niña sube al carruaje dorado de la anciana y entra posteriormente en su casa, está atrapada con tanta certeza como si deliberadamente hubiera introducido la mano en un cepo.

Tal como vemos en el cuento, el hecho de ser acogida por la anciana, en lugar de dignificar la nueva actitud, hace que la actitud senescente destruya la innovación. En lugar de convertirse en la mentora de su protegida, la anciana intentará calcificarla. La anciana de este cuento no es una sabia sino que más bien se dedica a repetir un solo valor, sin experimentar nada nuevo.

A través de todas las escenas de la iglesia, vemos que el único valor que se tiene en cuenta es el de que la opinión de la colectividad es más importante que cualquier otra cosa y ha de eclipsar las necesidades del alma salvaje individual. Se suele considerar una colectividad la cultura[2] que rodea a un individuo, cosa que efectivamente es así, si bien la definición de Jung era «los muchos comparados con el uno». Todos recibimos la influencia de muchas colectividades, tanto de los grupos a los que pertenecemos como de aquellos de los que no somos miembros. Tanto si son de carácter educativo como si son de carácter espiritual, económico, laboral, familiar o de otra clase, las colectividades que nos rodean reparten grandes recompensas y castigos no sólo entre sus miembros sino también entre los que no lo son, y tratan de ejercer influencia y de controlar toda suerte de cosas, desde nuestros pensamientos hasta nuestra elección de los amantes o de la actividad laboral. También es posible que desprecien o nos disuadan de entregarnos a las actividades que no están de acuerdo con sus preferencias.

En este cuento, la anciana es el símbolo del rígido guardián de la tradición colectiva, un agente que vela por el cumplimiento del *statu quo*, del «pórtate bien; no provoques perturbaciones; no pienses demasiado; no se te vayan a ocurrir grandes proyectos; procura pasar desapercibida; sé una copia de papel carbón; sé amable; contesta que sí aunque algo no te guste, no encaje, no tenga el tamaño adecuado y duela». Y así sucesivamente.

El hecho de seguir un sistema de valores tan apagado provoca una enorme pérdida de la conexión del alma. Cualesquiera que sean las asociaciones o las influencias de la colectividad, nuestro desafío en nombre del alma salvaje y de nuestro espíritu creativo es el de no mezclarnos con ninguna colectividad sino distinguirnos de aquellos que nos rodean y construir puentes que puedan volver a unirnos a ellos cuando nos apetezca. Nosotras tenemos que decidir qué puentes deberán ser fuertes y estar bien transitados y qué otros puentes deberán mantenerse vacíos e incompletos. Y las colectividades con las que nos relacionemos deberán ser las que ofrezcan el máximo apoyo a nuestra alma y nuestra vida creativa.

La mujer que trabaja en una universidad pertenece a una colectividad académica. No deberá fundirse con cualquier cosa que le ofrezca el ambiente de dicha colectividad, sino añadirle su propio sabor especial. Como criatura integral, a menos que haya creado en su vida otras fuerzas capaces de impedirlo, no puede permitirse el lujo de convertirse en un tipo de persona desequilibrada e irritable, de «hago mi trabajo, me voy a casa, vuelvo...». Cuando una mujer intenta formar parte de una asociación, organización o familia que desdeña examinarla por dentro para ver de qué está hecha, que no pregunta «¿Qué induce a esta persona a correr?» y que no se esfuerza en absoluto en plantearle retos o en animarla en toda la medida de sus posibilidades, su capacidad de prosperar y crear disminuye considerablemente. Cuanto más duras son las circunstancias, tanto más se siente exiliada en unos desolados yermos en los que nada puede crecer.

El hecho de apartar su vida y su mente de la aplanada forma de pensar colectiva y de desarrollar sus singulares talentos figura entre los logros más importantes que una mujer puede alcanzar, pues semejantes actos impiden que tanto el alma como la psique se deslicen hacia la esclavitud. Una cultura que promueve auténticamente el desarrollo individual jamás convertirá en esclavo a ningún grupo o sexo.

Pero la niña del cuento acepta los resecos valores de la anciana. Y entonces se convierte en una fiera que pasa del estado natural a la cautividad. Muy pronto será arrojada al yermo de los diabólicos zapatos rojos, pero sin la ayuda de su innata intuición e incapaz por tanto de percibir los peligros.

Si nos apartamos de nuestras vidas auténticas y apasionadas y subimos al carruaje dorado de la reseca anciana, adoptamos de hecho la *persona* y las ambiciones de la vieja y frágil perfeccionista. Después, como todas las criaturas cautivas, caemos en la tristeza que conduce a un anhelo obsesivo, calificada a menudo en mi profesión como «la inquietud sin nombre». A continuación, corremos el riesgo de apoderarnos de lo primero que promete devolvernos la vida.

Es importante mantener los ojos abiertos y sopesar cuidadosamente los ofrecimientos de una existencia más fácil y un camino sin dificultades, sobre todo si, a cambio, se nos pide que arrojemos nuestra personal alegría creativa a una pira crematoria en lugar de encender nuestra propia hoguera.

Trampa 3: *La quema del tesoro, el* hambre del alma

Hay una quema que se acompaña de alegría y una quema que se acompaña de aniquilización. Una es el fuego de la transformación y otra es sólo el fuego de la pérdida. A nosotras nos interesa el fuego de la transformación. Sin embargo, muchas mujeres abandonan las zapatillas rojas y acceden a dejarse limpiar demasiado, a ser demasiado amables y a doblegarse demasiado a la manera en que ven el mundo los demás. Arrojamos nuestras alegres zapatillas rojas al fuego destructor cuando digerimos valores, propagandas y filosofías al por mayor, incluidas las de carácter psicológico. Las zapatillas rojas arden hasta quedar convertidas en ceniza cuando pintamos, actuamos, escribimos, hacemos o somos de cualquier manera que provoque una reducción de nuestras vidas, un debilitamiento de nuestra visión y una fractura de nuestros huesos espirituales.

Entonces la vida de la mujer queda envuelta en la palidez, pues tiene *hambre del alma*. Lo único que ella quiere es recuperar su vida profunda. Lo único que desea es recuperar aquellas zapatillas rojas hechas a mano. La alegría salvaje que éstas simbolizan hubiera podido quemarse en el fuego del desuso, en el fuego de la devaluación del propio trabajo. Hubiera podido quemarse en las llamas del silencio que nosotras mismas nos imponemos.

Demasiadas mujeres hicieron una terrible promesa muchos años antes de comprender que no hubieran tenido que hacerla. De jóvenes estuvieron hambrientas de estímulo y apoyo básico, se llenaron de tristeza y resignación, abandonaron las plumas, cerraron sus palabras, apagaron sus cantos, enrollaron sus obras artísticas y juraron no volver a tocarlas jamás. Una mujer en semejante situación ha entrado inadvertidamente en el horno junto con su vida hecha a mano. Y su vida se convierte en ceniza.

La vida de la mujer puede consumirse en el fuego del odio a su propia persona pues los complejos son capaces de morder con mucha fuerza y, por lo menos durante algún tiempo, atemorizarla hasta el extremo de alejarla de la tarea o de la vida que más le interesa. Se pueden dedicar muchos años a no ir, no moverse, no aprender, no descubrir, no obtener, no tomar, no convertirse en algo.

La visión que una mujer tiene de su propia vida también se puede consumir en las llamas de los celos de otra persona o de la clara intención destructiva de otra persona. La familia, los mentores, los maestros y los amigos no tendrían que ser destructivos cuando sienten envidia, pero algunos lo son sin la menor duda, tanto de manera sutil como de manera no tan sutil. Ninguna mujer puede permitirse el lujo de dejar que su vida creativa penda de un hilo mientras ella sirve a una relación amorosa, un familiar, un maestro o un amigo antagónico.

Cuando la vida del alma personal arde hasta convertirse en cenizas, una mujer pierde el tesoro vital y empieza a comportarse con tanta sequedad como la Muerte.

En su inconsciente, el deseo de las zapatillas rojas, de la alegría salvaje, no sólo se conserva sino que aumenta, se desborda y, al final, se levanta tambaleándose y lo invade todo con hambrienta violencia.

Tener *hambre del alma* equivale a estar siempre desesperadamente hambrientas. Entonces la mujer siente un hambre voraz por cualquier cosa que la haga sentir nuevamente viva. Una mujer que ha sido capturada no sabe lo que tiene que hacer y acepta algo, cualquier cosa que parezca similar al tesoro inicial, tanto si éste era bueno como si no. La mujer que siente hambre de la auténtica vida del alma puede dar la impresión de estar «limpia y peinada» por fuera, pero por dentro está llena de docenas de manos suplicantes y de bocas vacías.

En semejante situación, aceptará cualquier tipo de comida sin importarle su estado o su efecto, pues necesita compensar las pérdidas del pasado. Y, sin embargo, por muy terrible que sea la situación, el Yo salvaje intentará salvarnos una y otra vez. Susurra, murmura, llama y arrastra nuestros esqueletos sin carne de acá para allá en nuestros sueños nocturnos hasta conseguir que seamos conscientes de nuestra situación y demos los pasos necesarios para recuperar el tesoro.

Podremos comprender mejor a la mujer que se entrega a los excesos —los más frecuentes son las drogas, el alcohol y los amores perniciosos— y a la que siente hambre del alma, observando el comportamiento del animal que se muere desesperadamente de hambre. Al igual que el alma famélica, el lobo siempre ha sido considerado un animal cruel y voraz que se abate sobre los inocentes y los incautos, matando por matar sin darse jamás por satisfecho. Como se ve, el lobo tiene una malísima e injusta fama tanto en los cuentos de hadas como en la vida real. Pero, de hecho, los lobos son unas abnegadas criaturas sociales. Toda la manada está instintivamente organizada de tal manera que los lobos sanos sólo matan aquello que necesitan para sobrevivir. Esta pauta sólo se relaja o se altera cuando algún lobo en particular o toda la manada sufre un trauma.

Hay dos ejemplos en los cuales un lobo mata en exceso. En ambos, el lobo no se encuentra bien. Un lobo puede matar indiscriminadamente cuando ha contraído la rabia o el moquillo. Un lobo también puede matar en exceso después de un período de hambre. La idea de que el hambre puede alterar el comportamiento de las criaturas es una metáfora muy significativa de la mujer que se muere de hambre. Nueve veces de cada diez una mujer aquejada de algún problema de tipo espiritual/psicológico que la lleva a caer en las trampas y sufrir graves lesiones es una mujer que se muere de hambre o que ha sufrido una intensa hambre del alma en el pasado.

Entre los lobos el hambre se produce cuando nieva mucho y no es posible obtener ninguna presa. Los venados y los caribúes actúan de máquinas quitanieves; los lobos siguen su rastro a través de la nieve.

Cuando los venados se quedan aislados a causa de las intensas nevadas, no hay huellas; entonces los lobos también se quedan aislados. Y se produce el hambre. Para los lobos la época más peligrosa es el invierno. En el caso de la mujer, el hambre puede producirse en cualquier momento y proceder de cualquier lugar, incluida su propia cultura.

En el caso del lobo, el hambre suele terminar en primavera cuando se inicia el deshielo. Después de un período de hambre la manada quizá se entregue a un frenesí de matanzas. Sus miembros no se comerán buena parte de las piezas que maten y tampoco la guardarán en un escondrijo. La dejarán donde está. Matan mucho más de lo que comen y mucho más de lo que jamás puedan necesitar[3]. Un proceso muy parecido se produce cuando una mujer es capturada y se muere de hambre. Cuando se ve repentinamente libre de ir, hacer o ser, corre el peligro de entregarse también a una orgía de excesos... y se siente con derecho a hacerlo. La niña del cuento de hadas también se siente con derecho a entrar en posesión de los perjudiciales zapatos rojos a cualquier precio. El hambre hace que el juicio se obnubile.

Por consiguiente, cuando el preciado tesoro de la vida del alma de una mujer arde hasta convertirse en ceniza, en lugar de sentirse animada por la ilusión, una mujer se siente dominada por la voracidad. Así, por ejemplo, si a una mujer no se le permite esculpir, es posible que de pronto se ponga a esculpir día y noche, pierda el sueño, prive a su inocente cuerpo del alimento, ponga en peligro su salud y quién sabe cuántas cosas más. Es posible que no pueda permanecer despierta un momento más; entonces recurre a las drogas, pues cualquiera sabe cuánto tiempo podrá ser libre.

El *hambre del alma* alcanza también a los atributos del alma: la creatividad, la conciencia sensorial y otras facultades instintivas. Si una mujer tiene que ser una señora de esas que se sientan con las rodillas juntas, ha sido educada para desmayarse en presencia del lenguaje soez y nunca se le ha permitido beber otra cosa que no fuera leche pasteurizada, cuando de repente se ve libre experimenta el impulso de desmandarse. De pronto no para de beber *gin-fizz*, se repantiga en los asientos como un marinero borracho y su lenguaje es capaz de arrancar la pintura de las paredes. Después de un período de hambre, la mujer teme que la vuelvan a capturar algún día. Y entonces decide aprovechar todo lo que puede[4].

Las matanzas excesivas o los comportamientos desmedidos son propios de las mujeres que tienen hambre de una vida que para ellas tenga sentido. Cuando una mujer ha vivido prolongados períodos de tiempo sin sus ciclos y sin satisfacer sus necesidades creativas, se desmanda en toda una serie de cosas como el alcohol, las drogas, la cólera, la espiritualidad, la opresión a los demás, la promiscuidad, los embarazos, el estudio, la creación, el control, la educación, la disciplina, el *fitness* corporal, la comida basura, por citar sólo algunos de los excesos más habituales. Cuando las mujeres hacen estas cosas, significa que quieren compensar la pérdida de los ciclos normales de la expresión del yo, de la expresión del alma y de la satisfacción del alma.

La mujer que se muere de hambre sufre un período de hambruna tras otro. A lo mejor, planea escapar, pero cree que el precio de la huida es demasiado alto, que le costará demasiada libido y demasiada energía. Es posible que tampoco esté bien preparada en otros sentidos, como, por ejemplo, los factores educativos, económicos y espirituales. Por desgracia, la pérdida del tesoro y el vivo recuerdo del hambre pasada puede inducirnos a pensar que los excesos son deseables. No cabe duda de que es un alivio y un placer poder disfrutar finalmente de una sensación... de cualquier clase de sensación.

Una mujer que acaba de librarse del hambre sólo quiere disfrutar de la vida para variar. Pero, de hecho, sus adormecidas percepciones acerca de los límites emocionales, racionales, físicos, espirituales y económicos necesarios para la supervivencia la ponen en una situación de peligro. En algún lugar la esperan unos resplandecientes y perjudiciales zapatos rojos. Y se adueñará de ellos dondequiera que los encuentre. Eso es lo malo del hambre. Si algo le parece capaz de saciar su anhelo, la mujer lo tomará sin discusión.

Trampa 4: La lesión del instinto de conservación, la consecuencia de la captura

El instinto es algo muy difícil de definir, pues sus configuraciones son invisibles y, aunque intuyamos que éstas forman parte de la naturaleza humana desde tiempos inmemoriales, nadie sabe muy bien dónde se alojan desde un punto de vista neurológico o cómo influyen exactamente en nosotros. Desde un punto de vista psicológico Jung aventuró la hipótesis según la cual los instintos derivaban del inconsciente psicoide, de un estrato de la psique en el que la biología y el espíritu se rozan. Tras una cuidadosa reflexión, yo he llegado a tener la misma opinión e incluso me atrevo a decir que el instinto creativo en particular es el lenguaje lírico del Yo en la misma medida en que lo es la simbología de los sueños.

Etimológicamente la palabra «instinto» deriva del verbo latino *instinguere*, que significa «instigar», «estimular» y también del vocablo *instinctus*, que significa «impulso», «instigación». La idea del instinto se puede valorar positivamente como un algo interior que, mezclado con la premeditación y la conciencia, guía a los seres humanos hacia una conducta integral. Una mujer nace con todos los instintos intactos.

Aunque se podría decir que la niña del cuento se ha visto arrastrada a un nuevo ambiente en el que se suaviza su aspereza y se eliminan las dificultades de su vida, lo que ocurre en realidad es que cesa su individuación y se detiene su impulso de desarrollo. Y, cuando la anciana, la presencia aniquiladora, considera que la obra del espíritu creativo es un desecho y no una riqueza, la niña se refugia en el silencio y se entristece, tal como suele ocurrir cuando el espíritu creativo se aleja de la vida del alma natural. Peor todavía, el instinto de la niña de escapar de aquella apurada situación queda totalmente anulado. En lugar de aspirar a una nueva vida, se sienta en un charco psíquico de pegamento. El hecho de no huir cuando ello es absolutamente necesario provoca depresión. Otra trampa.

Podemos llamar al alma lo que gustemos, nuestro matrimonio con lo salvaje, nuestra esperanza para el futuro, nuestra desbordante energía, nuestra pasión creativa, nuestra manera, lo que nosotras hacemos, el Amado, el novio salvaje, la «pluma en el aliento de Dios»[5]. Cualesquiera que sean las palabras o las imágenes que utilicemos para designar este proceso de nuestra vida, eso es lo que ha sido capturado. Por esta razón el espíritu creativo de la psique se siente tan desvalido.

A través de diversos estudios de la fauna salvaje, se ha descubierto que distintas especies de animales cautivos —por muy amorosamente que se hayan construido los lugares que ocupan en los zoos y por mucho que los quieran sus cuidadores humanos, tal como efectivamente ocurre— son a menudo incapaces de procrear, sus apetitos de alimento y descanso se tuercen y sus conductas vitales quedan reducidas al letargo, al malhumor o a una inoportuna agresividad. Los zoólogos llaman a esta conducta de los animales cautivos «depresión animal». Cada vez que se encierra una criatura en una jaula, sus ciclos naturales del sueño, de la selección de la pareja, el celo, el acicalamiento, el apareamiento, etc., se deterioran. Y, cuando se pierden los ciclos naturales, se produce el vacío. El vacío no equivale a la plenitud, tal como ocurre en el concepto budista del vacío sagrado, sino que es más bien algo así como estar dentro de una caja cerrada sin ventanas.

Por consiguiente, cuando una mujer entra en la casa de la anciana reseca, pierde la determinación y experimenta el efecto de unas emanaciones nocivas, del tedio, de las simples depresiones y de unos repentinos estados de ansiedad similares a los síntomas que registran los animales cuando la captura y los traumas los han dejado aturdidos.

Una excesiva domesticación apaga los fuertes y fundamentales impulsos del juego, de la relación, el enfrentamiento con las dificultades, el vagabundeo, la comunicación, etc. Cuando una mujer accede a ser demasiado «bien educada», los instintos de estos impulsos se ocultan en su más oscuro inconsciente, lejos de su alcance automático. Se dice entonces que sus instintos están heridos. Lo que tendría que producirse de una manera natural no se produce en absoluto o sólo se produce después de demasiados tirones y sacudidas, explicaciones racionales y luchas consigo misma.

Al definir el exceso de domesticación con el término de captura, no me refiero a la socialización, es decir, al proceso mediante el cual se enseña a los niños a comportarse de una manera más o menos civilizada. El desarrollo social reviste una importancia decisiva. Sin él, una mujer no podría abrirse camino en el mundo.

Pero un exceso de domesticación es como prohibir bailar a la esencia vital. En el estado saludable que le es propio, el yo salvaje no es dócil ni estúpido. Está alerta y reacciona en cualquier momento y ante cualquier movimiento. No está encerrado en una sola pauta absoluta y repetida, válida para todas las circunstancias. Tiene una opción creativa. La mujer cuyo instinto está herido no tiene ninguna opción. Simplemente se queda atascada.

Hay muchas maneras de quedarse atascada. La mujer que tiene el instinto herido suele delatarse porque le cuesta pedir ayuda o reconocer sus propias necesidades. Sus instintos naturales de lucha o de huida están drásticamente reducidos o se han extinguido. El reconocimiento de las sensaciones de satisfacción, disgusto, recelo y cautela y el impulso de amar plena y libremente están inhibidos o exagerados.

Como en el cuento, uno de los más insidiosos ataques al yo salvaje consiste en inducir a la mujer a comportarse como es debido dándole a entender que recibirá una (hipotética) recompensa. Aunque este método puede (subrayo el «puede») inducir transitoriamente a una niña de dos años a ordenar su habitación (y a no tocar sus juguetes hasta que no haya hecho la cama)[6], jamás de los jamases dará resultado en la existencia de una mujer vital. A pesar de que la coherencia, el cumplimiento de una acción hasta el final y la organización son esenciales para el desarrollo de la vida creativa, la perentoria orden de la anciana de comportarse «con corrección» destruye cualquier oportunidad de desarrollo.

La arteria central, el núcleo, el tronco cerebral de la vida creativa es el juego, no la corrección. El impulso de jugar es un instinto. Si no hay juego, no hay vida creativa. Si eres buena, no hay vida creativa. Si te sientas quietecita, no hay vida creativa. Si sólo hablas, piensas y actúas con discreción, habrá muy poco jugo creativo. Cualquier grupo, sociedad, institución u organización que anime a la mujer a denostar lo excéntrico; a recelar de lo nuevo e insólito; a evitar lo ardiente, lo vital, lo innovador; a despersonalizar lo personal, está pidiendo una cultura de mujeres muertas.

Janis Joplin, la cantante de blues de los años sesenta, es un buen ejemplo de mujer fiera cuyos instintos resultaron heridos por las fuerzas que aplastaron su espíritu. Su vida creativa, su inocente curiosidad, su amor a la vida y su actitud un tanto irreverente en relación con el mundo en los años de su desarrollo fueron despiadadamente censurados por sus profesores y por muchas de las personas que la rodeaban en la sureña comunidad baptista blanca de su época, en la que tanto se ensalzaban las virtudes de la «buena chica».

A pesar de que era una excelente estudiante y una pintora de considerable talento, las demás chicas la sometieron a ostracismo por no llevar maquillaje[7] y lo mismo hicieron sus vecinos por su afición a subir a la cumbre de una rocosa colina de las afueras de la ciudad para cantar con sus amigos y por su interés por la música de jazz. Cuando al final huyó al mundo del blues, estaba tan muerta de hambre que ya no supo comprender cuándo tenía que detenerse. Sus límites eran muy inestables, es decir, carecía de límites en cuestión de sexo, alcohol y drogas[8].

Hay algo en Bessie Smith, Anne Sexton, Edith Piaf, Marilyn Monroe y Judy Garland que sigue la misma pauta de instinto herido que es propia del hambre del alma: el intento de «encajar», su conversión en alcoholizadas, su incapacidad de detenerse[9]. Podríamos elaborar una lista muy larga de mujeres de talento con el instinto herido que, en el vulnerable estado en que se encontraban, tomaron unas decisiones muy desacertadas. Como la niña del cuento, todas ellas perdieron por el camino sus zapatillas hechas a mano y llegaron hasta los perjudiciales zapatos rojos. Todas se morían de tristeza, pues estaban hambrientas de alimento espiritual, de relatos del alma, de naturales vagabundeos, de adornos personales de acuerdo con sus necesidades, de aprendizaje divino y de una sana y sencilla sexualidad. Pero eligieron sin querer los zapatos malditos —las creencias, las acciones, las ideas que provocaron el progresivo deterioro de su vida— y éstos las convirtieron en unos espectros entregados a una danza enloquecida.

No puede subestimarse la posibilidad de que la lesión del instinto sea la causa de la conducta de las mujeres cuando éstas se comportan como si estuvieran locas, cuando se sienten dominadas por las obsesiones o se quedan atascadas en unas pautas de conducta menos perjudiciales, pero no por ello menos destructivas. La curación de los instintos heridos empieza con el reconocimiento de que se ha producido una captura seguida de un hambre del alma y que se han alterado los límites de la perspicacia y la protección. El proceso que dio lugar a la captura de una mujer y a la consiguiente hambre del alma se tiene que invertir. Pero, primero, muchas mujeres pasan por las siguientes fases que se describen en el cuento.

Trampa 5: El subrepticio intento de llevar una vida secreta, de estar dividida en dos

En esta parte del cuento la niña va a ser confirmada y la llevan al zapatero para que le haga unos zapatos. El tema de la confirmación es un añadido relativamente moderno. Desde un punto de vista arquetípico, es muy probable que «Las zapatillas rojas» sea un fragmento repetidamente retocado de un relato o un mito mucho más antiguo acerca del inicio de la menarca y de una vida menos protegida por la madre; en el caso de una joven a la que, en años anteriores, sus parientes de sexo femenino han enseñado a ser consciente y a reaccionar ante el mundo exterior[10].

Se dice que en las culturas matriarcales de la antigua India, del antiguo Egipto y de ciertas partes de Asia y de Turquía —que, según se cree, han influido en nuestro concepto del alma femenina al difundirse en un territorio de miles de kilómetros de extensión— la entrega de alheña y de otros pigmentos rojos a las muchachas para que se pudieran teñir los pies con ellos era la característica esencial de los ritos de iniciación[11]. Uno de los más importantes ritos de iniciación se refería a la primera menstruación. El rito celebraba el paso de la infancia a la prodigiosa capacidad de extraer la vida del propio vientre y de poseer el correspondiente poder sexual y todos los poderes femeninos periféricos. La ceremonia se centraba en la sangre roja en todas sus fases: la sangre uterina de la menstruación, la del alumbramiento de un niño y la del aborto, todas ellas fluyendo hacia los pies. Como se puede ver, las zapatillas rojas iniciales tenían muchos significados.

La referencia al día de los Inocentes también es un añadido posterior. Guarda relación con una festividad cristiana que, en Europa, acabó eclipsando las más arcaicas celebraciones del solsticio de invierno del antiguo mundo pagano. Durante las más remotas celebraciones paganas, las mujeres llevaban a cabo unos rituales de purificación del cuerpo femenino y del espíritu del alma femenina como preparación de la nueva vida figurativa y literal de la inminente primavera. Los ritos podían incluir lamentaciones colectivas por los embarazos malogrados[12], incluidos la muerte de un niño o el aborto espontáneo, los partos de fetos muertos, los abortos provocados y otros importantes acontecimientos de la vida sexual y reproductiva femenina del año anterior[13].

Ahora se produce en el cuento uno de los más reveladores episodios de la represión psíquica. El voraz deseo de alma de la niña quiebra los listones de sus resecos comportamientos. En la tienda del zapatero se apodera subrepticiamente de los extraños zapatos rojos sin que la anciana se dé cuenta. Un hambre voraz de vida del alma ha aflorado a la superficie de la psique, y se apodera de todo aquello que tiene a mano, pues sabe que muy pronto volverá a ser reprimida.

Este explosivo «hurto» psicológico se produce cuando una mujer empuja considerables partes del yo hacia las sombras de la psique. Según la visión de la psicología analítica, la represión tanto de los instintos, impulsos y sentimientos negativos como la de los positivos da lugar a que éstos habiten en un reino de sombras. Mientras el ego y el superego intentan seguir censurando los impulsos de la sombra, la misma presión generada por la represión parece algo así como una burbuja en la pared lateral de un neumático. Al final, cuando el neumático empieza a dar vueltas y se calienta, la presión que hay detrás de la burbuja se intensifica y da lugar a que ésta estalle hacia fuera, liberando todo su contenido interior.

La sombra actúa de una manera muy parecida. Por eso una persona avara puede sorprender a todo el mundo donando de repente varios millones de dólares a un orfelinato. Por eso una persona normalmente dulce es capaz de sufrir un arrebato y comportarse como una persona enloquecida. Descubrimos que, abriendo un poco la puerta del reino de la sombra y dejando escapar poco a poco algunos elementos, estableciendo una relación con ellos, buscándoles un uso y entablando negociaciones, podemos disminuir el riesgo de ser sorprendidas por los ataques subrepticios y las inesperadas explosiones de la sombra.

Aunque los valores varían de cultura a cultura y arrojan distintos matices «negativos» y «positivos» sobre la sombra, los típicos impulsos que se consideran negativos y que, por consiguiente, se relegan al reino de la sombra son los que inducen a una persona a robar, engañar, asesinar, actuar con exageración y cosas por el estilo. Los aspectos negativos de la sombra tienden a ser extrañamente excitantes a pesar de su carácter entrópico, por cuyo motivo arrebatan el equilibrio, la ecuanimidad y la vida de los individuos, las relaciones y los grupos.

Pero la sombra también puede contener los divinos, deliciosos, bellos y poderosos aspectos de la personalidad. Sobre todo en el caso de las mujeres, la sombra contiene casi siempre unos aspectos muy hermosos del ser que la cultura ha prohibido o a los que apenas presta apoyo. En el fondo del pozo de la psique de demasiadas mujeres se encuentra la creadora visionaria, la astuta narradora de cuentos, la previsora, la que sabe hablar bien de sí misma sin menosprecio, la que puede mirarse a la cara sin pestañear, la que se esfuerza por mejorar su arte. Los impulsos positivos de la sombra en las mujeres de nuestra cultura suelen girar a menudo en torno al permiso para crear una vida hecha a mano.

Estos aspectos descartados, menospreciados e «inaceptables» del alma y el yo no se limitan a permanecer ocultos en la oscuridad, sino que más bien se dedican a conspirar con el fin de establecer cómo y cuándo entrarán en acción para poder alcanzar la libertad. Borbotean en el inconsciente, hierven a fuego lento hasta que un día, por muy hermética que sea la tapa que los cubre, estallan hacia fuera y hacia arriba en un desbordado torrente dotado de voluntad propia.

Entonces es, tal como decimos en nuestras remotas regiones boscosas, como intentar introducir de nuevo diez libras de barro en un saco de cinco libras. Cuesta taponar lo que ha estallado en la sombra una vez que se ha producido la detonación. Aunque hubiera sido mucho mejor haber encontrado un medio integral de vivir conscientemente la alegría que nace del espíritu creativo en lugar de enterrarlo, a veces la mujer se ve empujada contra la pared y éste es el resultado.

La vida de la sombra se produce cuando las escritoras, las pintoras, las bailarinas, las madres, las buscadoras, las místicas, las estudiantes o las viajeras dejan de escribir, pintar, bailar, hacer de madres, buscar, escudriñar, aprender, hacer prácticas. Es posible que dejen de hacerlo porque aquello a lo que han dedicado tanto tiempo no ha dado el resultado que ellas esperaban o no ha recibido la acogida que se merecía o por otras innumerables razones. Cuando la que hace algo se detiene por el motivo que sea, la energía que fluye naturalmente de ella se desvía hacia el mundo subterráneo, en el que aflora dónde y cuándo puede. Sabiendo que en pleno día no puede emprender con ímpetu cualquier cosa que desee, la mujer empieza a llevar una extraña doble vida, fingiendo una cosa en las horas diurnas y actuando de otra manera cuando tiene ocasión.

Cuando la mujer trata de comprimir su vida en un pulcro y precioso paquetito, lo único que consigue es empujar a presión toda su energía vital hacia la sombra. «Estoy bien, muy bien», dice la mujer. La miramos desde el otro lado de la estancia o reflejada en el espejo. Sabemos que no está bien. Más adelante, un día nos enteramos de que se ha liado con un intérprete de flautín y se ha largado a Tippicanoe para convertirse en una reina de salón de billar. Y nos preguntamos qué ha ocurrido, pues sabemos que ella aborrece a los intérpretes de flautín y siempre quiso vivir en la isla de Orcas y no en Tippicanoe y jamás nos había comentado nada acerca de los salones de billar.

Como la Hedda Gabler de la obra de Henrik Ibsen, la mujer salvaje puede simular vivir «una existencia corriente» mientras rechina los dientes, pero siempre hay que pagar un precio. Hedda tiene una peligrosa y apasionada vida secreta y juega con un ex amante y con la Muerte. Por fuera finge estar encantada de tocarse con sombreritos y de escuchar los comentarios de su reseco marido acerca de la aburrida vida que lleva. Una mujer puede ser exteriormente educada e incluso cínica mientras se desangra por dentro.

O, como Janis Joplin, puede intentar adaptarse hasta que ya no puede más, en cuyo caso su naturaleza creativa, corroída y asqueada por el hecho de verse obligada a descender a la sombra, estalla violentamente para rebelarse contra los dogmas de la «buena crianza», actuando con una imprudencia que pone en peligro sus cualidades y su vida.

Se lo puede llamar como se quiera, pero el hecho de vivir una existencia secreta porque a la verdadera no se le da espacio suficiente para prosperar es muy duro para la vitalidad de las mujeres. Las mujeres capturadas y muertas de hambre roban toda suerte de cosas: roban libros y músicas censurados, roban amistades, sensaciones sexuales, afiliaciones religiosas. Roban pensamientos furtivos, sueños de revolución. Roban tiempo de sus parejas y sus familias. Roban un tesoro y lo introducen subrepticiamente en su casa. Roban el tiempo de escribir, el tiempo de pensar y el tiempo del alma. Introducen subrepticiamente un espíritu en la alcoba, un poema antes del trabajo, roban un brinco o un abrazo cuando nadie mira.

Para apartarse de este camino polarizado, la mujer tiene que abandonar el fingimiento. Vivir una existencia falsificada del alma jamás da resultado. Siempre estalla el neumático cuando una menos lo espera. Entonces no hay más que tristeza a nuestro alrededor. Vale más levantarse, permanecer de pie por muy sencillo que sea el estrado, vivir al máximo y lo mejor que se pueda y dejar de robar falsificaciones. Tenemos que buscar lo que es significativo y saludable para nosotras.

En el cuento, la niña escamotea los zapatos ante la anciana con mala vista para indicar que el reseco y perfeccionista sistema de valores carece de capacidad para examinar las cosas con detenimiento y estar atento a lo que ocurre a su alrededor. Es típico que la psique interior herida y también la cultura no se percaten de la aflicción personal del yo. La niña hace una nueva elección equivocada en una larga lista de equivocaciones.

Supongamos que el primer paso hacia la trampa, el hecho de subir al carruaje dorado, lo diera por ignorancia. Supongamos que el hecho de abandonar el fruto de su trabajo manual fuera una imprudencia típica de los que carecen de experiencia en la vida. Pero ahora quiere los zapatos del escaparate del zapatero y, curiosamente, este impulso hacia la nueva vida es justo y apropiado, pues la niña se ha pasado demasiado tiempo en casa de la anciana, por lo que sus instintos no dan la voz de alarma cuando hace esta mortal elección. De hecho, el zapatero conspira con ella. Le guiña el ojo y sonríe ante su desdichada elección. Juntos toman subrepticiamente los zapatos rojos.

Las mujeres engañan de esta manera. Se deshacen del tesoro cualquiera que éste sea, pero roban trastos aquí y allá siempre que pueden. ¿Están escribiendo? Sí, pero en secreto, lo cual significa que no cuentan con ningún apoyo e ignoran los efectos de lo que hacen. ¿La estudiante quiere vivir su vida? Sí, pero en secreto, lo cual quiere decir que no tendrá ninguna ayuda ni ninguna guía. ¿La actriz se arriesga a ofrecer una actuación completamente original, o presenta pálidas imitaciones que la convierten en un remedo en lugar de ser un modelo? ¿Y qué decir de la ambiciosa mujer que finge no ser ambiciosa, pero que se muere de ganas de conseguir logros para sí misma, para los suyos para su mundo? Es una ardiente soñadora, pero se limita a seguir afanosamente hacia delante en silencio. Es terrible no tener un confidente, una guía, alguien que la anime un poquito.

Es muy difícil arrancar pequeños retazos de vida de esta manera, pero muchas mujeres lo hacen a diario. Cuando una mujer se siente obligada a robar subrepticiamente la vida, significa que está viviendo al límite de la subsistencia. Roba la vida cuando los oye a ellos, quienesquiera que sean los «ellos» de su vida. Actúa con aparente calma y desinterés, pero dondequiera que haya una rendija de luz, su moribundo yo pega un salto, corre hacia la más cercana forma de vida, se anima, suelta una coz hacia atrás, se abalanza como una loca, baila como una tonta, se agota e intenta regresar a la negra celda antes de que alguien se dé cuenta de que se ha ido.

Es lo que hacen las mujeres cuyos matrimonios son insatisfactorios. Es lo que hacen las mujeres a quienes se obliga a sentirse inferiores. Lo hacen también las mujeres que se avergüenzan, que temen el castigo, el ridículo o la humillación, las que tienen el instinto herido. El robo es bueno para la mujer capturada sólo si roba lo apropiado, sólo si eso la conduce a su liberación. Esencialmente, el hecho de robar cosas buenas y satisfactorias y sustanciosos pedazos de vida hace que el alma experimente con más vehemencia que nunca el deseo de dejar de robar y de ser libre de llevar la vida que ella estime conveniente a la vista de todo el mundo.

Como se ve, hay algo en el alma salvaje que no nos permite subsistir para siempre con retazos fragmentarios de vida, pues, en realidad es de todo punto imposible que la mujer que aspira a la conciencia robe pequeñas bocanadas de aire puro y después se conforme sólo con eso. ¿Recuerdas cuando eras niña y descubriste que no podías matarte conteniendo la respiración? Por mucho que intentemos aspirar un mínimo de aire o ninguno en absoluto, un poderoso fuelle asume el mando, algo violento y exigente que, al final, nos obliga a aspirar el aire a la mayor rapidez posible. Inhalamos con ansia y nos llenamos los pulmones hasta que volvemos a respirar con normalidad.

Por suerte, en la psique/alma hay algo muy parecido. Se apodera de nosotras y nos obliga a aspirar grandes bocanadas de aire puro. Sabemos que no podemos subsistir robando sorbitos de vida. La fuerza salvaje del alma femenina exige tener acceso a toda la vida. Podemos permanecer en estado de alerta y ver las cosas que son adecuadas para nosotras. El zapatero del cuento prefigura al viejo soldado que, más adelante en el cuento, hace cobrar vida a los zapatos que obligan a la niña a bailar hasta enloquecer. Hay demasiadas coincidencias entre este personaje y lo que sabemos acerca del antiguo simbolismo como para pensar que se trata de un inocente espectador. El depredador natural del interior de la psique (y también el de la cultura) es una fuerza que cambia de forma y puede disfrazarse de la misma manera que las trampas, las jaulas y los cebos envenenados se disfrazan para poder atraer a las incautas. Recordemos que el zapatero engaña a la anciana como quien gasta una broma.

No, lo más probable es que esté en connivencia con el viejo soldado, el cual es, naturalmente, una representación del demonio disfrazado[14]. Antaño el demonio, el soldado, el zapatero, el jorobado y otras figuras se utilizaban para simbolizar las fuerzas negativas tanto en la naturaleza terrestre como en la naturaleza humana[15].

Aunque podríamos sentirnos justamente orgullosas de que el alma fuera lo bastante valiente para atreverse a robar subrepticiamente algo en semejantes condiciones de sequía, está claro que esta circunstancia por sí sola no puede ser la única. Una psicología integral tiene que incluir no sólo el cuerpo, la mente y el espíritu sino también la cultura y el ambiente. Bajo esta luz debemos preguntarnos en cada nivel cómo es posible que una mujer individual comprenda que tiene que rebajarse, retroceder, arrastrarse por el suelo y suplicar una vida que es suya de entrada. ¿Qué es lo que, en cualquier cultura, exige tal cosa? El examen de las presiones creadas por las distintas capas de los mundos interior y exterior evitará que una mujer crea que el hecho de apoderarse subrepticiamente de los zapatos del demonio es de alguna manera una elección constructiva.

Trampa 6: El temor ante lo colectivo, la rebelión de la sombra

La niña se apodera subrepticiamente de los zapatos rojos, se va a la iglesia haciendo caso omiso del revuelo que se arma a su alrededor y es denostada por la comunidad. Los habitantes de la aldea «hablan» de ella. La castigan. Le arrebatan los zapatos. Pero ya es demasiado tarde, está atrapada. Aún no se trata de una obsesión sino más bien de que la comunidad provoca y fortalece su hambre interior exigiéndole capitular ante su estrechez de miras.

Se puede intentar llevar una vida secreta, pero más tarde o más temprano el super-ego, un complejo negativo y/o la propia cultura se nos echarán encima. Es difícil esconder algo que los demás no aprueban y que nosotras deseamos con ansia. Es difícil esconder los placeres robados aunque no nos proporcionen alimento.

Lo propio de los complejos y de las culturas negativas es echarse encima de todo lo que se aparta de la conducta aceptable establecida por la sociedad y revela los impulsos divergentes del individuo.

De la misma manera que algunas personas se ponen furiosas cuando ven una simple hoja en el suelo, el juicio negativo saca su sierra para amputar cualquier miembro que no se adapte a la norma.

A veces la colectividad ejerce presión sobre una mujer para que sea una «santa», para que sea instruida y políticamente correcta, para que lo tenga todo «bien junto y ordenado» de tal manera que cada uno de sus esfuerzos sea una obra perfecta. Si nos acobardamos ante la colectividad y nos sometemos a las presiones que ésta ejerce para que nos adaptemos estúpidamente a sus normas, nos salvaremos del exilio, pero, al mismo tiempo, pondremos traidoramente en peligro nuestras vidas salvajes.

Algunos piensan que ya pasó la época en que se maldecía a la mujer salvaje y, cuando ésta se comportaba de acuerdo con el yo natural de su alma, se la calificaba de «equivocada» y de «mala». Pero no es así. Lo que ha cambiado son los tipos de conducta que se consideran «incontrolados» en el caso de las mujeres. Por ejemplo, hoy en día en distintos lugares del mundo, si una mujer adopta una postura política, social, espiritual, familiar o medioambiental, si se atreve a decir que el rey va desnudo o si habla en nombre de los que sufren o los que no tienen voz, con demasiada frecuencia se examinan sus motivos para averiguar si se ha «desmadrado», es decir, si se ha vuelto loca.

El destino final de una niña salvaje nacida en el seno de una comunidad rígida es la ignominia de verse esquivada por los demás. Los que la esquivan tratan a la víctima como si no existiera. Le niegan el interés espiritual, el amor y otras necesidades psíquicas. El propósito de todo ello es obligarla a adaptarse a las normas so pena de matarla espiritualmente y/o expulsarla de la aldea para que languidezca hasta morir en el desierto.

Si se esquiva a una mujer, ello se debe casi siempre a que ha hecho o está a punto de hacer algo de carácter salvaje, las más de las veces algo tan sencillo como expresar una opinión ligeramente distinta o vestirse con un color considerado impropio, es decir, se debe tanto a cosas muy pequeñas como a cosas grandes. Hay que recordar que una mujer oprimida no es que se niegue a encajar sino que no puede encajar sin morir al mismo tiempo. Está en juego su integridad espiritual, por lo cual tratará de liberarse por todos los medios a su alcance por muy peligrosos que éstos sean.

Veamos un ejemplo reciente. Según la CNN, al principio de la Guerra del Golfo las mujeres musulmanas de la Arabia Saudí, a las que estaba vedado conducir vehículos por motivos religiosos, subieron a los automóviles y se pusieron al volante. Después de la guerra, las mujeres fueron llevadas ante unos tribunales que condenaron su conducta y, finalmente, después de muchos interrogatorios y reproches, fueron entregadas a la custodia de sus padres, hermanos o maridos, quienes tuvieron que prometer mantenerlas en cintura en el futuro.

Éste es un ejemplo de la huella de vida y prosperidad que deja una mujer en un mundo enloquecido que la tacha de escandalosa, insensata e incontrolada. A diferencia de la niña del cuento que se deja dominar por el reseco mundo que la rodea, a veces la única alternativa que le queda a una mujer si no quiere acobardarse ante una comunidad apergaminada consiste en llevar a cabo un acto de valentía. Este acto no tiene por qué ser necesariamente un terremoto. Valentía significa seguir los impulsos del corazón. Hay millones de mujeres que cada día llevan a cabo actos de gran valentía. No se trata sólo del acto individual que transforma una reseca comunidad sino de la repetición de los actos. Tal como me dijo una vez una joven monja budista «Las gotas de agua traspasan la piedra».

Además, hay en casi todas las comunidades un aspecto oculto que fomenta la opresión de las vidas salvajes, espirituales y creativas de las mujeres. Dicha opresión consiste en animar a las mujeres a «delatarse» mutuamente y a someter a sus hermanas (o hermanos) a unas restricciones que no reflejan la capacidad de relación presente en los valores familiares de la naturaleza femenina. La presión de la sociedad obliga no sólo a que una mujer delate a otra y la exponga por tanto a un castigo por comportarse de una manera femenina integral, por horrorizarse o manifestar su disconformidad ante las injusticias, sino también a que las mujeres de más edad colaboren en la opresión física, mental y espiritual de las más jóvenes, las menos poderosas o las más desvalidas, y a que las más jóvenes se nieguen a atender las necesidades de las que son mucho mayores que ellas.

Cuando una mujer se niega a apoyar a una comunidad reseca, se niega a abandonar sus pensamientos salvajes y actúa de acuerdo con ellos. El cuento de «Las zapatillas rojas» nos enseña esencialmente que tenemos que proteger debidamente la psique salvaje, valorándola inequívocamente nosotras mismas, hablando en su nombre, negándonos a someternos a la enfermedad psíquica. También nos enseña que lo salvaje, por su belleza y energía, siempre es visto por alguien, por algún grupo o comunidad, como un trofeo o como algo que se tiene que reducir, modificar, ser sometido a normas, asesinado, rediseñado o controlado. Lo salvaje siempre necesita un vigilante en la puerta so pena de que no se utilice como es debido.

Cuando una comunidad es hostil a la vida natural de una mujer, en lugar de aceptar las etiquetas peyorativas o irrespetuosas que se le aplican la mujer puede y debe —como el patito feo— resistir y aguantar buscando el lugar que le corresponde y, a ser posible, vivir más y superar la prosperidad y la creatividad de aquellos que la habían denigrado.

El problema de la niña de las zapatillas rojas consiste en que, en lugar de adquirir fuerza para la lucha, se pierde en bobadas, seducida por el romanticismo de aquellos zapatos rojos. Lo importante de la rebelión es que la forma que asuma sea eficaz. La atracción que ejercen en la niña los zapatos rojos le impide, en realidad, protagonizar una rebelión significativa, capaz de promover un cambio, de transmitir un mensaje y provocar un despertar.

Ojalá pudiera decir que hoy en día las trampas para mujeres ya no existen o que las mujeres son tan listas que ven las trampas desde lejos. Pero no es así. El depredador está todavía presente en la cultura y sigue tratando de socavar y destruir toda conciencia y todos los intentos de alcanzar la plenitud. El dicho según el cual las libertades tienen que reconquistarse cada veinte años encierra una gran verdad. A veces, parece que hay que conquistarlas cada cinco minutos.

Sin embargo, la naturaleza salvaje nos enseña que tenemos que enfrentarnos a los desafíos a medida que se van produciendo. Cuando los lobos son acosados no dicen «¡Oh, no! ¡Ya estamos otra vez!».

Saltan, brincan, corren, se lanzan, se echan a la garganta, hacen lo que tienen que hacer. Por consiguiente, no debemos escandalizarnos por el hecho de que se produzca una entropía y un deterioro y de que haya que pasar por momentos difíciles. Las cuestiones que tienden una trampa a la alegría de las mujeres siempre cambiarán de forma y de aspecto, pero, en nuestra naturaleza esencial, encontraremos toda la fuerza y la libido necesarias para llevar a cabo los actos imprescindibles del corazón.

Trampa 7: La simulación, el intento de ser buena, la normalización de lo anormal

A medida que se desarrolla el cuento, la niña es castigada por el hecho de ir a la iglesia calzada con zapatos rojos. Contempla los zapatos rojos del estante, pero no los toca. Hasta ahora ha intentado prescindir de la vida del alma, pero no le ha dado resultado. Después ha intentado llevar una doble vida, pero tampoco ha podido. Ahora, como último recurso, «procura ser buena».

El problema del «ser buena» al máximo consiste en que no resuelve la cuestión subyacente de la sombra, por cuyo motivo surgirá de nuevo como un tsunami, una ola gigante, o un torrente desbordado, destruyendo todo lo que encuentre a su paso. Cuando «es buena», la mujer cierra los ojos a todo lo que, a su alrededor, es inflexible, deformado o perjudicial y se limita a «ir aguantando». Sus intentos de aceptar este estado anormal dañan ulteriormente sus instintos de reaccionar, señalar, cambiar y producir un impacto en lo que no está bien, lo que no es justo.

Anne Sexton escribió un poema acerca de «Las zapatillas rojas» titulado precisamente «Las zapatillas rojas»:

> *Estoy en el centro*
> *de una ciudad muerta*
> *y me anudo las zapatillas rojas...*
> *No son mías.*
> *Son de mi madre.*
> *Y de su madre.*
> *Transmitidas como una herencia,*
> *pero escondidas como cartas vergonzosas.*
> *La casa y la calle que les corresponden*
> *están escondidas y todas las mujeres también*
> *están escondidas...*

El hecho de ser buena, ordenada y obediente en presencia del peligro interior o exterior o con el fin de ocultar una grave situación de la psique o de la vida real priva a una mujer de su alma. La aísla de su sabiduría y de su capacidad de actuar. Como la niña del cuento que no protesta demasiado, que intenta disimular su hambre y aparentar que no arde nada en su interior, las mujeres modernas padecen el mismo trastorno consistente en normalizar lo anormal. Se trata de un trastorno que está a la orden del día en muchas culturas. El hecho de normalizar lo anormal hace que el espíritu, que en condiciones normales se apresuraría a corregir la situación, se hunda en el tedio, la complacencia y, en último extremo, en la ceguera, tal como le ocurre a la anciana.

Se ha llevado a cabo un importante estudio que explica los efectos de la pérdida del instinto de protección en las mujeres. A principios de los años sesenta, unos científicos[16] llevaron a cabo unos experimentos con animales para averiguar algo acerca del «instinto de fuga» de los seres humanos. En uno de los experimentos conectaron unos cables eléctricos a una mitad del fondo de una jaula de grandes dimensiones de tal manera que un perro introducido en la jaula recibía una descarga cada vez que pisaba el lado derecho de la jaula. El perro aprendió rápidamente a permanecer en el lado izquierdo de la jaula.

Después se conectaron unos cables eléctricos al lado izquierdo de la jaula y se desconectó el lado derecho. A continuación se conectaron cables a todo el suelo de la jaula para que se produjeran descargas al azar de tal forma que, dondequiera que se tendiera o permaneciera de pie, el perro pudiera recibir una descarga.

En un primer tiempo, el perro se mostró confuso y, en un segundo, se aterrorizó. Finalmente, el perro se «dio por vencido» y se tendió, recibiendo las descargas tal como venían sin tratar de escapar ni de esquivarlas.

Pero el experimento aún no había terminado. Después se abrió la puerta de la jaula. Los científicos esperaban que el perro saliera corriendo, pero éste no lo hizo. A pesar de que habría podido abandonar la jaula a voluntad, el aterrorizado perro permaneció tendido. De lo cual los científicos dedujeron que, cuando una criatura se expone a la violencia, tiende a adaptarse a esta perturbación de tal forma que, cuando cesa la violencia o se le concede la libertad, el saludable instinto de huir queda notablemente mermado y, en su lugar, la criatura se queda quieta[17].

Esta normalización de la violencia en la naturaleza salvaje de las mujeres y eso que los científicos han denominado posteriormente el «desvalimiento aprendido» son lo que induce a las mujeres no sólo a permanecer al lado de sus parejas borrachas, sus patronos explotadores y los grupos que las hostigan y se aprovechan de ellas sino también a sentirse incapaces de reaccionar para defender las cosas en las que creen con todo su corazón: su arte, sus amores, sus estilos de vida y su política.

La normalización de lo anormal incluso en el caso de que no quepa la menor duda de que ello va en detrimento[18] de la propia persona se aplica a todas las palizas que se propinan a las naturalezas físicas, emocionales, creativas, espirituales e instintivas. Las mujeres se enfrentan con esta cuestión cada vez que los demás las aturden para obligarlas a hacer otra cosa que no sea defender la vida de su alma contra las proyecciones invasoras de carácter físico, cultural o de otro tipo.

Nuestra psique se acostumbra a las descargas dirigidas contra nuestra naturaleza salvaje. Nos adaptamos a la violencia contra la sabia naturaleza de la psique. Procuramos ser buenas normalizando lo anormal y, como consecuencia de ello, perdemos nuestra capacidad de huir. Perdemos la capacidad de defender los elementos del alma y de la vida que a nuestro juicio son más valiosos. Cuando nos obsesionan los zapatos rojos, perdemos por el camino toda suerte de importantes cuestiones personales, culturales y ambientales.

Perdemos tantas cosas significativas cuando abandonamos la vida hecha a mano que necesariamente tienen que producirse toda suerte de lesiones en la psique, la naturaleza, la cultura, la familia, etc. El daño a la naturaleza es concomitante con el aturdimiento de la psique de los seres humanos. Ambos van —y deben considerarse— unidos. Cuando un grupo comenta lo mucho que se equivoca lo salvaje y el otro grupo replica que lo salvaje ha sufrido un agravio, hay algo que falla drásticamente. En la psique instintiva, la Mujer Salvaje contempla el bosque y ve en él un hogar para sí misma y para todos los seres humanos. Pero otros, al contemplar el mismo bosque quizá lo vean como un terreno sin árboles e imaginen sus bolsillos llenos a rebosar de dinero. Se trata de graves fracturas en la capacidad de vivir y dejar vivir de manera que todos podamos vivir.

Cuando yo era niña en los años cincuenta, en los primeros días de las agresiones industriales contra la tierra, una barcaza de petróleo se hundió en la cuenca de Chicago del lago Michigan. Tras pasarse un día en la playa, las madres restregaban a sus hijos con el mismo entusiasmo con que solían limpiar los suelos de parquet de sus casas, pues los niños estaban enteramente manchados de gotitas de petróleo. El hundimiento de la barcaza había provocado un vertido de petróleo que se desplazaba formando grandes sábanas que parecían unas islas flotantes tan anchas y largas como manzanas de casas. Cuando chocaban contra los embarcaderos, se rompían en fragmentos que se hundían en la arena y se deslizaban hacia la orilla bajo las olas. Durante muchos años la gente no pudo nadar sin cubrirse de una capa de porquería de color negro. Los niños que construían castillos de arena recogían de repente un puñado de gomoso petróleo. Los enamorados ya no podían rodar sobre la arena. Los perros, los pájaros, la vida acuática y la gente, todo el mundo sufría.

Recuerdo haber experimentado la sensación de que mi catedral había sido bombardeada.

La lesión del instinto, la normalización de lo anormal fue la causa de que las madres limpiaran de la mejor manera posible las manchas de aquel vertido de petróleo y, más tarde, los efectos de los ulteriores pecados de las fábricas, de las refinerías y de las fundiciones sobre sus hijos, sus coladas y el interior de sus seres queridos. A pesar de lo confusas y preocupadas que estaban, habían olvidado su justa cólera. Aunque no todas, la mayoría de ellas se había acostumbrado a no intervenir en los acontecimientos desagradables. El hecho de romper el silencio, huir de la jaula, señalar los errores y exigir un cambio era severamente castigado.

Sabemos por otros acontecimientos parecidos que se han producido a lo largo de nuestra vida que, cuando las mujeres no hablan, cuando no hablan suficientes personas, la voz de la Mujer Salvaje enmudece y, por consiguiente, en el mundo enmudece también lo natural y lo salvaje. Y, al final, enmudecen el lobo, el oso y los depredadores. Enmudecen los cantos, los bailes y las creaciones. Enmudecen el amor, las reparaciones y los abrazos. Privados del aire puro, el agua y las voces de la conciencia.

Pero en aquellos tiempos, y todavía con demasiada frecuencia hoy en día, a pesar de que las mujeres experimentaban una profunda nostalgia de la libertad salvaje, por fuera seguían fregando la porcelana con lejía, utilizando limpiahogares cáusticos, quedándose, tal como decía Sylvia Plath, «atadas a sus lavadoras Bendix». Allí lavaban y enjuagaban sus ropas en agua demasiado caliente para la piel humana y soñaban con un mundo distinto[19]. Cuando los instintos resultan heridos, los seres humanos «normalizan» repetidamente las agresiones, los actos de injusticia y de destrucción que se cometen contra ellos, sus hijos, sus seres queridos, su tierra e incluso sus dioses. Esta normalización de lo vergonzoso y lo ofensivo se rechaza restableciendo el instinto herido. Cuando el instinto se restablece, regresa la naturaleza integral salvaje. En lugar de bailar en el bosque con los zapatos rojos hasta que la vida se convierte en una tortura absurda, podemos regresar a la vida hecha a mano, a la vida enteramente significativa, hacernos nuevamente las zapatillas, dar nuestros paseos y conversar en la forma que nos es propia.

Aunque no cabe duda de que se aprenden muchas cosas, disolviendo las propias proyecciones (eres cruel, me haces daño) y contemplando hasta qué extremo nosotras somos crueles y nos hacemos daño, la investigación no tiene en modo alguno que acabar aquí.

La trampa que hay en el interior de la trampa es pensar que todo se arregla disolviendo la proyección y buscando la conciencia que tenemos dentro. Eso es cierto algunas veces y otras no. En lugar de perder el tiempo con el paradigma de «o eso/o lo otro» —aquí afuera ocurre algo o nos ocurre algo a nosotros—, es más útil emplear un modelo de «y/y». Este modelo tiene en cuenta la cuestión interior y la cuestión exterior, permite una investigación más exhaustiva, es mucho más curativo en todas direcciones y presta su apoyo a las mujeres para que pongan en tela de juicio el *statu quo* con más confianza, para que no se miren únicamente a sí mismas sino que miren también el mundo que accidental, inconsciente o maliciosamente ejerce presión sobre ellas. El paradigma del «y/y» no debe utilizarse como modelo de reproche al propio yo o a los demás, sino más bien como un medio de sopesar y juzgar el sentido de la responsabilidad tanto interior como exterior y lo que se tiene que cambiar, pedir o sombrear. Detiene la fragmentación cuando una mujer trata de reparar todo lo que tiene a su alcance sin menospreciar sus propias necesidades ni apartarse del mundo.

Muchas mujeres consiguen en cierto modo resistir en estado de cautividad, pero viven media vida o un cuarto de vida o una milésima parte de vida. Lo consiguen, pero a costa de vivir amargadas hasta el fin de sus días. Es posible que se desesperen y, como un niño que se ha pasado el rato llorando desconsoladamente sin que nadie acuda a consolarlo, pueden hundirse en el silencio y en una desesperanza mortal. Después sobreviene el cansancio y la desesperación. La jaula está cerrada.

Trampa 8: La danza descontrolada, la obsesión y la adicción

La anciana ha cometido tres errores de juicio. A pesar de que, en la situación ideal, tendría que ser la guardiana y la guía de la psique, está demasiado ciega para ver la verdadera naturaleza de los zapatos que ella misma ha comprado. No puede ver la emoción de la niña ni la personalidad del hombre de la barba pelirroja que acecha en la proximidad de la iglesia.

El viejo de la barba pelirroja dio unos golpecitos a las suelas de los zapatos de la niña y aquella vibración puso en movimiento los pies de la niña y ahora ésta baila, baila con entusiasmo, pero lo malo es que no puede detenerse. Tanto la anciana, que debería actuar como guardiana de la psique, como la niña, que tendría que expresar la alegría de la psique, están separadas del instinto y del sentido común.

La niña lo ha probado todo: adaptarse a la anciana, no adaptarse, robar subrepticiamente, «ser buena», perder el control y alejarse bailando, recuperar la compostura e intentar volver a ser buena. Aquí su intensa hambre de alma y de significado la obliga una vez más a tomar los zapatos rojos, ajustarse la hebilla e iniciar su última danza, una danza hacia el vacío de la inconsciencia.

Ha normalizado una vida cruel y reseca, despertando en su sombra un anhelo todavía más grande por los zapatos de la locura. El hombre de la barba pelirroja ha despertado algo, pero no es la niña sino los zapatos del tormento. La niña empieza a girar y va perdiendo su vida de una manera que, como las adicciones, no le produce riqueza, esperanza o felicidad sino traumas, temor y agotamiento. No hay descanso para ella. Cuando penetra dando vueltas en el cementerio, un temible espíritu no le permite entrar y pronuncia una maldición contra ella: «Bailarás con tus zapatos rojos hasta que te conviertas en un espectro, en un fantasma, hasta que la piel te cuelgue de los huesos, hasta que no quede nada de ti más que unas entrañas que danzan. Bailarás de puerta en puerta por todas las aldeas y llamarás tres veces a todas las puertas y cuando la gente se asome para ver quién es, te verán y temerán que les ocurra lo mismo que a ti. Bailad, zapatos rojos, seguid bailando.» El temible espíritu la encierra de esta manera en una obsesión tan fuerte como su adicción.

La vida de muchas mujeres creativas ha seguido esta pauta. En su adolescencia, Janis Joplin intentó adaptarse a las costumbres de su pequeña localidad. Después se rebeló un poquito, subió a las colinas por la noche y cantó en ellas en compañía de «gentes del mundillo artístico». Cuando la escuela llamó a sus padres para informarles de la conducta de su hija, la joven inició una doble vida, comportándose por fuera con discreción mientras cruzaba de noche la frontera del estado para ir a escuchar música de jazz. Fue a la universidad, enfermó gravemente a causa de su adicción a distintas sustancias, se «reformó» y trató de comportarse con normalidad. Poco a poco se hundió de nuevo en la bebida, fundó un pequeño conjunto musical, consumió distintos tipos de droga y se puso los zapatos rojos en serio. Bailó y bailó hasta morir de sobredosis a la edad de veintisiete años.

No fue su música ni sus canciones ni el desbordamiento de su vida creativa lo que la mató. Fue su falta de instinto para identificar las trampas, para darse cuenta de que ya era suficiente, para crear unos límites alrededor de su propia salud y su bienestar, para comprender que los excesos quiebran primero unos pequeños huesos psíquicos y después otros más grandes hasta que, al final, todos los apuntalamientos de la psique se derrumban y una persona deja de ser una poderosa fuerza y se convierte en un charco.

Sólo necesitaba una sabia voz interior que la animara a resitir, un retazo de instinto que la indujera a aguantar hasta que pudiera iniciar la laboriosa tarea de reconstruir el sentido y el instinto interior. Hay una voz salvaje que vive en el interior de todas nosotras y que nos susurra: «Resiste el tiempo suficiente... resiste el tiempo suficiente para que renazca tu esperanza y abandones la frialdad y las medias verdades defensivas, para que te arrastres, cinceles y te abras camino a golpes; resiste lo suficiente para ver lo que te conviene, para recuperar la fuerza, para intentar algo que dé resultado, resiste lo bastante para alcanzar la línea de meta, no importa el tiempo que tardes ni la forma en que lo hagas...»

La adicción

No es la alegría de la vida la que mata el espíritu de la niña de «Las zapatillas rojas», sino su ausencia. Cuando una mujer no es consciente del hambre que padece y de las consecuencias de utilizar vehículos y sustancias que llevan a la muerte, se pone a bailar y ya no se detiene. Tanto si se trata de cosas tales como pensamientos negativos crónicos, relaciones insatisfactorias, situaciones ofensivas, drogas o alcohol, todas ellas pueden ser como las zapatillas rojas, de las que cuesta mucho arrancar a una persona una vez se han apoderado de ella.

En esta adicción compensatoria a los excesos, la reseca anciana de la psique desempeña un destacado papel. Para empezar, estaba ciega. Luego se pone enferma. Permanece inmóvil y deja un vacío total en la psique. Al final, se muere del todo y no deja ningún territorio a salvo en la psique. Ya no hay nadie que haga entrar en razón a la psique entregada a los excesos. Y la niña baila. Al principio, pone los ojos en blanco extasiada, pero más tarde, cuando los zapatos la obligan a bailar hasta el agotamiento, pone los ojos en blanco horrorizada. En el interior de la psique salvaje se encuentran los más fuertes instintos de conservación. Pero, a menos que ejerza con regularidad sus libertades interiores y exteriores, la sumisión, la pasividad y el tiempo transcurrido en cautividad embotarán sus facultades innatas de visión, percepción, confianza, etc., justo las que necesita para poder valerse por sí misma.

La naturaleza instintiva nos dice cuándo es suficiente. Es una naturaleza sabia que protege la vida. Una mujer no puede compensar toda una vida de traiciones y heridas por medio de excesos de placer, de cólera o de negativas. La anciana de la psique tendría que indicar el momento, tendría que decir cuándo. En el cuento, la anciana está perdida, destrozada.

A veces, es difícil darnos cuenta de cuándo perdemos nuestros instintos, pues se trata a menudo de un proceso insidioso que no se produce en un día sino a lo largo de un prolongado período de tiempo. Además, el adormecimiento del instinto es respaldado con frecuencia por toda la cultura circundante y, a veces, incluso por otras mujeres que aceptan su pérdida con tal de integrarse en una cultura que no conserva ningún hábitat nutritivo para la mujer natural[20].

La adicción empieza cuando una mujer pierde su significativa vida hecha a mano y se obsesiona por recuperar de la manera que sea algo que se le parezca. En el cuento, la niña intenta una y otra vez recuperar los diabólicos zapatos rojos, a pesar de la progresiva pérdida de control que éstos le ocasionan, ha perdido su capacidad de discernimiento, su capacidad de comprender cuál es, en realidad, la naturaleza de las cosas. Como consecuencia de su vitalidad inicial, está dispuesta a aceptar un sucedáneo mortal. En psicología analítica diríamos que ha traicionado el yo.

La adicción y la condición de fiera están relacionadas entre sí. Casi todas las mujeres han sido capturadas por lo menos durante algún tiempo y algunas durante períodos muy prolongados. Algunas sólo han sido libres *in utero*. Y, durante su cautiverio, todas pierden cantidades variables de instinto. Algunas pierden el instinto que percibe quién es una buena persona y quién no y, como consecuencia de ello, suelen extraviarse. Otras ven mermada su capacidad de reaccionar ante las injusticias y se convierten en involuntarias mártires dispuestas a tomar represalias. Otras sufren un debilitamiento del instinto de huida o de lucha y se convierten en víctimas. La lista es interminable. En cambio, la mujer que conserva su mente salvaje rechaza los convencionalismos cuando no son nutritivos ni sensatos.

El abuso de sustancias tóxicas constituye una auténtica trampa. Las drogas y el alcohol se parecen mucho a un amante que al principio trata bien a la mujer y a continuación la pega, se disculpa, la trata bien durante algún tiempo y después la vuelve a pegar. La trampa reside en el hecho de intentar quedarse por lo que la situación tiene de bueno, procurando pasar por alto lo malo. Es un error que jamás da buen resultado.

Joplin empezó a cumplir también los deseos salvajes de los demás. Empezó a mostrar la clase de presencia arquetípica que los demás no se atrevían a mostrar. La gente aplaudía su rebeldía como si ella pudiera liberar a los demás de su situación, convirtiéndose en salvaje en su nombre.

Janis hizo otro intento de adaptarse a las normas antes de iniciar el descenso al abismo de la posesión. Se unió al grupo de otras poderosas pero lastimadas mujeres que actuaban como chamanes ambulantes para las masas. Ellas también se agotaron y cayeron del cielo. Frances Farmer, Billie Holiday, Anne Sexton, Sylvia Plath, Sara Teasdale, Judy Garland, Bessie Smith, Edith Piaf y Frida Kahlo; por desgracia, la vida de algunos de nuestros prototipos preferidos de salvajes artistas terminó prematura y trágicamente.

Una mujer fiera no es lo bastante fuerte como para representar un ansiado arquetipo para todo el mundo sin desmoronarse. La fiera tendría que estar inmersa en un proceso curativo. No le pedimos a una persona que se encuentra en vías de recuperación que suba el piano al piso de arriba. La mujer que regresa necesita tiempo para recuperar las fuerzas.

Las personas que se sienten atraídas y arrastradas por las zapatillas rojas siempre creen al principio que cualquier sustancia a la que sean adictas será de alguna manera su gran salvación. A veces ello les hace experimentar una extraordinaria sensación de poder o una falsa sensación de poseer la energía suficiente para permanecer despiertas toda la noche, dedicarse a crear hasta el amanecer y pasarse horas y horas sin comer. Quizá les permite dormir sin temor a los demonios, o les tranquiliza los nervios, o las ayuda a no preocuparse tanto por las cosas que las preocupan o tal vez las ayuda a no querer amar ni ser amadas nunca más. Sin embargo, su adicción al final sólo crea, tal como vemos en el cuento, un borroso fondo que gira vertiginosamente sin dejarnos vivir realmente la vida. La adicción[21] es una Baba Yagá que ha perdido el juicio, devora a las niñas perdidas y las deja tiradas en la puerta del verdugo.

En la casa del verdugo

El tardío intento de quitarse los zapatos

Cuando, en los casos más extremos, la naturaleza salvaje ha sido prácticamente aniquilada, cabe la posibilidad de que se produzca en la mujer un deterioro y/o una psicosis esquizoide[22]. Puede que de pronto se quede en la cama, se niegue a levantarse o se dedique a pasear en bata por la casa, deje tres cigarrillos encendidos en un cenicero, se ponga a llorar sin poder contenerse, vague sin rumbo por las calles con el cabello enmarañado, abandone bruscamente a su familia. Es posible que experimente tentaciones suicidas y que se mate accidentalmente o de manera deliberada. Pero lo más probable es que la mujer se sienta muerta. Que no se sienta ni bien ni mal; simplemente que no sienta nada.

¿Qué ocurre por tanto con las mujeres cuando sus vibrantes colores psíquicos se confunden? ¿Qué ocurre cuando se mezclan el escarlata con el zafiro y el topacio? Los artistas lo saben. Cuando se mezclan los colores vibrantes se obtiene un color terroso. Pero no de tierra fértil sino de una tierra estéril, incolora y extrañamente muerta que no emite luz. Cuando a los pintores les sale un color terroso en la tela tienen que volver a empezar desde el principio.

Ésta es la parte más difícil; es el momento en que se tienen que cortar los zapatos. Duele separarse de una adicción a la autodestrucción. Nadie sabe por qué. Cabría suponer que una persona capturada tendría que lanzar un suspiro de alivio tras haber doblado esta esquina. Lo más lógico sería pensar que se ha sentido salvada justo en el momento preciso. Cabría pensar que se alegra, pero no es así. En su lugar, se acobarda, oye un rechinar de dientes y descubre que es ella la que hace aquel ruido. Tiene la sensación de que está sangrando, aunque no haya sangre. Pero sí hay dolor, esta separación, este «no tener un pie en el que apoyarte» por así decirlo, este no tener un hogar al que regresar es justo lo que se necesita para empezar de nuevo, para empezar de cero, para regresar a la vida hecha a mano, esa que creamos con consciente cuidado cada día.

Sí, el hecho de que le corten a una los zapatos rojos es muy doloroso, pero la única esperanza que le queda a la mujer es la de separarse de golpe de su adicción. Esta separación está llena de beneficios. Los pies volverán a crecer, nos recuperaremos, correremos, saltaremos y volveremos a brincar algún día. Para entonces nuestra vida hecha a mano ya estará preparada. Nos deslizaremos hacia ella y nos asombraremos de haber tenido la suerte de que se nos ofreciera una segunda oportunidad.

El regreso a la vida hecha a mano, la curación de los instintos dañados

Cuando un cuento de hadas termina como éste, con la muerte o el descuartizamiento del protagonista, nos preguntamos: ¿de qué otra forma hubiera podido terminar?

Desde un punto de vista psíquico, es bueno hacer un alto en el camino, crearse un lugar donde descansar y recuperarse tras haber escapado de una carestía alimenticia. No es demasiado tomarse uno o dos años para examinar las propias heridas, buscar una guía, aplicar medicinas y pensar en el futuro. Uno o dos años son muy poco tiempo. La fiera es una mujer que regresa. Está aprendiendo a despertar, a prestar atención, a dejar de ser ingenua y desinformada. Asume la responsabilidad de su propia vida. Para reaprender los profundos instintos femeninos reviste vital importancia comprender ante todo de qué manera éstos fueron decomisados.

Tanto si las lesiones se infligieron al arte, las palabras, los estilos de vida, los pensamientos o las ideas, y aunque la mujer se haya metido a sí misma en un enredo, conviene que se abra paso a través de la maraña y siga adelante. Más allá del deseo y del anhelo, más allá de los métodos cuidadosamente razonados acerca de los cuales nos gusta hablar y hacer proyectos, una simple puerta está esperando que la crucemos. Al otro lado están los nuevos pies. Crúzala. A rastras, en caso necesario. Deja de hablar y de obsesionarte. Limítate a hacerlo.

No podemos controlar quién nos trae a este mundo. No podemos influir en la educación que nos han dado; no podemos obligar a la cultura a convertirse instantáneamente en hospitalaria. Pero la buena noticia es que, incluso tras haber sido heridas, incluso en nuestro estado de fieras e incluso cuando nos encontramos todavía en situación de cautividad, podemos recuperar nuestra vida.

El plan psicológico del alma para regresar al propio interior es el siguiente: tomar medidas especiales de precaución y perderse poco a poco en lo salvaje, creando estructuras éticas y protectoras que nos ayuden a conseguir las herramientas necesarias para medir en qué momento algo es excesivo. (Por regla general, la mujer ya es muy sensible al momento en que algo es demasiado poco.)

Por consiguiente, el regreso a la psique libre y salvaje tiene que llevarse a cabo con audacia pero también con reflexión. En psicoanálisis nos gusta subrayar que para convertirnos en sanadores/ayudantes es tan importante aprender lo que no hay que hacer como lo que hay que hacer. El regreso a lo salvaje desde la cautividad tiene que hacerse con las mismas precauciones. Vamos a examinarlo con más detenimiento.

Los peligros, las trampas y los cebos envenenados que acechan a la mujer salvaje son los propios de su cultura. Aquí he enumerado los que son comunes a la mayoría de las culturas. Las mujeres pertenecientes a distintas etnias y religiones tendrán percepciones específicas adicionales. Estamos trazando en sentido simbólico el mapa de los bosques en los que vivimos. Estamos señalando dónde habitan los depredadores y describiendo su *modus operandi*. Dicen que una loba conoce todas las criaturas de su territorio en varios kilómetros a la redonda. Este conocimiento le permite vivir con la máxima libertad posible.

La recuperación del instinto perdido y la curación del instinto lesionado está realmente al alcance de nuestra mano, pues éste regresa cuando una mujer presta atención, escuchando, contemplando y percibiendo el mundo que la rodea y actuando tal como ve actuar a las demás mujeres; con eficiencia, eficacia y sensibilidad. La ocasión de observar el comportamiento de las restantes mujeres que conservan los instintos intactos es esencial para recobrar el instinto. Al final, el hecho de prestar atención, observar y comportarse de una manera integral se convierte en una pauta con un ritmo determinado que se practica y se aprende hasta que vuelve a convertirse en automática.

Si nuestra naturaleza salvaje ha sido herida por algo o por alguien, nos negamos a echarnos al suelo y morir. Nos negamos a normalizar esta herida. Recurrimos a nuestros instintos y hacemos lo que hay que hacer. La mujer salvaje es por naturaleza vehemente y talentosa. Pero, como consecuencia de su alejamiento de los instintos, es también ingenua, está acostumbrada a la violencia y acepta sumisamente la expatriación y la exmatriación. Los amantes, las drogas, la bebida, el dinero, la fama y el poder no pueden reparar demasiado el daño que ha sufrido. Pero sí puede hacerlo un gradual regreso a la vida instintiva. Para ello, una mujer necesita a una madre, una madre salvaje «suficientemente buena». ¿Y a que no saben quién está esperando convertirse en esta madre? La Mujer Salvaje se pregunta por qué razón la mujer tarda tanto en estar con ella, no simplemente algunas veces o cuando le interesa sino de manera habitual.

Si te esfuerzas en hacer algo que merezca la pena, es importante que te rodees de personas que apoyen inequívocamente tu labor. El hecho de tener presuntas amigas que sufren las mismas heridas pero no experimentan el sincero deseo de curarse es una trampa y un veneno. Esta clase de amigas suele animar a las demás a comportarse de manera escandalosa fuera de sus ciclos naturales y sin la menor sincronía con las necesidades de sus almas.

Una mujer fiera no puede permitirse el lujo de ser ingenua. Durante su regreso a la vida innata tiene que contemplar los excesos con escepticismo y ser muy consciente del precio que éstos suponen para el alma, la psique y el instinto. Como los lobeznos, nosotras nos aprendemos de memoria las trampas, cómo están hechas y cómo están colocadas. De esta manera conservamos la libertad. De todos modos, los instintos perdidos no retroceden sin dejar rastros y ecos de sentimiento que nosotras podemos seguir para recuperarlos. Aunque una mujer se sienta oprimida por el puño de terciopelo de la corrección y la severidad, tanto si se encuentra a un paso de la destrucción a causa de los excesos como si acaba de sumergirse en ellos, aún puede oír los susurros del dios salvaje que lleva en la sangre. Incluso en las graves circunstancias que se describen en «Las zapatillas rojas», los instintos heridos se pueden curar.

Para enderezar todas estas situaciones, resucitamos una y otra vez la naturaleza salvaje y cada vez el equilibrio se desplaza excesivamente en una o en otra dirección. Ya adivinaremos cuándo existen motivos de preocupación, pues, por regla general, el equilibrio ensancha nuestras vidas mientras que el desequilibrio las empequeñece.

Una de las cosas más importantes que podemos hacer es entender la vida, cualquier manifestación de vida, como un cuerpo viviente en sí mismo, que respira, renueva sus células, cambia de piel y se desembaraza de los materiales de desecho. Sería una estupidez pensar que nuestros cuerpos no producen materiales de desecho más de una vez cada cinco años.

Sería necio creer que, por el hecho de haber comido hoy, mañana no estaremos hambrientos.

Y también sería estúpido creer que, una vez resuelta una cuestión, la habremos resuelto definitivamente, y, una vez aprendida una cosa, siempre seremos conscientes de ella. No, la vida es un gran cuerpo que crece y disminuye en distintas zonas y a distintos ritmos. Cuando nos comportamos como el cuerpo, trabajando con vistas al nuevo desarrollo, abriéndonos paso entre *la mierda*, respirando o descansando, estamos muy vivas y nos encontramos en el interior de los ciclos de la Mujer Salvaje. Si consiguiéramos comprender que *nuestra tarea consiste en seguir realizando la tarea*, nos sentiríamos mucho más orgullosas y estaríamos mucho más tranquilas.

Es posible que, a veces, para conservar la alegría tengamos que luchar por ella, renovar nuestras fuerzas y combatir a tope en la forma que consideremos más sagaz. Para preparar el asedio puede que tengamos que prescindir de las comodidades durante algún tiempo. Podemos pasarnos sin la mayoría de las cosas durante prolongados períodos de tiempo, podemos prescindir prácticamente de todo menos de nuestra alegría, de nuestras zapatillas hechas a mano.

El verdadero milagro de la individuación y la recuperación de la Mujer Salvaje consiste en que todas iniciamos el proceso sin estar todavía preparadas, sin haber cobrado la suficiente fuerza y sin saber lo suficiente; iniciamos un diálogo con los pensamientos y los sentimientos que nos cosquillean y retumban como truenos en nuestro interior. Contestamos sin haber aprendido el lenguaje, sin conocer todas las respuestas, sin saber exactamente con quién estamos hablando.

Pero, como la loba que enseña a sus crías a cazar y a cuidar de sí mismas, la Mujer Salvaje brota en nuestro interior y nosotras empezamos a hablar con su voz y asumimos su visión y sus valores. Ella nos enseña a enviar el mensaje de nuestro regreso a las que son como nosotras.

Conozco a varias escritoras que tienen grabada esta leyenda sobre su escritorio. Una de ellas la lleva doblada dentro del zapato. Pertenece a un poema de Charles Simic y es la información más útil que se nos puede dar a todas: «El que no sabe aullar no encontrará su manada.»[23]

Si deseas recuperar a la Mujer Salvaje, no permitas que te capturen[24]. Con los instintos bien aguzados para no perder el equilibrio, salta donde quieras, aúlla a tu gusto, toma lo que haya, averigua todo lo que puedas, examínalo todo, contempla lo que puedas ver. Baila con zapatillas rojas pero cerciórate de que son las que tú has hecho a mano. Te aseguro que te convertirás en una mujer rebosante de vitalidad.

𝕚 CAPÍTULO 9

La vuelta a casa: El regreso a sí misma

Hay un tiempo humano y un tiempo salvaje. Cuando yo era pequeña en los bosques del norte, antes de aprender que el año tenía cuatro estaciones, yo creía que tenía varias docenas: el tiempo de las tormentas nocturnas, el tiempo de los relámpagos, el tiempo de las hogueras en los bosques, el tiempo de la sangre en la nieve, los tiempos de los árboles de hielo, de los árboles inclinados, de los árboles que lloran, de los árboles que brillan, de los árboles del pan, de los árboles que sólo agitan las copas y el tiempo de los árboles que sueltan a sus hijitos. Me encantaban las estaciones de la nieve que brilla como los diamantes, de la nieve que exhala vapor, de la nieve que cruje e incluso de la nieve sucia y de la nieve tan dura como las piedras, pues todas ellas anunciaban la llegada de la estación de las flores que brotaban en la orilla del río.

Las estaciones eran como unos importantes y sagrados invitados y todas ellas enviaban a sus heraldos: las piñas abiertas, las piñas cerradas, el olor de la podredumbre de las hojas, el olor de la inminencia de la lluvia, el cabello crujiente, el cabello lacio, el cabello enmarañado, las puertas abiertas, las puertas cerradas, las puertas que no se cierran ni a la de tres, los cristales de las ventanas cubiertas de amarillo polen, los cristales de las ventanas salpicados de resina de árboles. Nuestra piel también tenía sus ciclos: reseca, sudorosa, áspera, quemada por el sol, suave.

La psique y el alma de las mujeres también tienen sus propios ciclos y estaciones de actividad y soledad, de correr y quedarse en un sitio, de participación y exclusión, de búsqueda y descanso, de creación e incubación, de pertenencia al mundo y de regreso al lugar del alma. Cuando somos niñas y jovencitas la naturaleza instintiva observa todas estas fases y ciclos. Permanece como en suspenso muy cerca de nosotras y nuestros estados de conciencia y actividad se producen a los intervalos que nosotras consideramos oportunos.

Los niños son la naturaleza salvaje y, sin necesidad de que nadie se lo diga, se preparan para la venida de todas estas estaciones, las saludan, viven con ellas y conservan *recuerdos* de aquellos tiempos para grabarlos en su memoria: la hoja carmesí del diccionario; los collares de semillas de arce plateado; las bolas de nieve en la despensa; la piedra, el hueso, el palo o la vaina especial; aquel caparazón de molusco tan curioso; la cinta del entierro del pájaro; un diario de los olores de aquella época; el corazón sereno; la sangre ardiente y todas las imágenes de sus mentes.

Antaño vivíamos todos estos ciclos y estas estaciones año tras año y ellos vivían en nosotras. Nos calmaban, bailaban con nosotras, nos sacudían, nos tranquilizaban, nos hacían aprender como criaturas que éramos. Formaban parte de la piel de nuestras almas —una piel que nos envolvía y envolvía también el mundo salvaje y natural—, por lo menos hasta que nos dijeron que, en realidad, el año sólo tenía cuatro estaciones y las mujeres sólo tenían tres, la infancia, la edad adulta y la madurez. Y eso era todo.

Pero no podemos caminar como unas sonámbulas, envueltas en esta endeble y descuidada mentira, pues ello da lugar a que las mujeres se desvíen de sus ciclos naturales y espirituales y sufran sequedad, cansancio y añoranza. Es mucho mejor regresar con regularidad a nuestros singulares ciclos espirituales, a todos y cada uno de ellos. El siguiente cuento se puede considerar un comentario acerca del más importante de los ciclos femeninos, el del regreso a casa, a la casa salvaje, a la casa del alma.

En todo el mundo se narran relatos de criaturas misteriosamente emparentadas con los seres humanos, pues representan un arquetipo, una ciencia universal acerca de la cuestión del alma. A veces los cuentos de hadas y los relatos populares nacen de la conciencia de lugar, concretamente de los lugares espirituales. Este cuento se suele narrar en los fríos países del norte, en cualquier país donde haya mares helados. Circulan distintas versiones entre los celtas, los escoceses, las tribus del noroeste de Norteamérica y entre los siberianos e islandeses. Su título suele ser «La doncella Foca» o «Selkie-o, *Pamrauk*», es decir, Foquita; «*Eyalirtaq*», Carne de Foca. Esta versión especialmente literaria que escribí para mis pacientes y para su uso en las representaciones teatrales la he titulado «Piel de foca, piel del alma». El cuento gira en torno al lugar de donde procedemos, a aquello de lo que estamos hechas y a la necesidad de que todas utilicemos nuestro instinto con regularidad para poder encontrar el camino de vuelta a casa[1].

～～～～～～～～～～～～～～～～～

Piel de foca, piel del alma

En una época pasada que ahora ya desapareció para siempre y que muy pronto regresará, día tras día se suceden el blanco cielo, la blanca nieve, y todas las minúsculas manchas que se ven en la distancia son personas, perros u osos.

Aquí nada prospera gratis. Los vientos soplan con tal fuerza que ahora la gente se pone deliberadamente del revés las parkas y las *mamleks*, las botas. Aquí las palabras se congelan en el aire y las frases se tienen que romper en los labios del que habla y fundir a la vera del fuego para que la gente pueda comprender lo que ha dicho. Aquí la gente vive en el blanco y espeso cabello de la anciana Annuluk, la vieja abuela, la vieja bruja que es la mismísima Tierra. Y fue precisamente en esta tierra donde una vez vivió un hombre, un hombre tan solitario que, con el paso de los años, las lágrimas habían labrado unos profundos surcos en sus mejillas.

Un día estuvo cazando hasta después de anochecido pero no encontró nada. Cuando la luna apareció en el cielo y los témpanos de hielo brillaron, llegó a una gran roca moteada que sobresalía en el mar y su aguda mirada creyó ver en la parte superior de aquella roca un movimiento extremadamente delicado. Se acercó remando muy despacio a ella y observó que en lo alto de la impresionante roca danzaban unas mujeres tan desnudas como sus madres las trajeron al mundo. Pues bien, puesto que era un hombre solitario y no tenía amigos humanos más que en su recuerdo, se quedó a mirar. Las mujeres parecían seres hechos de leche de luna, en su piel brillaban unos puntitos plateados como los que tiene el salmón en primavera y sus manos y pies eran alargados y hermosos.

Eran tan bellas que el hombre permaneció embobado en su embarcación acariciada por el agua que lo iba acercando cada vez más a la roca. Oía las risas de las soberbias mujeres, o eso le parecía; ¿o acaso era el agua la que se reía alrededor de la roca? El hombre estaba confuso y aturdido, pero, aun así, la soledad que pesaba sobre su pecho como como un pellejo mojado se disipó y, casi sin pensar, como si eso fuera lo que tuviera que hacer, el hombre saltó a la roca y robó una de las pieles de foca que allí había. Se ocultó detrás de una formación rocosa y escondió la piel de foca en su *qutnguq*, su parka.

Muy pronto una de las mujeres llamó con una voz que era casi lo más bello que el hombre jamás en su vida hubiera escuchado, como los gritos de las ballenas al amanecer, no, quizá como los loboznos recién nacidos que bajaban rodando por la pendiente en primavera o, pero no, era algo mucho mejor que todo eso, aunque, en realidad, daba igual porque, ¿qué estaban haciendo ahora las mujeres?

Pues ni más ni menos que cubrirse con sus pieles de foca y deslizarse una a una hacia el mar entre alegres gritos de felicidad.

Todas menos una. La más alta de ellas buscaba por todas partes su piel de foca, pero no había manera de encontrarla. El hombre se armó de valor sin saber por qué. Salió de detrás de la roca y llamó a la mujer.

—Mujer... sé... mi... esposa. Soy... un hombre... solitario.

—No puedo ser tu mujer —le contestó ella—, yo soy de las otras, de las que viven *temeqvanek*, debajo.

—Sé... mi... esposa —insistió el hombre—. Dentro de siete veranos te devolveré tu piel de foca y podrás irte o quedarte, como tú prefieras.

La joven foca le miró largo rato a la cara con unos ojos que, de no haber sido por sus verdaderos orígenes, hubieran podido parecer humanos, y le dijo a regañadientes:

—Iré contigo. Pasados los siete veranos, tomaré una decisión.

Así pues, a su debido tiempo tuvieron un hijo al que llamaron Ooruk. El niño era ágil y gordo. En invierno su madre le contaba a Ooruk cuentos acerca de las criaturas que vivían bajo el mar mientras su padre cortaba en pedazos un oso o un lobo con su largo cuchillo. Cuando la madre llevaba al niño Ooruk a la cama le mostraba las nubes del cielo y todas sus formas a través de la abertura para la salida del humo. Sólo que, en lugar de hablarle de las formas del cuervo, el oso y el lobo, le contaba historias de la morsa, la ballena, la foca y el salmón... pues ésas eran las criaturas que ella conocía.

Sin embargo, a medida que pasaba el tiempo, la carne de la madre empezó a secarse. Primero se le formaron escamas y después grietas. La piel de los párpados empezó a desprenderse. Los cabellos de la cabeza se le empezaron a caer al suelo. Se volvió *naluaq*, de un blanco palidísimo. Su gordura empezó a marchitarse. Trató de disimular su cojera. Cada día, y sin que ella lo quisiera, sus ojos se iban apagando. Empezó a extender la mano para buscar a tientas el camino, pues se le estaba nublando la vista.

Y llegó una noche en que unos gritos despertaron al niño Ooruk y éste se incorporó en la cama, envuelto en sus pieles de dormir. Oyó un rugido como el de un oso, pero era su padre regañando a su madre. Oyó un llanto como de plata restregada contra la piedra, pero era su madre.

—Me escondiste la piel de foca hace siete largos años y ahora se acerca el octavo invierno. Quiero que me devuelvas aquello de lo que estoy hecha —gritó la mujer foca.

—Pero tú me abandonarías si te la diera, mujer —tronó el marido.

—No sé lo que haría. Sólo sé que necesito lo que me corresponde.

—Me dejarías sin esposa y dejarías huérfano de madre al niño. Eres mala.

Dicho lo cual, el marido apartó a un lado el faldón de cuero de la entrada y se perdió en la noche.

El niño quería mucho a su madre. Temía perderla y se durmió llorando... hasta que el viento lo despertó. Era un viento muy raro... y parecía llamarlo, «Oooruk, Oooruuuuk».

Saltó de la cama tan precipitadamente que se puso la parka al revés y se subió las botas de piel de foca sólo hasta media pierna. Al oír su nombre una y otra vez, salió a toda prisa a la noche estrellada.

—Ooooooooruuuuk.

El niño se dirigió corriendo al acantilado que miraba al agua y allí, en medio del mar agitado por el viento, vio una enorme y peluda foca plateada... la cabeza era muy grande, los bigotes le caían hasta el pecho y los ojos eran de un intenso color amarillo.

—Oooooooruuuuk.

El niño bajó del acantilado y, al llegar abajo, tropezó con una piedra —mejor dicho, un bulto— que había caído rodando desde una hendidura de la roca. Los cabellos de su cabeza le azotaban el rostro cual si fueran mil riendas de hielo.

—Oooooooruuuuk.

El niño rascó el bulto para abrirlo y lo sacudió... era la piel de foca de su madre. Percibió el olor de su madre. Mientras se acercaba la piel de foca al rostro y aspiraba el perfume, el alma de su madre lo azotó cual si fuera un repentino viento estival.

—Oooh —exclamó con una mezcla de pena y alegría, acercando de nuevo la piel a su rostro. Una vez más el alma de su madre la traspasó.

—Oooh —volvió a exclamar, rebosante de infinito amor por su madre.

Y, a lo lejos, la vieja foca plateada... se hundió lentamente bajo el agua.

El niño saltó de la roca y regresó a toda prisa a casa con la piel de foca volando a su espalda y cayó al suelo al entrar. Su madre lo levantó junto con la piel de foca y cerró los ojos agradecida por haberlos recuperado a los dos sanos y salvos. Después se puso la piel de foca.

—¡Oh, madre, no lo hagas! —le suplicó el niño.

Ella lo levantó del suelo, se lo colocó bajo el brazo y se fue medio corriendo y medio tropezando hacia el rugiente mar.

—¡Oh, madre! ¡No! ¡No me dejes! —gritó Ooruk.

Y, de repente, pareció que la madre quería quedarse junto a su hijo, pero algo la llamaba, algo más viejo que ella, más viejo que él, más viejo que el tiempo.

—Oh, madre, no, no, no —gritó el niño.

Ella se volvió a mirarle con unos ojos rebosantes de inmenso amor. Tomó el rostro del niño entre sus manos e infundió su dulce aliento en sus pulmones una, dos, tres veces. Después, llevándolo bajo el brazo como si fuera un valioso fardo, se zambulló en el mar y se hundió cada vez más en él. La mujer foca y su hijo respiraban sin ninguna dificultad bajo el agua.

Ambos siguieron nadando cada vez más hondo hasta entrar en la ensenada submarina de las focas, en la que toda suerte de criaturas comían, cantaban, bailaban y hablaban. La gran foca macho plateada que había llamado a Ooruk desde el mar nocturno lo abrazó y lo llamó «nieto».

—¿Cómo te fue allí arriba, hija mía? —preguntó la gran foca plateada.

La mujer foca apartó la mirada y contestó:

—Hice daño a un ser humano, a un hombre que lo dio todo para tenerme. Pero no puedo regresar junto a él, pues me convertiría en prisionera si lo hiciera.

—¿Y el niño? —preguntó la vieja foca—. ¿Y mi nieto? —continuó la vieja foca macho.

Lo dijo con tanto orgullo que hasta le tembló la voz.

—Tiene que regresar, padre. No puede quedarse aquí. Aún no ha llegado el momento de que esté aquí con nosotros.

Y se echó a llorar. Y juntos lloraron los dos.

Transcurrieron unos cuantos días y noches, siete para ser más exactos, durante los cuales el cabello y los ojos de la mujer foca recuperaron el brillo. Adquirió un precioso color oscuro, recobró la vista y las redondeces del cuerpo y pudo nadar sin ninguna dificultad. Pero llegó el día del regreso del niño a la tierra. Aquella noche el viejo abuelo foca y la hermosa madre del niño nadaron flanqueando al niño. Regresaron subiendo cada vez más alto hasta llegar al mundo de arriba. Allí depositaron suavemente a Ooruk en la pedregosa orilla bajo la luz de la luna.

Su madre le aseguró:

—Yo estoy siempre contigo. Te bastará con tocar lo que yo haya tocado, mis palillos de encender el fuego, mi *ulu*, cuchillo, mis nutrias y mis focas labradas en piedra para que yo infunda en tus pulmones un aliento que te permita cantar tus canciones.

La vieja foca macho y su hija besaron varias veces al niño. Al final, se apartaron de él y se adentraron nadando en el mar. Tras mirar por última vez al niño, desaparecieron bajo las aguas. Y Ooruk se quedó porque todavía no había llegado su hora.

Con el paso del tiempo el niño se convirtió en un gran cantor e inventor de cuentos que, además, tocaba muy bien el tambor y decía la gente que todo se debía a que de pequeño había sobrevivido a la experiencia de ser transportado al mar por los grandes espíritus de las focas. Ahora, en medio de las grises brumas matinales, se le puede ver algunas veces con su kayak amarrado, arrodillado en cierta roca del mar, hablando al parecer con cierta foca que a menudo se acerca a la orilla. Aunque muchos han intentado cazarla, han fracasado una y otra vez. La llaman *Tanqigcaq*, la resplandeciente, la sagrada, y dicen que, a pesar de ser una foca, sus ojos son capaces de reproducir las miradas humanas, aquellas sabias, salvajes y amorosas miradas.

La pérdida del sentido del alma como iniciación

La foca es uno de los símbolos más bellos del alma salvaje. Como la naturaleza instintiva de las mujeres, las focas son unas criaturas muy curiosas que han evolucionado y se han adaptado a lo largo de los siglos. Como la mujer foca, las verdaderas focas sólo se acercan a la tierra para alumbrar y alimentar a sus crías. La madre foca se entrega con todas sus fuerzas al cuidado de su cría durante unos dos meses, amándola, defendiéndola y alimentándola exclusivamente con las reservas de su cuerpo. Durante este período la cría de foca de unos doce kilos cuadruplica su peso. Entonces la madre se adentra en el mar y la cría ya desarrollada inicia una vida independiente.

Entre los grupos étnicos de todo el mundo, muchos de ellos pertenecientes a la región circumpolar y al África Occidental, se dice que los seres humanos no están verdaderamente vivos hasta que el alma da a luz al espíritu, lo cuida amorosamente, lo alimenta y lo llena de fuerza. Al final, se cree que el alma se retira a un hogar más lejano mientras el espíritu inicia su vida independiente en el mundo[2].

El símbolo de la foca como representación del alma es especialmente atractivo por cuanto las focas dan muestras de una «docilidad» y una accesibilidad bien conocidas por los que viven cerca de ellas. Las focas poseen cierto carácter perruno y son cariñosas por naturaleza. De ellas irradia una especie de pureza. Pero también reaccionan con mucha rapidez, buscan refugio o atacan cuando se ven amenazadas. El alma también es así. Permanece en suspenso cerca de nosotras. Alimenta el espíritu. No huye cuando percibe algo nuevo, insólito o difícil.

Pero a veces, sobre todo cuando una foca no está acostumbrada a los seres humanos y permanece tendida en uno de aquellos estados de felicidad en que suelen sumirse las focas de vez en cuando, no se adelanta a los comportamientos humanos. Como la mujer foca del cuento y como las almas de las mujeres jóvenes y/o inexpertas, no adivina las intenciones de los demás ni los posibles daños. Y es lo que siempre ocurre cuando alguien roba la piel de foca.

A través de mis muchos años de trabajo con los temas de la «captura» y el «robo del tesoro» y de análisis de muchos hombres y mujeres he llegado a percibir en el proceso de individuación de casi todo el mundo la existencia de por lo menos un único robo significativo. Algunas personas lo califican del robo de su «gran oportunidad» en la vida. Otras lo definen como un hurto de amor o de robo del propio espíritu y debilitación del sentido del yo. Otras lo describen como una distracción, una pausa, una interferencia o una interrupción de algo que es vital para ellas: su arte, su amor, su sueño, su esperanza, su creencia en la bondad, su desarrollo, su honor, sus esfuerzos.

La mayoría de las veces este importante robo se produce en la persona desde su punto de menor visibilidad. Se produce en las mujeres por la misma razón por la que se produce en el cuento: por ingenuidad, por ignorancia de los motivos de los demás, por inexperiencia en la proyección de lo que podría ocurrir en el futuro, por no prestar atención a todas las claves del ambiente.

Las personas que han sufrido esta clase de robo no son malas. No están equivocadas. No son estúpidas. Pero son considerablemente inexpertas o se encuentran en un estado de modorra psíquica.

Sería un error atribuir semejantes estados sólo a los jóvenes. Pueden darse en cualquier persona independientemente de la edad, el origen étnico, los años de escolarización e incluso las buenas intenciones. Está claro que el hecho de sufrir un robo evoluciona hasta convertirse inexorablemente en una misteriosa oportunidad de iniciación arquetípica[3] para las personas que se ven atrapadas en él, que son casi todas.

El proceso de recuperación del tesoro y de establecimiento de la manera en que uno repondrá existencias desarrolla en la psique cuatro planteamientos vitales. Cuando nos enfrentamos cara a cara con este dilema y efectuamos el descenso al *Río bajo el Río*, fortalece enormemente nuestra determinación de recuperar la conciencia. Aclara con el tiempo qué es lo más importante para nosotras. Nos hace experimentar la imperiosa necesidad de elaborar un plan para liberarnos psíquicamente o de otro modo y para utilizar nuestra recién adquirida sabiduría. Finalmente —lo más importante— desarrolla nuestra naturaleza medial, esta salvaje y perspicaz parte de la psique que también puede atravesar el mundo del alma y el mundo de los seres humanos.

El núcleo arquetípico del cuento «Piel de foca, piel del alma» es extremadamente valioso, pues ofrece unas claras y definidas instrucciones acerca de los pasos que tenemos que dar para poder desarrollar y encontrar nuestro camino a través de estas tareas. Una de las cuestiones esenciales y más potencialmente destructoras con que se enfrentan las mujeres es el comienzo de varios procesos de iniciación psicológica con iniciadoras que todavía no han completado su propia iniciación. No conocen a personas expertas que sepan cómo seguir adelante. Cuando las iniciadoras no están completamente iniciadas, omiten sin querer importantes aspectos del proceso y a veces infligen graves daños a las mujeres que tienen a su cargo, pues trabajan con una idea fragmentaria de la iniciación que a menudo está contaminada de una u otra forma[4].

En el otro extremo del espectro se encuentra la mujer que ha sufrido un robo y se esfuerza por conocer y dominar la situación, pero se ha quedado sin instrucciones y no sabe que, para completar el aprendizaje, tiene que hacer más prácticas, por cuyo motivo repite una y otra vez la primera fase, es decir, se deja robar una y otra vez. A causa de las circunstancias por las que ha pasado, se ha quedado enredada en las riendas y carece esencialmente de instrucciones. En lugar de descubrir las exigencias de un alma salvaje sana, se convierte en una víctima de una iniciación incompleta.

Teniendo en cuenta que las líneas matrilineales de iniciación —las mujeres mayores que enseñan a las más jóvenes ciertos hechos y procedimientos psíquicos de lo femenino salvaje— se han roto y fragmentado en muchas mujeres a lo largo de muchos años, es una suerte que las mujeres puedan aprender lo que necesitan gracias a la arqueología de los cuentos de hadas. Lo que se deduce de estos modelos que entrañan un profundo significado constituye un eco de las pautas innatas de los procesos psicológicos más integrales de las mujeres. En este sentido, los cuentos de hadas y los mitos son unos iniciadores; son los sabios que enseñan a los que vienen después.

Por consiguiente, la dinámica de «Piel de foca, piel del alma» resulta especialmente útil para las mujeres no del todo iniciadas o medio iniciadas. Conociendo todos los pasos que hay que dar para completar el cíclico regreso a casa, es posible desenredar, replantear y completar debidamente una iniciación defectuosa. Veamos qué instrucciones nos da este cuento.

La pérdida de la piel

El desarrollo del conocimiento, tal como se produce en las versiones de «Barba Azul», «Campanilla», «La comadrona del diablo», «La rosa silvestre» y otros, se inicia con sufrimiento. El desarrollo parte de la inconsciencia, pasa por distintas formas de engaño y desde éste llega al hallazgo del camino del poder y, sobre todo, de la profundidad. El tema de la fatídica captura que pone a prueba la conciencia y termina en un profundo conocimiento es constante en los cuentos de hadas protagonizados por mujeres. Tales cuentos contienen unas sólidas instrucciones para todas nosotras acerca de la conducta que deberemos observar en caso de que nos capturen y de lo que tendremos que hacer para huir del cautiverio y *pasar a través del bosque como una loba con ojo agudo.*

«Piel de foca, piel del alma» contiene un tema retrógrado. A veces estos cuentos se llaman «relatos de retroceso». En muchos cuentos de hadas un ser humano es objeto de un encantamiento y se convierte en animal. Pero aquí ocurre lo contrario: una criatura del reino animal es conducida a una vida humana. El relato nos ofrece una visión de la estructura de la psique femenina. La doncella foca, como la naturaleza salvaje de la psique femenina, es una combinación mística de un animal que al mismo tiempo es capaz de vivir ingeniosamente entre los seres humanos.

La piel a que se refiere el cuento no es tanto un objeto cuanto la representación de un estado emocional y un estado del ser, uno que es cohesivo, espiritual y propio de la naturaleza salvaje femenina. Cuando una mujer se encuentra en este estado, se siente enteramente ella misma y englobada en su interior. No se siente fuera de él, preguntándose si obra bien, si se comporta bien, si piensa bien. Aunque a veces pierda el contacto con este estado de encontrarse «en su interior», el tiempo que previamente ha pasado allí la sostiene durante su actuación en el mundo. El periódico regreso al estado salvaje es el que repone las reservas psíquicas que necesita para sus proyectos, su familia, sus relaciones y su vida creativa en el mundo de arriba.

Al final, cualquier mujer que permanezca demasiado tiempo alejada de su hogar espiritual, se cansa. Tal como debe ser. Entonces busca de nuevo su piel para recuperar el sentido del yo y del alma y restaurar su perspicaz y oceánica sabiduría. Este gran ciclo de ir y volver, ir y volver, posee en el interior de la naturaleza instintiva femenina un carácter reflejo y es innato en todas las mujeres a lo largo de toda la vida, desde la infancia, la adolescencia y la edad adulta, pasando por el amor, la maternidad, el arte y la sabiduría hasta llegar a la vejez y más allá de ésta. Estas fases no tienen por qué ser necesariamente cronológicas, pues muchas veces las mujeres de mediana edad son unas recién nacidas, las ancianas son unas amantes apasionadas y las niñas pequeñas saben muchas cosas acerca de los encantamientos de las brujas.

Una y otra vez perdemos esta sensación de encontrarnos por entero en nuestra piel por los motivos ya mencionados y también a causa de un prolongado cautiverio. Las que se esfuerzan demasiado y sin el menor descanso también corren peligro. La piel del alma se desvanece cuando no prestamos atención a lo que estamos haciendo y, sobre todo, a lo que ello nos cuesta.

Perdemos la piel del alma cuando nos dejamos arrastrar demasiado por el ego, cuando somos demasiado exigentes y perfeccionistas[5], cuando nos dejamos martirizar innecesariamente, nos dejamos arrastrar por la ciega ambición, nos sentimos insatisfechas —a causa de nuestro yo, de la familia, de la comunidad, la cultura, el mundo— y no decimos ni hacemos nada al respecto, cuando fingimos ser una fuente inagotable para los demás o cuando no hacemos todo lo que podemos para ayudarnos. Hay tantas maneras de perder la piel del alma como mujeres hay en el mundo.

El único medio de conservar esta esencial piel del alma consiste en mantener una exquisita y prístina conciencia de su valor y su utilidad. Pero, puesto que nadie puede mantener constantemente una profunda conciencia, nadie puede conservar por entero la piel del alma a cada momento del día y de la noche. Sin embargo, podemos cuidar de que nos la roben lo menos posible. Podemos desarrollar aquel *ojo agudo* que vigila las condiciones que nos rodean y defiende nuestro territorio psíquico. El cuento «Piel de foca, piel del alma» gira, sin embargo, en torno a un ejemplo de lo que podríamos llamar un robo de especial gravedad. Este gran robo puede, mediante la conciencia, ser evitado en el futuro si prestamos atención a nuestros ciclos y a la llamada que nos invita a despedirnos y regresar a casa.

Todas las criaturas de la tierra regresan a casa. Es curioso que hayamos creado santuarios de fauna salvaje para el ibis, el pelícano, el airón, el lobo, la grulla, el venado, el ratón, el alce y el oso, pero no para nosotros mismos en los lugares donde vivimos día tras día. Sabemos que la pérdida del hábitat es lo peor que le puede ocurrir a una criatura libre. Censuramos con vehemencia el hecho de que los territorios naturales de otras criaturas estén rodeados de ciudades, fincas, autopistas, ruido y otros elementos discordantes como si nosotros no estuviéramos rodeados y afectados por las mismas cosas. Sabemos que, para que las criaturas puedan seguir viviendo, es necesario que éstas tengan de vez en cuando un hogar en el que se sientan libres y protegidas.

Tradicionalmente solemos compensar la pérdida de un hábitat más sereno tomándonos unas vacaciones que deberían ser un placer, sólo que muchas veces no lo son. Podemos compensar nuestras discordancias de los días laborables procurando eliminar las cosas que nos tensan los músculos trapecios y deltoides y los convierten en unos dolorosos nudos.

Todo eso está muy bien, pero, para la psique del alma y del yo, las vacaciones no equivalen a un refugio. El tiempo libre o el descanso no son lo mismo que regresar a casa. La tranquilidad no es lo mismo que la soledad.

Para empezar, podemos reprimir esta pérdida de alma manteniéndonos muy cerca de la piel. Observo en el ejercicio de mi profesión que en las mujeres de talento el robo de la piel del alma puede producirse por medio de relaciones con personas que tampoco están en las pieles que les corresponden y de otras relaciones decididamente peligrosas. Hace falta mucha fuerza de voluntad para superar estas relaciones, pero se puede hacer, sobre todo si, como en el cuento, la mujer despierta a la voz que la llama a casa y le pide que regrese al yo esencial donde su sabiduría inmediata está entera y es accesible. A partir de ahí una mujer puede decidir con más perspicacia lo que tiene que hacer y lo que quiere hacer.

El grave robo de la piel del alma también se puede producir de una manera más sutil por medio del robo de los recursos y el tiempo de una mujer. El mundo se siente solo y necesita el consuelo de las caderas y los pechos de las mujeres. Y lo pide con mil manos y millones de voces, nos hace señas, tira de nosotras y suplica nuestra atención. A veces parece que dondequiera que miremos hay alguien o algo del mundo que necesita, quiere y desea. Algunas personas, cuestiones y cosas del mundo son atrayentes y encantadoras; otras pueden ser exigentes y desagradables; y otras están tan conmovedoramente desvalidas que, en contra de nuestra voluntad, nuestra empatía se desborda y la leche nos baja por el vientre. Pero, a no ser que se trate de una cuestión de vida o muerte, tómatelo con calma, busca tiempo para «ponerte el corsé de acero»[6]. Deja de detenerte a cada paso para ayudar a los demás. Dedícate a la tarea de regresar a casa.

Sabemos que la piel se puede perder por culpa de un amor devastador y equivocado, pero también se puede perder con un amor profundo y acertado. El robo de la piel de nuestras almas no se debe exactamente a la adecuación o inadecuación de una persona o cosa sino al coste que estas cosas tienen para nosotras. Es lo que nos cuesta en tiempo, energía, observación, atención, vigilancia, estímulo, instrucción, enseñanza, adiestramiento. Estos movimientos de la psique son como reintegros en efectivo de la caja de ahorros de la psique. Pero no se trata de estos cuantiosos reintegros en efectivo en sí mismos, pues éstos son una parte importante del toma y daca de la vida. La causa de la pérdida de la piel y del debilitamiento de nuestros más agudos instintos es el hecho de tener la cuenta al descubierto. La falta de nuevos depósitos de energía, conocimientos, reconocimiento, ideas y emoción es la causa de que una mujer se sienta morir psíquicamente.

En el cuento, cuando la joven mujer foca pierde la piel, está entregada a una hermosa tarea, la tarea de la búsqueda de la libertad. Baila sin cesar y no presta atención a lo que ocurre a su alrededor.

Cuando estamos en la naturaleza salvaje que nos corresponde, todas sentimos la alegría de la vida. Es una de las señales de que estamos cerca de la Mujer Salvaje. Todas entramos en el mundo en condiciones de bailar. Y siempre empezamos con la piel intacta.

Pero, por lo menos hasta que adquirimos una mayor conciencia, todas pasamos por esta fase de individuación. Todas nos acercamos a nado a la roca, bailamos y no prestamos atención. Es entonces cuando aparece el aspecto más engañoso de la psique y, de pronto, en algún lugar del camino, buscamos lo que nos corresponde o el lugar al que correspondemos nosotras y ya no lo podemos encontrar. Entonces se esfuma y se oculta misteriosamente el sentido del alma. Y nosotras vagamos sin rumbo y medio aturdidas. No es bueno tomar decisiones cuando estamos aturdidas, pero las tomamos.

Sabemos que las decisiones equivocadas se producen de distintas maneras. Una mujer se casa prematuramente. Otra se queda prematuramente embarazada. Otra se va con una pareja inadecuada. Otra entrega su corazón a cambio de «tener cosas». Otra se deja seducir por toda una serie de ilusiones, otra por promesas, otra por «demasiada bondad» y escasez de alma, otra por exceso de ligereza y falta de robustez. Y en los casos en que la mujer va medio despellejada, ello no se debe necesariamente a que sus decisiones sean erróneas sino más bien a que ha permanecido demasiado tiempo lejos de su hogar espiritual, se ha secado y no le sirve de nada a nadie y tanto menos a sí misma. Hay cientos de maneras de perder la piel del alma.

Si ahondamos en el símbolo del pellejo animal, descubrimos que en todos los animales, incluidos los seres humanos, la erección capilar —los pelos de punta— se produce como respuesta a lo que se ve y a lo que se siente. Los pelos erizados del pellejo envían un «estremecimiento» a través de la criatura y despiertan recelo, cautela y otras manifestaciones defensivas. Entre los inuit se dice que tanto el pelaje como las plumas tienen la capacidad de ver lo que ocurre en la distancia y que ésta es la razón de que el *angakok*, el chamán, lleve encima muchas pieles y muchas plumas, para tener cientos de ojos y poder desentrañar mejor los misterios. La piel de foca es un símbolo del alma que no sólo proporciona calor sino que, además, nos ofrece a través de su visión un temprano sistema de alarma.

En las culturas cazadoras, el pellejo equivale al alimento por tratarse del producto más importante para la supervivencia. Se utiliza para hacer botas, forrar parkas, impermeabilizar las prendas y evitar que el hielo entre en contacto con la cara y las muñecas. El pellejo mantiene secos y a salvo a los niños pequeños, protege y calienta los vulnerables vientres, espaldas, pies, manos y cabeza de los seres humanos. Perder el pellejo es perder la protección, el calor, el precoz sistema de alarma, la vista instintiva. Psicológicamente, estar sin pellejo induce a una mujer a hacer lo que cree que debe hacer y no ya lo que sinceramente desea. La induce a seguir cualquier cosa o a cualquier persona que le parezca la más fuerte, tanto si le conviene como si no. Entonces salta mucho y mira poco. Se muestra graciosa en lugar de incisiva, rechaza y aplaza las cosas entre risas. Se abstiene de dar el siguiente paso, de hacer el necesario descenso y de permanecer allí abajo el tiempo suficiente como para que ocurra algo.

Vemos por tanto que en un mundo que valora a las mujeres acosadas que se entregan a incesantes actividades, el robo de la piel del alma es muy fácil, hasta el punto de que el primer robo suele producirse entre las edades de siete y dieciocho años. Para entonces casi todas las jóvenes ya han empezado a bailar en la roca del mar. Para entonces casi todas ellas habrán buscado la piel del alma pero no la habrán encontrado donde la dejaron. Y aunque en un principio tal cosa esté aparentemente destinada a favorecer el desarrollo de una estructura medial de la psique —es decir, la capacidad de aprender a vivir en el mundo espiritual y también en la realidad exterior—, demasiado a menudo semejante finalidad no se cumple y tampoco se cumple el resto de la experiencia de la iniciación, por lo que la mujer vaga por la vida sin piel.

Aunque hayamos intentado impedir el robo cosiendo prácticamente nuestra persona a la piel de nuestra alma, muy pocas mujeres alcanzan la mayoría de edad con algo más que unos pocos mechones del pellejo original intactos. Apartamos a un lado nuestros pellejos mientras danzamos. Aprendemos a conocer el mundo pero perdemos la piel. Descubrimos que sin la piel empezamos a marchitarnos lentamente. Puesto que casi todas las mujeres han sido educadas de tal forma que puedan soportar estoicamente estas cosas tal como hicieron sus madres, nadie se percata de que se está produciendo una muerte hasta que un día...

Cuando somos jóvenes y nuestra vida espiritual choca con los deseos y las exigencias de la cultura y del mundo, nos sentimos realmente encalladas muy lejos de nuestro hogar. Pero de mayores nos seguimos apartando cada vez más de nuestro hogar como consecuencia de nuestras decisiones acerca del quién, qué, dónde y durante cuánto tiempo. Si jamás nos han enseñado a regresar al hogar espiritual, repetimos hasta el infinito el «robo y la errante búsqueda de la pauta perdida». Sin embargo, aunque nuestras decisiones erróneas hayan sido la causa de nuestro extravío —en un lugar demasiado alejado de aquello que necesitamos—, no hay que perder la esperanza, pues el interior del alma contiene un indicador automático de ruta. Todas podemos encontrar el camino de regreso.

El hombre solitario

En un cuento muy parecido al núcleo del relato que aquí nos ocupa, la protagonista es una mujer que intenta seducir a una ballena macho para que copule con ella, robándole la aleta. En otros cuentos la criatura que nace es a veces un pez hembra y a veces un pez macho. A veces el viejo del mar es una venerable anciana. Puesto que en los cuentos se registran muchos cambios de sexo, la masculinidad o la feminidad de los personajes son mucho menos importantes que el proceso propiamente dicho.

Por consiguiente, vamos a suponer que el hombre solitario que roba la piel de foca representa el ego de la psique de una mujer. La salud del ego suele estar determinada por la habilidad con la que una persona mide los límites del mundo exterior, por la fortaleza de la propia identidad, por la capacidad de distinguir el pasado, el presente y el futuro y por la coincidencia de las propias percepciones con la realidad consensual. Un tema eterno de la psique humana es la rivalidad entre el ego y el alma por el control de la fuerza vital. Al principio de la vida suele dominar el ego con sus correspondientes apetitos; siempre está cocinando algo que huele muy bien. En este período, el ego es muy musculoso, por cuyo motivo relega al alma a las tareas auxiliares de la cocina del patio de atrás.

Pero en determinado momento, a veces hacia los veintitantos años, otras veces a los treinta y tantos y más a menudo a los cuarenta y tantos años, aunque algunas mujeres no están auténticamente preparadas hasta los cincuenta, los sesenta, los setenta o los ochenta y tantos años, permitimos finalmente que el alma lleve la delantera. El poder se aleja de las bobadas y las estupideces y se desplaza hacia la espiritualidad. Y, a pesar de que el alma no mata el ego para asumir la delantera, se podría decir que lo destituye y le asigna en la psique una tarea distinta que consiste esencialmente en someterse a sus intereses.

Desde el momento de nacer, existe en nuesto interior el salvaje impulso de que nuestra alma gobierne nuestra vida, pues la comprensión de que es capaz el ego resulta bastante limitada. Imaginemos al ego sujeto con una permanente correa relativamente corta; sólo puede penetrar hasta cierto punto en los misterios de la vida y el espíritu. Por regla general, se asusta, pues tiene la mala costumbre de reducir cualquier numinosidad a un «eso no es más que». Exige hechos observables. Al ego no le suelen sentar bien las pruebas de carácter sentimental o místico. Por eso está solo y es muy limitado en las elaboraciones de esta clase y no puede participar por entero en los más misteriosos procesos del alma y la psique. Y, sin embargo, el hombre solitario anhela el alma y distingue vagamente las cosas espirituales y salvajes cuando las tiene cerca.

Los términos «alma» y «espíritu» se suelen usar indistintamente, pero en los cuentos de hadas el alma siempre es el pro-*gyn*itor y el proge*n*itor del espíritu. En la hermenéutica arcana, el espíritu nace del alma. El espíritu hereda la materia o se encarna en ella para averiguar datos acerca del mundo y transmitirlos al alma. Cuando no hay interferencias, la relación entre el alma y el espíritu es perfectamente simétrica y el uno enriquece al otro. El alma y el espíritu constituyen una ecología, como en un estanque en el que las criaturas de abajo alimentan a las de arriba y las de arriba alimentan a las de abajo.

En la psicología junguiana, el ego se suele describir como una pequeña isla de conciencia que flota en un mar de inconsciencia. Sin embargo, en el folclore el ego se representa como una criatura voraz simbolizada a menudo por un ser humano o un animal no demasiado inteligente, rodeado por unas fuerzas que lo desconciertan y a las que intenta dominar. A veces el ego consigue dominarlas de una manera extremadamente brutal y destructiva, pero al final, gracias a los progresos del héroe o de la heroína, suele perder la partida en su intento de hacerse con el dominio.

En los comienzos de la vida de una persona el ego siente curiosidad por el mundo del alma, pero se preocupa más a menudo por la satisfacción de sus propios apetitos. El ego nace al principio en nosotros como potencial, y el mundo que nos rodea es el que lo configura, desarrolla y llena de ideas, valores y deberes: nuestros padres, nuestros profesores, nuestra cultura. Y así debe ser, dado que se convierte en nuestra escolta, nuestro blindaje y nuestro explorador en el mundo exterior. No obstante, si no se permite que la naturaleza salvaje se irradie hacia arriba a través del ego, confiriéndole color, jugo y capacidad instintiva de reacción, por más que la cultura apruebe lo que se haya inculcado en este ego, el alma no aprueba, no puede ni jamás podrá aprobar el carácter incompleto de semejante trabajo.

El hombre solitario del cuento intenta participar en la vida del alma, pero, como el ego, no está especialmente capacitado para ello y trata de apoderarse del alma en lugar de desarrollar una relación con ella. ¿Por qué razón roba el ego la piel de foca? Como todas las cosas hambrientas o solitarias, ama la luz. Cuando ve la luz y la posibilidad de acercarse al alma, se acerca a ella reptando y le roba uno de sus camuflajes esenciales. No puede evitarlo. El ego es como es; se siente atraído por la luz. Aunque no pueda vivir bajo el agua, ansía relacionarse con el alma. El ego es muy tosco en comparación con el alma. Su manera de hacer las cosas no suele ser sensible ni evocadora. Pero siente una ligera atracción —que apenas comprende— por la belleza de la luz. Y eso, de alguna manera y durante algún tiempo, lo tranquiliza.

Por consiguiente, nuestro ego-yo hambriento de alma roba el pellejo. «Quédate conmigo —susurra el ego—. Yo te haré feliz, aislándote de tu yo-alma y de tus ciclos de regreso a tu hogar del alma. Te haré muy feliz. Quédate, por favor.» De esta manera, tal como corresponde al comienzo de la individuación femenina, el alma se siente obligada a establecer una relación con el ego. La función mundana del servilismo del alma con respecto al ego se produce para que aprendamos cómo es el mundo y la manera de adquirir cosas, de trabajar y de distinguir lo bueno de lo no tan bueno, para que sepamos cuándo movernos, cuándo estarnos quietas y cómo convivir con otras personas, y para que aprendamos la mecánica y las intrigas de la cultura, la manera de conservar un empleo y de sostener en brazos a un niño, de cuidar el cuerpo y encargarnos de los negocios, es decir, todas las cosas del mundo exterior. El propósito inicial del desarrollo de esta importante estructura en el interior de la psique femenina —el matrimonio de la mujer foca y el hombre solitario, un matrimonio en el que ella desempeña una tarea decididamente servil— es la creación de un apaño temporal que en último extremo dará lugar a la aparición del hijo espiritual capaz de convivir y desplazarse entre el mundo exterior y el salvaje. Una vez ha nacido, se ha desarrollado y se ha iniciado, este hijo simbólico aflora a la superficie del mundo exterior y entonces se produce la curación de la relación con el alma. Aunque el hombre solitario, es decir, el ego, no pueda ejercer perennemente su dominio —pues algún día tendrá que someterse a las exigencias del alma durante todo el resto de la vida de la mujer—, por el solo hecho de vivir con la mujer foca/mujer-alma, se ha contagiado de su grandeza y ello basta para que se sienta satisfecho, enriquecido y humillado al mismo tiempo.

El hijo espiritual

Vemos por tanto que la unión de esos contrarios que son el ego y el alma produce algo de valor infinito, el hijo espiritual. Es bien cierto que, cuando el ego se entremete violentamente en los aspectos más sutiles de la psique y el alma, se produce una fertilización cruzada. Paradójicamente, robando la protección del alma y su capacidad de ocultarse bajo el agua a voluntad, el ego participa en la creación de un hijo portador de la doble herencia del mundo y del alma, capaz de transmitir mensajes y regalos entre ambos.

En algunos de los cuentos más importantes, como el gaélico *La bella y la bestia*, el mexicano *La Bruja Milagrosa* y el japonés *Tsukino Waguma: El oso*, el hallazgo del camino de regreso al propio orden psíquico se inicia con la alimentación o el cuidado de una mujer, un hombre o una bestia solitaria y/o herida. El hecho de que semejante hijo, capaz de atravesar dos mundos tan distintos, pueda proceder de una mujer sin piel y «casada» con algo de sí misma o del mundo exterior tan solitario y subdesarrollado, es uno de los milagros constantes de la psique. Algo ocurre en nuestro interior cuando nos encontramos en esta situación, algo que genera un estado emocional, una minúscula nueva vida, una pequeña llama que arde en condiciones imperfectas, difíciles e incluso inhumanas.

El hijo espiritual es *la niña milagrosa*, que tiene la capacidad de oír la llamada, la lejana voz que nos dice ya es hora de regresar a nosotras mismas. El niño es una parte de nuestra naturaleza medial que nos apremia, pues es capaz de oír la llamada cuando ésta se produce. Es el niño que se despierta del sueño, se levanta de la cama, sale a la ventosa noche y baja corriendo al embravecido mar que nos induce a afirmar «Pongo a Dios por testigo de que seguiré por este camino», o «Resistiré», o «No me desviaré», o «Encontraré la manera de seguir adelante».

Es el hijo quien le devuelve a su madre la piel de foca, la piel del alma. Es él quien le permite regresar a su casa. Este hijo es un poder espiritual que nos induce a seguir adelante con nuestra importante tarea, a rechazar algo, a cambiar nuestra vida, a mejorar nuestra comunidad, a colaborar en el empeño de equilibrar el mundo, todo ello gracias a nuestro regreso a casa. Si una mujer desea participar en estas cosas, es necesario que tenga lugar el difícil matrimonio entre el alma y el ego y tiene que nacer el hijo espiritual. Los objetivos del dominio son la recuperación y el regreso.

Cualesquiera que sean las circunstancias de una mujer, el hijo espiritual, la vieja foca que surge del mar llamando a su hija para que regrese a casa y el ancho mar siempre están cerca. Siempre. Incluso en lugares y momentos en los que menos cabría esperar su presencia.

Desde el año 1971 me dedico a enseñar a escribir como práctica de meditación en prisiones y penales de todo el país. En un viaje que hice a una prisión federal de mujeres con un grupo de sanadoras/artistas[7] para montar representaciones y enseñar a una sección de cien mujeres que estaban participando con profundo interés en un programa de desarrollo espiritual que allí se había organizado, vi como de costumbre muy pocas mujeres «curtidas» y varias docenas de mujeres en distintas fases de mujer-foca. Muchas de ellas habían sido «capturadas» en sentido figurado pero también literal por culpa de unas decisiones tremendamente ingenuas. Cualesquiera que fueran las causas de su permanencia allí y a pesar de las condiciones fuertemente limitadas en las que vivían, cada una de ellas se encontraba visiblemente en vías de crear un hijo espiritual, cuidadosa y dolorosamente formado con su propia carne y sus propios huesos. Cada unas de ellas estaba buscando también su piel de foca; cada una se encontraba en pleno proceso de recordar el camino de regreso a casa.

Una artista de nuestro grupo, una joven violinista negra llamada India Cook tocó para las mujeres. Nos encontrábamos en un patio al aire libre, hacía mucho frío y el viento aullaba alrededor del telón de fondo del escenario sin techo. La violinista colocó el arco sobre las cuerdas de su violín eléctrico e interpretó una conmovedora pieza musical en clave menor. Su violín estaba llorando de verdad. Una corpulenta india lakota me aporreó el brazo y murmuró con la voz ronca a causa de la emoción:

—Este sonido... este violín está abriendo la puerta de un lugar que tengo dentro. Pensaba que estaba cerrada para siempre.

La expresión de su ancho rostro era de etérea perplejidad. Se me partió el corazón pero en sentido positivo, pues comprendí que cualquier cosa que le hubiera ocurrido —y le habían ocurrido muchas—, aún podía oír el grito del mar, la llamada desde su casa.

En el cuento de «Piel de foca, piel del alma», la doncella foca le cuenta a su hijo relatos acerca de las cosas que viven y prosperan bajo el mar. Lo instruye por medio de sus cuentos, moldea el hijo nacido de su unión con el ego. Está formando al hijo, le está enseñando el terreno y la forma de actuar del «otro». El alma está preparando al hijo salvaje de la psique para algo muy importante.

La resecación y la lisiadura

Casi todas las depresiones, los tedios y las erráticas confusiones de una mujer se deben a una vida del alma fuertemente limitada en la que la innovación, los impulsos y la creación están restringidos o prohibidos. La fuerza creativa confiere a las mujeres un enorme impulso que las induce a actuar. No podemos pasar por alto la existencia de los numerosos robos e incapacitaciones del talento de las mujeres que se producen por medio de las restricciones y los castigos que la cultura impone a sus instintos naturales y salvajes.

Podemos escapar de esta situación siempre y cuando haya un río subterráneo o incluso un pequeño arroyo procedente de algún lugar del alma que vierta sus aguas en nuestra vida. Sin embargo, si una mujer que se encuentra «lejos de casa» cede todo el poder, se convertirá primero en una niebla, después en un vapor y finalmente en una simple brizna de su antiguo yo salvaje.

Todo este robo y ocultamiento del pellejo natural de la mujer y la consiguiente resecación y lisiadura de ésta me recuerdan un viejo cuento que circulaba entre los distintos sastres rurales de nuestra familia. Mi difunto tío Vilmos lo contó una vez para calmar y dar una lección a un enfurecido adulto de nuestra extensa familia que estaba tratando con excesiva severidad a un niño. Tío Vilmos tenía una paciencia y una ternura infinitas con las personas y los animales. Poseía el don natural de contar cuentos según la tradición *mesemondók* y era muy hábil en la aplicación de cuentos a modo de suave medicina.

⁓⁓⁓⁓⁓⁓⁓⁓⁓⁓⁓⁓⁓⁓⁓⁓⁓⁓⁓

Un hombre fue a casa del sastre Szabó y se probó un traje. Mientras permanecía de pie delante del espejo se dio cuenta de que la parte inferior del chaleco era un poco desigual.

—Bueno, no se preocupe por eso —le dijo el sastre—. Sujete el extremo más corto con la mano izquierda y nadie se dará cuenta.

Mientras así lo hacía, el cliente se dio cuenta de que la solapa de la chaqueta se curvaba en lugar de estar plana.

—Ah, ¿eso? —dijo el sastre—. Eso no es nada. Doble un poco la cabeza y alísela con la barbilla.

El cliente así lo hizo y entonces vio que la costura interior de los pantalones era un poco corta y notó que la entrepierna le apretaba demasiado.

—Ah, no se preocupe por eso —dijo el sastre—. Tire de la costura hacia abajo con la mano derecha y todo le caerá perfecto.

El cliente accedió a hacerlo y se compró el traje.

Al día siguiente se puso el nuevo traje, «modificándolo» con la ayuda de la mano y la barbilla. Mientras cruzaba el parque aplanándose la solapa con la barbilla, tirando con una mano del chaleco y sujetándose la entrepierna con la otra, dos ancianos que estaban jugando a las damas interrumpieron la partida al verle pasar renqueando por delante de ellos.

—*¡M'Isten*, Oh, Dios mío! —exclamó el primer hombre—. ¡Fíjate en este pobre tullido!

El segundo hombre reflexionó un instante y después dijo en un susurro:

—*Igen*, sí, lástima que esté tan lisiado, pero lo que yo quisiera saber... es de dónde habrá sacado un traje tan bonito.

La reacción del primer anciano constituye la respuesta cultural habitual ante una mujer que ha conseguido adquirir una *persona* impecable, pero que está completamente tullida a causa del esfuerzo que tiene que hacer para mantenerla. Bueno, sí, es una lisiada, pero mira qué buena pinta tiene, qué buena es y qué bien lo hace. Cuando estamos agostadas, caminamos renqueando para que parezca que lo tenemos todo controlado y que todo va bien. Tanto si lo que falta es la piel del alma como si lo que no encaja es la piel creada por la cultura, el hecho de procurar disimularlo nos convierte en unas tullidas. Y, cuando lo hacemos, la vida se reduce y pagamos un precio muy alto.

Cuando una mujer empieza a resecarse, le resulta cada vez más difícil comportarse de acuerdo con la saludable naturaleza salvaje. Las ideas, la creatividad, la propia vida prosperan en un ambiente húmedo. Las mujeres que se encuentran en este estado suelen soñar con el hombre oscuro: malhechores, merodeadores o violadores las amenazan, las secuestran, les roban y les hacen cosas mucho peores. A veces dichos sueños revisten un carácter traumático, pues proceden de una agresión auténtica. Pero con más frecuencia son sueños de mujeres que se están agostando, que no prestan los debidos cuidados a la faceta instintiva de sus vidas, que se roban a sí mismas, se privan de la función creativa y a veces no hacen el menor esfuerzo por echarse una mano e incluso procuran por todos los medios ignorar la llamada que les hacen para que regresen al agua.

A lo largo de mis años de práctica he visto a muchas mujeres resecas, algunas menos y otras más. Al mismo tiempo, estas mujeres me han contado muchos cuentos de animales heridos, que en los últimos diez años han aumentado considerablemente (tanto en los hombres como en las mujeres). Difícilmente podríamos pasar por alto el hecho de que el aumento de los sueños de animales heridos coincide con los destrozos de lo salvaje tanto en el interior como en el exterior de las personas.

En tales sueños la criatura —la liebre, el lagarto, el caballo, el oso, el toro, la ballena, etc.— está lisiada como el hombre del cuento del sastre, como la mujer foca. Aunque los sueños protagonizados por animales heridos se refieren a la situación de la psique instintiva femenina y a su relación con la naturaleza salvaje, también constituyen un reflejo de las profundas laceraciones del inconsciente colectivo como consecuencia de la pérdida de la vida instintiva. Si la cultura prohíbe por el motivo que sea que las mujeres puedan llevar una vida sensata e integral, éstas tendrán sueños de animales heridos. Aunque la psique se esfuerce por todos los medios en limpiarse y fortalecerse con regularidad, todas las señales de azotes de «allí afuera» se reflejan en el inconsciente de «aquí dentro» de tal forma que la soñadora sufre los efectos de la pérdida de sus vínculos personales con la Mujer Salvaje y también los de la pérdida de la relación del mundo con esta profunda naturaleza.

Por consiguiente, a veces no es sólo la mujer la que se reseca. A veces también se resquebrajan y se reducen a polvo algunos aspectos esenciales del propio microambiente —la familia o el lugar de trabajo por ejemplo— o la más vasta cultura circundante, y esta situación afecta y aflige a la mujer. Para que ésta pueda contribuir a enderezar los fallos, es necesario que regrese a su propia piel, a su sentido común instintivo y a su propio hogar.

Tal como ya hemos visto, no reconocemos nuestra situación hasta que nos convertimos en un ser semejante a la apurada mujer foca: sin piel, renqueando, casi sin jugo y medio ciega. Menos mal que la enorme vitalidad de la psique nos regala la presencia en el inconsciente de un viejo que emerge a la superficie de nuestra conciencia y empieza a llamarnos incensantemente para que regresemos a nuestra verdadera naturaleza.

La llamada del Viejo

¿Qué es este grito del mar? Esta voz del viento que llama al niño y lo hace levantar de la cama y salir a la noche es similar a un sueño que surge en la conciencia del soñador como una simple voz incorpórea.

Se trata de uno de los sueños más impresionantes que puede tener una persona. En mis tradiciones culturales, cualquier cosa que diga esta voz en el sueño se considera una transmisión directa del alma.

Dicen que los sueños en que aparece la voz incorpórea pueden producirse en cualquier momento, pero muy especialmente cuando el alma pasa por una situación apurada; en tales circunstancias, el yo profundo se lanza por así decirlo a la caza. ¡Bang! Habla la voz del alma de una mujer. Y le dice lo que va a ocurrir a continuación.

En el cuento, la vieja foca surge de su elemento para efectuar la llamada. Uno de los rasgos más característicos de la psique salvaje consiste en que, si nosotras no acudimos a ella espontáneamente, si no prestamos atención a nuestras propias estaciones y al momento del regreso, el Viejo saldrá a buscarnos y nos llamará una y otra vez hasta que algo de nosotras le responda.

Menos mal que existe esta señal natural del regreso a casa, tanto más insistente cuanto mayor es nuestra necesidad de regresar. La señal se dispara cuando todo empieza a ser «demasiado», tanto en sentido positivo como negativo. Puede haber llegado el momento de regresar a casa, tanto cuando existe demasiado estímulo positivo como cuando se registra una incesante disonancia. Es posible que estemos demasiado inmersas en algo, que algo nos haya agotado demasiado, que nos amen demasiado o demasiado poco, que trabajemos demasiado o demasiado poco. Todas estas cosas tienen un precio muy alto. En presencia de un «demasiado», nos vamos secando poco a poco, se nos cansa el corazón, empieza a faltarnos la energía y surge en nosotras un misterioso anhelo —que sólo acertamos a describir como «un algo»— que se intensifica cada vez más. Es entonces cuando nos llama el Viejo.

En este cuento es interesante observar que el que oye y responde a la llamada del mar es el pequeño hijo espiritual. Él es quien se atreve a enfrentarse con los peñascos y las piedras cubiertas de nieve, quien sigue ciegamente el grito y quien tropieza por casualidad con la enrollada piel de foca de su madre. El inquieto sueño del niño es un agudo y perspicaz retrato de la inquietud que experimenta una mujer cuando anhela regresar a su lugar de origen psíquico. Puesto que la psique es un sistema completo, todos sus elementos resuenan en respuesta a la llamada. La inquietud de una mujer en este período se acompaña a menudo de irritabilidad y de una sensación de que todo está demasiado cerca como para que resulte cómodo o demasiado lejos como para que se pueda alcanzar la paz. Dondequiera que se encuentre la mujer se siente un poco o muy «perdida» debido a que ha permanecido demasiado tiempo lejos de casa. Estas sensaciones son justo las que tiene que experimentar. Son un mensaje que dice «Ven ahora mismo». La sensación de sentirnos desgarradas procede del hecho de oír, de manera consciente o inconsciente, que algo nos llama y nos pide que regresemos, algo a lo que no podemos contestar que no, so pena de sufrir un daño.

Si no acudimos cuando es el momento, el alma vendrá a buscarnos tal como vemos en estos versos de un poema titulado «La mujer que vive en el fondo del lago».

> *... una noche*
> *se oye un latido en la puerta.*
> *Fuera, una mujer en la niebla*
> *con cabellos de ramas y vestido de hierbas,*
> *chorreando verde agua del lago.*
> *Dice: «Soy tú*
> *y vengo de muy lejos.*
> *Ven conmigo, quiero mostrarte una cosa...»*
> *Da media vuelta para marcharse, se le abre la capa.*
> *De pronto, una luz dorada... una luz dorada*
>   *por todas partes...*[8]

La vieja foca surge por la noche y el niño avanza a trompicones por la noche. En este y en otros muchos cuentos vemos que el principal protagonista descubre una asombrosa verdad o recupera un valioso tesoro mientras camina a tientas en la oscuridad. Es un tema habitual en los cuentos de hadas y se produce en cualquier circunstancia. Nada mejor que la oscuridad para que la luz, la maravilla, el tesoro destaquen en toda su magnificencia. La «noche oscura del alma» se ha convertido prácticamente en un lema en ciertos ámbitos de la cultura.

La recuperación de lo divino tiene lugar en la oscuridad de Hel o del Hades o de «allí». El regreso de Cristo se produce como un resplandor del crepúsculo infernal. La diosa asiática Amaterasu estalla desde la oscuridad de debajo de la montaña. La diosa sumeria Inanna en su forma acuática «se enciende con un resplandor dorado mientras se acuesta en un surco recién arado de negra tierra»[9]. En las montañas de Chiapas dicen que cada día «el amarillo sol tiene que abrir con su calor un agujero en el negrísimo *huipil* para poder elevarse en el cielo»[10]. Estas imágenes que giran alrededor de la oscuridad transmiten un ancestral mensaje que dice «No temas "no saber"». En distintas fases y en distintos períodos de nuestra vida así tiene que ser. Este aspecto de los cuentos y de los mitos nos anima a responder a la llamada aunque no sepamos adónde vamos, en qué dirección o durante cuánto tiempo. Lo único que sabemos es que, como el niño del cuento, tenemos que incorporarnos en la cama, levantarnos e ir a ver. Por consiguiente, es posible que andemos dando tumbos en medio de la oscuridad durante algún tiempo tratando de averiguar qué es lo que nos llama, pero, puesto que hemos conseguido vencer la tentación de apartarnos de la llamada de lo salvaje, invariablemente tropezamos con la piel del alma. Cuando aspiramos este estado del alma, entramos invariablemente en la sensación de «Eso está bien. Sé lo que necesito».

Para muchas mujeres modernas lo más temible no es el avance en medio de la oscuridad buscando la piel del alma sino la inmmersión en el agua, el regreso efectivo a casa y especialmente la despedida efectiva. Aunque las mujeres regresen a sí mismas, se pongan la piel de foca, se la alisen bien y estén preparadas para la partida, el hecho de irse es muy duro; es muy duro ceder y entregar aquello en lo que habíamos estado ocupadas hasta aquel momento e irnos sin más.

La prolongación excesiva de la estancia

En el cuento, la mujer foca se reseca porque prolonga excesivamente su estancia. Sus males son los mismos que sufrimos nosotras cuando prolongamos excesivamente nuestra estancia. La piel es nuestro órgano más sensible; nos dice cuándo tenemos frío o calor, cuándo estamos emocionadas o asustadas. Cuando una mujer lleva demasiado tiempo lejos de casa, su capacidad de percibir lo que realmente siente y piensa acerca de sí misma y de otras cosas empieza a secarse y agrietarse. Se encuentra en un aletargado «estado de lemming». Puesto que no percibe lo que es demasiado y lo que no es suficiente rebasa sus propios límites.

Vemos en el cuento que se le cae el cabello, que adelgaza y se convierte en una versión anémica de lo que antaño fuera. Cuando prolongamos demasiado nuestra estancia, nosotras también perdemos las ideas, nuestra relación con el alma se debilita y la circulación de la sangre disminuye y se reduce su velocidad. La mujer foca empieza a cojear, sus ojos pierden la humedad y empieza a quedarse ciega. Cuando ya hace tiempo que tendríamos que estar en casa, nuestros ojos ya no brillan por nada, nuestros huesos están cansados y es como si se abrieran las vainas de nuestos nervios y ya no pudiéramos concentrarnos en quiénes somos ni en lo que hacemos.

En las boscosas colinas de Indiana y Michigan, vive un sorprendente grupo de granjeros cuyos antepasados llegaron allí hace mucho tiempo desde las colinas de Kentucky y Tennessee. Aunque su lenguaje está plagado de incorrecciones gramaticales de todo tipo, son unos grandes lectores de la Biblia y, por consiguiente, suelen emplear bellas y musicales palabras tales como: iniquidad, aromático y cántico[11]. Y, además, utilizan muchas expresiones que se refieren al cansancio y a la ignorancia de las mujeres. La gente del campo no pule mucho las palabras. Las corta en bloques, las junta en pedazos que llama frases y las suelta tal como vienen. «Lleva demasiado tiempo trabajando como una burra», «está derrengada», «está tan cansada que ya ni siquiera encuentra el camino del establo» y, especialmente, la brutal descripción, «dar de mamar a una camada muerta», es decir, malgastar su vida en un matrimonio, un trabajo o una tarea inútil o insatisfactoria.

Cuando una mujer lleva demasiado tiempo lejos de casa, cada vez se siente menos capaz de avanzar por la vida. En lugar de tirar de un arnés elegido por ella misma, cuelga del que le han impuesto. Está tan exhausta y aturdida que pasa cansinamente por delante del lugar en el que podría hallar alivio y consuelo. La camada muerta está integrada por ideas, tareas y exigencias que no dan resultado, carecen de vida y no le aportan ninguna vida. La mujer que se encuentra en semejante estado palidece pero se vuelve irritable, es cada vez más exigente pero, al mismo tiempo, está más dispersa. Su vela arde y es cada vez más corta. La cultura popular lo llama «consumirse», pero es algo más que eso, es *hambre del alma*. Cuando se llega a este extremo, no queda más remedio que hacer una cosa; la mujer sabe finalmente, no que quizá o que a lo mejor volverá a casa sino que tiene que volver a casa.

La promesa que se hace en el cuento es una promesa rota. El hombre, que también está reseco y tiene la cara llena de grietas por haber permanecido tanto tiempo solo, ha conseguido que la mujer foca entre en su casa y su corazón, prometiéndole que, al cabo de un cierto período, él le devolverá el pellejo y entonces ella podrá quedarse con él o regresar a su país si así lo desea.

¿Qué mujer no se sabe de memoria esta promesa rota? «En cuanto termine esto que estoy haciendo me podré ir. En cuanto pueda marcharme... Me iré en primavera. Me iré pasado el verano. Cuando los niños vuelvan a la escuela... Más tarde en otoño cuando los árboles son tan hermosos, me iré. Esperaré hasta la primavera... Esta vez lo digo en serio.»

El regreso a casa es especialmente importante cuando la mujer ha estado ocupada con cuestiones del mundo exterior y ha permanecido en él demasiado tiempo. ¿Qué duración tiene este tiempo? En cada mujer es distinta, pero baste decir que las mujeres saben con absoluta certeza cuándo han permanecido demasiado tiempo en el mundo y ya es hora de regresar casa. Sus cuerpos están en el aquí y el ahora, pero sus mentes están muy lejos.

Se mueren de ganas de iniciar una nueva vida. Ansían volver al mar. Viven simplemente para el mes que viene, hasta que pase el semestre, están deseando que termine el invierno para poder volver a sentirse vivas, están deseando que llegue una fecha místicamente establecida en algún momento del futuro en la que finalmente serán libres de hacer algo prodigioso. Creen que se morirán si no... (llena tú misma el espacio en blanco). Y todo tiene un aire de duelo. Experimentan desasosiego. Sensación de privación. Nostalgia. Tiran de los hilos sueltos de su falda y se pasan largo rato mirando a través de las ventanas. Y no se trata de un malestar transitorio. Es algo permanente que se va intensificando conforme pasa el tiempo.

Pese a lo cual, las mujeres siguen con sus rutinas cotidianas, miran con expresión sumisa, sonríen con afectación y se comportan como si se sintieran culpables. «Sí, sí, ya lo sé —dicen—. Tendría que hacerlo, pero, pero, pero...» Los «peros» de sus frases son la señal de que han permanecido demasiado tiempo en el mundo exterior.

Una mujer incompletamente iniciada que se encuentra en este estado de disminución cree equivocadamente que adquirirá un mayor reconocimiento espiritual quedándose donde está que yéndose. Otras se sienten atrapadas y, tal como dicen en México, tienen que *dar un tirón fuerte a algo* y tiran incesantemente de la manga de la Virgen en su afán de demostrar que son buenas y aceptables.

Pero hay otras razones por las que la mujer se siente dividida. No está acostumbrada a permitir que los demás lleven las riendas. Puede ser una practicante de la «letanía de los niños», esa que dice «Pero mis hijos necesitan tal cosa o tal otra, etc.»[12]. No se da cuenta de que, sacrificando su necesidad de regreso, está enseñando a sus hijos a sacrificar sus necesidades cuando sean mayores.

Algunas mujeres temen que los que las rodean no comprendan su necesidad de regresar a casa. Y puede que no todo el mundo la comprenda. Pero la que tiene que comprenderla es la propia mujer. Cuando una mujer regresa a casa siguiendo sus propios ciclos, los que la rodean tienen que entregarse a la tarea de su propia individuación y a la resolución de sus propias cuestiones vitales. El regreso a casa de la mujer propicia el crecimiento y el desarrollo de los demás.

Entre las lobas no se dan estas sensaciones de división a propósito de la partida o la permanencia, pues trabajan, paren, descansan y vagabundean siguiendo unos ciclos. Forman parte de un grupo que comparte los trabajos y los cuidados cuando otros miembros de la manada se hallan ausentes. Es una buena manera de vivir. Es una manera de vivir que posee toda la integridad de lo femenino salvaje.

Vamos a dejar bien claro que el hecho de regresar a casa puede ser muchas cosas distintas para muchas mujeres distintas. Una pintora rumana amiga mía sabía que su abuela se encontraba en su fase de regreso a casa cuando sacaba una silla de madera al jardín de la parte de atrás y permanecía sentada contemplando el sol con los ojos abiertos. «Es una medicina muy buena para los ojos», decía. Los demás se guardaban mucho de molestarla y, si no se guardaban, muy pronto se enteraban de lo que valía un peine. Es importante comprender que el regreso a casa no cuesta necesariamente dinero. Cuesta tiempo. Cuesta mucha fuerza de voluntad decir «Me voy» y decirlo en serio. Se puede volver la cabeza, tal como aconseja hacer mi querida amiga Jean y decir «Ahora me voy, pero volveré», pero hay que hacerlo sin interrumpir el camino de regreso a casa.

Hay muchas maneras de regresar a casa; muchas son profanas y otras son divinas. Mis clientas me dicen que, para ellas, estas tareas mundanas son un regreso a casa, pero yo les advierto de que la situación exacta de la rendija que nos abre el camino de la vuelta a casa cambia según el momento, por lo que su localización de este mes puede ser distinta de la del anterior. Volver a leer pasajes de libros y poemas que nos han emocionado. Pasar unos cuantos minutos junto a la orilla de un río, una corriente o un arroyo. Tenderse en el suelo en medio de las sombras del crepúsculo. Estar en compañía de un ser amado sin la presencia de los niños. Sentarse en el porche quitándole la cáscara a algo, haciendo calceta, mondando algo. Caminar o conducir el automóvil en cualquier dirección y después regresar. Subir a un autobús con destino desconocido. Construir tambores mientras se escucha música. Saludar el amanecer. Desplazarse en coche hasta un lugar en el que las luces de la ciudad no borren el cielo nocturno. Rezar. Tener un amigo especial. Sentarse en el pretil de un puente con las piernas colgando. Sostener a un niño en brazos. Sentarse junto a la luna de un café y ponerse a escribir. Sentarse en el centro de un claro del bosque. Secarse el cabello al sol. Introducir las manos en un barril lleno de agua de lluvia. Plantar procurando ensuciarse las manos de barro. Contemplar la belleza, la gracia, la conmovedora fragilidad de los seres humanos.

Por consiguiente, no es necesario emprender un largo y arduo viaje para regresar a casa, aunque tampoco quisiera dar a entender que se trata de algo muy simple, pues el hecho de regresar a casa exige vencer una considerable resistencia tanto si es fácil como si es difícil.

Hay otra manera de comprender la razón de que las mujeres retrasen su regreso a casa, una razón mucho más misteriosa que consiste en la excesiva identificación de una mujer con el arquetipo de la sanadora. Un arquetipo es una enorme fuerza misteriosa e instructiva a la vez. Hacemos acopio de provisiones cuando estamos cerca de él, tratamos de emularlo en cierto modo y mantenemos una relación equilibrada con él. Cada arquetipo tiene unas características determinadas que concuerdan con el nombre que asignamos a cada uno de ellos: la gran madre, el niño divino, el héroe solar, etc.

El arquetipo de la gran sanadora sugiere sabiduría, bondad, conocimiento, solicitud y todas las demás cualidades que se asocian con una sanadora. Por consiguiente, es bueno ser generosa, amable y servicial como el arquetipo de la gran sanadora. Pero sólo hasta cierto punto. Más allá de él ejerce una influencia entorpecedora en nuestras vidas. El impulso que experimentan las mujeres de «curarlo todo y arreglarlo todo» es una peligrosa trampa creada por las exigencias que nos impone nuestra cultura y que consisten sobre todo en las presiones que nos obligan a demostrar que no estamos ahí sin hacer nada como unos pasmarotes sino que poseemos un valor amortizable; podríamos decir incluso que en algunas partes se nos obliga a demostrar que valemos para algo y que, por consiguiente, tenemos derecho a vivir. Estas presiones se introducen en nuestra psique cuando somos muy jóvenes e incapaces de juzgar y oponer resistencia. Más tarde las presiones se convierten en ley, a no ser que las desafiemos o hasta que nos decidamos a hacerlo.

Pero los gritos del mundo que sufre no pueden ser atendidos constantemente por una sola persona. Sólo podemos responder a los que nos permiten regresar a casa con regularidad, de lo contrario, las luces de nuestro corazón se van apagando hasta quedar reducidas prácticamente a nada. A veces lo que el corazón desea socorrer no coincide con los recursos de que dispone el alma. Si una mujer valora su piel de foca, resolverá estas cuestiones según lo cerca que ella se encuentre de «casa» y la frecuencia con que haya estado allí.

Aunque los arquetipos emanen de nosotras durante unos breves períodos de tiempo que se podrían calificar de experiencia numinosa, ninguna mujer puede irradiar constantemente un arquetipo. Sólo el arquetipo propiamente dicho puede servir en todo momento, entregarse por entero y mostrar una energía inagotable. Podemos intentar emular a los arquetipos, pero éstos son unos ideales inalcanzables para los seres humanos y no están destinados a hacerse realidad. Y, sin embargo, la trampa exige que las mujeres se agoten en un vano intento de alcanzar estos niveles irreales. Para evitar la trampa, hay que aprender a decir «Basta» y «Que pare la música», pero a decirlo en serio.

Para empezar, una mujer tiene que alejarse, estar consigo misma y examinar de qué manera se quedó atrapada en un arquetipo[13]. Tiene que recuperar y desarrollar el instinto de conservación salvaje que establece «sólo hasta aquí y no más, sólo esto y nada más». Así es como la mujer conserva la orientación. Es preferible irse a casa durante algún tiempo aunque ello provoque el enfado de los demás, antes que quedarse y deteriorarse y tener que alejarse finalmente a rastras, cubierta de andrajos.

Por consiguiente, las mujeres que están cansadas y transitoriamente hartas del mundo, que temen tomarse un poco de tiempo libre o interrumpir sus actividades, ¡ya es hora de que despierten! Que cubran con una manta el gong que las llama para que colaboren constantemente en esto, aquello o lo de más allá. Ya retirarán la manta a la vuelta si así lo desean. Si no regresamos a casa cuando es el momento, perdemos la concentración. El hecho de encontrar de nuevo la piel, ponérnosla, ajustárnosla bien y regresar a casa nos ayuda a ser más eficaces en nuestra actuación a la vuelta. Hay un dicho según el cual «No se puede regresar casa», pero es falso. Aunque no se puede regresar de nuevo a la matriz, sí se puede regresar al hogar. Y no sólo es posible sino que es un requisito imprescindible.

La liberación, la inmersión

¿Qué es el ansia de hogar? Es el instinto de volver, de ir al lugar recordado. Es la capacidad de encontrar tanto de día como de noche el propio hogar. Todas sabemos cómo regresar a casa. Por mucho tiempo que haya transcurrido, sabemos encontrar el camino. Caminamos de noche cruzando tierras extrañas y tribus desconocidas sin ningún mapa, preguntando a los viejos personajes que encontramos por el camino: «¿Por dónde se va?»

La respuesta exacta a la pregunta «¿Dónde está el hogar?» es más complicada, pero se trata en cierto modo de un lugar interior, de un lugar del tiempo más que del espacio, en el que una mujer se siente entera. El hogar está allí donde un pensamiento o un sentimiento se puede conservar sin que se interrumpa o nos sea arrebatado porque otra cosa exige nuestro tiempo y nuestra atención. A lo largo de los siglos las mujeres han encontrado miles de maneras de tenerlo y crearlo, aunque sus deberes y sus tareas fueran interminables.

Lo aprendí por primera vez en la comunidad de mi infancia, donde muchas piadosas mujeres se levantaban antes de las cinco de la madrugada y con sus largos vestidos oscuros atravesaban el gris amanecer para arrodillarse en la fría nave de la iglesia, con la visión periférica cortada por las *babushkas* que se echaban sobre la cabeza. Allí hundían el rostro en las enrojecidas manos y rezaban, le contaban a Dios sus cosas y se llenaban de paz, de fortaleza y de perspicacia. Muchas veces mi tía Katerin me llevaba consigo. Una vez le dije:

—Qué tranquilo se está aquí y qué bonito es.

Ella me guiñó el ojo y me hizo señas de que callara.

—No se lo digas a nadie; es un secreto muy importante.

Y así era en efecto, pues el camino hacia la iglesia al amanecer y el oscuro interior del templo eran los dos lugares de aquella época en que estaba prohibido molestar a una mujer.

Es justo que las mujeres se esfuercen por salir, se liberen, tomen, hagan, conspiren y afirmen su derecho a regresar a casa. El hogar es un estado de ánimo continuado o una sensación que nos permite experimentar sentimientos no necesariamente manifestados en el mundo exterior: asombro, visión, paz, liberación de las preocupaciones, de las exigencias, de los constantes parloteos. Todos estos tesoros del hogar se tienen que almacenar en la psique para su posterior utilización en el mundo de arriba.

Aunque hay muchos lugares físicos a los que una puede ir para «sentir» su regreso a este hogar especial, el lugar físico propiamente dicho no es el hogar; es tan sólo el vehículo que mece al ego para que se duerma mientras recorremos el resto del camino solas. Los vehículos que utilizan las mujeres para regresar a casa son muchos: la música, el arte, el bosque, la espuma del mar, el amanecer, la soledad. Todos ellos nos conducen al nutritivo mundo interior del hogar que posee sus propias ideas, su orden y su sustento.

El hogar es la prístina vida instintiva que funciona tan suavemente como un eje que se desliza sobre su engrasado cojinete, donde todos los ruidos suenan bien, la luz es agradable y los olores nos tranquilizan en lugar de alarmarnos. La manera en que una pase el tiempo a la vuelta no tiene importancia. Lo esencial es cualquier cosa que revitalice el equilibrio. Eso es el hogar.

Allí no sólo hay tiempo para meditar sino también para aprender y descubrir lo olvidado, lo abandonado y lo enterrado. Allí podemos imaginar el futuro y examinar también los mapas de las cicatrices de la psique, averiguar sus causas y adónde iremos a continuación. Tal como escribe Adrienne Rich a propósito de la recuperación del Yo en su evocador poema «La inmersión en los restos del naufragio»:[14]

> *Hay una escalera de mano.*
> *La escalera de mano siempre está ahí*
> *colgando inocentemente*
> *cerca del costado de la goleta...*
> *Desciendo...*
> *Vine para explorar el naufragio...*
> *Vine para ver los daños que ha habido*
> *y los tesoros que se han conservado...*

Lo más importante que puedo decir acerca del momento más oportuno de este ciclo del regreso al hogar es lo siguiente: Cuando es la hora, es la hora. Aunque la mujer no esté preparada, aunque las cosas no estén hechas, aunque hoy tenga que llegar el barco. Cuando es la hora es la hora. La mujer foca regresa al mar, no porque le apetece, no porque hoy es un buen día para ir, no porque su vida está limpia y ordenada; no existe ningún momento limpio y ordenado para nadie. Se va porque es la hora y, por consiguiente, se tiene que ir.

Todas tenemos nuestros métodos preferidos para convencernos de la necesidad de buscar el momento para regresar a casa; sin embargo, cuando recuperamos nuestros ciclos instintivos y salvajes, tenemos la obligación psíquica de ordenar nuestra vida de tal forma que podamos vivirla cada vez más de acuerdo con ellos. Las discusiones a propósito del acierto o el desacierto de la despedida para poder regresar a casa carecen de sentido. La simple verdad es que cuando es la hora, es la hora[15].

Algunas mujeres nunca regresan a casa y siguen viviendo su vida *en la zona zombi*. Lo más cruel de su estado exánime es que la mujer actúa, camina, habla, se comporta e incluso hace un montón de cosas, pero ya no percibe los efectos de lo que ha fallado. Si los percibiera, su dolor la obligaría a solventar el fallo.

Pero no, la mujer que se encuentra en semejante estado sigue avanzando medio ciego con los brazos extendidos para defenderse de la angustiosa pérdida del hogar. Tal como dicen en las Bahamas: «Se ha vuelto *sparat*», es decir, su alma se ha ido sin ella y la ha dejado debilitada, haga lo que haga.

En este estado las mujeres experimentan la extraña sensación de hacer muchas cosas que no les producen la menor satisfacción. Hacen lo que creen que deseaban hacer, pero el tesoro que sostenían en sus manos se ha trocado en cierto modo en polvo. Es bueno que una mujer en semejante estado tenga esta percepción. El descontento es la puerta secreta que permite acceder a un cambio significativo y propiciador de vida.

Las mujeres con quienes yo he trabajado y que llevan veinte años o más lejos de casa siempre rompen a llorar cuando vuelven a poner por primera vez los pies en ese terreno psíquico. Por distintas razones que en su momento parecían buenas, se habían pasado muchos años aceptando un exilio permanente de su patria y habían olvidado lo inmensamente beneficioso que es el hecho de que la lluvia caiga sobre la tierra seca.

Para algunas, el hogar es el inicio de una actividad. Algunas vuelven a cantar tras haberse pasado varios años sin encontrar ninguna razón para hacerlo. Se entregan al aprendizaje de algo que llevaban mucho tiempo deseando aprender. Buscan a personas y cosas perdidas de sus vidas. Recuperan la voz y escriben. Descansan. Hacen suyo un rincón del mundo. Toman grandes o extremas decisiones. Hacen algo que deja huella.

Para algunas mujeres el hogar es un bosque, un desierto, un mar.

En realidad, el hogar es holográfico. Se desarrolla en toda su plenitud incluso en un solo árbol, un solo cacto del escaparate de una tienda, un estanque de serenas aguas. Se desarrolla también en toda su potencia en una amarilla hoja caída sobre el asfalto, una roja maceta de arcilla que espera la plantación de una raíz o una gota de agua sobre su tierra. Cuando una mujer se concentra con los ojos del alma, ve el hogar en muchísimos lugares.

¿Durante cuánto tiempo puede permanecer una mujer en su casa? Hasta que pueda o hasta que sienta la necesidad de regresar de allí. ¿Con cuánta frecuencia necesita hacerlo? Con mucha más frecuencia si la mujer es «sensible» y desarrolla una gran actividad en el mundo exterior. Con menos frecuencia si tiene una piel muy dura y no transcurre tanto tiempo «allí afuera». Cada mujer sabe en su fuero interno con cuánta frecuencia y durante cuánto tiempo lo necesita. Es cuestión de valorar el brillo de nuestos propios ojos, la resonancia de nuestro estado de ánimo, la vitalidad de nuestros sentidos.

¿Cómo equilibramos la necesidad de regresar a casa con nuestra existencia cotidiana? Planificando de antemano el hogar en nuestra vida. Siempre es un motivo de asombro la facilidad con que las mujeres «sacan el tiempo de donde sea» cuando surge una enfermedad, cuando el niño las necesita, cuando el coche sufre una avería, cuando les duele una muela. Hay que atribuir el mismo valor al regreso a casa y, en caso necesario, incluso se le tiene que otorgar el carácter de crisis, pues está demostrado que, si una mujer no se va cuando es la hora de irse, la fina grieta de su alma/psique se convierte en un barranco y el barranco se convierte en un impresionante abismo.

Si la mujer valora al máximo sus ciclos de regreso a casa, aquellos que la rodean también aprenderán a valorarlos. Pero no cabe duda de que también se puede disfrutar del «hogar», reservando un poco de tiempo de nuestra rutina cotidiana, un tiempo que tiene que ser sagrado y estar dedicado exclusivamente a nuestra propia persona. La frase «dedicado exclusivamente a nuestra propia persona» puede significar cosas distintas para distintas mujeres. Para algunas el hecho de encerrarse en una habitación, pero estar disponible para los demás puede ser un estupendo regreso a casa. Otras, en cambio, necesitan que no se produzca la más mínima interrupción cuando se sumergen en el hogar. Nada de: «Mami, mami, ¿dónde están mis zapatos?» Nada de: «Cariño, ¿necesitamos algo de la tienda?»

Para una mujer de este tipo la entrada a su hogar profundo es el silencio. *No me molestes*. El Silencio Absoluto, con *S* y *A* mayúsculas. Para ella, el aullido del viento entre los árboles es el silencio. Para ella, un trueno es el silencio. El orden propio de la naturaleza que no pide nada a cambio es el silencio que da la vida. Cada mujer elige lo que puede y lo que debe.

Cualquiera que sea el período de tiempo que permanezcamos en nuestro hogar, tanto si es una hora como si son varios días, recuerda que otras personas pueden cuidar de tus gatos aunque tus gatos digan que sólo tú lo sabes hacer bien. Tu perro intentará hacerte creer que estás abandonando a un niño en la carretera, pero te perdonará. La hierba se marchitará un poco, pero reverdecerá. Tú y tu hijo os echaréis mutuamente de menos, pero os alegraréis de veros a tu regreso. Puede que tu pareja refunfuñe. Lo superará. Puede que tu jefe te amenace. También lo superará. Permanecer demasiado tiempo lejos de casa es una locura. Regresar a casa es la cordura.

Cuando la cultura, la sociedad o la psique no soportan este ciclo del regreso a casa, muchas mujeres aprenden a saltar la verja o a pasar por debajo de la valla. Adquieren una enfermedad crónica y roban el tiempo de lectura en la cama. Esbozan una sonrisa toda dientes como si todo marchara sobre ruedas e inician una sutil labor de aplazamiento mientras dura la situación.

Cuando el ciclo del regreso a casa de las mujeres sufre algún trastorno, muchas creen que, para poder sentirse libres de marcharse y satisfacer sus necesidades psíquicas, tienen que pelearse con su jefe, con sus hijos, con sus padres o con su pareja. Y entonces se produce el estallido y la mujer dice: «Bueno pues, me voy. Como eres tan... (llena tú misma el espacio en blanco) y está claro que no te importa... (llena tú misma el espacio en blanco), me voy y sanseacabó.» Sube al coche y en medio del rugido del motor y de una polvareda de grava, se larga sin más.

Cuando una mujer tiene que luchar por lo que en justicia le corresponde, siente que su deseo de regresar a casa está absolutamente justificado. Es interesante observar que, en caso necesario, los lobos luchan para conseguir lo que quieren, tanto si se trata de comida como si se trata de sueño, sexo o tranquilidad. Podría parecer que la lucha por conseguir lo que uno quiere es la adecuada reacción instintiva cuando la persona tropieza con obstáculos. Sin embargo, en el caso de muchas mujeres la lucha se tiene que combatir también, o exclusivamente, en su interior contra todo el complejo interno que niega su necesidad. Por otra parte, el hecho de haber estado en casa y haber regresado de allí permite que una mujer pueda rechazar con más eficacia una cultura agresiva.

En caso de que la mujer tenga que librar una batalla cada vez que se va, quizá le convenga sopesar cuidadosamente sus relaciones con los que la rodean, tratando de hacerles comprender a los suyos que será mejor y distinta cuando regrese, que no les abandona sino que está aprendiendo de nuevo a ser ella misma y a regresar a su verdadera vida. En caso de que sea una artista, conviene que se rodee de personas que comprendan su necesidad de regresar a casa con más frecuencia que la mayoría de la gente, pues cabe la posibilidad de que necesite minar el terreno psíquico de su hogar más a menudo que otras mujeres para poder aprender los ciclos de la creación. Por consiguiente, hay que ser breve, pero inflexible. Mi amiga Normandi, una excelente escritora, dice que lo ha practicado y que, al final, lo ha reducido a un simple: «Me voy.» Son las mejores palabras que hay. Pronúncialas. Y vete.

La magnitud del tiempo útil y/o necesario que se tiene que pasar en casa varía de mujer a mujer. La mayoría de nosotras no puede permanecer ausente todo el tiempo que quisiera y, por consiguiente, aprovecha el tiempo que puede. De vez en cuando, permanecemos ausentes todo el tiempo que necesitamos. Otras veces permanecemos ausentes hasta que empezamos a echar de menos lo que hemos dejado. A veces nos sumergimos y afloramos de nuevo a la superficie a rachas. Casi todas las mujeres que regresan a sus ciclos naturales procuran establecer un equilibrio entre las circunstancias y las necesidades. Pero de lo que no cabe duda es de que conviene tener una maletita a punto junto a la puerta. Por si acaso.

La mujer medial: La respiración bajo el agua

En el cuento se llega a un curioso compromiso. En lugar de dejar al niño o de llevarse al niño consigo para siempre, la mujer foca se lleva al niño para que visite a los que viven «debajo». Al niño se le reconoce la condición de miembro del clan de la foca a través de la sangre de su madre. Y allí, en el hogar subacuático, el niño es instruido en la naturaleza del alma salvaje.

El niño representa el nuevo orden de la psique. Su madre foca ha infundido en sus pulmones parte de su aliento, parte de su clase especial de vivificación, transformándolo, según la terminología psicológica, en un ser medial[16], capaz de tender un puente entre ambos mundos. Sin embargo, aunque haya sido iniciado en la naturaleza del mundo subterráneo, este niño no se puede quedar allí sino que tiene que regresar a la tierra. De ahí que, en adelante, desempeñe un papel especial. El que no se ha sumergido y ha regresado a la superficie no es enteramente ego ni enteramente alma sino algo intermedio.

Existe en el núcleo esencial de las mujeres lo que Toni Wolffe, un analista junguiano que vivió en la primera mitad del siglo XX, llamó «la mujer medial». La mujer medial está situada entre los mundos de la realidad consensual y del inconsciente místico y actúa de mediadora entre ambos. La mujer medial es la transmisora y receptora de dos o más series de valores e ideas. Es la que da vida a nuevas ideas, cambia las ideas antiguas por las innovadoras, se traslada desde el mundo de lo racional al mundo de la imaginación. «Oye» cosas, «sabe» cosas e «intuye» lo que va a ocurrir a continuación.

El punto intermedio entre los mundos de la razón y de la imagen, entre la sensación y el pensamiento, entre la materia y el espíritu, entre todos los contrarios y todos los matices de significado que se puedan imaginar, es el hogar de la mujer medial. La mujer foca del cuento es una emanación del alma. Puede vivir en todos los mundos, en el mundo de arriba de la materia y en el mundo lejano o mundo subterráneo que es su hogar espiritual, pero no puede permanecer demasiado tiempo en la tierra. Ella y el pescador, el ego de la psique, crean un hijo que también puede vivir en ambos mundos, pero no puede permanecer demasiado tiempo en el hogar del alma.

La mujer foca y el niño forman en la psique femenina un sistema que es más bien un equipo de emergencia. La mujer foca, el yo del alma, transmite pensamientos, ideas, sentimientos e impulsos desde el agua al yo medial, que a su vez sube todas estas cosas a la tierra y a la conciencia del mundo exterior. El sistema funciona también en sentido contrario. Los acontecimientos de nuestra vida cotidiana, nuestros pasados traumas y alegrías, nuestros temores y esperanzas para el futuro se transmiten al alma, la cual hace comentarios acerca de ellos durante nuestros sueños nocturnos, transmite sus sentimientos a través de nuestro cuerpo o nos traspasa con un instante de inspiración en cuyo extremo va prendida una idea.

La Mujer Salvaje es una combinación de sentido común y sentido del alma. La mujer medial es su doble y es también capaz de experimentar ambas cosas. Como el niño del cuento, la mujer medial pertenece a este mundo pero puede viajar sin dificultad hasta las honduras de la psique. Algunas mujeres tienen este don innato. Otras lo adquieren. No importa la forma en que una mujer lo consiga, pero uno de los efectos del regreso habitual a casa es el fortalecimiento de la mujer medial de la psique cada vez que una mujer va y viene.

La salida a la superficie

El prodigio y el dolor del regreso al lugar del hogar salvaje estriba en que podemos visitarlo, pero no podemos quedarnos en él. Por muy maravilloso que sea el hogar más profundo que imaginar se pueda, no podemos permanecer para siempre bajo el agua sino que tenemos que salir de nuevo a la superficie. Como Ooruk, que es cuidadosamente depositado en la pedregosa orilla, regresamos a nuestras vidas del mundo exterior rebosantes de nuevo vigor. Aun así, el momento en que nos depositan en la orilla y volvemos a quedarnos solas resulta un poco triste. En los antiguos ritos místicos, los iniciados que regresaban al mundo exterior también experimentaban una sensación agridulce. Se alegraban y se sentían vigorizados, pero al principio experimentaban cierta nostalgia.

El remedio para esta tristeza nos lo da la mujer foca cuando le dice a su hijo: «Yo siempre estoy contigo. Toca lo que yo he tocado, los palillos de encender el fuego, mi *ulu*, mi cuchillo, mis piedras labradas en figuras de nutrias y focas, y yo infundiré en tus pulmones un aliento para que puedas cantar tus canciones.»[17] Sus palabras encierran una clase especial de promesa salvaje. Dan a entender que no debemos dedicar demasiado tiempo al inmediato anhelo de regresar. Tenemos que procurar, por el contrario, comprender estas herramientas e interactuar con ellas para percibir su presencia como si fuéramos la piel de un tambor golpeada por una mano salvaje.

Los inuit dicen que estas herramientas pertenecen a «una mujer de verdad». Son lo que necesita una mujer para «labrarse su propia vida». Su cuchillo corta, viste, libera, dibuja, hace que los materiales encajen. Su conocimiento de los palillos para encender el fuego le permite encender el fuego en las más adversas condiciones. Sus piedras labradas expresan su sabiduría mística, su repertorio curativo y su unión personal con el mundo del espíritu.

Utilizando la terminología psicológica, estas metáforas tipifican las fuerzas comunes a la naturaleza salvaje. En la psicología junguiana clásica, algunos podrían denominar este tándem el eje del ego-yo. En el argot de los cuentos de hadas el cuchillo es, entre otras cosas, una herramienta visionaria destinada a cortar la oscuridad y ver las cosas ocultas. Las herramientas para encender el fuego representan la capacidad de crear el propio alimento, de transformar la propia vida en una vida nueva, de repeler el negativismo inútil. Se pueden considerar la representación de un impulso innato que refuerza los materiales básicos de la psique. Tradicionalmente, los fetiches y talismanes ayudan a la heroína y al héroe de los cuentos de hadas a recordar la cercanía de las fuerzas del mundo espiritual.

Para una mujer moderna, el *ulu*, es decir, el cuchillo, simboliza la perspicacia, la disposición y la capacidad de alejarse de lo superfluo, de imponerse unos objetivos claros y de labrarse unos nuevos principios. La capacidad de encender el fuego representa su capacidad de levantarse después de un fracaso, de crear pasión en su propio nombre y de quemar algo hasta dejarlo reducido a cenizas en caso necesario. Las piedras labradas encarnan el recuerdo de su propia conciencia salvaje y su unión con la vida instintiva natural.

Como el hijo de la mujer foca, aprendemos que el hecho de acercarnos a las creaciones de la madre del alma es llenarnos de ella. Aunque la madre haya regresado junto a su pueblo, podemos percibir toda su fuerza mediante las capacidades femeninas de la perspicacia, la pasión y la unión con la naturaleza salvaje. Su promesa es la de que si establecemos contacto con las herramientas de su fuerza psíquica, percibiremos su neuma; su aliento entrará en nuestro aliento y nos sentiremos llenas de un aire sagrado que nos permitirá cantar. Los inuit dicen que cuando se mezclan el aliento de un dios y el aliento de un ser humano, la persona crea una poesía profunda y sagrada[18].

Y esta sagrada poesía y estos cantos son lo que nosotras buscamos. Queremos pronunciar palabras poderosas y entonar cantos poderosos que se puedan oír en tierra y bajo el agua. Lo que nosotras buscamos es el canto salvaje, la posibilidad de utilizar el lenguaje salvaje que nos estamos aprendiendo de memoria bajo la superficie del mar. Cuando una mujer dice su verdad, cuando enciende su intención y su sentimiento y permanece en estrecho contacto con la naturaleza salvaje, canta y vive en el río del aliento salvaje del alma. El hecho de vivir de esta manera ya es un ciclo de por sí, un ciclo que debe prolongarse.

Por eso mismo Ooruk no intenta zambullirse de nuevo en el agua ni suplica ir con su madre cuando ésta se aleja a nado en el mar y se pierde de vista. Por eso se queda en tierra. Pero cuenta con la promesa. Cuando regresamos al ensordecedor ruido del mundo, sobre todo si hemos permanecido en cierto modo aisladas durante nuestro viaje a casa, las personas, las máquinas e incluso las conversaciones de los que nos rodean nos sonarán un poco raras. Esta fase del regreso se denomina «reentrada» y es algo natural. La sensación de encontrarnos en un mundo desconocido se disipa al cabo de unas horas o unos días. Después podremos pasarnos un buen período de tiempo en nuestra vida del mundo exterior, impulsadas por la energía que hemos recibido durante nuestra visita al hogar, y podremos practicar la unión provisional con el alma por medio de la soledad.

En el cuento, el hijo de la mujer foca empieza a utilizar su naturaleza medial. Se convierte en un tambor, un cantor, un narrador de cuentos. En la interpretación del cuento de hadas, el personaje que toca el tambor se convierte en el centro de cualquier cosa que la nueva vida o el nuevo sentimiento necesite para levantarse y reverberar. El tambor puede ahuyentar cosas y evocarlas. El cantor transmite mensajes entre la gran alma y el yo del mundo exterior. Por su naturaleza y su tono de voz puede desarmar, destruir, construir y crear. Dicen que el narrador de cuentos se ha acercado sigilosamente a los dioses y los ha oído hablar en sueños[19].

Por consiguiente, a través de todos estos actos creativos, el niño vive lo que la mujer foca le ha infundido con su aliento. El niño vive lo que ha aprendido bajo el agua, la vida de relación con el alma salvaje. Entonces nos sentimos rebosantes de redobles de tambor, de cantos, de cosas escuchadas y de nuestras propias palabras; de nuevos poemas, nuevas maneras de ver y nuevas maneras de actuar y de pensar. En lugar de procurar que «la magia se prolongue», nos limitamos simplemente a vivir. En lugar de oponer resistencia o atemorizarnos ante la tarea que hemos elegido, penetramos suavemente en ella; vivas, llenas de nuevos conocimientos y ansiosas de ver lo que ocurrirá a continuación. A fin de cuentas, la persona que ha regresado a casa ha sobrevivido a la experiencia de ser llevada al mar por los espíritus de la gran foca.

La práctica de la soledad deliberada

En medio de las grises brumas del amanecer, el niño ya crecido se arrodilla en una roca marina y mantiene una conversación nada menos que con la mujer foca. Esta deliberada práctica cotidiana de la soledad y de la comunicación le permite permanecer decisivamente cerca de casa no sólo sumergiéndose hasta el lugar del alma durante períodos de tiempo más prolongados sino también y sobre todo llamando al alma al mundo de arriba durante breves períodos.

Para poder conversar con lo femenino salvaje una mujer tiene que abandonar transitoriamente el mundo y sumirse en un estado de soledad en el sentido más antiguo de la palabra. Hace tiempo, el adjetivo inglés *alone* (solo), equivalía a dos palabras: *all one*[20], es decir, «todo uno». Ser todo uno significaba ser una unidad total, una unicidad, tanto con carácter esencial como transitorio. Éste es precisamente el objetivo de la soledad, ser totalmente uno mismo. Es la mejor cura para el estado de extremo cansancio tan habitual en las mujeres modernas, el que las induce a «saltar a la grupa de su caballo y lanzarse al galope en todas direcciones».

La soledad no es ausencia de energía o acción tal como algunos creen, sino una abundancia de provisiones salvajes que el alma nos transmite. En tiempos antiguos, tal como sabemos a través de los escritos de los médicos-sanadores religiosos y místicos, la soledad deliberada era no sólo paliativa sino también preventiva. Se utilizaba para curar la fatiga y prevenir el cansancio. También se usaba como oráculo, como medio para escuchar el yo interior y pedirle unos consejos y una guía imposibles de escuchar en medio del estruendo de la vida cotidiana.

Las mujeres de la antigüedad y las modernas aborígenes solían crear un lugar sagrado para esta clase de comunión y búsqueda. Dicen que tradicionalmente se establecía durante el período menstrual de las mujeres, pues en estos días una mujer vive mucho más cerca de su propio conocimiento que de costumbre; el espesor de la membrana que separa la mente inconsciente de la consciente se reduce considerablemente. Los sentimientos, los recuerdos, las sensaciones que normalmente están bloqueados penetran en la conciencia sin ninguna dificultad. Si una mujer se adentra en la soledad en este período, tiene más material para examinar.

No obstante, en mis intercambios con las mujeres de las tribus de Norte, Centro y Sudamérica así como con las de algunas tribus eslavas, descubro que los «lugares femeninos» se utilizaban en cualquier momento y no sólo durante la menstruación; más aún, cada mujer disponía de su propio «lugar femenino», el cual consistía a menudo en un determinado árbol o punto de la orilla del río o en algún espacio de un bosque o un desierto natural o una gruta marina.

Mi experiencia en el análisis de las mujeres me lleva a pensar que buena parte de los trastornos premenstruales de las mujeres modernas no es sólo un síndrome físico sino también una consecuencia de su necesidad insatisfecha de dedicar el tiempo suficiente a revitalizarse y renovarse[21].

Siempre me río cuando alguien menciona a los primeros antropólogos, según los cuales en muchas tribus las mujeres que menstruaban se consideraban «impuras» y eran obligadas a alejarse del poblado hasta que «terminaban». Todas las mujeres saben que, aunque hubiera un forzoso exilio ritual de este tipo, cada una de ellas sin excepción, al llegar este momento, abandonaba la aldea con la cabeza tristemente inclinada, por lo menos hasta que se perdía de vista, y después rompía repentinamente a bailar y se pasaba el resto del camino muerta de risa.

Como en el cuento, si practicamos habitualmente la soledad deliberada, favorecemos nuestra conversación con el alma salvaje que se acerca a nuestra orilla. Y lo hacemos no sólo para «estar cerca» de la naturaleza salvaje del alma sino también, como en la mística tradición de tiempos inmemoriales, para hacer preguntas y para que el alma nos aconseje.

¿Cómo se evoca el alma? Hay muchas maneras: por medio de la meditación o con los ritmos de la carrera, el tambor, el canto, la escritura, la composición musical, las visiones hermosas, la plegaria, la contemplación, el rito y los rituales, el silencio e incluso los estados de ánimo y las ideas que nos fascinan. Todas estas cosas son llamadas psíquicas que hacen salir el alma de su morada.

No obstante, yo soy partidaria de los métodos que no requieren ningún accesorio y que se pueden poner en práctica tanto en un minuto como en un día entero. Lo cual exige la utilización de la mente para evocar el yo del alma. Todo el mundo está familiarizado por lo menos con un estado mental en el que puede alcanzar esta clase de soledad. En mi caso, la soledad es algo así como un bosque plegable que llevo conmigo dondequiera que voy y que extiendo a mi alrededor cuando lo necesito. Allí me siento bajo los viejos y grandes árboles de mi infancia. Desde esta posición estratégica hago mis preguntas, recibo las respuestas y después reduzco de nuevo mi bosque al tamaño de un billetito amoroso hasta la próxima vez. La experiencia es inmediata, breve e informativa.

En realidad, lo único que hace falta para alcanzar una soledad deliberada es la capacidad para desconectarse de las distracciones. Una mujer puede aprender a aislarse de otras personas, ruidos y conversaciones, aunque se encuentre en medio de las discusiones de un consejo de administración, aunque la persiga la idea de que tiene que limpiar una casa que está patas arriba, aunque esté rodeada de ochenta locuaces parientes que se pasan tres días peleándose, cantando y bailando en un velatorio. Cualquier persona que conozca lo que es la adolescencia sabe muy bien cómo desconectar. Si ha sido usted madre de un niño insomne de dos años sabe muy bien cómo alcanzar la soledad deliberada. No es difícil de hacer. Lo que cuesta es acordarse de hacerlo.

Aunque probablemente todas preferiríamos visitar nuestro hogar de una manera más prolongada, marcharnos sin que nadie supiera dónde estamos y regresar mucho después, también es útil practicar la soledad en una sala ocupada por mil personas. Puede resultar raro al principio, pero lo cierto es que las personas conversan constantemente con el alma. Sin embargo, en lugar de entrar en este estado de una forma consciente, muchas caen en él de golpe a través de un ensueño o «estallan» de repente y se «encuentran» en él sin más.

Pero, puesto que normalmente se considera una circunstancia desafortunada, hemos aprendido a camuflar este intervalo de comunicación espiritual, designándolo con términos mundanos tales como «hablar con una misma», estar «perdida en los propios pensamientos», tener «la mirada perdida en la distancia» o «pensar en las musarañas». Muchos segmentos de nuestra cultura nos inculcan este lenguaje eufemístico, pues por desgracia ya en la infancia se nos enseña a avergonzarnos si nos sorprenden conversando con el alma, sobre todo, en ambientes tan pedestres como el lugar de trabajo o la escuela.

En cierto modo, el mundo educativo y empresarial considera que el tiempo que una persona pasa siendo «ella misma» es improductivo cuando, en realidad, es el más fecundo. El alma salvaje canaliza las ideas hacia nuestra imaginación, donde nosotras las clasificamos para decidir cuáles de ellas pondremos en práctica y cuáles son más aplicables y fructíferas. La unión con el alma nos hace brillar de resplandor espiritual y nos induce a afirmar nuestras cualidades cualesquiera que éstas sean. Esta breve e incluso momentánea unión deliberada nos ayuda a vivir nuestras vidas interiores de tal forma que, en lugar de enterrarlas en el autotrastocamiento de la vergüenza, el temor a la represalia o al ataque, el letargo, la complacencia u otras reflexiones y excusas limitadoras, dejemos que nuestras vidas interiores se agiten, se enciendan y ardan en el exterior para que todo el mundo las vea.

Por consiguiente, aparte del hecho de adquirir información acerca de cualquier cosa que deseemos examinar, la soledad nos puede servir para evaluar qué tal lo estamos haciendo en cualquier esfera que elijamos. En una fase más temprana del cuento vimos que el niño permanecía siete días y noches bajo el mar, lo cual constituye un aprendizaje de uno de los ciclos más antiguos de la naturaleza. El siete se considera a menudo un número femenino, un número místico que representa la división del ciclo lunar en cuatro fases equivalentes al ciclo menstrual. El cuarto creciente, la luna llena, el cuarto menguante y la luna nueva. En las antiguas tradiciones étnicas femeninas, en la fase de la luna llena se tenía que analizar la propia situación: el estado de las amistades, de la vida hogareña, del compañero y de los hijos.

Nosotras también podemos hacerlo durante nuestra fase de soledad, pues es entonces cuando reunimos todos los aspectos del yo en un momento determinado, los sondeamos y les preguntamos, para descubrir qué desean ellos/nosotros/el alma en aquel momento y, a ser posible, buscarlo. De esta manera tanteamos nuestra situación presente. Hay muchos aspectos de nuestra vida que tenemos que evaluar con carácter continuado: el hábitat, el trabajo, la vida creativa, la familia, la pareja, los hijos, el padre/la madre, la sexualidad, la vida espiritual, etc.

La medida utilizada en la valoración es muy sencilla: ¿qué es lo que necesita más? Y: ¿qué es lo que necesita menos? Preguntamos desde el yo instintivo, no con una lógica formal, no a la manera del ego sino a la manera de la Mujer Salvaje, qué trabajo, ajustes, flexibilizaciones o acentuaciones se tienen que hacer. ¿Seguimos todavía el rumbo que debemos seguir en espíritu y en alma? ¿Se nos nota por fuera la vida interior? ¿Qué tenemos que entablillar, proteger, lastrar o aligerar? ¿Qué tenemos que desechar, mover o cambiar?

Tras un período de práctica, el efecto acumulativo de la soledad deliberada empieza a actuar como un sistema respiratorio de vital importancia, un ritmo natural de adición de conocimientos, introducción de pequeños ajustes y repetida eliminación de lo que ya no sirve. Se trata de algo no sólo poderoso sino también pragmático, pues la soledad ocupa un lugar muy bajo en la cadena alimenticia; aunque la intención y el seguimiento cuestan un poco, es algo que se puede hacer en cualquier lugar y momento. Con el tiempo y con la práctica, empezarás a formular espontáneamente preguntas al alma. Algunas veces sólo tendrás una pregunta. Otras veces no tendrás ninguna y sólo querrás descansar en la roca cerca del alma y respirar con ella.

La ecología innata de las mujeres

En el cuento se dice que muchos intentan cazar el alma para capturarla y matarla, pero ningún cazador puede hacerlo. Es una referencia más de los cuentos de hadas al carácter indestructible del alma salvaje. Aunque hayamos trabajado, mantenido relaciones sexuales, descansado o jugado fuera del ciclo, nuestro comportamiento no mata a la Mujer Salvaje, sólo sirve para agotarnos. Pero el lado positivo es que podemos hacer las necesarias correcciones y regresar de nuevo a nuestros ciclos naturales. Por medio del amor y el cuidado de nuestras estaciones naturales evitamos que nuestra vida se deje arrastrar por el ritmo, la danza, el hambre de otra persona. Por medio de la ratificación de nuestros ciclos claramente diferenciados del sexo, la creación, el descanso, el juego y el trabajo, aprendemos de nuevo a definir y distinguir nuestros sentidos y nuestras estaciones salvajes.

Sabemos que no podemos vivir una vida confiscada. Sabemos que hay un momento en que las cosas de los hombres y de la gente y las cosas del mundo se tienen que abandonar durante algún tiempo. Hemos aprendido que somos como los anfibios: podemos vivir en tierra, pero no siempre y no sin efectuar viajes al agua y a nuestro hogar. Las culturas excesivamente civilizadas y excesivamente opresivas tratan de impedir que la mujer regrese a casa. Con demasiada frecuencia se la disuade de que se acerque al agua hasta que se queda en los puros huesos y más pálida que la cera.

Pero, cuando se produce la llamada para que se tome un largo permiso para regresar a casa, una parte de ella siempre la escucha, pues la estaba esperando. Cuando se produce la llamada para la vuelta a casa, ella la sigue, pues se ha estado preparando en secreto y no tan en secreto para seguirla. Ella y todos sus aliados de la psique interior recuperarán la capacidad de regresar. Este proceso de capacitación no se aplica simplemente a una mujer de aquí y una mujer de allá sino a todas nosotras. Todas estamos atadas a los compromisos de la tierra. Pero el viejo del mar nos llama a todas. Y todas tenemos que regresar.

Ninguno de estos medios de regresar a casa depende de la situación económica, la posición social, la educación o la movilidad física. Aunque sólo veamos una hoja de hierba, aunque sólo podamos contemplar veinticinco centímetros cuadrados de cielo, aunque sólo asome una escuálida brizna de mala hierba a través de una grieta de la acera, podemos ver nuestros ciclos de la naturaleza y con la naturaleza. Todas podemos alejarnos a nado en el mar. Todas podemos entrar en contacto con la foca de la roca. Todas las mujeres tienen que vivir esta unión: las madres con los hijos, las mujeres con sus enamorados, las solteras, las mujeres que trabajan, las que están deprimidas, las que ocupan lugares destacados en el mundo, las introvertidas, las extrovertidas, las que tienen responsabilidades de tamaño industrial.

Jung dijo: «Sería mucho más fácil reconocer nuestra pobreza espiritual... Cuando el espíritu pesa, se dirige hacia el agua... Por consiguiente, el camino del alma... conduce al agua.»[22] El regreso a casa y los intervalos de conversación con la foca de la roca del mar son nuestros actos de innata ecología integral, pues todos son un regreso al agua, una reunión con el amigo salvaje, el que nos ama por encima de todos los demás incansablemente, sin la menor reserva y con inmensa paciencia. Basta con que contemplemos y aprendamos de esos ojos rebosantes de alma que son «salvajes, sabios y afectuosos».

✍ CAPÍTULO 10

El agua clara: El alimento de la vida creativa

La creatividad cambia de forma. En determinado momento tiene una forma y al siguiente tiene otra. Es como un espíritu deslumbrador que se nos aparece a todos, pero que no se puede describir, pues nadie se pone de acuerdo acerca de lo que ha visto en medio de aquel brillante resplandor. ¿Son el manejo de los pigmentos y los lienzos o los desconchados de la pintura y el papel de la pared unas pruebas de su existencia? ¿Qué tal el papel y la pluma, los macizos de flores que bordean la calzada del jardín o la construcción de una universidad? Sí, por supuesto. ¿Planchar bien un cuello de camisa, organizar una revolución? También. ¿Tocar amorosamente las hojas de una planta, concertar el «acuerdo de tu vida», cerrar el telar, encontrar la propia voz, amar bien a alguien? También. ¿Sostener en brazos el cálido cuerpo de un recién nacido, educar a un niño hasta la edad adulta, ayudar a una nación a levantarse? También. ¿Cuidar el matrimonio como el vergel que efectivamente es, excavar en busca del oro de la psique, encontrar una palabra hermosa, confeccionar una cortina de color azul? Todo eso es fruto de la vida creativa. Todas estas cosas pertenecen a la Mujer Salvaje, al *Río Bajo el Río* que fluye incesantemente hacia nuestra vida. Algunos dicen que la vida creativa está en las ideas y otros dicen que está en las obras. En la mayoría de los casos da la impresión de encontrarse en un ser sencillo. No es la virtud, aunque eso está muy bien. Es el amor, es amar algo —tanto si es una persona como si es una palabra, una imagen, una idea, la tierra o la humanidad— hasta el extremo de que todo lo que se pueda hacer con lo sobrante sea una creación. No es cuestión de querer, no es un acto individual de voluntad; es simplemente algo que se tiene que hacer.

La fuerza creativa discurre por el terreno de nuestra psique buscando los huecos naturales, los *arroyos* que existen en nosotras. Nosotras nos convertimos en sus tributarios, en sus cuencas; somos sus estanques, sus charcos, sus corrientes y sus santuarios. La fuerza creativa salvaje discurre por los lechos que tengamos, por los innatos y por los que nosotras cavamos con nuestras propias manos. No tenemos que llenarlos, sólo tenemos que construirlos.

En la tradición arquetípica se tiene la idea de que si alguien prepara un lugar psíquico especial, el ser, la fuerza creativa, la fuente del alma se enterará, se abrirá camino hacia él y establecerá en él su morada. Tanto si esta fuerza es convocada por el bíblico «sigue adelante y prepara un lugar para el alma» como si lo es por una voz que, como en la película *Field of Dreams*[1] en la que un campesino oye una voz que lo insta a construir un campo de golf para los espíritus de los jugadores difuntos, le dice: «Si lo construyes, ellos vendrán», el hecho de preparar un lugar adecuado propicia la venida de la gran fuerza creativa.

En cuanto este gran río subterráneo encuentra sus estuarios y sus brazos en nuestra psique, nuestra vida creativa se llena y se vacía, sube y baja en las distintas estaciones exactamente igual que un río salvaje. Estos ciclos dan lugar a que las cosas se hagan, se alimenten, decaigan y mueran a su debido tiempo, una y otra vez.

La creación de algo en un punto determinado del río alimenta a los que se acercan a él, a las criaturas que se encuentran corriente abajo y a las del fondo. La creatividad no es un movimiento solitario. En eso estriba su poder. Cualquier cosa que toque, quienquiera que la oiga, la vea o la perciba, lo sabe y se alimenta. Es por eso por lo que la contemplación de la palabra, la imagen o la idea creativa de otra persona nos llena y nos inspira en nuestra propia labor creativa. Un solo acto creativo tiene el poder de alimentar a todo un continente. Un acto creativo puede hacer que un torrente traspase la piedra.

Por esta razón, la capacidad creativa de una mujer es su cualidad más valiosa, pues se ve por fuera y la alimenta por dentro a todos los niveles: psíquico, espiritual, mental, emotivo y económico. La naturaleza salvaje derrama incesantes posibilidades, actúa a modo de canal del parto, confiere fuerza, apaga la sed, sacia nuestra hambre de la profunda vida salvaje. En una situación ideal, el río creativo no tiene ningún dique y ningún desvío y, sobre todo, no se utiliza indebidamente[2].

El río de la Mujer Salvaje nos alimenta y nos convierte en unos seres que son como ella: dadores de vida. Mientras nosotras creamos, este ser salvaje y misterioso nos crea a su vez y nos llena de amor. Somos llamadas a la vida de la misma manera que las criaturas lo son por el sol y el agua. Estamos tan vivas que damos vida a nuestra vez; estallamos, florecemos, nos dividimos y multiplicamos, fecundamos, incubamos, transmitimos, ofrecemos.

Está claro que la creatividad emana de algo que se levanta, rueda, avanza impetuosamente y se derrama en nosotras, no de algo que permanece inmóvil esperando —aunque sea de manera tortuosa e indirecta— que nosotras encontremos el camino que conduce hacia él. En este sentido jamás podemos «perder» nuestra creatividad. Está siempre ahí, llenándonos o chocando con cualquier obstáculo que se interponga en su camino. Si no encuentra ninguna salida para llegar hasta nosotras, retrocede, hace acopio de energía y embiste con fuerza hasta que consigue abrir una brecha. La única manera de evitar su insistente energía consiste en levantar constantes barreras contra ella o dejar que la negligencia y el negativismo destructivo la envenenen.

Si buscamos con ansia la energía creativa; si tenemos problemas con el dominio de la fertilidad, la imaginación y la ideación; si tenemos dificultades para centrarnos en nuestra visión personal, actuar en consecuencia o llevarla a su cumplimiento, significa que algo ha fallado en la confluencia entre las fuentes y el afluente. A lo mejor, nuestras aguas creativas discurren a través de un ambiente contaminado en el que las formas de vida de la imaginación mueren antes de alcanzar la madurez. Con harta frecuencia, cuando una mujer se ve despojada de su vida creativa, todas estas circunstancias se encuentran en la raíz de la situación.

Hay también otras posibilidades más insidiosas. A lo mejor, una mujer admira tanto las cualidades de otra y/o los aparentes beneficios adquiridos o recibidos por otra que se convierte en una experta en el arte de la imitación y se conforma tristemente con ser una mediocre copia en lugar de desarrollar las propias cualidades hasta sus más absolutas y sorprendentes profundidades. A lo mejor, la mujer está atrapada en una adoración o una hiperfascinación por sus heroínas y no sabe cómo socavar sus inimitables dones. A lo mejor, tiene miedo porque las aguas son muy profundas, la noche es oscura y el camino es muy largo; justo las condiciones necesarias para el desarrollo de las valiosas y originales cualidades propias.

Puesto que la Mujer Salvaje se encuentra en el *Río Bajo el Río*, cuando fluye hacia nosotras, nosotras también fluimos. Si la abertura que va de ella a nosotras está bloqueada, nosotras también nos bloqueamos. Si sus corrientes están envenenadas por culpa de nuestros complejos negativos interiores, del ambiente o de las personas que nos rodean, los delicados procesos que configuran nuestras ideas también se contaminan. Y entonces somos como un río moribundo, lo cual no se puede pasar por alto, pues la pérdida de una clara corriente creativa constituye una crisis psicológica y espiritual.

Cuando un río está contaminado, todo empieza a morirse porque, tal como sabemos por la biología medioambiental, cada forma de vida depende de todas las demás. Si, en un río de verdad, la juncia de la orilla adquiere una coloración marrón debido a la falta de oxígeno, los pólenes no encuentran nada lo suficientemente vigoroso para que se pueda fecundar, el llantén cae sin dejar entre sus raíces el menor espacio para los nenúfares, a los sauces no les crecen amentos, los tritones no encuentran pareja y las efímeras no se reproducen.

Por eso los peces no brincan fuera del agua, los pájaros no se zambullen y los lobos y otras criaturas que se acercan al río para refrescarse se van a otro sitio o se mueren por haber bebido agua corrompida o haber devorado una presa que a su vez se había alimentado con las moribundas plantas de la orilla.

Cuando la creatividad se queda estancada de alguna manera, el resultado siempre es el mismo: ausencia de frescor, debilitamiento de la fertilidad, imposibilidad de que las formas inferiores de vida vivan en los intersticios de las formas de vida superiores, imposibilidad de producir una idea en contraposición a otra, de incubar, de engendrar nueva vida. Entonces nos sentimos enfermas y queremos seguir adelante. Vagamos sin rumbo fingiendo que nos las podemos arreglar sin la lujuriante vida creativa o bien simulándola; pero no podemos y no debemos. Para que regrese la vida creativa, hay que limpiar y clarificar las aguas. Tenemos que adentrarnos en el fango, purificar los elementos contaminados, abrir de nuevo las aberturas, proteger la corriente de futuros daños.

Entre los pueblos de habla española se narra un antiguo cuento llamado *La Llorona*. Algunos dicen que su origen se remonta al siglo XVI, cuando los conquistadores invadieron los pueblos aztecas de México, pero es mucho más antiguo que eso. El cuento gira en torno al río de la vida que se convirtió en un río de muerte. La *protagonista* es una cautivadora mujer del río, fértil y generosa, que crea a partir de su propio cuerpo. Es pobre, sobrecogedoramente hermosa, pero rica de alma y espíritu.

La Llorona es un cuento muy extraño, pues sigue evolucionando a través del tiempo como si tuviera una vida interior propia. Como una gigantesca duna móvil de arena que avanza por el territorio, devora cualquier cosa que se le ponga por delante y construye con ella y encima de ella hasta que la tierra se convierte en parte de su propio cuerpo. El cuento se cimenta sobre las cuestiones psíquicas de cada generación. A veces *La Llorona* se narra como un cuento acerca de *Ce. Malinalli* o *Malinche*, la indígena que, según se dice, fue la intérprete y amante del conquistador Hernán Cortés.

Pero la primera versión que yo oí de *La Llorona* la describía como la protagonista de una guerra sindical en los bosques del norte donde yo me crié. La siguiente vez que oí contar el cuento, *La Llorona* se enfrentaba a un adversario implicado en la repatriación forzosa de mexicanos desde Estados Unidos en los años cincuenta. En el Sudoeste me contaron distintas versiones del cuento, una de ellas perteneciente a los campesinos de la antigua Concesión Territorial Española, quienes aseguraban que la protagonista había participado en las guerras de las concesiones territoriales de Nuevo México y era una pobre pero hermosa hija de un español de la que se aprovechó un acaudalado constructor.

Después está la versión de los fantasmas; *La Llorona* va gimiendo de noche por un estacionamiento de caravanas; la de la «prostituta enferma de sida»; *La Llorona* que ejerce su oficio en la Town River de Austin. Pero la versión más sorprendente me la contó un niño. Primero les relataré la línea argumental de los grandes cuentos de *La Llorona* y después el asombroso sesgo del cuento.

La Llorona

Un rico *hidalgo* corteja a una pobre pero hermosa mujer y se gana su afecto. Ella le da dos hijos, pero él no se digna casarse con ella. Un día él le anuncia que regresa a España para contraer matrimonio con una acaudalada dama elegida por su familia, y que se llevará a sus hijos.

La joven enloquece de dolor y actúa con los gritos y aspavientos propios de las locas. Le araña el rostro, se araña el suyo, le rasga la ropa y se rasga la suya. Toma a sus hijitos, corre con ellos al río y los arroja al agua. Los niños se ahogan, *La Llorona* cae desesperada de rodillas en la orilla del río y se muere de pena.

El *hidalgo* regresa a España y se casa con la rica. El alma de *La Llorona* asciende al cielo. Allí el guardián de la entrada le dice que puede ir al cielo, pues ha sufrido mucho, pero no podrá entrar hasta que recupere las almas de sus hijos en el río.

Y por esta razón hoy se dice que *La Llorona* recorre la orilla del río con su largo cabello volando al viento e introduce los largos dedos en el agua para buscar en el fondo a sus hijos. Y por eso también los niños no deben acercarse al río cuando se hace de noche, pues *La Llorona* los podría confundir con sus hijos y llevárselos consigo para siempre[3].

~~~~~~

Y ahora vamos a una *Llorona* moderna. A medida que la cultura va experimentando los efectos de distintas influencias, nuestra forma de pensar, nuestras actitudes y nuestros temas de interés cambian también. Y lo mismo ocurre con el cuento de *La Llorona*. Cuando el año pasado estuve en Colorado recogiendo cuentos de fantasmas, Danny Salazar, un niño de diez años sin dientes frontales, unos pies surrealísticamente grandes y un cuerpo huesudo (destinado a ser muy alto algún día) me contó esta versión. Me dijo que *La Llorona* no mató a sus hijos por las razones que se indican en la versión antigua.

—No, no —me aseguró Danny. *La Llorona* se fue con un rico *hidalgo* que tenía unas fábricas río abajo. Pero algo falló. Durante su embarazo, *La Llorona* bebió agua del río. Sus hijos, que eran gemelos, nacieron ciegos y con los dedos palmeados porque el *hidalgo* había envenenado el río con los desechos de sus fábricas. El *hidalgo* le dijo a *La Llorona* que no la quería ni a ella ni a sus hijos. Se casó con una mujer muy rica a la que le encantaban los productos de la fábrica. *La Llorona* arrojó a los niños al río para que no tuvieran que sufrir las penalidades de la vida. E inmediatamente después cayó muerta de pena. Fue al cielo pero san Pedro le dijo que no podía entrar a no ser que encontrara las almas de sus hijos. Ahora *La Llorona* busca incesantemente a sus hijos en el río contaminado, pero apenas puede ver nada, pues el agua está muy sucia y oscura. Ahora su espíritu recorre el fondo del río con sus largos dedos. Y ella vaga por la orilla del río llamando incesantemente a sus hijos.

La contaminación del Alma Salvaje

La Llorona pertenece a la categoría de cuentos que las *cantadoras* y *cuentistas* de nuestra familia llaman *temblones*, es decir, cuentos que producen escalofríos. No cabe duda de que son entretenidos, pero su propósito es el de provocar en los oyentes un estremecimiento de conciencia que los lleve a la reflexión, la meditación y la acción. Cualesquiera que sean los motivos de los cambios que se hayan introducido en el relato a lo largo del tiempo, el tema central sigue siendo el mismo: la destrucción de lo femenino fértil. Tanto si la contaminación de la belleza salvaje se produce en el mundo interior como si ocurre en el mundo exterior, la contemplación de lo que sucede resulta dolorosa. A veces en la cultura moderna consideramos que lo uno es mucho más devastador que lo otro, pero ambas cosas son igualmente graves.

Aunque yo a veces cuento las dos versiones de esta relato en otros contextos[4], cuando la narración se interpreta como una metáfora del deterioro de la corriente creativa, el hecho de comprenderlo provoca en todo el mundo —tanto en los hombres como en las mujeres— un hondo estremecimiento. Si vemos en este cuento el reflejo del estado de la psique de una mujer individual, comprenderemos muchas cosas acerca del debilitamiento y el malogro del proceso creativo de una mujer. Como en otros cuentos que terminan mal, la narración sirve para enseñarle a la mujer lo que no tiene que hacer y cómo retractarse de las elecciones equivocadas para poder reducir el impacto negativo. Por regla general, siguiendo el rumbo psicológico contrario al elegido por la protagonista del cuento, podemos aprender a capear el temporal en lugar de ahogarnos en él.

El cuento utiliza la metáfora de la bella mujer y del puro río de la vida para describir el proceso creativo femenino en su estado normativo. Pero aquí, cuando se entremezclan con un *animus* destructivo, tanto la mujer como el río se deterioran. Y entonces la mujer cuya vida creativa está menguando experimenta como *La Llorona* una sensación de envenenamiento y deformación y un deseo de matarlo todo. Posteriormente se ve empujada a una búsqueda aparentemente interminable entre las ruinas de su antiguo potencial creativo.

Para enderezar la ecología psíquica de la mujer, el río se tiene que volver a limpiar. No es la calidad de nuestros productos creativos lo que nos interesa en este cuento sino el reconocimiento individual del valor de las propias facultades y los métodos necesarios para poder cuidar de la vida creativa que las rodea. Detrás de las acciones de escribir, pintar, pensar, curar, hacer, guisar, conversar, sonreír, realizar, está siempre el *Río Bajo el Río* que alimenta todo lo que hacemos.

En la simbología, las grandes extensiones de agua representan el lugar en el que se cree que tuvo origen la vida. En el Sudoeste hispano de Estados Unidos el río simboliza la capacidad de vivir auténticamente. Se le llama la madre, *La Madre Grande, La Mujer Grande* cuyas aguas discurren no sólo por las acequias y los lechos de los ríos sino que también se derraman sobre los cuerpos de las mujeres cuando nacen sus hijos. El río se ve como la *Gran Dama* que pasea por la tierra con una holgada falda azul y plata y a veces oro, que se tumba en el suelo para fertilizarlo.

Algunas de mis viejas amigas del sur de Texas dicen que *El Río Grande* jamás podría ser un río macho sino que es un río hembra. ¿Qué otra cosa podría ser un río, dicen entre risas, sino *La Dulce Acequia* entre los muslos de la tierra? En el norte de Nuevo México, cuando hay tormenta o viento o cuando se produce una repentina inundación, se habla del río como si éste fuera una mujer sexualmente excitada que, en su ardor, se apresurara a tocar todo lo que puede para hacerlo crecer.

Vemos por tanto que en este caso el río simboliza una forma de generosidad femenina que estimula, excita y apasiona. Los ojos de las mujeres se encienden cuando crean, sus palabras cantan alegremente, sus rostros resplandecen de vida y hasta parece que se intensifica el brillo de su cabello. La idea las excita, las posibilidades las estimulan, el pensamiento las apasiona y, al llegar a este punto, tal como ocurre con el gran río, tienen que fluir sin interrupción por su incomparable camino creativo. Eso es lo que hace que las mujeres se sientan satisfechas. Y ésta es la situación del río que vivió *La Llorona* antes de que tuviera lugar la destrucción.

Pero a veces, como en el cuento, la vida creativa de una mujer es confiscada por algo que quiere hacer cosas pertenecientes al ego y exclusivamente para el ego, unas cosas que no poseen valor espiritual duradero. A veces, las presiones de la cultura a la que pertenece la mujer dicen que sus ideas creativas son inútiles, que nadie las querrá, que de nada sirve que siga adelante. Eso es una contaminación. Es como verter plomo al cauce del río. Eso es lo que envenena la psique.

La satisfacción del ego es permisible e importante en sí misma. Pero lo malo es que el hecho de vomitar los complejos negativos ataca toda la frescura, la novedad, el potencial, el carácter recién nacido, las cosas en fase de crisálida, la laguna y también lo que está en fase de crecimiento, lo viejo y lo venerado. Cuando falta demasiada alma o se produce un exceso de fabricación espuria, los desechos tóxicos se vierten a las puras aguas del río y destruyen no sólo el impulso sino también la energía creativa.

El envenenamiento del río

Existen muchos mitos acerca de la contaminación y el taponamiento de lo creativo y lo salvaje, tanto los que se refieren a la contaminación de la pureza representada por la perjudicial niebla que una vez se extendió sobre la isla de Lecia, donde se guardaban las madejas con que las Moiras tejían la vida de los seres humanos[5], como si son relatos acerca de los hombres malvados que cegaban los pozos de las aldeas, provocando con ello sufrimientos y muerte. Dos de los cuentos más profundos son los modernos «Jean de Florette» y «Manon».[6] En dichos cuentos dos hombres, con intención de apoderarse de la tierra que un pobre jorobado, su mujer y su hijita intentan vivificar con flores y árboles, ciegan la fuente que alimenta ese terreno, provocando la destrucción de aquella bondadosa y trabajadora familia.

El efecto más común de la contaminación en la vida creativa de las mujeres es la pérdida de la vitalidad, lo cual destruye la capacidad de una mujer de crear «ahí afuera» en el mundo. Aunque en los ciclos de la saludable vida creativa de una mujer hay veces en que el río de la creatividad desaparece durante algún tiempo bajo tierra, algo se desarrolla a pesar de todo. Entonces incubamos. La sensación es muy distinta de la que produce una crisis espiritual.

En un ciclo natural puede haber inquietud e impaciencia, pero jamás se experimenta la sensación de que el alma salvaje se está muriendo. Podemos establecer la diferencia examinando nuestras expectativas: aunque nuestra energía creativa esté paralizada por una larga incubación, nosotras seguimos esperando con ansia el resultado, percibimos los crujidos y las vibraciones de esta nueva vida que da vueltas y zumba en nuestro interior. No nos sentimos desesperadas. No embestimos ni agarramos ávidamente.

En cambio, cuando la vida creativa se muere porque no cuidamos la salud del río, la situación es muy distinta. Entonces sentimos exactamente lo mismo que el río moribundo; experimentamos pérdida de energía y nos sentimos cansadas; nada se arrastra, nada es fangoso, nada deja hojas, nada se enfría ni se calienta. Nos volvemos espesas y lentas en sentido negativo y estamos envenenadas por la contaminación o por una acumulación de tareas atrasadas y un estancamiento de todas nuestras riquezas. Todo parece contaminado, turbio y tóxico.

¿Cómo se puede haber contaminado la vida creativa de una mujer? Toda esta embarradura de la vida creativa invade las cinco fases de la creación: la inspiración, la concentración, la organización, la puesta en práctica y el mantenimiento. Las mujeres que han perdido una o más fases dicen que «no se les ocurre» nada nuevo, útil o empático. Se «distraen» fácilmente con aventuras amorosas, demasiado trabajo, demasiados juegos, demasiado cansancio o temor al fracaso[7].

A veces no pueden amalgamar toda la mecánica de la organización y su proyecto queda diseminado y fragmentado en cien lugares distintos. A veces los problemas surgen como consecuencia de la ingenuidad con que una mujer se plantea su propia extroversión: cree que por actuar un poco en el mundo exterior, ha hecho algo importante. Pero eso equivale a hacer los brazos, pero no las piernas o la cabeza de una cosa y considerarla terminada. La mujer se siente necesariamente incompleta.

A veces una mujer tropieza con su propia introversión y se limita a desear que las cosas existan; a veces puede creer que el simple hecho de pensar una idea ya es suficiente y no es necesaria ninguna otra manifestación exterior. Lo malo es que, aun así, se siente desposeída e incompleta. Todas estas cosas son manifestaciones de la contaminación del río. Lo que se fabrica no es la vida sino algo que la entorpece.

Otras veces la mujer se siente atacada por los que la rodean o por las voces que le martillean la cabeza diciendo «Tu trabajo no está lo bastante bien, no es suficientemente bueno, no es suficientemente tal cosa o tal otra. Es demasiado, demasiado infinitesimal, demasiado insignificante, requiere demasiado tiempo, es demasiado fácil, demasiado duro». Todo eso es como verter cadmio a las aguas del río.

Hay otro cuento que describe el mismo proceso, pero utiliza otro simbolismo. En un episodio de la mitología griega los dioses decretan que unas aves llamadas Arpías[8] castiguen a un tal Fineo. Cada vez que a Fineo le servían la comida por arte de magia, la bandada se acercaba, le robaba parte de la comida, desperdigaba otra parte y manchaba con sus excrementos el resto, dejando al pobre hombre muerto de hambre[9].

Esta contaminación literal se puede entender también en sentido figurado como una serie de complejos del interior de la psique cuya única razón de ser es enredar las cosas. Este cuento es un típico *temblón*; nos hace estremecer, pues todas conocemos y hemos experimentado esta situación. El «Síndrome de la Arpía» destruye por medio de la denigración todas las cualidades y todos los esfuerzos de una mujer, utilizando un diálogo interior extremadamente despectivo. A una mujer se le ocurre una idea y la Arpía se le caga encima. «Creo que voy a hacer tal cosa o tal otra», dice la mujer. La Arpía le contesta: «Menuda idiotez, eso no le interesa a nadie, es tan simple que hasta da risa. Mira bien lo que te digo, tus ideas son una bobada, la gente se reirá, no tienes nada que decir.» Así hablan las Arpías.

Los pretextos son otra forma de contaminación. A muchas escritoras, pintoras, bailarinas y otras artistas les he oído alegar todos los pretextos que se han inventado los seres humanos desde que el mundo es mundo. «Lo resolveré cualquier día de estos.» Y entretanto, la mujer sonríe para disimular su depresión. «Procuro estar ocupada, he intentado escribir un poquito; el año pasado hasta escribí dos poemas y, en los últimos dieciocho meses, he terminado un cuadro y he pintado parcialmente otro y, además, la casa, los niños, el marido, mi amigo, el gato, el niño pequeño exigen toda mi atención. Lo superaré, no tengo dinero, no tengo tiempo, no consigo buscar un hueco, no puedo empezar hasta que tenga los mejores y los más caros instrumentos o experiencias, ahora mismo no me apetece, no estoy de humor. Necesito por lo menos un día de tiempo para hacerlo, es que, es que...»

El incendio del río

Allá en los años setenta el río Cuyahoga a su paso por Cleveland estaba tan contaminado que empezó a arder. La corriente creativa contaminada puede estallar de repente en un incendio tóxico que no sólo queme el combustible de la basura del río sino que convierta también en cenizas todas las formas de vida. La acción simultánea de un número excesivo de complejos psíquicos puede provocar unos daños inmensos en el río. Los complejos psicológicos negativos se yerguen y ponen en tela de juicio la valía, la intención, la sinceridad y el talento de la mujer. También le envían inequívocos mensajes, según los cuales tiene que «ganarse la vida» haciendo cosas que la agoten, no le dejen tiempo para crear y destruyan su voluntad de imaginar. Algunos de los robos y castigos preferidos que los malévolos complejos imponen a la creatividad de las mujeres giran en torno a la concesión al yo del alma de «tiempo para crear» en un lejano y nebuloso futuro. O a la promesa de que, cuando la mujer disponga de varios días seguidos libres, empezará finalmente la juerga. Pero todo es mentira. El complejo no tiene la menor intención de cumplir las promesas. Es otra manera de asfixiar el impulso creativo.

Las voces también pueden susurrar: «Sólo si obtienes un doctorado tendrás un trabajo como Dios manda, sólo si te alaba la Reina, sólo si recibes tal o cual galardón, sólo si te publican los trabajos en tal o cual revista, sólo si, si, si...»

Todos estos condicionales equivalen a atiborrar el alma de comida basura. Una cosa es comer lo que sea y otra muy distinta alimentarse como es debido. Con mucha frecuencia la lógica del complejo tiene muchos fallos aunque éste intente convencer a la mujer de lo contrario.

Uno de los mayores problemas del complejo creativo es la acusación de que cualquier cosa que haga la mujer no dará resultado porque no piensa con lógica, no es lógica y lo que ha hecho hasta la fecha no es lógico, por cuyo motivo está condenado al fracaso. Ante todo, las fases iniciales de la creación no son lógicas... ni tienen por qué serlo. Si el complejo consigue con eso paralizar a la mujer, ya la tiene atrapada. Dile que se siente y se esté quieto o que se vaya hasta que hayas terminado. Recuerda que, si la lógica imperara en el mundo, todos los hombres montarían a caballo a mujeriegas.

He visto a muchas mujeres trabajar largas horas en actividades que despreciaban para poder permitirse el lujo de comprar objetos muy caros para sus casas, sus parejas o sus hijos. A tal fin, apartaban a un lado sus extraordinarias cualidades. He visto a muchas mujeres empeñarse en limpiar toda la casa antes de sentarse a escribir, y tú ya sabes lo que ocurre con las tareas domésticas, que nunca se terminan. Es un método infalible para obstaculizar la creatividad de una mujer.

La mujer tiene que cuidar de que una responsabilidad excesiva (o una respetabilidad excesiva) no le roben los necesarios descansos, ritmos y éxtasis creativos. Tiene que plantar firmemente los pies en el suelo y decir que no a la mitad de las cosas que ella cree que «tendría» que hacer. El arte no se puede crear sólo en momentos robados.

La dispersión de los planes y los proyectos como por obra del viento se produce cuando una mujer intenta organizar una idea creativa y ésta se le escapa volando una y otra vez y cada vez se vuelve más confusa y desordenada. No le sigue la pista de una forma concreta porque le falta tiempo para anotarlo todo por escrito y organizarlo o está tan ocupada en otras cosas que pierde su sitio y no puede recuperarlo.

Es posible también que el proceso creativo de una mujer sea malinterpretado o despreciado por quienes la rodean. De ella depende informarles de que, cuando sus ojos miran «de aquella manera», no significa que sea un solar vacío a la espera de ser ocupado. Significa que está sosteniendo en equilibrio un enorme castillo de naipes de ideas sobre la punta de un solo dedo y está uniendo cuidadosamente todos los naipes entre sí por medio de un poco de saliva y unos diminutos huesos de cristal y, si consigue depositarlo sobre la mesa sin que se caiga o se desmorone, podrá crear una imagen del mundo invisible. Hablarle en este momento equivale a levantar un viento de Arpía capaz de derribar toda la estructura. Hablarle en ese momento es romperle el corazón.

Pero una mujer puede provocarse ella misma este resultado convenciéndose de la inutilidad de sus ideas hasta conseguir que éstas pierdan la capacidad de despertar su entusiasmo o mostrándose complaciente con las personas que le arrebatan subrepticiamente sus herramientas y sus materiales creativos u olvidando simplemente comprar el equipo necesario para la realización de su trabajo o deteniéndose y volviendo a empezar muchas veces o permitiendo que todo el mundo y su gato la interrumpan cuando les apetezca hasta que todo el proyecto se derrumba.

Si la cultura en la que vive una mujer ataca la función creativa de sus miembros, si parte por la mitad o destroza algún arquetipo o pervierte su propósito o su significado, todo ello se incorporará en estado destrozado en la psique de sus miembros, como una fuerza con el ala rota y no como una fuerza sana, rebosante de vitalidad y de posibilidades.

Cuando se activan en la psique de una mujer estos elementos lesionados que guardan relación con su vida creativa y con la forma de alimentarla, es difícil comprender qué es lo que ocurre. Sufrir un complejo es como estar en el interior de una bolsa negra. Todo está oscuro y la mujer no puede ver lo que la tiene atrapada, sólo sabe que algo la ha capturado. Entonces nos sentimos transitoriamente incapaces de organizar nuestros pensamientos o nuestras prioridades y, como unas criaturas encerradas en unas bolsas, empezamos a actuar sin pensar. Aunque el hecho de actuar sin pensar puede ser muy útil algunas veces, en este caso no lo es.

En el transcurso de una creación envenenada o estancada, la mujer «finge dar de comer» al yo del alma. Procura no prestar atención al estado del *animus*. Le echa un poco de taller por aquí y le suelta un poco de lectura por allá. Pero, al final, no hay chicha. La mujer no engaña a nadie más que a sí misma.

Por consiguiente, cuando se muere este río, lo hace sin su corriente, sin su fuerza vital. Los hindúes dicen que, sin Shakti, la personificación de la fuerza vital femenina, Siva, que es el que preside la capacidad de actuar, se convierte en un cadáver. Ella es la energía vital que impulsa el principio masculino y éste, a su vez, impulsa la actividad en todo el mundo.[10] Vemos por tanto que en el río tiene que haber un equilibrio razonable entre las contaminaciones y las purificaciones, so pena de que se convierta en nada. Pero, para poder hacerlo, el ambiente inmediato tiene que ser alimenticio y accesible. En cuestión de supervivencia, está demostrado que, cuanto más escasean los requisitos esenciales —el alimento, el agua, la seguridad y la protección— tanto más se reducen las alternativas. Y cuantas menos alternativas haya, tanto más se reducirá la vida creativa, pues la creatividad se nutre de las múltiples e interminables combinaciones de todas las cosas.

El *hidalgo* destructor del cuento es una parte muy profunda pero inmediatamente identificable de una mujer herida. Es su *animus*, que la induce a luchar no por crear —muchas veces ni siquiera llega a este punto— sino por obtener un permiso claro, un sólido sistema interno para crear a voluntad. Un *animus* saludable tiene que participar en el trabajo del río y así debe ser. Cuando está bien integrado, es el que nos ayuda y vigila para ver si se tiene que hacer algo. Pero el *animus* no es imparcial en el cuento de *La Llorona*; se hace con el poder, impide el desarrollo de una vida nueva de vital importancia e insiste en dominar la vida de la psique. Cuando un *animus* maligno adquiere semejante poder, una mujer puede despreciar su propio trabajo o, en el otro extremo, simular que desarrolla un trabajo de verdad. Cuando ocurre algo de eso, a una mujer cada vez se le ofrecen menos alternativas creativas. El *animus* aprovecha entonces para avasallar a la mujer, despreciar su trabajo y desautorizarla de una u otra forma. Y eso lo hace destruyendo el río.

Primero examinaremos los parámetros del *animus* en general y después veremos de qué manera se deteriora la vida creativa de una mujer y qué es lo que puede y debe hacer al respecto. La creatividad tiene que ser un claro acto de conciencia. Sus acciones reflejan la claridad del río. El *animus*, que constituye la base de la acción exterior, es el hombre del río. Es el mayordomo. Es el cuidador y protector del agua.

El hombre del río

Antes de poder comprender lo que ha hecho el hombre del cuento de *La Llorona* contaminando el río, tenemos que saber que lo que él representa está destinado a ser un conjunto de ideas positivas en la psique de una mujer. Según la clásica definición junguiana, el *animus*, de género masculino, es la fuerza del alma de las mujeres. Sin embargo, la observación personal ha inducido a muchas psicoanalistas entre las que yo me incluyo a refutar la visión clásica y a afirmar en su lugar que la fuerza revivificadora de las mujeres no es masculina ni ajena a ella sino femenina y familiar[11].

Pese a ello, creo que el concepto masculino de *animus* tiene una gran relevancia. Existe una enorme correlación entre las mujeres que no se atreven a crear —que temen manifestar sus ideas ante el mundo o bien lo hacen de una manera irrespetuosa o sin orden ni concierto— y sus sueños, los cuales pueden contener muchas imágenes de hombres heridos o que causan heridas. En cambio, los sueños de las mujeres dotadas de una fuerte capacidad de manifestación exterior suelen girar en torno a una vigorosa figura masculina que aparece repetidamente con distintos disfraces.

El *animus* se puede considerar más bien una fuerza que ayuda a las mujeres a afirmarse en el mundo exterior. El *animus* ayuda a la mujer a exponer sus pensamientos y sentimientos interiores específicamente femeninos de una manera concreta —emocional, sexual, económica y creativa y también de otras maneras— en lugar de hacerlo según un esquema calcado de un desarrollo masculino estándar culturalmente impuesto en una cultura determinada.

Las figuras masculinas de los sueños femeninos parecen indicar que el *animus* no es el alma de las mujeres sino algo «de, desde y para» el alma de las mujeres[12]. En su forma equilibrada y no pervertida es un «hombre puente» esencial. Esta figura posee a menudo unas prodigiosas cualidades que lo inducen a entrar en acción como portador y puente. Es algo así como un mercader del alma. Importa y exporta conocimientos y productos. Elige lo mejor de lo que se le ofrece, concierta el mejor precio, supervisa la honradez de las transacciones, sigue con tesón todo el procedimiento y lo lleva a feliz término.

Otra manera de interpretarlo podría consistir en imaginar que la Mujer Salvaje, el Yo del alma, es la artista y el *animus* es el brazo de la artista[13]. La Mujer Salvaje es el chófer y el *animus* es el que empuja el vehículo. Ella escribe la canción y él la orquesta. Ella imagina y él le da consejos. Sin él, la mujer crea la comedia en su imaginación, pero nunca la escribe y la obra jamás se representa. Sin él, aunque el escenario esté lleno a rebosar de actores, el telón jamás se levanta y la marquesina del teatro no se ilumina.

Si tuviéramos que traducir el saludable *animus* a una metáfora española, diríamos que es *el agrimensor* que conoce la configuración del terreno y con su compás y su hilo mide la distancia entre dos puntos, define los bordes y establece los límites. Yo lo llamo también *el jugador*, el que estudia y sabe cómo y dónde colocar la ficha para obtener puntos y ganar. Ésos son algunos de los más importantes aspectos de un *animus* vigoroso.

Por consiguiente, el *animus* recorre el camino entre dos territorios y, a veces, tres: el mundo subterráneo, el mundo interior y el mundo exterior. El *animus*, que conoce muy bien todos los mundos, envuelve y transporta todos los sentimientos y las ideas de una mujer por todos esos trechos y en todas direcciones. Le trae a la mujer ideas de «allí afuera» y traslada las ideas del Yo del alma de la mujer «al mercado» del otro lado del puente para sacarles provecho. Sin el constructor y el conservador de este puente terrestre, la vida interior de la mujer no puede manifestarse con fuerza en el mundo exterior.

No hace falta llamarlo *animus*, se le puede designar con las palabras o las imágenes que una quiera. Pero no olvidemos que hay actualmente dentro de la cultura femenina un cierto recelo hacia lo masculino, que para algunas mujeres es un temor «a necesitar lo masculino» y para otras una dolorosa recuperación tras haber sido aplastadas en cierto modo por él. Por regla general, el recelo es fruto de unos traumas causados por la familia y la cultura en las épocas en que las mujeres eran tratadas como siervas y no como personas, unos traumas que ahora están a duras penas empezando a sanar. Aún está fresca en la memoria de la Mujer Salvaje la época en que las mujeres de talento eran apartadas a un lado cual si fueran basura, en que una mujer no podía tener ninguna idea a no ser que la inculcara en secreto y la hiciera fructificar en un hombre que posteriormente la presentara al mundo como propia.

Pero yo creo en último extremo que no podemos rechazar ninguna metáfora que nos ayude a ver y a ser. Yo no me fiaría mucho de una paleta en la que faltara el rojo, el azul, el amarillo, el blanco o el negro. Y tú tampoco. El *animus* es un color primario de la paleta de la psique femenina.

Por consiguiente, en lugar de ser la naturaleza del alma de las mujeres, el *animus*, o la naturaleza contrasexual femenina, es una profunda inteligencia psíquica con capacidad de actuación. Viaja entre los mundos, entre los distintos nodos de la psique. Esta fuerza tiene la capacidad de sacar al exterior y llevar a la práctica los deseos del ego, de estimular la creatividad femenina de una manera visible y concreta.

El aspecto clave de un desarrollo positivo del *animus* es la *manifestación* efectiva de los impulsos, las ideas y los pensamientos interiores cohesivos. Aunque aquí estemos hablando de un desarrollo positivo del *animus*, hay que hacer también una advertencia: el *animus* integral se desarrolla con plena conciencia y con un exhaustivo autoexamen. Si no se examinan cuidadosamente los propios motivos y apetitos a cada paso del camino, el resultado será un *animus* muy poco desarrollado. Y este *animus* deletéreo puede llevar y llevará insensatamente a la práctica los impulsos no examinados del ego, sacando a la superficie distintas ambiciones absurdas y dando satisfacción a una miríada de apetitos no examinados. Además, el *animus* es un elemento de la psique femenina que se tiene que ejercitar y al que hay que encomendar tareas regularmente para que tanto él como la mujer puedan actuar de manera integral. Si en la vida psíquica de la mujer se descuida el *animus*, éste se atrofia exactamente igual que un músculo que ha permanecido demasiado tiempo inactivo.

Aunque algunas mujeres han apuntado la teoría de que la naturaleza guerrera, la naturaleza de amazona y la naturaleza de cazadora de la mujer pueden sustituir este «elemento masculino dentro de lo femenino», existen a mi modo de ver demasiados matices y estratos de naturaleza masculina —como, por ejemplo, un cierto tipo de reglamentación, legislación y limitación intelectual— extremadamente valiosos para las mujeres que viven en el mundo moderno. Estas características masculinas no surgen del temperamento instintivo de la psique femenina de la misma manera o con el mismo tono que las de su naturaleza femenina[14].

Por consiguiente, viviendo tal como vivimos en un mundo que exige actuar de una forma reflexiva pero también audaz, considero muy útil emplear el concepto de una naturaleza masculina o *animus* en la mujer. Cuando existe el debido equilibrio, el *animus* se comporta como un asistente, un ayudante, un amante, un hermano, un padre y un rey. Lo cual no quiere decir que el *animus* sea el rey de la psique femenina tal como quizá desearía una ofendida visión paternalista. Significa que en la psique femenina hay un aspecto regio, un elemento que, cuando se desarrolla como actitud, actúa y media en amoroso servicio de la naturaleza salvaje. El arquetipo del rey representa la fuerza que tiene que actuar en nombre de la mujer y en su beneficio, gobernando lo que ésta y el alma le encomiendan y administrando las tierras psíquicas que se le confían.

Eso es por tanto lo que tendría que ser el *animus*, pero en el cuento éste ha buscado otros objetivos a expensas de la naturaleza salvaje y, cuando el río se llena de desperdicios, su caudal empieza a envenenar otros aspectos de la psique creativa y especialmente los niños no nacidos de la mujer.

¿Qué ocurre cuando la psique concede al *animus* poder sobre el río y el *animus* abusa de este poder? Alguien me dijo cuando era pequeña que era tan fácil crear para lo bueno como crear para lo malo. Pero yo he descubierto que no es así. Es mucho más difícil mantener el río limpio. Es mucho más fácil dejar que se contamine. Digamos por tanto que la limpieza de la corriente es un desafío con el que todas nos enfrentamos. Confiamos en poner remedio al enturbiamiento con la mayor rapidez y con la mayor amplitud posible.

Pero ¿y si algo se apodera de la corriente creativa y la llena cada vez más de cieno? ¿Y si nos quedamos atrapadas en este algo, y si de una forma un tanto perversa este algo no sólo nos empieza a gustar sino que, además, confiamos en él, vivimos de él y nos sentimos vivas por su mediación? ¿Y si lo utilizamos para levantarnos de la cama por la mañana, para ir a algún sitio y para convertirnos en alguien en nuestra propia mente? Ésas son las trampas que nos esperan a todas.

El *hidalgo* del cuento representa un aspecto de la psique femenina que, por decirlo en términos coloquiales, se ha «estropeado». Se ha corrompido, se aprovecha del veneno que fabrica y está en cierto modo atado a una vida insalubre. Es como un rey que gobierna por medio de un apetito equivocado. No es sabio y jamás podrá ser amado por la mujer a la que alega servir.

Es muy bueno que una mujer tenga en su psique un *animus* fiel, fuerte, clarividente, capaz de oír tanto en el mundo exterior como en el subterráneo y de predecir lo que probablemente ocurrirá a continuación y de tomar decisiones acerca de las leyes y la justicia a través de la suma de lo que ve y percibe en todos los mundos. Pero el *animus* del cuento es infiel. El papel del *animus* representado por el *hidalgo*, rey o mentor, en la psique de una mujer, debería ser el de ayudarla a desarrollar sus posibilidades y alcanzar sus objetivos, a manifestar las ideas y los ideales que ella aprecia, a sopesar la justicia y la honradez de las cosas, a cuidar de los armamentos, a poner en práctica una estrategia cuando se siente amenazada y a juntar todos sus territorios psíquicos.

Cuando el *animus* se ha convertido en una amenaza tal como vemos en este cuento, la mujer pierde confianza en sus decisiones. A medida que el *animus* se debilita a causa de su propio desequilibrio —sus engaños, sus robos, sus falsedades para con ella—, el agua del río pasa a convertirse de algo que era esencial para la vida en algo a lo que hay que acercarse con las mismas precauciones que se adoptan en presencia de un asesino a sueldo. Entonces se produce hambre en la tierra y contaminación en el río.

Crear deriva del latín *creare*[15] con el significado de producir vida o cualquier otra cosa donde antes no había nada. El hecho de beber agua del río contaminado es la causa del cese de la vida interior y, por consiguiente, también de la exterior. En el cuento, la contaminación provoca la deformación de los hijos, símbolo de los jóvenes ideales e ideas. Los hijos representan nuestra capacidad de producir algo donde antes no había nada. Podemos reconocer la presencia de esta deformación del nuevo potencial cuando empezamos a poner en tela de juicio nuestra capacidad y, sobre todo, nuestro derecho a pensar, actuar o existir.

Las mujeres de talento, incluso cuando reivindican sus vidas creativas, incluso cuando brotan cosas bellas de sus manos, de sus plumas y de sus cuerpos, siguen dudando de su valía como escritoras, pintoras, artistas y personas reales. Y por supuesto que son reales, por más que muchas veces se complazcan en atormentarse poniendo en entredicho lo que es «real». Una campesina es una campesina real cuando contempla la tierra y planifica las cosechas de la primavera. Una corredora es real cuando da el primer paso, una flor es real cuando todavía está en su tallo materno, un árbol es real cuando es todavía una semilla en la piña del pino. Lo real es lo que tiene vida.

El desarrollo del *animus* varía de mujer a mujer. No es una criatura perfectamente formada que brota de los muslos de los dioses. Aparentemente posee una capacidad innata, pero tiene que «crecer», aprender y ser adiestrado. Su objetivo es convertirse en una poderosa fuerza directa. Pero cuando el *animus* sufre daño como consecuencia de las múltiples fuerzas de la cultura y el yo, una especie de cansancio, de abatimiento o de indiferencia que algunos denominan «ser neutral» se interpone entre el mundo interior de la psique y el mundo exterior de la página en blanco, la tela vacía, la pista de baile, el consejo de administración o la reunión que nos espera. Este «algo» —por regla general con los ojos entornados, incomprendido o mal utilizado— ensucia el río, obstruye los pensamientos, paraliza la pluma y el pincel, traba las articulaciones durante un interminable período de tiempo, forma costras sobre las nuevas ideas y nosotras sufrimos los efectos.

En la psique se produce un extraño fenómeno: cuando una mujer se encuentra bajo los efectos de un *animus* negativo, cualquier intento de crear algo lo induce a atacar a la mujer. Ésta piensa matricularse en algún curso o va a clase, pero se queda atascada de golpe y se asfixia por falta de alimento y de apoyo. Una mujer acelera, pero se queda constantemente rezagada. Cada vez hay más proyectos de labor de punto sin terminar, más cuadros de flores jamás plantados, más excursiones jamás realizadas, más notas jamás escritas para decir simplemente «Tengo interés», más lenguas extranjeras jamás aprendidas, más lecciones de música abandonadas, más tramas colgadas del telar, esperando y esperando...

Se trata de manifestaciones vitales deformadas. Son los hijos envenenados de *La Llorona*. Y a todos se los arroja de nuevo a las contaminadas aguas del río que tanto daño les habían causado. En las mejores circunstancias arquetípicas tendrían que atragantarse un poco y, como el ave fénix, renacer de las cenizas bajo una nueva forma. Pero aquí algo malo le ocurre al *animus* y por eso la mujer tropieza con dificultades para distinguir entre uno y otro impulso y ya no digamos para manifestar y llevar a la práctica las propias ideas en el mundo. Y entretanto el río está tan lleno de excrementos y complejos que de sus aguas no puede brotar nada para la nueva vida.

Y, como consecuencia de ello, viene lo más difícil: tenemos que adentrarnos en el cieno y buscar los valiosos dones que se ocultan debajo del mismo. Como *La Llorona*, tenemos que rastrear el fondo del río en busca de nuestra vida del alma, de nuestra vida creativa. Y otra cosa, también muy difícil: tenemos que limpiar el río para que *La Llorona* pueda ver y tanto ella como nosotros podamos encontrar las almas de los hijos y recuperar la paz que nos permita volver a crear.

Con su inmenso poder para devaluar lo femenino y su incapacidad para comprender el carácter de puente de lo masculino[16], la cultura agrava el efecto de las «fábricas» y de la contaminación. Con harta frecuencia la cultura exilia el *animus* de la mujer, formulando una de aquellas insolubles y absurdas preguntas que los complejos consideran válidas y ante las cuales muchas mujeres se acobardan: «¿Eres de veras una auténtica escritora [artista, madre, hija, hermana, esposa, amante, trabajadora, bailarina, persona]?» «¿Tienes realmente algo que decir que merezca la pena [sea esclarecedor, ayude a la humanidad, encuentre el remedio para curar el ántrax]?»

No es de extrañar que, cuando su *animus* está ocupado con productos psíquicos de carácter negativo, el rendimiento de la mujer se vaya reduciendo conforme disminuye su confianza en el músculo creativo. Las mujeres que se encuentran en esta apurada situación me dicen, por ejemplo, que «no ven ninguna salida» para su presunto calambre de escritora o no encuentran la manera de acabar con la causa que lo provoca. Su *animus* acapara todo el oxígeno del río y ellas se sienten «extremadamente cansadas» y experimentan una «enorme pérdida de energía», no consiguen «ponerse en marcha» y se sienten como «inmovilizadas por algo».

La recuperación del río

La naturaleza de la Vida/Muerte/Vida hace que el Destino, la relación, el amor, la creatividad y todo lo demás se muevan de acuerdo con unas pautas amplias y salvajes, las cuales se suceden en el siguiente orden: creación, desarrollo, poder, disolución, muerte, incubación, creación y así sucesivamente. El robo o la ausencia de ideas, pensamientos y sentimientos son el resultado de una corriente alterada. He aquí de qué manera se puede recuperar el río.

Acepta alimento para iniciar la limpieza del río. Se nota que hay agentes contaminantes que alteran el río cuando la mujer rechaza los sinceros cumplidos que se le hacen a propósito de su vida creativa. Es posible que sólo haya una moderada contaminación cuando por ejemplo la mujer contesta con aire indiferente: «Es muy amable de tu parte hacerme este cumplido»; o puede haber una grave contaminación: «Ah, es una birria» o «No estás en tus cabales». Una respuesta a la defensiva es también un indicio de lo mismo «Pues claro que soy maravillosa. ¿Cómo no te habías dado cuenta?». Todas estas reacciones denotan un *animus* herido. Las cosas buenas fluyen hacia la mujer, pero el *animus* las envenena de inmediato.

Para invertir el fenómeno, una mujer tiene que esforzarse en aceptar el cumplido (aunque inicialmente parezca que esta vez se abalanza sobre él para poder quedárselo todo para ella sola), saborearlo, combatir contra el malévolo *animus* que quisiera decirle al que hace el cumplido: «Eso es lo que tú crees porque no sabes la cantidad de errores que ha cometido, no te das cuenta de lo tonta que es, etc.».

Los complejos negativos se sienten especialmente atraídos por las ideas más sabrosas, revolucionarias y maravillosas y por las formas más audaces de creatividad. Por consiguiente, no hay vuelta de hoja, tenemos que buscar un *animus* que actúe con más claridad y apartar a un lado el antiguo, es decir, enviarlo a los archivos de la psique, donde se guardan los impulsos y los catalizadores, debidamente desinflados y doblados. Allí se convierten en objetos y dejan de ser agentes o emociones.

Reacciona. Así es como se limpia el río. Los lobos llevan unas vidas inmensamente creativas. Toman a diario docenas de decisiones, deciden si ir por aquí o por allá, calculan la distancia, se concentran en su presa, sopesan las posibilidades, aprovechan la oportunidad, reaccionan con fuerza para poder alcanzar sus objetivos. Su habilidad para localizar lo escondido, unir sus intenciones, concentrarse en el resultado apetecido y actuar en consecuencia para conseguirlo son justo las características que los seres humanos necesitan para llevar a feliz término sus propósitos.

Para crear se tiene que saber reaccionar. La creatividad es la capacidad de reaccionar a todo lo que nos rodea, de elegir entre los cientos de posibilidades de pensamiento, sentimiento, acción y reacción que surgen en nuestro interior, y reunirlo todo en una singular respuesta, expresión o mensaje que posea impulso, pasión y significado. En este sentido, la pérdida de nuestro ambiente creativo significa vernos limitadas a una sola elección, sentirnos despojadas y obligadas a reprimir o censurar los sentimientos y los pensamientos y a no actuar, no decir, no hacer o no ser.

Sé salvaje. Así es como se limpia el río. En su estado original, el río no fluye contaminado, nosotras nos encargamos de contaminarlo. El río no se seca, somos nosotras las que lo bloqueamos. Si queremos devolverle su libertad, tenemos que permitir que nuestras vidas ideativas fluyan libremente, dejando que salga cualquier cosa, y sin censurar nada en principio. Eso es la vida creativa, fruto de una divina paradoja. Se trata de un proceso enteramente interior. Para crear, tenemos que estar dispuestas a ser totalmente estúpidas, sentarnos en un trono en lo alto de un imbécil y derramar rubíes por la boca. Entonces el río fluirá y nosotras podremos permanecer de pie en medio de su corriente bajo la lluvia. Podremos extender las faldas y las blusas y recoger toda el agua que podamos llevar.

Empieza. Así es como se limpia el río contaminado. Si tienes miedo de fracasar, yo te digo que empieces, fracases si no hay más remedio, te vuelvas a levantar y vuelvas a empezar. Y si fracasas de nuevo, fracasa. ¿Y qué? Vuelve a empezar. No es el fracaso lo que nos paraliza y nos mantiene estancadas sino la renuncia a volver a empezar. ¿Qué más da que tengas miedo? Si tienes miedo de que algo se te eche encima y te pegue un mordisco, por lo que más quieras, afróntalo de una vez. Deja que tu temor se te eche encima y te pegue un mordisco. De esta manera lo vencerás y podrás seguir adelante. Lo vencerás. El temor se te pasará. En este caso, es mejor afrontarlo directamente, sentirlo y vencerlo que seguir utilizándolo como excusa para no tener que limpiar el río.

Protege tu tiempo. Así se eliminan los agentes contaminantes. Conozco a una ardiente pintora de las Montañas Rocosas que cuelga este letrero en la cadena que cierra el camino de su casa cuando quiere concentrarse en la pintura o la meditación: «Hoy trabajo y no recibo visitas. Ya sé que usted piensa que eso no se refiere a usted porque es mi banquero, mi agente o mi mejor amigo. Pero sí se refiere a usted.»

Una escultora que conozco cuelga este letrero en su verja: «No molestar a no ser que yo haya ganado la lotería o hayan visto a Jesús en la Carretera Vieja de Taos.» Como se ve, un *animus* bien desarrollado tiene unos límites estupendos.

Persevera. ¿Cómo eliminar del todo esta contaminación? Insistiendo en que nada nos impedirá ejercitar un *animus* bien integrado, siguiendo adelante con nuestro empeño de hilar alma y fabricar alas, con nuestro arte, nuestros remiendos y nuestras costuras psíquicas, tanto si nos sentimos fuertes como si no, tanto si nos sentimos preparadas como si no. En caso necesario, atándonos al mástil, a la silla, al escritorio, al árbol, al cacto, dondequiera que estemos creando. Es esencial, aunque a menudo resulte doloroso, dedicar el tiempo necesario y no rehuir las tareas difíciles que lleva aparejadas el esfuerzo por alcanzar el dominio. Una auténtica vida creativa arde de varias maneras y no sólo de una.

Hay que desterrar o transformar los complejos negativos que surjan por el camino —tus sueños te guiarán en esta última etapa de la senda—, apoyando bien los pies en el suelo de una vez por todas y diciendo «Me gusta mucho más mi vida creativa que el hecho de participar en mi propia opresión». Si maltratáramos a nuestros hijos, los representantes del Servicio de Vigilancia Social se plantarían en la puerta de nuestra casa. Si maltratáramos a nuestros animales domésticos, la Sociedad Protectora de Animales vendría por nosotros. Pero no existe ninguna Patrulla de la Creatividad ni Policía del Alma que pueda intervenir cuando nos empeñamos en matar de hambre nuestra alma. Sólo estamos nosotras. Nosotras somos las únicas que podemos vigilar el Yo del alma y el *animus* heroico. Es una crueldad regarlos una vez a la semana, una vez al mes o una vez al año. Todos tienen sus propios ritmos circadianos. Nos necesitan y necesitan el agua de nuestro arte cada día.

Protege tu vida creativa. Para evitar el *hambre del alma*, dá al problema su verdadero nombre y resuélvelo. Practica a diario tu tarea. Y después no permitas que ningún pensamiento, ningún hombre, ninguna mujer, ningún compañero, ningún amigo, ninguna religión, ningún trabajo y ninguna voz avinagrada te obliguen a pasar hambre. En caso necesario, enseña los incisivos.

Construye tu verdadero trabajo. Construye una cabaña de cordialidad y sabiduría. Toma tu energía de allí y tráela hacia aquí. Insiste en establecer un equilibrio entre la responsabilidad prosaica y el arrobamiento personal. Protege el alma. Insiste en llevar una vida creativa de calidad. No permitas que tus complejos, tu cultura, tus desechos intelectuales o las rimbombantes bobadas aristocráticas, pedagógicas o políticas te la roben.

Pon alimento para la vida creativa. Aunque hay muchas cosas buenas y nutritivas para el alma, casi todas ellas están incluidas en los cuatro grupos básicos de alimentos de la Mujer Salvaje: tiempo, sentido de pertenencia, pasión y soberanía. Haz acopio de ellos. Son los que mantienen limpio el río.

Cuando el río ya está limpio, puede volver a fluir; la producción creativa de una mujer se incrementa y, a partir de este momento, sigue sus ciclos naturales de aumento, disminución y nuevo aumento. Nada se podrá ensuciar o dañar durante mucho tiempo. Cualquier contaminación que se produzca será eficazmente neutralizada. El río vuelve a ser nuestro sistema de alimentación en el que podremos entrar sin temor, del que podremos beber sin preocupación y junto al cual podremos serenar el alma atormentada de *La Llorona*, sanando a sus hijos y devolviéndoselos. Podremos desmontar el proceso de contaminación de la fábrica e instalar un nuevo *animus*. Podremos vivir nuestra vida junto al río tal como queramos y juzguemos conveniente, sosteniendo en brazos a nuestros numerosos hijitos y mostrándoles el reflejo de sus imágenes en las cristalinas aguas.

La concentración y la fábrica de fantasías

En Estados Unidos, el cuento de «La vendedora de fósforos» se conoce sobre todo en la versión de Hans Christian Andersen. En esencia describe cómo son la falta de alimento y la falta de concentración y a qué conducen ambas cosas. Se trata de una narración muy antigua que se cuenta en todo el mundo con distintas variaciones; a veces es un hombre que quema el último carbón que le queda mientras sueña con el pasado. En algunas versiones el símbolo de las cerillas se cambia por otra cosa, como, por ejemplo, en «El pequeño vendedor de flores» que gira en torno a un hombre con el corazón destrozado que contempla las corolas de las últimas flores que le quedan y es arrebatado de esta vida.

Aunque ante la superficial versión del cuento algunos puedan decir que son historias sensibleras en el sentido de que contienen una excesiva «dulzura» emocional, sería un error no tomárselas en serio. En realidad, los cuentos son básicamente unas profundas expresiones de una psique negativamente hipnotizada hasta el extremo de provocar la «muerte» espiritual de la vibrante vida real[17].

Esta versión de «La vendedora de fósforos» me la contó mi tía Katerina que se trasladó a vivir a Estados Unidos después de la Segunda Guerra Mundial. Durante la guerra, su sencilla aldea fue invadida y ocupada tres veces por tres ejércitos enemigos distintos.

Siempre empezaba el cuento diciendo que los sueños suaves en circunstancias difíciles no son buenos y que en los tiempos duros tenemos que tener sueños duros, verdaderos sueños, de esos que, si trabajamos con diligencia y nos bebemos la leche a la salud de la Virgen, se hacen realidad.

La vendedora de fósforos

Había una niña que no tenía madre ni padre y que vivía en la espesura del bosque. Había una aldea en el lindero del bosque y ella había averiguado que allí podía comprar fósforos a medio penique y después venderlos por la calle a un penique. Si vendía suficientes fósforos, podía comprarse un mendrugo de pan, regresar a su cobertizo del bosque y dormir vestida con toda la ropa que tenía.

Vino el invierno y hacía mucho frío. La niña no tenía zapatos y su abrigo era tan fino que parecía transparente. Sus pies ya habían rebasado el color azul y se habían vuelto de color blanco, lo mismo que los dedos de las manos y la punta de la nariz.

La niña vagaba por las calles y preguntaba a los desconocidos si por favor le querían comprar cerillas. Pero nadie se detenía ni le prestaba la menor atención.

Por consiguiente, una noche se sentó diciendo: «Tengo cerillas, puedo encender fuego y calentarme.» Pero no tenía leña. Aun así, decidió encender las cerillas.

Mientras permanecía allí sentada con las piernas estiradas, encendió el primer fósforo. Al hacerlo, tuvo la sensación de que la nieve y el frío desaparecían por completo. En lugar de los remolinos de nieve, la niña vio una preciosa estancia con una gran estufa verde de cerámica y una puerta de hierro adornada. La estufa irradiaba tanto calor que el aire parecía ondularse. La niña se acurrucó junto a la estufa y se sintió de maravilla.

Pero, de repente, la estufa se apagó y la niña se encontró de nuevo sentada en medio de la nieve. Temblaba tanto que los huesos de la cara le crujían. Entonces encendió la segunda cerilla y la luz se derramó sobre el muro del edificio junto al cual estaba sentada, y ella lo pudo atravesar con la mirada. En la habitación del otro lado de la pared había una mesa cubierta con un mantel más blanco que la nieve y sobre la mesa había platos de porcelana de purísimo color blanco y en una fuente había un pato recién guisado, pero justo cuando ella estaba alargando la mano hacia aquellos manjares, la visión se esfumó.

La niña se encontró de nuevo en la nieve. Pero ahora las rodillas y los labios ya no le dolían. Ahora el frío le escocía y se estaba abriendo camino por sus brazos y su tronco, por lo que ella decidió encender la tercera cerilla.

A la luz de la tercera cerilla vio un precioso árbol de Navidad, bellamente adornado con velas blancas, cintas de encaje y hermosos objetos de cristal y miles y miles de puntitos de luz que ella no podía distinguir con claridad.

Y entonces contempló el tronco de aquel gigantesco árbol que subía cada vez más alto y se extendía hacia el techo hasta que se convirtió en las estrellas del firmamento sobre su cabeza y, de pronto, una fulgurante estrella cruzó el cielo y ella recordó que su madre le había dicho que, cuando moría un alma, caía una estrella.

Como llovida del cielo se le apareció su amable y cariñosa abuela y ella se llenó de alegría al verla. La abuela tomó su delantal y la rodeó con él, la estrechó con fuerza contra sí y ella se puso muy contenta.

Pero poco después la abuela empezó a esfumarse. Y la niña fue encendiendo un fósforo tras otro para conservar a su abuela a su lado, un fósforo y otro y otro para no perder a su abuela hasta que, al final, la niña y su abuela ascendieron juntas al cielo, donde no hacía frío y no se pasaba hambre ni se sufría dolor. Y, a la mañana siguiente, encontraron a la niña muerta, inmóvil entre las casas.

La represión de la fantasía creativa

La niña vive en un ambiente de indiferencia. Si tú te encuentras en uno como éste, vete. La niña está en un ambiente en el que no se valora lo que ella tiene, unas llamitas en lo alto de unos palitos, el principio de cualquier posibilidad creativa. Si tú te encuentras en este apuro, da media vuelta y aléjate. La niña se encuentra en una situación psíquica en la que se le ofrecen muy pocas alternativas. Se ha resignado a permanecer en el «lugar» que le ha tocado en suerte. Si a ti te ha ocurrido lo mismo, no te resignes y vete, soltando coces. Cuando la Mujer Salvaje se siente acorralada, no se rinde sino que se arroja hacia delante y extiende las garras para luchar.

¿Qué tiene que hacer la vendedora de fósforos? Si tuviera los instintos intactos, se le ofrecerían muchas alternativas: irse a otra ciudad, subirse subrepticiamente a un carro, esconderse en una carbonera... La Mujer Salvaje sabría lo que tendría que hacer a continuación. Pero la pequeña vendedora ya no conoce a la Mujer Salvaje. La niñita salvaje se muere de frío y lo único que le queda es una persona vagando sin rumbo como hipnotizada.

El hecho de estar con personas reales que nos confortan, nos apoyan y ensalzan nuestra creatividad es esencial para la corriente de la vida creativa. De lo contrario, nos morimos de frío. El alimento es un coro de voces tanto interiores como exteriores que observa el estado del ser de una mujer, se encarga de darle aliento y, en caso necesario, también lo consuela.

No sé muy bien cuántos amigos se necesitan, pero está claro que por lo menos uno o dos que nos digan que nuestro don, cualquiera que éste sea, es *pan del cielo*. Toda mujer tiene derecho a disfrutar de un coro de alabanzas.

Cuando las mujeres se quedan solas en medio del frío tienden a vivir de fantasías en lugar de emprender una acción. La fantasía de este tipo es la gran anestesiadora de las mujeres. Conozco a mujeres dotadas de unas voces bellísimas y a otras que son unas extraordinarias narradoras de cuentos; casi todo lo que sale de sus bocas posee lozanía y está elegantemente cincelado. Pero ellas se sienten en cierto modo aisladas o privadas de sus derechos. Su timidez constituye a menudo la tapadera de un *animus* medio muerto de hambre. Les cuesta comprender que cuentan con el apoyo interior o con el de los amigos, la familia o la comunidad.

Para evitar ser la vendedora de fósforos, se tiene que emprender una acción importante. Cualquier persona que no apoye tu arte o tu vida no merece que tú le dediques tiempo. Muy duro pero cierto. De otro modo, la mujer pasa directamente a vestir los andrajos de la niña de las cerillas y se ve obligada a vivir una cuarta parte de su vida que congela todos sus pensamientos, su esperanza, sus cualidades, escritos, obras teatrales, diseños o danzas.

El calor tendría que ser el principal objetivo de la vendedora de fósforos. Pero en el cuento no lo es. En su lugar la niña intenta vender las cerillas, su fuente de calor. Al hacerlo así, deja lo femenino con menos calor, menos riqueza y menos sabiduría y sin posibilidad de ulterior desarrollo.

El calor es un misterio. En cierto modo nos sana y nos engendra. Es el relajador de las cosas demasiado tensas, favorece la corriente, la misteriosa ansia de ser, el virginal vuelo de las nuevas ideas. Cualquier cosa que sea, el calor nos atrae cada vez más.

La niña de las cerillas no está en un ambiente propicio para su crecimiento. No hay calor, no hay combustible, no hay leña. ¿Qué podríamos hacer si estuviéramos en su lugar? Primero, podríamos abstenernos de perder el tiempo con el reino de la fantasía que la niña de las cerillas construye encendiendo sus fósforos. Hay tres clases de fantasías. La primera es la fantasía del placer, una forma de helado mental estrictamente destinada al gozo como son, por ejemplo, los ensueños. La segunda clase de fantasía es la imaginación deliberada. Este tipo de fantasía es como una sesión de planificación. Se utiliza como vehículo para conducirnos a la acción. Todos los acontecimientos —psicológicos, espirituales, financieros y creativos— empiezan con fantasías de esta clase. La tercera clase de fantasía es la que lo paraliza todo. Es la fantasía que impide emprender la acción más acertada en los momentos críticos.

Por desgracia, ésta es la que teje la vendedora de fósforos. Se trata de una fantasía que no tiene nada que ver con la realidad. Tiene que ver más bien con la sensación de que no se puede hacer nada o de que algo es demasiado difícil de hacer, por cuyo motivo es mejor que una se hunda en las fantasías. A veces la fantasía está en la mente de la mujer. Otras veces le viene a través de una botella de alcohol, una jeringuilla o la ausencia de ella. Otras veces el vehículo es el humo de un porro o muchas habitaciones olvidables con cama y desconocido incorporados. Las mujeres en estas situaciones interpretan el papel de la niña de las cerillas en las fantasías de cada noche y todos los amaneceres se despiertan muertas por congelación. Hay muchas maneras de perder la meta y la concentración.

¿Cómo se puede invertir esta situación y recuperar la estima espiritual y el amor propio? Tenemos que buscar algo muy distinto de lo que buscaba la pequeña vendedora de fósforos. Tenemos que llevar nuestras ideas a un lugar donde se les preste apoyo. Este gigantesco paso va de la mano de la concentración en un objetivo: la búsqueda de alimento. Pocas de nosotras somos capaces de crear a partir exclusivamente de nuestro amor propio. Necesitamos que nos acaricien todas las caricias de alas de ángel habidas y por haber.

A la gente se le ocurren casi siempre ideas maravillosas: voy a pintar esta pared con un color que me guste; voy a crear un proyecto con el que toda la ciudad se sentirá identificada; voy a hacer unos azulejos para mi cuarto de baño y, si me gustan, venderé unos cuantos; reanudaré los estudios, venderé mi casa y me dedicaré a viajar, tendré un hijo, dejaré esto y empezaré lo otro, iré por mi camino, mejoraré mi conducta, ayudaré a enderezar esta injusticia o esta otra, protegeré a los que carecen de protección.

Todos estos proyectos necesitan alimento. Necesitan un apoyo vital de personas cordiales. La niña de las cerillas va vestida de andrajos. Como dice la canción, ha estado abajo tanto tiempo que le parece que está arriba. Nadie puede crecer al nivel en el que ella se encuentra. Queremos colocarnos en una situación en la que, como los árboles y las plantas, podamos volvernos hacia el sol. Pero tiene que haber un sol. Para hacerlo, hemos de movernos, no podemos permanecer sentadas. Tenemos que hacer algo para cambiar nuestra situación. Si no nos movemos, volveremos a las calles a vender cerillas.

Los amigos que nos aman y contemplan calurosamente nuestra vida creativa son los mejores soles del mundo. Cuando una mujer, tal como le ocurre a la niña de las cerillas, no tiene amigos, se queda congelada por la angustia y a veces también por la cólera. Y en ocasiones, aunque tenga amigos, puede que éstos no sean unos soles. Es posible que la consuelen en lugar de hablarle de su situación cada vez más congelada. Pero el consuelo no tiene absolutamente nada que ver con el alimento. El alimento mueve a la mujer de un lugar a otro. El alimento es algo así como unos copos de cereales psíquicos.

La diferencia entre el consuelo y el alimento consiste en lo siguiente: si tú tienes una planta que está enferma porque la guardas en un armario oscuro y le diriges palabras tranquilizadoras, eso es un consuelo. Si sacas la planta del armario, la pones al sol, le das algo de beber y le hablas, eso es un alimento.

Una mujer congelada y sin alimento tiende a unos incesantes ensueños del tipo «y si». Sin embargo, aunque se encuentre en este estado de congelación, especialmente si se encuentra en semejante estado, la mujer tiene que rechazar la fantasía del consuelo. La fantasía del consuelo nos matará con toda seguridad. Ya sabemos lo letales que pueden ser las fantasías: «Algún día», «Si tuviera por lo menos», «Él cambiará», «Si aprendo a dominarme, cuando esté bien preparada, cuando tenga suficiente esto o aquello, cuando los niños sean mayores, cuando tenga más seguridad, cuando encuentre a alguien, en cuanto...», etc.

La niña de las cerillas tiene una abuela interior que, en lugar de ladrarle «¡Despierta! ¡Levántate! ¡Por mucho que te cueste, busca calor!», se la lleva a una vida de fantasía, se la lleva al «cielo». Pero el cielo no ayudará a la Mujer Salvaje, a la niña salvaje atrapada ni a la vendedora de fósforos que se encuentra en esta situación. Estas fantasías consoladoras no se tienen que fomentar, pues son unas seductoras y letales distracciones que nos apartan de nuestra verdadera tarea.

Vemos en el cuento que la niña de las cerillas intenta hacer una especie de trueque, una especie de trato comercial erróneo, pues vende las cerillas que son lo único que le podría dar calor. Cuando las mujeres están desconectadas del nutritivo amor de la madre salvaje, se encuentran en una situación equivalente a una dieta de mera subsistencia en el mundo exterior. El ego trata de vivir como puede con una mínima cantidad de alimento del exterior y cada noche regresa una y otra vez del lugar donde empezó y allí se queda dormido, muerto de cansancio.

La mujer no puede despertar a una vida con futuro porque su desdichada existencia es como un gancho del que ella cuelga diariamente. En las iniciaciones, la permanencia durante un período significativo de tiempo en condiciones difíciles forma parte de un desmembramiento que aísla a la persona de la comodidad y la complacencia. Como en los ritos de paso, el período terminará y la mujer recién «lijada» iniciará una vida espiritual y creativa, renovada y más sabia. Sin embargo, se puede decir que las mujeres que se encuentran en la situación de la vendedora de fósforos están pasando por un período de iniciación que se ha torcido. Las condiciones hostiles no sirven para profundizar sino tan sólo para diezmar. Hay que elegir otro lugar, otro ambiente con otros apoyos y guías.

Históricamente, sobre todo en la psicología masculina, la enfermedad, el exilio y el sufrimiento se entienden a menudo como un desmembramiento iniciático que a veces reviste un gran significado. Pero en el caso de las mujeres hay otros arquetipos adicionales de iniciación que surgen de la psicología y las condiciones físicas; uno de ellos es el del alumbramiento, otro es el poder de la sangre y otros son el hecho de estar enamoradas o de recibir un amor nutritivo. El hecho de recibir la bendición de alguien a quien ellas admiran, el hecho de que alguien de más edad les imparta enseñanzas de una forma profunda y comprensiva son unos fuertes arquetipos que presentan sus propias tensiones y resurrecciones.

La niña de las cerillas se acercó mucho, pero se quedó muy lejos de la fase transitoria de acción y movimiento que hubiera completado su iniciación. A pesar de que su desdichada vida poseía los elementos necesarios para una experiencia iniciática, no tenía a nadie ni dentro ni fuera, capaz de guiar su proceso psíquico.

El invierno psíquico en su sentido más negativo trae el beso de la muerte —es decir, la frialdad— a todo lo que toca. La frialdad significa el final de cualquier relación. Si quieres matar algo, muéstrate fría. En cuanto los sentimientos, los pensamientos o las acciones se congelan, ya no es posible la relación. Cuando los seres humanos quieren abandonar algo que llevan en sí mismos o dejar a una persona fuera, en medio del frío, procuran no prestarle atención, cancelan las invitaciones, la excluyen, se desvían de su camino para no tener ni siquiera que oírla ni verla. Ésta es la situación de la psique de la vendedora de fósforos.

Esa niña vaga por las calles y les suplica a los desconocidos que le compren cerillas. Esta escena ilustra una de las situaciones más desconcertantes del instinto herido de las mujeres, la entrega de la luz a cambio de un pequeño precio. Aquí las lucecitas en lo alto de los palitos son como las luces más grandes de las calaveras ensartadas en las estacas en el cuento de Vasalisa. Representan la sabiduría, pero, por encima de todo, iluminan la conciencia, sustituyendo la oscuridad con la luz y volviendo a encender lo que se ha extinguido. El fuego es el símbolo más importante del revitalizador de la psique.

La niña de las cerillas pasa muchas necesidades, suplica que le den algo y ofrece la luz, de hecho algo que vale mucho más que el penique que ella recibe a cambio. Tanto si este «gran valor que entregamos a cambio de algo que vale menos» se encuentra dentro de nuestra psique como si es algo que experimentamos en el mundo exterior, el resultado es el mismo: más pérdida de energía. Entonces una mujer no puede responder a sus propias necesidades. Hay algo que suplica vivir, pero no recibe respuesta. Aquí tenemos a alguien que, como Sofía, el espíritu griego de la sabiduría, toma la luz del abismo, pero la gasta a tontas y a locas en inútiles fantasías. Los malos amantes, los malos jefes, las situaciones de explotación, los taimados complejos de todas clases tientan a una mujer y la atraen hacia estas decisiones.

Cuando la vendedora de fósforos decide encender las cerillas, utiliza sus recursos para entregarse a las fantasías en lugar de emprender una acción. Utiliza su energía para seguir un camino momentáneo. Todo eso se percibe con toda claridad en la vida de la mujer. Está decidida a ir a la universidad, pero tarda tres años en decidir en cuál se va a matricular. Piensa pintar una serie de cuadros, pero, no tiene ningún sitio donde montar la exposición, no convierte la pintura en una prioridad. Quiere hacer esto o aquello, pero no dedica el tiempo necesario a aprender o a desarrollar la sensibilidad o la habilidad necesarias para hacerlo bien. Tiene diez cuadernos de notas llenos de sueños, pero está atrapada en su interpretación y no consigue llevar a la práctica sus significados. Sabe que tiene que marcharse, empezar, dejar, ir, pero no lo hace.

Y ahora comprendemos por qué. Cuando una mujer tiene la sensibilidad congelada, cuando ya no se percibe a sí misma, cuando su sangre, su pasión, ya no llegan a las extremidades de la psique, cuando está desesperada, una vida de fantasía es más agradable que cualquier otra cosa que ella pretenda lograr. Como no tienen leña a la que prender fuego, las llamitas de sus cerillas le queman la psique como si fuera un tronco enorme y seco. La psique empieza a gastarse bromas a sí misma y ahora vive en el fuego imaginario del cumplimiento de todos los anhelos. Pero esta clase de fantasía es como una mentira: cuando la persona la dice a menudo, acaba por creérsela.

Esta especie de ansia de transmutación en la que los problemas o las cuestiones se minimizan a través de entusiastas fantasías acerca de soluciones imposibles o de otros tiempos mejores no sólo asalta a las mujeres sino que es también uno de los mayores escollos con que tropieza la humanidad. La estufa del cuento de la vendedora de fósforos simboliza los pensamientos cálidos y afectuosos. Es también el símbolo del centro, el corazón, el hogar. Nos dice que la fantasía de la niña gira en torno a su verdadero yo, al corazón de la psique, al calor de hogar interior.

Pero, de repente, la estufa se apaga. La niña de las cerillas, como todas las mujeres que se hallan en esta apurada situación psíquica, se encuentra sentada de nuevo sobre la nieve. Vemos aquí que esta clase de fantasía es muy breve, pero intensamente destructiva. No tiene nada que quemar más que nuestra energía. Aunque una mujer utilice la fantasía para entrar en calor, acaba padeciendo nuevamente frío.

La pequeña vendedora enciende más cerillas. Cada fantasía se extingue y la niña se encuentra otra vez muerta de frío en la nieve. Cuando la psique se congela, una mujer sólo se mira a sí misma y a nadie más. Enciende una tercera cerilla. Es el tres de los cuentos de hadas, el número mágico, el punto en el que algo nuevo tendría que ocurrir. Pero en este caso, puesto que la fantasía desborda la acción, no ocurre nada nuevo.

Es curioso que en el cuento haya un árbol de Navidad. El árbol de Navidad es una evolución de un símbolo precristiano de la vida eterna, la planta de hoja perenne. Se podría pensar que eso es su salvación, la idea de la psique de hoja perenne en perenne crecimiento y perenne movimiento. Pero la habitación no tiene techo.

La psique no puede abarcar la idea de la vida. El hipnotismo se ha enseñoreado de la situación.

La abuela es muy cariñosa y muy buena, pero es la morfina definitiva, el sorbo definitivo de cicuta. Atrae a la niña al sueño de la muerte. En su sentido más negativo, es el sueño de la complacencia, el sueño del entumecimiento —«Está muy bien, lo podré resistir»—, el sueño de la negación —«Miraré para el otro lado»—. Es el sueño de la fantasía perniciosa en el que esperamos que todas las penalidades desaparecerán por arte de magia.

Es un hecho psíquico comprobado que, cuando la libido o la energía disminuyen hasta el extremo de que su aliento no empaña el espejo, surge alguna representación de la naturaleza de la Vida/Muerte/Vida, simbolizada aquí por la abuela. Su función es la de llegar a la muerte de algo, incubar el alma que ha abandonado su cascarón y cuidar de ella hasta que pueda renacer.

Ésta es la gran dicha de la psique de las personas. Incluso en el caso de un final tan doloroso como el de la vendedora de fósforos, queda un rayo de luz. Cuando transcurre el suficiente tiempo y se produce el suficiente malestar y la suficiente presión, la Mujer Salvaje de la psique arrojará nueva vida a la mente de la mujer y le ofrecerá la oportunidad de emprender una vez más una acción en su propio beneficio. Tal como podemos deducir del sufrimiento que todo ello entraña, es mucho mejor sanar la propia afición a las fantasías que esperar, deseando y confiando en resucitar de entre los muertos.

La renovación del fuego creador

Imaginemos ahora que lo tenemos todo muy claro, sabemos cuál es nuestro propósito, no nos hundimos en fantasías de evasión, estamos integradas y nuestra vida creativa florece. Necesitamos otra cualidad; necesitamos saber qué tenemos que hacer, no en caso de que perdamos la concentración sino cuando la perdamos; es decir, cuando nos cansemos momentáneamente. ¿Cómo? ¿Que después de tanto trabajo podríamos perder la concentración? Pues sí, sólo la perderemos provisionalmente, pero es algo natural. He aquí, a este respecto, un cuento muy bonito que en nuestra familia se llama «Los tres cabellos de oro».

En nuestra familia se dice que un cuento tiene alas. A través de las migraciones transoceánicas de mi familia adoptiva magiar, varios de los cuentos que yo conozco volaron con ellos sobre los montes Cárpatos cuando huyeron de sus aldeas a causa de las guerras. Durante algún tiempo vivieron en los Urales y luego cruzaron el mar para trasladarse a Norteamérica. El pequeño y andrajoso grupo con sus cuentos configurados por sus experiencias viajó posteriormente por tierra atravesando los grandes bosques hasta llegar a la cuenca de los Grandes Lagos.

El pequeño núcleo de «Los tres cabellos de oro» me lo facilitó mi «Tante» Kata, una extraordinaria curandera y rezadora que se crió en la Europa del Este, y es la historia que yo he ampliado aquí. En mis investigaciones he descubierto cuentos teutones y celtas muy distintos que giran en torno al *leitmotiv* del «cabello de oro». El *leitmotiv* o tema central de un cuento representa un arquetípico trance de la psique. Así son los arquetipos: depositan algunos de sus matices en su punto de contacto con la psique. Como representaciones simbólicas que son, a veces dejan una huella de su paso por las biografías, los sueños y las ideas de todos los mortales. Se podría decir que los arquetipos, cuya morada nadie conoce, constituyen toda una serie de instrucciones psíquicas que atraviesan el tiempo y el espacio y ofrecen su sabiduría a cada nueva generación.

El tema del cuento es la manera que permite recuperar la concentración cuando ésta se ha perdido. La concentración está formada por la percepción y el oído, y sigue las instrucciones de la voz del alma. Muchas mujeres son muy duchas en el arte de concentrarse, pero, cuando se les va el santo al cielo, se dispersan como un edredón de plumas esparcido por toda la campiña.

Es importante tener un recipiente en el que guardar todo lo que percibimos y oímos desde la naturaleza salvaje. En algunas mujeres, el recipiente son sus diarios en el que anotan todas las plumas que pasan volando, en otras es el arte creativo, el baile, la pintura, la escritura. ¿Recuerdas a Baba Yagá? Tiene una olla muy grande; vuela por el cielo en una caldera que, en realidad, es un almirez y una mano de almirez. En otras palabras, tiene un recipiente donde poner las cosas. Tiene una manera muy concentrada de pensar y de moverse de un lugar a otro. Sí, la concentración es la solución al problema de la pérdida de energía. Eso y otra cosa. Veamos.

Los tres cabellos de oro

Una vez, en una profunda y oscura noche, una de esas noches en que la tierra es de color negro y los árboles parecen unas nudosas manos recortándose contra el cielo azul oscuro, en una noche exactamente como ésta un solitario anciano atravesaba el bosque con paso vacilante. A pesar de que las ramas de los árboles le arañaban el rostro y le medio cegaban los ojos, él sostenía en alto una pequeña linterna. Dentro del farolillo la vela encendida se iba agotando poco a poco.

El anciano era todo un espectáculo con su largo cabello amarillento, sus amarillos dientes medio rotos y sus curvadas uñas de color ámbar. Tenía la espalda tan encorvada como un saco de harina y era tan viejo que la piel le colgaba en volantes de la barbilla, los brazos y las caderas.

El anciano avanzaba a través del bosque, agarrándose a un abeto e impulsando el cuerpo hacia delante para agarrar otro abeto y, con este movimiento de remero y el poco aliento que le quedaba, proseguía su camino.

Todos los huesos del cuerpo le dolían como si estuvieran ardiendo. Las lechuzas de los árboles emitían unos chirridos semejantes a los de sus articulaciones mientras él proyectaba el cuerpo hacia delante en medio de la oscuridad. A lo lejos brillaba una minúscula y trémula luz, una casita, un fuego, un hogar, un lugar de descanso. El anciano avanzó con gran esfuerzo hacia aquella luz. Llegó a la puerta exhausto, la vela de la linterna se apagó y él entró y se desplomó en el suelo.

Dentro había una anciana sentada delante de una espléndida chimenea encendida. La anciana corrió a su lado, lo tomó en brazos y lo llevó a la chimenea. Allí lo sostuvo en sus brazos como una madre sostiene a su hijo y lo acunó en su mecedora. Allí estaban ellos, el pobre y frágil anciano que no era más que un saco de huesos y la vigorosa anciana que lo acunaba hacia delante y hacia atrás diciéndole: «Calma, calma, no pasa nada.»

Se pasó toda la noche acunándolo y, cuando ya estaba a punto de rayar el alba, el anciano había rejuvenecido y ahora era un apuesto joven de cabello de oro y largos y fuertes miembros. Pero ella lo seguía acunando: «Calma, calma. No pasa nada.»

El amanecer ya estaba muy cerca y el joven se había convertido en un niñito precioso de cabello de oro trenzado como el trigo.

Al rayar el alba, la anciana arrancó rápidamente tres cabellos de la preciosa cabeza del niñito y los arrojó a los azulejos del suelo. Los cabellos hicieron: «¡Tiiiiiiing!¡Tiiiiiiing! ¡Tiiiiiiing!»

Y el niñito que la anciana sostenía en sus brazos bajó a gatas de su regazo y corrió a la puerta. Se volvió un instante para mirar a la anciana, le dirigió una deslumbradora sonrisa y después dio media vuelta y ascendió al cielo para convertirse en el radiante sol matinal[18].

De noche las cosas son distintas, por lo que, para comprender este cuento, tenemos que bajar a una conciencia nocturna, a un estado en el que somos más conscientes de todos los crujidos y chirridos. De noche es cuando estamos más cerca de nosotras mismas, de las ideas y sentimientos esenciales que no se perciben con tanta claridad durante las horas diurnas.

En el mito la noche es el mundo de la Madre Nyx, la mujer que hizo el mundo. Es la Vieja Madre de los Días, una de las viejas brujas de la Vida y la Muerte. A efectos de la interpretación, cuando es de noche en un cuento de hadas sabemos que estamos en el inconsciente. San Juan de la Cruz lo llama «la noche oscura del alma». En este cuento, la noche tipifica el período en el que la energía, bajo la forma de un viejo muy viejo, es cada vez más débil. Es un período en el que nos encontramos en cierto modo en las últimas.

Perder la concentración equivale a perder energía. Y lo peor que se puede hacer cuando hemos perdido la concentración es correr de un lado a otro para intentar reunirlo todo otra vez. No hay que correr. Tal como vemos en el cuento, lo que hay que hacer es sentarse y acunar. La paciencia, la paz y el movimiento de balanceo renuevan las ideas. El simple hecho de sostener la idea y de tener la paciencia de acunarla es lo que algunas mujeres llaman un lujo. La Mujer Salvaje dice que es una necesidad.

Es algo que los lobos saben muy bien. A veces, cuando aparece un intruso los lobos gruñen, ladran e incluso lo muerden, pero otras veces se retiran hacia el lugar donde se encuentra su grupo y se sientan tal como haría una familia. Se limitan a permanecer sentados y a respirar juntos. Las cajas torácicas se hunden hacia dentro y se proyectan hacia fuera, suben y bajan. Se concentran en sí mismos, preparan de nuevo su terreno, regresan al centro de sí mismos y deciden qué es lo más importante y qué hacer al respecto. Llegan a la conclusión de que «de momento no van a hacer nada, se limitarán a permanecer sentados y a respirar, se limitarán a balancearse juntos».

Muchas veces, cuando las ideas no se despliegan o no funcionan con suavidad o nosotras no las hacemos funcionar bien, perdemos la concentración. Eso es una parte de un ciclo natural y ocurre porque la idea se ha enranciado o nosotras hemos perdido la capacidad de verla de una forma renovada. Nos hemos hecho viejas y frágiles como el anciano de «Los tres cabellos de oro». Aunque se han apuntado muchas teorías a propósito de los «bloqueos» creativos, lo cierto es que los bloqueos más ligeros van y vienen como las pautas meteorológicas y las estaciones... exceptuando los bloqueos psicológicos de que hemos hablado anteriormente como, por ejemplo, el hecho de no llegar a la propia verdad, el temor a ser rechazadas, el temor a decir lo que sabemos, las dudas acerca de la propia capacidad, la contaminación de la corriente básica, la aceptación de la mediocridad o de las pálidas imitaciones, etc.

Este cuento resulta excelente porque recorre todo el ciclo de una idea, la diminuta luz que se le concede y que, naturalmente, es la misma idea, la cual se agota y está a punto de extinguirse como parte de su ciclo natural. En los cuentos de hadas, cuando ocurre algo malo, significa que hay que probar otra cosa, que se tiene que introducir una nueva energía, que se tiene que consultar con un ayudante, un sanador, una fuerza mágica.

Aquí vemos de nuevo a la vieja *La Que Sabe*, la mujer de dos millones de años. El hecho de que ella nos sostenga en brazos delante del fuego de la chimenea es restaurador y reparador[19]. Hasta este fuego y estos brazos se arrastra el anciano, pues sin ellos se muere. El anciano está cansado a causa del mucho tiempo que ha dedicado al trabajo que nosotras le damos. ¿Has visto alguna vez a una mujer trabajar como una fiera y detenerse de pronto sin más? ¿Has visto alguna vez a una mujer que lucha con denuedo por alguna causa social y que, al día siguiente, le vuelve la espalda y dice: «Que se vaya todo al infierno»? Su *animus* está agotado y necesita que lo acune *La Que Sabe*. La mujer cuya idea o energía se ha debilitado, marchitado o agotado por completo necesita conocer el camino que conduce a esta vieja *curandera* y le tiene que llevar su agotado *animus* para que se lo renueve.

Yo trabajo con muchas mujeres dedicadas en cuerpo y alma al activismo social. Y no cabe duda de que, al final de este ciclo se cansan y se arrastran por el bosque con trémulas piernas mientras la llama de la linterna parpadea, a punto de apagarse. Es el momento en que dicen: «Ya no puedo más. Lo dejo, devuelvo mi pase de prensa, mi placa, mi traje del sindicato, mi...», lo que sea. Piensan emigrar a Auckland. Se dedicarán a ver la televisión y a comer galletas y jamás volverán a contemplar el mundo a través de la ventana. Se comprarán unos zapatos de mala calidad, se trasladarán a vivir a un barrio en el que nunca ocurre nada y se pasarán el resto de su vida viendo el canal del ama de casa. A partir de ahora se ocuparán de sus asuntos, mirarán para el otro lado, etc, etc.

Cualquiera que sea la idea que ellas tengan de lo que es una tregua y aunque hablen movidas por un profundo cansancio y una fuerte frustración, yo digo que la tregua es una buena idea y que conviene descansar. A lo cual ellas suelen contestar con voz chillona, «¿Descansar? ¿Cómo puedo descansar cuando el mundo se está yendo al carajo delante de mis narices?»

Pero al final la mujer tiene que descansar, equilibrarse y recuperar la concentración. Tiene que rejuvenecerse y recobrar la energía. Ella cree que no puede, pero sí puede, pues el círculo de las mujeres, tanto si éstas son madres como si son estudiantes, artistas o activistas, siempre se cierra para llenar el hueco de las que se van a descansar. Una mujer creativa tiene que descansar y regresar más tarde a su trabajo. Tiene que ir a ver a la vieja del bosque, a la revitalizadora, a la Mujer Salvaje en una de sus múltiples representaciones. La Mujer Salvaje ya sabe que el *animus* se cansa con regularidad. No se sorprende de que éste se desplome al cruzar su puerta. Ya está preparada. No se nos acercará corriendo, presa del pánico. Nos recogerá y nos sostendrá en sus brazos hasta que volvamos a recuperar nuestro poder.

Nosotras tampoco hemos de asustarnos cuando perdamos el impulso o la concentración. Tal como hace ella, debemos sostener la idea y quedarnos un ratito con ella. Tanto si nuestra concentración está enteramente ocupada en nuestro propio desarrollo como si lo está en los asuntos mundiales o en las relaciones, el *animus* se cansará. No es una cuestión de «si» sino de «cuando». Esfuerzos prolongados tales como terminar los estudios, concluir un manuscrito, culminar la propia obra, cuidar de un enfermo, son actividades que hacen que la otrora joven energía envejezca, se venga abajo y ya no pueda seguir adelante.

Es mejor que las mujeres lo sepan al comienzo de una actividad, pues el cansancio las suele sorprender. Gimotean, murmuran, comentan en voz baja su fracaso, su incapacidad y cosas por el estilo. No, no. Esta pérdida de energía es normal. Es la Naturaleza.

El atribuir el género masculino a la fuerza inagotable constituye un error. Es una introyección cultural que se tiene que desterrar de la psique. Este error da lugar a que tanto las energías masculinas del paisaje interior como los varones de la cultura experimenten una injustificada sensación de fracaso cuando se cansan o necesitan descansar. Todo el mundo necesita hacer una pausa para recuperar las fuerzas. El *modus operandi* de la naturaleza de la Vida/Muerte/Vida es cíclico y se aplica a todo el mundo y a todas las cosas.

En este cuento los tres cabellos se arrojan al suelo. En mi familia se suele decir: «Arroja un poco de oro al suelo.» Deriva de la expresión *desprender las palabras* que, en la tradición de las *cuentistas* y sanadoras de mi familia, significa eliminar algunas palabras del relato para conferirle más fuerza.

El cabello simboliza el pensamiento que sale de la cabeza. Desprenderse de algunos o arrojarlos al suelo hace que el niño se vuelva más liviano y resplandezca con un fulgor todavía más intenso. De igual manera, tu gastada idea o actividad podrá resplandecer con más fulgor si eliminas una parte y te desprendes de ella. Es la misma idea del escultor que elimina una parte del mármol para que se vea mejor la forma oculta que hay debajo. Una excelente manera de renovar o fortalecer los objetivos o actividades que están agotados consiste en desprenderse de algunas ideas y concentrarse en el resto.

Arranca tres cabellos de tu actividad y arrójalos al suelo. Allí se convierten en una llamada para que despertemos. El hecho de arrojarlos al suelo provoca un ruido psíquico, un timbre, una resonancia en el espíritu de una mujer que da lugar a que ésta reanude su actividad. El sonido de algunas de las ideas que caen al suelo se convierte en el anuncio de una nueva era o de una nueva oportunidad.

En realidad, la vieja *La Que Sabe* está podando ligeramente lo masculino. Sabemos que la eliminación de las ramas muertas fortalece los árboles. Sabemos también que el corte de los capullos de ciertas plantas las ayuda a hacerse más frondosas y lozanas. Para la mujer salvaje, el ciclo de crecimiento y disminución del *animus* es algo natural. Es un proceso arcaico, un proceso antiguo. En tiempos inmemoriales así era como las mujeres abordaban el mundo de las ideas y sus manifestaciones exteriores. Así es como lo hacen las mujeres. La vieja del cuento de «Los tres cabellos de oro» nos enseña, mejor dicho, nos vuelve a enseñar, cómo se hace.

Pues entonces, ¿cuál es el propósito de esta renovación y concentración, de este afán de recuperar lo que se había perdido y de correr con los lobos? Es para ir directas a la yugular, para llegar hasta las semillas y los huesos de cualquier cosa que haya en nuestra vida, pues allí está el placer y la alegría, allí está el Edén de la mujer, el lugar donde hay tiempo y libertad para ser, pasear, asombrarse, escribir, cantar, crear y no tener miedo. Cuando los lobos perciben el placer o el peligro, lo primero que hacen es quedarse absolutamente inmóviles. Se convierten en estatuas concentradas para poder ver, oír y percibir en su forma más elemental qué es lo que ocurre.

Eso es lo que nos ofrece la naturaleza salvaje: la capacidad de ver lo que tenemos delante gracias a la concentración y al hecho de detenernos, mirar, olfatear, prestar atención, sentir y saborear. La concentración es el uso de todos nuestros sentidos, incluido el de la intuición. A este mundo acuden las mujeres para recuperar su voz, sus valores su imaginación, su clarividencia, su perspicacia, sus cuentos y los antiguos recuerdos femeninos. Todo eso es fruto de la concentración y la creación. Si has perdido la concentración, siéntate y no te muevas. Toma la idea y acúnala hacia delante y hacia atrás. Quédate con una parte de ella, arroja el resto y verás cómo te renuevas. No tienes que hacer nada más.

✿ CAPÍTULO 11

El calor: La recuperación de la sexualidad sagrada

Las diosas obscenas

Hay un ser que habita en el subsuelo salvaje de la naturaleza femenina. Esta criatura es nuestra naturaleza sensorial y, como cualquier criatura integral, tiene sus propios ciclos naturales y nutritivos. Este ser es inquisitivo, amante de la relación, a veces rebosa energía y otras permanece en estado de reposo. Reacciona a los estímulos sensoriales: la música, el movimiento, la comida, la bebida, la paz, el silencio, la belleza, la oscuridad[1].

Este aspecto de la mujer es el que posee calor. No un calor del tipo «Vamos a acostarnos, nena», sino un fuego subterráneo cuyas llamas suben y bajan cíclicamente. A partir de la energía que allí se libera, la mujer actúa según le parece. El calor de la mujer no es un estado de excitación sexual sino un estado de intensa conciencia sensorial que incluye su sexualidad, pero no se limita a ésta.

Mucho se podría escribir acerca del uso y el abuso de la naturaleza sensorial de las mujeres y acerca de la manera en que ellas y los demás reprimen sus ritmos naturales o intentan apagarlos por completo. Pero vamos a centrarnos en su lugar en un aspecto que es ardiente y decididamente salvaje y despide un calor que mantiene caldeadas las buenas sensaciones. En la época moderna apenas se ha prestado atención a esta expresión sensorial de las mujeres y, en muchos lugares y momentos, incluso se la ha desterrado por completo.

Hay un aspecto de la sexualidad de las mujeres que en la antigüedad se llamaba lo obsceno sagrado, no con el significado con que hoy utilizamos la palabra «obsceno» sino con el de «sexualmente sabio e ingenioso», y se tributaban a las diosas unos cultos dedicados en parte a la irreverente sexualidad femenina. Los ritos no eran despreciativos sino que más bien pretendían representar algunas partes del inconsciente que incluso hoy en día siguen siendo misteriosas e inexploradas.

La idea misma de la sexualidad como algo sagrado y, más concretamente, de la obscenidad como un aspecto de la sexualidad sagrada, es esencial para la naturaleza salvaje.

Había en las antiguas culturas femeninas unas diosas de la obscenidad así llamadas por su ingenua y, sin embargo, astuta lascivia. Pero el lenguaje, por lo menos en castellano, dificulta enormemente la comprensión de las «diosas de la obscenidad» como no sea en términos vulgares.

He aquí el significado del adjetivo «obsceno» y otros vocablos afines. A través de estos significados creo que se comprenderá por qué razón este aspecto del antiguo culto de la diosa fue desterrado bajo tierra.

Me gustaría que mis lectores consideraran estas tres definiciones de diccionario y sacaran sus propias consecuencias:

• *Sucio*: El significado del término se ha extendido hasta abarcar cualquier tipo de suciedad y especialmente el lenguaje obsceno*.

• *Palabrota*: Palabra obscena, expresión utilizada también actualmente para designar algo que se ha convertido en social o políticamente impopular o sospechoso, a menudo a causa de críticas y descalificaciones injustificadas o por no seguir las tendencias del momento.

• *Obsceno*: del hebreo antiguo *Ob*, con el significado de «maga», «bruja»**.

Todos estos términos tienen cierto carácter despectivo y, sin embargo, subsisten en todas las culturas mundiales vestigios de cuentos que han sobrevivido a las distintas purgas. En ellos se nos dice que lo obsceno no es vulgar en absoluto sino que más bien se parece a una es-

---

* Según el Diccionario Crítico Etimológico de J. Corominas: «del latín *sucidus* "húmedo, jugoso", derivado de *sucus*, "jugo", "savia"». *(N. de la T.)*

** Según el Diccionario Crítico Etimológico de J. Corominas: «del lat. *obscenus*, "siniestro, fatal", "indecente, obsceno". En latín los mejores mss. vacilan entre *obscenus* y *obscaenus*; la etimología en latín es dudosa».

Según el Diccionario Enciclopédico de la Lengua Inglesa Webster, la palabra, de etimología incierta, podría estar relacionada con el término latino *caenum* o *cenum*, «suciedad», «cieno». *(N. de la T.)*

pecie de criatura de naturaleza fantástica que uno quisiera tener por amiga y cuya visita desearía con toda el alma recibir.

Hace unos años, cuando empecé a narrar «cuentos de la diosa obscena», las mujeres sonreían y después se reían al oír los relatos de las hazañas de las mujeres, tanto reales como mitológicas, que utilizaban su sexualidad y su sensualidad para conseguir un objetivo, aliviar una pena o provocar la risa, y, por este medio, enderezar algo que se había torcido en la psique. También me llamó la atención la forma en que las mujeres se aproximaban al umbral de la risa cuando se hablaba de estas cuestiones. Primero tenían que apartar a un lado todas las enseñanzas recibidas, según las cuales reírse de aquella manera no era propio de una señora.

Y yo comprobaba que el hecho de ser una señora en una situación inapropiada ahogaba a una mujer en lugar de ayudarla a respirar. Para reír hay que poder exhalar el aire e inspirar en rápida sucesión. Sabemos por la quinesiología y otras terapias corporales como el Hakomi que el hecho de inspirar nos hace experimentar sensaciones y que, cuando no queremos sentir nada, contenemos la respiración.

Cuando se ríe la mujer respira libremente y, al hacerlo, es posible que empiece a experimentar unas sensaciones no autorizadas. ¿Y qué clase de sensaciones son ésas? Pues bien, en realidad, no son sensaciones sino un alivio y un remedio para las sensaciones, un alivio y un remedio que a menudo dan lugar a la liberación de lágrimas reprimidas y a la recuperación de recuerdos olvidados o a la rotura de las cadenas de la personalidad sensual.

Comprendí que la importancia de estas antiguas diosas de la obscenidad quedaba demostrada por su capacidad de soltar lo que estaba demasiado tenso, borrar la tristeza, provocar en el cuerpo una especie de humor que no pertenece al intelecto sino al cuerpo y mantener expeditos estos canales. Es el cuerpo el que se ríe con los cuentos del coyote y los del tío Trungpa[2], las frases de Mae West, etc. Las travesuras y el humor de las diosas obscenas pueden hacer que una vital modalidad de medicina se extienda por todos los sistemas neurológicos y endocrinos del cuerpo.

Los tres cuentos siguientes simbolizan lo obsceno en el sentido que aquí hemos atribuido al término, es decir, una especie de encantamiento sexual/sensual que produce una agradable sensación emocional. Dos son antiguos y uno es moderno. Giran en torno a las diosas obscenas que llevan mucho tiempo vagando sin rumbo bajo tierra. En sentido positivo pertenecen a la tierra fértil, el barro, el cieno de la psique, la sustancia creativa de la que procede todo el arte. De hecho, las diosas sucias representan el aspecto sexual y sagrado de la Mujer Salvaje.

Baubo: La diosa del vientre

Hay un dicho muy expresivo: *Ella habla por la entrepierna.* Hay cuentos de la «entrepierna» en todo el mundo. Uno de ellos es el cuento de Baubo, una diosa de la antigua Grecia, la llamada «diosa de la obscenidad». Se le atribuyen también otros nombres como, por ejemplo, *Yambe,* y parece ser que los griegos la tomaron prestada de otras culturas más antiguas. Desde tiempos inmemoriales existen arquetípicas diosas salvajes de la sexualidad sagrada y de la naturaleza de la Vida/Muerte/Vida.

Sólo existe una famosa referencia a Baubo en los escritos de la Antigüedad, lo cual parece indicar que su culto fue destruido y quedó enterrado bajo la estampida provocada por las distintas conquistas. Tengo la corazonada de que en algún lugar, quizá bajo las boscosas colinas y los lagos de Europa y de Oriente Próximo, hay templos dedicados a ella, incluso con objetos e iconos óseos[3].

Por consiguiente, no es de extrañar que muy pocas personas hayan oído hablar de Baubo, pero no olvidemos que un retazo de arquetipo puede contener la imagen del todo. Y el retazo lo tenemos, pues conservamos un cuento protagonizado por Baubo. Es una de las más seductoras y pícaras divinidades del Olimpo. Ésta es mi versión de *cantadora,* basada en el antiguo y salvaje vestigio de Baubo que sigue brillando en los mitos posmatriarcales griegos y en los himnos homéricos[4].

~~~~~~

D eméter, la madre tierra, tenía una hermosa hija llamada Perséfone que un día estaba jugando en un prado. De pronto, Perséfone tropezó con una preciosa flor y alargó las puntas de los dedos para acariciar su bella corola. Súbitamente el suelo empezó a estremecerse y un gigantesco zigzag rasgó la tierra. De las profundidades de la tierra surgió Hades, el dios de Ultratumba. Era alto y poderoso y permanecía de pie en un carro negro tirado por cuatro caballos de color espectral.

Hades agarró a Perséfone y la atrajo a su carro en medio de un revuelo de velos y sandalias. Después los caballos se precipitaron de nuevo al interior de la tierra. Los gritos de Perséfone sonaban cada vez más débiles a medida que se iba cerrando la brecha de la tierra como si nada hubiera ocurrido.

Los gritos y el llanto de la doncella resonaron por todas las piedras de las montañas y subieron borbotando en un acuático lamento desde el fondo del mar. Deméter oyó gritar a las piedras. Oyó los gritos del agua. Después un pavoroso silencio cubrió toda la tierra mientras se aspiraba en el aire el perfume de las flores aplastadas.

Arrancándose la diadema que adornaba su inmortal cabello y desplegando los oscuros velos que le cubrían los hombros, Deméter voló sobre la tierra como un ave gigantesca, buscando y llamando a su hija.

Aquella noche una vieja bruja les comentó a sus hermanas junto a la entrada de su cueva que aquel día había oído tres gritos: uno era el de una voz juvenil lanzando alaridos de terror; otro, una quejumbrosa llamada; y el tercero, el llanto de una madre.

No hubo manera de encontrar a Perséfone y así inició Deméter la búsqueda de su amada hija a lo largo de varios meses. Deméter estaba furiosa, lloraba, gritaba, preguntaba, buscaba en todos los parajes de la tierra por arriba, por abajo y por dentro, suplicaba compasión y pedía la muerte, pero, por mucho que se esforzara, no conseguía encontrar a su hija del alma.

Así pues, ella, la que lo hacía crecer todo eternamente, maldijo todas las tierras fértiles del mundo, gritando en su dolor: «¡Morid! ¡Morid! ¡Morid!» A causa de la maldición de Deméter ningún niño pudo nacer, no creció trigo para amasar el pan, no hubo flores para las fiestas ni ramas para los muertos. Todo estaba marchito y consumido en la tierra reseca y los secos pechos.

La propia Deméter ya no se bañaba. Sus túnicas estaban empapadas de barro y el cabello le colgaba en enmarañados mechones. A pesar del terrible dolor de su corazón, no se daba por vencida. Después de muchas preguntas, súplicas e incidentes que no habían dado el menor resultado, la diosa se desplomó junto a un pozo de una aldea donde nadie la conocía. Mientras permanecía apoyada contra la fría piedra del pozo, apareció una mujer, más bien una especie de mujer, que se acercó a ella bailando, agitando las caderas como si estuviera en pleno acto sexual mientras sus pechos brincaban al compás de la danza.

Al verla, Deméter no pudo por menos de esbozar una leve sonrisa.

La bailarina era francamente prodigiosa, pues no tenía cabeza, sus pezones eran sus ojos y su vulva era su boca. Con aquella deliciosa boca empezó a contarle a Deméter unas historias muy graciosas. Deméter sonrió, después se rió por lo bajo y, finalmente, estalló en una sonora carcajada. Ambas mujeres, Baubo, la pequeña diosa del vientre, y la poderosa diosa de la Madre Tierra Deméter se rieron juntas como locas.

Y aquella risa sacó a Deméter de su depresión y le infundió la energía necesaria para reanudar la búsqueda de su hija y, con la ayuda de Baubo, de la vieja bruja Hécate y del sol Helios, consiguió finalmente su objetivo. Perséfone fue devuelta a su madre. El mundo, la tierra y los vientres de las mujeres volvieron a crecer.

~~~~~~~~~~~~~~~~~~~~~~~~~~

La pequeña Baubo siempre me ha gustado mil veces más que cualquier otra diosa de la mitología griega, quizá más que ninguna otra figura. Procede sin duda de las diosas del vientre neolíticas, unas misteriosas figuras sin cabeza y, a veces, sin brazos ni piernas. Nos quedamos cortos diciendo que son «figuras de la fertilidad», pues está claro que son mucho más que eso. Son los talismanes de las conversaciones femeninas, es decir, de la clase de conversación que las mujeres jamás mantendrían en presencia de un hombre como no fuera en circunstancias extraordinarias.

Estas figurillas representan unas sensibilidades y unas expresiones únicas en todo el mundo; los pechos y lo que se siente en el interior de esas sensibles criaturas, los labios de la vulva, en los que una mujer experimenta unas sensaciones que los demás pueden imaginar, pero que sólo ella conoce. Y la risa del vientre que es una de las mejores medicinas que pueda tener una mujer.

Siempre he pensado que el *Kaffeeklatsch** era un vestigio del antiguo ritual femenino del estar juntas, un ritual que, como el antiguo, se centra en conversaciones del vientre y en el que las mujeres hablan desde sus entrañas, dicen la verdad, se ríen como locas, se sienten más reconfortadas y, cuando vuelven a casa, todo marcha mejor.

A veces cuesta conseguir que los hombres se retiren para que las mujeres puedan permanecer a solas entre sí. Sé que en tiempos antiguos las mujeres animaban a los hombres a que se fueran a «pescar». Se trata de una estratagema utilizada por las mujeres desde tiempos inmemoriales para que los hombres se alejen y la mujer pueda quedarse sola o en compañía de otras mujeres. Las mujeres necesitan vivir de vez en cuando en una atmósfera exclusivamente femenina, ellas solas o con otras mujeres. Es un ciclo femenino natural.

La energía masculina está muy bien. Más que bien; es suntuosa e impresionante. Pero a veces es algo así como darse un atracón de bombones. Nos apetece tomar durante unos cuantos días un poco de arroz frío y un caldo calentito para purificar el paladar. Tenemos que hacerlo de vez en cuando.

Además, la pequeña diosa del vientre Baubo nos recuerda la inte-

---

* En alemán, tertulia de mujeres. *(N. de la T.)*

resante idea de que un poco de obscenidad puede ayudar a superar una depresión. Y es verdad que ciertas clases de risa, la que procede de todos esos relatos que las mujeres se cuentan, esos relatos tan subidos de tono que rayan con el mal gusto, sirven para despertar la libido. Vuelven a encender el fuego del interés de una mujer por la vida. La diosa del vientre y la risa del vientre es lo que nosotras buscamos.

Por consiguiente, te aconsejo que incluyas en tu colección unos cuantos «cuentecitos guarros» como el de Baubo. Esta forma reducida de cuento es una poderosa medicina. El divertido cuento «guarro» no sólo puede disipar una depresión sino también arrancar la negra furia que oprime el corazón, consiguiendo que la mujer sea más feliz que antes. Pruébalo y verás.

Y ahora confieso que no puedo decir gran cosa acerca de los dos siguientes aspectos del cuento de Baubo, pues están destinados a ser comentados en pequeños grupos integrados exclusivamente por mujeres, pero sí puedo decir lo siguiente: Baubo posee otra característica; ve a través de los pezones. Para los hombres es un misterio, pero cuando se lo comento a las mujeres, éstas asienten enérgicamente con la cabeza y dicen «¡Ya sé lo que quieres decir!».

El hecho de ver a través de los pezones es ciertamente un atributo sensorial. Los pezones son unos órganos psíquicos que reaccionan a la temperatura, el temor, la cólera, el ruido. Son un órgano sensorial como lo son los ojos de la cabeza.

En cuanto a lo de «hablar por la vulva», se trata, desde un punto de vista simbólico, de hablar desde la *prima materia*, el más básico y más sincero nivel de verdad: el *os** vital. ¿Qué otra cosa se puede decir sino que Baubo habla desde el barro madre, la profunda mina, literalmente desde las profundidades? En el relato de Deméter que busca a su hija nadie sabe qué palabras le dirigió exactamente Baubo a Deméter. Pero ya tenemos cierta idea.

Coyote Dick

Creo que las cosas que Baubo le contó a Deméter eran chistes femeninos acerca de esos transmisores y receptores que tienen unas formas tan bonitas: los órganos genitales. En caso de que así fuera, me imagino que Baubo le debió de contar a Deméter un cuento como el siguiente que yo le oí relatar hace años al viejo encargado de un aparcamiento de caravanas de la ciudad de Nogales. Se llamaba Old Red y afirmaba tener sangre nativa.

* En latín, hueso. *(N. de la T.)*

No llevaba puesta la dentadura postiza y hacía varios días que no se afeitaba. Su anciana y bella esposa Willowdean poseía un rostro hermoso pero ajado. Me dijo que una vez le habían roto la nariz en una riña de bar. Eran propietarios de tres Cadillacs, pero ninguno de ellos funcionaba. Tenían un perro chihuahua que ella mantenía en la cocina en el interior de un parque infantil. Él era uno de esos hombres que no se quitan el sombrero ni siquiera cuando se sientan en la taza del excusado.

Yo estaba buscando cuentos y había entrado en el recinto con mi pequeña caravana Napanee.

—Bueno pues, ¿conocen ustedes algún cuento de esta región? —les pregunté, refiriéndome a la zona y sus alrededores.

Old Red miró pícaramente a su mujer con una sonrisa en los labios y la provocó diciendo en tono burlón:

—Le voy a contar el cuento de Coyote Dick.

—Red, no le cuentes este cuento. Red, ni se te ocurra.

—Pues se lo pienso contar —aseguró Old Red.

Willowdean se sostuvo la cabeza entre las manos y habló mirando a la mesa.

—No le cuentes este cuento, Red, hablo en serio.

—Pues yo se lo voy a contar ahora mismo, Willowdean.

Willowdean se sentó de lado en la silla y se cubrió los ojos con las manos como si acabara de quedarse ciega.

Eso es lo que Old Red me contó. Dijo que se lo había contado «un navajo que se lo había oído contar a un mexicano que se lo había oído contar a un hopi».

Había una vez un tal Coyote Dick, la criatura más lista y al mismo tiempo más tonta que cupiera imaginar. Siempre estaba hambriento de algo y siempre andaba gastando bromas a la gente para conseguir lo que quería. El resto del tiempo se lo pasaba durmiendo.

Bueno pues, un día mientras Coyote Dick estaba durmiendo, su miembro se hartó y decidió abandonarlo para pegarse él solo una juerga. Se despegó de Coyote Dick y echó a correr camino abajo. En realidad, brincaba camino abajo, pues sólo tenía una pierna.

Brincó y brincó y se lo estaba pasando tan bien que se apartó del camino y se adentró en un bosque donde —¡oh, no!— fue a saltar directamente a un ortigal.

—¡Ay! —gritó—. ¡Oh, cómo me pica! —chilló—. ¡Socorro! ¡Socorro!

El alboroto de los gritos despertó a Coyote Dick y, cuando éste bajó la mano para poner en marcha su corazón con la acostumbrada manivela, ¡ésta había desaparecido! Coyote Dick bajó corriendo por el camino sosteniéndose la entrepierna con las manos y llegó finalmente al lugar donde se encontraba su pene en la situación más apurada que imaginar se pueda. Coyote Dick sacó amorosamente su aventurero miembro de entre las ortigas, le dio unas palmadas para calmarlo y se lo volvió a colocar en su sitio.

~~~~~~

Old Red se rió tanto que hasta le dio un acceso de tos y los ojos le salieron de las órbitas.

—Y éste es el cuento de Coyote Dick.

Willowdean le recordó:

—Has olvidado contarle el final.

—¿Qué final? Ya le he contado el final —masculló Old Red.

—Has olvidado contarle el verdadero final del cuento, viejo bidón de gasolina.

—Pues, ya que lo recuerdas tan bien, cuéntaselo tú.

Sonó el timbre de la puerta y el viejo se levantó de su desvencijada silla.

Willowdean me miró directamente a la cara con los ojos brillando como luceros.

—El final del cuento es la moraleja.

En aquel momento, Baubo se apoderó de Willowdean, pues ésta empezó a reírse por lo bajo, a continuación, soltó una carcajada y, finalmente, estalló en una risotada del vientre tan prolongada que le asomaron las lágrimas a los ojos y tardó dos minutos en pronunciar estas últimas tres frases, repitiendo cada palabra dos o tres veces entre jadeos entrecortados.

—La moraleja es que aquellas ortigas, cuando Coyote Dick se apartó de ellas, le provocaron picor en la picha por siempre jamás. Y es por eso por lo que los hombres siempre se acercan como el que no quiere la cosa a las mujeres para restregarse contra ellas y ponen cara de «Uy, cuánto me pica». Porque, mire usted, a esta picha universal le pica todo desde la primera vez que se escapó.

No sé muy bien qué es lo que me llamó la atención, pero el caso es que ambas permanecimos sentadas en la cocina gritando de risa y golpeando la mesa con las palmas de las manos hasta quedarnos casi sin fuerzas. Después, aquella sensación me recordó la que una persona experimenta cuando se acaba de comer un buen manojo de rábanos.

Creo que ésa es la clase de cuento que contó Baubo. En su repertorio se incluye cualquier cosa que haga desternillarse de risa a las mujeres sin que les importe enseñar las amígdalas y dejar que les cuelgue el vientre y se les estremezcan los pechos. La risa de carácter sexual tiene algo que la distingue de cualquier otra risa provocada por cosas más inocuas. Una risa sexual penetra muy adentro de la psique, hace vibrar todo lo que está suelto, juega sobre nuestros huesos y hace que una deliciosa sensación nos recorra todo el cuerpo. Es una forma de placer salvaje que pertenece al repertorio psíquico de todas las mujeres.

Lo sagrado y lo sensual/sexual viven muy cerca el uno del otro en la psique, pues ambos entran en acción cuando el sujeto experimenta una sensación de asombro causada no por la intelectualización de algo sino por la percepción de algo que recorre los caminos físicos del cuerpo, algo que por un instante o en todo momento, ya sea un beso, una visión, una risa del vientre o cualquier otra cosa, nos hace cambiar, nos sacude, nos lleva a la cumbre, nos suaviza las arrugas y nos ofrece un paso de baile, un silbido, un auténtico estallido de vida.

En lo sagrado, lo obsceno y lo sexual siempre hay una risa salvaje esperando, un breve paso de silenciosa risa, o de desagradable risa de bruja, o un jadeo que es una carcajada, o una risa salvaje y animal, o un gorjeo que es como un recorrido por la escala musical. La risa es la cara oculta de la sexualidad de las mujeres; tiene carácter físico, es elemental, apasionada, revitalizadora y, por consiguiente, excitante. Es una especie de momentánea sexualidad de la alegría, un verdadero amor sensual que vuela libremente, vive, muere y renace por obra de su propia energía. Es sagrado porque es curativo. Es sensual porque despierta el cuerpo y las emociones. Es sexual porque resulta excitante y provoca oleadas de placer. No es unidimensional, pues la risa es algo que una persona comparte consigo misma y con muchas otras personas. Es la sexualidad más salvaje de la mujer.

Vamos echar otro vistazo a los cuentos femeninos y a las diosas obscenas. He aquí un cuento que yo descubrí de niña. Es asombroso la de cosas que pueden oír los niños sin que los mayores se enteren.

Una excursión a Ruanda

Yo tenía unos doce años y estábamos en el lago Big Bass de Michigan. Después de preparar el desayuno y el almuerzo para cuarenta personas, todas mis simpáticas y rollizas parientes, mi madre y mis tías, se tendieron a tomar el sol en unas tumbonas y empezaron a charlar y a reírse entre sí. Los hombres estaban «pescando», es decir, se habían largado a alguna parte para bromear y contarse sus chistes y sus cuentos. Yo estaba jugando cerca de las mujeres.

De repente, oí unos gritos estridentes. Alarmada, corrí al lugar donde estaban las mujeres. Pero no las vi llorando de dolor sino riéndose. Entre chillidos, una de mis tías repetía cada vez que lograba recuperar el resuello: «... ¡se taparon la cara!... ¡se taparon la cara!». Aquella misteriosa frase les volvió a provocar renovados accesos de risa.

Gritaban, se atragantaban y no paraban de reírse. Sobre el regazo de una de mis tías vi una revista. Más tarde, mientras las mujeres dormitaban bajo el sol, tiré de la revista de debajo de su mano dormida, me tendí bajo la tumbona y empecé a leer con los ojos enormemente abiertos a causa del asombro. En la página se relataba una anécdota de la Segunda Guerra Mundial. Decía más o menos:

~~~~~~

El general Eisenhower tenía que efectuar una visita a sus tropas de Ruanda. [Hubiera podido ser Borneo. Hubiera podido ser el general MacArthur. Los nombres significaban muy poco para mí por aquel entonces.] El gobernador quería que todas las nativas se alinearan al borde de la carretera de tierra y saludaran y vitorearan a Eisenhower cuando éste pasara en su Jeep. El único problema era que las nativas sólo llevaban encima un collar de cuentas y, a veces, un pequeño cinturón de cuero.

No, no, eso no podía ser de ninguna manera. El gobernador mandó llamar al jefe de la tribu y le expuso su apurada situación.

—No se preocupe —le dijo el jefe de la tribu.

Si el gobernador le pudiera proporcionar varias docenas de faldas y blusas, él se encargaría de que las mujeres se las pusieran en ocasión de aquel trascendental acontecimiento. El gobernador y los misioneros de la zona consiguieron proporcionárselas.

Sin embargo, el día del gran desfile, pocos minutos antes del paso de Eisenhower por la carretera a bordo de su Jeep, descubrieron que las nativas se habían puesto las faldas, pero, como las blusas no les gustaban, se las habían dejado en casa, por lo cual todas ellas se apretujaban a ambos lados de la carretera vestidas con las faldas pero con los pechos al aire y sin ninguna otra prenda ni el menor asomo de ropa interior.

Al gobernador por poco le da un ataque de apoplejía al enterarse, por lo que mandó llamar al jefe de la tribu, el cual le aseguró que la jefa de la tribu había hablado con él y le había asegurado a su vez que las mujeres habían accedido a cubrirse los pechos cuando pasara el general.

—¿Estás seguro? —rugió el gobernador.

—Estoy seguro. Muy, muy seguro —contestó el jefe de la tribu.

Bueno pues, ya no quedaba tiempo para discutir y sólo cabe imaginar la reacción del general Eisenhower cuando su Jeep avanzó traqueteando por la carretera y, una tras otra, las mujeres se fueron levantando graciosamente la parte delantera de la holgada falda para taparse la cara con ella.

Tendida bajo la tumbona, reprimí la risa. Era el cuento más tonto que jamás en mi vida hubiera oído. Era un cuento maravilloso, un cuento emocionante. Pero intuitivamente comprendí que también era algo prohibido, por lo que me lo guardé para mí sola durante muchos años. Y a veces, en momentos de tensión o dificultad, antes de presentarme a los exámenes universitarios, pensaba en las mujeres de Ruanda que se habían cubierto la cara con las faldas y sin duda se debían de haber partido de risa detrás de ellas. Y entonces me reía y me sentía centrada, fuerte y rebosante de sentido práctico.

Éste es sin duda otro de las beneficios de las bromas y de las risas compartidas entre mujeres. Todo se convierte en una medicina para los tiempos difíciles, en un tónico para más tarde. Es una diversión buena, limpia y guarra. ¿Cabe imaginar lo sexual y lo irreverente como algo sagrado? Sí, sobre todo cuando son medicinales y favorecen la integridad y la reparación del corazón. Jung observó que, cuando alguien acudía a su consulta quejándose de algún trastorno sexual, la mayoría de las veces el trastorno era un problema del espíritu y del alma. Y, cuando alguien le hablaba de un problema espiritual, el verdadero problema solía ser de carácter sexual.

En este sentido, la sexualidad se puede considerar una medicina para el espíritu y, por consiguiente, algo sagrado. Cuando la risa sexual es *un remedio*, se convierte en una risa sagrada. Y cualquier cosa que provoque una risa curativa también es sagrada. Cuando la risa ayuda sin causar daño, cuando una risa ilumina, realinea, reordena y reafirma el poder y la fuerza, es una risa saludable. Cuando la risa hace que la gente se alegre de estar viva y de estar ahí, más consciente del amor y fortalecida por el eros, cuando disipa su tristeza y la libra de la furia, es una risa sagrada. Cuando la gente se siente más grande y mejor, más generosa y sensible, la risa es sagrada.

En el arquetipo de la Mujer Salvaje hay mucho espacio para la naturaleza de las diosas obscenas. En la naturaleza salvaje, lo sagrado y lo irreverente, lo sagrado y lo sexual, no están separados entre sí sino que viven juntos y yo me los imagino como un grupo de mujeres muy viejas que esperan al final del camino a que nosotras pasemos por allí. Están allí en la psique esperando a que pasemos, contándose mutuamente sus cuentos y riéndose como locas.

🪶 CAPÍTULO 12

La demarcación del territorio: Los límites de la cólera y el perdón

El oso de la luna creciente

Bajo la tutela de la Mujer Salvaje recuperamos lo antiguo, lo intuitivo y lo apasionado. Cuando nuestras vidas son un reflejo de la suya, nuestra conducta es coherente. Terminamos las cosas o aprendemos a hacerlo en caso de que todavía no sepamos cómo. Damos los pasos necesarios para manifestar nuestras ideas al mundo. Recuperamos la concentración cuando la perdemos, cuidamos los ritmos personales, nos acercamos más a los amigos y los compañeros que están de acuerdo con los ritmos salvajes e integrales. Elegimos relaciones que alimentan nuestra vida creativa e instintiva. Nos inclinamos para alimentar a los demás. Y estamos dispuestas, en caso necesario, a enseñar a nuestras parejas receptivas lo que son los ritmos salvajes.

Pero este arte tiene otra faceta que consiste en saber afrontar algo que sólo puede llamarse la cólera femenina. Es necesario liberar esta furia. En cuanto las mujeres recuerdan los orígenes de su cólera, piensan que jamás podrán dejar de rechinar los dientes. Pero, paradójicamente, también experimentamos el vehemente deseo de dispersar nuestra cólera y acabar con ella.

Sin embargo, el hecho de reprimirla no dará resultado. Sería algo así como intentar prender fuego a un saco de arpillera. Tampoco es bueno que nos quememos o quememos a otra persona con ella. Por eso nos quedamos ahí, soportando una poderosa emoción que percibimos como algo molesto. Es como un pequeño desecho tóxico; está ahí, nadie lo quiere, pero apenas hay lugares donde eliminarlo. Tenemos que desplazarnos muy lejos para encontrar un cementerio. He aquí una versión literaria de un breve cuento japonés que yo he contado a lo largo de los años. Lo titulo «*Tsukina Waguma*, el Oso de la Luna Creciente». Creo que nos puede ayudar a encontrar nuestro camino en esta cuestión. El núcleo del cuento «El oso» me lo facilitó hace muchos años el sargento I. Sagara, veterano de la Segunda Guerra Mundial y paciente del Hines Veteran's Assistance Hospital de Illinois.

Había una vez una muchacha que vivía en un perfumado pinar. Su marido se había pasado muchos años lejos, combatiendo en una guerra. Cuando finalmente lo licenciaron, regresó a casa de muy mal humor. Una vez allí se negó a entrar en la casa, pues se había acostumbrado a dormir sobre las piedras. Se mantenía aislado y se quedaba en el bosque día y noche.

Su joven esposa se emocionó mucho al enterarse de que él regresaría finalmente a casa. Guisó y compró montones de cosas y preparó platos y más platos y cuencos y más cuencos de sabrosa crema de soja blanca y tres clases de pescado y tres clases de algas y arroz espolvoreado con pimienta roja y unos estupendos camarones fríos, enormes y de color anaranjado.

Sonriendo tímidamente, llevó la comida al bosque, se arrodilló delante de su esposo agotado por la guerra y le ofreció los deliciosos platos que había preparado. Pero él se levantó de un salto y pegó un puntapié a las bandejas de tal forma que la crema de soja se derramó, el pescado saltó por los aires, las algas y el arroz cayeron sobre la tierra y los grandes camarones anaranjados rodaron por el camino.

—¡Déjame en paz! —le rugió el marido, volviéndose de espaldas a ella.

Se puso tan furioso que la esposa se asustó. La escena se repitió varias veces hasta que, al final, la joven esposa acudió desesperada a la cueva de las afueras de la aldea donde vivía la curandera.

—Mi marido ha sufrido graves heridas en la guerra —le dijo—. Está constantemente furioso y no come nada. Desea permanecer apartado y ya no quiere vivir conmigo como antes. ¿Puedes darme un brebaje que lo haga volver a quererme y ser cariñoso?

La curandera le aseguró:

—Sí puedo, pero necesito un ingrediente especial. Por desgracia, se me han acabado los pelos del oso de la luna creciente. Tendrás que subir a la montaña, buscar al oso negro y traerme un solo pelo del creciente lunar que tiene en la garganta. Entonces te podré dar lo que necesitas y la vida te volverá a sonreír.

Algunas mujeres se hubieran arredrado ante semejante empresa. Algunas mujeres lo hubieran considerado una empresa imposible. Pero ella no, pues era una mujer enamorada.

—¡Cuánto te lo agradezco! —exclamó—. Es bueno saber que se puede hacer algo.

Después entonó el «*Arigato zaishö*», que es una manera de saludar a la montaña y decirle «Gracias por dejarme subir sobre tu cuerpo». Subió a las estribaciones de la montaña donde había unas rocas que parecían enormes hogazas de pan. Subió a una meseta cubierta de árboles. Los árboles tenían unas ramas muy largas que parecían cortinas y unas hojas en forma de estrella.

—*Arigato zaishö* —cantó la esposa.

Era una manera de dar las gracias a los árboles por haber levantado su cabello para que ella pudiera pasar por debajo. De esta manera cruzó el bosque y reanudó el ascenso.

Ahora el camino era más duro. En la montaña había unas flores espinosas que le arañaban la orla del quimono y unas rocas que le rascaban las delicadas manos. Al anochecer, unos extraños pájaros negros se le acercaron volando y la asustaron. Sabía que eran *muenbotoke*, espíritus de muertos que no tenían familia. Entonces les cantó unas oraciones:

—Yo seré vuestra familia. Os ayudaré a encontrar el descanso.

Y reanudó su camino, pues era una mujer que amaba. Subió hasta que vio nieve en la cumbre de la montaña. Pronto notó que se le mojaban y enfriaban los pies, pero ella subió cada vez más arriba, pues era una mujer que amaba. Se desencadenó una tormenta y la nieve le penetró en los ojos y en los oídos. Cegada, subió cada vez más arriba. Cuando dejó de nevar, la mujer entonó el «*Arigato zaishö*» para agradecerles a los vientos que hubieran dejado de soplar contra ella.

Buscó refugio en una cueva muy poco honda en la que apenas podía guarecerse. Aunque llevaba un buen fardo de comida, no comió nada. Se cubrió con unas hojas y se quedó dormida. A la mañana siguiente, el aire estaba en calma y aquí y allá se veían asomar a través de la nieve unas verdes plantitas. «Bueno —pensó—, ahora voy a buscar al oso de la luna creciente.»

Se pasó todo el día buscando y al anochecer descubrió unas gruesas cuerdas de excrementos y ya no tuvo que seguir buscando, pues un gigantesco oso negro avanzó por la nieve, dejando a su espalda las profundas huellas de sus garras y sus plantas. El oso de la luna creciente soltó un temible rugido y entró en su cubil. La mujer introdujo la mano en su fardo y, tomando la comida que llevaba, la echó en un cuenco. Depositó el cuenco delante del cubil y corrió a ocultarse en su refugio. El oso aspiró el olor de la comida y salió pesadamente de su cubil, rugiendo con tal fuerza que hizo estremecer unas pequeñas rocas y éstas se desprendieron. El oso rodeó el cuenco desde lejos, olfateó varias veces el aire y después se zampó toda la comida de un solo trago. El gran oso se levantó sobre las patas traseras, olfateó nuevamente el aire y volvió a ocultarse en su cubil.

Al anochecer, la mujer hizo lo mismo, pero esta vez, en lugar de regresar a su refugio, retrocedió sólo hasta la mitad del camino. El oso aspiró el aroma de la comida, salió del cubil, rugió con una fuerza suficiente como para sacudir las estrellas del cielo, volvió a rodear en círculo el cuenco y olfateó el aire con sumo cuidado, pero finalmente se zampó la comida y regresó a su cubil. La escena se repitió muchas noches hasta que una noche profundamente azul la mujer tuvo el valor de detenerse a esperar un poco más cerca del cubil del oso.

Depositó la comida en el cuenco en el exterior del cubil y permaneció de pie delante de la entrada. Cuando el oso aspiró el olor del alimento y salió, vio no sólo la habitual ración de comida sino también un par de pequeños pies humanos. El oso ladeó la cabeza y soltó un rugido tan fuerte que a la mujer le vibraron los huesos.

La mujer estaba temblando, pero no cedió terreno. El oso se levantó sobre las patas traseras, abrió las fauces y rugió con tal fuerza que la mujer le pudo ver el velo rojo y marrón del paladar. Pero no huyó. El oso soltó otro rugido y alargó las patas como si quisiera agarrarla mientras sus diez uñas colgaban como largos cuchillos por encima de su cabeza. La mujer temblaba como una hoja agitada por el viento, pero se quedó donde estaba.

—Por favor, querido oso —le suplicó—, por favor, querido oso, he recorrido todo este camino porque necesito una cura para mi marido.

El oso volvió a apoyar las patas delanteras en el suelo en medio de una rociada de nieve y contempló el rostro atemorizado de la mujer. Por un instante, la mujer tuvo la impresión de ver cadenas enteras de montañas, valles, ríos y aldeas reflejados en los gélidos ojos del oso. Se sintió invadida por una sensación de paz e inmediatamente cesaron sus temblores.

—Por favor, querido oso, te he estado dando de comer todas estas noches. ¿Me podrías dar uno de los pelos de la luna creciente que tienes en la garganta?

El oso la miró. Aquella mujercita hubiera sido un bocado muy sabroso. Pero de pronto se compadeció de ella.

—Es verdad —dijo el oso de la luna creciente—, has sido buena conmigo. Puedes tomar uno de mis pelos. Pero tómalo rápido, después vete de aquí y regresa junto a los tuyos.

El oso levantó el enorme hocico para dejar el descubierto la blanca luna creciente de su garganta y la mujer vio en ella los fuertes latidos del corazón del oso. La mujer acercó una mano al cuello del oso y, con la otra, apresó un grueso y reluciente pelo blanco. Dio rápidamente un tirón. El oso se echó hacia atrás y soltó un grito como si lo hubieran herido. El dolor dio lugar a unos malhumorados resoplidos.

—Oh, gracias, oso de la luna creciente, muchas gracias.

La mujer hizo varias reverencias. Pero el oso soltó un gruñido y avanzó pesadamente hacia ella. Después le rugió a la mujer unas palabras que ella no entendió, pero que, a pesar de todo, conocía muy bien. Acto seguido dio media vuelta y corrió montaña abajo a la mayor velocidad que pudo. Corrió bajo los árboles cuyas hojas parecían estrellas. Y, entretanto, no paraba de repetir «*Arigato zaishö*», para dar las gracias a los árboles por haber levantado sus ramas para que ella pudiera pasar. Más adelante tropezó con las rocas que parecían hogazas de pan y gritó «*Arigato zaishö*» para dar las gracias a la montaña por haberle permitido subir sobre su cuerpo.

A pesar de que tenía la ropa hecha jirones y de que llevaba el cabello desgreñado y el rostro sucio, bajó corriendo por los peldaños de piedra que conducían a la aldea, recorrió el camino de tierra que la atravesaba y entró en la choza donde la anciana curandera permanecía sentada al amor de la lumbre.

—¡Mira, mira! ¡Ya lo tengo, lo he encontrado, se lo he pedido, un pelo del oso de la luna creciente! —gritó.

—Ah, muy bien —dijo la curandera con una sonrisa. Estudió detenidamente a la joven, tomó el purísimo pelo blanco y lo acercó a la lumbre. Sopesó el pelo en su vieja mano, lo midió con un dedo y exclamó—: ¡Sí! Es un auténtico pelo del oso de la luna creciente.

De pronto se volvió y arrojó el pelo al fuego donde éste crujió y se consumió con una brillante llama anaranjada.

—¡No! —gritó la joven esposa—. ¿Qué has hecho?

—Tranquilízate. Es algo muy beneficioso. Todo va bien —dijo la curandera—. ¿Recuerdas cada uno de los pasos que diste para subir a la montaña? ¿Recuerdas todos los pasos que diste para ganarte la confianza del oso de la luna creciente? ¿Recuerdas lo que viste, lo que oíste y lo que sentiste?

—Sí —contestó la joven—, lo recuerdo muy bien.

La anciana curandera la miró con una dulce sonrisa y le dijo:

—Te ruego, hija mía, que regreses a casa con los nuevos conocimientos que has adquirido y obres de la misma manera con tu esposo.

Las enseñanzas de la cólera

El tema central del cuento, la búsqueda de un objeto mágico, se halla presente en el mundo entero. En algunos casos es la mujer la que hace el viaje, en otros es un hombre. El objeto mágico que se busca puede ser una pestaña, un pelo de la nariz, una sortija, una pluma o algún otro elemento físico. Las variaciones del tema de la parte o el pellejo de un animal como tesoro se registran en Corea, Alemania o los Urales. En Japón, el animal del cuento es a veces un oso y otras una raposa. En Rusia el objeto buscado es la barba de un oso. En un cuento de mi familia, el pelo pertenece a la barbilla de la propia Baba Yagá.

El cuento de «El oso de la luna creciente» pertenece a la categoría que yo denomino de cuentos rendija. Los cuentos rendija nos ofrecen una fugaz visión de las estructuras curativas y los significados más profundos, aparte de su contenido manifiesto. El contenido de este cuento nos muestra que la paciencia es un auxiliar de la cólera, pero el mensaje más profundo se refiere a lo que tiene que hacer una mujer para restablecer el orden de la psique y sanar con ello la cólera del yo.

En los cuentos resquicio las cosas se insinúan más que se afirman. La subestructura de este cuento revela todo un modelo para afrontar y curar la cólera: buscando una sabia y serena fuerza curativa (la visita a la curandera), aceptando el desafío de penetrar en un territorio psíquico que jamás se ha visitado (el ascenso a la montaña), reconociendo las ilusiones (la subida a las rocas, el paso bajo los árboles), dejando descansar los viejos pensamientos y sentimientos obsesivos (el encuentro con los *muen-botoke*, los inquietos espíritus sin parientes que los entierren), pidiendo la ayuda del gran Yo compasivo (la paciente alimentación del oso y la amable respuesta de éste), la comprensión de la furibunda faceta de la psique compasiva (el reconocimiento de que el oso, el Yo compasivo, no es manso).

El cuento subraya la importancia de la aplicación del conocimiento psicológico en nuestra vida real (la bajada de la montaña y el regreso a la aldea), de la comprensión de que la curación se alcanza con la búsqueda y la práctica, no con una simple idea (destrucción del pelo).

La esencia del cuento es: «Aplica todas estas cosas a tu cólera y todo irá bien» (consejo de la curandera de que vaya a casa y aplique estos principios).

El cuento pertenece a un grupo de relatos que empiezan con el recurso o la petición del protagonista a una criatura herida o solitaria del tipo que sea. Si examinamos el cuento como si todos sus componentes formaran parte de la psique de una sola mujer, veremos que la psique tiene un sector muy enfurecido y torturado, representado por el regreso del marido a casa. El amoroso espíritu de la psique, la esposa, asume la tarea de buscar una cura para su furia y su cólera de tal manera que ella y su amor puedan vivir en paz y volver a quererse. Se trata de una loable empresa para todas las mujeres, pues cura la cólera y a menudo nos permite encontrar el camino del perdón.

El cuento nos muestra que es bueno aplicar la paciencia a la furia reciente o antigua, como también es bueno buscar su curación. Aunque la curación y la perspicacia son distintas en cada persona, el cuento propone unas cuantas ideas interesantes acerca de la manera de abordar este proceso.

A principios del siglo VI vivió en Japón un gran príncipe-filósofo llamado Shotoku Taishi. Entre otras cosas enseñaba que hay que hacer trabajo psíquico tanto en el mundo interior como en el exterior. Pero, por encima de todo, enseñaba la tolerancia para todos los seres humanos, todas las criaturas y todas las emociones.

Hasta las confusas emociones primarias se pueden entender como una forma de luz que crepita y rebosa energía. Podemos utilizar la luz de la cólera de una manera positiva para distinguir ciertas cosas que habitualmente no podemos ver. Un empleo negativo de la cólera se concentra de manera destructiva en un minúsculo lugar hasta que, como el ácido que provoca una úlcera, abre un negro agujero a través de las delicadas capas de la psique.

Pero hay otra manera. Cualquier emoción, incluso la cólera, lleva aparejados el conocimiento y la perspicacia, algo que algunos llaman esclarecimiento. Nuestra furia puede convertirse durante algún tiempo en una maestra, es decir, en algo de lo que no nos convenga prescindir precipitadamente, algo por lo que merezca la pena ascender a la montaña y que, a través de distintas imágenes, se convierta en un símbolo del que podamos aprender y con el que podamos tratar interiormente para luego transformarlo en algo útil en el mundo o, en su defecto, abandonarlo y dejar que se disipe. En una vida cohesiva la cólera no es un elemento de reserva. Es una sustancia que está esperando nuestros esfuerzos de transformación. El ciclo de la cólera es como cualquier otro ciclo; la cólera sube, cae, muere y es liberada como nueva energía. El hecho de prestar atención a la cólera da lugar al proceso de transformación. Si una persona permite que su propia cólera se convierta en su maestra y se transforme por este medio, la cólera se dispersa. Entonces puede utilizarse la energía en otras áreas, especialmente en el área de la creatividad. Aunque algunas personas afirman poder crear a partir de su cólera crónica, el problema es que la cólera limita el acceso al inconsciente colectivo, de tal forma que una persona que crea a partir de la cólera tiende a crear lo mismo una y otra vez y no consigue ofrecer ninguna novedad. La cólera no transformada puede convertirse en un mantra constante en torno al tema de nuestra opresión, nuestro sufrimiento y nuestra tortura.

Una amiga y compañera artística mía, que dice estar siempre furiosa, se niega a que la ayuden a resolver esta cuestión. Cuando escribe guiones acerca de la guerra, escribe acerca de la maldad de la gente; cuando escribe guiones acerca de la cultura surgen perversos personajes de la misma clase. Cuando escribe guiones acerca del amor, aparecen los mismos personajes perversos con las mismas aviesas intenciones. La cólera corroe nuestra certeza de que algo bueno puede ocurrir. Algo le ha ocurrido a la esperanza. Detrás de la pérdida de esperanza se encuentra la cólera; detrás de la cólera, el dolor, detrás del dolor, habitualmente la tortura de la clase que sea, a veces reciente pero más a menudo muy antigua.

En el tratamiento físico postraumático, sabemos que, cuanto antes se cura una herida, tanto más breve es el período de recuperación. Lo mismo ocurre en los traumas psicológicos. ¿En qué situación nos encontraríamos ahora si nos hubiéramos roto una pierna en nuestra infancia y, treinta años después, aún no nos hubieran reducido debidamente la fractura?

El trauma inicial provocaría una tremenda alteración de todos los demás sistemas y ritmos del cuerpo, como, por ejemplo, los sistemas inmunitario y esquelético, las pautas de la locomoción, etc. Y ésta es precisamente la situación de los antiguos traumas psicológicos. A muchas personas no se los curaron por ignorancia o por negligencia. Ahora la persona regresa de la guerra por así decirlo pero es como si todavía estuviera en la guerra, mental y físicamente. Sin embargo, alimentando la cólera —es decir, la perjudicial precipitación del trauma— en lugar de intentar resolverla, buscar su causa y averiguar qué podemos hacer al respecto, nos encerramos para el resto de nuestra vida en una habitación llena a rebosar de cólera. Y así no se puede vivir ni permanente ni intermitentemente. Hay otra vida más allá de la furia insensata. Tal como vemos en el cuento, es necesaria una práctica consciente para poder contenerla y curarla. Pero se puede hacer. Basta subir los peldaños de uno en uno.

La intervención de la curandera:
El ascenso a la montaña

Por consiguiente, en lugar de intentar «portarnos bien» y no sentir cólera o, en lugar de utilizarla para quemar todas las cosas vivas a cien kilómetros a la redonda, es mejor pedirle primero a la cólera que se siente con nosotras a tomar un té y charlar un rato para que, de esta manera, podamos descubrir cuál fue su origen. Al principio, la cólera se comporta como el encolerizado esposo del cuento. No quiere hablar, no quiere comer, sólo quiere permanecer sentada con la mirada perdida en la distancia o insultar o que la dejen en paz. Es en este momento crítico cuando tenemos que acudir a la curandera, nuestro yo más sabio, nuestros mejores recursos, para poder ver qué hay más allá de la irritación y la exasperación del ego. La curandera es siempre la «que ve a lo lejos». Es la que nos puede decir qué beneficio obtendremos de la exploración de esta oleada emotiva.

Las curanderas de los cuentos de hadas suelen simbolizar una parte serena e imperturbable de la psique. Aunque por fuera el mundo se caiga en pedazos, la curandera interior se mantiene inalterada y conserva la calma necesaria para poder establecer la mejor manera de seguir adelante. Todas las mujeres tienen en su psique a esta «mediadora». Forma parte de la psique salvaje y natural y tiene carácter innato. Si hemos perdido la pista de su paradero, la podemos recuperar examinando con calma la causa que provoca nuestra furia, proyectándonos hacia el futuro y, desde esa posición estratégica, estableciendo qué nos haría sentirnos orgullosas de nuestra conducta pasada para actuar de la misma manera.

La indignación o irritación que naturalmente sentimos a propósito de los distintos aspectos de la vida y de la cultura se exacerba cuando se producen repetidos incidentes de falta de respeto, malos tratos, abandono o acusada ambigüedad[1] en la infancia. La persona que ha sufrido tales lesiones está sensibilizada ante las nuevas lesiones y echa mano de todas sus defensas para evitarlas[2]. Las graves pérdidas de poder que nos llevan a dudar de nuestro valor como seres dignos de atención, respeto y solicitud por parte de los demás dan lugar a una dolorosa y enfurecida decisión infantil de no permitir en la edad adulta que nos vuelvan a lastimar de la misma manera.

Por otra parte, si una mujer ha sido educada de tal forma que tenga menos expectativas positivas que otras mujeres de la familia y ha sufrido severas restricciones en su libertad, conducta, lenguaje, etc., lo más probable es que su cólera normal se desborde ante ciertas cuestiones o ciertos tonos de voz, gestos, palabras y otros desencadenantes sensoriales que le recuerden los acontecimientos originarios[3]. A veces pueden deducirse las heridas infantiles sufridas por los adultos examinando cuidadosamente por qué asuntos o cuestiones éstos pierden irracionalmente los estribos[4].

Tenemos que utilizar la cólera como fuerza creativa. Tenemos que utilizarla para cambiar, desarrollar y proteger. Por consiguiente, tanto si una mujer está abordando la exasperación del momento con un arrebato como si lo hace con alguna forma de prolongada y dolorosa quemadura, la perspectiva de la curandera es la misma: cuando hay serenidad, puede haber aprendizaje y soluciones creativas; en cambio, si hay un violento incendio por dentro o por fuera, éste lo quema todo y no deja más que cenizas. Tenemos que poder contemplar nuestras acciones pasadas con honor. Tenemos que buscar la utilidad de nuestro enojo.

Aunque es cierto que a veces necesitamos desahogar nuestra furia antes de poder pasar a una serenidad aleccionadora, debemos hacerlo con cierto comedimiento. De lo contrario, sería algo así como arrojar una cerilla encendida a un charco de gasolina. La curandera dice que sí, que la cólera se puede cambiar, pero hace falta algo perteneciente a otro mundo, algo perteneciente al mundo instintivo, el mundo en el que los animales todavía hablan y el espíritu vive, algo perteneciente a la imaginación humana.

En el budismo se practica una acción de búsqueda llamada *nyübu*, que significa ir a las montañas para comprendernos a nosotros mismos y restablecer nuestra conexión con lo Grande. Es un ritual muy antiguo relacionado con los ciclos de preparación de la tierra, la siembra y la cosecha. Aunque podría ser beneficioso subir a unas montañas de verdad, también hay montañas en el mundo subterráneo, en el propio inconsciente, y, afortunadamente todos llevamos en el mismo interior de la psique la entrada que conduce al mundo subterráneo y nos permite subir a las montañas y buscar diligentemente nuestra renovación.

En los mitos la montaña se entiende a veces como un símbolo de los niveles de conocimiento que hay que alcanzar antes de poder ascender al nivel siguiente. La parte inferior de las montañas, las estribaciones, representan a menudo el ansia de conciencia. Todo lo que acontece en las estribaciones se entiende como una maduración de la conciencia. La parte mediana de la montaña se suele considerar la más empinada del proceso, la que pone a prueba los conocimientos adquiridos en los niveles inferiores. Las zonas más altas de la montaña representan una intensificación del aprendizaje; allí el aire es más tenue y hace falta mucha resistencia y determinación para seguir cumpliendo la tarea. La cima de la montaña simboliza el enfrentamiento con la sabiduría definitiva semejante a la del mito en el que la anciana, o el viejo oso en el caso de este cuento, habita en la cumbre del monte.

Por consiguiente, es bueno subir a la montaña cuando no sabemos qué otra cosa podemos hacer. La vida se consolida y el alma se desarrolla cuando nos sentimos impulsados a emprender búsquedas acerca de las cuales apenas sabemos nada. Subiendo a la montaña desconocida, adquirimos un auténtico conocimiento de la psique instintiva y de los actos creativos de los que ésta es capaz, y ése es nuestro objetivo. El aprendizaje es distinto en cada persona. Pero el punto de vista instintivo que emana del inconsciente salvaje, cuyo carácter es cíclico, empieza a ser el único que comprende el significado y da sentido a la vida, a nuestra vida. Y nos indica infaliblemente lo que tenemos que hacer a continuación. ¿Dónde podemos encontrar este proceso que nos hará libres? En la montaña.

En la montaña encontramos las claves adicionales acerca de la manera de transformar el sufrimiento, el negativismo y los aspectos rencorosos de la cólera, todos ellos habitualmente percibidos y a menudo inicialmente justificados. Una de ellas es la frase *«Arigato zaishö»*, que la mujer entona en agradecimiento a los árboles y a las montañas por haberle permitido el paso. Traducida en sentido figurado, la frase quiere decir «Gracias, Ilusión». En japonés *zaishö* significa la capacidad de ver claramente las cosas que se interponen y nos impiden alcanzar una comprensión más profunda de nuestra propia persona y del mundo.

La ilusión se produce cuando algo crea una imagen que no es real, tal como ocurre con las ondas caloríficas en una carretera que hacen que el firme parezca ondulado. Es verdad que existen las ondas caloríficas, pero la carretera no es ondulada. Eso es la ilusión. La primera parte de la información es exacta, pero la segunda, la conclusión, no lo es.

En el cuento, la montaña permite el paso de la mujer y los árboles levantan sus ramas para que pueda seguir adelante. Ambas cosas simbolizan la disipación de las ilusiones que permite a la mujer proseguir su búsqueda. El budismo dice que hay siete velos de ilusión. A medida que se va librando de ellos la persona comprende progresivamente los distintos aspectos de la naturaleza de la vida y del yo. El levantamiento de los velos hace que la persona sea lo bastante fuerte para soportar lo que es la vida y comprender las pautas de los acontecimientos, de las personas y de las cosas; y, finalmente, para aprender a no tomarse tan en serio la primera impresión y a mirar detrás y más allá de ella.

En el budismo el levantamiento de los velos es necesario para la iluminación. La mujer de este cuento emprende un viaje para traer la luz a la oscuridad de la cólera. Para hacerlo, tiene que comprender las numerosas capas de realidad de la montaña. Nosotras también tenemos muchas ilusiones acerca de la vida. «Es guapa y, por consiguiente, es deseable» puede ser una ilusión. «Soy buena y, por consiguiente, seré aceptable» puede ser también una ilusión. Cuando buscamos nuestra verdad también tratamos de disipar nuestras ilusiones. Cuando conseguimos ver a través de estas ilusiones que en el budismo se denominarían «barreras a la iluminación», podemos descubrir la faceta oculta de la cólera.

He aquí algunas de las ilusiones más comunes a propósito de la cólera. «Si pierdo la cólera, cambiaré y me debilitaré.» (La primera premisa es correcta, pero la conclusión es inexacta.) «Aprendí la cólera de mi padre (madre, abuela, etc.) y estoy condenada a ser así toda la vida.» (La primera afirmación es cierta; la conclusión es inexacta.) Podemos hacer frente a estas ilusiones buscando, preguntando, estudiando, mirando bajo los árboles y subiendo a la montaña. Perdemos nuestras ilusiones cuando asumimos el riesgo de conocer el aspecto verdadcramente salvaje de nuestra naturaleza, que es el mentor de la vida, la cólera, la paciencia, el recelo, la cautela, el sigilo, la lejanía y el ingenio, todo lo que representa el oso de la luna creciente.

Durante su ascenso a la montaña, unos pájaros se acercan volando a ella. Son los *muen-botoke*, los espíritus de los muertos que carecen de familia que los alimente, los consuele y los ayude a encontrar el descanso. En cuanto reza por ellos, la mujer se convierte en su familia, los cuida y consuela. Se trata de una manera útil de comprender a los muertos de la psique que no tienen familia. Son los pensamientos, palabras e ideas creativos de la vida de una mujer que han sufrido una muerte prematura, lo cual es una de las causas más profundas de su cólera. Se podría decir en cierto modo que la cólera es el resultado de unos espectros que no han encontrado el debido descanso. Al final de este capítulo, bajo el apartado *Descansos*, se brindan algunas sugerencias acerca de la mejor manera de afrontar los *muen-botoke* de la psique de una mujer.

Como en el cuento, es una tarea muy meritoria congraciarse con el oso sabio, la psique instintiva, y seguir ofreciéndole alimento espiritual, tanto si éste consiste en ir a la iglesia como si consiste en rezar, en dedicarse a la psicología arquetípica, la vida onírica, el arte, el montañismo, la navegación en canoa, los viajes o cualquier otra cosa. Para acercarse al misterio del oso, hay que darle de comer. La curación de la cólera es un viaje muy arduo, pues consiste en despojarse de las ilusiones, aceptar las enseñanzas de la furia, pedir la ayuda de la psique instintiva y ayudar a los muertos a encontrar el descanso.

El oso espiritual

¿Por qué razón el símbolo del oso, en contraposición al del zorro, el tejón o el quetzal, nos enseña a enfrentarnos con el yo enfurecido? Para los antiguos el oso era el símbolo de la resurrección. Esta criatura se pasa mucho tiempo durmiendo y los latidos de su corazón se reducen casi a cero. El macho suele fecundar a la hembra cuando está a punto de iniciarse la hibernación, pero, de una manera prodigiosa, el óvulo y el esperma no se unen de inmediato. Flotan por separado en el líquido uterino y la unión no se produce hasta mucho más tarde. Hacia el final de la hibernación, el óvulo y el esperma se unen y se inicia la división celular de tal manera que los oseznos nacen en primavera cuando la madre empieza a despertar de la hibernación justo a tiempo para cuidar y enseñar a sus crías. No sólo porque sale de la hibernación cual si lo hiciera de la muerte, sino más todavía por el hecho de que la osa despierta con sus nuevas crías, este animal constituye una profunda metáfora de nuestra vida, del regreso y el desarrollo de algo que parecía estar muerto.

El oso está asociado a muchas diosas cazadoras: Artemisa y Diana en Grecia y Roma; *Muerte* y *Hecoteptl*, las divinidades del barro de las culturas de América Latina. Estas diosas otorgaban a las mujeres el poder de rastrear, conocer y «excavar» los aspectos psíquicos de todas las cosas. Para los japoneses el oso es el símbolo de la lealtad, la sabiduría y la fuerza. En el norte del Japón donde vive la tribu Ainu, el oso es el que puede hablar directamente con Dios y transmitir sus mensajes a los seres humanos. El oso de la luna creciente se considera un ser sagrado, que recibió la blanca marca de su garganta de manos de la diosa budista Kwan-Yin cuyo emblema es una luna creciente. Kwan-Yin es la diosa de la Profunda Compasión y el oso es su emisario[5].

En la psique el oso se puede interpretar como la capacidad de regular la propia vida, especialmente la vida emocional. El poder del oso reside en su capacidad de moverse en ciclos, de estar plenamente alerta o de descansar en un sueño de hibernación que renueva la energía con vistas al ciclo siguiente. La imagen del oso nos enseña que es posible mantener una especie de válvula de regulación de la propia vida emocional y, sobre todo, que una persona puede ser violenta y generosa al mismo tiempo. Una persona puede ser reservada y poseer un considerable valor. Otra puede defender su propio territorio, delimitar claramente sus fronteras, remover el cielo en caso necesario y, sin embargo, estar disponible, ser accesible y engendrarlo todo al mismo tiempo.

El pelo de la garganta del oso es un talismán, una manera de recordar lo que se ha aprendido. Tal como se puede ver, su valor es incalculable.

El fuego transformador y la acción adecuada

El oso pone de manifiesto una profunda compasión hacia la mujer, permitiéndole arrancar uno de sus pelos. Ella baja corriendo de la montaña y repite todos los gestos, cantos y alabanzas que surgieron espontáneamente de su corazón durante el ascenso. Rebosante de emoción, acude a toda prisa a la curandera. Hubiera podido decir: «Mira, lo he conseguido, he hecho lo que tú me dijiste. He resistido. He triunfado.» La anciana curandera, que también es compasiva, tarda un momento en responder para que la joven saboree su hazaña y después arroja al fuego el pelo que tanto esfuerzo le ha costado obtener.

La mujer se queda de una pieza. ¿Qué ha hecho esa insensata curandera? «Vuelve a casa —le dice la curandera—. Practica lo que has aprendido.» En el zen, el momento en que el pelo es arrojado al fuego y la curandera pronuncia las sencillas palabras es el de la verdadera iluminación. Obsérvese que la iluminación no tiene lugar en la montaña. Se produce cuando, por medio de la quema del pelo del oso de la luna creciente, se disuelve la cura mágica. Todos nos enfrentamos con esta situación, pues todos pensamos que, si trabajamos duro y emprendemos una búsqueda sagrada, obtendremos algo sólido, algo importante que en un abrir y cerrar de ojos lo arreglará todo definitivamente.

Pero no es así como funciona la cosa. Funciona exactamente tal y como se muestra en el cuento. Aunque adquiramos todos los conocimientos del universo, todo se reduce a una cosa: práctica. Se reduce a regresar a casa y llevar a efecto paso a paso lo que hemos aprendido. Tan a menudo como sea necesario, durante todo el tiempo que se pueda o siempre, según los casos. Resulta muy tranquilizador saber que, por más que la devore la cólera, una persona sabe exactamente y con toda la habilidad de un experto lo que tiene que hacer al respecto: esperar, liberarse de las ilusiones, subir a la montaña, hablar con ella y respetarla como a una maestra.

En este cuento se nos ofrecen muchos registros, muchas ideas acerca de la mejor manera de recuperar el equilibro: practicar la paciencia, ofrecer a la persona enfurecida la amabilidad y el tiempo necesarios para superar su cólera a través de la introspección y la búsqueda. Como reza el antiguo dicho:

> Antes del zen, las montañas eran montañas
> y los árboles eran árboles.
> Durante el zen, las montañas eran tronos de los espíritus
> y los árboles eran las voces de la sabiduría.
> Después del zen, las montañas fueron montañas
> y los árboles fueron árboles.

Mientras la mujer estaba en la montaña aprendiendo, todo era mágico. Ahora que ya ha bajado de la montaña, el presunto pelo mágico ha ardido en el fuego que destruye la ilusión y ha llegado el momento del «después del zen». La vida tendría que volver al mundo. Pero la mujer se encuentra bajo los efectos de su experiencia en la montaña. Ha adquirido sabiduría. La energía que estaba presa en la cólera se puede utilizar para otras cosas.

Ahora bien, la mujer que ha conseguido llegar a un entendimiento con su cólera regresa a la vida del mundo exterior con una nueva sabiduría, una nueva sensación de poder vivir su existencia con más habilidad. Pero un día algo —una mirada, una palabra, un tono de voz, la sensación de ser tratada con paternalismo, de sentirse poco apreciada o manipulada en contra de su voluntad— volverá a brotar y entonces su residuo de dolor prenderá fuego[6].

La furia residual de las antiguas heridas puede compararse con el trauma de una herida de metralla. Es posible extraer casi todos los fragmentos de metal del proyectil, pero siempre quedan los que son diminutos. Cabría pensar que, si se han eliminado casi todos, el problema ya está resuelto. Pero no es así. En ciertas ocasiones, esos minúsculos fragmentos se retuercen y dan vueltas en el interior, provocando una vez más un dolor idéntico al de la herida inicial (y entonces se produce un estallido de cólera).

Sin embargo, la causa de este resurgimiento no es la inmensa cólera inicial sino las minúsculas partículas que quedan de ella, los elementos irritantes que todavía permanecen en la psique y que jamás se pueden extirpar en su totalidad. Éstos producen un dolor casi tan agudo como el de la lesión inicial. Entonces la persona se tensa, teme el impacto del dolor y, como consecuencia de ello, el dolor se intensifica. La persona está efectuando unas drásticas maniobras en tres frentes: uno, trata de contener el acontecimiento exterior; dos, trata de impedir que se transmita el dolor de la antigua herida interior, y tres, intenta afianzar la seguridad de su posición efectuando una carrera psicológica con la cabeza inclinada.

Es demasiado pedir que una sola persona se enfrente con el equivalente de una banda de tres individuos e intente dejarlos simultáneamente fuera de combate a los tres. Por eso es de todo punto necesario hacer una pausa en pleno proceso, retirarse y buscar la soledad. Es demasiado pedir que una persona luche y afronte al mismo tiempo la sensación de sentirse destripada por un disparo. Una mujer que ha subido a la montaña se retira, afronta primero el acontecimiento más antiguo y después el más reciente, decide qué es lo que va a hacer, sacude la cabeza para librarse del collar que le rodea la garganta, endereza las orejas y regresa para actuar con dignidad.

Ninguna de nosotras puede escapar por entero a su historia. Podemos empujarla hacia el fondo, por supuesto, pero estará allí de todos modos. En cambio, si una mujer hace las cosas que hemos enumerado, podrá contener la cólera y, al final, todo se calmará y se arreglará. No del todo, pero sí lo suficiente como para seguir adelante. El instante de la furia que estalla se superará. Y la mujer cada vez lo podrá afrontar mejor porque sabrá en qué momento tiene que ir a visitar de nuevo a la curandera, subir a la montaña y liberarse de las ilusiones que la inducen a pensar que el presente es una repetición exacta y calculada del pasado. Una mujer recuerda que puede ser violenta y generosa a la vez. La cólera no es como un cálculo renal que, si uno tiene paciencia para esperar, se elimina. De ninguna manera. Hay que emprender una acción inmediata. Entonces se eliminará y habrá más creación en la vida de la mujer.

La justa cólera

El hecho de ofrecer la otra mejilla, es decir, de guardar silencio en presencia de la injusticia o de los malos tratos, se tiene que sopesar cuidadosamente. Una cosa es utilizar la resistencia pasiva como herramienta política tal como Gandhi enseñó a hacer a las masas, y otra muy distinta que se anime u obligue a las mujeres a guardar silencio para poder sobrevivir a una situación insoportable de corrupción o de injusto poder en la familia, la comunidad o el mundo. Las mujeres sufren la amputación de la naturaleza salvaje y su silencio no obedece a la serenidad sino que es una enorme defensa para evitar unos daños. Se equivocan quienes piensan que el hecho de que una mujer guarde silencio significa siempre que ésta aprueba la vida tal como es.

Hay veces en que resulta absolutamente necesario dar rienda suelta a una cólera capaz de sacudir el cielo. Hay un momento —aunque tales ocasiones no abunden demasiado, siempre hay un momento— en que una tiene que soltar toda la artillería que lleva dentro. Y debe hacerlo en respuesta a una grave ofensa, una ofensa muy grande contra el alma o el espíritu. Una tiene que haber probado primero todos los medios razonables para que se produzca un cambio. Cuando todo falla, hemos de elegir el momento más adecuado. Existe sin duda un momento apropiado para desencadenar toda la cólera que la mujer lleva dentro. Cuando las mujeres prestan atención al yo instintivo, tal como hace el hombre del siguiente cuento, saben que ha llegado la hora. Lo saben intuitivamente y obran en consecuencia. Y es justo que lo hagan.

Este cuento procede de Oriente Medio. En Asia hay distintas versiones sufíes, budistas e hindúes[7]. Pertenece a la categoría de cuentos que giran en torno a la realización de un acto prohibido o inaceptable con el fin de salvar la vida.

~~~~~~

Los árboles secos

Había una vez un hombre cuyo mal carácter le había hecho desperdiciar más tiempo y perder más buenos amigos que cualquier otro elemento de su vida. Se acercó a un sabio anciano vestido de andrajos y le preguntó:

—¿Cómo puedo dominar el demonio de mi cólera?

El anciano le dijo que se dirigiera a un oasis agostado del lejano desierto, se sentara entre los árboles secos y extrajera agua salobre para cualquier viajero que acertara a pasar por allí.

El joven, en su afán por vencer su cólera, se dirigió al lugar de los árboles marchitos del desierto. Durante varios meses, envuelto en una túnica y un albornoz para protegerse de la arena, extrajo agua amarga y se la dio a todos los que se acercaban a aquel lugar. Pasaron varios años y el hombre no sufrió más accesos de cólera. Un día se acercó al oasis seco un viajero vestido de oscuro y contempló con arrogancia al hombre que le ofrecía un cuenco de agua. El viajero se burló del agua turbia, la rechazó y renudó su camino.

El hombre que le ofrecía el agua se encolerizó inmediatamente hasta tal punto que la rabia lo cegó y, agarrando al viajero, lo derribó de su camello y lo mató en el acto. Inmediatamente se arrepintió de haberse dejado llevar por su arrebato de cólera y haber perpetrado semejante acción. De pronto, se acercó otro jinete al galope. El jinete contempló el rostro del muerto y exclamó:

—¡Gracias sean dadas a Alá, pues has matado al hombre que iba a matar al rey!

En aquel momento la turbia y salobre agua del oasis se volvió clara y dulce y los árboles secos del oasis reverdecieron y se llenaron de flores.

~~~~~~

Hay que interpretar el cuento en clave simbólica. El relato no gira en torno a la muerte de las personas. Nos enseña a no desencadenar la cólera indiscriminadamente sino en el momento oportuno. El cuento empieza cuando el hombre aprende a dar agua, es decir, vida, en condiciones de sequía. El hecho de dar vida es un impulso innato en casi todas las mujeres. Es algo que casi siempre suelen hacer muy bien. Sin embargo, existe también un momento para la ráfaga que sale de las entrañas, un momento para la justa cólera y la justa furia[8].

Muchas mujeres son tan sensibles como la arena a la ola, los árboles a la cualidad del aire, la loba a la presencia de otra criatura en su territorio desde más de un kilómetro de distancia. El espléndido don de estas mujeres es el de ver, oír, sentir, recibir y transmitir imágenes, ideas y sentimientos con la celeridad de un rayo. Casi todas las mujeres pueden percibir el más mínimo cambio en el humor de otra persona, pueden leer rostros y cuerpos —con eso que se llama la intuición— y, por medio de un sinfín de minúsculas claves que se unen para facilitarle información, adivinar lo que encierran las mentes. Para utilizar estos dones salvajes, las mujeres tienen que permanecer abiertas a todo. Sin embargo, esta misma apertura hace que sus límites sean vulnerables y las deja expuestas a las lesiones del espíritu.

Como el hombre del cuento de «Los árboles secos», es posible que una mujer tenga que enfrentarse en mayor o menor grado con la misma situación. Puede llevar dentro un tipo de furia desencadenada que la induzca a atormentar constantemente a los demás o a utilizar la frialdad a modo de anestesia o a pronunciar dulces palabras que en el fondo pretenden castigar o humillar a los demás. Puede imponer su propia voluntad a los que dependen de ella o puede amenazarlos con el término de la relación o la retirada del afecto. Puede abstenerse de hacer una alabanza o de reconocer el mérito de alguien y comportarse en general como si tuviera los instintos heridos. Está demostrado que la psique de la persona que trata a los demás de esta manera se encuentra bajo los efectos de un fuerte ataque de un demonio que le está haciendo exactamente lo mismo a ella.

Muchas mujeres en esta situación deciden lanzarse a una campaña de limpieza y resuelven dejar de ser antipáticas y mostrarse amables y generosas. Es una decisión encomiable y un alivio para cuantos rodean a la mujer, siempre y cuando ésta no se identifique demasiado con el hecho de ser una persona generosa, tal como le ocurrió al hombre del cuento que está en el oasis y, gracias a servir a los demás, se va encontrando cada vez mejor y se identifica con la anodina uniformidad de su vida.

De igual modo, la mujer que evita todos los enfrentamientos se va encontrando cada vez mejor. Pero se trata de una situación transitoria. Éste no es el aprendizaje que andamos buscando. El aprendizaje que andamos buscando consiste en saber cuándo podemos dar rienda suelta a la justa cólera y cuándo no. El cuento no gira en torno a la aspiración a la santidad, sino en torno a la sabiduría necesaria para saber cuándo tenemos que comportarnos de una forma integral y salvaje. Por regla general, los lobos evitan los enfrentamientos, pero, cuando tienen que defender su territorio o cuando algo o alguien los acosa o los acorrala sin cesar, estallan con la impresionante fuerza que les es propia. Ocurre muy raras veces, pero la capacidad de expresar su cólera figura en su repertorio y también tendría que figurar en el nuestro.

Se han hecho muchas conjeturas acerca del temor y los temblores que el impresionante poder de una mujer enfurecida es capaz de producir en los demás. Pero eso constituye a todas luces una excesiva proyección de las angustias personales del observador, de la que no cabe culpar en justicia a la mujer. En su psique instintiva la mujer tiene la capacidad de enfurecerse en grado considerable cuando se la provoca y no cabe duda de que eso es un poder. La cólera es uno de los medios innatos que ella posee para poder desarrollar una actividad creativa y conservar los equilibrios que más aprecia, todo aquello que ama verdaderamente. No sólo es un derecho sino que, en determinados momentos y en ciertas circunstancias, constituye para ella un deber moral.

Lo cual significa que llega un momento en que las mujeres tienen que enseñar los dientes, exhibir su poderosa capacidad de defender su territorio y decir «Hasta aquí y no más, se acabó lo que se daba, prepárate, tengo algo que decirte, ahora verás lo que es bueno».

Como el hombre al principio de «Los árboles secos» y como el guerrero de «El oso de la luna creciente», muchas mujeres tienen a menudo en su interior un soldado exhausto y tan cansado de las batallas que ya no quiere oír ni hablar de eso ni tener nada que ver con todo ello. Ésta es la causa de la aparición de un oasis reseco en la psique. Se trata siempre, tanto dentro como fuera, de una zona de gran silencio que está esperando y casi pidiendo a gritos que estalle una tormenta, que se produzca una rotura, una sacudida, un estropicio que le permita volver a crear vida.

El hombre del cuento se queda inicialmente anonadado ante el hecho de haber matado al jinete. Sin embargo, cuando comprende que en aquel caso tenía que seguir el primer impulso, se libera de la norma excesivamente simple del «no enfadarse jamás». Como en «El oso de la luna creciente», la iluminación no se produce en el transcurso de la acción propiamente dicha sino cuando se destruye la ilusión y el sujeto adquiere la perspicacia suficiente como para comprender el significado oculto.

Los *descansos*

Hemos visto por tanto que nuestro propósito es convertir la rabia en un fuego que cocina cosas y no en el fuego de una conflagración. Hemos visto también que la tarea de la cólera no se puede completar sin el ritual del perdón. Hemos dicho que la cólera de las mujeres deriva a menudo de la situación de su familia originaria, de la cultura que la rodea y, a veces, de un trauma sufrido en la edad adulta. Sin embargo, cualquiera que sea la fuente de la cólera, algo tiene que ocurrir para que la mujer la identifique, la bendiga, la reprima y la libere.

Las mujeres torturadas desarrollan a menudo una deslumbradora capacidad de percepción de una profundidad y anchura impresionantes. Aunque yo no quisiera que nadie fuera torturado para poder aprender las entradas y salidas secretas del inconsciente, no cabe duda de que el hecho de haber sufrido una fuerte represión da lugar a la aparición de unas dotes que consuelan y protegen.

En este sentido, una mujer que ha vivido una existencia torturada y ha ahondado exhaustivamente en ella adquiere una inestimable profundidad. Aunque llegue a ella a través del dolor, si cumple la dura tarea de aferrarse a la conciencia, llegará a alcanzar una honda y floreciente vida espiritual y una ardiente confianza en sí misma cualesquiera que sean las vacilaciones ocasionales del ego.

Hay un momento en nuestra vida, por regla general al llegar a la mediana edad, en que una mujer tiene que tomar una decisión, posiblemente la decisión psíquica más importante de su vida futura, y es la de sentirse amargada o no. Las mujeres suelen llegar a esta situación al final de la treintena o principios de la cuarentena. Están hasta la coronilla de todo, están «hasta el gorro», están que «ya no pueden más». Es posible que sus sueños de los veinte años se hayan marchitado. Puede que haya corazones rotos, matrimonios rotos, promesas rotas.

Un cuerpo que ha vivido mucho tiempo acumula escombros. Es algo inevitable. Pero si una mujer regresa a la naturaleza instintiva en lugar de hundirse en la amargura, revivirá y renacerá. Cada año nacen lobeznos. Suelen ser unas criaturitas de ojos adormilados con el oscuro pelaje cubierto de tierra y paja que no paran de gimotear, pero que inmediatamente espabilan y se muestran juguetonas y encantadoras y sólo quieren estar cerca y recibir mimos. Quieren jugar, quieren crecer. La mujer que regresa a la naturaleza instintiva y creativa volverá a la vida. Sentirá deseos de jugar. Seguirá queriendo crecer tanto en profundidad como en anchura. Pero primero ha de tener lugar una purificación.

Me gustaría iniciar a mis lectoras en el concepto de los *Descansos* que yo he desarrollado en mi trabajo. Cualquiera que haya visitado el viejo México, Nuevo México, el sur de Colorado, Arizona o ciertas regiones del Sur de Estados Unidos, habrá visto unas crucecitas blancas al borde de los caminos. Son los llamados *descansos*[9]. Se las puede ver también al borde de los acantilados en pintorescas pero peligrosas carreteras de Grecia, Italia y otros países mediterráneos. A veces las cruces están agrupadas en número de dos, tres o cinco. Y en ellas figuran grabados nombres de personas: Jesús Méndez, Arturo Buenofuentes, Jeannie Abeyta. A veces los nombres están escritos con clavos, a veces están pintados y labrados en la madera. Por regla general, las cruces están profusamente adornadas con flores artificiales o naturales o con reluciente paja recién cortada cuyo brillo hace que los brazos de madera resplandezcan como el oro bajo el sol. A veces el *descanso* consiste simplemente en dos palos o dos trozos de tubería atados con un trozo de cuerda y clavados en el suelo. En los pasos más pedregosos, la cruz suele estar pintada en una roca de grandes dimensiones al borde del camino.

Los *descansos* son símbolos que conmemoran una muerte. Allí mismo, justo en aquel lugar, el viaje de alguien por la vida se interrumpió inesperadamente. Hubo un accidente de tráfico o alguien que caminaba por el camino murió de insolación o se produjo una reyerta. Ocurrió algo que alteró para siempre la vida de aquella persona y la de otros.

Las mujeres han muerto mil muertes antes de cumplir los veinte años. Han ido en esta dirección y en aquella y se han quedado aisladas. Han tenido sueños y esperanzas que también se han truncado. Cualquier mujer que diga lo contrario es que está todavía dormida. Todo eso justifica la existencia de los *descansos*.

A pesar de que todas estas cosas fortalecen los procesos de individuación y diferenciación, la maduración y el desarrollo exterior, el florecimiento, el despertar y la conciencia, son también unas grandes tragedias y como tales se tienen que lamentar.

Hacer *descansos* significa echar un vistazo a la propia vida y marcar los lugares donde se han producido *las muertes chiquitas* y *las muertes grandotas*. Me gusta trazar el itinerario de la vida de una mujer en una gran hoja de papel de estraza de color blanco y señalar con una cruz los lugares del gráfico, empezando por su infancia hasta llegar al presente en el que han muerto distintos fragmentos y piezas de su yo y de su vida.

Señalamos el lugar donde estaban las carreteras que no se tomaron, los caminos interrumpidos, las emboscadas, las traiciones y las muertes. Coloco una crucecita en los lugares del itinerario cuya desaparición se hubiera tenido que llorar o aún ha de llorarse. Y después escribo al fondo la palabra «olvidado» en referencia a las cosas que la mujer intuye, pero todavía no han aflorado a la superficie. También escribo «perdonado» en referencia a las cosas que la mujer ha liberado en buena parte.

A continuación, la invito a hacer *descansos*, a sentarse con el itinerario de su vida y a preguntarse «¿Dónde están las cruces? ¿Dónde están los lugares que hay que recordar, los que hay que bendecir?». Todos ellos tienen unos significados que se han incorporado a su vida actual. Hay que recordarlos, pero hay que olvidarlos al mismo tiempo. Para eso hace falta tiempo. Y paciencia.

Recordemos que en «El oso de la luna creciente» la mujer pronunciaba una oración para que los huérfanos y errantes muertos pudieran descansar. Eso es lo que se hace en los *descansos*. La de los *descansos* es una práctica consciente que honra a los muertos huérfanos de la psique, se compadece de ellos y les da finalmente sepultura.

Debemos ser amables con nosotras mismas y dar *descanso* a los aspectos de nuestra persona que se dirigían a algún lugar pero jamás llegaron a él. Los *descansos* marcan el lugar de la muerte, los momentos oscuros, pero son también billetes amorosos para el propio sufrimiento. Son transformativos. Nunca insistiré demasiado en la conveniencia de clavar las cosas en la tierra para que no nos sigan dondequiera que vayamos. Nunca insistiré demasiado en la conveniencia de enterrarlas.

El instinto y la cólera heridos

Las mujeres (y los hombres) tienden a dar por terminados los acontecimientos pasados diciendo «Yo/él/ella/ellos hicieron todo lo que pudieron». Pero el hecho de decir «hicieron lo que pudieron» no equivale a perdonar. Aunque fuera cierta, esta perentoria afirmación excluye la posibilidad de sanar. Es algo así como aplicar un torniquete por encima de una profunda herida. Dejar el torniquete más allá de un determinado período de tiempo provoca gangrena por falta de circulación. El hecho de reprimir la cólera y el dolor no sirve de nada.

Si el instinto de una mujer ha resultado herido, ésta se enfrenta con varios retos relacionados con la cólera. En primer lugar, suele tener dificultades para reconocer la intrusión; tarda en percatarse de las violaciones territoriales y no percibe su propia cólera hasta que ésta se le echa encima. Como le ocurre al hombre en el principio de «Los árboles secos», la rabia se abate sobre ella como en una emboscada.

Este desfase es el resultado de la lesión de los instintos de las niñas, causada por las exhortaciones que se les suelen hacer a no reparar en los desacuerdos, a intentar poner paz a toda costa, a no intervenir y a resistir el dolor hasta que las cosas vuelvan a su cauce o desaparezcan provisionalmente. Tales mujeres no actúan siguiendo el impulso de la cólera que sienten sino que arrojan el arma o bien experimentan una reacción retardada varias semanas, meses o incluso años después, al darse cuenta de lo que hubieran tenido o podido decir o hacer.

Tal comportamiento no suele deberse a la timidez o a la introversión sino a una excesiva consideración hacia los demás, a un exagerado esfuerzo por ser amable en perjuicio propio y a una insuficiente actuación dictada por el alma. El alma salvaje sabe cuándo y cómo actuar, basta que la mujer la escuche. La reacción adecuada se compone de perspicacia y una adecuada cantidad de compasión y fuerza debidamente mezcladas. El instinto herido ha de curarse practicando la imposición de unos sólidos límites y practicando el ofrecimiento de unas firmes y, a ser posible, generosas respuestas que no cedan, sin embargo, a la tentación de la debilidad.

Una mujer puede tener dificultades en dar rienda suelta a su cólera incluso si esa supresión resulta perjudicial para su vida, incluso en el caso de que ello la obligue a revivir obsesivamente unos acontecimientos de años atrás con la misma fuerza que si hubieran ocurrido la víspera. Insistir en hablar de un trauma y hacerlo con gran intensidad a lo largo de un determinado período de tiempo es muy importante para la curación. Pero, al final, todas las heridas se tienen que suturar y debe dejarse que se conviertan en tejido cicatricial.

La cólera colectiva

La cólera o la rabia colectiva es también una función natural. Existe el fenómeno de la lesión de grupo, el dolor de grupo. Las mujeres que adquieren conciencia social, política o cultural descubren a menudo la necesidad de enfrentarse con la cólera colectiva que una y otra vez les recorre el cuerpo.

Desde un punto de vista psíquico es saludable que las mujeres experimenten semejante cólera. Y es psíquicamente saludable que utilicen esta cólera derivada de la injusticia para buscar los medios capaces de producir el cambio necesario. Pero no es psicológicamente saludable neutralizar la cólera con el fin de no sentir nada y, por consiguiente, no exigir la evolución y el cambio. Tal como ocurre con la cólera de carácter personal, la cólera colectiva es también una maestra. Las mujeres pueden consultarla, hacerle preguntas en solitario o en compañía de otras mujeres y obrar en consecuencia. Existe una diferencia entre el hecho de llevar dentro una antigua cólera incrustada y el de agitarla con un nuevo bastón para ver a qué usos constructivos se puede aplicar.

La cólera constructiva se puede utilizar con provecho como motivación para la búsqueda o el ofrecimiento de apoyo, para la búsqueda de medios que induzcan a los grupos y a los individuos al diálogo o para exigir responsabilidades, progreso y mejoras. Ésos son los procesos que las mujeres que adquieren conciencia han de seguir en las pautas de comportamiento. El hecho de experimentar unas profundas reacciones ante la falta de respeto, las amenazas y las lesiones forma parte de una sana psique instintiva. La reacción vehemente es una parte lógica y natural del aprendizaje acerca de los mundos colectivos del alma y la psique.

La persistencia de la antigua cólera

En caso de que la cólera vuelva a convertirse en un obstáculo para el pensamiento y la acción creativa, conviene suavizarla o modificarla. En las mujeres que se han pasado un considerable período de tiempo superando un trauma, tanto si éste se debió a la crueldad, el olvido, la falta de respeto, la temeridad, la arrogancia o la ignorancia de alguien como si se debió simplemente al destino, llega un momento en que hay que perdonar para que la psique pueda liberarse y recuperar su estado normal de paz y serenidad[10].

Cuando una mujer tiene dificultades para dar rienda suelta a la cólera o la rabia, ello suele deberse a que utiliza la cólera para fortalecerse. Y, si bien tal cosa pudo haber sido oportuna al principio, más tarde la mujer tiene que andarse con cuidado, pues una cólera permanente es un fuego que acaba quemando su energía primaria. La persistencia en dicho estado es algo así como pasar vertiginosamente por la vida y tratar de vivir una existencia equilibrada pisando el acelerador hasta el fondo.

Sin embargo, el ardor de la cólera no se tiene que considerar un sucedáneo de una vida apasionada. No se trata de la vida en su plenitud; es una actitud defensiva que cuesta mucho mantener cuando esa actitud ya no es necesaria para protegerse. Al cabo de algún tiempo, la cólera arde hasta alcanzar unas temperaturas extremadamente altas, contamina nuestras ideas con su negro humo y obstruye otras maneras de ver y comprender.

Pero no pienso mentir descaradamente y decirle a una mujer que hoy o la semana que viene podrá eliminar toda su cólera y ésta desaparecerá para siempre. La ansiedad y el tormento del pasado afloran en la psique con carácter cíclico. Aunque una profunda purificación elimina buena parte del antiguo dolor y la antigua cólera, el residuo jamás se puede borrar por completo. Tiene que dejar unas ligeras cenizas, no un fuego devorador. Por consiguiente, la limpieza de la cólera residual debe convertirse en un ritual higiénico periódico que nos libere, pues el hecho de llevar la antigua cólera más allá del extremo hasta el que nos podía ser útil equivale a experimentar una constante ansiedad, por más que nosotras no seamos conscientes de ella.

A veces la gente se confunde y cree que el hecho de quedarse atascada en una antigua cólera consiste en armar alboroto, alterarse y arrojar objetos por ahí. En la mayoría de los casos no consiste en eso. Consiste más bien en una perenne sensación de cansancio, en andar por la vida bajo una gruesa capa de cinismo, en destrozar todo aquello que es esperanzador, tierno, prometedor. Consiste en tener miedo de perder antes de abrir la boca. Consiste en alcanzar por dentro el punto de ignición tanto si se nota por fuera como si no. Consiste en observar unos irritados silencios de carácter defensivo. Consiste en sentirse desvalida. Pero hay un medio de salir de esta situación y este medio es el perdón.

«Ah, ¿el perdón?», dices. Cualquier cosa menos el perdón, ¿verdad? Sin embargo, tú sabes en lo más hondo de tu corazón que algún día, en algún momento, llegarás a ello. Puede que no ocurra hasta el momento de la muerte, pero ocurrirá. Piensa en lo siguiente: muchas personas tienen dificultades para conceder el perdón porque les han enseñado que se trata de un acto singular que hay que completar en una sola sesión. Pero no es así. El perdón tiene muchas capas y muchas estaciones. En nuestra cultura se tiene la idea de que el perdón ha de ser al ciento por ciento. O todo o nada. También se nos enseña que perdonar significa pasar por alto, comportarse como si algo no hubiera ocurrido. Tampoco es eso.

La mujer que es capaz de otorgar a alguien o a algo trágico o perjudicial un porcentaje de perdón del noventa y cinco por ciento es casi digna de la beatificación cuando no de la santidad. Un setenta y cinco por ciento de perdón y un veinticinco por ciento de «No sé si alguna vez podré perdonar del todo y ni siquiera sé si lo deseo» es más normal. Pero un sesenta por ciento de perdón acompañado de un cuarenta por ciento de «No sé, no estoy segura y todavía lo estoy pensando» está decididamente bien. Un nivel de perdón del cincuenta por ciento o menos permite alcanzar el grado de obras en curso. ¿Menos del diez por ciento? Acabas de empezar o ni siquiera lo has intentado en serio todavía.

Pero, en cualquier caso, una vez has alcanzado algo más de la mitad, lo demás viene por sus pasos contados, por regla general con pequeños incrementos. Lo más importante del perdón es empezar y continuar. El cumplimiento es una tarea de toda la vida. Tienes todo el resto de la vida para seguir trabajando en el porcentaje menor. Está claro que, si pudiéramos comprenderlo todo, todo se podría perdonar. Pero la mayoría de la gente necesita permanecer mucho tiempo en el baño alquímico para llegar a eso. No importa. Contamos con la sanadora y, por consiguiente, tenemos la paciencia necesaria para cumplir la tarea.

Algunas personas, por temperamento innato, pueden perdonar con más facilidad que otras. En algunas se trata de un don, pero en la mayoría de los casos es un don que hay que aprender tal como se aprende una técnica. Parece ser que la vitalidad y la sensibilidad esenciales afectan a la capacidad de pasar por alto las cosas. Una fuerte vitalidad y una alta sensibilidad no siempre permiten pasar fácilmente por alto las ofensas. No eres mala si te cuesta perdonar. Y no eres una santa si lo haces. Cada cual a su manera y todo a su debido tiempo.

Sin embargo, para poder sanar realmente, tenemos que decir nuestra verdad, no sólo nuestro pesar y nuestro dolor sino también los daños, la cólera y la indignación que se provocaron y también qué sentimientos de expiación o de venganza experimentamos. La vieja curandera de la psique comprende la naturaleza humana con todas sus debilidades y otorga el perdón siempre y cuando se le diga la pura verdad. Y no sólo concede una segunda oportunidad sino que muy a menudo concede varias oportunidades.

Veamos ahora cuáles son los cuatro niveles del perdón. Estas fases las he desarrollado y utilizado en mi trabajo con personas traumatizadas a lo largo de los años. Cada nivel tiene varios estratos. Se pueden aplicar en el orden que uno quiera y durante todo el tiempo que desee, pero yo los he dispuesto en el orden en el que animo a mis clientes a empezar a trabajar.

Las cuatro fases del perdón

1. Apartarse — Dejar correr
2. Tolerar — Abstenerse de castigar
3. Olvidar — Arrancar del recuerdo, no pensar
4. Perdonar — Dar por pagada la deuda

APARTARSE

Para poder empezar a perdonar es bueno apartarse durante algún tiempo, es decir, dejar de pensar durante algún tiempo en aquella persona o acontecimiento. Eso no significa dejar algo por hacer sino más bien tomarse unas vacaciones. Eso evita que nos agotemos y nos permite fortalecernos de otra manera y disfrutar de otras felicidades en nuestra vida.

Es una buena práctica que nos prepara para la renuncia al cobro de la deuda que más tarde acompañará al perdón. Dejar la situación, el recuerdo, el asunto tantas veces como sea necesario. No se trata de pasar algo por alto sino de adquirir agilidad y fortaleza para poder distanciarnos del asunto. Apartarse quiere decir ponerse de nuevo a tejer, a escribir, ir a aquel océano, aprender o amar algo que nos fortalezca y distanciarnos del asunto durante algún tiempo. Es una actitud acertada, buena y saludable. Las lesiones del pasado acosarán mucho menos a una mujer si ésta le asegura a la psique herida que ahora le aplicará bálsamos suavizantes y más adelante abordará toda la cuestión de la causa de aquellas lesiones.

TOLERAR

La segunda fase es la de la tolerancia, entendida en el sentido de abstenerse de castigar; de no pensar ni hacer ni poco ni mucho. Resulta extremadamente útil practicar esta clase de refrenamiento, pues con ello se condensa la cuestión en un lugar determinado y ésta no se derrama por todas partes. De esta manera, la mujer puede concentrarse en el momento en que empezará a pasar a la siguiente fase. Eso no significa quedarse ciega o muerta y perder la vigilancia defensiva. Significa contemplar la situación con una cierta benevolencia y ver cuál es el resultado.

Tolerar quiere decir tener paciencia, soportar, canalizar la emoción. Todas estas cosas son unas poderosas medicinas. Practícalas todo lo que puedas, pues se trata de una experiencia purificadora. No es preciso que las hagas; puedes elegir una de ellas, por ejemplo, la paciencia, y practicarla. Puedes abstenerte de hacer comentarios y murmullos de carácter punitivo, de comportarte con hostilidad o resentimiento. El hecho de abstenerse de aplicar castigos innecesarios fortalece la integridad de la acción y del alma. Tolerar equivale a practicar la generosidad, permitiendo con ello que la gran naturaleza compasiva participe en cuestiones que previamente han provocado emociones que van desde una leve irritación a la cólera.

OLVIDAR

Olvidar significa arrancar de la memoria, negarse a pensar; en otras palabras, soltar, aflojar la presa, sobre todo de la memoria. Olvidar no significa comportarse como si el cerebro hubiera muerto. El olvido consciente equivale a soltar el acontecimiento, no insistir en que éste se mantenga en primer plano sino dejar más bien que abandone el escenario y se retire a un segundo plano.

Practicamos el olvido consciente, negándonos a evocar las cuestiones molestas, negándonos a recordar. El olvido es un esfuerzo activo, no pasivo. Significa no entretenerse con ciertas cuestiones y no darles vueltas, no irritarse con pensamientos, imágenes o emociones repetitivas. El olvido consciente significa abandonar deliberadamente las obsesiones, distanciarnos voluntariamente y perder de vista el objeto de nuestro enojo, no mirar hacia atrás y vivir en un nuevo paisaje, crear una nueva vida y unas nuevas experiencias en las que pensar, en lugar de seguir pensando en las antiguas. Esta clase de olvido no borra el recuerdo, pero entierra las emociones que lo rodeaban.

PERDONAR

Hay muchos medios y maneras de perdonar una ofensa a una persona, una comunidad o una nación. Conviene recordar que el perdón «definitivo» no es una rendición. Es una decisión consciente de dejar de guardar rencor, lo cual significa perdonar una deuda y abandonar la determinación de tomar represalias. Tú eres la que tiene que decidir cuándo perdonar y qué ritual se deberá utilizar para celebrar el acontecimiento. Tú decides qué deuda no se tiene que seguir pagando.

Algunas personas optan por conceder un perdón total, eximiendo al ofensor de la obligación de pagar una indemnización ahora o más adelante. Otras optan por interrumpir el proceso, desistir de cobrar la deuda en su totalidad y decir que lo hecho hecho está y lo que se ha pagado hasta ahora es suficiente. Otra forma de perdón consiste en exonerar a una persona sin que ésta haya satisfecho ningún tipo de indemnización emocional o de otra clase.

Para algunas personas la conclusión del perdón significa mirar al otro con indulgencia, que es lo más fácil cuando se trata de ofensas relativamente leves. Una de las más profundas formas de perdón consiste en ofrecer de la manera que sea una compasiva ayuda al que nos ha ofendido[11]. Lo cual no significa introducir la cabeza en el cesto de la serpiente sino responder desde una actitud de clemencia, seguridad y buena disposición[12].

El perdón es la culminación de todo lo precedente, toda la tolerancia y todo el olvido. No significa abandonar la propia protección sino la frialdad. Una forma muy profunda de perdón consiste en no excluir al otro, en dejar de mantener distancias, ignorar o comportarse con frialdad o mantener actitudes falsas o condescendientes. Para la psique del alma es mejor limitar estrictamente el tiempo y las respuestas mordaces a las personas cuyo trato nos resulta difícil que comportarnos como maniquíes insensibles.

El perdón es un acto de creación. Se puede otorgar de muy variadas maneras. Se puede perdonar de momento, perdonar hasta entonces, perdonar hasta la próxima vez, perdonar pero no dar más oportunidades; el juego sería totalmente distinto si se produjera otro incidente. Se puede dar otra oportunidad, varias o muchas oportunidades o dar oportunidades con determinadas condiciones. Se puede perdonar en parte, en su totalidad o la mitad de una ofensa. Se puede otorgar un perdón general. La mujer es la que decide[13].

¿Cómo sabe la mujer si ha perdonado o no? En caso afirmativo, tiende a compadecerse de la circunstancia en lugar de sentir cólera, tiende a compadecerse de la persona en lugar de estar enojada con ella. Tiende a olvidar lo que tenía que decir al respecto. Comprende el sufrimiento que dio lugar a la ofensa. Prefiere permanecer al margen. No espera nada. No quiere nada. Ningún estrecho lazo alrededor de los tobillos tira de ella desde lejos para arrastrarla hacia acá. Es libre de ir a donde quiera. Puede que la cosa no termine con un «vivieron felices y comieron perdices», pero a partir de ahora estará esperándola con toda certeza un nuevo «Había una vez».

✿ CAPÍTULO 13

Las cicatrices de la batalla: La pertenencia al Clan de la Cicatriz

Las lágrimas son un río que nos lleva a alguna parte. El llanto crea un río alrededor de la barca que transporta nuestra vida espiritual. Las lágrimas levantan la embarcación por encima de las rocas, por encima del terreno seco, y la transportan río abajo a un lugar nuevo y mejor.

Existen océanos de lágrimas que las mujeres jamás han llorado, pues les han enseñado a llevarse a la tumba los secretos de su madre y su padre, de los hombres y la sociedad y los suyos propios. El llanto de una mujer siempre se ha considerado muy peligroso porque abre las cerraduras y los pestillos de los secretos que lleva dentro. Pero en realidad, por el bien del alma salvaje de la mujer, es mejor llorar. Para las mujeres las lágrimas son el comienzo de la iniciación en el Clan de la Cicatriz, esta tribu eterna de mujeres de todos los colores, naciones y lenguas que, a lo largo de los siglos, han sobrevivido a algo muy grande, lo hicieron con orgullo y lo siguen haciendo.

Todas las mujeres tienen historias personales de tan vasto alcance y tan poderosas como el numen de los cuentos de hadas. Pero hay una clase de historia en particular que tiene que ver con los secretos de una mujer, especialmente los que se asocian con la vergüenza; dichos secretos contienen algunas de las más importantes historias a las que una mujer puede dedicar su tiempo. Para la mayoría de las mujeres, estas historias secretas son sus propias historias personales, incrustadas, no como piedras preciosas en una corona sino más bien como negra grava bajo la piel del alma.

Los secretos asesinos

A lo largo de mis veinte años de ejercicio de la profesión, he escuchado miles de «historias secretas», unas historias que, en su mayoría, se habían mantenido ocultas durante muchos años, a veces durante casi toda la vida. Tanto si el secreto de una mujer está envuelto en el silencio que ella misma se ha impuesto como si el silencio se debe a la amenaza de alguien más poderoso que ella, la mujer teme perder sus privilegios, ser considerada una persona indeseable, la ruptura de las relaciones que son importantes para ella y a veces incluso un daño físico en caso de que revele su secreto.

Las historias secretas de algunas mujeres se refieren al hecho de haber dicho una descarada mentira o de haber cometido una deliberada maldad que fue causa de dificultades o dolor para otra persona. Pero en mi experiencia no abundan demasiado. Los secretos de las mujeres suelen referirse más bien a la transgresión de alguna norma de conducta moral o social de su cultura, religión o sistema personal de valores. La cultura dominante ha considerado a menudo algunos de estos actos, acontecimientos o elecciones, sobre todo los relacionados con la libertad de las mujeres en todos los ámbitos de la vida, vergonzosamente impropios de las mujeres pero no de los hombres.

Lo malo de las historias secretas rodeadas por un halo de vergüenza es que apartan a la mujer de su naturaleza instintiva, que en general es algo gozoso y libre. Cuando existe un secreto oscuro en la psique, una mujer no se puede acercar a él y más bien evita entrar en contacto con cualquier cosa que se lo recuerde o que aumente la intensidad de su dolor crónico.

Esta maniobra defensiva es muy frecuente y, tal como ocurre con los efectos secundarios de un trauma, influye secretamente en las elecciones que hace una mujer en el mundo exterior: qué libros leerá o no leerá, qué películas verá o dejará de ver, a qué acontecimientos asistirá o no asistirá; de qué se reirá o no se reirá; y a qué intereses se entregará. En este sentido, hay en la naturaleza salvaje un obstáculo que le impide ser libre de hacer, ser o contemplar lo que le apetece.

Por regla general, los secretos giran en torno a los mismos temas de las grandes tragedias. He aquí algunos de los temas de los secretos: el amor prohibido; la curiosidad indebida; los actos desesperados; los actos forzados; el amor no correspondido; los celos y el rechazo; el castigo y la cólera; la crueldad consigo misma o con los demás; los deseos, anhelos y sueños censurados; los intereses sexuales y los estilos de vida no aprobados; los embarazos imprevistos; el odio y la agresión; el homicidio o las lesiones involuntarias; las promesas incumplidas; la pérdida de la valentía; la pérdida de los estribos; el incumplimiento de algo; la incapacidad de hacer algo; la intervención o las intrigas bajo mano; el olvido; los malos tratos; la lista podría prolongarse indefinidamente, pues casi todos los temas entran dentro de la categoría del lamentable error[1].

Los secretos, como en los cuentos de hadas y los sueños, siguen las mismas pautas de energía y los mismos esquemas que los de las tragedias. El drama heroico empieza con una heroína que emprende un viaje. A veces, la heroína no está psicológicamente despierta. A veces es demasiado dulce y no se percata del peligro. A veces ya ha sido maltratada y adopta las actitudes propias de una criatura capturada. Cualquiera que sea la forma en que empiece, al final la heroína cae en las garras de lo que sea o de quien sea y es puesta dolorosamente a prueba. Posteriormente, gracias a su ingenio y a la ayuda de las personas que la quieren bien, alcanza la libertad y, como consecuencia de ello, sale fortalecida de la experiencia[2].

En la tragedia la heroína es arrebatada a la fuerza o cae directamente en el infierno y queda atrapada. Nadie oye sus gritos o bien sus súplicas son ignoradas. Entonces pierde toda esperanza o pierde el contacto con el valor de su vida y se derrumba. En lugar de saborear su triunfo sobre la adversidad o de celebrar la prudencia de sus elecciones y su capacidad de resistencia, se siente humillada y apagada. Los secretos que oculta una mujer son casi siempre dramas heroicos convertidos en unas tragedias que no llevan a ninguna parte.

Pero hay algo positivo. Para transformar la tragedia en un drama heroico hay que revelar el secreto, confesárselo a alguien, escribir otro final, examinar el papel que una interpretó y las cualidades que la ayudaron a resistir. Tales enseñanzas están integradas a partes iguales por dolor y sabiduría. El hecho de haberlo superado es un triunfo del profundo espíritu salvaje.

Los vergonzosos secretos que guardan las mujeres son unos cuentos muy antiguos. Cualquier mujer que haya guardado un secreto en su propio perjuicio permanece enterrada en la vergüenza. La pauta de esta apurada situación de carácter universal es arquetípica: la heroína ha sido obligada a hacer algo o, como consecuencia de la pérdida del instinto, ha quedado atrapada en algo. Por regla general se ve imposibilitada de salir de una triste situación. Un juramento o la vergüenza la obligan a guardar el secreto. Y accede a hacerlo por miedo a perder el amor, la consideración o el sustento esencial. Para sellar ulteriormente el secreto se lanza una maldición contra la persona o las personas que se atrevan a revelarlo. Se amenaza a la mujer con algo terrible en caso de que alguna vez confiese el secreto.

Las mujeres han sido advertidas de que ciertos acontecimientos, opciones y circunstancias de sus vidas, que normalmente están relacionados con el sexo, el amor, el dinero, la violencia y/u otras dificultades propias de la condición humana, son extremadamente vergonzosos y, por consiguiente, absolutamente imperdonables. Pero no es verdad.

Todo el mundo elige mal las palabras o los hechos porque no sabe hacer otra cosa e ignora cuáles serán las consecuencias. Nada es imperdonable en este planeta o en el universo. Nada. «¡No! —dices tú—. Eso que hice es totalmente imperdonable.» He dicho que nada que un ser humano haya hecho, esté haciendo o pueda hacer en el futuro es imperdonable. Nada.

El Yo no es una fuerza punitiva que se apresura a castigar a las mujeres, los hombres y los niños. El Yo es un dios salvaje que comprende la naturaleza de las criaturas. A veces nos resulta muy duro «portarnos bien» cuando los instintos esenciales, incluida la intuición, han sido cercenados. En tal caso resulta difícil pensar en los resultados antes de que se produzcan los hechos y no después. El alma salvaje posee una faceta profundamente compasiva que tiene en cuenta esta circunstancia.

En el arquetipo del secreto se lanza una especie de encantamiento, como si fuera una negra red sobre una parte de la psique de la mujer, quien se ve inducida a creer que jamás deberá revelar el secreto y, en caso de que lo revelara, todas las personas honradas que se tropezaran con ella la insultarían a perpetuidad. Esta amenaza adicional así como la misma vergüenza del secreto obligan a la mujer a soportar no un peso sino dos.

Esta especie de amenaza de encantamiento sólo es un pasatiempo para las personas que sólo emplean un pequeño y negro espacio de sus corazones. Para las personas que sienten afecto y amor por la condición humana es justo lo contrario. Tales personas ayudarían a la mujer a revelar el secreto, pues saben que éste produce una herida que no sanará hasta que se exprese con palabras y se dé testimonio de él.

La zona muerta

El hecho de guardar los secretos aísla a la mujer de aquellos que podrían ofrecerle su amor, ayuda y protección. La obliga a llevar ella sola el peso del dolor y el temor, a veces en nombre de todo un grupo, que puede ser la familia o la cultura. Además, tal como dijo Jung, el guardar los secretos nos separa del inconsciente. Dondequiera que haya un secreto vergonzoso siempre hay una zona muerta en la psique de la mujer, un lugar que es insensible o no reacciona a los incesantes acontecimientos de su propia vida emocional o a los acontecimientos de la vida emocional de los demás.

La zona muerta está muy bien protegida. Es un lugar de interminables puertas y paredes, cada una de ellas cerrada con veinte cerraduras, y los *homunculi*, los minúsculos seres que pueblan los sueños de las mujeres, se pasan el rato construyendo más puertas, más diques, más medidas de seguridad para evitar que se escape el secreto.

Pero no hay manera de engañar a la Mujer Salvaje. Ella conoce la existencia de los oscuros fardos atados con cuerdas y más cuerdas en la mente de la mujer. Esos espacios de la mente de la mujer no reaccionan a la luz ni a la gracia, pues están muy tapados. Pero, puesto que la psique suele compensar los desequilibrios, el secreto acabará encontrando a pesar de todo el medio de salir, si no con palabras en forma de repentinas melancolías, intermitentes y misteriosos arrebatos de furia, toda suerte de tics físicos, torsiones y dolores, de conversaciones insustanciales que se interrumpen repentina e inexplicablemente, de súbitas y extrañas reacciones a películas e incluso a anuncios de televisión.

El secreto siempre encuentra una salida, si no con palabras directas, por medio de manifestaciones somáticas que a menudo no se pueden afrontar ni resolver con procedimientos tradicionales. ¿Qué hace pues una mujer cuando descubre que el secreto se le está escapando? Corre tras él con gran dispendio de energía. Lo ata otra vez, lo vuelve a arrojar a la zona muerta y construye unas defensas más sólidas. Llama a sus *homunculi* —los guardianes internos y defensores del ego— para que construyan más puertas y más murallas. Después se apoya contra su más reciente tumba psíquica, sudando sangre y respirando como una locomotora. La mujer que oculta un secreto es una mujer exhausta.

Mis *nagynénik*, tías, solían contarme un cuentecito a propósito de esta cuestión de los secretos. Lo llamaban «*Arányos Haj*, Cabello de Oro, La mujer de los cabellos de oro».

La mujer de los cabellos de oro

Había una mujer muy extraña pero muy guapa que tenía unos largos cabellos de oro tan finos como el oro hilado. Era joven y huérfana de padre y madre, vivía sola en el bosque y tejía en un telar hecho con negras ramas de nogal. El bárbaro hijo del carbonero trató de obligarla a que se casara con él y, en un intento de quitárselo de encima, ella le regaló unos cuantos cabellos de oro. Pero él no sabía ni le importaba saber que el oro que ella le había dado no tenía valor monetario sino espiritual, por lo que, cuando intentó vender los cabellos en el mercado, la gente se burló de él y lo tomó por loco. Enfurecido, regresó de noche a la casita de la mujer y con sus propias manos la mató y enterró su cuerpo a la orilla del río. Durante mucho tiempo nadie se percató de su ausencia. Nadie se interesó ni por su casa ni por su salud. Pero, en su tumba, la melena de oro de la mujer iba creciendo. Los hermosos cabellos se ondulaban en espirales que subían a través de la negra tierra y se enroscaban alzándose cada vez más hasta que su tumba quedó cubierta por un campo de ondulantes cañas doradas.

Los pastores cortaron las curvadas cañas para construirse flautas y, cuando las tocaban, las flautitas cantaban sin parar:

> *Aquí yace la mujer de los cabellos de oro*
> *asesinada y encerrada en su tumba,*
> *muerta por el hijo del carbonero*
> *porque ansiaba vivir.*

Y así fue como el hombre que le arrebató la vida a la mujer de los cabellos de oro fue descubierto y conducido ante la justicia y, de esta manera, los que vivían en las salvajes florestas del mundo tal como hacemos nosotros pudieron sentirse nuevamente seguros.

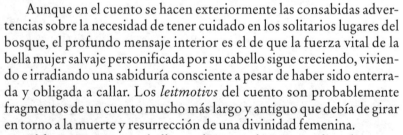

Aunque en el cuento se hacen exteriormente las consabidas advertencias sobre la necesidad de tener cuidado en los solitarios lugares del bosque, el profundo mensaje interior es el de que la fuerza vital de la bella mujer salvaje personificada por su cabello sigue creciendo, viviendo e irradiando una sabiduría consciente a pesar de haber sido enterrada y obligada a callar. Los *leitmotivs* del cuento son probablemente fragmentos de un cuento mucho más largo y antiguo que debía de girar en torno a la muerte y resurrección de una divinidad femenina.

El fragmento es muy bello y valioso y, además, nos dice algo acerca de la naturaleza de los secretos y tal vez incluso qué es lo que se mata en la psique cuando la vida de una mujer no es debidamente valorada. En el cuento, el asesinato de la mujer del bosque es un secreto y la mujer es el símbolo de la *kore*, la fémina que no quiere casarse. Este aspecto de la psique femenina es aquello que desea mantenerse aislado. Se trata de un solitario misticismo de carácter positivo, pues la *kore* está entregada a la tarea de clasificar y tejer ideas, pensamientos y afanes.

Esta reservada mujer salvaje es la que sufre más graves lesiones como consecuencia de los traumas o de la ocultación de un secreto. Se trata de este sentido integral del yo que no necesita tener demasiadas cosas a su alrededor para ser feliz; de este corazón de la psique femenina que teje en el bosque con un telar de negra madera de nogal y se siente en paz.

Nadie en el cuento se sorprende por la ausencia de esta vital mujer, lo cual no es nada insólito ni en los cuentos de hadas ni en la vida real. Las familias de las mujeres muertas en «Barba Azul» tampoco acuden en busca de sus hijas. Desde un punto de vista cultural, no es necesaria ninguna interpretación. Lamentablemente, todas sabemos lo que eso significa y muchas mujeres, demasiadas, han tenido ocasión de conocer directamente ese desinterés. Muy a menudo la mujer que oculta secretos tropieza con la misma respuesta. Aunque la gente intuya que su corazón está traspasado, puede que, de manera voluntaria o bien deliberada, no vea su herida.

Sin embargo, parte del milagro de la psique salvaje consiste en que, por mucho que se «mate» a una mujer, por mucho que se la hiera, su vida psíquica sigue adelante y aflora a la superficie de la tierra, donde vuelve a brotar con su emocionado canto. El mal cometido se comprende de una manera consciente y entonces la psique inicia la tarea de la restauración.

Qué curioso, ¿verdad?, que la fuerza vital de una mujer pueda seguir creciendo aunque ella esté aparentemente muerta. Es la promesa de que, incluso en la más anémica situación que quepa imaginar, la salvaje fuerza vital mantendrá vivas nuestras ideas y su proceso de desarrollo seguirá bajo tierra, aunque sólo durante algún tiempo. En su momento, se abrirá paso escarbando hacia la superficie. Esta fuerza vital no permitirá que se olvide lo ocurrido hasta que se revele el paradero y las circunstancias de la muerte de la mujer enterrada.

Tal como hacen los pastores del cuento, ello exige exhalar el aliento e introducir el soplo del alma o *pneuma* a través de las cañas para, de esta manera, poder conocer la situación de la psique y lo que hay que hacer a continuación. Ésta es la función de la voz. Después se tendrá que seguir escarbando.

Aunque algunos secretos son tonificantes —por ejemplo, los que se utilizan como parte de una estrategia para alcanzar un disputado objetivo o los de carácter gozoso que se guardan por el simple placer de saborearlos—, los secretos vergonzosos son muy distintos. Entre ambos hay una diferencia tan grande como la que existe entre una condecoración y un cuchillo ensangrentado. Los secretos vergonzosos se tienen que sacar a la superficie y ser confesados a seres humanos compasivos y generosos. Cuando una mujer guarda un secreto vergonzoso, experimenta un remordimiento y una tortura muy grandes. Todo el remordimiento y la tortura que amenazan con abatirse sobre la mujer en caso de que revele el secreto, se abaten sobre ella de todos modos, aunque no le diga nada a nadie, pues éstos la atacan desde dentro.

La mujer salvaje no puede vivir en esta situación. Los secretos vergonzosos hacen que una persona se sienta acosada. No puede dormir porque el secreto vergonzoso es como un cruel alambre de púas que se le clava en las entrañas cuando intenta escapar. Los secretos vergonzosos son destructivos no sólo para la salud mental de una mujer sino también para sus relaciones con la naturaleza instintiva. La Mujer Salvaje excava en la tierra para sacar las cosas a la superficie, las arroja al aire y las persigue. No entierra y olvida. Y, en caso de que entierre algo, sabe qué y dónde lo ha hecho y no tardará en desenterrarlo.

Ocultar un secreto vergonzoso es algo que trastorna profundamente la psique. Los secretos estallan en la materia de los sueños. Un analista tiene que ir a menudo más allá de lo que es patente y a veces incluso más allá del contenido arquetípico de un sueño para poder comprender que, de hecho, el sueño está proclamando a voces precisamente el secreto que la persona no puede o no se atreve a revelar en voz alta.

Cuando se analizan algunos sueños, se descubre que éstos se refieren a unos sentimientos profundos y amplios que el sujeto no puede expresar en la vida real. Algunos de estos sueños se refieren a los secretos y algunas de las más comunes imágenes oníricas que yo he visto son luces eléctricas o de otro tipo que parpadean y/o se apagan. En algunos sueños el sujeto se pone enfermo por haber comido algo, en otros no puede alejarse de un peligro y en otros intenta gritar pero no le sale la voz.

¿Recuerdas el *canto hondo* y el *hambre del alma*? A su debido tiempo, por medio de los sueños y de la salvaje fuerza vital de la mujer, afloran a la superficie de la psique y lanzan el grito necesario, el grito liberador. Es entonces cuando la mujer recupera la voz y canta, grita su secreto y es escuchada. Así se restaura el equilibrio psíquico.

En la tradición de las prácticas étnicas y religiosas de mi familia, el significado esencial de este cuento de hadas y de otros parecidos a él es una medicina que debe aplicarse a las heridas que se mantienen secretas. En las plegarias del *curanderismo* se considera un estímulo, un consejo y una solución. La verdad que se oculta detrás de la sabiduría de los cuentos es la de que, tanto en los hombres como en las mujeres, las heridas causadas por los secretos y otras cosas en el yo, en el alma y en la psique forman parte de la vida de casi todo el mundo. Y las consiguientes cicatrices no se pueden evitar. Pero las lesiones tienen remedio y se pueden curar.

Hay heridas generales, heridas propias de los varones y heridas propias de las mujeres. Un aborto provocado deja una cicatriz. Un aborto espontáneo deja una cicatriz. La pérdida de un hijo de cualquier edad deja una cicatriz. A veces, la cercanía de otra persona deja un tejido cicatricial. Es posible que haya muchas cicatrices como consecuencia de elecciones ingenuas, del hecho de haber sido atrapados o de elecciones acertadas pero difíciles. Hay tantas formas de cicatrices como tipos de lesiones psíquicas.

La represión del material secreto que va acompañado de sentimientos de vergüenza, temor, cólera, remordimiento o humillación oblitera totalmente todas las restantes partes del inconsciente que se encuentran situadas en proximidad del secreto[3]. Es como si se inyectara, por ejemplo, una sustancia anestésica en el tobillo de una persona para llevar a cabo una intervención quirúrgica. Buena parte de la pierna por encima y por debajo del tobillo sufrirá también los efectos de la anestesia y se volverá insensible. Éste es el efecto de los secretos en la psique. Es como un constante gota a gota de anestesia que insensibiliza no sólo la zona afectada sino también la amplia zona que la rodea.

Los efectos en la psique son siempre los mismos cualquiera que sea el secreto y cualquiera que sea el dolor que éste produzca. Veamos un ejemplo. Una mujer cuyo marido se suicidó cuarenta años atrás a los tres meses de su boda fue instada por su familia no sólo a ocultar las pruebas de la profunda depresión de su marido sino el hondo dolor y la cólera emocional que ella experimentó en aquel momento. Como consecuencia de ello, se desarrolló en su psique una «zona muerta» relacionada con la angustia de su marido, con la suya propia y con su cólera contra el estigma cultural que aquellos hechos llevaban aparejados.

La mujer permitió que la familia de su marido la traicionara accediendo a no revelar jamás los malos tratos que ésta había infligido a su esposo a lo largo de los años. Y cada año, al llegar el aniversario del suicidio, la familia guardaba un silencio absoluto. Nadie la llamaba para preguntarle: «¿Cómo estás?, ¿necesitas compañía?, ¿lo echas de menos? Estoy seguro de que sí. ¿Quieres que salgamos a dar una vuelta por ahí?» Año tras año la mujer volvía a cavar una vez más la tumba de su marido y sola enterraba en ella su dolor.

Al final, empezó a evitar la celebración de otros acontecimientos: aniversarios y cumpleaños, incluido el suyo. La zona muerta se extendió desde el centro del secreto hacia fuera, cubriendo no sólo las conmemoraciones sino también las celebraciones. La mujer despreciaba todos los acontecimientos familiares y de amistad, tachándolos de pérdida de tiempo.

Para su inconsciente, sin embargo, se trataba de unos gestos vacíos, pues nadie se había acercado a ella en sus momentos de desesperación. Su padecimiento crónico causado por la ocultación de aquel doloroso secreto había devorado la zona de la psique que gobierna la capacidad de relación. Muy a menudo herimos a los demás en el mismo lugar donde nosotras hemos sido heridas o muy cerca de él.

Sin embargo, para conservar todos los instintos y las aptitudes que le permiten moverse libremente en el interior de la psique, la mujer puede revelar su secreto o sus secretos a una persona de confianza y volverlos a contar todas las veces que sea necesario. Una herida no suele desinfectarse una sola vez sino que se cura y lava varias veces hasta que cicatriza.

Cuando finalmente se revela un secreto, el alma necesita algo más que una simple respuesta del tipo «¿De veras? Pues qué lástima» o «Bueno, ya se sabe, así es la vida», tanto por parte del que lo cuenta como del que lo escucha. El que lo cuenta tiene que intentar no menospreciar el asunto. Y tiene suerte si el que lo escucha es una persona que sabe prestar atención con toda su alma y puede hacer una mueca de sufrimiento, estremecerse y sentir que un dardo de dolor le traspasa el corazón sin venirse abajo. Una parte del proceso de curación de un secreto consiste en contarlo de tal forma que los demás se conmuevan. De esta manera, una mujer puede empezar a recuperarse de la vergüenza gracias al apoyo y la solicitud que no tuvo durante el trauma inicial.

En pequeños y confidenciales grupos de mujeres, suelo provocar este intercambio pidiéndoles que se reúnan y traigan fotografías de sus madres, tías, hermanas, compañeras, abuelas y otras mujeres significativas para ellas. Alineamos las fotografías. Algunas están cuarteadas, otras están despellejadas, estropeadas por el agua o por los cercos de las tazas de café; algunas incluso se han rasgado por la mitad y se han vuelto a pegar; otras están envueltas en papel de seda. Muchas tienen unos preciosos y arcaicos comentarios en el reverso como «¡Qué boba eres!» o «Con todo mi amor» o «Aquí estoy con Joe en Atlantic City» o «Aquí estoy con mi compañera de habitación» o «Éstas son las chicas de la fábrica».

Sugiero que cada mujer empiece diciendo: «Éstas son las mujeres de las que he recibido la herencia.» Las mujeres contemplan las fotografías de sus familiares y amigas y, con profunda compasión, empiezan a contar las historias y los secretos que saben de cada una de ellas: la gran alegría, el gran dolor, la gran congoja, el gran triunfo de la vida de cada mujer. Durante todo el tiempo que permanecemos reunidas, hay muchos momentos en que no podemos seguir adelante pues muchas lágrimas levantan muchas barcas del dique seco donde se encuentran y todas zarpamos para navegar un rato juntas[4].

Lo que vale en este caso es hacer una colada a fondo que lave la ropa femenina de una vez por todas. La habitual prohibición de lavar la ropa sucia fuera de casa encierra una ironía, pues la «ropa sucia» nunca se lava en casa. La «ropa sucia» de la familia se queda para siempre en el más oscuro rincón del sótano con su secreto. La insistencia en mantener algo en secreto es veneno puro. De hecho, semejante pretensión significa que una mujer no cuenta a su alrededor con el apoyo necesario para afrontar las cuestiones que le causan dolor.

Muchas de las historias secretas de las mujeres son de las que no se pueden comentar con la familia y los amigos, pues éstos no se las creen, intentan tomarlas a broma o no darles importancia y tienen comprensibles motivos para hacerlo. Si las discutieran, las examinaran al trasluz y las analizaran, tendrían que compartir el dolor de la mujer. No podrían mostrarse impasibles. No podrían decir: «Sí, ya se sabe...», y no añadir nada más. No podrían decir: «Tienes que procurar distraerte y no pensar en estas cosas.» Si el compañero de la mujer, la familia o la comunidad tuvieran que compartir el dolor de la mujer de los cabellos de oro, todos tendrían que ocupar su lugar en el cortejo fúnebre. Todos tendrían que llorar alrededor del sepulcro. Nadie podría escabullirse y sería una experiencia muy dura para todos ellos.

Cuando las mujeres piensan más en su vergüenza secreta que otros miembros de su familia o de su comunidad, son sólo ellas las que sufren conscientemente[5]. La finalidad psicológica de la familia —estar juntos— jamás se produce. Y, sin embargo, la naturaleza salvaje exige que el ambiente de la mujer se libre de los elementos irritantes y las amenazas y que las cuestiones que la oprimen se reduzcan todo lo posible. Por consiguiente, sólo suele ser cuestión de tiempo que una mujer haga acopio del valor que nace de los huesos de su alma, corte una dorada caña y entone el secreto con su poderosa voz.

Veamos lo que hay que hacer con los secretos vergonzosos según un estudio de consejos arquetípicos extrapolados de docenas de cuentos de hadas como «Barba Azul», «Mr. Fox», «El novio bandido», «Mary Culhane»[6] y otros, en los que la heroína se niega a guardar el secreto de una u otra manera y, al final, alcanza la libertad de vivir su existencia en toda su plenitud.

Mira lo que tengas que mirar. Díselo a alguien. Nunca es demasiado tarde. Si crees que no puedes decirlo en voz alta, escríbelo. Elige a una persona que instintivamente consideres digna de confianza. Es mejor que salgan los gusanos de la lata que temes abrir en lugar de que éstos se multipliquen dentro de ti. Si lo prefieres, busca a un terapeuta que sepa cómo tratar los secretos. Tendrá que ser una persona compasiva que no pronuncie sentencias sobre lo que está bien y lo que está mal y que comprenda la diferencia entre la culpa y el remordimiento y conozca la naturaleza del dolor y la resurrección espiritual.

Cualquiera que sea el secreto, sabemos que ahora éste forma parte de nuestra tarea durante toda la vida. La redención sana una herida antaño abierta. Pero, aun así, siempre quedará una cicatriz. Con los cambios de tiempo, la cicatriz podrá dolernos. Ésta es la naturaleza del auténtico dolor.

Durante años las distintas psicologías clásicas creyeron errónemente que el dolor era un proceso por el que se pasaba una vez, a ser posible durante un año, y después terminaba, por lo que, si alguna persona no podía o no quería completarlo en el tiempo prescrito, significaba que le ocurría algo. Sin embargo, ahora sabemos lo que los seres humanos saben instintivamente desde hace siglos: que ciertos dolores y daños y vergüenzas nunca se pueden dejar de llorar; la pérdida de un hijo por muerte o abandono es uno de los más intensos o el más intenso.

En un estudio[7] de unos diarios escritos a lo largo de muchos años, el doctor Paul C. Rosenblatt descubrió que las personas se pueden recuperar del dolor más profundo de su alma en el primero o los dos primeros años después de una tragedia, según sean los sistemas de apoyo y de otro tipo con que cuenten. Pero después la persona sigue experimentando períodos de sufrimiento activo. Aunque los episodios se van espaciando cada vez más en el tiempo y su duración es cada vez más corta, cada uno de ellos es casi tan desgarradoramente intenso como el de la primera ocasión.

Estos datos nos ayudarán a comprender la normalidad del dolor de larga duración. Cuando un secreto no se cuenta a nadie, el dolor persiste durante toda la vida. La ocultación de los secretos constituye un obstáculo para la natural higiene autocurativa de la psique y el espíritu. Ésta es otra razón para que contemos nuestros secretos. Contarlos y sufrir por su causa nos ayuda a resucitar de la zona muerta y nos permite dejar a nuestra espalda el culto mortuorio de los secretos. Podemos sufrir con todas nuestras fuerzas y salir de la experiencia con el rostro surcado por las lágrimas y no por la vergüenza. Podemos salir de ella con un sentimiento más profundo, plenamente reconocidas y rebosantes de nueva vida.

La Mujer Salvaje nos sostendrá durante nuestra pena. Ella es el Yo instintivo. Puede soportar nuestros alaridos, nuestros lamentos, nuestro deseo de morir sin estar muertas. Ella aplicará la mejor medicina en los lugares que más nos duelan. Ella nos hablará al oído en susurros. Sentirá dolor por nuestro dolor. Lo resistirá. No huirá. Aunque habrá cicatrices, y muchas, por cierto, es bueno recordar que, por su resistencia a la tracción y su capacidad de absorber la presión, una cicatriz es más fuerte que la piel.

El manto expiatorio

A veces, en mi trabajo con mujeres les muestro cómo hacer un manto expiatorio de tamaño natural con un trozo de tejido u otro material. Un manto expiatorio es un manto que detalla en imágenes, escritos y toda suerte de objetos prendidos y cosidos a él todos los improperios que una mujer ha recibido en su vida, todos los insultos, todas las calumnias, todos los traumas, todas las heridas y todas las cicatrices. Es la exposición de su experiencia como chivo expiatorio. A veces bastan sólo uno o dos días para confeccionar semejante manto, otras veces se necesitan varios meses. Pero resulta extremadamente útil para detallar todas las heridas, los golpes y los cuchillazos de la vida de una mujer.

Al principio, yo misma me confeccioné un manto expiatorio. Muy pronto su peso fue tan grande que necesité todo un coro de musas para llevar la cola. Se me ocurrió la idea de confeccionar aquel manto expiatorio y, una vez reunidos todos aquellos desechos psíquicos en un solo objeto psíquico, quemar la capa para, de esta manera, eliminar en parte mis viejas heridas. Pero lo que hice fue colgar el manto del techo del pasillo y comprobar que, cada vez que me acercaba a él, en lugar de sentirme mal, me sentía bien. Empecé a admirar los *ovarios* de la mujer que había sido capaz de llevar semejante manto y seguir caminando resueltamente, cantando, creando y meneando el rabo.

Y descubrí que lo mismo les ocurría a las mujeres con quienes yo trabajaba. Tras haber confeccionado sus mantos expiatorios, las mujeres se niegan a destruirlos. Quieren conservarlos para siempre, cuanto más desagradables y ensangrentados, mejor. A veces los llamamos también mantos de batalla, pues son la prueba de la resistencia, los fracasos y las victorias de cada una de las mujeres y de sus congéneres.

Tampoco es mala idea que las mujeres calculen su edad no en años sino en cicatrices de guerra.

—¿Cuántos años tienes? —me pregunta a veces la gente.

—Tengo diecisiete heridas de guerra —contesto.

Por regla general, las mujeres no se inmutan sino que empiezan a calcular alegremente su edad de la misma manera, contando sus propias heridas de guerra.

De la misma manera que los lakotas pintaban imágenes en pellejos de animales para señalar los acontecimientos invernales, y al igual que los nahuatl, los mayas y los egipcios tenían sus códices en los que anotaban los grandes acontecimientos de la tribu, las guerras y las victorias, las mujeres tienen sus mantos expiatorios y sus mantos de batalla. No sé qué pensarán nuestras nietas y nuestras bisnietas de esta manera de reseñar nuestras vidas. Espero que reciban las debidas explicaciones.

No nos engañemos a este respecto, pues nos lo hemos ganado a pulso con las duras elecciones de nuestra vida. Si alguien te pregunta tu nacionalidad, tu origen étnico o tu estirpe, esboza una enigmática sonrisa y contesta:

—El Clan de la Cicatriz.

CAPÍTULO 14

La selva subterránea: La iniciación en la selva subterránea

La doncella manca

Si un cuento es la semilla, nosotras somos su tierra. El simple hecho de escuchar el cuento nos permite vivirlo como si fuéramos la heroína que, al final, sufre un tropiezo o alcanza la victoria. Si nos cuentan una fábula de una loba, nos pasamos algún tiempo vagando por ahí y sabiendo las cosas que sabe una loba. Si el cuento gira en torno a una paloma que al final encuentra a sus crías, sentimos durante algún tiempo que algo se mueve detrás de nuestro pecho cubierto de plumas. Si el cuento se refiere a la perla sagrada que se arranca de las garras del noveno dragón, al término del relato nos sentimos agotadas y rebosantes de satisfacción. El solo hecho de escuchar la narración de un cuento nos llena de auténtica sabiduría.

Es lo que los junguianos llaman la «participación mística» —un término forjado por el antropólogo Levy-Bruhl— en referencia a una relación en la que «una persona no puede establecer ninguna distinción entre sí misma y el objeto que contempla». Los freudianos lo llaman «identificación proyectiva». Los antropólogos lo denominan a veces «magia comprensiva». Todas estas denominaciones se refieren a la capacidad de la mente de separarse transitoriamente de su ego y fundirse con otra realidad, es decir, otra manera de entender, otra forma de comprensión. Para las sanadoras de mi herencia significa la experimentación y el aprendizaje de ideas por medio de un estado mental orante o extraordinario y la aplicación de las percepciones y los conocimientos adquiridos en tales circunstancias a la realidad consensual[1].

El cuento de «La doncella manca» es muy curioso y en sus distintas capas se pueden distinguir las huellas de las antiguas religiones nocturnas. El cuento está estructurado de tal manera que las oyentes participan en las pruebas de resistencia a que se somete la heroína, pues es tal su amplitud que se tarda mucho rato en contarlo y más rato todavía en asimilarlo. Por regla general, lo cuento en siete noches y, a veces, según el tipo de oyentes, en siete semanas y ocasionalmente en siete meses, dedicando una noche, una semana o un mes a cada tarea del cuento, y con razón.

El cuento nos conduce a un mundo que se encuentra más allá de las raíces de los árboles. Desde esa perspectiva vemos que «La doncella manca» ofrece material suficiente para todo el proceso vital de una mujer. Gira en buena parte en torno a los viajes de la psique de una mujer. A diferencia de otros relatos que hemos examinado en este libro en los que se nos narra una actividad determinada o un aprendizaje determinado que se produce a lo largo de unos días o unas semanas, «La doncella manca» abarca un viaje de muchos años de duración, el viaje de toda la vida de una mujer. Por consiguiente, se trata de algo muy especial, por lo que un buen ritmo para asimilarlo consiste en sentarnos a leerlo con nuestra Musa, estudiando sus distintos componentes a lo largo de un prolongado período de tiempo.

«La doncella manca» trata de la iniciación de las mujeres en la selva subterránea por medio del rito de la resistencia. La palabra «resistencia» puede interpretarse como la capacidad de «seguir adelante sin desmayo» y, aunque ello constituye a veces una parte de las tareas que se ocultan detrás del cuento, el término significa también «endurecimiento, robustecimiento y fortalecimiento» y ésta es la principal fuerza propulsora del cuento y el rasgo generativo de la larga vida psíquica de una mujer. No seguimos adelante porque sí. La resistencia significa que estamos haciendo algo importante.

La enseñanza de la resistencia se produce en toda la naturaleza. Cuando nacen los lobeznos, las almohadillas de sus zarpas son tan suaves como la arcilla. Y sólo se endurecen gracias a los paseos, vagabundeos y caminatas que les obligan a hacer sus progenitores. De esta manera pueden encaramarse y saltar sobre la afilada grava, las punzantes ortigas e incluso los vidrios rotos sin lastimarse.

He visto a madres lobas sumergir a sus cachorros en las corrientes más frías que se pueda imaginar, correr hasta casi derrengar y agotar al cachorro y seguir corriendo a pesar de todo. Lo hacen para fortalecer a su dulce y pequeña criatura, para aumentar su vigor y su elasticidad. En la mitología, la enseñanza de la resistencia es uno de los ritos de la

Gran Madre Salvaje, el arquetipo de la Mujer Salvaje. Es su eterno ritual para fortalecer a sus crías. Es ella la que nos fortalece y nos hace poderosas y resistentes.

Pero ¿dónde tiene lugar este aprendizaje, dónde se adquieren estas cualidades? En *La selva subterránea*, el mundo subterráneo de la sabiduría femenina. Es un mundo salvaje que se encuentra debajo de éste, debajo del mundo percibido por el ego. Durante nuestra estancia allí se nos infunde el lenguaje y la sabiduría instintiva. Desde aquel privilegiado punto de observación comprendemos lo que no es tan fácil comprender desde el punto de vista del mundo de arriba.

La doncella del cuento efectúa varios descensos. Cuando termina una tanda de descenso y transformación empieza otra. Todas las tandas alquímicas se completan con una *nigredo*, una pérdida, una *rubedo*, un sacrificio, y una *albedo*, una iluminación, una detrás de otra. El rey y la madre del rey tienen una tanda cada uno. Todos estos descensos y estas pérdidas, estos hallazgos y fortalecimientos, representan la iniciación a lo largo de toda la vida de la mujer en la renovación de lo salvaje. En distintas partes del mundo «La doncella manca» se llama «Manos de plata», «La novia manca» y «El vergel». Los folcloristas han contado más de cien versiones del relato. El núcleo de la versión literaria que yo reproduzco aquí me lo proporcionó mi tía Magdalena, una de las grandes trabajadoras del campo y la granja de mi infancia. Otras variaciones circulan por toda la Europa oriental y central. Pero, en realidad, la profunda experiencia femenina que se oculta detrás del cuento está en cualquier lugar donde se sienta el anhelo de la Mujer Salvaje.

Mi tía Magdalena tenía una manera muy taimada de narrar cuentos. Pillaba a sus oyentes desprevenidos, empezando a contar un cuento de hadas con un «Eso ocurrió hace diez años», y entonces contaba una historia de la época medieval, con sus caballeros, sus fosos de castillo y demás. O decía «Había una vez, justo la semana pasada» y soltaba un cuento de la época en que los seres humanos aún iban desnudos.

He aquí por tanto la antigua-moderna «Doncella manca».

~~~~~~

Había una vez, hace unos días, el hombre que vivía camino abajo aún poseía una enorme piedra que molía el trigo de los aldeanos y lo convertía en harina. El molinero estaba pasando por una mala época, pues sólo le quedaba la áspera y enorme muela que guardaba en un cobertizo y un precioso manzano florido que crecía detrás de éste.

Un día en que se fue al bosque con su hacha de plateado filo para cortar leña, apareció un extraño viejo de detrás de un árbol.

—No hace falta que te atormentes cortando leña —graznó el viejo—. Te cubriré de riquezas si me das lo que hay detrás de tu molino.

«¿Y qué otra cosa hay detrás de mi molino sino el manzano florido?», se preguntó el molinero, que aceptó el trato del viejo.

—Dentro de tres años vendré a llevarme lo que es mío —dijo el forastero soltando una carcajada mientras se alejaba renqueando entre los árboles.

El molinero se tropezó con su mujer por el camino. Había huido a toda prisa de la casa con el delantal volando al viento y el cabello alborotado.

—Esposo mío, al dar la hora apareció en la pared de nuestra casa un soberbio reloj, nuestras rústicas sillas fueron sustituidas por otras tapizadas de terciopelo, en nuestra pobre despensa abundan las piezas de caza y nuestras arcas y cajas están llenas a rebosar. Te suplico que me digas cómo ha podido suceder tal cosa.

Justo en aquel momento unas sortijas de oro aparecieron en sus dedos y su cabello quedó recogido con una diadema dorada.

—¡Oh! —exclamó el molinero, contemplando con asombro cómo su pobre jubón se transformaba en una prenda de raso. Ante sus ojos sus zuecos de madera con los desgastados tacones se convirtieron en unos espléndidos zapatos—. Eso es obra del forastero —dijo con la voz entrecortada por la emoción—. En el bosque me tropecé con un hombre muy extraño vestido de negro que me prometió riquezas sin cuento si yo le daba lo que hay detrás del molino. Ya plantaremos otro manzano, esposa mía.

—¡Oh, esposo mío! —gimió la mujer, mirándole como si acabaran de asestarle un golpe mortal—. El hombre vestido de negro era el demonio y es cierto que lo que hay detrás del molino es un árbol, pero ahora nuestra hija también está allí, barriendo el patio con una escoba de ramas de sauce.

Los desconsolados padres regresaron a toda prisa a casa derramando amargas lágrimas sobre sus ricos ropajes. Su hija se pasó tres años sin encontrar marido a pesar de que su carácter era tan dulce como las primeras manzanas primaverales. El día en que el demonio acudió a buscarla, la joven se bañó, se vistió con una túnica blanca y permaneció de pie en el centro del círculo de tiza que había trazado a su alrededor. Cuando el demonio alargó la mano para agarrarla, una fuerza invisible lo arrojó al otro lado del patio.

—No tiene que volver a bañarse —gritó el demonio—, de lo contrario, no podré acercarme a ella.

Los padres y la hija se asustaron. Pasaron varias semanas en cuyo transcurso la hija no se bañó, por cuyo motivo tenía todo el cabello pegajoso, las uñas orladas de negro, la piel grisácea y la ropa tiesa y ennegrecida a causa de la suciedad.

Cuando la doncella más parecía una bestia que una persona, el demonio regresó. Pero la joven rompió a llorar con desconsuelo. Las lágrimas se filtraron a través de sus dedos y le bajaron por los brazos hasta tal extremo que sus mugrientos brazos y sus manos quedaron tan blancos y limpios como la nieve. El demonio se enfureció.

—Hay que cortarle las manos, de lo contrario, no podré acercarme a ella.

El padre se horrorizó.

—¿Quieres que le corte las manos a mi propia hija?

—Todo lo que hay aquí morirá, tú, tu mujer y todos los campos hasta donde alcanza la vista —rugió el demonio.

El padre se asustó tanto que obedeció y, suplicándole a su hija que lo perdonara, empezó a afilar el hacha de plateado filo. La hija se sometió a su voluntad diciendo:

—Soy tu hija, haz lo que tengas que hacer.

Y lo hizo, pero, al final, nadie pudo decir quién gritó más de dolor, si la hija o el padre. Así terminó la vida de la muchacha tal y como ésta la había conocido hasta entonces.

Cuando regresó el demonio, la joven había derramado tantas lágrimas que los muñones de sus brazos volvían a estar limpios y el demonio fue arrojado al otro lado del patio cuando trató de agarrarla. Soltando unas maldiciones que provocaron una serie de pequeños incendios en el bosque, desapareció para siempre, pues había perdido el derecho a reclamar la propiedad de la muchacha.

El padre había envejecido cien años y la madre también. Como auténticos habitantes del bosque que eran, siguieron adelante de la mejor manera posible. El anciano padre le ofreció a su hija un espléndido castillo y riquezas para toda la vida, pero ella le contestó que más le valía convertirse en una mendiga y buscarse el sustento en la caridad del prójimo. Así pues, la joven se envolvió los muñones de los brazos en una gasa limpia y, al rayar el alba, abandonó la vida que había conocido hasta entonces.

Anduvo y anduvo. El sol del mediodía hizo que el sudor le dejara unos surcos de mugre en el rostro. El viento le despeinó el cabello hasta dejárselo convertido en una especie de nido de cigüeñas con las ramas enroscadas en todas direcciones. En mitad de la noche llegó a un vergel real, donde la luna iluminaba todos los frutos que colgaban de los árboles.

Pero no podía entrar porque el vergel estaba rodeado por un foso de agua. Cayó de rodillas, pues se moría de hambre. Un espíritu vestido de blanco se le apareció, cerró una de las compuertas y el foso se vació.

La doncella caminó entre los perales y comprendió que cada una de aquellas preciosas peras estaba contada y numerada y que, además, todas estaban vigiladas. Pese a ello, una rama se inclinó con un crujido para que la muchacha pudiera alcanzar el delicioso fruto que colgaba de su extremo. Ésta acercó los labios a la dorada piel de la pera y se la comió bajo la luz de la luna con los brazos envueltos en gasas y el cabello desgreñado cual si fuera una figura de barro, la doncella manca.

El hortelano lo vio todo, pero intuyó la magia del espíritu que protegía a la doncella y no intervino. Cuando terminó de comerse la pera, la joven cruzó de nuevo el foso y se quedó dormida al abrigo del bosque.

A la mañana siguiente se presentó el rey para contar sus peras. Descubrió que faltaba una y, mirando arriba y abajo, no logró encontrar el fruto perdido.

—Anoche dos espíritus vaciaron el foso —le explicó el hortelano—, entraron en el vergel a la luz de la luna y uno de ellos que era manco se comió la pera que la rama le ofreció.

El rey dijo que aquella noche montaría guardia. En cuanto oscureció, se fue al vergel con su hortelano y su mago, que sabía hablar con los espíritus. Los tres se sentaron debajo de un árbol e iniciaron la vigilancia. A medianoche apareció la doncella flotando por el bosque, envuelta en sucios andrajos, con el cabello desgreñado, el rostro tiznado de mugre y los brazos sin manos, en compañía del espíritu vestido de blanco.

Ambos entraron en el vergel de la misma manera que la primera vez. Un árbol volvió a inclinar amablemente una de sus ramas hacia ella y la joven se comió la pera de su extremo.

El mago se acercó a ellos, aunque no demasiado, y les preguntó:

—¿Sois de este mundo o no sois de este mundo?

—Yo era antes del mundo, pero no soy de este mundo.

—¿Es un ser humano o es un espíritu? —le preguntó el rey al mago.

El mago le contestó que era lo uno y lo otro.

Al rey le dio un vuelco el corazón y, corriendo hacia ella, exclamó:

—No te abandonaré. A partir de este día, yo cuidaré de ti.

En su castillo le mandó hacer unas manos de plata que le acoplaron a los brazos. Y así fue como el rey se casó con la doncella manca.

A su debido tiempo el rey tuvo que combatir una guerra contra un reino lejano y le pidió a su madre que cuidara de la joven reina, pues la amaba con todo su corazón.

—Si da a luz un hijo, envíame inmediatamente un mensaje.

La joven reina dio a luz una preciosa criatura y la madre del rey envió un mensajero al soberano para comunicarle la buena nueva. Pero, por el camino, el mensajero se cansó y, al llegar a un río, se sintió cada vez más soñoliento hasta que, al final, se quedó completamente dormido a la orilla de la corriente. El demonio apareció por detrás de un árbol y cambió el mensaje por otro en el que se decía que la reina había dado a luz una criatura que era medio persona y medio perro.

El rey se horrorizó al leer el mensaje, pero envió un mensaje de respuesta en el que transmitía su amor a la reina y ordenaba que cuidaran de ella en aquella terrible prueba. El muchacho que llevaba el mensaje llegó nuevamente al río y, sintiéndose tan pesado como si hubiera participado en un festín, no tardó en volver a quedarse dormido a la orilla del agua. Entonces apareció de nuevo el demonio y cambió el mensaje por otro que decía «Matad a la reina y a la criatura».

La anciana madre se turbó ante la orden de su hijo y envió a otro mensajero para confirmarla. Los mensajeros fueron y vinieron, todos ellos se quedaron dormidos junto al río y el demonio fue cambiando sus mensajes por otros cada vez más terribles hasta llegar al último que decía «Conservad los ojos y la lengua de la reina como prueba de su muerte».

La anciana madre no pudo soportar la idea de matar a la joven y dulce reina. En su lugar, sacrificó una paloma, le arrancó los ojos y la lengua y los guardó. Después ayudó a la joven reina a sujetarse la criatura al pecho, la cubrió con un velo y le dijo que huyera para salvar su vida. Ambas mujeres lloraron y se despidieron con un beso.

La joven reina anduvo hasta llegar al bosque más grande y frondoso que jamás en su vida hubiera visto. Lo recorrió en todas direcciones tratando de encontrar un camino. Cuando ya estaba oscureciendo, se le apareció el espíritu vestido de blanco y la guió hasta una humilde posada que regentaban unos bondadosos habitantes del bosque. Otra doncella vestida de blanco la acompañó al interior de la posada y la llamó por su nombre. La criatura fue depositada en una cuna.

—¿Cómo sabes que soy una reina? —le preguntó la doncella manca.

—Nosotros los que vivimos en el bosque sabemos estas cosas, mi reina. Ahora descansa.

La reina permaneció siete años en la posada, viviendo feliz con su hijo. Poco a poco le volvieron a crecer las manos, primero como las de una criatura, tan sonrosadas como una perla, después como las de una niña y finalmente como las de una mujer.

Entretanto, el rey regresó de la guerra y su anciana madre le preguntó, mostrándole los ojos y la lengua de la paloma:

—¿Por qué me hiciste matar a dos inocentes?

Al enterarse de la horrible historia, el rey se tambaleó y lloró con desconsuelo. Al ver su dolor, su madre le dijo que aquéllos eran los ojos y la lengua de una paloma y que había enviado a la reina y a la criatura al bosque.

El rey juró que no comería ni bebería y viajaría hasta los confines del mundo para encontrarlos. Se pasó siete años buscando. Las manos se le ennegrecieron, la barba se le llenó de pardo moho como el musgo y se le resecaron los enrojecidos ojos. Durante todo aquel tiempo no comió ni bebió, pero una fuerza superior a él lo ayudaba a vivir.

Al final llegó a la posada que regentaban los habitantes del bosque. La mujer vestida de blanco lo invitó a entrar y él se acostó, pues estaba muy cansado. La mujer le cubrió el rostro con un velo y él se quedó dormido. Mientras permanecía sumido en un profundo sueño, su respiración hinchó el velo y, poco a poco, éste le resbaló del rostro.

Al despertar vio a una hermosa mujer y a un precioso niño mirándole.

—Soy tu esposa y éste es tu hijo —dijo la mujer.

El rey quería creerla, pero vio que la mujer tenía manos.

—Gracias a mi esfuerzo y a mis desvelos me han vuelto a crecer las manos —añadió la joven.

La mujer vestida de blanco sacó las manos de plata del arca donde éstas se guardaban como un tesoro. El rey se levantó, abrazó a su esposa y a su hijo y aquel día hubo gran júbilo en el bosque.

Todos los espíritus y los moradores de la posada celebraron un espléndido festín.

Después, el rey, la reina y el niño regresaron junto a la anciana madre, celebraron una segunda boda y tuvieron muchos hijos, todos los cuales contaron la historia a otros cien, que a su vez la contaron a otros cien, de la misma manera que tú eres una de las otras cien personas a quienes yo la estoy contando.

La primera fase: El trato a ciegas

En la primera fase del cuento, el ávido y sugestionable molinero hace un trato desventajoso con el demonio. Creía enriquecerse pero descubre demasiado tarde que el precio será demasiado alto. Pensaba que cambiaba su manzano por la riqueza pero descubre en su lugar que ha entregado su hija al demonio.

En la psicología arquetípica, opinamos que todos los elementos de un cuento son descripciones de los aspectos de la psique de una sola mujer. Por consiguiente, a propósito de este cuento, nosotras como mujeres tenemos que preguntarnos al principio «¿Qué trato desventajoso hacen todas las mujeres?».

Aunque demos distintas respuestas según los días, hay una respuesta constante en la vida de todas las mujeres. Por más que no queramos reconocerlo, el peor trato de nuestra vida es siempre el que hacemos cuando perdemos nuestra sabia vida profunda a cambio de otra mucho más frágil; cuando perdemos los dientes, las garras, el tacto y el olfato; cuando abandonamos nuestra naturaleza salvaje a cambio de una promesa de riqueza que, al final, resulta vacía. Como el padre del cuento, hacemos este trato sin darnos cuenta de la tristeza, el dolor y el trastorno que nos provocará.

Podemos ser muy hábiles en nuestra actuación exterior, pero casi todas las mujeres, a poca ocasión que tengan, optan al principio por cerrar un trato desventajoso. La concertación de este espantoso trato constituye una enorme y significativa paradoja. Aunque el hecho de no saber elegir se podría considerar un acto patológico de autodestrucción, con mucha frecuencia constituye un acontecimiento decisivo que lleva aparejada una amplia oportunidad de volver a desarrollar la naturaleza instintiva. En este sentido, aunque haya pérdida y tristeza, el trato desventajoso, como el nacimiento y la muerte, es una útil caída del acantilado proyectado por el Yo para introducir a una mujer en las profundidades de su naturaleza salvaje. La iniciación de la mujer empieza con el trato desventajoso que hizo mucho tiempo atrás cuando estaba todavía medio dormida. Eligiendo lo que a ella le parecía una riqueza, cedió a cambio el dominio sobre algunas y, a menudo, todas las partes de su apasionada y creativa vida instintiva. El sopor de la psique femenina es un estado muy parecido al sonambulismo. En su transcurso caminamos y hablamos pero estamos dormidas. Amamos y trabajamos pero nuestras opciones revelan la verdad acerca de lo que nos ocurre; las facetas voluptuosas, inquisitivas, buenas e incendiarias de nuestra naturaleza no están plenamente despiertas.

Éste es el estado de la hija del cuento. Es una criatura encantadora, una inocente. Pero podría pasarse la vida barriendo el patio de atrás del molino —hacia delante y hacia atrás, hacia delante y hacia atrás— sin desarrollar jamás la conciencia. Su metamorfosis carece de metabolismo.

El cuento empieza por tanto con la involuntaria pero profunda traición de lo joven femenino, de lo inocente[2]. Se puede decir que el padre, símbolo de la función de la psique que debería guiarnos en el mundo exterior, en realidad ignora por completo la actuación en tándem del mundo exterior y el mundo interior. Cuando la función paterna de la psique desconoce las cuestiones del alma, fácilmente se nos traiciona. El padre no comprende una de las cosas más esenciales que median entre el mundo del alma y el mundo material, a saber, que muchas cosas que se nos ofrecen no son lo que parecen a primera vista.

La iniciación en esta clase de conocimiento es la iniciación que ninguna de nosotras desea, a pesar de ser la única por la que todas pasamos más tarde o más temprano. Muchos cuentos —«La bella y la bestia», «Barba Azul», el *Roman de Renart*— empiezan con un padre que pone en peligro a su hija[3]. Sin embargo, en la psique de la mujer, aunque el padre cometa el error de cerrar un trato letal porque ignora por completo la existencia del lado oscuro del mundo inconsciente, el terrible momento marca un dramático comienzo para ella: la cercanía de la conciencia y la perspicacia.

Ningún ser sensible de este mundo puede conservar eternamente la inocencia. Para poder prosperar, nuestra naturaleza instintiva nos induce a enfrentarnos con el hecho de que las cosas no son lo que a primera vista parecen. La salvaje función creativa nos impulsa a conocer los múltiples estados del ser, la percepción y el conocimiento. Éstos son los múltiples conductos a través de los cuales nos habla la Mujer Salvaje. La pérdida y la traición son los primeros y resbaladizos pasos de un largo proceso de iniciación que nos arroja a *la selva subterránea*. Allí, a veces por primera vez en nuestra vida, se nos ofrece la ocasión de darnos de narices contra los muros que nosotras mismas hemos levantado y, en su lugar, aprender a traspasarlos.

Aunque en la sociedad moderna se suele pasar por alto la pérdida de la inocencia de una mujer, en la selva subterránea la mujer que ha experimentado la pérdida de su inocencia se ve como alguien especial, en parte porque ha sido lastimada, pero, sobre todo, porque ha seguido adelante, porque se esfuerza por comprender y por arrancar las capas de sus percepciones y sus defensas para ver lo que hay debajo. En dicho mundo, la pérdida de la inocencia se considera un rito de paso[4]. Y se aplaude el hecho de que ahora pueda ver las cosas con más claridad. El hecho de que haya resistido y siga aprendiendo le confiere categoría y la honra.

La concertación de un trato desventajoso no sólo constituye un reflejo de la psicología de las jóvenes sino que se aplica también a las mujeres de cualquier edad que no han pasado por ninguna iniciación o han tenido una iniciación incompleta en estas cuestiones. ¿De qué manera hace este trato la mujer? El cuento empieza con el símbolo del molino y el molinero. Como ellos, la psique machaca las ideas; mastica los conceptos y los desmenuza para convertirlos en un alimento utilizable. Toma la materia prima en forma de ideas, sensaciones, pensamientos y percepciones y la fragmenta para que la podamos utilizar para nuestro sustento.

Esta capacidad psíquica suele denominarse elaboración. Cuando elaboramos algo, clasificamos toda la materia prima de la psique, todas las cosas que hemos aprendido, oído, anhelado y sentido durante un determinado período de tiempo. Lo desmenuzamos todo y nos preguntamos «¿Qué haré para utilizarlo con el mayor provecho posible?». Utilizamos estas ideas y energías elaboradas para cumplir las más hondas tareas del alma y llevar a feliz término nuestros distintos empeños creativos. De esta manera, una mujer conserva el vigor y la vitalidad.

Pero en el cuento el molino no muele. El molinero de la psique no tiene trabajo. Eso significa que no se hace nada con toda la materia prima que llega diariamente a nuestra vida y que no se ve el menor sentido a todos los granos de sabiduría que nos lanzan al rostro el mundo exterior y el mundo subterráneo. Si el molinero[5] no tiene trabajo, quiere decir que la psique deja de alimentarse de varias maneras extremadamente importantes.

La molienda de los cereales guarda relación con el impulso creativo. Por el motivo que sea, la vida creativa de la psique de la mujer se ha quedado estancada. La mujer que así lo percibe, comprende que ya no rebosa de nuevas ideas, que el ingenio ya no le enciende el pensamiento, que ya no muele fino para encontrar la esencia de las cosas. Su molino se ha callado.

Parece ser que existe un sopor natural que los seres humanos experimentan en determinados momentos de su vida. En la educación de mis hijos y en mi trabajo con un mismo grupo de inteligentes niños a lo largo de varios años, he visto que este sueño desciende sobre los niños hacia la edad de once años. Es cuando empiezan a tomarse cuidadosamente medidas y a compararse con los demás. En este período sus ojos pasan de la claridad al oscurecimiento y, a pesar de que no paran de moverse, se mueren a menudo irremediablemente de frío. Tanto si se muestran demasiado distantes como si se comportan demasiado bien, en ninguno de ambos estados reaccionan a lo que ocurre en lo más hondo de su ser y poco a poco el sueño va cubriendo su clara mirada y la capacidad de reacción de su naturaleza.

Supongamos que, en el transcurso de este período, nos ofrecen algo a cambio de nada. Que hemos conseguido en cierto modo creer que, si nos quedamos dormidas, algo bueno nos ocurrirá. Las mujeres saben lo que eso significa.

Cuando una mujer abandona los instintos que le indican los momentos adecuados para decir que sí o decir que no, cuando pierde la perspicacia, la intuición y otros rasgos salvajes, se encuentra en unas situaciones que le prometían oro pero que, al final, sólo le causan dolor. Algunas mujeres abandonan su arte por un grotesco matrimonio de conveniencia o renuncian al sueño de su vida para convertirse en una esposa, hija o muchacha «demasiado buena» o dejan su verdadera vocación para llevar otra vida esperando que sea más aceptable, satisfactoria y, sobre todo, más sana.

De esta y de otras maneras perdemos nuestros instintos. En lugar de llenarnos la vida con una posibilidad de iluminación nos cubrimos con una especie de manto de oscuridad. Nuestra capacidad de intuir la naturaleza de las cosas en el exterior y nuestra vista interior están roncando muy lejos, por lo que, cuando el demonio llama a la puerta, nosotras nos acercamos como unas sonámbulas, le abrimos y le dejamos entrar.

El demonio es el símbolo de la oscura fuerza de la psique, del depredador que en este cuento no se identifica como tal. El demonio es un bandido arquetípico que necesita, busca y aspira la luz. Teóricamente, si alcanzara la luz —es decir, una vida con posibilidad de amor y creatividad—, el demonio dejaría de ser el demonio.

En este cuento el demonio está presente porque se siente atraído por la dulce luz de la joven. Su luz no es una luz cualquiera sino la luz de un alma virgen atrapada en un estado de sonambulismo. Oh, qué bocado tan sabroso. Su luz resplandece con conmovedora belleza, pero ella ignora su valor. Semejante luz, que puede ser el fulgor de la vida creativa de una mujer, su alma salvaje, su belleza física, su inteligencia o su generosidad, siempre atrae al depredador. Esta luz que tampoco se da cuenta de nada y no está protegida es siempre el objetivo.

Una vez trabajé con una mujer de la que todos se aprovechaban, su marido, los hijos, su madre, su padre o los desconocidos. Tenía cuarenta años y aún se encontraba en esta fase del trato/traición de su desarrollo interior. Por su dulzura, su cordial y cariñoso tono de voz, sus modales exquisitos, no sólo atraía a los que le quitaban una pavesa sino a toda una ingente multitud que se reunía delante del fuego de su alma y le impedía recibir calor.

El trato desventajoso que había hecho consistía en no decir nunca que no para ganarse el afecto de los demás. El depredador de su psique le ofreció el oro de ser apreciada a cambio de perder el instinto que le decía: «Ya basta.» Comprendió plenamente el daño que ella misma se estaba haciendo cuando una vez soñó que se encontraba a gatas en medio de un inmenso gentío, tratando de alargar la mano entre un bosque de piernas para alcanzar una valiosa corona que alguien había arrojado a un rincón.

La capa instintiva de la psique le estaba diciendo que había perdido la soberanía sobre su vida y que, para recuperarla, tendría que hacer un enorme esfuerzo. Para recobrar su corona, aquella mujer tuvo que efectuar una nueva valoración de su tiempo, su capacidad de entrega y las atenciones que dedicaba a los demás.

El manzano florido del cuento simboliza un bello aspecto de las mujeres, la faceta de nuestra naturaleza que hunde sus raíces en el mundo de la Madre Salvaje, donde recibe el alimento desde abajo. El árbol es el símbolo arquetípico de la individuación; se considera inmortal, pues sus semillas siguen viviendo, su sistema de raíces ofrece cobijo y revitaliza y es la sede de toda una cadena alimentaria de vida. Como la mujer, un árbol tiene también sus estaciones y sus fases de desarrollo; tiene invierno y primavera.

En los manzanares del norte los campesinos llaman a sus yeguas y a sus perras «Chica» y a sus árboles frutales en flor «Señora». Los árboles del vergel son las jóvenes desnudas de la primavera, la primera señal. De entre todas las cosas que más representaban la llegada de la primavera, la fragancia de los apiñados capullos superaba con creces los triples saltos de los enloquecidos petirrojos que revoloteaban en el patio lateral de la casa y las nuevas cosechas que brotaban como minúsculas llamas de fuego verde en la negra tierra.

Había un dicho sobre los manzanos: «Joven en primavera, fruto amargo: más tarde, dulce como el hielo.» Significaba que la manzana poseía una doble naturaleza. A finales de la primavera era redonda y apetecible y como salpicada de amanecer. Pero era demasiado ácida como para poderla comer y provocaba dentera. En cambio, más entrada la estación, morder una manzana era como romper un dulce y jugoso caramelo.

El manzano y la doncella son símbolos intercambiables del Yo femenino y el fruto es un símbolo del alimento y la maduración de nuestro conocimiento del Yo. Si nuestro conocimiento del comportamiento de nuestra alma es inmaduro, no podemos recibir alimento de él, pues el conocimiento aún no está maduro. Tal como ocurre con las manzanas, la maduración exige un cierto tiempo y las raíces necesitan afianzarse en la tierra para lo cual tiene que pasar por lo menos una estación y, a veces, varias. Si el alma de la doncella no se somete a ninguna prueba, nada más puede ocurrir en nuestras vidas. En cambio, si conseguimos llegar a las raíces subterráneas, maduramos y podemos alimentar el alma, el Yo y la psique.

El manzano florido es también una metáfora de la fecundidad. Pero, por encima de todo, simboliza el impulso creativo de carácter profundamente sensual y la maduración de las ideas. Todo eso es obra de las *curanderas*, las mujeres de la raíz que viven entre los peñascos de las *montañas* del inconsciente. Son las que excavan en la mina del inconsciente profundo y nos ofrecen el fruto de su trabajo. Y nosotras elaboramos el material que nos entregan y, como consecuencia de ello, cobra vida la poderosa hoguera de los instintos perspicaces y de la honda sabiduría, y nosotras nos desarrollamos y crecemos no sólo en el mundo exterior sino también en el interior.

Tenemos por tanto un árbol que simboliza la abundancia de la naturaleza libre y salvaje de la psique de una mujer, pese a lo cual la psique no comprende su valor. Se podría decir que toda la psique está dormida ante las inmensas posibilidades de la naturaleza femenina. Cuando hablamos de la vida de una mujer en relación con el símbolo del árbol, nos referimos a la desbordante energía femenina que nos es propia y que se manifiesta de manera cíclica a modo de mareas que suben y bajan con regularidad de la misma manera que la primavera psíquica sucede al invierno psíquico. Sin la renovación de este floreciente impulso en nuestras vidas, la esperanza queda sepultada y no se remueve la tierra de nuestra mente y nuestro corazón. El manzano florido es nuestra vida profunda.

Podemos ver el devastador efecto del menosprecio del valor de lo femenino juvenil y esencial cuando el padre dice: «Ya plantaremos otro.» La psique no reconoce la presencia de su propia diosa-creadora personificada en el árbol florido. El joven yo se malvende sin que se comprenda el inmenso valor de su papel de principal mensajero de la Madre Salvaje. Pero, por otra parte, este desconocimiento es el que da lugar al comienzo de la iniciación en la resistencia.

El desventurado molinero sin trabajo había empezado a cortar leña. Es muy duro cortar leña, ¿verdad? Hay que levantar y acarrear mucho peso. Pero esta acción de cortar leña simboliza los inmensos recursos psíquicos, la capacidad de proporcionar energía a las propias tareas, de desarrollar las propias ideas y de poner a nuestro alcance el sueño, cualquiera que éste sea. Por consiguiente, cuando el molinero empieza a cortar, podríamos decir que la psique ya está llevando a cabo la dura tarea de buscar la luz y el calor.

Sin embargo, el pobre ego anda siempre buscando la manera de escabullirse. Cuando el demonio sugiere al molinero la posibilidad de librarse de aquel duro esfuerzo a cambio de la luz de lo femenino profundo, el ignorante molinero acepta el trato. De esta forma sellamos nuestro destino. En lo más hondo de las zonas invernales de nuestra psique nos faltan provisiones y sabemos que no es posible una transformación sin esfuerzo. Sabemos que tendremos que arder totalmente de la manera que sea, sentarnos directamente sobre las cenizas de la mujer que antaño creíamos ser y seguir adelante a partir de ahí.

Pero otra faceta de nuestra naturaleza, una parte más propensa a la languidez, confía en que no sea así y en que cese el duro esfuerzo para poder sumirse de nuevo en el sopor. Cuando aparece el depredador, ya estamos preparadas para recibirlo; y lanzamos un suspiro de alivio pensando que, a lo mejor, hay un camino más fácil.

Cuando nos negamos a cortar leña, se le cortan las manos a la psique, pues, sin el esfuerzo psíquico, las manos psíquicas se marchitan. Sin embargo, este deseo de cerrar algún trato para librarnos del duro esfuerzo es tan humano y corriente que asombra encontrar a alguna persona que no haya hecho el pacto. La opción es tan frecuente que, si tuviéramos que dar un ejemplo tras otro de mujeres (y hombres) que desean librarse de la tarea de cortar leña y vivir una existencia más fácil, perdiendo con ello las manos —es decir, el control de su vida—, no terminaríamos nunca.

Por ejemplo, una mujer se casa por motivos equivocados y se amputa la vida creativa. Una mujer tiene una preferencia sexual y se obliga a sí misma a aceptar otra. Una mujer quiere ser, ir, hacer algo importante, pero se queda en casa contando recortes de periódico. Una mujer quiere vivir su vida, pero ahorra pequeños retazos de vida como si fueran cordelitos. Una mujer consciente de su valía como persona entrega un brazo, una pierna o un ojo a cualquier amante que se le pone por delante. Una mujer rebosa de radiante creatividad, pero invita a sus vampíricos amigos a chuparle la sangre. Una mujer necesita seguir adelante con su vida, pero algo en ella le dice «No, si te dejas atrapar, estarás segura». Es como lo del «Yo te doy esto y tú me darás aquello» del demonio, hacer un pacto sin saber.

De esta manera, el que estaba destinado a ser el nutritivo y floreciente árbol de la psique pierde poder, pierde sus flores y su energía, se vende por una miseria, se ve obligado a desperdiciar su potencial sin comprender el trato que ha hecho. Todo el drama empieza casi siempre y afianza su poder fuera de la conciencia de la mujer.

Sin embargo, hay que subrayar que es ahí donde empieza todo el mundo. En este cuento el padre representa el punto de vista del mundo exterior, el ideal colectivo que presiona a las mujeres para que se marchiten en lugar de ser salvajes. Aun así, no tienes por qué avergonzarte ni reprocharte nada si has malbaratado las floridas ramas. Sí, no cabe duda de que has sufrido por ello. Y es posible que hayas desperdiciado años e incluso décadas. Pero hay una esperanza.

La madre del cuento de hadas anuncia a toda la psique lo que ha ocurrido. «¡Despierta! —le dice—. ¡Mira lo que has hecho!» El despertar es tan inmediato que hasta duele[6]. Pero sigue siendo positivo, pues la insípida madre de la psique, la que antes había contribuido a diluir y amortiguar las sensaciones acaba de despertar a la horrible realidad del pacto. Ahora el dolor de la mujer es consciente. Y, cuando el dolor es consciente, la mujer puede hacer algo con él. Lo puede utilizar para aprender, fortalecerse y adquirir sabiduría.

A largo plazo, habrá algo todavía más positivo. Aquello que se ha regalado se puede recuperar. Y puede volver a ocupar el lugar que le corresponde en la psique. Ya lo verás.

La segunda fase: El desmembramiento

En la segunda fase del cuento los padres regresan a casa derramando amargas lágrimas sobre sus ricos ropajes. A los tres años el demonio se presenta para llevarse a la hija. Ésta se ha bañado y se ha puesto una túnica blanca. Se sitúa en el centro del níveo círculo de tiza que ha trazado a su alrededor. Cuando el demonio se inclina hacia ella para agarrarla, una fuerza invisible lo arroja al otro lado del patio. Entonces el demonio le ordena que no se bañe y ella se convierte en una especie de bestia. Pero las lágrimas le mojan las manos y el demonio tampoco la puede tocar. Entonces éste ordena al padre que le corte las manos para que no pueda limpiárselas con las lágrimas. Su padre la mutila y así termina la vida que ella había conocido hasta entonces. Pero llora sobre los muñones de sus brazos y, al no poder apoderarse de ella, el demonio se da por vencido.

La hija lo hace extremadamente bien teniendo en cuenta las circunstancias. Pero nos quedamos como petrificadas cuando superamos esta fase, nos damos cuenta de lo que nos han hecho y nos percatamos de que hemos cedido a la voluntad del depredador y del atemorizado padre y por esta causa nos hemos quedado mancas.

A continuación, el espíritu reacciona moviéndose cuando nosotras nos movemos, inclinándose hacia delante cuando nosotras lo hacemos, caminando cuando caminamos, pero lo hace todo sin la menor sensibilidad. Nos quedamos petrificadas cuando nos damos cuenta de lo que ha ocurrido y nos horroriza tener que cumplir el pacto. Creemos que nuestras estructuras paternales internas tienen que permanecer en perenne estado de alerta, reaccionar como es debido y proteger a la floreciente psique. Pero ahora vemos lo que sucede cuando no lo hacen.

Transcurren tres años entre la concertación del pacto y el regreso del demonio. Estos tres años representan el período en el que la mujer no tiene clara conciencia de que el sacrificio es ella misma. Ella es la quemada ofrenda que se hace a cambio de un acuerdo desventajoso. En la mitología el período de tres años es el que precede a un creciente impulso trascendental, como, por ejemplo, los tres años de invierno que preceden a *Ragnarok*, el Crepúsculo de los Dioses en la mitología escandinava. En los mitos de esta clase, transcurren tres años de algo y después se produce una destrucción y de las ruinas nace un nuevo mundo de paz[7].

Este número de años simboliza el período en el que una mujer se pregunta qué le va a suceder ahora y no sabe si aquello que más teme —ser totalmente arrastrada por una fuerza destructora— llegará a ocurrir realmente. El símbolo del tres en los cuentos de hadas sigue esta pauta: El primer intento no es válido. El segundo intento tampoco. Y, a la tercera, va la vencida.

Muy pronto se hace acopio de suficiente energía y se levanta el suficiente viento del alma como para que la embarcación de la psique zarpe y se aleje. Lao-tse[8] dice: «De uno vienen dos y de dos, tres. Y de tres vienen diez mil.» Cuando llegamos a la multiplicación del tres de algo, es decir, al momento de la transformación, los átomos empiezan a brincar y allí donde antes sólo había laxitud se produce la locomoción.

El hecho de quedarse tres años sin marido puede simbolizar el período de incubación de la psique, en el que el hecho de tener otra relación sería demasiado difícil y nos distraería demasiado. La misión de estos tres años es la de ayudarnos a fortalecernos todo lo que podamos, a utilizar en provecho propio todos los recursos de la psique y a adquirir la mayor conciencia posible. Lo cual supone salir de nuestro sufrimiento para ver lo que éste significa, cómo actúa, qué pauta está siguiendo, estudiar a otras personas que, siguiendo la misma pauta, hayan conseguido superarlo todo e imitar aquello que tiene sentido para nosotras.

Esta observación de las situaciones apuradas y las soluciones a que han llegado otras personas es la que induce a una mujer a quedarse en sí misma, y así es como debe ser, pues, tal como vemos más adelante en el cuento, la tarea de la doncella es encontrar al esposo en el mundo subterráneo, no en el de arriba. Las mujeres ven retrospectivamente la preparación del descenso de su iniciación que abarca unos largos períodos de tiempo, a veces años, hasta que finalmente y de golpe se arrojan desde el borde a los rápidos, a menudo empujadas, aunque algunas veces también por propia iniciativa, lanzándose con donaire desde el acantilado. No obstante, esto último no es muy frecuente.

Este período de tiempo se caracteriza a menudo por el tedio. Las mujeres suelen comentar que no saben muy bien lo que quieren, si un trabajo, un amante, un poco más de tiempo, una actividad creativa. Les cuesta concentrarse. Les cuesta llevar a cabo una labor productiva. Esta inquietud nerviosa es típica de la fase de desarrollo espiritual. Sólo el tiempo, y en una fecha no muy lejana, nos llevará hasta el borde, desde el que tenemos que caer, saltar o lanzarnos.

En este punto del cuento vemos una reminiscencia de las antiguas religiones nocturnas. La joven se baña, se viste de blanco, traza un círculo de tiza a su alrededor. El hecho de bañarse —la purificación—, ponerse la túnica blanca —el atuendo propio del descenso a la tierra de los muertos— y trazar un círculo de protección mágica —el pensamiento sagrado— a su alrededor, es un antiguo ritual de diosas. Todo eso la doncella lo hace en una especie de estado hipnótico, como si estuviera recibiendo instrucciones desde una época muy distante.

Se produce en nosotras un momento de crisis cuando esperamos aquello que estamos seguras será nuestra destrucción, nuestro final. Ello nos induce, como a la doncella del cuento, a inclinar el oído hacia la lejana voz de tiempos ancestrales, una voz que nos dice lo que debemos hacer para conservar la fuerza y la pureza y sencillez espiritual. Una vez en que estaba desesperada, soñé que una voz me decía: «Toca el sol.» Después de aquel sueño, cada día y dondequiera que fuera, apoyaba la espalda, la planta del pie o la palma de la mano en los rectángulos de luz solar de las paredes, los suelos y las puertas. Me apoyaba y descansaba sobre aquellas doradas formas. Y éstas actuaban a modo de turbina para mi espíritu. No sé cómo, pero así era.

Si prestamos atención a las voces del sueño, las imágenes, los cuentos —sobre todo, los de nuestra vida—, nuestro arte, a las personas que nos han precedido y nos prestamos atención las unas a las otras, algo recibiremos, incluso varios algos que serán ritos psicológicos personales y nos servirán para consolidar esta fase del proceso[9].

Los huesos de este cuento proceden de la época en que se dice que las diosas peinaban el cabello de las mujeres mortales y las amaban con todo su corazón. En este sentido comprendemos que los descensos de este cuento son los que atraen a la mujer al remoto pasado, a las ancestrales líneas maternas del mundo subterráneo. Ésta es la tarea, regresar a través de las brumas del tiempo al lugar de *La Que sabe*, donde ella nos espera y nos tiene preparados unos vastos conocimientos del mundo subterráneo que serán muy valiosos para nuestro espíritu y nuestras personas en el mundo exterior.

En las antiguas religiones, el hecho de vestirse con pureza y prepararse para la muerte hace que la persona sea inmune e inaccesible al mal. Rodearse de la protección de la Madre Salvaje —el círculo de tiza de la oración, el pensamiento sublime o la preocupación por un resultado beneficioso para el alma— nos permite hacer el descenso psicológico sin apartarnos del camino y sin que la diabólica fuerza contraria de la psique apague nuestra vitalidad.

Aquí estamos pues, vestidas y protegidas al máximo, esperando nuestro destino. Pero la doncella llora y derrama lágrimas sobre sus manos. Al principio, cuando la psique llora inconscientemente, no podemos oírla; a lo más que llegamos es a experimentar una sensación de impotencia. La doncella sigue llorando. Sus lágrimas son la germinación de aquello que la defiende, de lo que purifica la herida que ha recibido.

C.S. Lewis escribió acerca de la botella de lágrimas infantiles capaz de sanar cualquier herida con sólo una gota. Las lágrimas en los mitos derriten el hielo del corazón. En «El niño de piedra»[10], un cuento que yo he ampliado a partir de un poético canto que me facilitó hace años mi querida *madrina* inuit Mary Uukalat, las ardientes lágrimas de un niño hacen que una fría piedra se rompa y libere un espíritu protector. En el cuento «Mary Culhane», el demonio que se ha apoderado de Mary no puede entrar en ninguna casa en la que un corazón sincero haya derramado lágrimas; para el demonio éstas son como el «agua bendita». A lo largo de la historia las lágrimas han cumplido tres misiones: han atraído a los espíritus, han rechazado a los que pretendían ahogar y encadenar al alma sencilla y han sanado las heridas de los pactos desventajosos hechos por los seres humanos.

Hay veces en la vida de una mujer en que ésta llora sin cesar y, aunque cuente con la ayuda y el apoyo de sus seres queridos, no puede dejar de llorar. Hay algo en sus lágrimas que mantiene al depredador a raya y aparta el malsano deseo o la ventaja que podría provocar su ruina. Las lágrimas sirven para remendar los desgarros de la psique, por los que se ha ido escapando la energía. La situación es muy grave, pero lo peor no llega a producirse —no nos roban la luz— porque las lágrimas nos otorgan la conciencia. No hay posibilidad de que nos quedemos dormidas cuando lloramos. Y el sueño que se produce es tan sólo para el descanso del cuerpo físico.

A veces una mujer dice: «Estoy harta de llorar, estoy hasta la coronilla, quiero detenerme.» Pero es su alma la que derrama lágrimas y éstas son su protección. Por consiguiente, tiene que seguirlo haciendo hasta que termina su necesidad. Algunas mujeres se asombran de la cantidad de agua que puede producir su cuerpo cuando lloran. Eso no dura eternamente, sólo hasta que el alma termina de expresarse de esta sabia manera.

El demonio trata de acercarse a la hija pero no puede, pues ésta se ha bañado y ha llorado. El maligno reconoce que aquella agua bendita ha debilitado su poder y exige que la doncella no vuelva a bañarse. Sin embargo, semejante circunstancia no sólo no la humilla sino que ejerce justo el efecto contrario[11]. La muchacha empieza a parecerse a un animal dotado de los poderes de la naturaleza salvaje subyacente y eso es también una protección. Es posible que en esta fase una mujer se interese menos por su aspecto o lo haga de una manera distinta. Puede que se vista como si fuera una maraña de ramas y no una persona. Cuando contempla la apurada situación en que se encuentra, muchas de sus antiguas preocupaciones desaparecen.

«Bueno —dice el demonio—, si te arranco la capa de civilización, es posible que te pueda robar la vida para siempre.» El depredador quiere humillarla y debilitarla con sus prohibiciones. El demonio cree que, si la doncella no se baña y se llena de mugre, él la podrá privar de sí misma. Pero ocurre justo lo contrario, pues la mujer sucia y llena de barro es amada e inequívocamente protegida por la Mujer Salvaje[12]. Está claro que el depredador no comprende que sus prohibiciones sólo sirven para acercar a la mujer a su poderosa naturaleza salvaje.

El demonio no puede aproximarse al yo salvaje cuya pureza consigue repeler en último extremo la energía desconsiderada o destructiva. La combinación del yo salvaje con las puras lágrimas de la mujer impide el acercamiento del ser perverso que busca su perdición para que él pueda vivir en toda su plenitud.

A continuación, el demonio ordena al padre que mutile a su hija, cercenándole las manos. En caso de que el padre se niegue a hacerlo, el demonio amenaza con matar toda la psique: «Todo lo de aquí morirá, incluyéndote a ti, a tu mujer y todos los campos hasta donde alcanza la vista.» El propósito del demonio es conseguir que la hija pierda las manos, es decir, la capacidad psíquica de asir, retener y ayudarse a sí misma y a los demás. El elemento paternal de la psique no está maduro, no puede conservar su poder contra el fuerte depredador; por eso le corta las manos a su hija. Intenta interceder en favor de su hija, pero el precio —la destrucción de toda la fuerza creativa de la psique— es demasiado alto. La hija se somete a la profanación y así culmina el cruento sacrificio que en la antigüedad simbolizaba un descenso total al averno.

Con la pérdida de las manos la mujer emprende el camino hacia *la selva subterránea* que es el territorio de su iniciación. Si estuviéramos en una tragedia griega, ahora el coro lloraría y lanzaría lamentos, pues, aunque el hecho le otorga a la doncella un inmenso poder, en aquel momento le arrebatan la inocencia que jamás se recupera de la misma manera.

El hacha de filo de plata procede de otro estrato arqueológico del antiguo femenino salvaje, en el que el color de la plata es el del mundo espiritual y el de la luna. El hacha de filo de plata se llama así porque en tiempos antiguos estaba hecha de acero ennegrecido en la fragua y su hoja se afilaba con una piedra de amolar hasta que adquiría un reluciente color plateado. En la antigua religión minoica el hacha de la diosa se utilizaba para señalar el camino ritual de los iniciados y marcar los lugares sagrados. Les he oído decir a dos ancianas «cuentistas» croatas que en las antiguas religiones femeninas se utilizaba una pequeña hacha ritual para cortar el cordón umbilical de los recién nacidos con el fin de que, liberados de las fuerzas del averno, pudieran vivir en este mundo[13].

La plata del hacha guarda relación con las manos de plata que más tarde pertenecerán a la doncella. Aquí el pasaje es un poco complicado, pues parece dar a entender la posibilidad de que la eliminación de las manos psíquicas tenga un carácter ritual. En los ritos de sanación de las ancianas de la Europa oriental y del norte de Europa se solía podar un joven abeto con un hacha para que creciera con más vigor[14]. Hace tiempo se profesaba un profundo amor a los árboles vivos. Éstos eran apreciados porque constituían el símbolo de la capacidad de morir y renacer, por todas las cosas aportadoras de vida que podían ofrecer a las personas, como, por ejemplo, la leña para calentarse y cocinar, las ramas para la construcción de cunas, los bastones para caminar, las paredes para protegerse y las medicinas para la fiebre, y también por ser lugares a los que se podía trepar para ver en la lejanía y, en caso necesario, esconderse del enemigo. El árbol era en verdad una gran madre salvaje.

En las antiguas religiones femeninas, esta clase de hacha pertenece por derecho propio a la diosa, no al padre. Esta secuencia del cuento permite deducir que el que el hacha pertenezca al padre se debe a una mezcla de la antigua religión con la nueva, cuyo resultado ha sido el desmembramiento y el olvido de la antigua. Pero, a pesar de las brumas del tiempo y/o de las sucesivas capas que se han superpuesto a los antiguos conceptos acerca de la iniciación femenina, siguiendo un relato como el que nos ocupa podemos extraer del enredo lo que nos interesa y reconstruir el mapa que nos muestra el camino del descenso y el del ascenso.

Podemos interpretar la eliminación de las manos psíquicas de la misma manera en que este símbolo era interpretado por los hombres de la antigüedad. En Asia, el hacha celeste se utilizaba para apartar a una persona del yo no iluminado. El elemento de la mutilación como iniciación reviste una importancia fundamental en nuestro relato. Si, en nuestras sociedades modernas, debemos cortar las manos del ego para poder recuperar nuestra función salvaje, es decir, nuestros sentidos femeninos, conviene que se corten para que podamos alejarnos de las seducciones de todas las cosas absurdas que tenemos a nuestro alcance, cualesquiera que sean las cosas a las que nos aferramos para no crecer. Si las manos tienen que desaparecer durante algún tiempo, que desaparezcan y sanseacabó.

El padre blande el cortante instrumento de plata y, pese al profundo pesar que experimenta, aprecia mucho más su vida y la de la psique que lo rodea, aunque algunas cuentistas de nuestra familia subrayaban con toda claridad que la vida que el padre más temía perder era la suya propia. Si consideramos el padre como un principio organizador, una especie de gobernante de la psique externa o mundana, veremos que el yo exterior de la mujer, su dominante yo-ego mundano, no quiere morir.

Y se comprende muy bien que así sea. Es lo que siempre ocurre en un descenso. Una parte de lo que somos se siente atraída por el descenso como si éste fuera algo apetecible, misterioso y agridulce. Pero, al mismo tiempo, experimentamos repulsión y cruzamos toda una serie de calles, autopistas e incluso continentes psíquicos para evitarlo. Sin embargo, aquí se nos muestra que el árbol florido tiene que sufrir la amputación. Lo único que nos permite soportar esta idea es la promesa de que alguien, en algún lugar de la parte inferior de la psique, nos espera para ayudarnos y curarnos. Un gran Alguien nos espera para restaurarnos, transformar lo que está deteriorado y vendar los miembros que han resultado heridos. En las tierras de labranza donde yo me crié, las tormentas de granizo y relámpagos se llamaban «tormentas cortantes» y algunas veces también «tormentas segadoras» en alusión a la Muerte que siega las vidas con su guadaña, pues derriban todos los seres vivos, el ganado y a veces también a los seres humanos de la región, pero, sobre todo, las plantas cosechables y los árboles. Después de una gran tormenta, familias enteras salían de los sótanos donde almacenaban las patatas y se inclinaban sobre la tierra para ver qué clase de ayuda necesitaban las cosechas, las flores o los árboles. Los chiquillos recogían las ramas llenas de hojas y frutos que habían quedado esparcidas por el suelo. Los más crecidos apuntalaban las plantas que aún vivían pero habían resultado dañadas. Las ataban con clavijas de madera, astillas para encender el fuego y vendas de trapo de color blanco. Los adultos arrancaban y enterraban todo lo que había sufrido daños irreparables.

Hay una encantadora familia como la de mi infancia, esperando a la doncella en el mundo subterráneo, tal como tendremos ocasión de ver. En esta metáfora de la mutilación de las manos vemos que algo saldrá de todo ello. En el mundo subterráneo, siempre que algo no puede vivir se derriba y se corta para poder utilizarlo de otra manera. La mujer del cuento no es vieja ni está enferma y, sin embargo, se tiene que desarmar porque no puede seguir siendo lo que había sido hasta entonces. Pero unas fuerzas la esperan para ayudarla a sanar.

Cortándole las manos, el padre acentúa el descenso, acelera la *disolutio*, la dolorosa pérdida de todos los valores que más se aprecian —lo cual significa perderlo todo—, la pérdida de las posiciones ventajosas, la pérdida del horizonte, de las coordenadas de las cosas en las que la persona cree y de las razones por las que cree en ellas. En los ritos aborígenes de todo el mundo, el propósito es confundir la mente ordinaria para facilitar la iniciación de los individuos en la mística[15].

Con la mutilación de las manos se subraya la importancia del resto del cuerpo psíquico y de sus atributos y sabemos que al insensato padre que gobierna la psique ya no le queda mucho tiempo de vida, pues la profunda mujer desmembrada hará su trabajo tanto con su ayuda y protección como sin ella. Y, por muy horrible que pueda parecer a primera vista, esta nueva versión de su cuerpo le va a ser muy útil.

Por consiguiente, en este descenso es donde perdemos las manos psíquicas, esas dos partes de nuestro cuerpo que son en sí mismas como dos pequeños seres humanos. En tiempos antiguos los dedos se equiparaban a las piernas y los brazos, y la articulación de la muñeca se equiparaba a la cabeza. Esos seres pueden bailar y cantar. Una vez batí palmas con René Heredia, un gran guitarrista flamenco. En el flamenco, las palmas de las manos hablan y producen sonidos que son palabras como «Más rápido, precioso mío, elévate, vuelve a bajar, siénteme, siente esta música, siente esto y esto y esto». Las manos son seres por derecho propio.

Si estudiamos los belenes de los países mediterráneos, veremos que las manos de los pastores y de los Reyes, de María o de José están extendidas con las palmas hacia el Divino Infante como si éste fuera una luz que se pudiera recibir a través de la piel de las palmas. En México vemos también que las imágenes de la Virgen de Guadalupe derraman su luz salutífera sobre nosotros, mostrándonos las palmas de las manos. El poder de las manos está presente a lo largo de toda la historia. En Kayenta, en la reserva diné (navajo) hay una cabaña india con una vieja huella de mano de color rojo al lado de la puerta. Su significado es «Aquí estamos a salvo».

Como mujeres, tocamos a muchas personas. Sabemos que la palma de la mano es una especie de sensor. Tanto con un abrazo como con una palmada o un simple roce del hombro hacemos una lectura de la persona a la que tocamos. A poca relación que tengamos con La Que Sabe, comprendemos lo que siente otro ser humano tanteándolo con las palmas de nuestras manos. Algunas mujeres reciben información en forma de imágenes incluso a veces de palabras que les comunican los sentimientos de los demás. Se podría decir que hay en las manos una especie de radar.

Las manos son no sólo receptoras sino también transmisoras. Cuando alguien estrecha la mano de una persona le puede transmitir un mensaje y es lo que suele hacer de manera inconsciente a través de la presión, la intensidad, la duración y la temperatura cutánea. Las personas que de manera inconsciente o deliberada tienen intenciones aviesas poseen un tacto que hace que el otro sienta que le están abriendo boquetes en el cuerpo espiritual psíquico. En el polo psicológico opuesto, las manos que se apoyan en una persona pueden aliviar, consolar, eliminar el dolor y sanar. Se trata de un saber femenino que se ha transmitido de madre a hija a través de los siglos[16].

El depredador de la psique lo sabe todo acerca del profundo misterio que se asocia con las manos. En demasiadas partes del mundo una de las manifestaciones más patológicas de inhumanidad consiste en secuestrar a una persona inocente y cortarle las manos; en desmembrar la función táctil, visual y sanadora del ser humano. El asesino no siente y no quiere que su víctima sienta. Ésta es exactamente la intención del demonio, pues el aspecto no redimido de la psique no siente nada y, en la malsana envidia y el odio que le inspiran los que sí sienten algo, experimenta el impulso de cortar. El asesinato de una mujer mediante la mutilación constituye el tema de muchos cuentos. Pero este demonio es algo más que un asesino, es un mutilador. Exige una mutilación que no es puramente decorativa o una simple escarificación de carácter ritual sino que se propone dejar inválida a la mujer para siempre.

Cuando decimos que a una mujer le han cortado las manos, queremos decir que está incapacitada para consolarse y curarse ella misma de manera inmediata y que no puede hacer nada que no sea seguir el mismo camino de siempre. Por consiguiente, es bueno que sigamos llorando en este período. Es nuestra sencilla y poderosa protección contra un demonio tan pernicioso que ninguna de nosotras puede comprender por entero sus motivos y su *raison d'être*.

En los cuentos de hadas encontramos el *leitmotiv* del llamado «objeto arrojado». La heroína perseguida se saca un peine mágico del cabello y lo arroja a su espalda, donde crece y se convierte en un bosque de árboles tan tupido que en él no se podría introducir una horca. O bien la heroína tiene un frasquito de agua, lo destapa y arroja su contenido a su espalda mientras corre. Las gotitas se convierten en una inundación que dificulta el avance de su perseguidor.

En el cuento, la joven derrama abundantes lágrimas sobre sus muñones y el demonio se siente repelido por el campo de fuerzas que la rodea. No puede apoderarse de ella tal como pretendía. Aquí las lágrimas son el «objeto arrojado», la muralla de agua que aleja al demonio, no porque el demonio se conmueva o se ablande al ver las lágrimas —no se conmueve—, sino porque las lágrimas sinceras poseen una pureza que quiebra su poder. Y nosotras comprobamos la veracidad de este aserto cuando lloramos con toda nuestra alma porque no vemos en el horizonte más que oscuridad y desolación y, sin embargo, las lágrimas nos salvan de morir inútilmente abrasadas[17].

La hija tiene que sufrir. Me asombra lo poco que lloran las mujeres hoy en día y que, encima, lo hagan como pidiendo perdón. Me preocupa que la vergüenza o el desuso nos esté arrebatando esta función tan natural. Ser un árbol florido y húmedo es esencial, pues, de lo contrario, nos rompemos. Llorar es bueno y está bien. No resuelve el dilema, pero permite que el proceso continúe y no se interrumpa. Ahora la vida de la doncella tal y como ella la ha conocido, su comprensión de la vida hasta aquel momento, ha tocado a su fin y ella desciende a otro nivel del mundo subterráneo. Y nosotras seguimos sus huellas. Seguimos adelante a pesar de que somos vulnerables y estamos tan privadas de la protección del ego como un árbol al que le han arrancado la corteza. Pero somos poderosas, pues hemos aprendido a arrojar al demonio al otro lado del patio.

En este momento vemos que sea lo que fuere que hagamos en la vida, los planes de nuestro ego se nos escapan de las manos. Habrá un cambio en nuestra vida, un cambio muy grande cualesquiera que sean los bonitos planes que haya forjado este pequeño y temperamental director de escena para la siguiente fase. Nuestro poderoso destino empieza a gobernar nuestra vida, no el molino, no el barrido del patio, no el sueño. Nuestra vida tal y como la conocíamos ha tocado a su fin. Queremos estar solas y quizá que nos dejen en paz. Ya no podemos confiar en la paternal cultura dominante; por primera vez estamos en pleno aprendizaje de lo que es nuestra verdadera vida. Y seguimos adelante.

Es un período en el que todo lo que valoramos pierde su alegre ritmo. Jung nos recuerda el término utilizado por Heráclito, *enantiodromia*, es decir, la corriente hacia atrás. Pero esta corriente hacia atrás puede ser algo más que una regresión al inconsciente personal; puede ser un sincero regreso a los antiguos valores factibles, a unas ideas más hondamente sentidas[18]. Si entendemos esta fase de la iniciación en la resistencia como un paso hacia atrás, conviene que también la consideremos un paso de diez leguas más hacia el profundo reino de la Mujer Salvaje.

Todo ello hace que el demonio se largue con el rabo entre las piernas. En este sentido, cuando una mujer se da cuenta de que ha perdido el contacto, su habitual manera de ver el mundo, sigue siendo poderosa gracias a la pureza de su alma y fuerte gracias a su empeño en seguir sufriendo, lo cual provoca la retirada de aquello que deseaba destruirla.

El cuerpo psíquico ha perdido sus valiosas manos, es cierto. Pero el resto de la psique compensará la pérdida. Conservamos unos pies que conocen el camino, una mente espiritual que nos permite ver muy lejos, unos pechos y un vientre que sienten exactamente igual que el exótico y enigmático vientre de la diosa Baubo, que es el símbolo de la profunda naturaleza instintiva de las mujeres y también carece de manos. Con este cuerpo incorpóreo y misterioso seguimos adelante. Estamos a punto de iniciar el siguiente descenso.

En la tercera fase del cuento el padre ofrece a su hija riquezas de por vida, pero la hija dice que se irá y se encomendará al destino. Al rayar el alba, envolviéndose los brazos con una gasa limpia, abandona la vida que ha conocido hasta entonces.

Se convierte de nuevo en una especie de animal desgreñado. Por la noche, muerta de hambre, llega a un vergel en el que todas las peras están numeradas[19]. Un espíritu vacía el foso que rodea el vergel y, mientras el desconcertado hortelano la observa, la mujer se come la pera que el árbol le ofrece.

La iniciación es el proceso mediante el cual abandonamos nuestra natural inclinación a permanecer inconscientes y tomamos la decisión de que, por mucho que nos cueste —sufrimiento, esfuerzo, resistencia—, buscaremos la unión consciente con la mente más profunda, con el Yo salvaje. La madre y el padre del cuento tratan de atraer de nuevo a la doncella al estado inconsciente: «Quédate con nosotros, estás herida, pero nosotros te ayudaremos a olvidar.» ¿Querrá la doncella, ahora que ha derrotado al demonio, dormirse por así decirlo en sus laureles? ¿Se retirará, manca y herida, a los recovecos de la psique, donde será cuidada durante el resto de su vida, dejándose llevar y haciendo lo que le mandan?

No, no se retirará para siempre a una habitación oscura cual si fuera una belleza con el rostro desfigurado por un ácido. Se vestirá, se aplicará la mejor medicina psíquica que pueda y bajará por otra escalera de piedra a un reino todavía más profundo de la psique. La antigua parte dominante de la psique le ofrece la posibilidad de mantenerla a salvo y escondida para siempre, pero su naturaleza instintiva dice que no, pues intuye que tiene que esforzarse por vivir plenamente despierta, ocurra lo que ocurra.

Las heridas de la doncella están envueltas en una gasa blanca. El blanco es el color de la tierra de los muertos y también es el color de la alquímica *albedo*, la resurrección del alma desde el reino de ultratumba. El color es el heraldo del ciclo del descenso y el regreso. Al principio, la doncella se convierte aquí en una vagabunda, lo cual es de por sí la resurrección a una nueva vida y la muerte de la antigua. El vagabundeo es una buena elección.

Las mujeres que se encuentran en esta fase suelen sentirse desesperadas y, al mismo tiempo, inflexiblemente decididas a emprender este viaje interior, ocurra lo que ocurra. Y es lo que hacen cuando cambian una vida por otra o una fase de la vida por otra o, a veces, incluso un amante por otro que no es sino ella misma. El paso desde la adolescencia a la joven feminidad o desde la mujer casada a la soltera o desde la mediana edad a la madurez, cruzando la frontera de la vieja bruja, emprendiendo el camino a pesar de las heridas sufridas, pero con un nuevo sistema de valores propio, es una muerte y resurrección. Abandonar una relación o el hogar de los padres, dejar atrás unos valores anticuados, convertirse en una persona independiente, adentrarse en la salvaje espesura por el simple hecho de que debe hacerse, todas estas cosas constituyen la inmensa dicha del descenso.

Así pues, emprendemos la marcha y bajamos a un mundo distinto, bajo un cielo distinto y con un terreno desconocido bajo nuestras botas. Pero lo hacemos sintiéndonos vulnerables, pues no sabemos dónde agarrarnos ni cómo sostenernos y lo ignoramos todo, pues nos faltan las manos.

La madre y el padre —los aspectos colectivos y egoístas de la psique— ya no tienen el poder que antaño tenían. Han sido castigados por la sangre derramada a causa de su imprudente descuido. Aunque se comprometan a mantener a la doncella con toda suerte de comodidades, ahora no pueden gobernar su vida, pues el destino la induce a vivir como una vagabunda. En este sentido, su padre y su madre se mueren. Sus nuevos progenitores son el viento y el camino.

El arquetipo de la vagabunda da lugar a que surja otro: el de la loba solitaria, la intrusa. Está fuera de las familias aparentemente felices de las aldeas, fuera de la caldeada estancia, muriéndose de frío en el exterior; ésta es ahora su vida[20]. Es la metáfora viviente de las mujeres errantes. Empezamos por no sentirnos parte de la vida carnavalesca que gira a nuestro alrededor. El organillo queda muy lejos, los buhoneros, los que anuncian a gritos el espectáculo y todo el espléndido circo de la vida exterior se tambalean y se convierten en polvo mientras nosotras seguimos bajando al mundo subterráneo.

Aquí la antigua religión nocturna nos sale de nuevo al encuentro en el camino. Aunque la antigua historia de Hades que se llevó a Perséfone al averno es un bello drama, otros cuentos mucho más antiguos pertenecientes a religiones matriarcales como los que tienen por protagonistas a Ishtar e Inanna sugieren la existencia de un claro vínculo de «amoroso anhelo» entre la doncella y el rey del infierno.

En estas antiguas versiones religiosas, no es necesario que un oscuro dios se apodere de la doncella y se la lleve a rastras al mundo subterráneo. La doncella sabe que tiene que ir, sabe que todo eso forma parte del rito divino. Aunque tenga miedo, ya desde un principio quiere ir al encuentro del rey, su esposo del averno. Efectuando el descenso a su manera, se transforma, adquiere una profunda sabiduría y asciende de nuevo al mundo exterior.

Tanto el clásico mito de Perséfone como el núcleo del cuento de hadas de «La doncella manca» son dramas fragmentarios derivados de otros más completos que se describen en las religiones más antiguas. Lo que al principio era el ansia de encontrar al Amado del Mundo Subterráneo se convirtió en mitos posteriores en lujuria y rapto.

En la época de los grandes matriarcados se daba por hecho que una mujer sería conducida de manera natural al mundo subterráneo bajo la guía de los poderes de lo femenino profundo. Tal cosa se consideraba parte de su formación y el hecho de que adquiriera esta sabiduría gracias a la experiencia directa era un logro de primerísimo orden. La naturaleza de este descenso es el núcleo arquetípico tanto del cuento de hadas de «La doncella manca» como del mito de Deméter/Perséfone.

En el cuento, la doncella vaga por segunda vez como un animal mugriento. Ésta es la manera adecuada de descender, con una actitud de «Me importan muy poco las cosas del mundo». Pero, como podemos ver, su belleza resplandece a pesar de todo. La idea de no lavarse también procede de los antiguos ritos cuya culminación es el baño y las nuevas vestiduras que representan el paso a una nueva o renovada relación con el Yo.

Vemos que la doncella manca ha pasado por todo el ciclo del descenso y la transformación, el ciclo del despertar. En algunos tratados de alquimia, se describen tres fases necesarias para la transformación: la *nigredo*, la negrura o la oscura fase de la disolución, la *rubedo* o la rojez de la fase sacrificial, y la *albedo*, la blancura de la fase de la resurrección. El pacto con el demonio era la *nigredo*, la fase de oscuridad; la mutilación de las manos era la *rubedo*, el sacrificio; y el abandono del hogar envuelta en gasas de color blanco, era la *albedo*, la nueva vida. Y ahora, como vagabunda que es, es arrojada de nuevo a la *nigredo*. Pero el antiguo yo ha desaparecido y el yo profundo, el yo natural, es la poderosa vagabunda[21].

Ahora la doncella no sólo va sucia sino que, además, está hambrienta. Se arrodilla delante del vergel como si éste fuera un altar, cosa que efectivamente es: el altar de los salvajes dioses del mundo subterráneo. Cuando descendemos a la naturaleza primaria, los antiguos y automáticos medios de alimentarnos desaparecen. Las cosas del mundo que nos alimentaban pierden el sabor. Nuestros objetivos ya no nos estimulan. Nuestros logros carecen de interés. Dondequiera que miremos en el mundo de arriba, no hay comida para nosotras. Por consiguiente, el hecho de que recibamos justo a tiempo la ayuda que necesitamos, constituye uno de los más puros milagros de la psique.

La vulnerable doncella recibe la visita de un emisario del alma, el espíritu vestido de blanco. El espíritu vestido de blanco elimina las barreras que le impiden alimentarse. Vacía el foso ajustando la compuerta. El foso tiene un significado oculto. Según los antiguos griegos, el río Éstige separa la tierra de los vivos de la tierra de los muertos. Sus aguas están llenas de los recuerdos de todas las obras pasadas de los muertos desde el principio de los tiempos. Los muertos pueden descifrar los recuerdos y ordenarlos, pues su visión se ha agudizado como consecuencia de la pérdida del cuerpo material.

Pero, para los vivos, el río es un veneno. A no ser que lo crucen con un espíritu guía, se ahogan y descienden a otro nivel de ultratumba, donde vagarán por toda la eternidad en medio de la bruma. Dante tenía a Virgilio, *Coatlicue* tenía una serpiente viva que la acompañaba al mundo de fuego y la doncella manca tiene al espíritu vestido de blanco. Vemos por tanto que la mujer escapa primero de la madre no despierta y del torpe y codicioso padre y después se deja guiar por el alma salvaje.

En el cuento, el espíritu guía acompaña a la doncella manca al reino subterráneo de los árboles, al vergel del rey. Eso también es un vestigio de las antiguas religiones en las que siempre se asignaba un espíritu guía a los jóvenes iniciados. Los mitos griegos están llenos de doncellas acompañadas de lobas, leonas u otras figuras que eran sus iniciadoras. E incluso en los actuales ritos religiosos relacionados con la naturaleza como los de los diné (navajos), los misteriosos *yeibecheis* son fuerzas elementales de carácter animal que presiden la iniciación y los ritos de curación.

La idea psíquica que aquí se quiere transmitir es la de que el mundo subterráneo, como el inconsciente de los seres humanos, está lleno de insólitas y llamativas figuras, imágenes, arquetipos, seducciones, amenazas, tesoros, torturas y pruebas. Es importante para el viaje de individuación de la mujer que ésta tenga sentido común espiritual o que cuente con la ayuda de un guía sensato para que no caiga en la fantasmagoría del inconsciente y no se pierda en situaciones atormentadoras. Tal como vemos en el cuento, es más importante quedarse con el hambre y seguir el propio camino a partir de allí.

Como Perséfone y como las diosas de la Vida/Muerte/Vida, la doncella encuentra el camino que la conduce a una tierra de mágicos vergeles donde un rey la está esperando. Ahora la antigua religión empieza a brillar en el cuento con creciente intensidad. En la mitología griega[22] había dos árboles entrelazados a la entrada del averno, y los Campos Elíseos, el lugar en el que moraban los muertos que habían sido virtuosos en vida, ¿en qué consistían? En unos vergeles.

Los Campos Elíseos se describen como un lugar de perpetua luz diurna, en el que las almas pueden renacer en la tierra siempre que lo deseen. Es el doble del mundo superior. Aquí pueden ocurrir cosas muy difíciles, pero su significado y los conocimientos que proporcionan son distintos de los del mundo de arriba. En el mundo de arriba todo se interpreta a la luz de las simples ganancias y pérdidas. En el otro mundo o mundo subterráneo, todo se interpreta a la luz de los misterios de la verdadera visión, la obra adecuada y el desarrollo que lleva aparejado el hecho de convertirse en una persona de gran fuerza y sabiduría interior.

En el cuento la acción se centra ahora en el árbol frutal que en la antigüedad se llamaba el Árbol de la Vida, el Árbol de la Perspicacia, el Árbol de la Vida y la Muerte o el Árbol de la Ciencia. A diferencia de los árboles que tienen agujas u hojas, el árbol frutal ofrece abundante alimento, pero no sólo alimento, pues un árbol almacena agua en sus frutos. El agua, el líquido primordial del crecimiento y la continuidad, se absorbe por medio de las raíces que alimentan el árbol por acción capilar —una red de miles de millones de plexos celulares tan minúsculos que no son perceptibles a simple vista— y, al llegar al fruto, lo hincha y lo convierte en un objeto de belleza sin igual.

Debido a ello, se piensa que el fruto está dotado de alma y tiene una fuerza vital que se desarrolla a partir de cierta cantidad de agua, aire, tierra, alimento y semilla, cosas todas que contiene en parte, y, por si fuera poco, sabe divinamente bien. Las mujeres que se alimentan con el fruto, el agua y la semilla de la tarea de las selvas subterráneas se desarrollan psicológicamente de una manera similar. Su psique se ensancha y madura constantemente.

Como una madre que ofrece el pecho a su hijo, el peral del vergel se inclina para ofrecer su fruto a la doncella. Este jugo materno es el de la regeneración. El hecho de comer la pera alimenta a la doncella, pero hay algo todavía más conmovedor: el inconsciente, su fruto, se inclina hacia ella para alimentarla. En este sentido, el inconsciente deposita un beso en sus labios. Le da el sabor del Yo, el aliento y la sustancia de su propio dios salvaje, algo así como una comunión salvaje.

El saludo a María por parte de su prima Isabel[23] en el Nuevo Testamento es probablemente un resto de este antiguo entendimiento entre las mujeres: «Bendito el fruto de tu vientre», le dice Isabel a María. En las más antiguas religiones nocturnas, la mujer que acababa de ser iniciada y estaba preñada de sabiduría, era recibida de nuevo en el mundo de los vivos con una hermosa bendición de sus parientas.

El mensaje más extraordinario del cuento es el de que, en los momentos más oscuros, el inconsciente femenino, es decir, el inconsciente uterino, la Naturaleza, alimenta el alma de la mujer. Las mujeres dicen que, en pleno descenso, se sienten rodeadas por la más lóbrega oscuridad, perciben el roce de la punta de un ala y experimentan una sensación de alivio. Notan que se está produciendo la alimentación interior y que un manantial de agua bendita inunda la tierra agrietada y reseca, pero ellas ignoran su procedencia. El manantial no alivia el sufrimiento sino que más bien alimenta cuando no hay otra cosa. Es el maná del desierto. Es el agua que brota de la roca. Es el alimento llovido del cielo. Sacia el hambre para que podamos seguir adelante. Y de eso precisamente se trata, de seguir adelante. De seguir adelante hasta llegar a nuestro destino de sabiduría.

El cuento resucita el recuerdo de una antiquísima promesa: la de que el descenso nos alimentará aunque todo esté oscuro, aunque tengamos la sensación de que nos hemos perdido. Aun en medio del no saber, el no ver, el «vagar a ciegas», hay un «Algo», un «Alguien» desordenadamente presente que nos acompaña. Si giramos a la izquierda, él también gira a la izquierda. Si giramos a la derecha, nos sigue de cerca, nos sostiene y nos ayuda a hacer el camino.

Ahora estamos en otra *nigredo* de un vagabundeo en el que no sabemos qué será de nosotras y, sin embargo, en esta apurada situación, se nos ofrece el alimento del Árbol de la Vida. El hecho de comer del Árbol de la Vida en el país de los muertos es una antigua metáfora de la fecundación. En la tierra de los vivos se creía que un alma se podía introducir en un fruto o cualquier otro comestible para que la futura madre lo comiera y ella se pudiera regenerar en su carne. Aquí pues, casi a medio camino, se nos ofrece el cuerpo de la Madre Salvaje a través de la sustancia de la pera y nosotras comemos aquello en lo que nosotras mismas llegaremos a convertirnos[24].

La cuarta fase: El descubrimiento del amor en el mundo subterráneo

A la mañana siguiente el rey viene a contar sus peras. Falta una y el hortelano le revela lo que ha visto. «Anoche dos espíritus vaciaron el foso, entraron en el vergel bajo la luz de la luna y uno que era manco se comió la pera que el árbol le ofreció.»

Aquella noche el rey monta guardia con su hortelano y con su mago que sabe hablar con los espíritus. A medianoche la doncella aparece flotando por el bosque con sus sucios andrajos, su cabello desgreñado, el rostro surcado de tiznaduras de mugre y los brazos sin manos, acompañada del espíritu.

Una vez más, otro árbol se inclina y la doncella se come la pera que cuelga del extremo de la rama. El mago se acerca, pero no demasiado, y pregunta:

—¿Eres de este mundo o no eres de este mundo?

La doncella contesta:

—Antes era del mundo, pero no soy de este mundo.

El rey interroga al mago.

—¿Es un ser humano o es un espíritu?

El mago contesta que es ambas cosas. El rey corre hacia ella y le promete amor y lealtad:

—No te abandonaré. A partir de hoy, cuidaré de ti.

Se casan y él le manda hacer unas manos de plata.

El rey es una sagaz criatura del mundo de la psique subterránea. No es simplemente un viejo rey sino que es uno de los principales vigilantes del inconsciente femenino. Vigila la botánica del crecimiento del alma; su vergel (que es también el de su madre) está lleno de árboles de la vida y de la muerte. El rey pertenece a la familia de los dioses salvajes. Como la doncella, es capaz de resistir muchas cosas. Y, como la doncella, tiene otro descenso por delante. Pero de eso ya hablaremos después.

En cierto modo, se podría decir que sigue los pasos de la doncella. La psique siempre vigila su propio proceso. Es una premisa sagrada. Significa que, cuando vagas sin rumbo, hay otro ser —por lo menos uno y, a menudo, más de uno— que está curtido y tiene experiencia y está aguardando que llames a la puerta, golpees una piedra, te comas una pera o aparezcas sin más, para anunciar tu llegada al mundo subterráneo. Esta amorosa presencia monta guardia a la espera de que aparezca la buscadora que vaga sin rumbo. Las mujeres lo saben muy bien. Hablan de un destello de luz o de perspicacia, de un presentimiento o una presencia.

El hortelano, el rey y el mago son tres maduros símbolos del arquetipo masculino. Equivalen a la sagrada trinidad femenina representada por la madre, la doncella y la vieja bruja. En el cuento, las antiguas diosas triples o las tres-diosas-en-una están representadas de la siguiente manera: la doncella está simbolizada por la mujer manca, y la madre del rey, que entra en escena más adelante, es el símbolo de la madre y de la vieja bruja. El giro que confiere al cuento una apariencia «moderna» es la figura del demonio, que en los antiguos ritos de iniciación femenina estaba normalmente representado por la vieja en su doble naturaleza de aquella que da la vida y la quita. En este cuento el demonio es sólo el que quita la vida.

No obstante, en tiempos inmemoriales, lo más probable es que en este tipo de cuento la vieja interpretara el papel de la iniciadora que al mismo tiempo pone obstáculos a la joven y dulce heroína en su paso de la tierra de los vivos a la tierra de los muertos. Desde un punto de vista psíquico, todo eso concuerda con la psicología junguiana, la teología y las antiguas religiones nocturnas, según las cuales el Yo o, en nuestra forma de hablar, la Mujer Salvaje, siembra en la psique toda suerte de semillas y desafíos con el fin de que la mujer desesperada regrese a su naturaleza original en busca de respuestas y de fuerza, uniéndose de nuevo al gran Yo Salvaje para, a partir de aquel momento, actuar en la medida de lo posible como si ambos fueran una sola cosa.

En cierto modo, esta distorsión del cuento distorsiona nuestra información acerca de los antiguos pasos que integraban el regreso de la mujer al mundo subterráneo. Pero, en realidad, esta sustitución de la vieja por el demonio resulta extremadamente importante para nosotras en la actualidad, pues, para poder descubrir los antiguos caminos que conducen al inconsciente, nos vemos obligadas a menudo a luchar contra el demonio disfrazado de mandatos culturales, familiares o intrapsíquicos que devalúan la vida del alma de lo femenino salvaje. En este sentido, el cuento tiene un doble efecto; por un lado contiene los suficientes huesos del antiguo ritual como para que podamos reconstruirlo y, por otro, nos muestra de qué manera el depredador natural trata de apartarnos de los derechos que nos corresponden y de arrebatarnos las tareas del alma.

Los principales autores de la transformación presentes en el vergel en este momento son, en orden aproximado de aparición: la doncella, el espíritu vestido de blanco, el hortelano, el rey, el mago, la madre/vieja y el demonio. Éstos simbolizan tradicionalmente las siguientes fuerzas intrapsíquicas:

LA DONCELLA

Tal como ya hemos visto, la doncella simboliza la sincera psique previamente dormida. Pero la heroína-guerrera permanece oculta bajo su dulce capa exterior. Tiene la resistencia propia de la loba solitaria. Es capaz de soportar la suciedad, la mugre, la traición, el daño, la soledad y el exilio de la iniciada. Es capaz de vagar sin rumbo por el mundo subterráneo y de regresar enriquecida al mundo de arriba. Aunque al iniciar el descenso quizá no pueda formularlas con claridad, está siguiendo las instrucciones y las directrices de la Vieja Madre, de la Mujer Salvaje.

EL ESPÍRITU VESTIDO DE BLANCO

En todas las leyendas y todos los cuentos de hadas, el espíritu vestido de blanco es el guía, el que posee una dulce sabiduría innata y que es algo así como el explorador del viaje de la mujer. Entre algunas *mesemondók*, este espíritu se consideraba un fragmento de un antiguo y valioso dios despedazado que seguía encarnándose en los seres humanos. Por su atuendo, el espíritu vestido de blanco guarda estrecha relación con la miríada de diosas de la Vida/Muerte/Vida de las distintas culturas, todas ellas esplendorosamente vestidas de blanco: *La Llorona*, Berchta, Hel, etc. Lo cual quiere decir que el espíritu vestido de blanco es un auxiliar de la madre/vieja que, en la psicología arquetípica, es también la diosa de la Vida/Muerte/Vida.

EL HORTELANO

El hortelano es el cultivador del alma, un guardián regenerador de la semilla, la tierra y la raíz. Es similar al *Kokopelli* de los indios hopi, un espíritu jorobado que cada primavera se presenta en las aldeas y fertiliza no sólo las cosechas sino también a las mujeres. La función del hortelano es la regeneración. La psique de la mujer tiene que sembrar, desarrollar y cosechar constantemente nueva energía para poder sustituir la vieja y gastada. Hay una natural entropía, o desgaste y utilización, de los componentes psíquicos. Es bueno que así sea y así debería funcionar la psique, pero hay que tener nueva energía lista para sustituir a la vieja. Éste es el papel del hortelano en la tarea de la psique. Lleva la cuenta de la necesidad de cambio y reabastecimiento. En el interior de la psique, hay vida constante, constante enfrentamiento con la muerte y constante sustitución de ideas, imágenes y energías.

EL REY

El rey[25] representa un tesoro de sabiduría en el mundo subterráneo. Posee la capacidad de sacar la sabiduría interior al mundo exterior y ponerla en práctica sin disimulos, murmullos o disculpas. El rey es el hijo de la madre/vieja. Como ella y probablemente siguiendo su ejemplo, interviene en el mecanismo del proceso vital de la psique: el debilitamiento, la muerte y el regreso de la conciencia. Más adelante, cuando vaga en busca de su reina perdida, experimentará una especie de muerte que lo transformará de un rey civilizado en un rey salvaje. Encontrará a su reina y renacerá. En términos psíquicos eso significa que las antiguas actitudes centrales de la psique morirán cuando la psique adquiera nuevos conocimientos. Las antiguas actitudes serán sustituidas por nuevos o renovados puntos de vista acerca de casi todo lo que constituye la vida de la mujer. En este sentido, el rey simboliza la renovación de las actitudes y leyes dominantes de la psique femenina.

El mago o brujo[26] que acompaña al rey para interpretar lo que éste ve simboliza la magia directa del poder de la mujer. Cosas como el recuerdo instantáneo, la visión a mil leguas de distancia, la capacidad de oír desde miles de kilómetros o de captar lo que hay detrás de los ojos de un ser —humano o animal— son cualidades propias de lo femenino instintivo. Es el mago quien participa de ellas y quien tradicionalmente ayuda a conservarlas y ponerlas en práctica en el mundo exterior. Aunque el mago también puede ser una maga, aquí es una poderosa figura masculina similar al valeroso hermano de los cuentos de hadas que, por amor a su hermana, es capaz de hacer cualquier cosa para ayudarla. El mago siempre posee un potencial ambivalente. En los sueños y en los cuentos se presenta indistintamente como hombre o como mujer. Puede ser macho, hembra, animal o mineral y cambiar de disfraz con tanta soltura como la vieja, su réplica femenina. En la vida consciente, el mago ayuda a la mujer a convertirse en lo que quiera y a representarse a sí misma como quiera en un momento determinado.

LA REINA MADRE/VIEJA

En este cuento la reina madre/vieja es la madre del rey. Esta figura simboliza muchas cosas, entre ellas la fecundidad, la inmensa capacidad de ver los trucos del depredador y de atemperar las maldiciones. La palabra «fecundidad», que suena como un tambor cuando se pronuncia en voz alta, significa algo más que fertilidad; quiere decir fecundable a la manera en que es fecundable la tierra. Es aquella tierra negra en la que brilla la mica, las negras y peludas raíces y toda la vida anterior, desmenuzada en un aromático mantillo. La palabra «fertilidad» contiene el significado de las semillas, los huevos, los seres y las ideas. La fecundidad es la materia esencial en la que se depositan, preparan, calientan, incuban y guardan las semillas. Es por eso por lo que la vieja madre es designada a menudo con sus nombres más antiguos —Madre Polvo, Madre Tierra, Mam y Ma—, pues ella es el abono que hace nacer las ideas.

EL DEMONIO

En este cuento, la doble naturaleza del alma de la mujer, que la acosa y la sana al mismo tiempo, ha sido sustituida por una sola figura, la del demonio. Tal como ya hemos dicho anteriormente, esta figura del demonio representa al depredador natural de la psique femenina, un aspecto *contra natura* que se opone al desarrollo de la psique y trata de matar el alma. Es una fuerza separada de su otra faceta, la que da la vida. Una fuerza que se tiene que vencer y reprimir. La figura del demonio no es lo mismo que otra fuente natural de acoso y hostigamiento también presente en la psique femenina y que yo llamo el álter-alma. El álter-alma opone resistencia y es positiva. Aparece a menudo en los sueños femeninos, los cuentos de hadas y los mitos como una figura que cambia constantemente de aspecto y que magnetiza y atormenta a la mujer hasta obligarla a efectuar un descenso que, en condiciones ideales, culmina en una reunión con sus recursos más profundos.

Por consiguiente, en este vergel del mundo subterráneo se va a producir la unión de estas poderosas partes de la psique, tanto masculinas como femeninas. Forman una *conjunctio*. La palabra procede de la alquimia y significa una más elevada unión transformativa de sustancias dispares. Cuando estos contrarios se frotan conjuntamente se produce la activación de ciertos procesos intrapsíquicos. Actúan como el pedernal que se frota contra la piedra para encender el fuego. A través de la conjunción y la presión de elementos dispares que habitan en el mismo espacio psíquico se produce la energía del alma, la perspicacia y la sabiduría.

La presencia del tipo de *conjunctio* que se produce en el cuento marca la activación de un lujuriante ciclo de la Vida/Muerte/Vida. Cuando se produce esta insólita y valiosa reunión, sabemos que está a punto de ocurrir una muerte espiritual, que es inminente un matrimonio espiritual y que nacerá una nueva vida. Estos factores predicen lo que va a ocurrir. La *conjunctio* no es algo que se pueda ir a buscar. Es algo que ocurre como consecuencia de un intenso esfuerzo.

Así pues, envueltas en nuestras vestiduras cubiertas de barro, bajamos por un camino que jamás habíamos visto mientras la señal de la naturaleza salvaje brilla cada vez con más fulgor a través de nosotras. Hay que decir que esta *conjunctio* requiere una drástica revisión de lo que una ha sido hasta ahora. Si estamos en el vergel y podemos identificar la presencia de estos aspectos psíquicos, ya no hay vuelta atrás, tenemos que seguir adelante.

¿Qué más podemos decir acerca de las peras? Están ahí para las que tienen hambre durante su largo viaje al mundo subterráneo. Tradicionalmente se utilizan distintos frutos para simbolizar el vientre femenino, casi siempre peras, manzanas, higos y melocotones, aunque, por regla general, cualquier objeto que tenga forma exterior e interior y en cuyo centro haya semillas de las que pueda surgir algo vivo —huevos, por ejemplo— puede representar esta capacidad de la «vida dentro de la vida» de lo femenino. Las peras del cuento representan arquetípicamente un estallido de nueva vida, una semilla de un nuevo yo.

En muchos mitos y cuentos de hadas los árboles frutales se encuentran bajo el dominio de la Gran Madre, la vieja Madre Salvaje, y el rey y sus hombres son los mayordomos. Las peras del jardín están numeradas, pues en este proceso transformativo se tienen en cuenta todos los detalles. No es un designio ciego. Todo está registrado y controlado. La vieja Madre Salvaje sabe cuántas sustancias transformativas posee. El rey viene para contar las peras, no en celoso gesto de posesión sino en su afán de descubrir si ha llegado alguien nuevo al mundo subterráneo para comenzar su profundo proceso de iniciación. El mundo del alma siempre espera al principiante y al que vaga sin rumbo.

La pera que se inclina para alimentar a la doncella es como una campana que repica en el vergel del mundo subterráneo, convocando todas las fuerzas y las fuentes, al rey, al mago, al hortelano y, finalmente, a la anciana madre; todos corren a saludar, sostener y ayudar a la principiante.

Las figuras santas de todos los tiempos nos aseguran y confirman que, en el transformativo camino abierto ya hay «un lugar preparado para nosotras». Y el destino nos arrastra o nos empuja a este lugar con la ayuda del rastro y la intuición. Todas acabamos llegando al vergel del rey. Tal como debe ser.

En este episodio, los tres atributos masculinos de la psique femenina —el jardinero, el rey y el mago— son los vigilantes que interrogan y prestan su auxilio durante el viaje por el mundo subterráneo donde nada es lo que parece al principio. Cuando el aspecto regio de la psique subterránea femenina averigua que ha habido un cambio en la disposición del vergel, se presenta en compañía del mago de la psique que comprende las cuestiones de los mundos humano y espiritual y sabe distinguir entre los distintos aspectos psíquicos del inconsciente.

Así pues, ambos contemplan cómo el espíritu vuelve a vaciar el foso. Tal como ya hemos dicho antes, el foso tiene un significado simbólico similar al del Éstige, el río venenoso en el que las almas de los muertos eran trasladadas desde la tierra de los vivos al país de los muertos. El río no era venenoso para los muertos sino tan sólo para los vivos. Hay que guardarse por tanto de la sensación de descanso y cumplimiento que puede inducir a los seres humanos a pensar que una obra espiritual o la conclusión de un ciclo espiritual es un punto en el que uno se puede detener y dormir para siempre en sus laureles. El foso es un lugar de descanso para los muertos, un cumplimiento al que se llega al término de la vida, pero la mujer viva no puede permanecer mucho tiempo cerca de él, pues se podría adormilar en los ciclos que configuran el alma[27].

A través de este símbolo del río circular que es el foso el cuento nos advierte de que esta agua no es un agua cualquiera sino un agua especial. Es un agua que marca una frontera como el círculo de tiza que la doncella había trazado para alejar al demonio. Cuando alguien cruza un círculo o penetra en su interior, entra o pasa a través de otro estado de ser y de otro estado de conciencia o ausencia de ella.

Aquí la doncella pasa a través de un estado de inconsciencia reservado a los muertos. No tiene que beber el agua ni vadearla sino cruzar su lecho seco. Puesto que la mujer tiene que atravesar la tierra de los muertos en sentido descendente, a veces se desorienta y cree que morirá para siempre. Pero no es así. Su misión es atravesar la tierra de los muertos como una criatura viva, pues en eso consiste la conciencia.

Por consiguiente, el foso es un símbolo muy importante y el hecho de que el espíritu del cuento lo vacíe nos ayuda a comprender qué tenemos que hacer en nuestro viaje. No tenemos que tendernos a dormir, satisfechas de lo que hemos hecho hasta ahora en nuestra tarea. Tampoco tenemos que arrojarnos al río en un insensato intento de acelerar el proceso. Hay una muerte con «m» minúscula y una Muerte con «M» mayúscula. La que busca la psique en este proceso de los ciclos de la Vida/Muerte/Vida es *la muerte por un instante*, no *La Muerte Eterna*.

El mago se acerca al espíritu y a la joven, pero no demasiado. Y pregunta:

—¿Eres de este mundo o no eres de este mundo?

Y la doncella, vestida con los andrajos propios de una *criatura* despojada de su ego y acompañada por el cuerpo resplandecientemente blanco de un espíritu, le contesta al mago que se encuentra en la tierra de los muertos a pesar de que está viva.

—Antes era del mundo y, sin embargo, no soy de este mundo.

Cuando el rey le pregunta al mago: «¿Es un ser humano o es un espíritu?», el mago le contesta que es ambas cosas.

La críptica respuesta de la doncella, da fe de que ésta pertenece a la tierra de los vivos pero está entrando en la cadencia de la Vida/Muerte/Vida y, como consecuencia de ello, es un ser humano en fase de descenso y, al mismo tiempo, una sombra de su antiguo yo. Puede vivir en el tiempo del mundo de arriba, pero la obra de la transformación se produce en el mundo subterráneo y ella puede vivir en los dos como

La Que Sabe. Todo eso se hace para que ella aprenda y abra el camino que conduce al verdadero yo salvaje.

Para ahondar en el significado del material de la Doncella Manca, he aquí unas cuantas preguntas que ayudarán a las mujeres a comprender sus viajes al mundo subterráneo. Las preguntas están formuladas de tal manera que se pueden contestar tanto individual como colectivamente. La formulación de preguntas crea una luminosa red que se teje cuando las mujeres hablan entre sí, arrojan esta red a su mente colectiva y la sacan llena de relucientes, inertes, estranguladas, fluctuantes y anhelantes formas de sus vidas interiores de mujeres para que todo el mundo las vea y pueda trabajar con ellas.

Cuando se contesta a una pregunta, siguen otras y, para aprender más, respondemos también a las siguientes. He aquí algunas de las preguntas: ¿Cómo se puede vivir diaria y simultáneamente en el mundo exterior y en el subterráneo? ¿Qué hay que hacer para descender al mundo subterráneo por la propia cuenta? ¿Qué circunstancias de la vida ayudan a la mujer a efectuar el descenso? ¿Podemos elegir entre bajar o quedarnos arriba? ¿Qué ayuda espontánea hemos recibido de la naturaleza instintiva durante este período?

Cuando las mujeres (o los hombres) se encuentran en este estado de doble ciudadanía, a veces cometen el error de pensar que lo mejor que se puede hacer es apartarse del mundo exterior con las ineludibles obligaciones y tareas que éste nos impone y que tanta irritación nos causan. Sin embargo, éste no es el mejor camino, pues en tales circunstancias el mundo exterior es la única cuerda atada al tobillo de la mujer que anda sin rumbo y trabaja colgada boca abajo en el mundo subterráneo. Se trata de un período extremadamente importante en el que lo del mundo exterior tiene que desempeñar el papel que le corresponde, creando una tensión y un equilibrio «de otro mundo» que nos ayuden a alcanzar un final positivo.

Por eso vagamos sin rumbo por el camino, preguntándonos —más bien musitando para nuestros adentros, si hemos de ser sinceras— «¿Soy de este mundo o del otro?», y contestando «Soy de los dos». Y pensamos en ello mientras proseguimos nuestra marcha. Una mujer que se encuentra en semejante proceso tiene que pertenecer a ambos mundos. Precisamente el hecho de vagar sin rumbo de esta manera es lo que nos ayuda a vencer los últimos vestigios de resistencia y arrogancia y a acallar las últimas objeciones que pudiéramos poner, pues este tipo de vagabundeo resulta agotador. Pero, al mismo tiempo, este tipo de cansancio nos induce a abandonar finalmente los temores y ambiciones del ego y a aceptar lo que viene. Gracias a ello, nuestra comprensión del período que hemos pasado en las selvas subterráneas será profunda y total.

En el cuento, la segunda pera se inclina para alimentar a la doncella y, puesto que el rey es el hijo de la vieja Madre Salvaje y el vergel le pertenece a ella, la joven está saboreando, en realidad, los frutos de los secretos de la vida y la muerte. Puesto que el fruto es una imagen primordial de los ciclos del florecimiento, el desarrollo, la maduración y el declive, el hecho de comerlo inserta en la iniciada un reloj o cronómetro psíquico que conoce las pautas de la Vida/Muerte/Vida y que, a partir de este instante, suena cuando llega el momento de que muera una cosa e inmediatamente centra su atención en el nacimiento de otra.

¿Cómo encontramos la pera? Sumergiéndonos en los misterios de lo femenino, en los ciclos de la tierra, los insectos, los animales, los pájaros, los árboles, las flores, las estaciones, el fluir de los ríos y los niveles de sus aguas, en el pelaje de los animales, más o menos tupido según las estaciones, en los ciclos de la opacidad y la transparencia de nuestros procesos de individuación y en nuestros ciclos de necesidad y disminución de la sexualidad, en la religión, el ascenso y el descenso.

Comer la pera significa alimentar nuestra profunda hambre de escribir, pintar, esculpir, tejer, soltar nuestro discurso, defender algo, exponer esperanzas, ideas y creaciones que jamás se hayan visto en este mundo. Resulta extremadamente nutritivo volver a integrar en nuestra vida moderna todas las pautas y principios de sensibilidad innata y todos los ciclos que ahora enriquecen nuestra vida.

Ésta es la verdadera naturaleza del árbol psíquico: crece, se nos ofrece, lo usamos, deja semillas de nuevas cosas, nos ama. Tal es el misterio de la Vida/Muerte/Vida. Es una antigua e inquebrantable pauta anterior al agua y la luz. Sabemos que, una vez que se aprenden los ciclos y sus representaciones simbólicas, ya sean éstas la pera, el árbol, el vergel, las fases y períodos de la vida de la mujer, éstos se repiten una y otra vez y siempre de la misma manera. La pauta es la siguiente: En todo este morir hay una inutilidad que, cuando buscamos nuestro camino, se transforma en utilidad. La sabiduría que adquirimos se manifiesta a medida que proseguimos nuestro avance. En todo lo que vive, la pérdida lleva consigo una ganancia. Nuestra tarea es interpretar este ciclo de la Vida/Muerte/Vida, vivirlo con todo el entusiasmo que podamos, aullar como un perro enloquecido cuando ello no sea posible y seguir adelante, pues, al final de nuestro camino, se encuentra la amorosa familia subterránea de la psique que nos acogerá en sus brazos y nos prestará su ayuda.

El rey ayuda a la doncella a vivir mejor en el mundo subterráneo de su tarea. Y es bueno que así sea, pues a veces durante el descenso la mujer se siente no tanto una neófita cuanto un pobre monstruo que se ha escapado involuntariamente del laboratorio del médico loco. Pero desde su privilegiado punto de observación las figuras del mundo subterráneo nos ven como una hermosa forma de vida que trata por todos los medios de seguir adelante. Desde el punto de vista del mundo subterráneo somos una vigorosa llama que golpea contra un cristal oscuro con el propósito de romperlo y alcanzar la libertad. Y todas las fuerzas de nuestro hogar subterráneo corren a nuestro encuentro para sostenernos.

En los relatos antiguos el propósito del descenso de la mujer al mundo subterráneo era el de casarse con el rey (en algunos ritos no había ningún rey y la neófita se casaba probablemente con alguna representación de la Mujer Salvaje del mundo subterráneo) y en este cuento vemos un vestigio de este hecho cuando el rey ve a la doncella y se enamora inmediatamente de ella sin la menor vacilación. La reconoce como suya no a pesar de su carencia de manos y del lamentable estado salvaje en que se encuentra sino precisamente por eso. El tema del profundo desvalimiento en el que la mujer se siente no obstante tan apoyada sigue desarrollándose. Aunque vaguemos sin rumbo, sucias, abandonadas, mancas y medio ciegas, una gran fuerza del Yo nos ama y nos estrecha apretadamente contra su pecho.

Las mujeres que se encuentran en tal estado experimentan a menudo una gran emoción, la misma que experimenta una mujer que encuentra finalmente a un compañero que es justo lo que ella soñaba. Es un momento extraño, un momento paradójico, pues estamos sobre la tierra y, al mismo tiempo, debajo de ella. Vagamos sin rumbo pero somos amadas. No somos ricas pero nos dan de comer. En términos junguianos dicho estado se denomina la «tensión de los contrarios», en la que algo de cada polo de la psique se multiplica en determinado momento y crea un nuevo territorio. En la psicología freudiana es una «bifurcación», en la que la disposición o actitud esencial de la psique se divide en dos polaridades: blanco y negro, bueno y malo. Entre las cuentistas de mi cultura, este estado se llama *nacer dos veces*. Es el momento en que se produce un segundo nacimiento a través de una fuente mágica, después del cual el alma se proclama heredera de dos estirpes, una perteneciente al mundo físico y otra al mundo invisible.

El rey dice que la protegerá y la amará. Ahora la psique ya ha alcanzado un mayor grado de conciencia; habrá un matrimonio muy interesante entre el rey vivo de la tierra de los muertos y la mujer manca de la tierra de los vivos. Un matrimonio entre dos seres tan dispares pondría a dura prueba un profundo amor entre dos personas, ¿verdad? Pero este matrimonio guarda relación con todos los picarescos matrimonios de los cuentos de hadas en los que se unen dos vidas muy fuertes pero extremadamente distintas. La cenicienta y el príncipe, la mujer y el oso, la joven y la luna, la doncella foca y el pescador, la doncella del desierto y el coyote. El alma absorbe la sabiduría de cada parte. Eso es lo que significa nacer dos veces.

Tanto en las bodas de los cuentos de hadas como en las del mundo de arriba, el gran amor y la unión entre dos seres distintos puede durar eternamente o sólo hasta que se completa la lección. En la alquimia el matrimonio entre los contrarios significa que muy pronto habrá una muerte y un nacimiento, tal como veremos más adelante en este cuento.

El rey ordena que le hagan a la doncella unas manos espirituales que actuarán en su nombre en el mundo subterráneo. Al llegar a esta fase la mujer adquiere la destreza necesaria para hacer el viaje; su sumisión a él es total, ha recuperado el sentido de la orientación y también la destreza manual. La destreza manual en el mundo subterráneo se adquiere llamando, dirigiendo, consolando y recurriendo a los poderes de este mundo, pero también rechazando los aspectos negativos como la somnolencia y otros parecidos. Si el símbolo de la mano en el mundo de arriba lleva un radar sensorial, la mano simbólica en el mundo subterráneo puede ver en la oscuridad y a través del tiempo.

La idea de sustituir las partes perdidas con extremidades de plata, oro o madera tiene una larguísima tradición de muchos siglos. En los cuentos de hadas de Europa y de las regiones circumpolares, la orfebrería es el arte de los *homunculi*, los duendes, los *dvergar*, los espíritus domésticos, los trasgos y los elfos, que, traducidos en términos psicológicos, son los aspectos elementales del espíritu que habitan en lo más profundo de la psique y extraen de ella valiosas ideas. Todas estas criaturas son unos pequeños psicopompos, es decir, unos mensajeros intermediarios entre la fuerza del alma y los seres humanos. Desde tiempos inmemoriales, los objetos fabricados con metales preciosos se asocian con esos industriosos y a menudo malhumorados huroneros. Es un ejemplo más de la actuación de la psique en nuestro nombre, aunque nosotras no estemos constantemente presentes en los distintos talleres.

Como en todas las cosas del espíritu, las manos de plata están cargadas de historia y misterio. Existen numerosos mitos y cuentos en los que se describe el origen de las mágicas prótesis y se revela quién las formó, quién hizo los moldes, quién las transportó, hizo el vaciado, las dejó enfriar, las pulió y las acopló. En la Grecia clásica, la plata es uno de los metales preciosos de la fragua de Hefesto. Como la doncella, el dios Hefesto fue mutilado en unas circunstancias dramáticas relacionadas con sus progenitores. Es probable que Hefesto y el rey del cuento sean figuras intercambiables. Hefesto y la doncella de las manos de plata son hermanos arquetípicos; ambos tienen unos padres que no comprenden su valor. Cuando nació Hefesto, su padre Zeus exigió que fuera cedido en adopción y su madre Hera accedió a hacerlo, por lo menos hasta que el niño creciera. Después lo devolvió al Olimpo. El joven se había convertido en un platero y orfebre de asombrosa habilidad. Se produjo una discusión entre Zeus y Hera, pues Zeus estaba celoso de su hijo. Hefesto se puso del lado de su madre en la discusión y Zeus arrojó al muchacho al pie del monte, destrozándole las piernas.

El lisiado Hefesto no se dio por vencido y se negó a morir. Encendió la hoguera más grande que jamás hubiera habido en su fragua y se hizo unas piernas de plata y oro de rodillas para abajo. Forjó toda suerte de objetos mágicos y se convirtió en el dios del amor y de la restauración mística. Se podría decir que es el patrón de los objetos y las personas que se desmembran, se rompen, se quiebran, se agrietan, se desportillan y se deforman. Muestra un especial afecto por los que nacen tullidos y por aquellos cuyos corazones o sueños están rotos.

A todos les aplica los remedios que forja en su prodigiosa fragua, reparando, por ejemplo, un corazón con venas de oro puro, fortaleciendo una extremidad lisiada con un revestimiento de plata y otorgándole la mágica capacidad de suplir las deficiencias provocadas por la lesión.

No es una simple casualidad que los tuertos, los cojos, los mancos y todos aquellos que sufren alguna deficiencia física hayan sido apreciados a lo largo del tiempo por su sabiduría especial. Su lesión o deficiencia los obliga a una edad muy temprana a entrar en ciertas partes de la psique normalmente reservadas a los muy ancianos. Y todos ellos se encuentran bajo la amorosa protección de Hefesto, el artesano de la psique. Una vez creó doce doncellas que podían caminar, hablar y conversar y cuyas extremidades eran de oro y plata. Cuenta la leyenda que se enamoró de una de ellas y pidió a los dioses que la convirtieran en un ser humano, pero ésa ya es otra historia.

Recibir unas manos de plata es adquirir las habilidades de las manos espirituales, el toque curativo, la capacidad de ver en la oscuridad y la posesión de una poderosa sabiduría a través de la percepción física. Estas manos encierran en sí toda una *médica* psíquica, con la que alimentan, remedian y sostienen. Al llegar a esta fase la doncella ya ha adquirido el toque de la curandera herida. Las manos psíquicas le permitirán captar mejor los misterios del mundo subterráneo, pero serán conservadas como un regalo cuando ella finalice su tarea y ascienda de nuevo al mundo de arriba.

En esta fase del descenso suelen producirse unos misteriosos, extraños y curativos actos que no dependen de la voluntad del ego y son el resultado de las manos espirituales, es decir, de un místico vigor curativo. En tiempos antiguos, estas aptitudes místicas correspondían a las ancianas de las aldeas, pero éstas no las adquirían en el momento en que les salían las primeras canas; las iban acumulando a lo largo de muchos años de duro esfuerzo y resistencia. Y en eso estamos también nosotras.

Se podría decir que las manos de plata representan la coronación de la doncella en un nuevo papel. Pero no se trata de la coronación de su cabeza sino del acoplamiento de unas manos de plata a los muñones de sus brazos. Ésta es su coronación como reina del mundo subterráneo. Para aplicar ahora un poco más de paleomitología, recordemos que en la mitología griega Perséfone no sólo era la hija de su madre sino también la reina de la tierra de los muertos.

En otros relatos menos conocidos acerca de ella, Perséfone sufre distintos tormentos como, por ejemplo, permanecer colgada durante tres días del Árbol del Mundo con el fin de redimir las almas que no han sufrido lo bastante como para que sus espíritus adquieran más profundidad. El eco de este *Cristo/Crista* es perceptible en «La doncella manca». El paralelismo se intensifica si tenemos en cuenta que el significado de los Campos Elíseos, la morada de Perséfone en el mundo subterráneo, es «el país de las manzanas» —*alisier* es la denominación pre-gala de *sorb*, manzana— y que la artúrica *Avalon* también significa lo mismo. La doncella manca está directamente asociada con el manzano en flor.

Se trata de una antigua criptología. Cuando aprendemos a descifrarla, vemos que Perséfone la del país de las manzanas, la doncella manca y el manzano en flor son el mismo habitante de las tierras salvajes. Vemos en ellos que los cuentos de hadas y los mitos nos han dejado un mapa muy claro de los conocimientos y las prácticas del pasado y de nuestra manera de proceder en el presente.

Ahora, al final de la cuarta fatiga de la doncella manca, podríamos decir que el descenso de la doncella ya se ha completado, pues ésta ha sido nombrada reina de la vida y la muerte. Es la mujer lunar que sabe lo que ocurre durante la noche y hasta el sol tiene que pasar por delante de ella en el mundo subterráneo para poder renovarse con vistas al nuevo día. Pero eso todavía no es la *lysis*, la conclusión. Sólo estamos en el punto central de la transformación, un lugar en el que se nos sostiene amorosamente, pero listas para sumergirnos lentamente en otro abismo. Por consiguiente, tenemos que seguir.

La quinta fase: El tormento del alma

El rey se va a la guerra a un reino lejano, le pide a su madre que cuide de la joven reina y que le envíe un mensaje en caso de que su esposa tenga un hijo. La joven reina da a luz a una preciosa criatura y envía el venturoso mensaje. Pero el mensajero se queda dormido junto al río, aparece el demonio y cambia el mensaje por otro que dice «La reina ha dado a luz un hijo que es medio perro».

Horrorizado, el rey envía, sin embargo, un mensaje de respuesta, pidiendo que se ame a la reina y se la atienda en aquella amarga hora. El mensajero vuelve a quedarse dormido junto al río, aparece otra vez el demonio y cambia el mensaje por otro que dice «Matad a la reina y a su hijo». La anciana madre, aterrorizada ante aquella petición, envía a otro mensajero para confirmarla y el mensajero va y viene, quedándose cada vez dormido junto al río. Los mensajes cambiados por el demonio son cada vez más horrendos. El último de ellos dice «Conservad la lengua y los ojos de la reina como prueba de que ha muerto».

La madre del rey se niega a matar a la dulce y joven reina. En su lugar, sacrifica una paloma y guarda los ojos y la lengua. Después ayuda a la joven reina a atarse la criatura al pecho y, cubriéndola con un velo, le dice que huya para salvar la vida. Ambas mujeres se echan a llorar y se despiden con un beso.

Como Barba Azul, Jasón, el famoso héroe del vellocino de oro, el *hidalgo* de «La Llorona» y los esposos/amantes de los cuentos de hadas y la mitología, el rey se casa y se va a tierras lejanas. ¿Por qué estos míticos esposos se alejan después de la noche de bodas? El motivo es distinto en cada relato, pero el hecho psíquico esencial es el mismo. La regia energía de la psique disminuye y retrocede para que pueda producirse la siguiente fase del proceso de la mujer: la puesta a prueba de su recién encontrada posición psíquica. En el caso del rey, éste no la ha abandonado, pues su madre la cuida en su ausencia.

El siguiente paso es la formación de la relación de la doncella con la anciana Madre Salvaje y el alumbramiento. Aquí se pone a prueba el vínculo amoroso entre la doncella y el rey y entre la doncella y la anciana madre. Uno de los vínculos es el del amor entre polos opuestos y el otro es el del amor del profundo Yo femenino.

La partida del rey es un *leitmotiv* universal de los cuentos de hadas. Cuando experimentamos no una retirada del apoyo sino una disminución de la cercanía de dicho apoyo, podemos tener la certeza de que está a punto de empezar un período de prueba en el que tendremos que alimentarnos exclusivamente con la memoria del alma hasta que se produzca el regreso del amado. En tales circunstancias, nuestros sueños nocturnos, sobre todo los más sorprendentes y penetrantes, serán el único amor que tendremos durante algún tiempo.

He aquí algunos de los sueños que, a juicio de las mujeres, las ayudaron enormemente durante esta fase.

Una simpática y dinámica mujer de mediana edad soñó que veía en el cieno de la tierra un par de labios y que, al sentarse ella en el suelo, aquellos labios le hablaban en susurros y después la besaban inesperadamente en la mejilla.

Otra mujer que trabajaba con ahínco tuvo un sueño engañosamente sencillo: se pasaba toda una noche durmiendo como un tronco. Al despertar de aquel sueño, se sintió totalmente descansada y en todo su cuerpo no había ni un solo músculo, nervio o célula fuera de su sitio.

Otra mujer soñó que la operaban a corazón abierto y que la sala de quirófano carecía de techo, por lo que la luz que la iluminaba era la del sol. Sintió que la luz del sol le acariciaba el corazón y oyó decir al cirujano que la operación ya no era necesaria.

Esta clase de sueños son experiencias de la naturaleza salvaje femenina y de Aquella que lo ilumina todo. Emocional y a menudo físicamente profundos, son unos estados parecidos a unas reservas ocultas de alimento, a las que podemos recurrir cuando escasea el sustento espiritual.

Mientras el rey se aleja en pos de su aventura, su aportación psíquica al descenso de la doncella se mantiene inalterada gracias al amor y el recuerdo. La doncella comprende que el regio principio del mundo subterráneo tiene un compromiso con ella y no la dejará abandonada, tal como le prometió antes de casarse. Al llegar a esta fase la mujer suele estar «llena de su Yo». Está embarazada, lo cual significa que está llena de una naciente idea acerca de lo que será su vida, siempre y cuando no interrumpa su tarea. Es un período mágico y desalentador tal como tendremos ocasión de ver, pues se trata de un ciclo de descensos, en el que siempre hay otro a la vuelta de la esquina.

A causa de este estallido de nueva vida, la existencia de la mujer sufre un nuevo tropiezo cerca del borde y la mujer vuelve a lanzarse al abismo. Pero esta vez el amor de lo masculino interior y el viejo Yo salvaje la sostienen como jamás la habían sostenido anteriormente.

La unión del rey y la reina del mundo subterráneo produce una criatura. Una criatura creada en el mundo subterráneo es mágica y tiene todo el potencial que se suele asociar con el mundo subterráneo, como, por ejemplo, un oído muy fino y una innata sensibilidad, pero aquí está en su fase de *anlage* o de «aquello que será». Aquí es cuando a las mujeres que están realizando el viaje se les ocurren sorprendentes ideas que algunos podrían calificar de grandiosas, pues son el resultado de unos ojos nuevos y juveniles y de unas nuevas expectativas. Entre las muy jóvenes podría ser algo tan sencillo como descubrir nuevos intereses y nuevas amistades. En el caso de mujeres más maduras puede ser toda una tragicómica epifanía de divorcio, recuperación y posterior existencia feliz hecha a la medida.

La criatura espiritual induce a las mujeres sedentarias a practicar el alpinismo en los Alpes a los cuarenta y cinco años. La criatura espiritual induce a una mujer obsesionada con la cera de abrillantar los suelos a matricularse en la universidad. La criatura espiritual hace que las mujeres que pierden el tiempo con tareas seguras se echen al camino con la espalda inclinada bajo el peso de sus mochilas.

El alumbramiento psíquico equivale a convertirse en una misma, es decir, a ser una psique indivisa. Antes del nacimiento de esta nueva vida en el mundo subterráneo, es muy probable que una mujer piense que todas las partes y personalidades de su interior son algo así como un batiburrillo de vagabundos que entran y salen de su vida. En el alumbramiento del mundo subterráneo, una mujer aprende que todo lo que la roza forma parte de ella. A veces cuesta llevar a cabo esta diferenciación de todos los aspectos de la psique, sobre todo cuando las tendencias y los impulsos nos repelen. El reto de amar los aspectos poco atractivos de nuestra personalidad constituye una empresa tan ardua como la más difícil que pueda haber llevado a cabo cualquier heroína.

A veces tememos que el hecho de identificar más de un yo en el interior de la psique pueda significar que somos unas enfermas psíquicas. Si bien es cierto que las personas que padecen trastornos psíquicos experimentan también la existencia de varios yos y se identifican con ellos o los rechazan violentamente, la persona que no padece ningún trastorno mantiene los yos interiores de manera ordenada y racional, los utiliza con provecho y le sirven para crecer y prosperar. En casi todas las mujeres, el hecho de cuidar y criar maternalmente sus yos interiores es una tarea creativa, una forma de conocimiento, no un motivo de inquietud.

Así pues, la doncella manca espera el nacimiento de un hijo, un nuevo y pequeño yo salvaje. El cuerpo en estado de buena esperanza hace lo que quiere y sabe hacer. La nueva vida ata, separa y dilata. La mujer que se encuentra en esta fase del proceso psíquico puede entrar en otra *enantiodromia*, el estado psíquico en el que todo lo que antes se consideraba valioso ya no lo es tanto e incluso puede ser sustituido por nuevos y exagerados anhelos de espectáculos, experiencias y empresas extrañas e insólitas.

Por ejemplo, para algunas mujeres el hecho de casarse lo era todo. En cambio, cuando se produce una *enantiodromia* quieren ser libres: el matrimonio es perjudicial, es una bobada, una basura y una pura *scheisse*, una mierda. Sustituye la palabra «matrimonio» por amante, trabajo, cuerpo, arte, vida y opciones y comprenderás la exacta actitud mental propia de este período.

Y después están los anhelos. Una mujer puede ansiar estar cerca del agua o tenderse boca abajo con el rostro en contacto con la tierra, aspirando el olor salvaje. Quizá le apetezca correr de cara al viento o plantar algo, arrancar alguna hierba, arrancar cosas del suelo o plantarlas.

Puede ansiar hacer una caminata por las colinas, saltar de roca en roca escuchando el eco de su voz contra la montaña. Puede necesitar muchas horas de noches estrelladas en las que las estrellas son como unos polvos faciales esparcidos sobre un negro pavimento de mármol. Puede experimentar la sensación de que se va a morir si no baila desnuda en medio de una tormenta, si no permanece sentada en absoluto silencio, si no regresa a casa manchada de tinta, manchada de pintura, manchada de lágrimas o manchada de luna.

Un nuevo yo está en camino. Nuestra vida interior tal y como la hemos conocido hasta ahora está a punto de cambiar. Aunque eso no significa que tengamos que arrojar por la borda los aspectos honrados y, sobre todo, los apoyos en una especie de enloquecida limpieza del hogar, sí quiere decir que, durante el descenso, el mundo y los ideales de arriba palidecen y durante algún tiempo nos sentimos inquietas e insatisfechas, pues la satisfacción está a punto de nacer en la realidad interior.

Eso que ansiamos tener jamás nos lo podrá dar un compañero, un trabajo, el dinero, un nuevo esto o aquello. Lo que ansiamos tener pertenece a otro mundo, el mundo que sostiene nuestra vida de mujeres. Y este Yo-hijo que estamos esperando sólo puede nacer por este medio: a través de la espera. A medida que transcurre el tiempo de nuestra vida y de nuestra tarea en el mundo subterráneo, el hijo crece y nace. En la mayoría de los casos, los sueños nocturnos de la mujer presagian el nacimiento; las mujeres sueñan literalmente con un nuevo hijo, un nuevo hogar, una nueva vida.

Ahora la madre del rey y la joven reina están juntas. La madre del rey es —¿a que no lo adivinas?— la vieja *La Que Sabe*. Conoce todo el proceso. La reina madre es, en el inconsciente femenino[28], el símbolo tanto de los cuidados maternales al estilo de Deméter como de las actitudes de vieja bruja al estilo de Hécate[29].

Esta alquimia femenina de la doncella, la madre y *la curandera* se repite como un eco en la relación entre la doncella manca y la madre del rey. Ambas son una ecuación psíquica similar. Aunque en este cuento la madre del rey resulta un poco esquemática, tal como lo era la doncella al principio del cuento con su rito de la túnica blanca y el círculo de tiza, la anciana madre conoce también sus antiguos ritos tal como veremos más adelante.

En cuanto nace el Yo-hijo, la anciana reina madre envía un mensaje anunciando al rey el nacimiento de la criatura de la reina. El mensajero parece normal, pero, al acercarse al río, le empieza a entrar sueño, se queda dormido y sale el demonio. Esta clave nos indica que habrá otro reto para la psique durante su siguiente fatiga en el mundo subterráneo.

En la mitología griega, hay un río subterráneo llamado Lete cuyas aguas hacen que la persona olvide todas las cosas que ha dicho o hecho. Psicológicamente eso significa quedarse dormida en el estado presente. El mensajero que tendría que representar la comunicación entre estos dos principales componentes de la nueva psique aún no posee la energía necesaria para enfrentarse con la fuerza destructiva/seductora de la psique. A la función de comunicación de la psique le entra sueño, se tiende en el suelo, se queda dormida y se olvida de todo.

Adivina quién está constantemente al acecho. Pues el viejo perseguidor de doncellas, el famélico demonio. La palabra «demonio» que aparece en el cuento nos indica que éste ha sido recubierto con un material religioso más reciente. En el cuento, el mensajero, el río y el sueño que provoca el olvido nos revelan que la antigua religión está justo debajo del argumento del cuento, justo en la siguiente capa.

Ésta ha sido la pauta arquetípica del descenso desde tiempos inmemoriales y nosotras seguimos también el mismo y eterno ciclo. También tenemos a nuestra espalda toda una historia de terribles tareas. Hemos visto el vapor del aliento de la Muerte. Hemos superado los bosques que nos asfixian, los árboles que caminan, las raíces que nos hacen tropezar, la niebla que ciega nuestros ojos. Somos unas heroínas psíquicas con una maleta llena de medallas. ¿Quién nos puede hacer ahora un reproche? Queremos descansar. Nos merecemos un descanso porque hemos superado unas pruebas muy duras. Por consiguiente, nos tendemos. Junto a un ameno río. No nos hemos olvidado del sagrado proceso, pero... bueno, nos gustaría hacer una pausa, sólo un momento, ¿sabes?, lo justo para cerrar los ojos unos minutos...

Pero, antes de que podamos darnos cuenta, el demonio salta a gatas y cambia el mensaje que transmitía amor y jubilosa celebración por otro cuya intención es provocar repugnancia. El demonio representa la irritación de la psique que se burla de nosotras diciendo: «¿Has vuelto a tu antigua inocencia e ingenuidad ahora que tanto te quieren? ¿Ahora que has dado a luz? ¿Crees que ya han terminado todas las pruebas, mujer insensata?»

Y, como estamos cerca del Lete, nos quedamos dormidas y seguimos roncando. Éste es el error que cometen todas las mujeres, no una vez sino muchas. Olvidamos acordarnos del demonio. El mensaje cambia del triunfal «La reina ha dado a luz un precioso hijo» al falso «La reina ha dado a luz un medio perro». En una versión similar del cuento, el mensaje cambiado es todavía más explícito: «La reina ha dado a luz un medio perro, pues se acostó con las bestias del bosque.»

La imagen del medio perro del cuento no es accidental sino un espléndido vestigio de las antiguas religiones centradas en las figuras de las diosas que florecieron en Europa y toda Asia. En aquellos tiempos los pueblos adoraban a una diosa tricéfala. Las diosas tricéfalas están representadas en las distintas religiones por Hécate, la Baba Yagá, la Madre Holle, Berchta, Artemisa y otras. Cada una de ellas se representaba como estos animales o estaban estrechamente relacionadas con ellos.

En las religiones más antiguas, estas y otras poderosas y salvajes divinidades femeninas presidían las tradicionales ceremonias de iniciación femenina y enseñaban a las mujeres todas las fases de la vida femenina, desde la doncellez a la maternidad y a la vejez. El hecho de dar a luz un medio perro es una sesgada degradación de las antiguas diosas salvajes cuya naturaleza instintiva se consideraba sagrada. La nueva religión trató de contaminar los sagrados significados de las diosas tricéfalas señalando que estas divinidades yacían con animales y animaban a sus fieles a hacer lo mismo.

Fue entonces cuando el arquetipo de la Mujer Salvaje se empujó hacia abajo y se enterró a gran profundidad y las actitudes salvajes de las mujeres no sólo empezaron a menguar sino que éstas se vieron obligadas a hablar de ellas en voz baja y en lugares ocultos. En muchos casos, las mujeres que amaban a la vieja Madre Salvaje tuvieron que proteger cuidadosamente su vida. Al final, la sabiduría sólo les vino a través de los cuentos de hadas, el folclore, los estados hipnóticos y los sueños nocturnos. Menos mal y gracias sean dadas a Dios.

Mientras que en «Barba Azul» vimos que el depredador natural era el que apartaba a las mujeres de sus ideas, sentimientos y acciones, aquí en «La doncella manca» se nos ofrece un aspecto del depredador mucho más sutil pero inmensamente poderoso con el que no sólo tenemos que enfrentarnos en nuestra psique sino también y cada vez en mayor medida en nuestra actividad cotidiana exterior.

«La doncella manca» muestra la habilidad del depredador para torcer las percepciones humanas y la vital comprensión que necesitamos a fin de desarrollar la dignidad moral, la perspectiva visionaria y la acción apropiada en nuestra vida y en el mundo. En «Barba Azul» el depredador no deja vivir a nadie. En «La doncella manca» el demonio permite vivir pero impide la reconexión de la mujer con la profunda sabiduría de la naturaleza instintiva que encierra una corrección automática de la percepción y la acción.

Por consiguiente, cuando el demonio cambia el mensaje del cuento, el hecho se puede considerar en cierto sentido un acontecimiento histórico efectivo de especial importancia para la tarea psíquica del descenso y de la conciencia que tienen que llevar a cabo las mujeres modernas. Curiosamente, muchos aspectos de la cultura (es decir, del sistema de creencias colectivo y dominante de un grupo de personas que viven lo bastante cerca las unas de las otras como para poder influirse mutuamente) se siguen comportando como el demonio en todo lo relacionado con las tareas interiores, la vida personal y los procesos psíquicos de las mujeres. Eliminando esto, excluyendo lo otro, cortando una raíz de aquí y sellando una abertura de allí, el «demonio» de la cultura y el depredador de la psique hacen que varias generaciones de mujeres se sientan atemorizadas y, sin embargo, se atrevan a vagar sin rumbo y sin tener ni la más remota idea acerca de las causas de su desazón o acerca de su pérdida de la naturaleza salvaje que es la que se las podría revelar todas.

Si bien es cierto que el depredador manifiesta una predilección especial por las presas que están hambrientas de alma y se sienten solas o desvalidas en lo más hondo de su ser, los cuentos de hadas nos muestran que el depredador también se siente atraído por la conciencia, la regeneración, la liberación y la nueva libertad. En cuanto se entera de que hay algo de eso, se presenta de inmediato.

Muchos argumentos de cuentos tienen por protagonista al depredador, no sólo los incluidos en este libro sino también los cuentos de hadas como «Cap of Rushes» y «All Fur» o los mitos relacionados con la griega Andrómeda y la azteca Malinche. Los trucos que en ellos se utilizan son el menosprecio de los objetivos de la protagonista, el lenguaje despectivo utilizado en la descripción de la presa, los juicios temerarios, las prohibiciones y los castigos injustificados. Éstos son los medios que utiliza el depredador para cambiar los vivificadores mensajes entre el alma y el espíritu por otros mensajes letales que nos parten el corazón, nos causan vergüenza y, por encima de todo, nos impiden emprender la acción adecuada.

A nivel cultural podemos dar muchos ejemplos de cómo el depredador configura las ideas y los sentimientos para robarles la luz a las mujeres. Uno de los ejemplos más llamativos de la pérdida de la percepción natural es el de varias generaciones de mujeres[30] cuyas madres rompieron la tradición de enseñar, preparar e introducir a sus hijas en el hecho más fundamental y físico de la esencia femenina cual es el de la menstruación. En nuestra cultura pero también en muchas otras, el demonio cambió el mensaje de tal manera que la primera sangre y todos los sucesivos ciclos de sangre se rodearon de humillación y no de admirado asombro tal como hubiera tenido que ser. Ello dio lugar a que millones de jóvenes perdieran su herencia del cuerpo prodigioso y, en su lugar, temieran morir, estar enfermas o ser castigadas por Dios. La cultura y los individuos de la cultura aceptaron el mensaje tergiversado del demonio sin examinarlo y lo transmitieron a bombo y platillo, convirtiendo el período del incremento de las sensaciones emocionales y sexuales de las mujeres en un período de vergüenza y castigo.

Tal como vemos en el cuento, cuando el depredador invade una cultura, ya sea ésta la psique o bien una sociedad, los distintos aspectos o individuos de esta cultura tienen que echar mano de toda su perspicacia para leer entre líneas y permanecer en su sitio sin dejarse arrastrar por las indignantes pero atrayentes afirmaciones del depredador.

Cuando hay demasiado depredador y demasiado poca alma salvaje, las estructuras económicas, sociales, emocionales y religiosas de la cultura empiezan a deformar gradualmente los recursos más espirituales tanto de la persona como del mundo exterior. Los ciclos naturales se asfixian y se convierten en formas artificiales, se desgarran con usos imprudentes o se matan. Se desprecia el valor de lo salvaje y lo visionario y se hacen siniestras conjeturas acerca del peligro que representa la naturaleza salvaje. Los medios y métodos destructivos, despojados de bondad y significado, llegan a adquirir una categoría superior.

Sin embargo, por mucho que el demonio mienta y trate de cambiar los hermosos mensajes acerca de la verdadera vida de la mujer por otros más mezquinos, celosos y agostadores, la madre del rey comprende lo que ocurre y se niega a sacrificar a su hija. En términos modernos, no amordazaría a su hija, no le aconsejaría callar su verdad, no la animaría a fingir ser menos de lo que es para poder manipularla más. Esta figura de la madre salvaje del mundo subterráneo corre el riesgo de sufrir un castigo por seguir el que ella sabe que es el camino más prudente. Gana en astucia al depredador en lugar de conchabarse con él. No se da por vencida. Sabe lo que es integral, sabe lo que ayudará a una mujer a prosperar, identifica a un depredador al vuelo y sabe lo que hay que hacer al respecto. Aunque nos sintamos presionadas por los más deformados mensajes culturales o psíquicos, aunque un depredador ande suelto en la cultura o en la psique personal, todas podemos oír las instrucciones salvajes iniciales y seguirlas.

Eso es lo que aprenden las mujeres cuando excavan en la naturaleza salvaje e instintiva, cuando se entregan a la tarea de la profunda iniciación y el desarrollo de la conciencia. Siguen un cursillo acelerado por medio del desarrollo de la vista, el oído, el ser y el hacer ininterrumpidos. Las mujeres aprenden a buscar al depredador en lugar de intentar alejarlo, dejarlo de lado o ser amables con él. Aprenden los trucos, los disfraces y los medios que se inventa el depredador. Aprenden a «leer entre líneas» en los mensajes, las invitaciones, las expectativas o las costumbres nacidas de la manipulación de la verdad. Entonces, tanto si el depredador emana del propio medio psíquico como si procede de la cultura exterior, actuamos con astucia, podemos enfrentarnos cara a cara con él y hacer lo que se tiene que hacer.

El demonio del cuento simboliza cualquier cosa capaz de corromper la comprensión de los profundos procesos femeninos. No hace falta un Torquemada[31] para perseguir las almas de las mujeres. También se las puede perseguir con la buena voluntad de unos medios nuevos pero antinaturales que, cuando se llevan hasta sus últimas consecuencias, privan a la mujer de su nutritiva naturaleza salvaje y de su capacidad de crear alma. Una mujer no tiene por qué vivir como si hubiera nacido en el año 1000 a.d.C. Pese a ello, la antigua sabiduría es una sabiduría universal, unos conocimientos eternos y perdurables que serán tan válidos dentro de cinco mil años como lo son hoy en día y como lo eran hace cinco mil años. Es la sabiduría arquetípica y, como tal, es eterna. Pero conviene recordar que el depredador también es eterno.

En otro sentido completamente distinto, el que cambia los mensajes, siendo una fuerza innata y contraria del interior de la psique o del mundo exterior, se opone naturalmente al nuevo Yo-hijo. Pero, paradójicamente, puesto que tenemos que reaccionar para combatirlo o contrapesarlo, la sola batalla nos confiere una fuerza extraordinaria. En nuestra tarea psíquica personal, recibimos constantemente mensajes tergiversados del demonio: «Soy buena; no soy tan buena. Mi trabajo es muy profundo; mi trabajo es una tontería. Estoy progresando; no voy a ninguna parte. Soy valiente; soy cobarde. Soy lista; debería darme vergüenza.» Son cuando menos mensajes desconcertantes.

Así pues, la madre del rey sacrifica una paloma en lugar de matar a la joven reina. En la psique, como en toda la cultura en general, se registra una extraña rareza psíquica. El demonio no sólo se presenta cuando las personas están hambrientas o carecen de algo sino que a veces también aparece cuando se ha producido un acontecimiento de gran belleza, en este caso el nacimiento de un precioso hijo. Pero el depredador siempre se siente atraído por la luz y, ¿dónde hay más luz que en una nueva vida?

Sin embargo, hay en el interior de la psique otros hipócritas que también intentan menospreciar o manchar lo nuevo. En el proceso femenino de aprendizaje de lo subterráneo, está demostrado que, cuando alguien ha dado a luz algo hermoso en la psique, surge también algo desagradable aunque sólo sea por un instante, algo que está celoso, que carece de comprensión o muestra desdén. El hijo recién nacido será menospreciado, calificado de feo y condenado por uno o varios persistentes antagonistas. El nacimiento de lo nuevo da lugar a complejos, la madre negativa y el padre negativo y otras criaturas negativas que surgen de la tierra removida de la psique e intentan en el mejor de los casos criticar severamente el nuevo orden y, en el peor, desanimar a la mujer y a su nueva criatura, idea, vida o sueño.

Es el mismo argumento de los antiguos padres, Crono, Urano y también Zeus, que siempre querían devorar o desterrar a sus vástagos por temor a que éstos los desbancaran. En términos junguianos esta fuerza destructiva se llamaría «complejo», una serie organizada de sentimientos e ideas de la psique de la que el ego no es consciente, lo cual permite que consigan imponernos más o menos su dominio. En el medio psicoanalítico el antídoto es la conciencia de las propias debilidades y cualidades de tal manera que el complejo no pueda actuar por su cuenta.

En términos freudianos esta fuerza destructiva se consideraría emanada del «id», un oscuro, indefinido pero infinito territorio psíquico en el que, diseminados como desperdicios y cegados por la falta de luz, viven, olvidados y reprimidos, todos los deseos, las ideas y acciones y los impulsos repugnantes. En este medio psicoanalítico la resolución se alcanza recordando los pensamientos y los impulsos vergonzosos, haciéndolos aflorar a la conciencia, describiéndolos, nombrándolos y catalogándolos con el fin de arrancarles la fuerza.

En algunos cuentos islandeses, la mágica fuerza destruciva de la psique es a veces *Brak*, el hombre de hielo. En un antiguo cuento se comete un asesinato perfecto. *Brak*, el hombre de hielo, mata a una mujer humana que no corresponde a su amor. La mata con un témpano en forma de daga. El témpano, lo mismo que el hombre, se derrite bajo el sol del nuevo día y no queda ninguna arma con que acusar al asesino. Y tampoco queda nada del asesino.

La oscura figura del hombre de hielo del mundo de la mitología posee la misma misteriosa mística de la aparición/desaparición que envuelve los complejos de la psique humana y el mismo *modus operandi* que el demonio del cuento de la doncella manca. Por eso la figura del demonio resulta tan desconcertante para las mujeres en su proceso de iniciación. Como el hombre de hielo, aparece como llovido del cielo, comete el asesinato y después desaparece y se disuelve sin dejar el menor rastro.

Este cuento, sin embargo, nos ofrece una valiosa clave: si crees que has perdido tu misión o tu vitalidad, si te sientes confusa o ligeramente perdida, busca al demonio, busca al que tiende emboscadas espirituales en el interior de tu psique. Si no lo ves, no lo oyes o no logras sorprenderlo con las manos en la masa, ten por cierto que está actuando y, por encima de todo, permanece despierta por muy cansada que estés, por mucho sueño que tengas y por mucho que quieras cerrar los ojos a la verdadera tarea que tienes que cumplir.

En la realidad, cuando una mujer tiene un complejo demoníaco, eso es exactamente lo que ocurre. Va caminando, le van bien las cosas, se ocupa de sus asuntos y, de repente, ¡zas!, aparece el demonio y todo su trabajo pierde la energía, empieza a flojear, tose, sigue tosiendo y, al final, se desploma en el suelo. Lo que podríamos denominar complejo demoníaco utiliza las voces del ego, ataca la propia creatividad, las propias ideas y los propios sueños. En el cuento, ridiculiza o minusvalora la experiencia femenina del mundo exterior y del mundo subterráneo, tratando de separar la natural *conjunctio* entre lo racional y lo misterioso. El demonio miente y dice que la permanencia de la mujer en el mundo subterráneo ha producido una bestia cuando, en realidad, ha producido un precioso niño.

Los distintos santos que en sus escritos afirmaban haber luchado por conservar la fe en Dios, tras haber sido tentados durante toda la noche por el demonio que les quemaba los oídos con palabras encaminadas a debilitar su determinación y que había estado a punto de arrancarles los globos oculares con horribles apariciones mientras arrastraba su alma sobre fragmentos de vidrio, se referían precisamente a este fenómeno de la súbita aparición del demonio. El propósito de esta emboscada psíquica es el de hacerte perder la fe no sólo en ti misma sino también en la cuidadosa y delicada tarea que estás llevando a cabo en el inconsciente.

Hace falta una fe muy grande para seguir adelante en tales circunstancias, pero tenemos que hacerlo y lo hacemos. El rey, la reina y la madre del rey, todos los elementos de la psique, tiran en una misma dirección, en nuestra dirección, y, por consiguiente, nosotras tenemos que perseverar con ellos. En estos momentos ya estamos casi en la recta final. Sería lamentable y doloroso que ahora abandonáramos la carrera.

El rey de nuestra psique es muy valiente. No se vendrá abajo al recibir el primer golpe. No se encogerá dominado por el odio y el afán de castigo tal como espera el demonio. El rey, que tanto ama a su esposa, se espanta al recibir el mensaje cambiado, pero envía un mensaje de respuesta diciendo que cuiden de la reina y de su hijo en su ausencia. Es la prueba de nuestra certidumbre interior: ¿pueden dos fuerzas permanecer unidas aunque una de ellas se considere abominable y despreciable? ¿Puede una de ellas respaldar a la otra ocurra lo que ocurra? ¿Es posible mantener la unión aunque se siembren con denuedo las semillas de la duda? Hasta ahora, la respuesta es que sí. La prueba acerca de si podrá haber un matrimonio de amor duradero entre el mundo subterráneo salvaje y la psique terrenal se está superando espléndidamente bien.

En su camino de regreso al castillo, el mensajero vuelve a caer dormido junto al río y el demonio cambia el mensaje por otro que dice «Matad a la reina». Aquí el depredador espera que la psique se polarice y se mate ella misma, rechazando todo un aspecto de sí misma, el más trascendental, el recién despertado, el de la mujer sabia.

La madre del rey se horroriza al recibir el mensaje e intercambia con el rey varios mensajes, y en cada uno de ellos intenta aclarar lo que ha dicho el otro hasta que, al final, el demonio cambia el mensaje del rey por otro que dice «Matad a la reina y arrancadle los ojos y la lengua como prueba de que ha muerto».

Ya tenemos a una doncella manca, es decir, sin capacidad para asir las cosas de este mundo, pues el demonio ordenó que le cortaran las manos. Ahora exige otras amputaciones. Quiere que se quede sin el habla verdadera y sin la vista verdadera. A pesar de tratarse nada menos que del demonio, lo que exige nos hace dudar enormemente, pues lo que él quiere que ocurra es precisamente el regreso de las conductas que han oprimido a las mujeres desde tiempos inmemoriales. Quiere que la doncella obedezca estos mandamientos: «No veas la vida tal como es. No comprendas los ciclos de la vida y la muerte. No te esfuerces por ver realizados tus anhelos. No hables de todas estas cosas salvajes.»

La vieja Madre Salvaje, simbolizada en la madre del rey, se enoja ante la orden del demonio y dice: «Eso ya es demasiado.» Y se niega a cumplirla. En el transcurso de la tarea de iniciación de las mujeres la psique dice «Eso es demasiado. No puedo ni quiero tolerarlo». Y entonces la psique, gracias a su experiencia espiritual en este proceso de iniciación en la resistencia, empieza a actuar con más astucia.

La vieja Madre Salvaje hubiera podido recogerse las faldas, mandar ensillar un tronco de caballos y ponerse en camino hasta encontrar a su hijo y preguntarle qué locura se había apoderado de él para que quisiera matar a su encantadora reina y a su hijo recién nacido, pero no lo hace. En su lugar, siguiendo la consagrada tradición, envía a la joven en proceso de iniciación a otro simbólico lugar de iniciación: los bosques. En algunos ritos, el lugar de la iniciación era una cueva o el pie de una montaña, pero en el mundo subterráneo, donde abunda el simbolismo de los árboles, suele ser un bosque.

Tratemos de comprender lo que eso significa: enviar a la doncella a otro lugar de iniciación hubiera sido lo más natural en cualquier caso, aunque el demonio no hubiera aparecido y cambiado los mensajes. En el descenso hay varios lugares de iniciación, uno detrás de otro y todos con sus lecciones y consuelos correspondientes. Se podría decir que el demonio se encarga prácticamente de que sintamos la necesidad de levantarnos y pasar al siguiente.

Recordemos que hay un período natural después del parto en el que la mujer se considera un ser del mundo subterráneo. Se la cubre con el polvo de allí abajo y se la lava con su agua tras haber penetrado en el misterio de la vida y la muerte, el dolor y la alegría, en el transcurso del alumbramiento[32]. Por consiguiente, durante algún tiempo la mujer «no es de aquí» sino que está todavía «allí».

La doncella es como una puérpera. Se levanta de la silla de alumbramiento del mundo subterráneo en la que ha dado a luz nuevas ideas, una nueva visión del mundo. Ahora está cubierta con un velo, le da el pecho a su hijo y sigue adelante. En la versión de «La doncella manca» de los hermanos Grimm, el recién nacido es un varón y se llama Desconsolado. Pero en las religiones de las diosas el hijo espiritual nacido de la unión de la mujer con el rey del mundo subterráneo se llamaba Gozo.

Aquí aparece en el terreno otra veta de la antigua religión. Después del nacimiento del nuevo yo de la doncella, la madre del rey envía a la joven reina a otra prolongada iniciación que, tal como veremos más adelante, le enseñará los ciclos definitivos de la vida femenina.

La vieja Madre Salvaje imparte a la doncella una doble bendición: ata el hijo a su pecho rebosante de leche para que el Yo-hijo se pueda alimentar ocurra lo que ocurra. Después, siguiendo la tradición de los antiguos cultos de la diosa, la envuelve en unos velos, que son la prenda que viste la diosa cuando emprende una sagrada peregrinación y no desea que la reconozcan o la distraigan de su propósito. En muchas esculturas y muchos bajorrelieves de Grecia se muestra a la que se iniciaba en los ritos eleusinos, cubierta por unos velos a la espera de la siguiente fase de la iniciación.

¿Qué significa el símbolo del velo? Indica la diferencia entre el ocultamiento y el disfraz. Se refiere a la necesidad de ser discretas y reservadas para no revelar la propia naturaleza misteriosa, y a la necesidad de conservar el eros y el *mysterium* de la naturaleza salvaje.

A veces nos cuesta conservar la nueva energía vital en el interior del crisol de la transformación el tiempo suficiente para que obtengamos algún beneficio. Nos la tenemos que guardar toda para nosotras sin darla al primero que nos la pida o a cualquier inspiración repentina que tengamos, pensando que es bueno inclinar el crisol y verter el tesoro de nuestra riqueza espiritual en la boca de otras personas o directamente al suelo.

La colocación de un velo sobre algo aumenta el efecto y el sentimiento. Eso lo saben muy bien todas las mujeres. Mi abuela solía utilizar la frase «tapar el cuenco con un velo». Quería decir colocar un lienzo blanco sobre un cuenco de masa para que subiera el pan. El velo de la masa de pan y el velo de la psique sirven para lo mismo. En el alma de las mujeres que efectúan el descenso se produce una intensa fermentación. El hecho de encontrarse detrás del velo intensifica la perspicacia mística. Por detrás del velo todos los seres humanos parecen seres brumosos, todos los acontecimientos y todos los objetos tienen el color de un amanecer o de un sueño.

En los años sesenta las mujeres se cubrían con el velo de su cabello. Se lo dejaban crecer muy largo, se lo planchaban y lo llevaban como una cortina para cubrirse el rostro, como si el mundo estuviera demasiado abierto y desnudo, como si su cabello pudiera aislar y proteger su delicado yo. En Oriente Medio hay una danza de los velos y las modernas mujeres musulmanas se siguen cubriendo con el velo. La *babushka* de la Europa Oriental y los *rebozos* que lucen en la cabeza las mujeres de Centroamérica y en Sudamérica son también vestigios del velo. Las mujeres malayas lucen habitualmente velo y lo mismo hacen las mujeres africanas.

Mientras contemplaba el mundo, empecé a compadecerme un poco de las mujeres modernas que no llevaban velo, pues el hecho de ser una mujer libre y llevar velo a voluntad es conservar el poder de la Mujer Misteriosa. La contemplación de una mujer velada es una experiencia muy profunda.

Una vez contemplé un espectáculo que me ha mantenido cautiva del hechizo del velo para siempre: mi prima Eva, preparándose para su noche de bodas. Yo, que tenía unos ocho años de edad, estaba sentada sobre su maleta con el floreado tocado infantil ya torcido, una de mis ajorcas en la pantorrilla y la otra ya tragada por el zapato. Primero se puso un largo vestido de raso blanco con cuarenta botoncitos forrados de raso en la espalda y después unos largos guantes de raso blanco con diez botones forrados de raso cada uno. A continuación, se cubrió el bello rostro y los hombros con un velo que llegaba hasta el suelo. Mi tía Teréz ahuecó el velo a su alrededor, pidiéndole a Dios en voz baja que todo le saliera bien. Mi tío Sebestyén se detuvo en el umbral boquiabierto de asombro, pues Eva ya no era un ser mortal. Era una diosa. Por detrás del velo sus ojos parecían de plata y su cabello resplandecía como si estuviera cuajado de estrellas mientras que su boca semejaba una roja flor. Se pertenecía sólo a sí misma, contenida y poderosa, inalcanzable, pero en la justa medida.

Algunos dicen que el himen es el velo. Otros afirman que el velo es la ilusión. Y nadie se equivoca. Curiosamente, aunque el velo se haya utilizado para ocultar a la concupiscencia de los demás la propia belleza, es también una de las armas de la *femme fatale*. Lucir un velo de determinado tipo en determinado momento ante un amante determinado y con un aspecto determinado equivale a irradiar un intenso y nebuloso erotismo capaz de cortar la respiración. En la psicología femenina el velo es un símbolo de la capacidad de las mujeres de adoptar cualquier presencia o esencia que deseen.

Hay en la mujer cubierta por un velo una sorprendente numinosidad. Su aspecto intimida hasta tal punto a todos los que se cruzan con ella que éstos no tienen más remedio que detenerse en seco y su presencia los impresiona hasta tal extremo que necesariamente la tienen que dejar en paz. La doncella del cuento se cubre con un velo para emprender su viaje y, por consiguiente, es intocable. Nadie se atrevería a levantarle el velo sin su permiso. Después de toda la prepotencia del demonio, está protegida una vez más. Las mujeres también pasan por esta transformación. Cuando están cubiertas por el velo, las personas sensatas se guardan mucho de invadir su espacio psíquico.

Por lo tanto, después de todos los falsos mensajes que se han recibido en la psique e incluso durante el exilio, nosotras también estamos protegidas por una cierta sabiduría superior, una rica y nutritiva soledad nacida de nuestra relación con la vieja Madre Salvaje. Estamos nuevamente en camino, pero protegidas de todo peligro. El hecho de llevar el velo nos señala como seres pertenecientes a la Mujer Salvaje. Somos suyas y, a pesar de no ser inalcanzables, nos mantenemos en cierto modo apartadas de la total inmersión en la vida del mundo exterior.

Las diversiones del mundo de arriba no nos deslumbran. Vamos en busca de un lugar, de la patria del inconsciente. De la misma manera que se dice de los árboles frutales en flor que lucen unos preciosos velos, nosotras y la doncella somos ahora unos manzanos floridos que andan en busca del bosque al que pertenecen.

La matanza de la cierva era antiguamente un rito de revitalización que solía presidir una anciana como, por ejemplo, la madre del rey, pues ésta era la «conocedora» oficial de los ciclos de la vida y la muerte. El sacrificio de la cierva era un antiguo rito destinado a liberar la dulce pero exuberante energía del animal.

Como las mujeres en proceso de descenso, este animal sagrado era un esforzado superviviente de los más fríos y crudos inviernos. Las ciervas se consideraban muy eficientes en la búsqueda de alimento, el alumbramiento y la capacidad de vivir de acuerdo con los ciclos inherentes a la naturaleza. Es probable que las participantes en dicho ritual pertenecieran a un clan y que el propósito del sacrificio fuera el de instruir a las iniciadas en las cuestiones relacionadas con la muerte, así como el de infundirles las cualidades de la criatura propiamente dicha.

Aquí tenemos una vez más un sacrificio, en realidad, una doble *rubedo*, un sacrificio cruento. Primero tenemos el sacrificio de la cierva, el animal sagrado para la antigua estirpe de la Mujer Salvaje. La matanza de criaturas es una tarea peligrosa, pues varias clases de entes benéficos se desplazan disfrazados de animales. El hecho de matar a uno de ellos fuera del ciclo se consideraba perjudicial para el delicado equilibrio de la naturaleza y daba lugar a un castigo de proporciones míticas.

Sin embargo, lo más importante era que la criatura sacrificada era una criatura-madre, una hembra, símbolo del cuerpo femenino de la sabiduría. Después, consumiendo la carne de aquella criatura y cubriéndose con su pellejo para abrigarse y dejar constancia de la pertenencia al clan, la mujer *se convertía* en aquella criatura. Se trataba de un ritual sagrado cuyos comienzos se perdían en la noche de los tiempos. Conservar los ojos, las orejas, el hocico, la cornamenta y diversas vísceras equivalía a poseer el poder simbolizado por las distintas funciones: agudeza visual, buen olfato, rapidez de movimientos, fortaleza corporal, el timbre de voz apropiado para llamar a sus congéneres, etc.

La segunda *rubedo* se produce cuando la doncella se separa no sólo de la buena y anciana madre sino también del rey. Es un período en el que se nos pide que recordemos, que insistamos en tomar el alimento espiritual aunque estemos separadas de las fuerzas que nos han sostenido en el pasado. No podemos permanecer para siempre en el éxtasis de la unión perfecta. En la mayoría de nosotras, no es éste el camino que se debe seguir. Nuestra misión es más bien la de destetarnos de estas emocionantes fuerzas en determinado momento, pero conservar la conexión consciente con ellas y pasar a la siguiente tarea.

Está comprobado que podemos adquirir una fijación con un aspecto especialmente agradable de la unión psíquica e intentar quedarnos siempre allí, mamando de la sagrada teta. Eso no significa que el alimento sea destructivo. Muy al contrario, el alimento es absolutamente esencial para el viaje y en cantidades considerables, por cierto. De hecho, si éste no es suficiente, la buscadora pierde la energía, se sume en la depresión y se convierte en un simple susurro. Pero si nos quedamos en nuestro lugar preferido de la psique, que puede ser exclusivamente el de la belleza o el del arrobamiento, el proceso de la individuación se reduce a un lento y pesado avance. La verdad es que algún día tenemos que abandonar, por lo menos provisionalmente, las sagradas fuerzas que habitan en nuestra psique para que pueda producirse la siguiente fase del proceso.

Como en el cuento en el que las dos mujeres se despiden con lágrimas en los ojos, tenemos que despedirnos de las valiosas fuerzas interiores que tan inestimable ayuda nos han prestado. Después, estrechando fuertemente contra nuestro pecho nuestro nuevo Yo-hijo, tenemos que echarnos al camino. La doncella ha reanudado la marcha y se dirige hacia el gran bosque, confiando en que algo surgirá de aquella inmensa sala de árboles, algo capaz de fortalecer el alma.

La sexta fase: El reino de la Mujer Salvaje

La joven reina llega al bosque más inmenso y salvaje que jamás en su vida ha visto. No se distingue ningún sendero. Empieza a dar vueltas y se abre camino como puede. Hacia el anochecer el mismo espíritu vestido de blanco que previamente la había ayudado a cruzar el foso la guía hasta una humilde posada regentada por unos amables habitantes del bosque. Una mujer vestida de blanco la invita a entrar y la llama por su nombre. Cuando la joven reina le pregunta cómo es posible que conozca su nombre, la mujer vestida de blanco le contesta: «Nosotros los habitantes del bosque estamos al corriente de estas cosas, mi reina.»

Así pues, la reina permanece siete años en la posada del bosque y es feliz con la vida que lleva en compañía de su hijo. Poco a poco las manos le vuelven a crecer, primero como unas manitas de niña y finalmente como las manos de una mujer adulta.

Pese a que este episodio es tratado muy brevemente en el cuento, de hecho es el más largo no sólo en cuanto al tiempo transcurrido sino también en relación con el cumplimiento de la tarea. La doncella ha vuelto a vagar sin rumbo y regresa en cierto sentido a casa, donde permanece siete años, separada de su esposo, eso sí, pero viviendo una experiencia enriquecedora y restauradora.

Su penoso estado ha vuelto a despertar la compasión de un espíritu vestido de blanco —ahora su espíritu guía— que la conduce a este hogar del bosque. Ésta es la infinita misericordia de la psique profunda durante el viaje de la mujer. Ésta siempre encuentra a alguien que la ayuda. Este espíritu que la guía y le ofrece cobijo pertenece a la Madre Salvaje y, como tal, es la psique instintiva que siempre sabe lo que ocurrirá después y lo que ocurrirá a continuación.

Este inmenso bosque salvaje con que se tropieza la doncella es la arquetípica sede sagrada de la iniciación. Es como *Leuce*, el bosque salvaje que según los antiguos griegos se encontraba en el mundo subterráneo, lleno de sagrados árboles ancestrales y de toda clase de animales tanto salvajes como domesticados. Aquí la doncella manca encuentra la paz durante siete años. Puesto que se trata de una tierra llena de árboles y ella está simbolizada por el manzano en flor, el bosque es finalmente su hogar, el lugar donde su ardiente alma florida vuelve a echar raíces.

¿Y quién es la mujer de la espesura del bosque que regenta la posada? Como el espíritu vestido con la resplandeciente túnica blanca, la mujer es un aspecto de la antigua diosa triple y, si el cuento contuviera todas las fases del relato inicial, habría también en la posada una bondadosa y esforzada anciana encargada de realizar alguna tarea. Pero este pasaje se ha perdido, como si el cuento fuera un manuscrito del que se hubieran arrancado algunas páginas. El elemento que falta se debió de suprimir probablemente durante alguna de las refriegas que se desencadenaron entre los defensores de la antigua religión natural y los de la nueva religión en torno a la cual se aglutinarían finalmente las creencias religiosas, dominantes. Pero los vestigios que nos quedan poseen una fuerza extraordinaria. El agua del cuento no sólo es profunda sino también cristalina.

Vemos a dos mujeres que, en el transcurso de siete años, llegan a conocerse muy bien. El espíritu vestido de blanco es como la telepática Baba Yagá de «Vasalisa», que es la representación de la vieja Madre Salvaje. Tal como le dice la Yagá a Vasalisa, aunque jamás la había visto antes, «Sí, conozco a tu gente», este espíritu femenino que desempeña el oficio de posadera en el mundo subterráneo ya conoce a la joven reina, pues es también la Santa que lo sabe todo.

Una vez más, el cuento se quiebra significativamente. No se hace la menor referencia a las tareas exactas y las enseñanzas de aquellos siete años, aparte de señalar que fueron tranquilas y revitalizadoras. Aunque podríamos decir que el cuento se quiebra porque las enseñanzas subyacentes de la antigua religión natural se solían mantener tradicionalmente en secreto y por este motivo no podían figurar en el relato, es mucho más probable que éste contenga otros siete aspectos, tareas o episodios, uno por cada año de aprendizaje que la doncella pasó en el bosque. Pero, un momento, recuerda que nada se pierde en la psique.

Podemos recordar y resucitar todo lo que ocurrió durante estos siete años a partir de los pequeños vestigios que conservamos de otras fuentes acerca de la iniciación femenina. La iniciación femenina es un arquetipo y, aunque un arquetipo presenta muchas variaciones, el núcleo es siempre el mismo. Por consiguiente, eso es todo lo que sabemos acerca de la iniciación a través de otros cuentos de hadas y mitos tanto orales como escritos.

La doncella se queda siete años en el bosque, pues éste es el período de una estación de la vida de la mujer. Siete es el número asignado a los ciclos lunares y es también el número de otros períodos de tiempo sagrados: los siete días de la creación, los siete días de la semana, etc. Pero más allá de todas estas consideraciones místicas, hay una mucho más importante y es la siguiente:

La vida de la mujer se divide en fases de siete años cada una. Cada período de siete años representa una serie de experiencias y enseñanzas. Estas fases pueden considerarse en concreto como períodos de desarrollo adulto, pero más todavía como fases de desarrollo espiritual que no tienen por qué corresponder necesariamente a la edad cronológica de la mujer, aunque a veces coincidan con ella.

Desde tiempo inmemorial la vida de las mujeres se ha dividido en fases, cada una de ellas relacionada con los poderes cambiantes de su cuerpo. La división en secuencias de la vida física, espiritual, emocional y creativa de la mujer es útil en el sentido de que le permite prepararse para «lo que vendrá a continuación». Lo que viene a continuación pertenece al ámbito de la Mujer Salvaje instintiva. Ella siempre lo sabe todo. Y, sin embargo, a lo largo del tiempo, a medida que se fueron perdiendo los antiguos ritos salvajes, la instrucción de las mujeres más jóvenes por parte de las mayores a propósito de estas fases inherentemente femeninas también se perdió.

La observación empírica de la inquietud, los anhelos, los cambios y el crecimiento de las mujeres saca de nuevo a la luz las antiguas pautas o fases de la profunda vida femenina. Aunque podemos dar nombres concretos a las fases, todas ellas son ciclos de cumplimiento, envejecimiento, muerte y nueva vida. Los siete años que pasa la doncella en el bosque le enseñan los detalles y los dramas relacionados con dichas fases. He aquí unos ciclos de siete años de duración cada uno, que abarcan toda la vida de la mujer. Cada uno tiene sus ritos y sus tareas. De nosotras depende cumplirlos. Los reproduzco sólo como una metáfora de la profundidad de la psique. Las edades y las fases de la vida femenina incluyen las tareas que hay que cumplir y las actitudes que hay que adoptar para afianzarse. Por ejemplo, si, según el siguiente esquema, vivimos hasta una edad suficiente como para entrar en el lugar psíquico y la fase de los seres de la niebla, el lugar en el que todos los pensamientos son tan nuevos como el día de mañana y tan viejos como la aurora de los tiempos, comprobaremos que estamos entrando en otra actitud, otra manera de ver, y que estamos llevando a cabo las tareas de la conciencia desde esta posición estratégica.

Las siguientes metáforas son fragmentos. Pero, con un número de metáforas lo suficientemente amplio, podemos construir —a través de lo que sabemos y lo que intuimos acerca de la antigua sabiduría— unas nuevas percepciones que no sólo son numinosas sino que, además, tienen sentido ahora mismo y en este día. Dichas metáforas están libremente inspiradas en la experiencia y la observación empírica, la psicología del desarrollo y los fenómenos presentes en los mitos de la creación, todos los cuales contienen muchos antiguos vestigios de psicología humana.

Las fases no tienen por qué estar inexorablemente atadas a la edad cronológica, pues algunas mujeres de ochenta años se encuentran todavía en la fase de desarrollo de la doncellez, algunas mujeres de cuarenta años se encuentran en el mundo psíquico de los seres de la bruma y algunas jóvenes de veinte años tienen tantas cicatrices de batallas como las viejas. Las edades no tienen que ser jerárquicas sino que simplemente pertenecen a la conciencia de la mujer y al incremento de su vida espiritual. Cada edad representa un cambio de actitud, un cambio de tareas y un cambio de valores.

0-7	edad de la socialización del cuerpo y del sueño, en la que todavía se conserva la imaginación
7-14	edad de separar y sin embargo entretejer la razón y la imaginación
14-21	edad del nuevo cuerpo/la joven doncellez/despliegue pero también función protectora de la sensualidad
21-28	edad del nuevo mundo/la nueva vida/la exploración de los mundos
28-35	edad de la madre que aprende a cuidar como una madre a los demás y a sí misma
35-42	edad de la búsqueda/aprendizaje del cuidado materno del yo/búsqueda del yo
42-49	edad del inicio de la madurez/hallazgo del campamento lejano/animación de las demás
49-56	edad del mundo subterráneo/aprendizaje de las palabras y los ritos
56-63	edad de la elección/elección del propio mundo y del trabajo que todavía queda por hacer
63-70	edad de la vigilancia/edad de la refundición de todo lo que se ha aprendido
70-77	edad del rejuvenecimiento/reafirmación de la vejez
77-84	edad de los seres de la bruma/descubrimiento de lo grande en lo pequeño
84-91	edad del tejido con hilo escarlata/comprensión del tejido de la vida
91-98	edad de lo etéreo/menos hablar y más existir
98-105	edad del neuma, el aliento
105 +	edad de la eternidad

En muchas mujeres, la primera mitad de estas fases de la sabiduría femenina, digamos hacia los cuarenta años más o menos, va claramente desde el cuerpo real de las comprensiones infantiles instintivas a la sabiduría corporal de la madre profunda. Pero, en la segunda mitad de las fases, el cuerpo se convierte casi por entero en un dispositivo de percepción interior y las mujeres adquieren una creciente sagacidad.

A medida que la mujer va transitando por todos estos ciclos, sus capas de defensa, protección y densidad se vuelven cada vez más finas hasta que se empieza a transparentar el alma. Podemos percibir y ver el movimiento del alma dentro de la psique corporal de una manera asombrosa conforme nos vamos haciendo mayores.

Por consiguiente, el siete es el número de la iniciación. En la psicología arquetípica hay literalmente docenas de referencias al símbolo del siete. Una referencia que me parece extremadamente valiosa para ayudar a las mujeres a diferenciar las tareas que tienen por delante y a establecer su situación actual en la selva subterránea corresponde a las facultades atribuidas antiguamente a los siete sentidos. Se creía que dichos atributos simbólicos pertenecían a todos los seres humanos y, al parecer, constituían una iniciación en el conocimiento del alma por medio de las metáforas y de los sistemas efectivos del cuerpo.

Por ejemplo, según las antiguas enseñanzas de los métodos de curación nahuas, los sentidos representan aspectos del alma o del «sagrado cuerpo interior» y se tienen que ejercitar y desarrollar. La tarea es demasiado larga como para que se pueda describir aquí, pero se decía que los sentidos eran siete y, por consiguiente, las áreas que se tenían que desarrollar también eran siete: la animación, el tacto, el lenguaje, el gusto, la vista, el oído y el olfato[33].

Se decía que cada sentido se encontraba bajo la influencia de una energía de los cielos. Aplicando todos estos conocimientos a la actualidad, diremos que, cuando las mujeres que trabajan en grupo hablan de estas cosas, las pueden describir, explorar y examinar utilizando las siguientes metáforas pertenecientes al mismo ritual, con el fin de escudriñar los misterios de los sentidos: el fuego anima, la tierra produce una sensación táctil, el agua otorga el habla, el aire concede el gusto, la bruma da la vista, las flores dan el oído, el viento del sur da el olfato.

Por el pequeño vestigio del antiguo rito de iniciación que se conserva en esta parte del cuento, especialmente la frase en la que se habla de los «siete años», deduzco que las fases de la vida de la mujer y otras cuestiones tales como los siete sentidos y otros ciclos y acontecimientos a los que tradicionalmente se atribuía el número siete, eran objeto de especial atención en la antigüedad y se incluían en la tarea de la iniciada. Un antiguo fragmento de un relato que me intriga enormemente procede de Cratynana, una anciana y querida cuentista suaba de nuestra numerosa familia, quien decía que antiguamente las mujeres tenían por costumbre irse a pasar varios años a un lugar de la montaña, de la misma manera que los hombres se pasaban mucho tiempo ausentes, prestando servicio en lejanos países en el ejército del rey.

Por consiguiente, en la fase del aprendizaje de la doncella en la espesura del bosque, se produce otro milagro. Las manos le empiezan a crecer poco a poco, primero como las de una niña. Eso tal vez representa que al principio su comprensión de todo lo ocurrido es imitativa, como lo es el comportamiento de un niño de pecho. Cuando las manos le crecen como las de una niña, la doncella adquiere una comprensión concreta pero no absoluta de todas las cosas. Cuando al final se convierten en unas manos de mujer adulta, ya posee una comprensión más práctica y profunda de lo no concreto, lo metafórico, el sagrado camino por el que ha estado transitando.

Cuando adquirimos un profundo conocimiento instintivo de todas las cosas que hemos venido aprendiendo a lo largo de la vida, recuperamos las manos de la plena feminidad. A veces resulta divertido observarnos cuando entramos por primera vez en una fase psíquica de nuestro proceso de individuación, imitando torpemente la conducta que desearíamos dominar. Más adelante adquirimos nuestro propio lenguaje espiritual y nuestras singulares formas personales.

A veces, en nuestras representaciones y sesiones de análisis, utilizo otra versión literaria de este cuento. La joven reina va al pozo. Mientras se inclina para sacar agua, su hijo cae al pozo. La joven reina se pone a gritar, aparece un espíritu y le pregunta por qué no rescata al niño.

—¡Porque no tengo manos! —contesta ella.

—Pruébalo —le dice el espíritu y, cuando la doncella introduce los brazos en el agua para tomar a su hijo, las manos se le regeneran de inmediato y el niño se salva.

Se trata de una poderosa metáfora de la idea de la salvación del Yo-hijo, del Yo del alma, del peligro de perderse de nuevo en el inconsciente, de olvidar quiénes somos y cuál es nuestra tarea. En este momento de la vida es fácil rechazar incluso a las personas más encantadoras, las ideas más atrayentes, la música más sugestiva, especialmente cuando éstas no alimentan la unión de la mujer con lo salvaje. Para muchas mujeres, el hecho de no sentirse ya arrastradas o esclavizadas por todas las ideas o las personas que llaman a su puerta y de ser en cambio unas mujeres rebosantes de *Destino*, es decir imbuidas de una profunda conciencia de su destino, constituye una transformación auténticamente milagrosa. Con los ojos mirando de frente, las palmas de las manos extendidas y el oído del yo instintivo intacto, la mujer entra en la vida derrochando poder.

En esta versión la doncella ha llevado a cabo su tarea de tal forma que, cuando necesita la ayuda de sus manos para percibir y proteger su avance, las recupera. Se le regeneran por medio del temor de perder al Yo-hijo. La regeneración de la comprensión de su vida y su tarea hace que a veces se produzca una pausa momentánea en la tarea de la mujer, pues ésta no confía por entero en sus fuerzas recién adquiridas. A veces las somete a prueba durante algún tiempo para comprender su verdadero alcance.

A menudo tenemos que re-formar nuestras ideas acerca de que «si alguna vez hemos perdido el poder (las manos), jamás lo recuperaremos». Después de todas nuestras pérdidas y nuestros sufrimientos, descubrimos que, si nos inclinamos, recibiremos la recompensa de agarrar al hijo al que tanto apreciamos. Eso es lo que siente la mujer, que, al final, ha conseguido agarrar de nuevo su vida. Tiene unas palmas con las que puede «ver» y moldear una vez más su vida. En todo momento ha recibido la ayuda de las fuerzas intrapsíquicas y ha conseguido madurar considerablemente. Ahora se encuentra realmente «en el interior de su Yo».

Ya estamos casi al final del recorrido por el inmenso territorio de este largo cuento. Sólo nos queda por recorrer un trecho de crescendo y culminación. Puesto que se trata de una introducción en el misterio/dominio de la resistencia, recorramos con paso firme y decidido esta última etapa de nuestro viaje por el mundo subterráneo.

La séptima fase: La esposa y el esposo salvajes

Cuando regresa el rey, éste y su madre comprenden que el demonio ha saboteado sus mensajes. El rey decide someterse a una purificación: dejar de comer y beber y viajar hasta donde alcanza la vista para encontrar a la doncella y a su hijo. La búsqueda dura siete años. Se le ennegrecen las manos, su barba adquiere un mohoso color pardo como el del musgo, sus ojos están resecos y enrojecidos. Durante todo este tiempo no come ni bebe, pero una fuerza superior a él lo ayuda a vivir.

Al final, llega a la posada regentada por los habitantes del bosque. Allí lo cubren con un velo, se queda dormido y, al despertar, ve que una bella mujer y un precioso niño lo están mirando.

—Soy tu esposa y éste es tu hijo —le dice la joven reina.

El rey está dispuesto a creerla, pero ve que la doncella tiene manos.

—Por mis sufrimientos y mis desvelos, me han vuelto a crecer las manos —añade ella.

Y entonces la mujer vestida de blanco saca las manos de plata del arca donde se conservaban como un tesoro. Se celebra una fiesta espiritual. El rey, la reina y su hijo regresan junto a la madre del rey y celebran una segunda boda.

Aquí, al final del cuento, la mujer que ha efectuado este continuado descenso consigue reunir una sólida cuaternidad de poderes espirituales: el *animus* del rey, el Yo-hijo, la vieja Madre Salvaje y la doncella iniciada. Se ha lavado y purificado muchas veces. La aspiración de su ego a una vida segura ya no lleva la voz cantante. Ahora la guía de la psique es esta cuaternidad.

La reunión definitiva se debe al sufrimiento y a los vagabundeos del rey. ¿Por qué éste, que es el rey del mundo subterráneo, tiene que vagar sin rumbo? ¿Acaso no es el rey? Bueno, la verdad es que los reyes también tienen que llevar a cabo una tarea psíquica, incluso los reyes arquetípicos. El cuento encierra una antigua idea extremadamente críptica, según la cual, cuando cambia una fuerza de la psique, las demás también tienen que cambiar. Aquí la doncella ya no es la mujer con quien él se casó, ya no es la frágil alma sin rumbo. Ahora ya ha sido iniciada, se conoce y conoce sus reacciones femeninas ante todas las cuestiones. Ahora, gracias a los cuentos y los consejos de la vieja Madre Salvaje, ha adquirido sabiduría.

Por consiguiente, el rey no tiene más remedio que desarrollarse. En cierto modo, este rey se queda en el mundo subterráneo, pero, como representación del *animus*, simboliza la adaptación de la mujer a la vida colectiva y lleva al mundo de arriba o a la sociedad exterior las ideas dominantes que ella ha aprendido durante su viaje. Pero aún no ha pasado por la misma experiencia que su mujer y tiene que hacerlo para poder trasladar al mundo exterior lo que ella es y lo que ella sabe.

Cuando la vieja Madre Salvaje le comunica que el demonio lo ha engañado, el rey se sumerge en su propia transformación y vaga sin rumbo hasta encontrar lo que busca, tal como anteriormente había hecho la doncella. Él no ha perdido las manos sino a su reina y a su hijo. El *animus* sigue por tanto un camino muy similar al de la doncella.

Esta repetición empática reorganiza la manera de estar la mujer en el mundo. Reorientar el *animus* de esta forma es iniciarlo e integrarlo en la tarea personal de la mujer. Puede que éste fuera el origen de la presencia de iniciados en los ritos esencialmente femeninos de Eleusis; los hombres asumían las tareas y los sufrimientos del aprendizaje femenino para encontrar a sus reinas psíquicas y a sus vástagos psíquicos. El *animus* emprende sus siete años de iniciación. De este modo, todo lo que la mujer ha aprendido no sólo quedará reflejado en su alma interior sino que también quedará inscrito en ella y se llevará exteriormente a la práctica.

Por consiguiente, el rey vaga por la selva de la iniciación y aquí volvemos a tener la impresión de que faltan otros siete episodios: las siete fases de la iniciación del *animus*. Pero nos quedan algunos fragmentos cuyos detalles podemos extrapolar. Una de las claves es el hecho de que el rey se pasa siete años sin comer y, sin embargo, algo lo sostiene. El hecho de no alimentarse es el símbolo de la tarea de rebuscar bajo nuestros impulsos y apetitos para descubrir el significado más profundo que se oculta detrás y debajo de ellos. La iniciación del rey es el símbolo de la profundización en la comprensión de los apetitos, no sólo del apetito sexual[34] sino también de los demás. Es el símbolo del aprendizaje del valor y el equilibrio de los ciclos que sostienen la esperanza y la felicidad humanas.

Además, puesto que el rey es el *animus*, la búsqueda que emprende sugiere el afán de encontrar —cueste lo que cueste y a pesar de los impedimentos— en el interior de la psique lo femenino plenamente iniciado. En tercer lugar, su iniciación en el yo salvaje cuando adquiere la naturaleza animal durante siete años y no se baña durante siete años tiene la finalidad de librarlo de todas las capas de quitina exageradamente civilizadora que se han acumulado sobre su persona. El *animus* está llevando a cabo una dura tarea con vistas a su presentación y actuación en la vida cotidiana, de acuerdo con el Yo-hijo de la mujer recién iniciada.

La frase del cuento en la que se dice que el rostro del rey se cubre con el velo mientras duerme es probablemente otro vestigio de los antiguos ritos mistéricos. Hay en Grecia una hermosa escultura que lo representa: un iniciado cubierto con un velo que inclina la cabeza como si estuviera descansando o esperando el sueño[35]. Ahora comprendemos que el *animus* no puede actuar por debajo del nivel de conocimientos de la mujer, so pena de que ésta vuelva a dividirse entre lo que siente y sabe interiormente y la manera en que, por medio de su *animus*, se comporta por fuera. De ahí la necesidad de que el *animus* vague sin rumbo por la selva con su naturaleza masculina.

No es de extrañar que tanto la doncella como el rey se vean obligados a caminar por los territorios psíquicos en los que tienen lugar semejantes procesos, pues éstos sólo pueden aprenderse en la naturaleza salvaje, junto a la piel de la Mujer Salvaje. Es normal que la mujer iniciada descubra que su amor subterráneo por la naturaleza salvaje aflora a la superficie de su vida en el mundo de arriba. Psíquicamente está envuelta en el aroma del fuego de leña. Es normal que empiece a comportarse aquí de acuerdo con lo que ha aprendido allí.

Una de las características más sorprendentes es el hecho de que la mujer que está pasando por este proceso sigue haciendo todo lo que habitualmente hacía en la vida exterior: amando a sus amantes; dando a luz a sus hijos; persiguiendo a los hijos; persiguiendo el arte; persiguiendo palabras; llevando comida, pinturas, madejas; peleándose por esto o por aquello; enterrando a los muertos; cumpliendo todas las tareas cotidianas mientras realiza su profundo y lejano viaje.

Al llegar a este punto, la mujer suele debatirse entre dos direcciones contrarias, pues de pronto experimenta el impulso de vadear la selva como si ésta fuera un río y de nadar por la hierba, trepar a lo alto de un peñasco y sentarse de cara al viento. Es un momento en que un reloj interior da una hora que obliga a la mujer a experimentar la súbita necesidad de un cielo que pueda considerar suyo, de un árbol cuyo tronco pueda rodear con sus brazos, de una roca contra la que pueda apoyar la mejilla. Pero tiene que seguir viviendo también su vida de arriba.

Hay que decir en su honor que, por más que muchas veces lo desee, la mujer no sube a su coche y se echa a la carretera en dirección al ocaso. Por lo menos, no con carácter permanente, pues esta vida exterior es precisamente la que ejerce en ella la cantidad de presión necesaria para que pueda seguir adelante con las tareas del mundo subterráneo. Durante este período es mejor permanecer en el mundo que abandonarlo, pues la tensión es más beneficiosa y da lugar a una valiosa vida profundamente distinta que no se podría conseguir de ninguna otra manera.

Vemos por tanto al *animus* en pleno proceso de transformación, preparándose para ser un digno compañero de la doncella y el Yo-hijo. Al final han conseguido reencontrarse y regresan junto a la anciana madre, la madre sabia, la que lo soporta todo, la que ayuda con su ingenio y su sabiduría. Y los tres se reúnen y se quieren.

El intento de lo demoníaco de apoderarse del alma ha fracasado irremisiblemente. La resistencia del alma se ha enfrentado a la prueba y la ha superado. La mujer pasa por este ciclo una vez cada siete años, la primera vez muy débilmente, una vez por lo menos con gran esfuerzo y más tarde de una manera más bien rememorativa o renovadora. Ahora vamos a descansar un poco y a contemplar este exuberante panorama de la iniciación femenina y sus correspondientes tareas. Una vez superado el ciclo, podemos elegir cualquiera de las tareas o todas ellas para renovar nuestra vida en cualquier momento y por cualquier motivo. He aquí algunas:

• Abandonar a los ancianos padres de la psique, descender al territorio psíquico desconocido, confiando en la buena voluntad de quienquiera que se cruce en nuestro camino.
• Vendar las heridas causadas por el desventajoso pacto que hicimos en algún momento de nuestra vida.
• Vagar psíquicamente hambrientas y confiar en que la naturaleza nos alimente.
• Encontrar a la Madre Salvaje y su auxilio.
• Establecer contacto con el protector *animus* del mundo subterráneo.
• Conversar con el psicopompo (el mago).
• Contemplar los antiguos vergeles (formas enérgicas) de lo femenino.

- Incubar y dar a luz el Yo-hijo espiritual.
- Soportar la incomprensión, vernos apartadas una y otra vez del amor.
- Llenarnos de mugre, barro y suciedad.
- Permanecer siete años en el reino de los habitantes del bosque hasta que el niño alcance el uso de razón.
- Esperar.
- Regenerar la vista interior, la sabiduría interior, la curación interior de las manos.
- Seguir adelante aunque lo hayamos perdido todo excepto el hijo espiritual.
- Volver a encontrar y asir ávidamente la infancia, la adolescencia y la edad adulta.
- Reestructurar el *animus* como fuerza salvaje y natural; amarlo y que él nos ame a nosotras.
- Consumar el matrimonio salvaje en presencia de la vieja Madre Salvaje y del nuevo Yo-hijo.

El hecho de que tanto la doncella manca como el rey tengan que pasar por la misma iniciación de siete años de duración es el territorio común entre lo femenino y lo masculino y nos ayuda a comprender que, en lugar de antagonismo, puede haber entre estas dos fuerzas un profundo amor, sobre todo cuando éste se basa en la búsqueda del propio yo.

«La doncella manca» es un cuento de la vida real acerca de nuestra condición de mujeres reales. No gira en torno a una parte de nuestra vida sino en torno a las fases de toda una vida. Enseña esencialmente que la misión de la mujer es vagar una y otra vez por el bosque. Nuestra psique y nuestra alma están específicamente preparadas para que podamos cruzar la tierra subterránea de la psique, deteniéndonos aquí y allá, escuchando la voz de la vieja Madre Salvaje, alimentándonos con los frutos del espíritu y reuniéndonos con todo y con todos los que amamos.

Cuesta estar con la Mujer Salvaje al principio. Curar el instinto herido, desterrar la ingenuidad y, con el tiempo, aprender a conocer los aspectos más profundos de la psique y el alma, retener lo que hemos aprendido, no apartarnos, manifestar claramente lo que representamos, todo eso exige una resistencia ilimitada y mística. Cuando ascendemos desde el mundo subterráneo tras haber llevado a cabo alguna de nuestras tareas, puede que por fuera no se note ningún cambio, aunque por dentro hayamos adquirido un carácter inmensa y femeninamente salvaje. A primera vista seguimos siendo amables, pero por debajo de la piel está clarísimo que ya no somos unas criaturas domesticadas.

CAPÍTULO 15

La sombra:
El *canto hondo*

Ser una sombra significa tener un toque y un paso tan ligeros que una se pueda mover libremente por el bosque, observando sin ser observada. Una loba es una sombra de cualquier cosa o persona que atraviesa su territorio. Es su manera de recoger información. Es el equivalente de manifestarse, convertirse en algo tan tenue como el humo y volver a manifestarse.

Las lobas pueden moverse con mucho sigilo. El ruido que hacen se podría comparar con el de *los ángeles tímidos*. Primero retroceden y siguen como una sombra a la criatura que ha despertado su curiosidad. Después aparecen de repente por delante de la criatura y asoman medio rostro, atisbando con un dorado ojo desde detrás de un árbol. Bruscamente, la loba da media vuelta y, en un borroso revoltijo en el que a duras penas se pueden distinguir su blanco collarín y su peluda cola, se desvanece para retroceder y situarse una vez más a la espalda del forastero. Eso es ser una sombra.

La Mujer Salvaje lleva años siguiendo como una sombra a las mujeres de la tierra. De pronto, la vislumbramos fugazmente. De repente, vuelve a ser invisible. Sin embargo, aparece tantas veces en nuestra vida y con formas tan distintas que nosotras nos sentimos rodeadas por sus imágenes y sus anhelos. Viene a nosotras en los sueños y en los cuentos —especialmente en los acontecimientos de nuestra vida personal—, pues quiere ver quiénes somos y comprobar si estamos preparadas para reunirnos con ella. Si echamos un vistazo a las sombras que proyectamos, vemos que no son sombras humanas de dos piernas sino unas deliciosas sombras de un ser libre y salvaje.

Estamos destinadas a ser unas residentes permanentes, no unas simples turistas en su territorio, pues procedemos de aquella tierra que es nuestra patria y nuestra herencia. La fuerza salvaje de nuestra psique espiritual nos sigue como una sombra por un motivo. Según un dicho medieval, si bajas por una pendiente y te sigue una fuerza poderosa y, si esta poderosa fuerza logra apoderarse de tu sombra, tú también te convertirás en una fuerza poderosa por derecho propio.

La gran fuerza salvaje de nuestra psique quiere apoyar su pata en nuestra sombra para apoderarse de nosotras. En cuanto la Mujer Salvaje nos arrebata la sombra, volvemos a ser dueñas de nuestra persona, nos encontramos en el ambiente que nos corresponde y en el hogar que nos pertenece.

La mayoría de las mujeres no teme esta reunión sino que de hecho la desea. Si en este preciso instante las mujeres pudieran encontrar la guarida de la Mujer Salvaje, entrarían de cabeza en ella y saltarían alegremente a su regazo. Les basta con que las encaucen en la debida dirección, que es siempre hacia abajo, hacia la propia tarea, hacia la vida interior, hacia la galería subterránea que conduce a la guarida.

Iniciamos nuestra búsqueda de lo salvaje en nuestra infancia o en la edad adulta porque, en medio de algún denodado esfuerzo, intuimos la cercanía de una presencia salvaje y protectora. Quizá descubrimos sus huellas en la nieve reciente de un sueño. O bien observamos en nuestra psique una rama quebrada aquí o allá, unas piedras removidas, con la húmeda parte inferior boca arriba, y comprendimos que algo sagrado había pasado por nuestro camino. Percibimos en lo más hondo de nuestra psique el susurro lejano de un aliento conocido, notamos unos temblores en el suelo y comprendimos que algo poderoso, alguien importante, la salvaje libertad que llevábamos dentro, se había puesto en marcha.

No pudimos apartarnos de todo aquello sino que más bien lo seguimos y, de esta manera, aprendimos a saltar, correr y seguir como una sombra todas las cosas que atravesaban nuestro territorio psíquico. Empezamos a seguir como una sombra a la Mujer Salvaje y, a cambio, ella empezó a seguirnos amorosamente a nosotras. Aullaba y nosotras tratábamos de contestarle, antes incluso de recordar su lenguaje, antes incluso de saber exactamente con quién estábamos hablando. Y ella nos esperaba y nos animaba. Éste es el milagro de la naturaleza salvaje e instintiva. Sin tener pleno conocimiento de lo que ocurría, lo sabíamos. Sin verlo, comprendíamos la existencia de una prodigiosa y amorosa fuerza más allá de los límites del simple ego.

En su infancia, Opal Whitely escribió estas palabras acerca de la reconciliación con el poder de lo salvaje:

> *Hoy hacia el anochecer*
> *me adentré un poco con la niña ciega*
> *en el bosque donde todo es*
> *sombra y oscuridad.*
> *La acompañé hacia una sombra*
> *que venía a nuestro encuentro.*
> *Le acarició las mejillas*
> *con sus dedos de terciopelo*
> *y ahora a ella también*
> *le gustan las sombras.*
> *Y el miedo que tenía se ha ido.*

Las cosas que han perdido las mujeres a lo largo de muchos siglos las pueden volver a recuperar siguiendo las sombras que arrojan. Y ya le puedes poner una vela a la Virgen de Guadalupe, pues los tesoros perdidos y robados siguen arrojando sombras sobre nuestros sueños nocturnos y nuestras ensoñaciones diurnas y también sobre los antiguos cuentos, la poesía y cualquier momento de inspiración. Las mujeres de todo el mundo —tu madre, la mía, tú y yo, tu hermana, tu amiga, nuestras hijas, todas las tribus de mujeres que todavía no conocemos— soñamos con lo que hemos perdido, con lo que surgirá del inconsciente. Todas soñamos lo mismo en todo el mundo. Nunca nos quedamos sin el mapa. Nunca estamos las unas sin las otras. Permanecemos unidas a través de nuestros sueños.

Los sueños son compensatorios, son un espejo del inconsciente profundo en el que se refleja lo que se ha perdido y lo que todavía se tiene que corregir y equilibrar. Por medio de los sueños el inconsciente produce constantemente imágenes que nos enseñan. Por consiguiente, como el legendario continente perdido, la tierra salvaje de los sueños surge de nuestros cuerpos dormidos envuelta en un vapor que se extiende por todas partes y crea una patria protectora por encima de todas nosotras. Éste es el continente de nuestra sabiduría. La tierra de nuestro Yo.

Y eso es lo que soñamos: soñamos con el arquetipo de la Mujer Salvaje, soñamos con la reunión. Y cada día nacemos y renacemos de este sueño y su energía nos ayuda a crear a lo largo de toda la jornada. Nacemos y renacemos noche tras noche de este mismo sueño salvaje y regresamos a la luz del día agarradas a un áspero pelo, con las plantas de los pies ennegrecidas por la húmeda tierra y el cabello oliendo a océano, o a bosque o a fuego de hoguera.

Desde esta tierra pasamos a vestirnos con la ropa del día, de la vida cotidiana. Abandonamos aquel lugar salvaje para sentarnos delante del ordenador, de la cazuela, de la ventana, del profesor, del libro, del cliente. Arrojamos el aliento de lo salvaje sobre nuestra labor empresarial, las creaciones de nuestro negocio, nuestras decisiones, nuestro arte, la obra de nuestras manos y de nuestros corazones, nuestra política y nuestra espiritualidad, nuestros planes, nuestra vida hogareña, la educación, la industria, los asuntos exteriores, las libertades, los derechos y los deberes. Lo salvaje femenino no sólo se puede sostener en todos los mundos sino que sostiene todos los mundos.

Reconozcámoslo. Nosotras las mujeres estamos construyendo una madre patria; cada una con su propia parcela de terreno arrancada de los sueños nocturnos o de un día de trabajo. Y extendemos poco a poco esta parcela en círculos cada vez más amplios. Algún día será una tierra ininterrumpida, una tierra resucitada procedente del país de los muertos. El *Mundo de la Madre*, el mundo materno psíquico, coexistirá con todos los demás mundos en condiciones de igualdad. Y lo estamos creando con nuestras vidas, nuestros gritos, nuestras risas y nuestros huesos. Es un mundo que merece la pena crear y en el que merece la pena vivir, un mundo en el que predomina una honrada y salvaje sensatez.

La palabra «recuperación» puede inducir a pensar en bulldozers y carpinteros o bien en la reforma de una vieja estructura, pues éste es el moderno significado del término. Pero también puede significar recobrar algo que se ha perdido, como cuando antiguamente se «llamaba al halcón que alguien había dejado volar libremente». Es decir, hacer que algo salvaje regrese cuando lo llamamos. En este sentido, es una palabra excelente para nosotras. Utilizamos la voz de nuestra vida, nuestra mente y nuestra alma para recuperar la intuición y la imaginación; para recuperar a la Mujer Salvaje. Y ella acude a nuestra llamada.

Las mujeres no pueden sustraerse a esta obligación. Si tiene que haber un cambio, debemos protagonizarlo nosotras. Llevamos dentro a *La Que Sabe*. Si tiene que haber un cambio interior, debe llevarlo a cabo cada mujer individualmente. Si ha de haber un cambio mundial, nosotras las mujeres tenemos nuestra propia manera de contribuir a hacerlo realidad. La Mujer Salvaje nos apunta en voz baja las palabras y los métodos y nosotras la seguimos. Se ha pasado mucho tiempo corriendo, deteniéndose y esperando para ver si le dábamos alcance. Tiene algo, muchas cosas que enseñarnos.

Por consiguiente, si estás a punto de soltarte y de correr un riesgo y te atreves a comportarte en contra de las normas establecidas, excava los huesos que se encuentren a la mayor profundidad posible y haz que fructifiquen los aspectos salvajes y naturales de las mujeres, la vida, los hombres, los niños, la tierra. Utiliza el amor y los mejores instintos para saber cuándo tienes que gruñir, golpear, atacar y matar, cuándo tienes que retirarte y cuándo tienes que aullar hasta el amanecer. Para vivir lo más cerca posible de lo salvaje numinoso, una mujer tiene que agitar un poco más la cabeza, desbordarse un poco más, tener más olfato, más vida creativa, más capacidad de «ensuciarse», tener más compañía femenina, vivir una existencia más natural, tener más fuego y espíritu, saber cocinar mejor las palabras y las ideas. Tiene que reconocer mejor a sus hermanas, sembrar más, hacer acopio de raíces, ser más amable con los hombres, hacer más revolución de vecindario, crear más poesía, pintar más fábulas y hechos, ahondar más en lo femenino salvaje. Tiene que crear más círculos de costura terroristas y aullar más. Y, sobre todo, tiene que practicar en mayor medida el *canto hondo*.

Tiene que quitarse el pellejo, transitar por los antiguos senderos y afirmar su sabiduría instintiva. Todas podemos afirmar nuestra pertenencia al antiguo clan de la cicatriz, exhibir con orgullo las heridas de guerra de nuestra época, escribir nuestros secretos en las paredes, negarnos a sentir vergüenza, encabezar la marcha de la liberación. No malgastemos nuestra energía en la cólera. Dejemos, por el contrario, que ésta aumente nuestro poder. Y, por encima de todo, seamos astutas y utilicemos nuestro ingenio femenino.

No olvidemos que lo mejor no se puede ni se debe ocultar. La meditación, la educación, todos los análisis de los sueños, todos los conocimientos de este mundo de Dios no sirven de nada si la persona se los guarda sólo para sí misma o para unos pocos elegidos. Por consiguiente, salgamos de dondequiera que estemos escondidas. Dejemos profundas huellas, pues podemos hacerlo. Procuremos ser la vieja de la mecedora que acuna la idea hasta rejuvenecerla. Seamos como la valerosa y paciente mujer de «El oso de la luna creciente» que aprende a ver a través de la ilusión. No perdamos el tiempo encendiendo cerillas y fantasías como la pequeña vendedora de fósforos.

Esperemos hasta que logremos encontrar a los nuestros, tal como hizo el Patito Feo. Purifiquemos el río creativo para que *La Llorona* pueda encontrar lo que es suyo. Como la doncella manca, dejemos que nuestro resistente corazón nos guíe a través del bosque. Como *La Loba*, recojamos los huesos de los objetos de valor perdidos y cantemos para devolverles la vida. Perdonemos todo lo que podamos, olvidemos un poco y creemos mucho. Lo que hoy hagamos influirá en las estirpes matrilineales del futuro. Es probable que las hijas de nuestras hijas de nuestras hijas nos recuerden y, sobre todo, sigan nuestras huellas.

Muchos son los medios y las maneras de vivir con la naturaleza instintiva, y está claro que las respuestas a nuestras preguntas más profundas cambiarán a medida que nosotras cambiemos y cambie el mundo. Por consiguiente, no se puede decir: «Hagamos esto y aquello en este orden concreto y todo irá bien.» Sin embargo, a lo largo de toda mi vida, he tenido ocasión de conocer a los lobos y he tratado de comprender cómo es posible que, por regla general, vivan con tanta armonía entre sí. Por consiguiente, para más tranquilidad, te sugeriría que empezaras por cualquier punto de la siguiente lista. A las mujeres que todavía siguen luchando, les podría ser muy útil empezar por el número diez.

REGLAMENTO GENERAL LOBUNO PARA LA VIDA

1. Comer.
2. Descansar.
3. Vagabundear en los períodos intermedios.
4. Ser fiel.
5. Amar a los hijos.
6. Meditar a la luz de la luna.
7. Aguzar el oído.
8. Cuidar de los huesos.
9. Hacer el amor.
10. Aullar a menudo.

✒ CAPÍTULO 16

La pestaña del lobo

Si no sales al bosque, jamás ocurrirá nada
y tu vida jamás empezará

—No salgas al bosque, no salgas —dijeron ellos.

—¿Por qué no? ¿Por qué no tengo que salir al bosque esta noche? —preguntó ella.

—En el bosque habita un enorme lobo que se come a las personas como tú. No salgas al bosque, no salgas por lo que más quieras.

Pero, naturalmente, ella salió al bosque y, como era de esperar, se encontró con el Lobo, tal como ellos le habían advertido.

—¿Lo ves? Ya te lo decíamos —graznaron.

—Eso es mi vida, no un cuento de hadas, zopencos —replicó ella—. Tengo que ir al bosque y encontrarme con el lobo; de lo contrario, mi vida jamás podrá empezar.

Pero el lobo que ella encontró había caído en una trampa, se le había quedado la pata prendida en un cepo.

—¡Socorro, auxilio! ¡Ay, ay, ay! —gritaba el lobo—. ¡Socorro, ayúdame y te daré la justa recompensa! —añadió.

Porque eso es lo que hacen los lobos en los cuentos de esta clase.

—¿Y cómo sé yo que no me vas a hacer daño? —le preguntó ella, pues su misión era hacer preguntas—. ¿Cómo sé yo que no me matarás y me dejarás reducida a los puros huesos?

—Mala pregunta —dijo el lobo—. Tendrás que confiar en mi palabra.

Y el lobo reanudó sus aullidos y lamentos.

> ¡Ay! ¡Ay! ¡Ay!
> Sólo hay una pregunta
> que merece la pena hacer, hermosa doncella,
> ¿dóooonde está
> el
> almaaaaaa?

—Oh, lobo, voy a correr el riesgo. ¡Vamos allá!

Abrió la trampa, el lobo sacó la pata y ella se la envolvió con hierbas medicinales y plantas.

—Oh, gracias, dulce doncella, mil gracias —dijo el lobo, lanzando un suspiro.

Pero, como había leído demasiados cuentos que no debía, ella exclamó:

—Bueno, ahora ya puedes matarme, anda, terminemos de una vez.

Pero no fue eso lo que ocurrió. En su lugar, el lobo alargó la pata y se la apoyó en el brazo.

—Soy un lobo de otro tiempo y lugar —dijo. Y, arrancándose una pestaña del ojo, se la entregó diciendo—: Úsala y procura ser sabia. De ahora en adelante sabrás quién es bueno y quién no lo es tanto. Mira a través de mi ojo y lo verás todo con claridad.

> Por dejarme vivir,
> te ofrezco vivir
> como jamás en tu vida has vivido.
> Recuerda que sólo hay una pregunta
> que merece la pena hacer, hermosa doncella,
> ¿dóooonde está
> el
> almaaaaaa?

> Y así la doncella regresó a la aldea,
> alegrándose de estar viva.
> Y esta vez cuando ellos le dijeron,
> «Quédate aquí y cásate conmigo»,
> o «Haz lo que te digo»,
> o «Di lo que yo quiero que digas,
> pero que todo quede tan en secreto

como el día en que viniste»,
la doncella tomó la pestaña del lobo
miró a través de ella
y vio sus motivos
tal como jamás los había visto.
Y la vez en que
el carnicero pesó la carne
ella miró a través de la pestaña del lobo
y vio que pesaba también su pulgar.
Y miró al pretendiente
que le decía «Soy el que te conviene»,
y vio que no le convenía para nada.
Y de esta manera y muchas más
se salvó
no de todas
pero sí de muchas
desgracias.

Pero, además, con esta nueva visión, no sólo vio al astuto y al cruel sino que el corazón se le hizo inmensamente grande, pues miraba a las personas y las volvía a calibrar gracias al don que le había otorgado el lobo al que ella había salvado.

Y vio a los que eran verdaderamente buenos
y se acercó a ellos,
encontró a su compañero
y permaneció a su lado todos los días de su vida,
percibió a los valerosos
y se acercó a ellos,
captó a los fieles
y se unió a ellos,
vio perplejidad por debajo de la cólera
y se apresuró a disiparla,
vio amor en los ojos de los tímidos
y se inclinó hacia ellos,
vio sufrimiento en los callados
y cortejó su risa,
vio necesidad en el hombre sin palabras
y le habló,
vio fe en lo más hondo de la mujer
que afirmaba no tenerla
y se la volvió a encender con la suya.
Vio todas las cosas

con la pestaña del lobo,
todas las cosas verdaderas
y todas las cosas falsas,
todas las cosas que iban contra la vida
y todas las cosas que iban a favor de la vida,
todas las cosas que sólo podían verse
a través de los ojos de aquel
que pesa el corazón con el corazón,
y no sólo con la mente.

Así descubrió que era cierto lo que dicen, que el lobo es la más sabia de las criaturas. Si prestas atención, el lobo cuando aúlla hace siempre la pregunta más importante, no dónde está el alimento más próximo, la pelea más próxima o la danza más próxima,

sino la pregunta más importante
para ver dentro y detrás,
para sopesar el valor de todo lo que vive,
¿dóooonde
estáaaa el
almaaaa?
¿Dónde está el alma?
¿Dónde está el alma?

Sal al bosque, sal enseguida. Si no sales al bosque,
jamás ocurrirá nada y tu vida no empezará jamás.
Sal al bosque,
sal enseguida.
Sal al bosque,
sal enseguida.

Selección de «La pestaña del lobo», poema original en prosa de C. P. Estés, © copyright 1970, de *Rowing Songs for the Night Sea Journey, Contemporary Chants*.

CONCLUSIÓN
EL CUENTO COMO MEDICINA

Voy a exponer aquí el *ethos* del cuento según las tradiciones étnicas de mi familia en las que hunden sus raíces mis narraciones y mi poesía, y a dar unas breves explicaciones acerca de mi utilización de *las palabras* y *los cuentos* para el favorecimiento de la vida del alma.

A mis ojos, *Las historias son una medicina.*

... Siempre que se narra un cuento se hace de noche. Dondequiera que esté la casa, cualquiera que sea la hora, cualquiera que sea la estación, la narración del cuento hace que una noche estrellada y una blanca luna se filtren desde los aleros y permanezcan en suspenso sobre las cabezas de los oyentes. A veces, hacia el final del cuento, la estancia se llena de aurora, otras veces queda un fragmento de estrella o un mellado retazo de cielo de tormenta. Pero cualquier cosa que quede es un don que se debe utilizar para trabajar en la configuración del alma...[1]

Mi trabajo en el humus de los cuentos no procede exclusivamente de mi preparación como psicoanalista sino también de mi larga vida como hija de una herencia familiar profundamente étnica e iletrada. Aunque los míos no sabían leer ni escribir o lo hacían con mucha dificultad, eran personas cuya sabiduría suele ser ignorada por la cultura moderna.

Durante los años en que yo estaba creciendo, había veces en que los cuentos, los chistes, las canciones y las danzas se contaban e interpretaban en la mesa durante una comida, en una boda o en un velatorio, pero casi todo lo que yo llevo, cuento oralmente o convierto en versiones literarias, lo he adquirido no sentada ceremoniosamente en círculo sino en el transcurso de un arduo trabajo, pues la tarea exige mucha intensidad y concentración.

A mi juicio, el cuento, en todas las modalidades posibles, sólo puede ser fruto de un considerable esfuerzo intelectual, espiritual, familiar, físico e integral. Nunca brota fácilmente. Nunca «se recoge» o se estudia en los «ratos libres». Su esencia no puede nacer ni se puede mantener en la comodidad del aire acondicionado, no puede alcanzar profundidad en una mente entusiasta pero no comprometida y tampoco puede vivir en ambientes sociables pero superficiales. El cuento no se puede «estudiar». Se aprende por medio de la asimilación, viviendo cerca de él con los que lo conocen, lo viven y lo enseñan, mucho más en las tareas de la vida cotidiana que en los momentos visiblemente oficiales.

La beneficiosa medicina del cuento no existe en un vacío[2]. No puede existir separada de su fuente espiritual. No se puede tomar como un simple proyecto de mezcla-y-combinación. La integridad del cuento procede de una vida real vivida en él. El hecho de haber sido educados en él confiere al cuento una luz especial.

Según las más antiguas tradiciones de mi familia, que se remontan, por cierto, a épocas muy lejanas, «a todas las generaciones que existen» tal como dicen mis *abuelitas*, los momentos del cuento, las narraciones elegidas, las palabras exactas que se utilizan para transmitirlas, los tonos de voz que se emplean en cada una de ellas, los principios y los finales, el desarrollo del texto y especialmente la intención que hay detrás de cada una de ellas, suelen estar dictados por una profunda sensibilidad interior más que por un motivo o una «ocasión» exterior.

Algunas tradiciones establecen momentos concretos para la narración de los cuentos. Entre mis amigos de varias tribus pueblo los cuentos acerca del coyote se reservan para el invierno. Mis *comadres* y parientas del sur de México sólo cuentan relatos sobre «el gran viento del este» en primavera. En mi familia adoptiva, ciertos cuentos cocinados en la tradición de la Europa oriental sólo se narran en otoño después de la cosecha. En mi familia carnal los cuentos del *Día de los muertos* se empiezan a contar tradicionalmente al principio del invierno y se siguen contando a lo largo de toda esa oscura estación hasta el regreso de la primavera.

En los antiguos ritos curativos integrales, primos hermanos del *curanderismo* y de las *mesemondók*, todos los detalles se sopesan cuidadosamente según la tradición: cuándo contar un cuento, qué cuento y a quién, con qué longitud y en qué forma, con qué palabras y en qué condiciones. Tomamos en consideración el momento, el lugar, la situación de salud o enfermedad de la persona, las exigencias de su vida interior y exterior y toda una serie de factores importantes para poder establecer la clase de medicina que se necesita. Detrás de nuestros antiguos rituales hay esencialmente un espíritu sagrado e integral y contamos los cuentos cuando nos sentimos llamados por el pacto que éstos han establecido con nosotros y no viceversa[3].

En la utilización del cuento como medicina, lo mismo que en la exhaustiva preparación psicoanalítica y en otras artes curativas rigurosamente impartidas y supervisadas, se nos enseña a comprender cuidadosamente lo que hay que hacer y cuándo, pero, por encima de todo, se nos enseña lo que no hay que hacer. Eso, quizá más que cualquier otra cosa, es lo que distingue los cuentos como diversión —una actividad en sí misma muy digna— de los cuentos como medicina.

En mi cultura «más antigua», por más que hayamos establecido un puente con el mundo moderno, hay en esencia un eterno legado narrativo, en el que un cuentista transmite sus cuentos y el conocimiento de la medicina que éstos encierran a una o más *semillas*. Las «semillas» son personas que «tienen un don innato». Son los futuros guardianes de los cuentos en quienes los viejos tienen depositadas sus esperanzas. Es fácil identificar a los que poseen talento. Varios ancianos se ponen de acuerdo y los acompañan, los ayudan y los protegen durante su aprendizaje.

Los afortunados seguirán un arduo camino de muchos años de trabajo, plagado de molestias y dificultades, que les enseñará a seguir la tradición tal y como la han aprendido, con todas las preparaciones, bendiciones, percusiones, percepciones esenciales, ética y actitudes que constituyen el cuerpo de los conocimientos curativos de acuerdo con las exigencias propias de estos conocimientos —no con las suyas—, sus iniciaciones y sus formas prescritas.

Estas formas y extensiones de tiempo «de aprendizaje» no se pueden apartar a un lado o modernizar. No se pueden aprender en unos cuantos fines de semana o unos cuantos años. Exigen largos períodos de tiempo para reflexionar y es por eso por lo que el trabajo no se banaliza, cambia o utiliza erróneamente tal como ocurre cuando no está en buenas manos o se utiliza por motivos equivocados o cuando alguien se lo apropia con una mezcla de buena intención e ignorancia[4]. De eso no puede salir nada bueno.

La elección de las «semillas» es un proceso misterioso que escapa a cualquier definición exacta menos para aquellos que lo conocen a fondo, pues no está basado en una serie de normas ni en la imaginación sino en una antiquísima relación directa entre las personas. La mayor elige a la más joven, la una elige a la otra, a veces la una busca a la otra, pero con frecuencia ambas se tropiezan y se reconocen como si se conocieran desde hace siglos. El deseo de ser así no es lo mismo que serlo.

Por regla general, los miembros de la familia que tienen este talento se identifican en la infancia. Los mayores que poseen este don tienen los ojos despellejados y buscan a menudo al que está «sin piel», al que tiene una profunda sensibilidad y observa no sólo las pautas más amplias de la vida sino también sus más pequeños detalles. Están buscando como yo, que ahora tengo cincuenta y tantos años, a los que poseen una agudeza especial por haberse pasado varias décadas o toda una vida viviendo en cuidadosa actitud de escucha.

La preparación de las *curanderas, cantadoras y cuentistas* es muy similar, pues en mi tradición los cuentos se consideran escritos como *un tatuaje del destino*, un delicado tatuaje en la piel de la persona que los ha vivido.

Se cree que el talento curativo deriva de la lectura de estas leves inscripciones en el alma y de su desarrollo. El cuento, en su calidad de una de las cinco partes que integran la disciplina curativa, está considerado el destino de la persona que lleva dentro estas inscripciones. No todo el mundo las lleva, pero las personas que sí las llevan ya tienen su futuro grabado en ellas. Son «*Las únicas*»[5].

Por consiguiente, una de las primeras preguntas que hacemos cuando nos tropezamos con una cuentista/curandera, es: «*¿Quiénes son tus familiares? ¿Quiénes son tus padres?*» En otras palabras, ¿de qué estirpe de curanderas procedes? Eso no quiere decir: ¿a qué escuela has ido? ¿Qué asignaturas has estudiado? ¿A qué talleres has asistido? Significa literalmente: ¿de qué estirpe espiritual desciendes? Como siempre, buscamos una edad auténtica, sabiduría más que sagacidad intelectual, una devoción religiosa inquebrantable y profundamente arraigada en la vida cotidiana, todas las delicadas gentilezas y actitudes visiblemente innatas en una persona que conoce aquella Fuente de la que procede toda curación[6].

En la tradición de las *cuentistas/cantadoras*, hay padres y abuelos y, a veces, *madrinas y padrinos*, y estas personas son la que te ha narrado el cuento y te ha explicado su significado y su impulso, la que te lo ha regalado (la madre o el padre del cuento) y la persona que se lo enseñó a la persona que te lo enseñó a ti (*el abuelo o la abuela* del cuento). Así es como debe ser.

El hecho de pedir explícitamente permiso para contar el cuento de otra persona y atribuirse dicho cuento, en caso de que se conceda tal permiso, es de todo punto necesario, pues de esta manera se conserva el ombligo genealógico; nosotros estamos en un extremo y la placenta que da la vida en el otro. En alguien debidamente educado en la narración de cuentos es una señal de respeto y una muestra de buenos modales pedir y recibir permiso[7], no apropiarse de la obra que no se ha otorgado y respetar el trabajo de los demás, pues el conjunto de su obra y su vida constituye la obra que entregan. Un cuento no es simplemente un cuento. En su sentido más innato y apropiado, es la vida de alguien. El numen de su vida y su conocimiento directo de los cuentos que narra son la «medicina» del cuento.

Los padrinos del cuento son los que han dado una bendición junto con el regalo del cuento. A veces se tarda mucho tiempo en contar los antecedentes del cuento antes de dar comienzo al cuento propiamente dicho. Esta enumeración de la madre, la abuela, etc. del cuento no es un largo y aburrido preámbulo sino algo que está salpicado a su vez de pequeños cuentos. El cuento más largo que los sigue se convierte entonces en algo así como el segundo plato de un banquete.

En todos los verdaderos cuentos y las tradiciones curativas que yo conozco, la narración de la historia empieza con la mención del contenido psíquico tanto colectivo como personal. El proceso exige mucho tiempo y energía tanto intelectual como espiritual; y no es en modo alguno una práctica ociosa. Cuesta mucho y lleva mucho tiempo. Aunque a veces se producen *intercambios de cuentos*, en los que dos personas que se conocen muy bien se intercambian cuentos a modo de regalos, ello se debe a que han desarrollado, en caso de que no la tengan con carácter innato, una relación de parentesco. Tal como debe ser.

Aunque algunas personas emplean los cuentos como simple entretenimiento y, aunque la televisión en particular utilice a menudo argumentos de cuentos que describen la necrosis de la vida, no por eso las narraciones dejan de ser cuentos en uno de sus más antiguos significados, el del arte curativo. Algunas personas son llamadas a la práctica de este arte curativo y las mejores a mi juicio son las que se han acostado con el cuento, han descubierto en su interior las partes equivalentes y en lo más hondo de su ser han tenido un mentor, han recibido una prolongada enseñanza espiritual y se han pasado mucho tiempo perfeccionando las enseñanzas. Estas personas son inmediatamente reconocibles por su sola presencia.

Cuando utilizamos los cuentos manejamos una energía arquetípica que podríamos describir metafóricamente como una especie de electricidad. Esta corriente eléctrica puede animar e ilustrar, pero si se transmite en el lugar, el tiempo o la cantidad equivocados, mediante el narrador equivocado, el cuento equivocado, el cuentista equivocado —es decir, una persona que sabe en parte lo que tiene que hacer pero ignora lo que no tiene que hacer—,[8] la corriente, como todas las medicinas, no tendrá el efecto deseado o tendrá incluso un efecto perjudicial. A veces los «coleccionistas de cuentos» no saben lo que piden cuando solicitan un cuento de esta dimensión o intentan utilizarlo sin haber recibido previamente la bendición.

El arquetipo nos hace cambiar. El arquetipo nos infunde una integridad y una resistencia reconocibles. En caso de que no se produzca un cambio en el narrador, significa que no ha habido fidelidad, ni auténtico contacto con el arquetipo, ni transmisión sino tan sólo una traslación retórica o una interesada exaltación de la propia persona. La transmisión de un cuento es una larga responsabilidad de mucho alcance. Si quisiera detallar todos sus parámetros y describir los procesos curativos en su totalidad, tendría que llenar varios volúmenes, utilizando el cuento como un simple componente entre otros muchos. Pero, en el reducido espacio de que aquí dispongo, me limitaré a señalar lo más importante: tenemos que cerciorarnos de que las personas estén total y absolutamente conectadas con la electricidad de los cuentos que llevan consigo y narran a los demás.

Entre las mejores cuentistas-curanderas que conozco, y he tenido la suerte de conocer a muchas, sus cuentos crecen en sus vidas como las raíces hacen crecer un árbol. Los cuentos las han hecho crecer, las han convertido en lo que son. Se nota la diferencia. Se nota cuándo alguien ha hecho «crecer» un cuento en broma y cuándo el cuento lo ha hecho crecer auténticamente a él. Este último es el que subyace en las tradiciones integrales.

A veces un desconocido me pide uno de los cuentos que yo he sacado de la mina, configurado y llevado conmigo muchos años. Como guardiana que soy de estos cuentos que me han dado tras haberme exigido una promesa que yo he mantenido, no los separo de las palabras y los ritos que los rodean, especialmente de los que se han desarrollado y alimentado en las raíces de la *familia*. Esta opción no depende de ningún plan de cinco puntos sino de una ciencia del alma. La relación y la afinidad lo son todo.

El modelo maestro-alumno ofrece la clase de cuidadosa atmósfera que me ha permitido ayudar a mis alumnos a buscar y desarrollar los cuentos que los aceptarán, que brillarán a través de ellos y no se quedarán simplemente en la superficie de su ser como piezas de bisutería barata. Hay maneras y maneras. Algunas son fáciles, pero no conozco ninguna manera fácil que sea al mismo tiempo honrada. Hay maneras mucho más enrevesadas y difíciles que son honradas y merecen la pena.

El arte curativo que una persona puede practicar, la medicina del cuento que puede aplicar, depende totalmente de la cantidad de yo que dicha persona esté dispuesta a sacrificar y a poner en él y, cuando hablo de sacrificio, me refiero a todos los matices de dicha palabra. El sacrificio no es un sufrimiento que se elige y tampoco es un «sufrimiento conveniente» cuyo término está controlado por el «sacrificado». El sufrimiento no es un gran esfuerzo y ni siquiera una molestia considerable. Es en cierto modo algo así como «entrar en un infierno no creado por nosotros mismos» y regresar de él totalmente purificados, totalmente centrados y entregados. Ni más ni menos.

En mi familia hay un dicho: el portero de los cuentos te exigirá un pago, es decir, te obligará a vivir una cierta clase de vida, una disciplina diaria y muchos años de estudio, no el estudio ocioso que le interese al ego sino un estudio en el que tendrás que amoldarte a unas pautas y unos requisitos determinados. Nunca insistiré lo bastante en ello.

En las tradiciones narrativas de mi familia, en las tradiciones de la *mesemondók* y de la *cuentista* que he aprendido y venido utilizando desde pequeña, existe la llamada *Invitada*, es decir, la silla vacía, presente de alguna manera en todas las narraciones. A veces, en el transcurso de un relato, el alma de un oyente o más de uno se sienta allí porque lo necesita. Y aunque yo tenga material cuidadosamente preparado para toda la tarde, a veces modifico la narración para adaptarme, curar o jugar con la sensación de espíritu que me produce la silla vacía. «La invitada» habla en nombre de las necesidades de todos.

Yo le digo a la gente que extraiga los cuentos de sus propias vidas e insisto sobre todo en que lo hagan mis alumnos, especialmente los cuentos de su propia herencia, pues si siempre recurren directamente a los cuentos de los traductores de Grimm, por ejemplo, perderán para siempre los cuentos de su herencia personal en cuanto se mueran los ancianos de su famila. Yo siempre respaldo con todas mis fuerzas a los que recuperan los cuentos de su herencia, preservándolos y salvándolos de la muerte por abandono. Como es natural, en toda la faz de la tierra son siempre los viejos los que representan los huesos de todas las estructuras curativas y espirituales.

Contempla a tu gente, contempla tu vida. No es casual que este consejo sea el mismo entre los grandes curanderos y los grandes escritores. Contempla la realidad que vives tú misma. La clase de cuentos que se encuentran ahí no pueden proceder jamás de los libros. Proceden de relatos de testigos directos.

La extracción de cuentos de la mina de la propia vida y de la vida de los nuestros y también del mundo moderno en su relación con nuestra vida exige molestias y duras pruebas. Sabes que vas por buen camino si has tenido las siguientes experiencias: nudillos arañados, dormir en el frío suelo —no una vez sino una y otra vez—, búsqueda a tientas en la oscuridad, paseos en círculo por la noche, revelaciones estremecedoras y espeluznantes aventuras a lo largo del camino. Todo eso tiene un valor inestimable. Tiene que haber un poco y en algunos casos mucho derramamiento de sangre en todos los cuentos, en todos los aspectos de la propia vida para que ésta tenga numen y la persona pueda ser portadora de una auténtica medicina.

Confío en que salgas y dejes que te ocurran cuentos, es decir, vida, y que trabajes con estos cuentos de tu vida —la tuya, no la de otra persona—, que los riegues con tu sangre y tus lágrimas y tu risa hasta que florezcan, hasta que tú misma florezcas. Ésta es la tarea. La única tarea[9].

En respuesta...

En respuesta a los lectores que preguntaban por distintos aspectos de mi trabajo y mi vida, hemos ampliado ligeramente algunas secciones de este libro, añadiendo varias anécdotas y aclaraciones y varias notas adicionales, ampliando la conclusión y publicando por primera vez un poema en prosa que formaba parte del manuscrito original. Todo se ha hecho con sumo cuidado y sin alterar la cadencia de la obra.

Tres años después...

Muchos lectores han escrito para manifestar su satisfacción, comunicar noticias de los grupos de lectura que han estudiado *Las mujeres que corren con los lobos*, dirigir palabras de aliento y preguntar acerca de futuras obras. Han leído cuidadosamente este libro, a menudo más de una vez[1].

Por regla general, me he llevado una sorpresa al descubrir que muchos lectores han captado con toda claridad las raíces espirituales de mi obra a pesar de encontrarse éstas discretamente apuntadas en el subtexto del libro. Agradezco con toda mi alma la aprobación de los lectores, sus amables palabras, sus sensatas percepciones, su gran generosidad, los bonitos regalos entregados en mano y sus numerosos gestos de aliento y protección, tales como incluir mi obra, mi bienestar y el de mi familia y mis seres queridos y a mí misma en sus oraciones cotidianas. Conservo todos estos gestos como un tesoro en mi corazón.

Hace mucho tiempo, pero no muy lejos de aquí...

Trataré de dar respuesta aquí a algunas de las preguntas que los lectores nos han hecho llegar.

Muchos han preguntado cómo se empezó a escribir *Las mujeres que corren con los lobos*. «Se empezó a escribir mucho antes de que se empezara a escribir.»[2] Empezó naciendo en las insólitas y quijotescas estructuras que *El destino* me tenía preparadas. Empezó con varias décadas durante las que me sentí empapada de impresionante belleza y vi mucha pérdida de esperanza en las tormentas culturales, sociales y de otro tipo. Empezó como consecuencia de amores y vidas muy duras y amadas. «Se empezó a escribir mucho antes de que se empezara a escribir...» Eso lo puedo afirmar con toda seguridad.

La efectiva redacción a mano empezó en 1971 después de una peregrinación desde el desierto hasta mi casa, donde pedí y recibí la bendición de mis mayores para escribir una obra enraizada en el lenguaje del canto de nuestras raíces espirituales. Todos ellos me hicieron peticiones y promesas de muchas clases que han cumplido al pie de la letra hasta hoy. La más importante de ellas fue «No nos olvides y no olvides aquello por lo que hemos sufrido»[3].

Las mujeres que corren con los lobos es la primera parte de una serie en cinco tomos en la que se incluirán cien cuentos sobre la vida interior. La redacción de las dos mil doscientas páginas de la obra me llevó algo más de veinte años. El propósito del libro es esencialmente el de «despatologizar» la naturaleza instintiva integral y demostrar sus nexos espirituales y esencialmente psíquicos con el mundo natural. La premisa en la que se basa toda mi obra es la de que todos los seres humanos nacen con unas cualidades innatas.

La expresión...

La obra se escribió deliberadamente con una mezcla de la voz erudita de mi preparación como psicoanalista y la voz de las tradiciones del curanderismo y el duro trabajo que son un reflejo de mis orígenes étnicos: todos mis antepasados fueron inmigrantes, de clase obrera baja y *católicos*. La herencia de mi educación es el ritmo del trabajo y éste es el que me califica en primer lugar y por encima de todo como *una poeta*.

En su calidad de documento no sólo psicológico sino también espiritual, varias librerías han colocado *Las mujeres que corren con los lobos* en distintas secciones simultáneamente: psicología, poesía, feminismo y religión. Algunos han dicho que no se puede encasillar en ninguna categoría o que ha inaugurado una nueva categoría. Ignoro si es así, pero, en esencia, yo esperaba que fuera no sólo una obra artística sino también una obra psicológica acerca del espíritu.

Nota del lector...

Las mujeres que corren con los lobos pretende ser una ayuda en la tarea consciente de la individuación. Conviene abordar el libro como una obra contemplativa escrita en veintitantas partes. Cada parte es independiente.

El noventa y nueve por ciento de las cartas recibidas comentan que el lector no sólo leyó la obra sino que se la leyó a un ser querido o la leyó juntamente con éste: la madre a la hija, la nieta a la abuela, el amante a la amante y en los grupos de lectura que se reunían con carácter semanal o mensual. Puesto que no se puede leer en una semana o un mes, la obra se presta al estudio. E invita a la lectora a comparar su vida personal con lo que aquí se propone, a aprobarla o censurarla, acercarla, profundizarla, regresar a ella y verla a través de un proceso de maduración en curso.

Léela despacio. La obra se escribió muy despacio durante un prolongado período de tiempo. Escribía, me apartaba, reflexionaba[4], regresaba y escribía un poco más, volvía a apartarme, reflexionaba un poco más, regresaba y escribía un poco más. La mayoría de la gente lee la obra de la misma manera que fue escrita. Un poco a la vez, apartándose, reflexionando acerca de ella y regresando[5].

Recuerda...
La psicología, en su sentido más antiguo, significa el estudio del alma. Aunque en el último siglo ha habido muy importantes y valiosas aportaciones y habrá todavía más, el mapa de la naturaleza humana en toda su estimable variedad dista mucho de estar completo. La psicología no tiene ciento y tantos años de antigüedad, sino que se remonta a los albores del pasado. Los nombres de los muchos y esforzados hombres y mujeres que contribuyeron a ampliar la ciencia psicológica están debidamente reconocidos. Pero la psicología no empezó ahí. Empezó con cualquier persona y con todas las personas que oyeron una voz más digna de tenerse en cuenta que la suya y se sintieron obligadas a buscar su origen.

Algunos dicen que mi obra constituye «un nuevo campo emergente».

Debo decir con todo respeto que la esencia de mi obra procede de una tradición muy antigua. Esta clase de obra no encaja fácilmente en la categoría de nada que pueda calificarse de «emergente». Miles de personas de muchas generaciones de todo el mundo, sobre todo personas ancianas a menudo sin instrucción pero sabias por muchos conceptos, han vigilado y protegido sus exactos y complicados parámetros. Siempre ha estado muy viva y floreciente porque ellas estaban vivas y florecientes y la comparaban con unas formas y unos medios determinados[6].

Una advertencia...

La cuestión de la maduración individual es una tarea a la medida. No se puede trazar ningún rumbo, no se puede decir, «haz esto y después lo otro». El proceso de cada individuo es único y no se puede codificar con un simple «sigue estos diez sencillos pasos y todo irá bien». Esta clase de tarea no es fácil y no está al alcance de todo el mundo. Si buscas una curandera, un analista, un terapeuta o un asesor, cerciórate de que proceden de una disciplina con sólidos predecesores y de que saben hacer realmente lo que ellos creen saber hacer. Pide el consejo de tus amigos, parientes y compañeros de trabajo de confianza. Cerciórate de que el profesor que elijas esté debidamente preparado tanto en los métodos como en la ética[7].

La vida ahora...

Suelo escribir y trabajar bajo tierra, pero «hay algunas visiones de vez en cuando». Sigo viviendo tal como siempre he vivido desde hace muchos años, ardientemente introvertida pero tratando con todas mis fuerzas de estar en el mundo. Sigo trabajando como analista, poeta y escritora y cuidando de mi numerosa familia. Sigo hablando sobre cuestiones sociales, persevero en las grabaciones audiovisuales, pinto, compongo, traduzco, enseño y contribuyo a preparar a jóvenes psicoanalistas. Enseño literatura, escritura, psicología, mito-poesía, vida contemplativa y otras asignaturas como especialista invitada en distintas universidades[8].

A veces la gente me pregunta cuál ha sido el acontecimiento más memorable de los últimos años. Ha habido muchos, desde luego, pero el que más me emocionó fue la alegría de los mayores cuando se publicó esta obra por primera vez, el primer libro de uno de los suyos que jamás se hubiera impreso. Una imagen en particular: cuando mi padre de ochenta y cuatro años vio por primera vez este libro, exclamó en su inglés chapurreado: «¡Un libro, un libro, un libro de verdad!» Y allí mismo en mi jardín se puso a bailar una antigua danza *Csíbraki* del viejo país.

La obra...

Como *cantadora* (guardiana de antiguos cuentos) y mujer perteneciente a dos culturas étnicas, me sería muy difícil no reconocer que los seres humanos son muy distintos desde el punto de vista cultural, psicológico y de otro tipo. Siendo así, me parecería un error pensar que alguna manera determinada es la mejor. Esta obra en particular se ofrece como aportación a lo que se sabe y lo que se necesita en una auténtica psicología femenina que incluya a todos los tipos de mujeres que existen y todos los tipos de vida que llevan.

Mis observaciones y experiencias a lo largo de mis veintitantos años de práctica tanto con hombres como con mujeres me han llevado al convencimiento de que cualquiera que sea el estado, la fase o la estación de la vida, la persona tiene que poseer fuerza psicológica y espiritual para seguir adelante, tanto en los pequeños detalles como contra los vendavales que de vez en cuando se desatan en la vida de cada uno.

La fuerza no se alcanza después de haber subido la escalera o trepado a la montaña y tampoco después de haberlo «conseguido», sea ello lo que fuere. El fortalecimiento de la persona es esencial para el esfuerzo, sobre todo, antes y durante y también después. Estoy segura de que la atención y la fidelidad a la naturaleza del alma constituye la quintaesencia de la fuerza.

En cualquier momento hay muchas cosas que pueden sembrar el desconcierto en el alma y el espíritu, tratando de destruir las intenciones o ejerciendo presión para que se olviden las preguntas más importantes; preguntas tales como, no sólo cuál es la pragmática de una situación sino también: «¿Dónde está el alma de esta cuestión?» La persona sigue adelante en la vida, gana terreno, enmienda las injusticias y planta cara a los vientos gracias a la fuerza espiritual.

El fortalecimiento tanto con la palabra como con la oración, con distintas clases de contemplación o con cualquier otro medio, procede de un numen, una grandeza presente en el centro de la psique pero más grande que toda la psique. Este numen es totalmente accesible y tiene que ser cuidado y alimentado. Su existencia, cualquiera que sea el nombre que reciba, es un hecho psíquico incontrovertible.

Difícil e intensamente fructífero, eso es lo que percibe en esencia la persona que se encuentra en un proceso de auténtica maduración. Y se nota tanto por dentro como por fuera en la persona que se esfuerza por alcanzarlo. Sabemos muy bien que existe una notable diferencia entre una vida meditadamente profunda y una vida basada en creencias fantasmagóricas. En este viaje hacia el «verdadero hogar», aunque de vez en cuando retrocedamos para recapitular o medir las cosas desde el lugar de donde vinimos, no retrocedemos para retroceder.

A veces llamo a estas notas finales *los cuentitos*. Son vástagos del texto más amplio y pretenden ser una obra de arte independiente. Están destinadas a ser leídas de corrido si se desea, sin necesidad de remitirse al texto al que se refieren. Te invito a leerlas de las dos maneras.

INTRODUCCIÓN
Cantando sobre los huesos

1. El lenguaje de los cuentos y de la poesía es un poderoso hermano del lenguaje de los sueños. Por el análisis de muchos sueños (tanto contemporáneos como antiguos procedentes de relatos escritos) a lo largo de muchos años, por los textos sagrados y las obras de místicos como Catalina de Siena, Francisco de Asís, Rumi y Eckhart y por la obra de muchos poetas como Dickinson, Millay, Whitman, etc., se deduce que existe, al parecer, en el interior de la psique una función poética y artística que se pone en marcha cuando una persona se acerca de manera involuntaria o deliberada al núcleo instintivo de la psique.

Este lugar de la psique en el que se reúnen los sueños, los cuentos, la poesía y el arte constituye el misterioso hábitat de la naturaleza instintiva o salvaje. En los sueños y la poesía contemporáneos y en los más antiguos cuentos populares y las obras de los místicos, todo el ambiente del núcleo se considera un ser con vida propia y se suele representar en la pintura, la poesía, la danza y los sueños bien bajo la apariencia de uno de los vastos elementos tales como el océano, la bóveda celeste o la arcilla, bien bajo la de un poder con personalidad, como, por ejemplo, la *Reina del Cielo, la Blanca Paloma, el Amigo, el Amado, el Amante,* o *el Compañero.*

De este núcleo surgen cuestiones e ideas numinosas a través de la persona que experimenta la sensación de «estar llena de algo que es no Yo». Por otra parte, muchos artistas llevan las ideas y cuestiones nacidas de su ego al borde del núcleo y las dejan caer en él, intuyendo con razón que las recuperarán infundidas o lavadas con el extraordinario sentido psíquico de la vida. En cualquiera de los dos casos, ello dará lugar a un profundo despertar, a un cambio o una información de los sentidos, el estado de ánimo o el corazón del ser humano. Cuando una persona está recién informada, su estado de ánimo cambia. Y, cuando cambia el estado de ánimo, también cambia el corazón. Por eso son tan importantes las imágenes y el lenguaje que surgen de este núcleo. Combinados entre sí, las imágenes y el lenguaje poseen el poder de transformar una cosa en otra de una manera que, con la simple fuerza de voluntad, sería muy difícil y tortuosa de alcanzar. En este sentido, el Yo del núcleo, es decir, el Yo instintivo, es curativo y vitalizador.

2. La frase *eje/Ego/Yo* la utiliza Edward Ferdinand Edinger (*Ego and Archetype* [Nueva York, Penguin, 1971]) para describir la visión que tenía Jung del ego y el Yo como unas relaciones complementarias, cada una de las cuales —el moviente y el movido— necesita de la otra para poder actuar. (C.G. Jung, *Collected Works*, vol. 11, 2.ª ed. [Princeton, Princeton University Press, 1972] pág. 39.)

3. «*Para la Mujer Grande*, the Great Woman», © 1971, C. P. Estés, de Rowing Songs for the Night Sea Journey: Contemporary Chants (publicado por el mismo autor).

4. Véase Conclusión, *El cuento como medicina*, sobre las tradiciones étnicas en las que me baso a propósito de los límites del cuento.

5. *El duende* es literalmente el diablillo o la fuerza que se oculta detrás de las acciones y la vida creativa de una persona, incluyendo su manera de caminar, el sonido de su voz, la forma en que levanta el dedo meñique. Es un término utilizado en la danza *flamenca* que también se utiliza para describir la capacidad de «pensar» con imágenes poéticas. Para las *curanderas* latinoamericanas que recuperan los cuentos se trata de la capacidad de llenarse de un espíritu que es algo más que el propio espíritu. Tanto si se trata de un artista como si se trata del espectador, el oyente o el lector, cuando *el duende* está presente, la persona lo ve, lo oye, lo lee, lo percibe detrás de la danza, la música, las palabras, el arte; sabe que está ahí.

6. Vasalisa es una versión anglicanizada del nombre ruso Wassilissa. En Europa la doble uve se pronuncia como uve.

7. Una de las piedras angulares más importantes del desarrollo de un cuerpo de estudios acerca de la psicología femenina es el hecho de que las propias mujeres observen y describan lo que ocurre en sus propias vidas. Las afiliaciones étnicas de una mujer, su raza, sus prácticas religiosas, sus valores forman un todo y tienen que ser tenidos en cuenta, pues constituyen su sentido del alma.

CAPÍTULO 1
El aullido: La resurrección de la Mujer Salvaje

1. *E. coli*. Abreviación parcial de *Escherichia coli*, bacilo causante de la gastroenteritis que se adquiere bebiendo agua contaminada.

2. Rómulo y Remo y los gemelos de los mitos de los navajos son algunos de los muchos gemelos famosos de la mitología.

3. Viejo México.

4. Poema «Luminous Animal» del poeta de blues Tony Moffeit, de su libro *Luminous Animal* (Cherry Valley, Nueva York, Cherry Valley Editions, 1989).

5. El cuento me lo dio mi tía Tirezianany. En una versión talmúdica de este cuento titulada «Los cuatro que entraron en el Paraíso», los cuatro rabinos entran en el *Pardes*, el Paraíso, para estudiar los celestiales misterios y tres de ellos enloquecen al contemplar a la *Shekhinah*, la antigua divinidad femenina.

6. *The Transcendent Function* de C.G. Jung *Collected Works*, vol. 8, 2.ª ed. (Princeton, Princeton University Press, 1972) pp. 67-91.

7. Algunos llaman a este antiguo ser «la mujer fuera del tiempo».

CAPÍTULO 2
La persecución del intruso: El comienzo de la iniciación

1. El depredador natural se presenta en los cuentos de hadas simbolizado por un ladrón, un mozo de granja, un violador, un matón y, a veces, una perversa mujer de muy variadas características. Las imágenes oníricas de las mujeres siguen de cerca la pauta de distribución del depredador natural que aparece en los cuentos de hadas con protagonistas femeninas. Las relaciones perjudiciales, las groseras figuras autoritarias y los preceptos culturales negativos influyen en las imágenes oníricas y folclóricas tanto o más que las propias pautas arquetípicas innatas que Jung denomina nodos arquetípicos inherentes a la psique de cada persona. La imagen pertenece más al tema del «encuentro con la fuerza de la Vida y la Muerte» que a la categoría del «encuentro con la bruja».

2. Hay versiones publicadas muy distintas de «Barba Azul» en las colecciones de Jakob y Wilhelm Grimm, Charles Perrault, Henri Pourrat y otros. También existen versiones orales en toda Asia y Mesoamérica. El Barba Azul literario que yo he descrito presenta el detalle de la llave que no cesa de sangrar. Este elemento es una característica especial del cuento de Barba Azul de mi familia que mi tía me entregó. El período en el que ella y otras mujeres húngaras, francesas y belgas fueron confinadas en un campo de trabajos forzados durante la Segunda Guerra Mundial configura la versión que yo cuento.

3. En el folclore, los mitos y los sueños, el depredador natural tiene casi siempre un depredador que también lo persigue a él. La batalla entre ambos es la que al final provoca un cambio o un equilibrio. Cuando ello no ocurre o cuando no surge ningún otro antagonista bondadoso, el cuento se suele llamar historia de terror. La ausencia de una fuerza positiva que pueda oponerse con eficacia al depredador negativo es uno de los temores más profundos del corazón humano.

En la vida diaria hay también numerosos ladrones de luz y asesinos de la conciencia. En general, el depredador se apodera del jugo creativo de la mujer por simple placer o para su propio uso, dejándola más pálida que la cera y sin saber lo que ha ocurrido mientras él está cada vez más sonrosado y saludable. La persona depredadora quiere que la mujer no preste atención a sus instintos por temor a que se dé cuenta de que han aplicado un sifón a su mente, su imaginación, su corazón, su sexualidad o lo que sea.

La pauta de la entrega de la vida del propio núcleo empieza a veces en la infancia, favorecida por las personas que cuidan de la niña y pretenden que sus cualidades y su encanto llenen su propio vacío y sacien el hambre que sienten. El hecho de que la niña sea educada de esta manera confiere un enorme poder al depredador innato y la expone a que más adelante se convierta en presa de otros. Hasta que sus instintos se vuelven a colocar en su correspondiente orden, la mujer que ha sido educada de esta manera es extremadamente vulnerable a la posibilidad de ser víctima de las tácitas y devastadoras necesidades psíquicas de los demás. En general, una mujer con los instintos bien desarrollados sabe que el depredador la acecha cuando se ve atrapada en una relación o una situación que empequeñece su vida en lugar de engrandecerla.

4. Bruno Bettelheim, *Uses of Enchantment: Meaning and Importance of Fairytales* (Nueva York, Knopf, 1976).

5. Von Franz, por ejemplo, dice que Barba Azul «es un asesino y nada más...». M.L. von Franz, *Interpretation of Fairytales* (Dallas, Spring Publications, 1970), p. 125.

6. A mi juicio, Jung hacía conjeturas en el sentido de que el creador y lo creado estaban en fase de evolución y la conciencia del uno influía en la del otro. Es curiosa la idea de que el ser humano pueda influir en la fuerza que hay detrás del arquetipo.

7. La llamada con el teléfono que no funciona como es debido es uno de los veinte argumentos más comunes de los sueños humanos. En el caso más típico, el teléfono no funciona o la persona que sueña no consigue comprender cómo funciona. Los hilos del teléfono están cortados, los números del disco están desordenados, la línea está ocupada, el número de emergencia no se recuerda o no contesta. Esta clase de situaciones telefónicas en los sueños están estrechamente emparentadas con los mensajes erróneos o engañosamente cambiados como los del cuento *La doncella manca* en que el demonio cambia un jubiloso mensaje por otro de carácter malévolo.

8. Para proteger la identidad de los interesados, el nombre y la localización del grupo se han modificado.

9. Para proteger la identidad de los interesados, el nombre y la localización del grupo se han modificado.

10. Para proteger la identidad de los interesados, el nombre y la localización del grupo se han modificado.

11. Para proteger la identidad de los interesados, el nombre y la localización del grupo se han modificado.

CAPÍTULO 3
El rastreo de los hechos: La recuperación de la intuición como iniciación

1. Los relatos de Vasalisa y Perséfone tienen muchas coincidencias.

2. Los distintos comienzos y finales de los cuentos constituyen un tema de estudio capaz de ocupar toda una vida. Steve Sanfield, un soberbio narrador de cuentos, escritor y poeta judío, el primer narrador de cuentos afincado en Estados Unidos en los años setenta, tuvo la amabilidad de instruirme en el coleccionismo de principios y finales de cuentos como forma de arte en sí misma.

3. Encontré por primera vez el término de «madre suficientemente buena» en la obras de Donald Winnicott. Es una elegante metáfora, una de estas frases que dicen muchas páginas con tres simples palabras.

4. En la psicología junguiana se podría decir que la estructura de la madre en la psique está construida en capas: la arquetípica, la personal y la cultural. La suma de las tres constituye su aptitud o ineptitud en la estructura internalizada de la madre. Tal como se ha señalado en la psicología del desarrollo, parece ser que la construcción de una madre interior adecuada se produce en varias fases, cada una de las cuales se construye tras haber dominado la anterior. Los malos tratos infligidos a un niño pueden destruir o trastocar la imagen de la madre en la psique, dando lugar a la división de las capas subsiguientes en polaridades que son antagónicas entre sí y no ya colaboradoras. Lo cual puede no sólo anular las fases anteriores del desarrollo sino también desestabilizar las siguientes, haciendo que éstas se construyan de manera fragmentaria o idiosincrática.

Se puede poner remedio a estos retrasos del desarrollo que desestabilizan la formación de la confianza, la fuerza y la educación de la propia personalidad, porque, al parecer, esta matriz no está construida como un muro de ladrillo (que se derrumbaría en caso de que se retiraran un número excesivo de ladrillos de la parte inferior) sino que más bien está tejida como una red. Por eso muchas mujeres (y muchos hombres) se las arreglan bastante bien aunque haya muchos agujeros o retrasos en los sistemas de educación y desarrollo de su personalidad. Tales personas tienden a inclinarse por los aspectos del complejo maternal, donde la red psíquica ha sufrido menos daños. La búsqueda de un guía prudente que fomente el desarrollo puede contribuir a remendar la red cualquiera que sea el número de años que una persona lleve viviendo con la lesión.

5. Los cuentos de hadas utilizan los símbolos de la «familia adoptiva», el «padrastro», la «madrastra» y los «hermanastros» tanto con carácter negativo como positivo. Debido al elevado índice de personas que contraen varias veces matrimonio en Estados Unidos, hay en este país una cierta sensibilidad a propósito del uso negativo de dichos símbolos, a pesar de la existencia de numerosos cuentos de hadas protagonizados por familias adoptivas positivas, en los que los temas más frecuentes son el del anciano matrimonio del bosque que encuentra a un niño abandonado o el del padrastro que recibe favorablemente a un niño lisiado y lo ayuda a recuperar la salud o a adquirir un poder extraordinario.

6. Eso no significa que tengamos que abstenernos de ser amables en caso necesario o por libre elección. La clase de amabilidad a la que nos referimos aquí es la de tipo servil que linda con la adulación. Se trata de una amabilidad que nace del desesperado deseo de obtener algo y del hecho de sentirse impotente. Es algo similar a la situación del niño que teme a los perros y dice «perrito guapo, perrito guapo», en la esperanza de que eso apacigüe al perro.

Hay una clase de «amabilidad» todavía más perjudicial, en la que una mujer utiliza sus malas artes para congraciarse con los demás. Piensa que tiene que pellizcar placenteramente a los demás para conseguir aquello que no cree poder obtener por otros medios. Es una forma perjudicial de ser amable, pues coloca a la mujer en la situación de sonreír e inclinarse para que los demás se sientan a gusto y sean amables con ella, la apoyen, la aprueben, le concedan favores, no la traicionen, etc. La mujer accede a no ser ella misma. Pierde su forma y asume la fachada que los demás parecen apreciar. Aunque semejante comportamiento pueda ser una poderosa táctica de camuflaje en una situación difícil sobre la que la mujer tiene escaso o nulo control, la mujer que voluntariamente encuentra motivos para colocarse casi siempre en dicha situación, se engaña a sí misma a propósito de algo que es muy serio y abandona su principal fuente de poder, que es el hecho de expresar sinceramente lo que piensa.

7. *Mana* es una palabra melanesia que Jung extrajo de unos estudios antropológicos a finales del siglo XIX. Pensó que el *mana* representaba el carácter mágico que rodeaba o emanaba de ciertas personas, ciertos talismanes, ciertos elementos naturales como el mar y la montaña, los árboles, las plantas, las rocas, los lugares y los acontecimientos. No obstante, la caracterización antropológica de la época no tenía en cuenta los testimonios personales de los miembros de las tribus, en los que se señalaba que la experiencia del *mana* es pragmática y misteriosa al mismo tiempo y no sólo informa sino que también conmueve. Por otra parte, por el testimonio de los místicos de todos los tiempos que han documentado sus elevaciones y descensos con el llamado *mana*, sabemos que la asociación con la naturaleza esencial que produce este efecto es algo que se parece mucho al enamora-

miento, pues la persona se siente despojada de algo sin ella. Y, aunque al principio puede exigir mucho tiempo y una larga incubación, más tarde el sujeto establece una intensa y profunda relación con ella.

8. Los *homunculi* en este caso son unas minúsculas criaturas como los elfos, los duendes y otros «seres diminutos». Aunque algunos dicen que el *homunculus* es un ser infrahumano, los que se consideran pertenecientes a su estirpe creen que es suprahumano, sabio, astuto y capaz de procrear a su manera.

9. Algunos rechazan el concepto de la psique animal o se distancian de la idea, según la cual los seres humanos son espirituales y animales al mismo tiempo. Una parte del conflicto reside en la creencia de que los animales carecen de espíritu y alma. Pero la propia palabra *animal* deriva del latín y significa una criatura viva, e incluso más propiamente «cualquier cosa que viva», y *animalis* en concreto significa «dotado de aliento vital», del vocablo *anima* que significa aire, aliento, vida. Es posible que en un futuro momento de la historia, tal vez no muy lejano, nos sorprenda que el antropocentrismo haya podido tener arraigo alguna vez, de la misma manera que ahora somos muchos los que nos sorprendemos de que la discriminación de los seres humanos basada en el color de la piel haya sido en otros tiempos un valor aceptable para muchos.

10. Si no se le presta atención seguirá sufriendo distintos daños en su descendencia femenina. Pero la mujer puede poner remedio, encargándose de reparar ahora los daños sufridos. No estamos hablando de la perfección sino de la construcción de una cierta fortaleza.

11. En los talleres que se organizan en las cárceles de mujeres, a veces hacemos muñecas con ramitas y también con alubias, manzanas, trigo, tejido y papel de arroz. Algunas mujeres las pintan, las cosen y las ensamblan con pegamento. Al final, hay docenas y docenas de muñecas colocadas en hileras, muchas de ellas hechas con los mismos materiales, pero todas tan distintas y singulares como las mujeres que las han hecho.

12. Uno de los problemas fundamentales de las teorías más antiguas acerca de la psicología femenina es el de que la visión de la vida femenina era muy limitada. Nadie podía imaginar que la mujer pudiera ser tanto como es. La psicología clásica era más bien el estudio de unas mujeres completamente encogidas y no el de unas mujeres que trataban de liberarse o que se estiraban y alargaban los brazos para alcanzar algo. La naturaleza instintiva exige una psicología que observe no sólo a las mujeres que se esfuerzan por hacer algo sino también a las que se están enderezando poco a poco tras haberse pasado muchos años viviendo encorvadas.

13. Esta intuición de la que hablamos no es lo mismo que las funciones tipológicas que Jung enumeraba: sentimiento, pensamiento, intuición y sensación. En la psique femenina (y masculina) la intuición es algo más que una tipología. Pertenece a la psique instintiva y al alma y parece ser que es innata, pasa por un período de maduración y tiene capacidad de percepción, conceptualización y simbolización. Es una función que pertenece a todas las mujeres (y a todos los hombres) con independencia de la tipología.

14. En la mayoría de los casos parece ser que es mejor ir cuando te llaman (o te empujan), cuando tienes la sensación de que podrás ser ágil y elástica, en lugar de oponer resistencia hasta que estallan las circunstancias psíquicas y te arrastran de todos modos al agujero, ensangrentada y magullada. A veces no hay ninguna posibilidad de conservar el equilibrio. Pero, cuando la hay, se gasta menos energía dejándose llevar que resistiendo.

15. La Madre Noche, una de las diosas de la Vida/Muerte/Vida de las tribus eslavas.

16. En toda Mesoamérica, la *máscara* indica que una persona ha dominado la unión con el espíritu que se representa no sólo en la máscara sino en el atuendo del espíritu que lleva. La identificación con el espíritu a través de la ropa y el adorno facial ha desaparecido casi por completo en la sociedad occidental. No obstante, el arte de hilar y de tejer son de por sí unos medios de evocar o ser informados por el espíritu. Hay pruebas fiables de que la elaboración del hilo y el tejido eran antiguamente unas prácticas religiosas utilizadas para impartir enseñanzas acerca de los ciclos de la vida, la muerte y el más allá.

17. Es bueno tener muchas *personae*, hacer colecciones, coser varias, reunirlas a medida que vamos avanzando por la vida. Conforme nos hacemos mayores, descubrimos que, teniendo a nuestro alcance esta colección, podemos representar cualquier aspecto del yo casi en cualquier momento que queramos. Sin embargo, se llega a un punto, sobre todo cuando se rebasa la mediana edad y se entra en la vejez, en que las propias *personae* cambian y se fusionan misteriosamente. A veces se produce una especie de «fusión», una pérdida total de las *personae* que deja al descubierto lo que, en su máxima expresión, se podría llamar «el verdadero yo».

18. Para trabajar de manera orgánica, conviene simplificar y centrarse más en la sensación y el sentimiento que en una excesiva intelectualización. A veces es útil, tal como uno de mis difuntos colegas, J. Vanderburgh, solía decir, pensar en términos comprensibles para un inteligente niño de diez años.

19. Éstas son curiosamente las mismas cualidades de una próspera vida del alma, pero también de un próspero negocio y una próspera vida económica.

20. Jung pensaba que se podía establecer contacto con la fuente más antigua por medio de los sueños nocturnos. (C.G. Jung, *Jung Speaking*, editado por William McGuire y R.F.C. Hull [Princeton, Princeton University Press, 1977].)

21. Se trata, en realidad, de un fenómeno de estados hipnogógicos e hipnopómpicos situados entre el sueño y la vigilia. Está bien documentado en laboratorios del sueño que una pregunta formulada al principio de la fase «crepuscular» del sueño parece rebuscar en los «hechos archivados en el cerebro» durante las fases sucesivas del sueño, aumentando la capacidad de producir una respuesta directa al despertar.

22. Había una anciana que vivía en una choza del bosque cerca del lugar donde yo crecí. Se comía cada día una cucharadita de tierra. Decía que eso alejaba las penas.

23. A lo largo de toda la tradición oral y escrita de los cuentos de hadas, se registran muchas contradicciones a este respecto. Algunos cuentos dicen que el hecho de ser sabia de joven hace que una persona viva más tiempo. Otros señalan que ser viejo de joven no es tan bueno. Por otra parte, algunos de dichos cuentos son proverbios que pueden interpretarse de distintas maneras según la cultura y la época de las que procedan. Pero, a mi juicio, otros son una especie de *koan** más que una instrucción. En otras palabras, las frases pretenden ser meditadas más que comprendidas literalmente y la meditación puede llevar finalmente a un *satori* o repentina comprensión.

24. Esta alquimia puede derivar de unas observaciones mucho más antiguas que los escritos metafóricos. Varias ancianas narradoras de cuentos tanto de la

---

* En el zen, pregunta absurda que se hace al alumno para provocar en él una reflexión, de la que nacerá el estado de iluminación. *(N. de la T.)*

Europa oriental como de México me han dicho que el simbolismo del negro, el rojo y el blanco deriva de los ciclos femeninos de la menstruación y la reproducción. Tal como saben todas las mujeres que han menstruado, el negro es la representación del desprendido revestimiento del útero en el que no ha anidado el óvulo. El rojo simboliza no sólo la retención de la sangre en el útero durante el embarazo sino también la «mancha de sangre» que anuncia el comienzo del parto y la llegada de una nueva vida. El blanco es la leche de la madre que fluye para alimentar al recién nacido. Todo ello se considera un ciclo de transformación completo y yo siempre me he preguntado si la alquimia no debió de ser un intento de crear un recipiente similar a la matriz y toda una serie de símbolos y acciones similares a los ciclos de la mestruación, la gravidez, el alumbramiento y la lactancia. Es probable que exista un arquetipo del embarazo que no hay que tomar en sentido literal y que afecta o atrae a ambos sexos, los cuales tienen que buscar posteriormente el medio de simbolizarlo de una manera que resulte significativa para ellos.

25. He estudiado durante muchos años el color rojo en los mitos y los cuentos; el hilo rojo, las zapatillas rojas, la capa roja, etc. Creo que muchos fragmentos de los mitos y los cuentos de hadas derivan de las antiguas «diosas rojas», las divinidades que presidían todo el espectro de la transformación femenina —todos los acontecimientos «rojos»—, es decir, la sexualidad, el parto y el erotismo, y que inicialmente formaban parte del arquetipo de las tres hermanas del nacimiento, la muerte y la resurrección y también de los mitos del nacimiento y la muerte del sol en todo el mundo.

26. La antropología decimonónica consideraba erróneamente que la reverencia tribal a los ancianos y los abuelos difuntos y la conservación ritual de los relatos acerca de la vida de los ancianos eran una forma de «culto». Esta desafortunada proyección sigue estando presente en distintas literaturas «modernas». A mi juicio, sin embargo, tras haberme pasado varias décadas participando en el ritual familiar del *Día de los muertos*, el «culto ancestral», término forjado hace mucho tiempo por la antropología clásica, debería llamarse más propiamente afinidad con los antepasados, es decir, una relación constante con los venerados antepasados. El ritual de la afinidad respeta a la familia, sanciona la idea de que no estamos separados los unos de los otros, de que una sola vida humana no carece de significado y, especialmente, de que las buenas obras de los que nos han precedido poseen un valor inmenso, pues nos enseñan y nos guían.

27. Se han encontrado muchos huesos femeninos en Çatal Hüyük, un emplazamiento neolítico en fase de excavación en Anatolia.

28. Hay otras versiones del cuento y otros episodios e incluso en algunos casos epílogos o anticlímax, pegados al final del relato central.

29. Vemos el símbolo de la forma de la pelvis en cuencos e iconos del este de los Balcanes y de emplazamientos de la antigua Yugoslavia cuya datación Gimbutas sitúa en el 5-6000 a.d.C. Marija Gimbutas, *The Goddesses and Gods of Old Europe: Myths and Cult Images* (Berkeley, University of California Press, 1974. Edición revisada, 1982).

30. La imagen del *dit* aparece también en los sueños, a menudo como algo que se transforma en un objeto útil. Algunos de mis colegas médicos aventuran la posibilidad de que sea un símbolo del embrión o el óvulo en su fase más temprana. Las narradoras de cuentos de mi familia se refieren a menudo al *dit* como los óvulos.

31. Es posible que el espíritu y la conciencia del individuo tengan una «sen-

sación» sexual y que esta masculinidad o feminidad del espíritu y demás posea un carácter innato, cualquiera que sea el sexo físico.

CAPÍTULO 4
El compañero: La unión con el otro

1. Este verso al final del cuento es tradicional en el África occidental. Me lo enseñó Opalanga, una *griot*.

2. Existe en Jamaica una canción infantil que podría ser un vestigio de este cuento: *«Para asegurarme de que el sí/es un sí hasta el final/se lo pregunto otra vez/ y otra y otra y otra.»* La canción me la confió V.B. Washington que ha sido durante toda mi vida como una madre para mí.

3. El perro se comporta en una comunidad de perros de una manera distinta a como lo hace cuando es un animal doméstico en una familia humana.

4. Robert Bly, comunicación personal, 1990.

CAPÍTULO 5
La caza: Cuando el corazón es un cazador solitario

1. Eso no significa que la relación termina sino que ciertos aspectos de la relación se desprenden de la piel, pierden el caparazón, desaparecen sin dejar rastro, no indican su paradero y, de repente, reaparecen con otra forma, otro color y otra textura.

2. Durante una de mis visitas a la lujuriante tierra de México sufrí un dolor de muelas y un *boticario* me envió a una mujer famosa por su capacidad de aliviar los dolores de muelas. Mientras me aplicaba las medicinas, la mujer me habló de *Txati*, el gran espíritu femenino. Deduje de su relato que *Txati* era una diosa de la Vida/Muerte/Vida, pero hasta ahora no he encontrado ninguna referencia en la literatura académica. Entre otras cosas, *mi abuelita, la curandera* me dijo que *Txati* es una gran curandera que, al mismo tiempo, es el pecho y la tumba. *Txati* lleva consigo un cuenco de cobre; si se le da la vuelta en un sentido, contiene y derrama alimento; si se le da la vuelta en el otro, se convierte en el recipiente del alma de los que acaban de morir. *Txati* es la que preside los alumbramientos, las relaciones amorosas y la muerte.

3. Hay muchas versiones de la historia de Sedna, una poderosa divinidad que vive bajo el agua y es invocada por las curanderas que le piden el restablecimiento de la salud y la vida de los enfermos y los moribundos.

4. Ciertamente, la «ocupación de espacio» puede ser una válida necesidad de soledad, pero seguramente es la «mentira piadosa» más habitual en las relaciones de nuestra época. En lugar de hablar de lo que la preocupa, la persona «ocupa un espacio». Es una versión adulta de «El perro se me ha comido los deberes» o «mi abuela murió...» por quinta vez.

5. Y también de lo no todavía bello.

6. Del poema de caza «Integrity». Adrienne Rich, *The Fact of a Doorframe, Poems Selected and New*, 1950-1984. Nueva York, W.W. Norton, 1984.

7. La inclusión del más joven que venda la herida del más viejo pertenece al cuento de mi familia «La herida que apestaba».

8. Es un resumen de un cuento muy largo que, para contarse como es debido, suele exigir «tres noches durante la estación de los relámpagos».

CAPÍTULO 6
El hallazgo de la manada: La dicha de la pertenencia

1. Aunque algunos analistas junguianos consideran que Andersen era un «neurótico» cuya obra no merecía estudiarse, yo creo que ésta y, sobre todo, los temas de los cuentos que elegía para embellecerlos, son muy importantes, pues reflejan el sufrimiento de los niños y el sufrimiento del Yo del alma. Esta sección y este desmenuzamiento del alma juvenil no es sólo un tema habitual en el tiempo y el lugar en los que Andersen vivió. Sigue siendo una cuestión esencial del alma en todo el mundo. Aunque el tema de los malos tratos al alma y al espíritu de los niños, los adultos o los ancianos puede ser objeto de menosprecio como consecuencia de sus intelectualizaciones románticas, yo creo que Andersen lo afronta con honradez. La psicología clásica en general se adelanta a la comprensión por parte de la sociedad de la extensión y profundidad de los malos tratos infantiles en las distintas clases y culturas. Y los cuentos de hadas se adelantan a la psicología en el descubrimiento del daño deliberado que los seres humanos se causan entre sí.

2. El narrador rústico de cuentos es el que tiende a no tener demasiadas capas de cinismo y conserva el sentido común y también el sentido del mundo nocturno. Según esta definición, un individuo instruido que se ha criado en una metrópoli de asfalto podría ser un rústico. La palabra se refiere más al estado mental que al hábitat físico del individuo. En mi infancia, oí contar *El patito feo* por boca de «las tres Katies», mis ancianas tías paternas, todas ellas rústicas.

3. Ésta es una de las principales razones por las que un adulto se somete a un análisis o a un autoanálisis: para clasificar y ordenar los factores y complejos paternos, culturales y arquetípicos de tal forma que, como en los cuentos de *La Llorona*, el río se mantenga lo más limpio posible.

4. Sísifo, el Cíclope y Calibán, las tres figuras masculinas de la mitología griega, son conocidos por su resistencia y fiereza y por la dureza de su piel. En las culturas en las que no se permite que las mujeres se desarrollen en todas direcciones, se suelen reprimir en ellas estas llamadas cualidades masculinas. Cuando se produce una inhibición psíquica y cultural del desarrollo masculino en las mujeres, éstas se ven apartadas del cáliz, el estetoscopio, el pincel, la bolsa del dinero, los cargos políticos, etc.

5. Véanse las obras de Alice Miller: *Drama of the Gifted Child, For Your Own Good, Thou Shalt Not Be Aware*.

6. Para demostrar este aserto, no hace falta que los ejemplos del alejamiento de la mujer de su propia manera de trabajar y vivir sean dramáticos. Entre los más recientes figuran las leyes que dificultan o impiden que una mujer (o un hombre) se gane el sueldo en casa, permaneciendo simultáneamente cerca del mundo del trabajo, el hogar y los hijos. Las leyes que impiden que el individuo mantenga la cohesión del trabajo, la familia y la vida personal ya hace tiempo que tendrían que haberse modificado.

7. Hay todavía mucha esclavitud en el mundo. A veces no se llama así, pero, cuando una persona no es libre de «irse» y es castigada si «huye», no cabe duda de que estamos en presencia de la esclavitud. Cuando una persona se ve obligada a realizar un trabajo doloroso o a hacer unas elecciones humillantes que no redundan en su propio beneficio sino que simplemente le sirven para subsistir o recibir una mínima protección, también estamos en presencia de una esclavitud. Bajo las esclavitudes de todas clases las familias y los espíritus se quiebran y se pierden durante muchos años, cuando no para siempre.

Pero también existe todavía la esclavitud propiamente dicha. Una persona que estuvo recientemente en una isla del Caribe me contó que en uno de los hoteles de lujo de allí acababa de llegar un príncipe de Oriente Medio con todo su séquito en el que figuraban numerosas esclavas. Todo el personal del hotel corría de un lado para otro, tratando de impedir que se cruzaran en el camino de un conocido representante negro del movimiento en favor de los Derechos Civiles de Estados Unidos que también se alojaba en el hotel.

8. Entre ellas había madres niñas de tan sólo doce años, adolescentes, mujeres maduras, mujeres embarazadas después de una noche de amor, una noche de placer o una noche de amor y placer, víctimas de incestos y violaciones, todas ellas maltratadas y duramente atacadas por una cultura firmemente dispuesta a perjudicar tanto al hijo como a la madre con la difamación y el ostracismo.

9. Varios autores han escrito acerca de este tema. Véanse las obras de Robert Bly, Guy Corneau, Douglas Gillette, Sam Keen, John Lee, Robert L. Moore, etc.

10. Es uno de los mitos más estúpidos que existen acerca del envejecimiento, el de que una mujer se convierte en una persona tan completa que ya no necesita nada y es una fuente de toda suerte de cosas para los demás. No, la mujer es como un árbol que necesita agua y aire por muy viejo que sea. La anciana es como el árbol; no hay ningún punto final, ningún término repentino, sino más bien un desarrollo de las raíces y las ramas y, con los debidos cuidados, mucho florecimiento.

11. Me lo facilitó mi amiga española y alma gemela Faldiz.

12. Jung utilizaba este término para referirse al tonto inocente de los cuentos de hadas que casi siempre desaparece al final.

13. De Jan Vanderburgh, comunicación personal.

14. Ha habido en la psicología junguiana un prejuicio que puede oscurecer el diagnóstico de un grave trastorno y es el de que la introversión es un estado normal cualquiera que sea el grado de mortal apatía del individuo. A veces, un silencio mortal que a veces se interpreta como una introversión oculta con frecuencia un profundo drama. Cuando una mujer es «tímida» o profundamente «introvertida» o dolorosamente «modesta», conviene mirar bajo la superficie para ver si es algo de carácter innato o si se trata de una lesión.

15. Carolina Delgado, asistenta social junguiana y artista de Houston, utiliza *ofrendas* como bandejas de arena a modo de instrumentos proyectivos para evaluar el estado psíquico del individuo.

16. La lista de mujeres «distintas» es muy larga. Pensemos en cualquier modelo por antonomasia de los últimos siglos y veremos que a menudo se trata de personas que se encontraban al margen o pertenecían a un subgrupo o estaban fuera de la corriente principal.

CAPÍTULO 7
El júbilo del cuerpo: La carne salvaje

1. Las mujeres tehuana dan palmadas y tocan no sólo a sus hijos y no sólo a sus hombres, sus abuelas y abuelos, no sólo a la comida, las prendas de vestir y los animales domésticos sino que también lo hacen entre sí. Es una cultura muy táctil que, al parecer, favorece el próspero desarrollo de sus miembros.

De igual modo, observando jugar a los lobos, vemos que se dan golpes entre sí en una especie de ondulante danza. El contacto de la piel comunica algo así como «Tú nos perteneces, nosotros nos pertenecemos».

2. Parece ser, a través de observaciones informales de distintos grupos nativos aislados, que, pese a la existencia de los solitarios de la tribu —que quizá sólo viven parcialmente en ella y no siguen necesariamente y en todo momento sus valores— los grupos centrales se aproximan respetuosamente a los varones y a las mujeres, independientemente de la forma, el tamaño y la edad. A veces se gastan bromas entre sí acerca de esto o de aquello, pero no lo hacen con maldad ni con ánimo excluyente. Este acercamiento al cuerpo, el sexo y la edad forma parte de una visión más amplia y de una forma de amor distinta.

3. Algunos han señalado que el respeto a los estilos de vida y a los valores «aborígenes, antiguos o vetustos» es una manifestación de sentimentalismo, una añoranza de tiempos pasados y una absurda fantasía de cuento de hadas. Y añaden que las mujeres de otros tiempos vivían una existencia muy dura, plagada de enfermedades, etc. Es cierto que las mujeres de los mundos pasado y presente tenían/tienen que trabajar muy duro y a menudo en condiciones de explotación, eran/son maltratadas y las enfermedades estaban/están muy extendidas. Todo eso es cierto y lo es también para los hombres.

Sin embargo, en los grupos nativos y entre mis gentes latinoamericanas y húngaras que son pueblos decididamente tribales, que forman clanes, crean tótems, hilan, tejen, plantan, cosen y procrean, compruebo que, por muy dura y difícil que sea la vida, los antiguos valores —aunque uno tenga que cavar para encontrarlos o tenga que volver a aprenderlos— existe un firme apoyo al alma y la psique. Muchas de las llamadas «costumbres antiguas» son una forma de alimento que jamás se deteriora y cuya cantidad aumenta cuanto más se utiliza.

Aunque hay una manera sagrada y profana de abordar las cosas, creo que el hecho de admirar o tratar de emular ciertas «costumbres antiguas» no es una forma de sentimentalismo sino más bien de sensatez. En muchos casos, el hecho de atacar el legado de los viejos valores espirituales es, una vez más, un intento de apartar a la mujer de los legados de su estirpe matrilineal. Es beneficioso para el alma aprender simultáneamente de la sabiduría pasada, del poder presente y del futuro de las ideas.

4. Si hubiera un «mal espíritu» en el cuerpo de las mujeres, estaría en buena parte introyectado por una cultura que siente un profundo desconcierto ante el cuerpo natural. Si bien es cierto que una mujer puede ser su peor enemigo, una niña no nace odiando su propio cuerpo sino que más bien se complace en descubrirlo y en usarlo tal como podemos ver al observar a una niña.

5. O su padre, que para el caso es lo mismo.

6. Durante años se ha escrito y divulgado una enorme cantidad de material acerca del tamaño y la configuración del cuerpo humano y del de las mujeres en particular. Con muy pocas excepciones, casi todos los escritos proceden de autores a quienes algunas configuraciones les resultan desagradables o repulsivas. También es importante averiguar lo que opinan tanto las mujeres que están mentalmente sanas cualquiera que sea su configuración corporal, como, sobre todo, las que están mentalmente sanas y tienen un tamaño considerable. Aunque no entra en el propósito de este libro, parece ser que «la mujer que grita en el interior del cuerpo» es en general una profunda proyección e introyección de la cultura. Se trata de algo que hay que examinar con mucho detenimiento desde el punto de vista de unos prejuicios culturales más profundos y unas patologías relacionadas con algo más que el tamaño como, por ejemplo, la hipertrófica sexualidad de la cultura, el hambre del alma, la estructura jerárquica y de castas en la configuración corporal, etc. Sería bueno tender por así decirlo a la cultura en el diván del psicoanalista.

7. Desde una perspectiva arquetípica, es posible que la obsesión por esculpir el cuerpo físico surja cuando el propio mundo o el mundo en general están tan descontrolados que los individuos intentan controlar en su lugar el pequeño territorio de sus cuerpos.

8. Aceptada en el sentido de la equiparación y también del cese de las burlas.

9. Martin Freud, *Glory Reflected: Sigmund Freud, Man and Father* (Nueva York, Vanguard Press, 1958).

10. En los cuentos de la alfombra mágica hay muchas descripciones distintas del estado de la alfombra: Era roja, azul, vieja, nueva, persa, de las Indias Orientales, procedía de Estambul, pertenecía a una menuda anciana que sólo la sacaba en... etc.

11. La alfombra mágica es un tema arquetípico fundamental en los cuentos prodigiosos del Oriente Medio. Uno de ellos se titula «La alfombra del príncipe Husein» y se parece mucho al «Cuento del príncipe Ahmed» de *Las mil y una noches*.

12. Hay en el cuerpo ciertas sustancias naturales, algunas de ellas muy bien documentadas como, por ejemplo, la serotonina, que, al parecer, producen una sensación de bienestar e incluso de euforia. Tradicionalmente los individuos alcanzan dichos estados por medio de la oración, la meditación, la contemplación, la perspicacia, el uso de la intuición, el trance hipnótico, la danza, ciertas actividades físicas, el canto y otros profundos estados del *locus* del alma.

13. En las investigaciones interculturales me han llamado la atención los grupos que son expulsados de la corriente principal y que, sin embargo, conservan e incluso refuerzan su integridad. Resulta fascinante observar cómo una y otra vez el grupo expulsado que conserva su dignidad suele ser admirado y buscado finalmente por parte de la misma corriente dominante que inicialmente lo había echado.

14. Una de las muchas maneras de perder el contacto consiste en no saber dónde están enterrados los familiares y amigos.

15. Seudónimo para proteger su intimidad.

16. Ntozake Shange, *para las chicas de color que han pensado en el suicidio cuando basta el arco iris* (Nueva York, Macmillan, 1976).

CAPÍTULO 8
El instinto de conservación: La identificación de las trampas, las jaulas y los cebos envenenados

1. De la raíz latina *sen*, que significa «viejo», proceden los vocablos afines, señora, señor, senado y senil.

2. Hay culturas internas y externas. Ambas se comportan de manera muy parecida.

3. Barry Holston Lopez lo define en su obra *Of Wolves and Men* como «borrachera de carne». (Nueva York, Scribner's, 1978).

4. Se pueden cometer «excesos» tanto si una persona se ha criado en la calle como si siempre ha llevado medias de seda. Las falsas amistades, las hipocresías, la anestesia del dolor, la conducta protectora, la opacidad de la propia luz, todo eso le puede ocurrir a un individuo cualquiera que sea su origen.

5. De la abadesa Hildegard von Bingen, también conocida como santa Hildegarda. Ref: MS2 Wiesbaden, Hessische Landesbibliothek.

6. La técnica del «no hay galletita hasta que hagas los deberes» se llama principio Primack o «norma de la abuela» en primer curso de Psicología.

7. Joplin no pretendía hacer ninguna manifestación política negándose a usar maquillaje. Como muchas adolescentes, tenía la tez llena de granos y parece ser que durante sus estudios secundarios se veía más como una compañera de los chicos que como una posible novia.

En los años sesenta en Estados Unidos muchas de las nuevas militantes se negaban a maquillarse como una manera de manifestar su postura política, queriendo decir con ello que no querían presentarse como unos apetecibles objetos de consumo para los hombres. A diferencia de ellas, los hombres y mujeres de muchas culturas indígenas se pintan la cara y el cuerpo tanto para repeler como para atraer. Esencialmente, el adorno del propio cuerpo suele ser prerrogativa de lo femenino y la manera y la decisión de si hacerlo o no constituyen, tanto en un caso como en el otro, un lenguaje corporal que transmite lo que la mujer quiere.

8. Para una buena biografía de Janis Joplin, que vivió una moderna versión de «Las zapatillas rojas», véase Myra Friedman, *Buried Alive: The Biography of Janis Joplin* (Nueva York, Morrow, 1973). Existe una versión revisada publicada por Harmony Books, NY, 1992.

9. Con eso no se pretende pasar por alto la etiología orgánica y, en algunos casos, el deterioro yatrogénico.

10. Es probable que las más modernas versiones que tenemos del cuento de «Las zapatillas rojas» muestren con más claridad que mil páginas de investigación histórica de qué manera el tema inicial de estos ritos se deformó y corrompió. De todos modos, las versiones restantes, a pesar de ser unos simples vestigios, nos dicen exactamente lo que necesitamos saber para poder sobrevivir y prosperar en una cultura y/o un ambiente psíquico que remeda el proceso destructivo que se describe en el cuento. En este sentido, tenemos la suerte de haber conservado un cuento fragmentario que señala claramente las trampas psíquicas que nos esperan en el aquí y el ahora.

11. Los ritos de las aborígenes antiguas y contemporáneas suelen llamarse ritos de la «pubertad» y la «fertilidad». Sin embargo, tales denominaciones han sido vistas casi siempre en la antropología, la arqueología y la etnología, por lo menos desde mediados del siglo XIX, desde una óptica masculina. Por desgracia, hay frases que distorsionan y fragmentan el proceso de la vida femenina en lugar de representar la realidad efectiva.

Metafóricamente, la mujer pasa muchas veces y de distintas maneras tanto hacia arriba como hacia abajo a través de los orificios óseos de su pelvis y cada vez que lo hace tiene la posibilidad de adquirir nuevos conocimientos. El proceso abarca toda la vida de la mujer. La llamada fase de la «fertilidad» no empieza con la menstruación ni termina con la menopausia.

Todos los ritos de la «fertilidad» deberían llamarse más propiamente ritos del umbral; cada uno de ellos debería recibir el nombre de su poder transformativo específico, en referencia no sólo a lo que se puede realizar por fuera sino también a lo que se puede conseguir por dentro. El ritual de bendición diné (navajo) llamado «El camino de la belleza» es un buen ejemplo de lenguaje y denominación que define la esencia de la cuestión.

12. *Mourning Unlived Lives — A Psychological Study of Childbearing Loss* de la analista junguiana Judith A. Savage es una obra excelente y una de las pocas de su clase acerca de esta cuestión de importancia tan trascendental para las mujeres (Wilmette, Illinois, Chiron, 1989).

13. Los ritos como los yogas hatha y tántrico, la danza y otras actividades que ordenan la relación del individuo con su propio cuerpo poseen una inmensa capacidad de restablecimiento del poder.

14. En algunas tradiciones folclóricas se dice que el demonio no se encuentra a gusto con la forma humana, que no encaja del todo en ella y que por eso cojea. En el cuento, la niña de «Las zapatillas rojas» se ve privada de sus pies y tiene que cojear por haber bailado por así decirlo con el demonio y haber adquirido su «cojera», es decir, su excesiva y mortífera vida infrahumana.

15. En la época cristiana, las antiguas herramientas del zapatero se convirtieron en sinónimo de los instrumentos de tortura del demonio: la lima, las pinzas, las tenazas, los alicates, el martillo, la lezna, etc. En la época pagana, los zapateros compartían la responsabilidad espiritual de propiciarse la voluntad de los animales de los cuales procedía el cuero de los zapatos, las suelas, el forro y la envoltura. Hacia el siglo XVI se decía en toda la Europa no pagana que «los falsos profetas estan hechos de caldereros y zapateros».

16. El psicólogo experimental doctor Martin Seligman y otros han llevado a cabo estudios acerca de la normalización de la violencia y la impotencia aprendida.

17. En los años setenta, en su obra fundamental acerca de las mujeres maltratadas (*The Battered Woman* [Nueva York, Harper & Row, edición 1980]), Lenore E. Walker aplicó este principio al misterio del por qué las mujeres permanecían al lado de los hombres que tan duramente las maltrataban.

18. O de las personas jóvenes o desamparadas que nos rodean.

19. El movimiento feminista N.O.W. y otras organizaciones, algunas de carácter ecologista y otras de carácter educativo o de defensa de los derechos estaban/están encabezados, desarrollados y difundidos por muchísimas mujeres que corrieron grandes riesgos para dar un paso al frente y hablar, y que —y eso es tal vez lo más importante— lo siguen haciendo a pleno pulmón. En el campo de los derechos hay muchas voces y asociaciones tanto femeninas como masculinas.

20. Esta represión de las mujeres por parte de sus compañeras o de las mayores reduce la controversia y aumenta la seguridad de las mujeres que se ven obligadas a vivir en condiciones hostiles. Pero en otras circunstancias induce psicológicamente a las mujeres a lanzarse de cabeza a las traiciones mutuas, cortando con ello otra herencia matrilineal, la de las ancianas que hablan en favor de las más jóvenes, intervienen, designan, celebran consejos con quienquiera que sea con el fin de conservar una sociedad equilibrada en la que todo el mundo tenga garantizados sus derechos.

En otras culturas donde cada sexo se considera hermana o hermano, los parámetros jerárquicos impuestos por la edad y el poder quedan atemperados por las solícitas relaciones y la responsabilidad para todos y cada uno de los individuos.

Las mujeres que han sido traicionadas en su infancia piensan que también serán traicionadas por el amante, el patrono y la cultura. Sus primeras experiencias de traición se produjeron en el transcurso de uno o de varios incidentes dentro de su propio ámbito femenino o familiar. Es un milagro más de la psique que tales mujeres puedan seguir siendo tan confiadas tras haber sido tan traicionadas.

Las traiciones se producen cuando los que ostentan el poder ven el peligro y apartan el rostro. La traición se produce cuando la gente rompe las promesas, incumple los compromisos de ayuda, protección, solidaridad, respaldo y, en su lugar, evita los comportamientos valientes y se muestra distraída, indiferente o ignorante de lo que ocurre.

21. La adicción es cualquier cosa que vacía la vida haciendo que ésta «parezca» mejor.

22. El hambre, la fiereza o la adicción no son de por sí una causa de psicosis sino un ataque primario y continuado a la fuerza de la psique. Un complejo oportunista podría inundar teóricamente la psique debilitada. Por eso es importante curar el instinto herido para que, en la medida de lo posible, la persona no permanezca mucho tiempo en estado vulnerable o de deterioro.

23. Charles Simic, *Selected Poems* (Nueva York, Braziller, 1985).

24. «*The Elements of Capture*», © 1982, Dra. C. P. Estés, de la tesis de posdoctorado.

Tomar una niña prototipo.

Domesticarla muy pronto, a ser posible antes de que aprenda el lenguaje y la locomoción.

Socializarla al máximo.

Provocarle el hambre de su naturaleza salvaje.

Aislarla de los sufrimientos y las libertades de los demás para que no pueda comparar su vida con nada.

Enseñarle un solo punto de vista.

Dejarla en la indigencia (o en la aridez o el frío) y que todos lo vean pero nadie se lo diga.

Separarla de su cuerpo natural, privándola de su relación con este ser.

Soltarla en un ambiente en el que pueda matar en exceso las cosas que previamente se le habían negado, tanto las emocionantes como las peligrosas.

Darle amigos que también se mueran de hambre y la animen a entregarse a los excesos.

Dejar, por prudencia y afán de protección, que sus instintos heridos no se curen.

A causa de sus excesos (poca comida, demasiada comida, droga, falta de sueño, sueño excesivo, etc.), dejar que la Muerte se vaya acercando a ella.

Dejar que luche por la recuperación de la *persona* de la «buena chica» y alcance el triunfo, pero sólo de vez en cuando.

Y, finalmente, dejar que se entregue tanto psicológica como físicamente a unos excesos adictivos letales de por sí o a otros abusos (alcohol, sexo, cólera, aquiescencia, poder, etc.)

Ahora la mujer ya está atrapada. Si invertimos el proceso, aprenderá de nuevo a ser libre. Si reparamos sus instintos, volverá a ser fuerte.

CAPÍTULO 9
La vuelta a casa: El regreso a sí misma

1. El tema central de este cuento, el hallazgo del amor y el hogar, y el enfrentamiento con la naturaleza de la muerte es uno de los muchos que están presentes en todo el mundo. (Los países fríos de todo el mundo también tienen en común el dicho «tener que romper las palabras congeladas en los labios del que habla y derretirlas junto al fuego para comprender lo que ha dicho».)

2. También se dice en muchos grupos étnicos que el alma no se encarna en el cuerpo ni alumbra el espíritu hasta tener la certeza de que el cuerpo en el que va a habitar está prosperando efectivamente. En nuestras más antiguas tradiciones, por esta razón a un niño no se le suele imponer el nombre hasta pasados siete días del nacimiento o dos ciclos lunares o bien al cabo de un período de tiempo toda-

vía más largo para demostrar con ello que la carne es lo bastante fuerte para recibir el alma que a su vez alumbrará el espíritu. Además, muchos sostienen la sensata idea de que a un niño no se le debería pegar jamás, pues tal cosa aleja el espíritu de su cuerpo y el hecho de recuperarlo y volver a colocarlo en el hogar que le corresponde es un proceso muy arduo y prolongado.

3. El vocablo «iniciación» procede del verbo latino *initiare*. Una iniciada es una mujer que está iniciando un nuevo camino, que está siendo instruida. Una iniciadora es una persona entregada a la difícil tarea de explicar lo que sabe acerca del camino, que indica la «manera» y guía a la iniciada para que pueda afrontar los retos y aumentar su poder.

4. En las iniciaciones defectuosas, la iniciadora sólo busca a veces los fallos de la iniciada y olvida o pasa por alto el setenta por ciento restante del proceso de la iniciación: el fortalecimiento de los dones y las cualidades de la mujer. A menudo la iniciadora crea dificultades sin prestar ningún apoyo, provoca situaciones de peligro y se sienta a ver lo que ocurre. Se trata de un vestigio de un fragmentario estilo de iniciación masculino, un estilo en el que se cree que la vergüenza y la humillación fortalecen a una persona. En tales casos, las iniciadoras provocan dificultades pero no prestan el necesario apoyo. O bien cuidan mucho el procedimiento, pero apenas se tienen en cuenta las importantes necesidades de sentimiento y la vida del alma. Desde el punto de vista del alma y el espíritu, una iniciación cruel o inhumana jamás refuerza el sentimiento de hermandad con las demás mujeres ni la afiliación. Es algo incomprensible.

A falta de iniciadoras competentes o situada en un medio en el que las iniciadoras aconsejan y apoyan los procedimientos inhumanos, la mujer intenta iniciarse ella misma. Se trata de una empresa admirable y de una hazaña extraordinaria aunque la mujer sólo consiga alcanzar las tres cuartas partes de su propósito y es una tarea digna de todo elogio, pues la mujer tiene que prestar mucha atención a la psique salvaje para saber lo que ocurrirá después y después y después y seguir adelante sin tener ninguna seguridad de que eso es lo que siempre se ha hecho antes y ha dado lugar miles de veces a un resultado apropiado.

5. Existe un perfeccionismo negativo y un perfeccionismo positivo. El negativo gira en torno al temor de que se descubra la propia ineptitud. El perfeccionismo positivo se esfuerza al máximo y trata de hacer las cosas lo mejor posible por el simple afán de aprender. El perfeccionismo positivo espolea a la psique a aprender a hacer mejor las cosas; cómo escribir, hablar, pintar, comer, relajarse, rezar mejor, etc. El perfeccionismo positivo actúa repetidamente de una determinada manera para hacer realidad un sueño.

6. «Ponerse el corsé de acero» es una frase forjada por Yancey Ellis Stockwell, una extraordinaria terapeuta y narradora de cuentos.

7. Patrocinado por la Women's Alliance y muchas notables sanadoras, entre ellas, la médica de prisiones doctora Tracy Thomson y la enérgica curandera-narradora de cuentos Kathy Park.

8. Del poema «Woman Who Lives Under the Lake», © 1980, C. P. Estés, *Rowing Songs for the Night Sea Journey; Contemporary Chants* (Edición privada, 1989).

9. Del poema «Come Cover Me With Your Wildness», © 1980, C. P. Estés. Ibíd.

10. Traducido al inglés del poema *La bolsita negra*, © 1970, C. P. Estés. Ibíd.

11. Sus imágenes verbales y frases hechas pasaron a los grupos étnicos hispanos y centroeuropeos en aquella parte del país.

12. No tienen por qué ser los hijos. Puede ser cualquier cosa. «Las plantas de mi casa. Mi perro. Mis deberes. Mi pareja. Mis geranios.» Todo es un pretexto. En el fondo, la mujer se muere de miedo de irse, pero también se muere de miedo de quedarse.

13. El complejo de «serlo todo para todo el mundo» agrava la sensación de ineptitud de una mujer, instándola a comportarse como si fuera la «gran curandera». Sin embargo, el hecho de que un ser humano pretenda convertirse en un arquetipo es algo así como pretender convertirse en Dios. Se trata de algo imposible y el esfuerzo que supone resulta totalmente agotador y extremadamente destructivo para la psique.

Mientras que un arquetipo puede resistir las proyecciones de los hombres y las mujeres, los seres humanos no pueden resisitir ser tratados como si fueran arquetipos y, por consiguiente, invulnerables e inagotables. Cuando a una mujer se le pide/exige que interprete el incansable arquetipo de la gran curandera, ésta se consume a ojos vista bajo la carga de los papeles negativamente perfeccionistas. Cuando a una mujer se le pide que entre en los suntuosos confines de los arquetípicos atuendos de un ideal, es mejor que ésta clave los ojos en la distancia, sacuda la cabeza y prosiga el camino hacia su casa.

14. Adrienne Rich, de *The Fact of a Doorframe* (Nueva York, Norton, 1984), p. 162.

15. En otros cuentos como, por ejemplo, «La bella durmiente», la hermosa joven se despierta no porque la besa el príncipe sino porque ya ha llegado el momento; la maldición de los cien años ya ha terminado y es hora de que ella se despierte. El bosque de abrojos que rodea la torre desaparece no porque el héroe sea superior sino porque la maldición ha terminado y ya es hora. Los cuentos de hadas nos lo repiten una y otra vez: cuando es la hora, es la hora.

16. En la psicología junguiana clásica, este niño se calificaría de psicopompo, es decir, un aspecto del *anima* o del *animus*, así llamado por Hermes, que conducía las almas al reino de ultratumba. En otras culturas el psicopompo se llama *juju*, *bruja*, *anqagok*, *tzaddik*. Estas palabras se utilizan como nombres propios y a veces como adjetivos para describir la magia de un objeto o una persona.

17. En el cuento, el olor de la piel de foca hace que el niño experimente todo el impacto del profundo amor espiritual de su madre. Una parte de la forma del alma de su madre lo traspasa y le confiere conciencia sin hacerle daño. Todavía entre algunas familias inuit actuales, cuando muere un ser querido, las pieles, los gorros, las polainas y otros efectos personales del difunto son utilizados por los que todavía están vivos. La familia y los amigos lo consideran una transmisión de alma a alma, necesaria para la vida. Creen que la ropa, las pieles y las herramientas del difunto conservan un poderoso vestigio de su alma.

18. Mary Uukulat es mi fuente y me dio a conocer la antigua idea de que el aliento está hecho de poesía.

19. Ibíd.

20. Oxford English Dictionary.

21. Las mujeres suelen tomarse el tiempo necesario para responder a las crisis de la salud física, sobre todo de la salud de los demás, pero olvidan dedicar un tiempo de mantenimiento a su relación con la propia alma. Normalmente no comprenden que el alma es el magneto, el generador central de su animación y su energía. Muchas mujeres tratan su relación con el alma como si ésta no fuera un instrumento extremadamente importante que, como todos los instrumentos valiosos, necesita protección, limpieza, lubrificación y reparación. De lo contrario,

lo mismo que ocurre con un automóvil, la relación se deteriora, se produce una desaceleración en la vida cotidiana de la mujer, ésta tiene que gastar grandes cantidades de energía para llevar a cabo las tareas más sencillas y, finalmente, sufre una grave avería lejos de la ciudad o de un teléfono. Y entonces tiene que emprender a pie el largo y fatigoso camino de regreso a casa.

22. Cita de Robert Bly en una entrevista publicada en *The Bloomsbury Review* (enero de 1990), «*The Wild Man in the Black Coat Turns: A Conversation*» por la doctora Clarissa Pinkola Estés. © 1989, C. P. Estés.

CAPÍTULO 10
El agua clara: El alimento de la vida creativa

1. *Field of Dreams*, película basada en la novela *Shoeless Joe*, de W. P. Kinsella.

2. Por regla general, el estancamiento de la vida creativa suele deberse a varias causas: complejos interiores negativos, falta de apoyo por parte del mundo exterior y, a veces, también un sabotaje directo.

Por lo que respecta a la destrucción de los nuevos intentos y las nuevas ideas, la manipulación del modelo «o eso/o» da lugar a la paralización de las actividades creativas y a que éstas sean calificadas de poco convincentes en mayor medida que cualquier otra cosa. ¿Qué fue lo primero? ¿El huevo o la gallina? Esta pregunta es la que suele acabar con el estudio de las cosas y la determinación de sus muchos valores y hace que la persona desista de comprobar de qué manera está construida una cosa y de establecer su utilidad. Con frecuencia es mucho más útil el modelo cooperador y comparativo del «y/y». Una cosa es esto y esto y esto. Se puede usar/no se puede usar de esta manera *y* de esta manera y de esta manera.

3. El cuento de «La Llorona» se remonta a tiempos inmemoriales. Siempre el mismo con alguna pequeña variación, sobre todo con respecto al atuendo. «Iba vestida como una prostituta y uno de los chicos la recogió cerca del río en El Paso. ¡Menuda sorpresa se llevó!» «Iba vestida con un largo camisón blanco.» «Iba ataviada con un vestido de novia y un largo velo blanco le cubría el rostro.»

Muchos progenitores latinos utilizan «La Llorona» como una especie de «canguro» místico. Casi todos los niños se impresionan tanto con los cuentos en los que se dice que robaba niños para sustituir a los suyos que se habían ahogado, que los muchachos de las localidades fluviales se guardan mucho de acercarse a la orilla del río cuando oscurece y procuran regresar a casa temprano.

Algunos estudiosos de estos cuentos señalan que se trata de cuentos morales destinados a asustar a la gente para que se porte bien. Conociendo la afición a la sangre de los que se inventaron estos cuentos, a mí me parecen más bien unas narraciones revolucionarias que pretenden concienciar a la gente sobre la necesidad de crear un nuevo orden. Algunas cuentistas califican a los cuentos como «La Llorona» de *Cuentos de la Revolución*.

Los cuentos de lucha psíquica o de cualquier otro tipo constituyen una tradición muy antigua cuyo origen es anterior a la conquista de México. Algunas de las viejas *cuentistas* de mi familia de México dicen que los llámados códices aztecas no son crónicas de guerra según las conjeturas de muchos estudiosos sino pictocuentos de las grandes batallas morales a las que se han enfrentado todos los hombres y todas las mujeres. Muchos estudiosos de la vieja escuela lo consideraban imposible, pues tenían la certeza de que las civilizaciones indígenas no estaban capacitadas para el pensamiento abstracto y simbólico. Creían que los individuos de las antiguas culturas eran como niños para quienes todo tenía un carácter literal. Sin embargo, vemos a través del estudio de la poesía nahuatl y maya de aquellos tiempos que la metáfora era algo habitual y que sus autores estaban brillantemente capacitados para pensar y hablar en abstracto.

4. Como, por ejemplo, en la Green National Convention de las Montañas Rocosas en 1991.

5. Facilitado por Marik Pappandreas Androupoulos, una narradora de cuentos de Corinto, a quien se lo había facilitado Andrea Zarkokolis, también de Corinto.

6. Marcel Pagnol, *Jean de Florette* y *Manon of the Spring*, traducidos por W. E. van Heyningen (San Francisco, North Point Press, 1988). Ambos fueron trasladados al cine por Claude Berri (Orion Classic Releases, 1987).

El primero se refiere a unos malhechores que obstruyen una fuente para impedir que un joven matrimonio haga realidad su sueño de vivir en el campo, cultivando sus propios alimentos en medio de la fauna salvaje, los árboles y las flores. Como consecuencia de ello, la joven familia se muere de hambre, pues el agua no baja a sus tierras. Los malhechores confían en comprar las tierras por una miseria en cuanto se corra la voz de que son estériles. El joven esposo se muere, la mujer envejece prematuramente y su hija crece sin ninguna propiedad.

En el segundo libro, la niña que ya ha crecido descubre la artimaña y venga a su familia. Hundida hasta las rodillas en el barro y con las manos ensangrentadas, arranca el cemento que tapaba la fuente. La fuente vuelve a manar, empapando la tierra en medio de una polvareda y saca a la luz la maldad de los malhechores.

7. El «temor al fracaso» es una de esas frases hechas que en el fondo no explica qué es lo que realmente teme la mujer. Por regla general, un temor consta de tres partes; una parte es un residuo del pasado (que a menudo es motivo de vergüenza), otra parte es la incertidumbre acerca del presente y la tercera es el temor a un mal resultado o a las consecuencias negativas que puedan registrarse en el futuro.

Por lo que respecta a la vida creativa, uno de los temores más comunes no es precisamente el temor al fracaso sino más bien el temor a poner a prueba las propias aptitudes. Se suele seguir un razonamiento de este tipo: Si fracasas, te podrás recuperar y empezar de nuevo por el principio; tienes por delante infinitas posibilidades. Pero ¿y si triunfas pero no rebasas el nivel de la mediocridad? ¿Y si, por mucho que te esfuerces, alcanzas el triunfo, pero no al nivel que tú querías? Ésta es la cuestión más angustiosa para las creadoras. Pero hay muchísimas más. Por eso la vida creativa es un camino muy complicado. Sin embargo, toda esta complejidad no debería apartarnos de ella, pues la vida creativa está en el centro mismo de la vida salvaje. A pesar de nuestros peores temores, la naturaleza instintiva nos presta todo su apoyo.

8. En otros tiempos las Arpías eran las diosas de la tormenta. Eran divinidades de la Vida y la Muerte. Por desgracia, les impidieron ejercer ambas funciones y se convirtieron en criaturas unilaterales. Tal como hemos visto en las interpretaciones de la naturaleza de la Vida/Muerte/Vida, cualquier fuerza que preside el nacimiento preside también la muerte. En Grecia, sin embargo, la cultura dominada por el pensamiento y los ideales de unos pocos había subrayado con tal fuerza el aspecto mortal de las Arpías mostrándolas como unas criaturas diabólicas mitad mujer mitad ave de rapiña que su naturaleza incubadora, alumbradora y nutricia quedó eliminada. Cuando Esquilo escribió la trilogía de *La Orestíada* en

la que las Arpías mueren o son perseguidas hasta una cueva de los confines de la tierra, la naturaleza revitalizadora de estas criaturas ya había sido totalmente sepultada.

9. Se trata de una versión posterior a *La Orestíada*. Por cierto, no todas las capas son patriarcales y no todas las cuestiones patriarcales son negativas. Hay cierto valor incluso en las antiguas y negativas capas patriarcales de los mitos que antiguamente se complacían en acentuar las cualidades fuertes y saludables de lo femenino, pues no sólo nos muestran de qué forma una cultura conquistadora socavaba la antigua sabiduría sino que también nos pueden mostrar de qué manera una mujer sojuzgada o con los instintos heridos era obligada a verse a sí misma no sólo entonces sino también ahora, y de qué manera se podía curar.

Una serie de órdenes destructivas dirigida a las mujeres o contra las mujeres (y/o contra los hombres) deja una especie de radiografía arquetípica de aquello que se desfigura en el desarrollo de una mujer cuando ésta se educa en una cultura que no considera aceptable lo femenino. Debido a ello, no tenemos que hacer conjeturas. Todo queda grabado en las sucesivas capas de los cuentos de hadas y los mitos.

10. Muchos símbolos tienen atributos masculinos y femeninos. En general, conviene que las personas decidan por sí mismas cuál de ellos quieren utilizar como lupa para examinar las cuestiones del alma y de la psique. No tiene demasiado sentido discutir tal como suelen hacer algunos acerca de si el símbolo de algo es masculino o femenino, pues al final resulta que los símbolos no son más que unas maneras creativas de contemplar una cuestión y encierran de hecho otras fuerzas que, desde el punto de vista de Arquímedes, son insondables. No obstante, el uso de los atributos masculino o femenino sigue siendo importante, pues cada uno de ellos es una lente distinta, a través de la cual se pueden aprender muchas cosas. Por esta razón yo busco los símbolos, para ver qué se puede aprender de ellos, cómo se pueden aplicar y, sobre todo, para qué herida pueden ser un bálsamo.

11. «Is the Animus Obsolete?» Jennette Jones y Mary Ann Mattoon, en la antología *The Goddess Reawakening*, ed. Shirley Nichols (Wheaton, Illinois, Quest Books, 1989). El capítulo detalla el pensamiento actual acerca del concepto del *animus* hasta el año 1987.

12. En los mitos griegos es frecuente que las diosas tengan un hijo de sus propios cuerpos. Más adelante, el hijo se convierte en su amante/consorte/esposo. Aunque algunos podrían tomar este hecho al pie de la letra y considerarlo una descripción del incesto, no hay que entenderlo de esta manera sino más bien como una descripción de la forma en que el alma alumbra un potencial masculino que, a medida que se va desarrollando, se convierte en una especie de fuerza y sabiduría y se combina de muchas formas con sus restantes poderes.

13. Y, a veces, también el impulso de este brazo.

14. Esencialmente, si nos apartamos de la idea de la naturaleza masculina, perdemos una de las más fuertes polaridades para pensar y entender el misterio de la naturaleza dual de los seres humanos a todos los niveles. Sin embargo, en caso de que alguna mujer se atragante ante la idea de que lo masculino forme parte de lo femenino, le sugiero que atribuya a esta naturaleza puente el nombre que ella prefiera para que, de este modo, pueda imaginar y comprender la actuación conjunta de las polaridades.

15. Oxford English Dictionary.

16. Yo lo describiría como la poderosa y dialogante naturaleza masculina que en los hombres de muchas culturas está aplanada por culpa de unas actividales de la actividales de la actividales

des cotidianas absurdas y sin el menor mérito espiritual o por culpa de la propia cultura que sojuzga a los hombres por medio de engaños hasta anularlos casi por completo.

17. En mis investigaciones he descubierto algún indicio de que algo muy parecido a este cuento puede ser una variación de las antiguas narraciones del solsticio de invierno en las que lo gastado muere y renace en otra forma más vibrante.

18. Lo recibí con mucho cariño de Kata, que sufrió penalidades durante cuatro años en un campo de trabajo ruso en los años cuarenta.

19. La transformación por el fuego o en el fuego es un tema universal. Uno de ellos relacionado con «Los tres cabellos de oro» está presente en el mito griego en el que Deméter, la gran Diosa Madre, sostiene de noche a un niño mortal sobre las llamas para conferirle la inmortalidad. Al verlo, su madre Metanira lanzó un grito desgarrador, interrumpiendo el rito. Deméter se desconcierta y abandona el impresionante proceso. «Lástima —le dice a Metanira—, ahora el niño será un simple mortal.»

CAPÍTULO 11
El calor: La recuperación de la sexualidad sagrada

1. Las cosas que estimulan la felicidad y el placer son siempre «puertas traseras» que se pueden explotar o manipular.

2. Los cuentos del tío Tuong-Pa o Trungpa son cuentos «verdes» protagonizados por bromistas, presuntamente originarios del Tíbet. La figura del bromista está presente en los cuentos de todos los pueblos.

3. Çatal Hüyük tiene un icono de la «entrepierna» colgado en la pared. La figura es una mujer con las piernas separadas que deja al descubierto la «boca de abajo», quizá a modo de oráculo. La sola idea de semejante figura provoca una risa de complicidad en muchas mujeres.

4. Charles Boer, *The Homeric Hymns* (Dallas, Spring Publications, 1987). Se trata de una traducción excelente.

5. Los cuentos del coyote se cuentan tradicionalmente sólo en invierno.

CAPÍTULO 12
La demarcación del territorio: Los límites de la cólera y el perdón

1. En la familia y en el cercano medio cultural.

2. Las lesiones infantiles del instinto, el ego y el espíritu se deben al hecho de haber sido fuertemente rechazados, de no haber sido vistos, oídos o contemplados si no con comprensión, sí por lo menos con cierta ecuanimidad. Muchas mujeres sufren graves lesiones por el simple hecho de tener la razonable esperanza de que las promesas se cumplirán y ellas serán tratadas con dignidad, tendrán comida cuando estén hambrientas y serán libres de hablar, pensar, sentir y crear.

3. En cierto sentido, las antiguas emociones son como unas cuerdas de piano de la psique. Un estruendo en el mundo de arriba puede provocar una tremenda vibración de las cuerdas de la mente. Éstas pueden cantar sin necesidad de que las pulsen directamente. Los acontecimientos que tienen tonos, palabras, rasgos visuales de los acontecimientos originales pueden hacer que el individuo «luche» para impedir que «cante» el antiguo material.

En la psicología junguiana este estallido de tono fuertemente sentimental se llama constelación de un complejo. A diferencia de Freud, en cuya opinión semejante conducta era neurótica, Jung la consideraba más bien una respuesta coherente, parecida a la de los animales que han sido previamente acosados, torturados, asustados o heridos. El animal tiende a reaccionar a los olores, movimientos, instrumentos o sonidos similares a los que inicialmente le causaron daño. Y los seres humanos tienen la misma pauta de reconocimiento y reacción.

Muchos individuos controlan el viejo material de los complejos apartándose de las personas o los acontecimientos que los alteran. Semejante proceder es útil y racional algunas veces y otras no. Por ejemplo, un hombre puede evitar a todas las mujeres que son pelirrojas como su padre, que lo pegaba. Una mujer puede apartarse de todos los temas polémicos porque despiertan en ella demasiadas cosas desagradables. Sin embargo, conviene que reforcemos nuestra capacidad de afrontar toda clase de situaciones independientemente de los complejos, pues esta capacidad nos otorga una voz en el mundo y es la que nos permite modificar las cosas que nos rodean. Si sólo reaccionamos a nuestros complejos, nos pasaremos la vida escondidas en un agujero. Si podemos tolerarlos hasta cierto punto y utilizarlos como aliados echando mano, por ejemplo, de nuestra antigua cólera para otorgar más fuerza a nuestras exigencias, podremos formar y reformar muchas cosas.

4. Existen algunos trastornos cerebrales orgánicos cuya principal característica es la cólera descontrolada. En tales casos hay que recurrir a la medicación y no a la psicoterapia. Pero aquí estamos hablando de la cólera provocada por el recuerdo de algún tipo de tortura psicológica del pasado. Debo añadir que en las familias en las que hay algún miembro especialmente «sensible», cabe la posibilidad de que otros hijos de la familia con distintas configuraciones psicológicas no se sientan tan torturados como éste a pesar de recibir un trato similar.

Los hijos tienen distintas necesidades y distintos «grosores de piel, distintas capacidades de percibir el dolor». El que tenga menos «receptores» por así decirlo, será el menos afectado por los malos tratos. El hijo que tenga más sensores, lo percibirá todo con más intensidad y puede que incluso perciba profundamente las heridas de los demás. No es una cuestión de verdad o mentira sino de capacidad de recibir las transmisiones que se producen a su alrededor.

En la educación de los hijos, la antigua máxima, por la que cada hijo se tendría que educar no según los manuales sino según lo que uno averigua por medio de la observación de la sensibilidad, la personalidad y las cualidades, es el mejor consejo. En el mundo de la naturaleza, a pesar de que ambos son muy hermosos, un delicado filodendro puede resistir sin agua mucho tiempo mientras que un sauce, que es mucho más grande y pesado, no puede. Esta misma variación natural se registra también en los seres humanos.

Por otra parte, no hay que deducir que la cólera de un adulto sea un indicio seguro de una asignatura pendiente de su infancia. Hay mucha necesidad y espacio para la justa cólera, sobre todo en los casos en que las llamadas a la conciencia, hechas con dulzura y moderación, han sido desatendidas. La cólera es el siguiente paso en la jerarquía de la llamada de atención.

Sin embargo, los complejos negativos pueden convertir la cólera normal en una ardiente furia destructora; el catalizador es casi siempre muy leve, pero la persona reacciona como si tuviera una enorme importancia. Muchas veces las disonancias de la infancia, los golpes que recibimos en ella, pueden influir positivamente en las posturas que adoptamos en la edad adulta. Muchos dirigentes que encabezan grandes grupos políticos, culturales o de otro tipo lo hacen de una manera mucho más nutritiva y mucho mejor que aquella en la que ellos mismos se educaron.

5. Por boca de algunas viejas cuentistas japonesas he oído una variación del tema del «oso como figura valiosa» en la que el oso es estrangulado por una fuerza del mal y, como consecuencia de ello, no puede surgir nueva vida entre las personas que adoraban al oso. El cuerpo del oso se entierra entre grandes manifestaciones de dolor y de duelo. Pero las lágrimas de una mujer que caen sobre la tumba devuelven la vida al oso.

6. La liberación de la antigua cólera calcificada, trozo a trozo y capa a capa, es una tarea esencial para las mujeres. Es mejor sacar esta bomba al aire libre y hacerla estallar que dejar que explote cerca de personas inocentes. Vale la pena intentar desactivarla de una manera que sea útil y no cause daño. Muchas veces el sonido o la contemplación constante de una persona o un proyecto aumenta nuestra irritación. Es bueno alejarse del estímulo cualquiera que éste sea. Hay muchas maneras de hacerlo: cambiar de habitación, de lugar, de tema, de decorado. Resulta extremadamente útil.

Los viejos supieron comprender la razón que se ocultaba detrás del consejo de contar hasta diez. Si podemos interrumpir aunque sólo sea provisionalmente la corriente de adrenalina y de otras sustancias químicas de «combate» que se vierte en nuestros sistemas corporales durante el acceso inicial de cólera, podremos detener el proceso de vuelta a los sentimientos y las reacciones que rodearon un drama del pasado. Si no hacemos una pausa, las sustancias químicas seguirán fluyendo durante mucho tiempo y acabarán empujándonos literalmente a una conducta cada vez más hostil tanto con motivo como sin él.

7. Existe una versión de este antiguo cuento contada por el cuentista-sanador sufí Indries Shah en *Wisdom of Idiots*. (Londres, Octagon Press, 1970).

8. La decisión de hacerlo depende de varios factores, entre ellos: la conciencia de la persona o el aspecto que ha causado el daño, su capacidad de causar más daño y sus intenciones futuras así como la ecuación de poder: si están en pie de igualdad o si se registra un desequilibrio de fuerzas. Todas estas cosas se tienen que evaluar debidamente.

9. La palabra *descanso* se utiliza también en el sentido de lugar de reposo como, por ejemplo, el de un cementerio.

10. Cuando ha habido incesto, abusos sexuales o abusos de otro tipo, pueden ser necesarios muchos años para completar el ciclo a través del perdón. En algunos casos es posible que, durante algún tiempo, la persona adquiera más fuerza no perdonando y eso también es aceptable. Lo que no es aceptable es que se pase la vida «furiosa» por culpa de unos acontecimientos. Este ardor excesivo es perjudicial no sólo para el alma y la psique sino también para el cuerpo físico. Por consiguiente, hay que recuperar el equilibrio. Hay muchas maneras distintas de hacerlo. Convendría consultar con un terapeuta que tuviera una fuerte personalidad y estuviera especializado en estas cuestiones. La pregunta que hay que hacer cuando se encuentra a un profesional de este tipo es la siguiente: «¿Qué experiencia tiene usted con la reducción de la cólera y el fortalecimiento del espíritu?»

11. Una definición de este tipo de perdón figura en el Oxford English Dictionary: 1865 J. Grote, *Moral Ideas*. viii (1876), 114 «Perdón activo; la devolución del bien por mal». A mi juicio, ésta es la forma definitiva de reconciliación.

12. No sólo las personas siguen distintos ritmos en la concesión del perdón a los demás sino que las ofensas influyen a su vez en la cantidad de tiempo necesaria

para perdonar. Perdonar un malentendido no es lo mismo que perdonar un asesinato, un incesto, unos malos tratos, un tratamiento injusto, una traición o un robo. Según los casos, unos malos tratos dispensados una sola vez son más fáciles de perdonar que unos malos tratos repetidos.

13. Puesto que el cuerpo también tiene memoria, hay que prestarle también la debida atención. No se trata de correr más que la propia cólera sino de agotarla, desarmarla y volver a configurar la libido que, de este modo, se libera de una manera totalmente distinta a la anterior. Esta liberación física tiene que ir acompañada de una comprensión psíquica.

CAPÍTULO 13
Las cicatrices de la batalla: La pertenencia al Clan de la Cicatriz

1. Estoy de acuerdo con Jung; cuando alguien ha cometido una injusticia, no se puede curar más que diciendo toda la verdad y enfrentándose directamente con ella.

2. Leí por primera vez una referencia a esta especie de trivial y trágico error en la obra de Eric Berne y Claude Steiner.

3. El WAE, es decir, la Jung's Word Association Experiment, también lo ha comprobado. En el test, el material perturbador resuena no sólo al oír la palabra que cataliza las asociaciones negativas sino también durante la mención de varias palabras más «neutras».

4. A veces se añaden fotografías e historias de padres, hermanos, maridos, tíos y abuelos (y, a veces, también de los hijos y las hijas) pero la tarea principal se hace con las líneas femeninas que han precedido a las mujeres.

5. Sólo ellas sufren como chivos expiatorios y devoradoras de pecados sin disfrutar del poder y los beneficios de ninguna de las dos cosas, por ejemplo, la gratitud, el honor y la mejora de la comunidad.

6. *Mary Culhane and the Dead Man*. Es uno de los cuentos de The Folktellers®, dos inteligentes y pícaras mujeres de Carolina del Norte llamadas Barbara Freeman y Connie Regan-Blake.

7. Dr. Paul C. Rosenblatt, *Bitter, Bitter Tears: Nineteenth-Century Diarists and Twentieth-Century Grief Theories*. (Mineápolis, University of Minnesota Press, 1983). Referencia facilitada por Judith Savage.

CAPÍTULO 14
La selva subterránea:
La iniciación en la selva subterránea

1. La comprensión por parte de Jung de la participación mística se basaba en opiniones antropológicas del siglo pasado y de principios del actual, en que muchos de los estudiosos de las tribus se sentían, y a menudo estaban, muy alejados de ellas y no creían que las conductas tribales fueran un continuo humano susceptible de producirse en cualquier lugar y en cualquier cultura humana, independientemente de la raza o el origen nacional.

2. Esta discusión no justifica en modo alguno la creencia de que el daño causado a un individuo es aceptable porque en último extremo lo fortalece.

3. A propósito del incesto literal por parte del padre y el consiguiente trau-

ma del niño, véase E. Bass y L. Thornton con J. Brister, eds., *I Never Told Anyone: Writings by Women Survivors of Child Abuse* (Nueva York, Harper & Row, 1983). También B. Cohen; E. Giller; W. Lynn, eds., *Multiple Personality Disorder from the Inside Out* (Baltimore, Sidran Press, 1991).

4. Casi todos los casos de pérdida traumática de la inocencia se suelen producir fuera de la familia. Es un proceso gradual que casi todos los individuos experimentan y que culmina en un doloroso despertar a la idea de que no todo es hermoso y seguro en el mundo.

En la psicología del desarrollo, se considera un reconocimiento de que uno no es «el centro del universo». Sin embargo, por lo que respecta al espíritu, es más bien un despertar y una comprensión de las diferencias entre las naturalezas divina y humana. La inocencia no es algo que tenga que cosechar caprichosamente el padre o la madre. Los padres tienen que estar ahí para guiar y ayudar si pueden, pero, sobre todo, para recoger los pedazos y volver a colocar en pie a su hija caída.

5. El símbolo del molinero aparece en los cuentos de hadas tanto bajo una luz negativa como bajo una luz positiva. A veces es un tacaño y a veces es generoso como en los cuentos en los que dejaba granos de trigo para los elfos.

6. Despertar poco a poco —es decir, bajar lentamente las defensas durante un prolongado período de tiempo— resulta menos doloroso que dejar que se rompan las defensas de golpe. Sin embargo, cuando se utilizan medios terapéuticos o de reparación, aunque la rapidez es más dolorosa al principio, a veces ello permite empezar y terminar antes la tarea. Pero cada cual tiene que hacer las cosas a su aire.

7. En otros cuentos el tres representa una culminación de intensos esfuerzos y se puede interpretar como el sacrificio que culmina en una nueva vida.

8. Lao-tse, antiguo filósofo y poeta. Véase *Tao Te Ching* (Londres, The Buddhist Society, 1948). La obra ha sido publicada por muchos editores en muchas traducciones.

9. Hay métodos distintos según las personas. Algunos son muy activos exteriormente como, por ejemplo, la danza, otros son activos de otra manera, la danza de la oración, por ejemplo, o la danza de la inteligencia o la del poema.

10. © 1989, C. P. Estés, *Warming the Stone Child: Myths and Stories of the Abandoned and Unmothered Child*, cinta (Boulder, Colorado, Sounds True, 1989).

11. Es curioso que las mujeres y los hombres que están pasando por una seria transición psíquica muestren a menudo menos interés por las cosas del mundo exterior, pues están pensando, soñando y clasificando cosas a unos niveles tan profundos que los accesorios del mundo exterior quedan muy lejos. Al parecer, el alma no muestra excesivo interés por las cosas del mundo a menos que posean un cierto numen.

Sin embargo, conviene no confundir esta situación con un síndrome prodrómico en el que el cuidado del propio cuerpo y otras tareas cotidianas se reducen a nada y se registra una evidente y grave alteración de la función mental y social.

12. Me extraña mucho que el Ku Klux Klan, en un intento de menospreciarlos, llame a los no blancos «gente de barro». El antiguo uso de la palabra «barro» es altamente positivo y probablemente el más apropiado para reforzar el poder de la naturaleza instintiva profundamente sabia. En casi todos los relatos de la creación tanto los seres humanos como el mundo están hechos de barro (y otras sustancias terrenas).

13. El hacha ritual y los labios abiertos de la vulva tienen una forma similar.

14. La doble hacha de la diosa es un antiguo símbolo habitualmente utilizado en distintos grupos femeninos como símbolo de la vuelta al poder de la feminidad. Entre las miembros de *Las Mujeres*, mi grupo de adiestramiento e investigación de *cuentos*, se hacen muchas conjeturas en el sentido de que las alas de mariposa de los labios de la vulva y la doble hacha son unos símbolos similares de unos tiempos en que la mariposa con las alas extendidas se consideraba la forma del alma.

15. Lo místico conoce las cuestiones mundanas y las espirituales por ambas caras; es decir, por el intelecto y por la experiencia directa del espíritu y la psique. El misticismo pragmático busca todo tipo de verdad, no sólo una cara de la verdad, y después analiza dónde tiene que situarse y cómo se tiene que comportar.

16. Hay en los antiguos cuentos un sentido que es también sentimiento y sabiduría y que se transmite de padres a hijos independientemente del sexo.

17. Tal como ya hemos visto, las lágrimas tienen múltiples finalidades, pues sirven para proteger y para crear.

18. Buena parte de la cultura femenina ha permanecido auténticamente enterrada durante muchos siglos y sólo tenemos una idea aproximada de lo que hay debajo. A las mujeres se les tiene que reconocer el derecho a investigar sin que las interrumpan antes de que empiecen las excavaciones arqueológicas. Se trata de vivir una vida en toda su plenitud según los propios mitos instintivos.

19. Los números tienen un poder considerable. Muchos estudiosos desde Pitágoras a los cabalistas han tratado de comprender el misterio matemático. Es probable que los pares numerados tengan un significado místico y puede que también sean una escala tonal.

20. En muchos sentidos, la doncella manca, la muchacha de los cabellos de oro y la vendedora de fósforos se enfrentan con la misma cuestión de ser en cierto modo la forastera. El cuento de la doncella manca es el que abarca el ciclo psicológico más completo.

21. Alguien se podría preguntar cuántos «yos», es decir, centros de la conciencia, hay en la psique. Hay muchos y uno de ellos suele dominar sobre los demás. Como los pueblos y casitas de Nuevo México, la psique se encuentra por lo menos en tres fases: la antigua parte caída, la parte en la que uno vive y la parte en fase de construcción.

Según la teoría junguiana, el Yo con Y mayúscula significa la vasta fuerza del alma. El yo con y minúscula se refiere al ser más personal y limitable que somos.

22. Uno de los más amplios documentos «escritos» de los antiguos ritos son los de los antiguos griegos. Aunque casi todas las culturas antiguas poseían amplios documentos acerca de los ritos, las leyes rituales y la historia, y varios medios de expresión —la escultura, la escritura, la pintura, la poesía, la arquitectura, etc.—, las sucesivas conquistas los destruyeron en buena parte o en su totalidad por mil motivos e intenciones. (Para acabar con una cultura hay que matar toda la clase sagrada: los artistas, los escritores y todas sus obras, los sacerdotes y las sacerdotisas, los curanderos, los oradores, los historiadores y los guardianes de la historia, los cantores, los bailarines y los poetas, todos aquellos que tienen el poder de conmover el alma y el espíritu del pueblo.) Sin embargo, los huesos de muchas culturas destruidas aún se conservan en el arca de la historia y han llegado hasta nosotros a través de los siglos.

23. Isabel es una anciana y también está embarazada de Juan. Se trata de un pasaje de un intenso misticismo en el que su esposo incluso se queda mudo.

24. A veces las fases se alcanzan coincidiendo no con la edad cronológica sino con las necesidades y el momento más oportuno de la psique y el espíritu.

25. Robert L. Moore y Douglas Gillette examinan el símbolo arquetípico del rey en *King, Warrior, Magician, Lover* (San Francisco, Harper, 1990).

26. Los símbolos del jardinero, el rey, el mago, etc. pertenecen a los hombres y a las mujeres por igual y suscitan ecos en ambos. No tienen un sexo determinado sino que a veces se interpretan de varias maneras y cada sexo los utiliza de distinta manera.

27. La primera persona a quien oí utilizar la expresión «crear alma» fue James Hillman que es una especie de explosiva fábrica de ideas a granel.

28. La vieja bruja de las triple diosas de los griegos.

29. En la Teogonía de Hesíodo (411-52), se dice que Perséfone y la vieja Hécate prefieren estar juntas por encima de todo.

30. Jean Shinoda Bolen en su esclarecedora obra acerca de la menopausia dice que las ancianas conservan la energía de la sangre menstrual en el interior de su cuerpo y crean sabiduría interior en lugar de hijos exteriores.

31. El Gran Inquisidor español, un hombre patológicamente cruel, un autorizado asesino en serie de su época.

32. Es el rito de consagración administrado a las recién paridas por las ancianas curanderas de mi tradición familiar *católica*.

33. Del Eclesiastés, XVII, 5.

34. Algunos hombres modernos, por ejemplo, han perdido el sentido de los altibajos de los ciclos sexuales. Algunos no sienten nada y otros se pasan.

35. En algunas versiones del cuento, el velo se llama pañuelo y no es el *pneuma*, el aliento, el que provoca la caída del velo sino el niño que juega, quitándolo y poniéndolo sobre el rostro de su padre.

CONCLUSIÓN
El cuento como medicina

1. Fragmento del poema titulado «At the Gates of the City of the Storyteller God», © 1971, C. P. Estés, de *Rowing Songs for the Night Sea Journey: Contemporary Chants* (edición privada).

2. Es el insólito escrito de un testigo directo que claramente define la esencia del arte de narrar cuentos: el etos, la cultura y el arte son inseparables. Las siguientes palabras se deben al magistral poeta y cuentista Steve Sanfield que durante décadas se ha esforzado en llevar a cabo el duro trabajo que exige la desértica llanura interior de la psique.

SOBRE EL MAESTRO DEL CUENTO

«Hace falta toda una vida, no unos cuantos años y ni siquiera una década, para convertirse en maestro de algo. Hace falta una inmersión total en el arte. Después de sólo veinte o treinta años todo lo más, es una presunción por nuestra parte como cuentistas individuales o como grupo especializado arrogarnos el derecho a la "maestría".

»Si surgiera algún maestro del cuento, no cabría ninguna duda al respecto, pues tendría una "cualidad" probablemente intangible que lo haría inmediatamente identificable. Tras haber vivido un cuento determinado durante varios años o durante toda la vida, el cuento se habría convertido en una parte de su psique y él lo contaría desde "dentro" del cuento. Se trata de una característica que no abunda demasiado...

»La habilidad no es suficiente. La maestría no es lo mismo que locuacidad, utilización de trucos para atraer la atención o para alentar la participación del público. No es contar algo para que lo amen a uno o para adquirir dinero o fama. La maestría no consiste en narrar los cuentos de otras personas. *No* es tratar de complacer a una persona determinada o a una parte del público; no es tratar de complacer a cualquiera. Es prestar atención a la propia voz interior y poner todo el corazón y toda el alma en cada cuento aunque sólo sea una anécdota o un chiste.

»Un maestro del cuento tiene que ser ducho en el arte de la interpretación: movimiento, gracia, voz y dicción. Desde el punto de vista poético, el maestro tiene que "estirar el lenguaje". Y, desde el punto de vista mágico, tiene que tejer un hechizo desde la primera palabra hasta la última imagen que perdura en la mente. Por medio de la comprensión adquirida trabajando en el mundo y viviendo la vida a tope, el cuentista tiene que poseer una asombrosa capacidad de intuir cómo es el público y qué es lo que necesita. Un auténtico maestro elige los cuentos más apropiados para aquel público y aquel momento. Para poder elegir, hay que tener un repertorio amplio y significativo. La variedad y la calidad del repertorio son lo que más distingue a un maestro del cuento.

»Un gran repertorio se construye muy despacio. El cuentista excepcional no sólo conoce el cuento de arriba abajo sino que lo sabe todo acerca del cuento. Los cuentos no existen en un vacío...»

Fragmento de «Notes from a Conversation at Doc Willy's Bar», grabada por Bob Jenkins. © 1984 Steve Sanfield.

3. El arquetipo, es decir, la fuerza no representable de la vida, es evocador. Decir que es poderoso es quedarse muy corto. Jamás me cansaré de subrayar que las disciplinas curativas requieren un adiestramiento con alguien que conozca el camino y las maneras, con alguien que las haya vivido inequívocamente durante toda la vida.

4. Mi abuela Katerín decía que la más ignorante no es la que no sabe sino «la que no sabe que no sabe». Y la persona que está en peor situación y constituye un peligro para las demás es «la que sabe que no sabe y no le importa».

5. *La única que vivió las historias.*

6. Como católica de toda la vida oficialmente consagrada a ella en mi infancia a través de La Sociedad de Guadalupe, mi raíz primaria y toda mi obra más íntimamente escuchada procede de mi devoción al Hijo de *La Diosa* y también a su Madre, *Nuestra Señora de Guadalupe*, La Bienaventurada Madre en todos sus sagrados nombres y rostros, según mi leal saber y entender, la más salvaje de las salvajes, la más fuerte de las fuertes.

7. A veces hay también ramificaciones legales.

8. Éste es el máximo principio de las profesiones curativas. Si no puedes ayudar, no hagas daño. Para no hacer daño, hay que «saber lo que no se debe hacer».

9. «La obra perfecta está cortada para que encaje/no con la forma del autor/ sino con la forma de Dios». Fragmento del poema «*La Diosa de la Clarista, un manifiesto pequeño*», © 1971 C. P. Estés, de *Rowing Songs for the Night Sea Journey: Contemporary Chants* (edición privada).

1. En mi caso, como en el de muchas otras personas, la comprensión de muchos libros empieza en la relectura.

2. Fragmento de «Commenting Before the Poems», © 1967 C. P. Estés, de *La Pasionara, Collected Poems*, de próxima publicación en Knopf.

3. En *familia*, sufrir no significa ser una víctima sino ser valiente y arrojada ante la adversidad. Aunque una persona no pueda modificar por completo una situación o un destino, debe entregarse a ello con todas sus fuerzas a pesar de todo. La palabra «sufrimiento» la utilizo en este sentido.

4. Los escritores que tienen hijos suelen preguntar: «¿Dónde y cuándo escribió usted?» Muy entrada la noche, antes del amanecer, durante la hora de la siesta, en el autobús, antes de las horas, entre horas, en cualquier lugar y momento y sobre lo que podía.

5. Una pequeña advertencia: debido a que la atención a las cuestiones de la individuación puede provocar una intensificación de los pensamientos y los sentimientos, tenemos que procurar no convertirnos en unos simples coleccionistas de ideas y experiencias y dedicar también una considerable cantidad de tiempo a la tarea de aplicarlos en la vida cotidiana. Mi práctica diaria y la que enseño a otras personas es principalmente la de una contemplativa inmersa en el mundo, con todas las complicaciones que semejante situación lleva aparejadas. Cualquiera que sea el lugar o la manera con que se empiece, hay que insistir en la necesidad de una práctica regular. No es necesario que ésta sea muy larga, pero sí concentrada durante el tiempo que se le dedique, enfocada de la manera más pura posible y, como es natural, ejercitada a diario.

6. Véase la referencia en «Conclusión: El cuento como medicina».

7. Hay ciertas depresiones, manías y otros trastornos de carácter orgánico, lo cual significa que se deben a una disfunción de alguno de los sistemas físicos del cuerpo. Las cuestiones de carácter orgánico tienen que ser evaluadas por un médico.

8. Los jóvenes que he conocido en las universidades, los seminarios y los centros universitarios están ansiosos por amar este mundo, aprender, enseñar, crear y ayudar. Y, puesto que ellos son el futuro, está claro que el futuro encierra unos tesoros increíbles.

LA EDUCACIÓN DE UNA JOVEN LOBA: BIBLIOGRAFÍA

La bibliografía[1] contiene algunas de las obras más accesibles acerca de las mujeres y la psique. Las recomiendo a menudo a mis alumnos y a mis clientes[2]. Muchos de los títulos que ahora ya se han convertido en clásicos, incluidas las obras de Angelou, De Beauvoir, Brooks, De Castillejo, Cather, Chesler, Friedan, Harding, Jong, Jung, Hong Kingston, Morgan, Neruda, Neumann y Qoyawayma así como varias antologías fueron los que leí a mis alumnos como «alimento del alma» en los cursos de Psicología Femenina que impartí a principios de los años setenta. Era una época en que los «estudios sobre mujeres» no eran muy habituales y la gente se preguntaba qué necesidad había de semejante cosa.

Desde entonces muchas editoriales han publicado numerosas obras acerca de las mujeres. Hace veinticinco años estas mismas obras se hubieran visto reducidas a circular en forma de ejemplares fotocopiados o a ser sólo aceptadas por arriesgadas empresas editoriales que contaban con presupuestos exiguos y muy poco personal y sólo vivían el tiempo suficiente para alumbrar un puñado de importantes obras antes de morir con la misma rapidez con que habían nacido. Pero, a pesar del terreno ganado en las últimas décadas, el estudio de la vida psíquica o de otro tipo de las mujeres es todavía muy reciente y dista mucho de ser completo. Aunque en todo el mundo se publican muchas obras exhaustivas y honradas acerca de algunos temas de la vida femenina que antiguamente eran tabú, con el tiempo las mujeres adquirirán el derecho y el deber de hablar con autoridad acerca de la propia persona y la propia cultura y también ganarán acceso a la prensa y a los canales de distribución.

Una bibliografía no pretende ser una lista aburrida. Y tampoco pretende enseñar a una persona lo que tiene que pensar sino que su intención es ofrecer temas interesantes y exponer la mayor cantidad de ideas y, por consiguiente, de oportunidades posible. Una buena bibliografía aspira a ofrecer visiones generales del pasado y del presente capaces de sugerir unas claras perspectivas de futuro. Esta bibliografía en particular se centra especialmente en las autoras, pero incluye a autores de ambos sexos. Las obras son en general excelentes, apasionadas y originales; muchas de ellas son interculturales y todas son multidimensionales. Están llenas de datos, opiniones y pasión. Algunas reflejan una época que ya no existe o un lugar que no se encuentra en Estados Unidos y habría que tener en cuenta esa circunstancia. He añadido a modo de comparación dos o tres obras que, a mi juicio, poseen una hondura impresionante. El lector las identificará cuando las lea, si bien cabe la posibilidad de que sus preferencias no coincidan con las mías.

Los autores que aquí se mencionan son muy variados. Casi todos son especialistas y precursores, algunos son iconoclastas, forasteros, miembros de la corriente principal, profesores, independientes o estudiosos gitanos. Hay una considerable representación de poetas, pues éstos son los visionarios y los historiadores de la vida psíquica. En muchos casos, sus observaciones e intuiciones ahondan tanto en el tema que reemplazan las suposiciones de la psicología oficial no sólo por su profundidad sino también por su precisión. Sea como fuere, casi todos los autores son *las compañeras o los compañeros*, compañeros de viaje y contemplativos que llegaron a sus conclusiones gracias a la profundidad de la vida que llevaban, de ahí que pudieran describirla con tanta precisión[3]. Aunque hay muchísimos otros autores tan rutilantes como ellos, he aquí una muestra de algo más de doscientos.

ALEGRÍA, C., *Woman of the River*, University of Pittsburgh Press, Pittsburgh, 1989.
—, *Louisa In Realityland*, Curbstone Press, Nueva York, 1989.
—, *Guerrilla Poems of El Salvador*, Curbstone Press, Nueva York, 1989.
ALLEN, P. G., *The Sacred Hoop: Recovering the Feminine in American Indian Traditions*, Beacon Press, Boston, 1986.
—, *Grandmothers of the Light: A Medicine Woman's Sourcebook*, Beacon Press, Boston, 1991
—, *Shadow Country*, University of California Press, Los Ángeles, 1982.
ALLISON, D., *Bastard Out of Carolina*, Dutton, Nueva York, 1992.
ANDELIN, H. B., *Fascinating Womanhood*, Pacific Press, Santa Bárbara, California, 1974.
ANGELOU, M., *I Shall Not Be Moved*, Random House, Nueva York, 1990.
—, *All God's Children Need Traveling Shoes*, Random House, Nueva York, 1986.
—, *I Know Why The Caged Bird Sings*, Bantam, Nueva York, 1971. (Ed. en castellano: *Yo sé por qué canta el pájaro enjaulado*, Lumen, Barcelona, 1993.)

ANZALDÚA, G. y MORAGA, C. (eds.), *This Bridge Called My Back*, Kitchen Table/ Women of Color Press, Nueva York, 1983.

ATIYA, N., *Khul-Khaal: Five Egyptian Women Tell Their Stories*, Syracuse University Press, Syracuse, 1982.

ATWOOD, M., *The Robber Bride*, Nan A. Talese/Doubleday, Nueva York, 1993. (Ed. en castellano: *La novia ladrona*, Círculo de Lectores, Barcelona, 1997.)

AVALON, A., *Shakti and Shakta*, Dover, Nueva York, 1978.

BARKER, R., *The Hiroshima Maidens: A Story of Courage, Compassion and Survival*, Viking, Nueva York, 1985.

BASS, E. y THORNTON, L. (eds.), *I Never Told Anyone: Writings by Women Survivors of Child Sexual Abuse*, Harper & Row, Nueva York, 1983.

de BEAUVOIR, S., *Memoirs of a Dutiful Daughter*, World Publishing Co., Cleveland, 1959. (Ed. en castellano: *Memorias de una joven formal*, Edhasa, Barcelona, 1993.)

—, *The Second Sex*, Knopf, Nueva York, 1974. (Ed. en castellano: *El segundo sexo*, Edhasa, Barcelona, 1990.)

BERTHERAT, T., *The Body Has Its Reasons*, Pantheon Books, Nueva York, 1977. (Ed. en castellano: *El cuerpo tiene sus razones*, Altaya, Barcelona, 1994.)

BLY, R., *Iron John: A Book About Men*, Adisson-Wesley, Reading, Massachusetts, 1990. (Ed. en castellano: *Iron John*, Gaia Ediciones, Madrid, 1994.)

BOER, C., *The Homeric Hymns*, Spring Publications, Dallas, 1987.

BOLEN, J. S., *Ring of Power: The Abandoned Child, the Authoritarian Father, and the Disempowered Feminine*, HarperCollins, San Francisco, 1992.

—, *Goddesses In Everywoman. A New Psychology of Women*, Harper & Row, San Francisco, 1984. (Ed. en castellano: *Las diosas de cada mujer*, Kairós, Barcelona, 1993.)

—, *The Tao of Psychology: Synchronicity and the Self*, Harper & Row, San Francisco, 1979.

BOSTON WOMEN'S HEALTH BOOK COLLECTIVE, *The New Our Bodies, Ourselves*, Simon & Schuster, Nueva York, 1984.

BROOKS, G., *Selected Poems*, Harper & Row, Nueva York, 1984.

BROWN, R. M., *Rubyfruit Jungle*, Daughters, Plainfield, Vermont, 1973.

BROWNE, E. S., CONNORS, D. y STERN, N., *With the Power of Each Breath: A Disabled Woman's Anthology*, Cleis Press, San Francisco, 1985.

BUDAPEST, Z. E., *The Grandmother of Time*, Harper & Row, San Francisco, 1989.

CASTELLANOS, R., *The Selected Poems of Rosario Castellanos*, Graywolf Press, St. Paul, Minnesota, 1988.

de CASTILLEJO, I. C., *Knowing Woman: A Feminine Psychology*, Shambhala, Boston, 1973.

CASTILLO, A., *My Father Was a Toltec*, West End Press, Novato, California, 1988.

—, *So Far From God*, W. W. Norton, Nueva York, 1993. (Ed. en castellano: *Tan lejos de Dios*, Muchnik Editores, Barcelona, 1996

CATHER, W., *My Antonia*, Houghton Mifflin, Boston, 1988. (Ed. en castellano: *Mi Antonia*, Noguer y Caralt, Barcelona, 1955)

—, *Death Comes for the Archbishop*, Vintage, Nueva York, 1971.

CHERNIN, K., *Obsession*, Harper & Row, Nueva York, 1981.

CHESLER, P., *Women and Madness*, Doubleday, Garden City, Nueva York, 1972.

CHICAGO, J., *The Dinner Party: A Symbol of Our Heritage*, Anchor, Garden City, Nueva York, 1979.

—, *Embroidering Our Heritage: The Dinner Party Needlework*, Anchor, Garden City, Nueva York, 1980.

—, *Through the Flower: My Struggle as a Woman Artist*, Doubleday, Garden City, Nueva York, 1975.

—, *The Birth Project*, Doubleday, Garden City, Nueva York, 1982.

CHRIST, C. P., *Diving Deep and Surfacing: Women Writers on Spiritual Quest*, Beacon Press, Boston, 1980.

COLES, R., *The Spiritual Life of Children*, Houghton Mifflin, Boston, 1990.

COLETTE, *Collected Stories of Colette*, Farrar, Straus, Giroux, Nueva York, 1983. (Ed. en castellano: *Colette*, Plaza & Janés, Barcelona, 1968.)

COWAN, L., *Masochism: A Jungian View*, Spring Publications, Dallas, 1982.

CRAIG, M., *Spark from Heaven: The Mystery of the Madonna of Medjugorje*, Ave Maria Press, Notre Dame, Indiana, 1988.

CRAIGHEAD, M., *The Mother's Songs: Images of God the Mother*, Paulist Press, Nueva York, 1986.

CROW, M., *Woman Who Has Sprouted Wings*, Latin American Literary Review Press, Pittsburgh, 1988.

CURB, R. y MANAHAN, N. (eds.), *Lesbian Nuns*, Naiad Press, Tallahassee, Florida, 1985. (Ed. en castellano: Monjas lesbianas, Seix Barral, Barcelona, 1985.)

DALY, M., *Gyn/ecology*, Beacon Press, Boston, 1978.

— y Caputi, J., *Webster's First New Intergalactic Wickedary of the English Language*, Beacon Press, Boston, 1987.

DERRICOTTE, T., *Natural Birth: Poems*, Crossing Press, Freedon, California, 1983.

DICKINSON, E., *The Complete Poems of Emily Dickinson*, Little Brown, Boston, 1890. (Ed. en castellano: *Poemas*, Juventud, Barcelona, 1994.)

DONIGER, W., *Women, Androgynes, and Other Mythical Beasts*, University of Chicago Press, Chicago, 1980.

DRAKE, W., *The First Wave: Women Poets in America*, Macmillan, Nueva York, 1987.

EASARAN, E. (trad.) *The Bhagavad Gita*, Nilgiri Press, Berkeley, 1985.

EISLER, R., *The Chalice and the Blade*, Harper & Row, San Francisco, 1987. (Ed. en castellano: *El cáliz y la espada*, Martínez Murguía, Madrid, 1996.)

ELLIS, N., *Osiris Awakening: A New Translation of the Egyptian Book of the Dead*, Phanes Press, Grand Rapids, Michigan, 1988.

ERDRICH, L., *Love Medicine*, Bantam, Nueva York, 1984.

FENELON, F., *Playing for Time*, Atheneum, Nueva York, 1977. (Ed. en castellano: *Tregua para la orquesta*, Noguer y Caralt, Barcelona, 1981.)

FISHER, M. F. K., *Sister Age*, Knopf, Nueva York, 1983.

FORCHE, C., *The Country Between Us*, Harper & Row, Nueva York, 1982.

—, *Angel of History*, HarperCollins, Nueva York, 1994.

FOUCAULT, M., *Madness and Civilization*, Pantheon, Nueva York, 1955.

—, *History of Sexuality*, Pantheon, Nueva York, 1978. (Ed. en castellano: *Historia de la sexualidad*, Siglo XXI, Madrid, 1978.)

FOX, M., *Original Blessing*, Bear and Company, Santa Fe, 1983.

FRIEDAN, B., *The Feminine Mystique*, Norton, Nueva York, 1963. (Ed. en castellano: *La mística de la feminidad*, Júcar, Gijón, 1974)

FRIEDMAN, L., *Meetings with Remarkable Women: Buddhist Teachers in America*, Shambhala Publications, Boston, 1987.

FRIEDMAN, M., *Buried Alive: Biography of Janis Joplin*, Morrow, Nueva York, 1973. (Ed. en castellano: *Janis Joplin*, Fundamentos, Madrid, 1996.)

GALLAND, C., *Longing for Darkness: Tara and the Black Madonna: A Ten Year Journey*, Viking, Nueva York, 1990.

GASPAR DE ALBA, A., HERRERA-SOBEK Y M., MARTÍNEZ, D., *Three Times a Woman*, Bilingual Review Press, Tempe, Arizona, 1989.

GILBERT, S. y GUBAR, S., *The Madwoman in the Attic*, Yale University Press, New Haven, 1979.

GILLIGAN, C., *In a Different Voice*, Harvard University Press, Cambridge, 1982.

GIMBUTAS, M., *The Goddesses and Gods of Old Europe: Myths and Cult Images*, University of California Press, Berkeley y Los Ángeles, 1982. (Ed. en castellano: *Dioses y diosas de la vieja Europa*, Istmo, Madrid, 1992.)

GOLDBERG, N., *Writing Down the Bones: Freeing a Writer Within*, Shambhala, Boston, 1986. (Ed. en castellano: *El gozo de escribir*, Liebre de marzo, Barcelona, 1993.)

—, *Long Quiet Highway*, Bantam Books, Nueva York, 1993.

GOLDEN, R. y McCONNELL, M., *Sanctuary: The New Underground Railroad*, Orbis Books, Nueva York, 1986.

GOLDENBURG, N. R., *Changing of the Gods: Feminism and the End of Traditional Religions*, Beacon Press, Boston, 1979.

GRAHN, J., *Another Mother Tongue*, Beacon Press, Boston, 1984.

GUGGENBÜHL-CRAIG, A., *Power in the Helping Professions*, Spring Publications, Dallas, 1971.

HALL, N., *The Moon and the Virgin: Reflections on the Archetypal Feminine*, Harper & Row, Nueva York, 1980.

HARDING, M. E., *Woman's Mysteries, Ancient and Modern*, Putnam, Nueva York, 1971. (Ed. en castellano: *Los misterios de la mujer*, Obelisco, Barcelona, 1995.)

HARRIS, J., y ALEXANDER, S., *Marking Time: Letters from Jean Harris to Shana Alexander*, Scribner, Nueva York, 1991.

HEILBRUN, C. G., *Writing a Woman's Life*, Ballantine, Nueva York, 1989. (Ed. en castellano: *Escribir la vida de una mujer*, Megazul, Málaga, 1994.)

HERRERA, H., *Frida: A Biography of Frida Kahlo*, Harper & Row, Nueva York, 1983.

HILLMAN, J., *Inter-Views: Conversations with Laura Pozzo*, Harper & Row, Nueva York, 1983.

HOFF, B., *The Singing Creek Where the Willows Grow: The Rediscovered Diary of Opal Whitely*, Ticknor & Fields, Nueva York, 1986.

HOLLANDER, N., *Tales From the Planet Sylvia*, St. Martin's, 1990.

HULL, G. T., SCOTT, P. B. y SMITH, B. (eds.), *All the Women Are White, All the Blacks Are Men, But Some of Us Are Brave*, Feminist Press, Nueva York, 1982.

IBARRURI, D., *They Shall Not Pass: The Autobiography of La Pasionaria*, International Publishers, Nueva York, 1976.

IGLEHART, H., *Womanspirit: A Guide to Women's Wisdom*, Harper & Row, Nueva York, 1983.

JONG, E., *Fear of Flying*, New American Library, Nueva York, 1974. (Ed. en castellano: *Miedo a volar*, Círculo de Lectores, Barcelona, 1986.)

—, *Becoming Light: Poems, New and Selected*, HarperCollins, Nueva York, 1991.

JUNG, C.G., *Collected Works of C. G. Jung*, Princeton University Press, Princeton, 1972.

—, (ed.) *Man and His Symbols*, Doubleday, Garden City, Nueva York, 1964. (Ed. en castellano: *El hombre y sus símbolos*, Noguer y Caralt, 1997.)

KALFF, D., *Sandplay: A Psychotherapeutic Approach to the Psyche*, Sigo, Santa Mónica, 1980.

KEEN, S., *The Faces of the Enemy: Reflections of the Hostile Imagination*. Fotografías de Anne Page, Harper & Row, San Francisco, 1986.

KERÉNYI, C., *Zeus and Hera*, Princeton University Press, Princeton, 1975.

—, *Eleusis: Archetypal Image of Mother and Daughter*, Schocken Books, Nueva York, 1977.

KING, F., *Southern Ladies and Gentlemen*, Stein & Day, Nueva York, 1975.

KINGSTON, M. H., *The Woman Warrior: Memoirs of a Girlhood Among Ghosts*, Knopf, Nueva York, 1976.

KINKAID, J., *At the Bottom of the River*, Plume, Nueva York, 1978.

KINNELL, G., *The Book of Nightmares*, Omphalos and J-Jay Press, Londres, 1978.

KLEPFISZ, I., *Dreams of an Insomniac: Jewish Feminist Essays, Speeches and Diatribes*, The Eighth Mountain Press, Portland, Oregón, 1990.

KOLBENSCHLAG, M., *Kiss Sleeping Beauty Goodbye: Breaking the Spell of Feminine Myths and Models*, Doubleday, Nueva York, 1979. (Ed. en castellano: *Adiós bella durmiente*, Kairós, Barcelona, 1994.)

KRYSL, M., *Midwife and Other Poems on Caring*, National League for Nursing, Nueva York, 1989.

KUMIN, M., *Our Ground Time Here Will Be Brief*, Penguin, Nueva York, 1982.

LAING, R. D., *Knots*, Vintage, Nueva York, 1970.

LE SUEUR, M., *Ripening: Selected Work. 1927-1980*, Feminist Press, Old Westbury, Nueva York, 1982.

LEONARD, L. S., *The Wounded Woman*, Shambhala, Boulder, Colorado, 1983.

LINDBERGH, A. M., *The Gift from the Sea*, Pantheon, Nueva York, 1955. (Ed. en castellano: *Regalo del mar*, Circe, Barcelona, 1995.)

LIPPARD, L., *From the Center: Feminist Essays in Women's Art*, E. P. Dutton, Nueva York, 1976.

LISLE, L., *Portrait of an Artist: A Biography of Georgia O'Keeffe*, Seaview, Nueva York, 1980.

LÓPEZ-PEDRAZA, R. *Cultural Anxiety*, Daimon Verlag, Suiza, 1990.

LORDE, A., *Sister Outsider: Essays and Speeches*, Crossing Press, Freedon, California, 1984.

LUKE, H. M., *The Way of Women, Ancient and Modern*, Apple Farm, Three Rivers, Michigan, 1975. (Ed. en castellano: *La vía de la mujer*, Edaf, Madrid, 1997.)

MACHADO, A., *Times Alone*, Wesleyan University Press, Middletown, Connecticut, 1983. (Ed. en castellano: *Soledades*, Taurus, Madrid, 1977)

MASSON, J., *The Assault of the Truth: Freud's Suppression of the Seduction Theory*, Farrar, Straus, Giroux, Nueva York, 1983. (Ed. en castellano: *El asalto a la verdad*, Seix Barral, Barcelona, 1985.)

MATSUI, Y., *Women's Asia*, Zed Books, Londres, 1987.

MATTHEWS, F. G., *Voices from the Shadows: Women with Disabilities Speak Out*, Women's Educational Press, Toronto, 1983.

McNEELY, D. A., *Animus Aeternus: Exploring the Inner Masculine*, Inner City, Toronto, 1991.

MEAD, M., *Blackberry Winter*, Morrow, Nueva York, 1972.

METZGER, D., *Tree*, Wingbow Press, Berkeley, 1983.

—, *The Woman Who Slept with Men to Take the War Out of Them*, Wingbow Press, Berkeley, 1983.

MILLAY, E. S. V., *Collected Poems* (edición de Norma Millay), Harper & Row, Nueva York, 1917.

MILLER, A., *Thou Shalt Not Be Aware*, Farrar, Straus, Giroux, Nueva York, 1984.

—, *For Your Own Good: Hidden Cruelty in Childrearing and the Roots of Violence*, Farrar, Straus, Giroux, Nueva York, 1983. (Ed. en castellano: *Por tu propio bien*, Tusquets, Barcelona, 1985.)

—, *Drama of the Gifted Child*, Basic Books, Nueva York, 1981. (Ed. en castellano: *El drama del niño dotado*, Tusquets, Barcelona, 1985.)

MORGAN, R., *Sisterhood Is Powerful*, Vintage, Nueva York, 1970.

MULFORD, W. (ed.), *Love Poems by Women*, Fawcett/Columbine, Nueva York, 1990.

NERUDA, P., *Residence on Earth*, New Directions, Nueva York, 1973. (Ed. en castellano: *Residencia en la tierra*, Cátedra, Madrid, 1987.)

NEUMANN, E., *The Great Mother*, Princeton University Press, Princeton, 1963.

NIN, A., *Delta of Venus: Erotica*, Harcourt, Brace, Jovanovich, Nueva York, 1977. (Ed. en castellano: Delta de Venus, *Plaza & Janés*, Barcelona, 1990.)

OLDS, S., *The Gold Cell*, Knopf, Nueva York, 1989.

OLSEN, T., *Silences*, Delacorte, Nueva York, 1979.

ORBACH, S., *Fat Is a Feminist Issue*, Paddington Press, Nueva York, 1978.

PAGELS, E., *The Gnostic Gospels*, Random House, Nueva York, 1979. (Ed. en castellano: *Los evangelios gnósticos*, Grijalbo, Barcelona, 1996.)

PARTNOY, A. (ed.), *You Can't Drown the Fire: Latin American Women Writing in Exile*, Cleis Press, San Francisco, 1988.

PERERA, S. B., *Descent to the Godddess*, Inner City, Toronto, 1988.

PIAF, E., *My Life*, Owen, Londres, 1990.

PIERCY, M., *Circles on the Water*, Knopf, Nueva York, 1982.

—, (ed.) *Early Ripening: American Women's Poetry Now*, Pandora, Londres, 1987.

—, *The Moon Is Always Female*, Random House, Nueva York, 1980.

—, *Woman on the Edge of Time*, Knopf, Nueva York, 1976.

POGREBIN, L. C., *Among Friends*, McGraw-Hill, Nueva York, 1987.

PRAGER, E., *A Visit from the Footbinder and Other Stories*, Simon & Schuster, Nueva York, 1982.

QOYOWAYMA, P. (WHITE, E. Q.), *No Turning Back: A Hopi Indian Woman's Struggle to Live In Two Worlds. As told to Vada F. Carlson*, University of New Mexico Press, Albuquerque, 1964.

RAINE, K., *Selected Poems*, Lindisfarne, Great Barrington, Massachusetts, 1988.

RICH, A., *The Fact of a Doorframe*, Norton, Nueva York, 1984.

—, *Diving Into the Wreck*, Norton, Nueva York, 1973.

—, *Of Woman Born: Motherhood as Experience and Institution*, Norton, Nueva York, 1976. (Ed. en castellano: *Nacida de mujer*, Noguer y Caralt, Barcelona, 1978.)

ROBINSON, J. M. (ed.), *The Nag Hammadi Library in English*, Harper & Row, San Francisco, 1977.

ROSEN, M., *Popcorn Venus: Women, Movies and the American Dream*, Coward, McCann, Geoghegan, Nueva York, 1973.

SAMUELS, A., SHORTER, B. y PLAUT, F., *A Critical Dictionary of Jungian Analysis*, Routledge & Kegan Paul, Londres/Nueva York, 1986.

SANDAY, P. R., *Female Power and Male Dominance: On the Origins of Sexual Inequalities*, Cambridge University Press, Cambridge, 1981.

SAVAGE, J., *Mourning Unlived Lives*, Chiron, Wilamette, Illinois, 1989. (Ed. en castellano: *Duelo de las vidas no vividas*, Luciérnaga, Barcelona, 1992.)

SEXTON, A., *The Complete Poems*, Houghton Mifflin, Boston, 1981.

—, *No Evil Star*, University of Michigan Press, Ann Arbor, 1985.

SHANGE, N., *Nappy Edges*, St. Martin's, Nueva York, 1972.

—, *A Daughter's Geography*, St. Martin's, Nueva York, 1972.

—, *for colored girls who had considered suicide when the rainbow is enuf: a choreopoem*, MacMillan, Nueva York, 1977.

SHEEHY, G., *Passages*, E. P. Dutton, Nueva York, 1974. (Ed. en castellano: *Las crisis de la edad adulta*, Grijalbo, Barcelona, 1987.)

SHIKIBU, I. y KOMACHI, O., *The Ink Dark Moon, Love Poems, Women of the Ancient Court of Japan*, Scribner, Nueva York, 1988.

SILKO, L. M., *Storyteller*, Seaver Press, Nueva York, 1981.

—, *Ceremony*, Penguin, Nueva York, 1977.

SIMON, J-M., *Guatemala: Eternal Spring, Eternal Tyranny*, Norton, Londres, 1987.

SINGER, J. *The Boundaries of the Soul: The Practice of Jung's Psychology*, Doubleday, Garden City, Nueva York, 1972.

SPRETNAK, C., *Lost Goddesses of Early Greece*, Beacon Press, Boston, 1981.

—, (ed), *The Politics of Women's Spirituality*, Doubleday, Garden City, Nueva York, 1982.

STARHAWK, *Truth or Dare*, Harper & Row, Nueva York, 1979.

STEIN, L., *The Triangle Fire*, Lippincott, Filadelfia, 1962.

STEINEM, G., *The Revolution from Within*, Little Brown, Boston, 1992. (Ed. en castellano: *Revolución desde dentro*, Anagrama, Barcelona, 1995.)

—, *Outrageous Acts and Everyday Rebellions*, Holt, Rinehart, Winston, Nueva York, 1983.

STONE, M., *When God Was a Woman*, Dial Press, Nueva York, 1976.

—, *Ancient Mirrors of Womanhood*, Beacon Press, Boston, 1984.

SWENSON, M., *Cage of Spines*, Rhinehart, Nueva York, 1958.

TANNEN, D., *You Just Don't Understand: Women and Men in Conversation*, Morrow, Nueva York, 1990. (Ed. en castellano: *Tú no me entiendes*, Círculo de Lectores, Barcelona, 1992.)

TEISH, L., *Jambalaya*, Harper & Row, San Francisco,1985.

TUCHMAN, B., *A Distant Mirror*, Knopf, Nueva York, 1978. (Ed. en castellano: *Un espejo lejano*, Plaza & Janés, Barcelona, 1990.)

TZU, L., *Tao Te Ching*, Harper & Row, San Francisco, 1988. (Ed. en castellano: *Tao Te Ching*, Alba, Madrid, 1987.)

VON FRANZ, M. L., *The Feminine In Fairytales*, Spring Publications, Dallas, 1972.

WALDMAN, A., *Fast-Speaking Woman and Other Chants*, City Lights, San Francisco, 1975.

WALKER, A., *The Color Purple*, Washington Square Press, Nueva York, 1982. (Ed. en castellano: *El color púrpura*, Plaza & Janés, Barcelona, 1997.)

—, *Good Night Willie Lee: I'll See You In the Morning*, Dial Press, Nueva York, 1979.

—, *Her Blue Body: Everything We Know. Earthling Poems*, Harcourt, Brace, Jovanovich, San Diego, 1991.

—, *In Search of Our Mothers' Gardens*, Harcourt, Brace, Jovanovich, Nueva York, 1983.

WALKER, B. G., *The Woman's Encyclopedia of Myths and Secrets*, Harper & Row, San Francisco, 1983

—, *The Woman's Dictionary of Symbols and Sacred Objects*, Harper & Row, San Francisco, 1988

—, *The Crone*, Harper & Row, San Francisco, 1985.

WALKER, L., *The Battered Woman*, Harper & Row, Nueva York, 1980.

WARNER, M., *Alone of All Her Sex: The Myth and Cult of the Virgin Mary*, Knopf, Nueva York, 1976.

WATSON, C., *Night Feet*, The Smith, Nueva York, 1981.

WHITE, S. F., *Poets of Nicaragua*, Unicorn Press, Greensboro, 1982.

WHITMAN, W., *Leaves of Grass*, Norton, Nueva York, 1968. (Ed. en castellano: *Hojas de hierba*, Alianza, Madrid, 1997.)

WICKES, F., *The Inner World of Childhood*, Farrar, Straus, Giroux, Nueva York, 1927.

WILLIAMS, T. T., *Refuge*, Pantheon, Nueva York, 1991

WILLMER, H., *Practical Jung: Nuts and Bolts of Jungian Psychotherapy*, Chiron, Wilamette, Illinois, 1987.

WILSON, C., *The Outsider*, Houghton Mifflin, Boston, 1956.

WOLKSTEIN, D. y KRAMER, S. N., *Inanna: Queen of Heaven and Earth*, Harper & Row, San Francisco, 1983.

WOLLSTONECRAFT, M., *A Vindication of the Rights of Women*, 1972. Reimpr. W. W. Norton, Nueva York, 1967. (Ed. en castellano: *Vindicación de los derechos de la mujer*, Cátedra, Madrid, 1994.)

WOODMAN, M., *Addiction to Perfection*, Inner City, Toronto, 1988. (Ed. en castellano: *Adicción a la perfección*, Luciérnaga, Barcelona, 1994.)

WOOLF, V., *A Room of One's Own*, Harcourt, Brace, Nueva York, 1929. (Ed. en castellano: *Un cuarto propio*, Júcar, Gijón, 1991.)

YOLEN, J., *Sleeping Ugly*, Coward, McCann & Geoghegan, Nueva York, 1981,

WYNNE, P., *The Womanspirit Sourcebook*, Harper & Row, San Francisco, 1988.

ZIPES, J., *The Brothers Grimm*, Routledge, Chapman and Hall, Nueva York, 1988.

1. Esta bibliografía se elaboró como una visión de conjunto del desarrollo de la naturaleza instintiva. Utilizo variaciones de esta bibliografía básica para otros temas relacionados con las mujeres. Parte del material de esta bibliografía aparece repetidamente en bibliografías de otros libros, por regla general los escritos por mujeres acerca de cuestiones femeninas. Estas obras abundantemente citadas se han convertido en una especie de bibliomantra y, por regla general, son selecciones llevadas a cabo por mujeres ya fallecidas cuyas obras siguen, sin embargo, muy vivas.

2. Aunque no soy contraria a considerar las observaciones o teorías de ambos sexos o de cualquier escuela, no merece la pena leer buena parte del material pues éste ya está predigerido. Lo cual significa que le han quitado el meollo y sólo queda la cáscara, algo así como un tiovivo sin caballitos, sin música, sin círculo giratorio y sin jinetes. La cosa sigue dando vueltas pero no tiene vida.

En cambio, la obra predigerida es algo totalmente distinto. Significa repetir algo que uno ha oído o leído o que le han contado, pero sin preguntar ¿es cierto?, ¿es útil?, ¿sigue viniendo al caso?, ¿es el único punto de vista? Las obras de este tipo son muy numerosas. Me recuerdan la transmisión hereditaria de una mina de plata. Algunas minas ya están agotadas y no merece la pena conservarlas. Otras no tienen ninguna posibilidad de prosperar y jamás produjeron el suficiente metal como para que valiera la pena seguir explotándolas.

Existe un tercer detrito que es la obra diluida. La obra diluida es una pálida copia de una sólida obra original. En una obra diluida, la capacidad de la obra primaria de infundir y comunicar al lector su propósito, su significado y su medicina originales está reducida, fragmentada y distorsionada. Siempre que te sea posible, lee la obra de primer orden de una persona que la haya vivido, la haya recogido en un lugar, la haya analizado y no sólo la haya amado sino que también se haya sacrificado por ella. La recuperación de la naturaleza salvaje consiste, tal como ya hemos visto, en reconstituir la propia capacidad de discernimiento, cosa que hay que aplicar no sólo a lo que ya contiene nuestra mente sino también a lo que introducimos en ella.

3. Por regla general empiezo más o menos así: pidiendo a mis alumnos que elijan los libros de la lista de tres en tres y los consideren un rompecabezas o un acertijo. A continuación, cualesquiera que sean las obras elegidas, yo les añado ensayos de Kant, Kierkegaard, Mencken y otros. ¿Cómo encajan? ¿Qué pueden ofrecerse el uno al otro? Compara y observa qué ocurre. Algunas combinaciones son explosivas. Otras crean una reserva de semillas.

✿ AGRADECIMIENTOS

Esta obra acerca de la naturaleza instintiva de las mujeres está en marcha desde hace veinticinco años. En el transcurso de este período muchas personas, muchos testigos capacitados que me han alentado a seguir, han entrado en mi vida. En mis tradiciones, cuando llega el momento de dar las gracias a las personas, se suele tardar varios días en hacerlo; por eso casi todas nuestras celebraciones, desde los velatorios a las bodas, tienen que durar por lo menos tres días, pues el primer día se dedica a reír y a llorar, el segundo debe transcurrir entre peleas y gritos y el tercero ha de utilizarse para hacer las paces. Después siguen los cantos y los bailes. Por consiguiente, va por todas las personas de mi vida que aún siguen cantando y bailando:

Bogie, mi esposo y amante, que me ayudó a editar la obra y que aprendió a transcribir a máquina para poder ayudarme a mecanografiar la copia del manuscrito, una y otra vez. *Tiaja*, que se presentó espontáneamente y se encargó de todas las cuestiones administrativas, me hizo la compra y me hizo reír, convenciéndome más de lo que ya estaba de que una hija adulta es también una hermana. *Muy especialmente, mis parientes, mis familias*, mi tribu, mis mayores, tanto vivos como en espíritu, por haber dejado sus huellas.

Nedd Leavitt, ser humano, mi agente, tremendamente hábil en el manejo de los asuntos entre los mundos. *Ginny Faber*, mi editor de Ballantine que, durante el nacimiento de este libro, alumbró una obra perfecta, una pequeña criatura salvaje llamada *Susannah*.

Tami Simon, productora de audios, artista e inspiradora que brilla con luz propia por haber preguntado lo que yo sabía. *Devon Christensen*, maestro del detalle, siempre al pie del cañón. *A ellos y a todo el excelente equipo de Sounds True*, incluyendo el álter ego de cada uno de ellos, *The Duck* por encargarse del negocio y por el inmenso apoyo que me prestaron para que yo pudiera entregarme por entero a esta obra escrita.

Lucy y *Virginia*, que surgieron de la niebla justo a tiempo. Mi gratitud a *Spence*, un regalo en sí misma, por compartir conmigo estas dos bendiciones. *La chica n.o.n.a.*, que oyó la llamada y atravesó todo un abrupto territorio para llegar justo en el momento apropiado. *Juan Manuel, m'hijo*, por ser un *traductor especial*.

Mis tres hijas mayores cuyas vidas de mujeres son para mí una fuente de inspiración y perspicacia. *Mis analizados*, que, a lo largo de los años, han puesto de manifiesto tanta anchura y profundidad y me han revelado los muchos matices de la sombra y las muchas cualidades de la luz. *Yancey Stockwell* y *Mary Kouri*, que cuidaron de mis escritos desde el principio. *Craig M.*, por el apoyo que me ha brindado su amor de toda la vida. *Jean Carlson*, mi vieja cascarrabias que me recordaba la necesidad de levantarme y recorrer tres veces un círculo. El difunto *Jan Vanderburgh*, que me dejó un último regalo. *Betsy Wolcott*, tan generosa con su apoyo psíquico a la alegría de otras personas. *Nancy Pilzner Dougherty*, por decir lo que podía ser posible en el futuro. *Kate Furler*, de Oregón, y *Mona Angniq McElderry*, de Kotzebue, Alaska, por la creación del cuento hasta bien entrada la noche hace veinticinco años. *Arwind Vasavada*, analista junguiano hindú y anciano de mi familia psíquica. *Steve Sanfield*, por amar también a la mujer de la ópera del Sur cuyos pies no se movían muy bien con patines de hielo.

Lee Lawson, artista de talento y amigo espiritual que se saltó toda la palabrería que roba el alma y llamó a las cosas por su nombre. *Normandi Ellis*, poeta y autor, por recordarme el *ef* de inefable. *Jean Yancey*, simplemente por estar viva a mi lado. *Fran Lees, Staci Wertz Hobbit* y *Joan Jacobs* por ser mis inteligentes y perspicaces hermanas de tinta. *Joann Hildebrand, Connie Brown, Bob Brown, Tom Manning* de Critter Control. *Eleanor Alden*, presidenta de la Jung Society de Denver, y *Anne Cole*, amazona de las Montañas Rocosas, por su amor y su apoyo a lo largo de estos años. *Las genuinas mujeres salvajes de La Foret*; estuvisteis ahí desde el principio.

Mis hermanos y hermanas griots, cantadoras y cuentistas y mesemondók, narradores de historias, investigadores de folclore, traductores, por su amistad e inmensa generosidad: *Nagyhovi Maier*, estudioso gitano magiar. *Roberta Macha*, intérprete maya. *La Pat: Patricia Dubrava Kuening*, poeta y especialista en traducción. *Los hombres y las mujeres de los foros nativo americano, de ciencia-ficción, judío, cristiano, musulmán y pagano del* CIS por ofrecerme oscuros e interesantes datos. *María de los Ángeles Zenaida González de Salazar*, afectuosa amiga y experta en estudios nahuatl y aztecas. *Opalanga*, griot y especialista en folclore afroamericano. *Nagynéni Liz Hornyak, Mary Pinkola, Joseph Pinkola y Roelf Sluman*, especialistas húngaros. *Makoto Nomura*, especialista en cultura japonesa. *Cherie Karo Schwartz*, cuentista internacional e investigadora de folclore, especialmente de la cultura judía. *J.J. Jerome*, por su condición de audaz narrador de cuentos. *Leif Smith y Patricia J. Wagner* de Pattern Research, por su disponibilidad y solidez. *Arminta Neal*, diseñadora de exposiciones retirada del Denver Museum of Natural History, por escarbar generosamente en sus archivos. *La Chupatinta: Pedra Abacadaba*, redactora de cartas de la aldea de Uvallama. *Tiaja Karenina*, mensajera intercultural. *Reina Pennington*, hermana viajera de Alaska, por sus bendiciones. *Todos los cuentistas de mi vida*, que me regalaron, intercambiaron conmigo, sembraron y me dejaron cuentos a modo de legado espiritual o familiar y que recibieron a cambio los regalos de mis cuentos y los cuidaron como si fueran sus propios hijos tal como yo hice con los suyos.

Nancy Mirabella, por traducirme la mística latinoamericana y por hablarme del Rocky Mountain Women's Institute. *Rocky Mountain Women's Institute*, por facilitarme el carnet de asociada en 1990-1991 con el fin de que pudiera participar en el proyecto de *Las Brujas*, por el apoyo de *Cheryl Bezio-Gorham* y mis compañeros artistas de allí: *Patti Leota Genack*, pintora; *Vicky Finch*, fotógrafa; *Karen Zidwick*, escritora; *Hannah Kahn*, coreógrafa; *Carole McKelvey*, escritora; *Dee Farnsworth*, pintora; *Women's Alliance* y la maestra tejedora *Charlotte Kelly*, por llevarme a enseñar en la Sierra Madre durante la semana en que *Las mujeres que corren con los lobos* encontró a su editor. Fue un regalo conocer a esas recias activistas-curanderas-artistas que, en el transcurso de aquella semana, me rodearon tal como los buques escolta acompañan a un navío hasta alta mar tras la botadura. *Ruth Zaporah*, actriz de variedades; *Vivienne Verdon-Roe*, cineasta; *Fran Peavey*, actriz de teatro; *Ying Lee Kelley*, copresidenta de Rainbow Coalition; *Naomi Newman*, cuentista judía; *Rhiannon*, cantante de jazz y cuentista; *Colleen Kelley*, artista budista; *Adele Getty*, autora y tocadora de tambor; *Kyos Featherdancing*, ritualista nativa americana; *Rachel Bagby*, cantante afroamericana; *Jalaja Bonheim*, bailarina y llena de gracia; *Norma Cordell*, cuentista y profesora nativa americana; *Tynowyn*, constructor de tambores y músico; *Deena Metzger*, autora y mujer valiente; *Barbara Borden*, intérprete de tambor; *Kay Tift*, clasificadora de las hebras; *Margaret Pavel*, encordadora del telar; *Gail Benevenuta*, «la voz»; *Rosemary Le Page*, una de las tejedoras de la lomera; *Pat Enochs*, artista de la nutrición; y *M'hijas, mis lobitas*, vosotras, cachorras, ya sabéis quiénes sois. Y, finalmente, *la mujer que grita*, a la que no nombraremos.

Jean Shinoda Bolen por ser una clara y valerosa *madre del alma*, por poner muchos ejemplos, y por darme a Valerie. *Valerie Andrews*, autora y nómada, por darme tiempo y por darme a Ned. *Manisha Roy* que me tuvo boquiabierta de asombro con sus relatos acerca de las mujeres bengalíes. *Bill Harless, Glen Carlson, Jeff Raff, Don Williams, Lyn Cowan, José Argüelles*, por su apoyo inicial. Mis inteligentes *colegas junguianos de IRSJA y IAAP*, que sienten interés por los poetas y la poesía y los protegen. *Mis compañeros y analistas en período de prácticas del C. G. Jung Center de Colorado* pasados y presentes y los *candidatos* psicoanalistas *de IRSJA* por su afán de aprender y su entusiasmo por alcanzar sus verdaderos objetivos.

Molly Moyer, fabulosa vaquera vagabunda de la Tattered Cover que no cesaba de susurrarme palabras de aliento al oído, y las tres grandes madres de las librerías de Denver que abastecen sus establecimientos con una cantidad de libros interculturales que yo jamás hubiera podido imaginar: *Kasha Songer*, The Book Garden; *Clara Villarosa*. The Hue-Man Experience Bookstore; *Joyce Meskis*, The Tattered Cover. Los autores *Mark Graham* y *Stephen White, Hannah Green*, la *gente de The Open Door Bookstore*, los *miembros de Poets of the Open Range*, *y los poetas del Naropa Institute*, por su apoyo y por su interés por las palabras con significado. *Las hermanas y los hermanos poetas* que me permitieron crear por medio de sus corazones.

Mike Wesley, experto en Macintosh de la CW Electronics por recuperar todo el manuscrito «perdido» del disco duro, y *Lonnie Wright*, técnico del servicio de mantenimiento por haber devuelto mi SE30 a la vida en más de una ocasión. *Autores de foros de literatura y técnicos de informática de todo el mundo*, Japón, México, Francia, Estados Unidos, Reino Unido, por haber permanecido en vela a medianoche delante de sus ordenadores para hablar conmigo acerca de las mujeres y los lobos.

Mis maestros más esenciales: *Todos los bibliotecarios*, los guardianes de las salas del tesoro en las que se albergan todos los suspiros, las tristezas, las esperanzas y las felicidades de toda la humanidad, mi más profunda gratitud; siempre me han ayudado y siempre han sido sabios por difícil que fuera la petición.

Georgia O'Keeffe que, cuando yo tenía diecinueve años y le dije que era una poeta, no se rió. *Dorothy Day*, quien me dijo que las raíces de la hierba eran importantes. Tal como dijo un escritor, para las «locas vestidas de negro», las monjas visionarias: las *Hermanas de la Santa Cruz*, especialmente, *sor John Michela, sor Mary Edith, sor Francis Loyola, sor John Joseph, sor Mary Madeleva*, y *sor María Isabela y sor María Concepción. Bettina Steinke*, que me enseñó a ver la línea blanca que hay en la arruga superior del terciopelo. *El editor de «The*

Sixties» cuya respuesta de diez palabras me ha sostenido a lo largo de veinte años. A mis profesores y a otros profesores de psicología que son muchos, pero a los siguientes por su ejemplo como artistas, *Toni Wolff, Harry Wilmer, James Hillman* y, especialmente, *Carl Gustav Jung* cuya obra utilizo como trampolín tanto dentro como fuera de ella. La obra de Jung me atrajo poderosamente, pues éste vivió y abrazó la vida del artista; esculpió, escribió, leyó muchos libros, penetró en los sepulcros, remó en los ríos; y eso es vivir como un artista.

Colorado Council on the Arts and Humanities, Artistas en Programa de Residencia, y *Público Joven,* especialmente los administradores-artistas *Daniel Salazar, Patty Ortiz y Maryo Ewell* por su vitalidad y entusiasmo. *Marilyn Auer,* editora y editora asociada, *y Tom Auer,* editor y redactor jefe de *The Bloomsbury Review* por su calor y extravagancia y por su gentileza y cultura. A los que inicialmente publicaron mis obras, haciéndome transfusiones de espíritu para que pudiera proseguir la presente: *Tom DeMers, Joe Richey, Anne Richey, Joan Silva, David Chorlton, Antonia Martínez, Ivan Suvanjieff, Allison St. Claire, Andrei Codrescu, José Armijo, Saltillo Armillo, James Taylor III,* y *Patricia Calhoun,* la mujer salvaje del condado de Gilpin. A los poetas que fueron testigos; *Dana Pattillo, charlie mehrhoff, Ed Ward,* y *las tres Marías, María Estévez, María Ignacio y María Reyes Márquez.*

Todos los duendes, trasgos y gnomos del Reivers, uno de mis cafés preferidos para escribir. Especialmente, *los chicos de la casa del árbol* sin cuya constante ayuda y obstinación no se hubiera podido escribir este libro. Las pequeñas aldeas de Colorado y Wyoming donde yo vivo, *mis vecinos, amigos y los correos de ambos sexos* que me llevaron cuentos de todos los rincones de la tierra. *Lois y Charlie,* la madre y el padre de mi marido que le infundieron el amor tan grande y profundo que lo llena y se derrama sobre mí y sobre nuestra familia.

Finalmente, a *aquel «roble mensajero» tan viejo* del bosque en el que yo solía escribir en mi infancia. Al *olor de la buena tierra, el sonido del agua libre de toda traba, a los espíritus de la naturaleza* que se acercan corriendo al camino para ver quién está pasando por allí. *A todas las mujeres que me han precedido* y me han hecho el camino un poco más claro y más fácil. Y, con ternura infinita, a *La Loba.*

✳ NOTA DEL EDITOR

Los cuentos, los poemas y las traducciones que contiene *Las mujeres que corren con los lobos* son obras literarias originales escritas por la doctora Estés. Sus cuentos literarios se desarrollan en breves poemas, canciones y narraciones transmitidas en los singulares lenguajes y estilos de sus familias. Las versiones de este libro están protegidas por *copyright* y no son de dominio público.

En *Las mujeres que corren con los lobos*, los cuentos de Tsati, La Mujer Esqueleto, La Loba, Manawee y otros, así como las distintas anécdotas y los distintos poemas y traducciones originales de poemas, plegarias y frases de otros idiomas son obras literarias originales escritas por la doctora Estés y publicadas aquí por primera vez. Están protegidas por *copyright* y no son de dominio público.

Versiones muy distintas de ciertos cuentos como «Las zapatillas rojas», «Barba Azul» y «La vendedora de fósforos» se pueden encontrar en las colecciones de los Hermanos Grimm, Hans Christian Andersen y Perrault. Leyendas como la misteriosa Llorona o la antigua historia de Démeter y Perséfone, se pueden encontrar en varias ediciones publicadas por distintos editores. Estas versiones pueden o no pueden ser de dominio público. Para mayor información, establecer contacto con los editores y traductores de dichas obras.

La doctora Clarissa Pinkola Estés es una poeta de renombre internacional galardonada con distintos premios, está en posesión de un diploma en psiconanálisis junguiano refrendado por la Asociación Internacional de Psicología Analítica de Zúrich, Suiza, y es *cantadora*, guardiana de los antiguos cuentos de la tradición latinoamericana. Ha sido directora ejecutiva del C.G. Jung Center for Education and Research de Estados Unidos, se doctoró en estudios interculturales y psicología clínica y se dedica a la enseñanza y la práctica privada desde hace veintitrés años.

La doctora Estés empezó a escribir *Las mujeres que corren con los lobos* en 1971 y le ha dedicado más de veinte años. Su obra ha sido traducida a dieciocho idiomas y está considerada un clásico de importancia decisiva sobre la vida interior de las mujeres.

Entre las restantes obras publicadas por la doctora Estés cabe citar *The Gift of Story, A Wise Tale About What is Enough*. La doctora Estés es autora de una exitosa serie de audio en nueve volúmenes y de *Theatre of the imagination*, una serie en trece capítulos que se emite en muchas NPR, Pacífica y en varias emisoras públicas de radio de todo el territorio de Estados Unidos.

La doctora Estés, activista desde hace mucho tiempo, está al frente de la incipiente C. P. Estés Guadalupe Foundation, uno de cuyos objetivos es emitir por onda corta a enclaves conflictivos de todo el mundo cuentos destinados a fortalecer la propia conciencia. Por sus escritos y su activismo social ha sido distinguida con el premio Las Primeras de la MANA, La National Latina Foundation en Washington, D.C. En 1994 fue galardonada con la Medalla del Presidente en el apartado de justicia social por el Union Institute y obtuvo en 1990-1991 una beca del Rocky Mountain Women's Institute. La doctora Estés ha sido artista residente del estado de Colorado a través del Arts and Humanities Council. Ha sido galardonada también con el primer premio del festival anual Joseph Campbell «Keeper of the Lore».

Las mujeres que corren con los lobos ha recibido el Premio de Honor ABBY de la ABA, el premio Top Hand de la Colorado Author's League y el premio Gradiva de la National Association for the Advancement of Psychoanalysis.

La doctora Estés está casada y tiene tres hijos. Es miembro de toda la vida de La Sociedad de Guadalupe.

✺ RECURSOS

La doctora Clarissa Pinkola Estés es la creadora de una original colección de grabaciones de audio en las que se combinan los mitos y los cuentos con el análisis arquetípico y el comentario psicológico. Entre sus títulos cabe citar:

- **Las mujeres que corren con los lobos:**
  Mitos y cuentos acerca de la naturaleza instintiva de las mujeres (180 minutos)

- **The Creative Fire:**
  Myths and Stories on the Cycles of Creativity (180 minutos)

- **The Boy Who Married an Eagle:**
  Myths and Stories on Male Individuation (90 minutos)

- **The Radiant Coat:**
  Myths and Stories on the Crossing between Life and Death (90 minutos)

- **Warning the Stone Child:**
  Myths and Stories About Abandonment and the Unmothered Child (90 minutos)

- **In the House of the Riddle Mother:**
  Archetypal Motifs in Women's Dreams (80 minutos)

- **The Red Shoes:**
  On Torment and the Recovery of Soul Life (180 minutos)

- **How to Love a Woman:**
  On intimacy and the Erotic Life of Women (180 minutos)

- **The Gift of Story:**
  A Wise Tale About What is Enough (60 minutos)

Para más información acerca de estas y de nuevas producciones de audio de la doctora Estés, escribir o llamar a Sounds True Audio, P.O. Box 8010, Boulder, CO 80302-8010. Teléfono 1-800-333- 9185.

✸ ÍNDICE

OTROS TÍTULOS

LAS MUJERES QUE AMAN DEMASIADO

Robin Norwood

«Cuando estar enamorada significa sufrir, es que estamos amando demasiado. Cuando la mayoría de nuestras conversaciones con amigas íntimas son acerca de él, de sus problemas, ideas, acciones y sentimientos, cuando casi todas nuestras frases comienzan con "él...", es que estamos amando demasiado. Cuando disculpamos su mal humor, su indiferencia y sus desaires e intentamos justificarlo o incluso convertirnos en su terapeuta, es que estamos amando demasiado.»

En este libro, del que se han vendido más de tres millones de ejemplares y que sigue siendo un best-séller, Robin Norwood ayuda a las mujeres adictas a esta clase de amor a reconocer, comprender y cambiar su manera de amar. A través de historias reveladoras y de un programa de recuperación, ofrece un camino para que consigan amarse a sí mismas y establecer una relación de pareja sana, feliz y duradera.

LA AUTÉNTICA BELLEZA

Mariel Hemingway

Las mujeres de hoy no paramos. El trabajo, el estudio, la casa, la familia, las actividades de todo tipo... Sabemos que además deberíamos comer bien, hacer ejercicio y conseguir relajarnos al final del día, pero raramente lo logramos. Pues bien, no tiene por qué ser así.

En lugar de proponernos una dieta tiránica o rutinas de ejercicios imposibles, Mariel Hemingway nos ofrece un programa revolucionario de treinta días para renovar nuestras energías, mejorar nuestra salud, serenar nuestra mente y descubrir nuestra auténtica belleza.

Su programa nos ayuda a identificar los problemas a que nos enfrentamos en las áreas clave de nuestra vida, para lograr el equilibrio, cuidar nuestra salud y vernos y sentirnos fantásticas de la cabeza a los pies.